『十四五』安徽省重点出版物规划项目

当代徽学名家学术文库

超越地域的疆界
从江南的视野解读徽州

王世华◎主编

唐力行◎著

安徽师范大学出版社

·芜湖·

图书在版编目（CIP）数据

超越地域的疆界：从江南的视野解读徽州 / 唐力行著. — 芜湖：安徽师范大学出版社，2024.6

（当代徽学名家学术文库 / 王世华主编）

ISBN 978-7-5676-5332-0

Ⅰ.①超… Ⅱ.①唐… Ⅲ.①社会生活—历史—徽州地区 Ⅳ.①K295.42

中国国家版本馆CIP数据核字（2023）第015900号

超越地域的疆界——从江南的视野解读徽州 　　　　　　　　唐力行◎著

CHAOYUE DIYU DE JIANGJIE CONG JIANGNAN DE SHIYE JIEDU HUIZHOU

总　策　划：戴兆国

责任编辑：祝凤霞　　　　　　责任校对：翟自成

装帧设计：张　玲　　　　　　责任印制：桑国磊

出版发行：安徽师范大学出版社

　　　　　芜湖市北京中路2号安徽师范大学赭山校区　　　邮政编码：241000

网　　　址：http://www.ahnupress.com/

发 行 部：0553-3883578　　　5910327　　　5910310（传真）

印　　　刷：江苏凤凰数码印务有限公司

版　　　次：2024年6月第1版

印　　　次：2024年6月第1次印刷

规　　　格：700 mm×1000 mm　　1/16

印　　　张：31.5　　插页：1

字　　　数：500千字

书　　　号：ISBN 978-7-5676-5332-0

定　　　价：256.00元

凡发现图书有质量问题，请与我社联系（联系电话：0553-5910315）

总　序

　　任何一门学科的诞生和发展都是不寻常的，无不充满了坎坷和曲折。徽学也是一样，可谓走过了百年艰辛之路。尽管徽州历史文化的研究从清末就开始了，但徽学作为一门学科，却迟迟没有被"正名"，就好像婴儿已出世，却上不了户口一样。在徽学成长的过程中，总伴随着人们的怀疑和否定，甚至在20世纪末，还有专家发出"徽学能成为一门学科吗"的疑问。其实，这并不奇怪。因为新事物总有这样那样的缺陷和不完善之处，但新事物的生命力是顽强的，任何力量也难以阻挡。难能可贵的是，前贤们前赴后继，义无反顾，孜孜不倦地研究，奉献出一批又一批的研究成果，不断刷新人们对徽学的认识。

　　"到得前头山脚尽，堂堂溪水出前村。"1999年，教育部拟在全国有关高校设立一批人文社会科学重点研究基地，促进有关学科的发展。安徽大学在安徽师范大学的支持、参与下，申报成立"徽学研究中心"，经过专家的评审、鉴定，获得教育部的批准。这标志着"徽学"作为一门学科，迈入一个全新阶段。

　　新世纪的徽学研究呈现出崭新的面貌：老一辈学者壮心不已，不用扬鞭自奋蹄；中年学者焚膏继晷，勤奋耕耘；一大批后起之秀苗壮成长，新竹万竿，昭示着徽学研究后继有人；大量徽学稀见新资料相继公之于世，丰富了研究的新资源；一大批论著相继问世，在徽学的园地里，犹如百花盛开，令人神摇目夺，应接不暇，呈现出一派勃勃生机。2015年11月29

日，由光明日报社、中国社会科学院历史研究所、中共安徽省委宣传部、中共江西省委宣传部联合举办的"徽商文化与当代价值"学术座谈会在安徽省歙县召开。2019年6月18日，由中共安徽省委宣传部、光明日报社指导，安徽大学主办的首届徽学学术大会在合肥市召开。2021年10月19日，由中共安徽省委宣传部、光明日报社联合主办，中国历史研究院学术指导，中共黄山市委、黄山市人民政府、安徽大学、安徽省社会科学界联合会承办的第二届徽学学术大会在黄山市召开。国内很多高校的学者都参加了大会。更令人欣喜的是，日本、韩国、美国、法国等很多外国学者对徽学研究也表现出越来越浓厚的兴趣，新时代的徽学正阔步走向世界。可以说，这是百年来徽学迎来的最好的发展时期。这一切都昭示：徽学的春天来了。

在这徽学的春天里，安徽师范大学出版社和我们共同策划了这套"当代徽学名家学术文库"。我们约请了长期从事徽学研究的著名学者，请他们将此前研究徽学的成果选编结集出版。我们推出这套文库，是出于以下几点考虑：

首先是感恩。徽学研究能有今天这样的大好形势，我们不能忘记徽学前辈们的筚路蓝缕之功。这些学者中有的已归道山，如我们素所景仰的傅衣凌先生、张海鹏先生、周绍泉先生、王廷元先生，但他们对徽学的开创奠基之功，将永远铭记在我们心中。这套文库就是对他们最好的纪念。文库还收录了年近耄耋的耆宿叶显恩先生、栾成显先生的研究文集，两位我们敬仰的先生，老骥伏枥，壮心不已，继续为徽学做贡献。这套文库中的作者大多是年富力强的中坚，虽然他们的年龄还不大，但他们从事徽学研究却有数十年的时间，可以说人生最宝贵的年华都贡献给了徽学，堪称资深徽学研究者。正是上述这些前辈们在非常困难的条件下，骈手胝足，荷锄带露，披荆斩棘，辛苦耕耘，才开创了这片徽学园地。对于他们的拓荒之劳、奠基之功，我们能不感恩吗？我们正是通过这套文库，向徽学研究的先驱们表达崇高的敬意！

其次是学习。这套文库基本囊括了目前国内专门从事徽学研究的大家的论著，展卷把读，我们可以从中受到很多启迪，学到前辈们的很多治学方法。他们或以世界的视野研究徽学，高屋建瓴，从而得出更新的认识；或迈进"历史现场"，走村串户，收集到很多资料，凭借这些资料探究了很多历史问题；或利用新发现的珍稀资料，在徽学研究中提出不少新见；或进行跨区域比较研究，得出的结论深化了我们对徽州历史文化的认识；或采用跨学科的方法研究问题，使我们大开眼界；或看人人可以看到的材料，说人人未说过的话。总之，只要认真阅读这些文章，我们就能感受到这些学者勤奋的治学精神、扎实的学术根柢、开阔的学术视野、严谨的治学态度、灵活的治学方法，可谓德识才学兼备，文史哲经皆通。我们为徽学有这样一批学者而庆幸，而自豪，而骄傲。这套文库，为我们后学提供了一个样板，细细品读这些文章，在选题、论证、写作、资料等方面确实能得到很多有益的启示。

最后是总结。这套文库是四十年来徽学研究主要成果的大展示、大总结。通过这套文库我们可以知道，几十年来，学者们的研究领域非常广泛，涵盖社会、村落、土地、风俗、宗族、家庭、经济、徽商、艺术、人物等等，涉及徽州的政治、经济、文化、社会等各个方面，既有宏观的鸟瞰综览，又有中观的探赜索隐，也有微观的专题研究。通过这套文库，我们能基本了解徽学研究的历史和现状、已经涉及的领域、研究的深度和广度，从而明确今后发力的方向。

总结过去，是为了把握现在，创造未来。这就是我们推出这套文库的初心。徽州历史文化是个无尽宝库，徽学有着光明的未来。如何使徽文化实现创造性转化、创新性发展，如何更生动地阐释徽学的理论价值，更深入地发掘徽学的时代价值，更充分地利用徽学的文化价值，更精彩地展示徽学的世界价值，通过文化引领，促进经济与社会发展，服务中华民族复兴伟业，这是我们每一位徽学研究者的光荣使命。"路漫漫其修远兮，吾将上下而求索。"但愿这套文库能成为新征程的起点，助推大家抒写徽学研究的新篇章。

另外要特别声明的是，由于各种原因，国内还有一些卓有建树的徽学研究名家名作没有包括进来，但这套文库是开放的，我们乐于看到更多的学者将自己的成果汇入这套文库之中。我相信，在众多"园丁"的耕耘、浇灌下，我们的徽学园地一定会更加绚丽灿烂。

王世华

二〇二三年六月

自　序

徽州本属江南，从古代行政区划来讲，徽州与苏州都属于一个大江南。在上古九州传说中，苏州与徽州同属于扬州之域。春秋的时候，苏州建立过一个吴国，徽州就属于吴国。此后，徽州与苏州的统属偶有分合。宋朝时同属江南道，元朝同归江南行省，明朝同属南直隶，清初同隶江南省，就是今天的江苏、上海、安徽三省市。到乾隆二十五年（1760年），正式划分为两个省，一个江苏省一个安徽省。江南的核心区域在环太湖平原地区，徽州则是江南边缘的山区。从江南的视野解读徽州，可以从以下两个视角来看，一是江南的徽州，一是徽州的江南。

一、江南的徽州

徽州是一个移民社会，原居民山越人逐渐与北方来的移民相融合，形成今天徽州人的祖先。据语言学者对徽语的田野考察，北方移民多由吴地或经由吴地沿新安江进入徽州①。又据《新安名族志》载，两汉之际已有北方士族迁入徽州。此后中原士族迁徽时间集中在三个阶段，即两晋、唐末五代及两宋之际。北方士族南迁，先是在江南平原落下脚来，当兵燹席卷江南时，他们又就近举族迁入江南山区徽州，给徽州带来中原和江南的

① 曹志耘：《语言学视野下的新安文化论纲》，载《'95国际徽学学术讨论会论文集》，安徽大学出版社，1997年版。

文化，中原的宗族制度也在徽州积淀下来。徽州是个宗族社会，多山的环境，为宗族群体的"千年不散"提供了牢固的自然屏障；同时，生存环境的狭隘，生存竞争的激烈，使宗族组织成为争夺生存空间的工具，也强化了"千年之族不散"之势。徽州宗族竞争是一场文化的竞争。文化可以赢得科举，使宗族进阶为望族，从而在争夺生存空间的竞争中立于不败之地。然而文化的兴盛需要物质基础，只有在肥沃的土壤中，儒学根底才能生生不息地萌发出科举花蕾。多山少田、资源贫乏的徽州，最为便捷的致富手段无过于经商。由此，宗族、科举与经商便形成了一条生物链。其中，宗族居于核心地位，它既是人们从商的出发点，也是其归结点。宗族还是族人从文、经商的组织者。仕宦与富商源源不断地向宗族注入活力，并从宗族势力中获取能源。三者缺一不可，形成了一个良性循环系统。这便是徽州文化昌盛发达，徽商所向披靡的内在动力。

徽州人的生计离不开江南。许承尧《歙事闲谭》云："余郡处万山中，所出粮不足一月，十九需外给。远自江广数千里，近自苏、松、常、镇数百里而至……以故江南米价，徽独高。"[①]最早的徽商，便是经营粮食，他们将徽州本土的竹木茶漆经由新安江、阊江、青弋江运往外地，换取粮食。所以，徽州人感叹："嗟夫！吾邑之不能不贾者，时也，势也，亦情也。"

徽州有着悠久的经商历史，南宋建都临安，徽商得到了一个大发展的契机。徽商经营的项目以盐、典、茶、木为主，遍及百业。明代万历年间盐政改革，实行纲盐制，徽商就近垄断两淮与两浙盐场，依托官府，财富迅速增长，逐渐成为中国最为强大的商帮。

徽人外出经商，在城镇市集落脚后，其族人随之而来，其乡党也随之而来。徽籍著名学者胡适就强调要注意徽人举族经商建立地方市场垄断的关系：县志应注重邑人移徙经商的分布与历史。县志不可但见小绩溪，而不见那更重要的"大绩溪"，若无那"大绩溪"，小绩溪早已不成个局面。

---

① 许承尧：《歙事闲谭》卷六《明季县中运米情形》。

新志应列"大绩溪"一门，由各都画出路线，可看各都移殖的方向及其经营之种类①。胡适提出的"大绩溪"的概念，是很有道理的。绩溪人举族移徙经商，在一些城镇市集建立起垄断，这些地方就成了小绩溪外的"大绩溪"。推而言之，则小徽州外有"大徽州"。大徽州有两个层面，其外围层次遍布全国乃至海外。万历《休宁县志》卷一《舆地志·风俗》指出，（徽商）藉怀轻赍遍游都会，因地有无以通贸易，视时丰歉以计屈伸。诡而海岛，罕而沙漠，足迹几半宇内。核心层次则是"无徽不成镇"的江南了。江南是徽商就近活动的主要区域，胡适父亲胡传曾经说过，他的家乡绩溪上庄胡氏家族，工商于外者400余人，约占丁口总数的三分之一。全族一年农业收入仅5000余元，而族人吸鸦片者200人，一年所耗烟值竟达7200元。以全部农业收入尽耗于鸦片犹不足，其不足部分及全族人的生活费则完全取自商业的收入。可见，若无那"大徽州"，"小徽州"早已不成局面。

从"江南的徽州"视角出发，可以看到研究徽州本土，不能把视野仅仅局限在一府六邑的小徽州，必须要从小徽州与江南（大徽州）的联系、互动上来研究徽州。

二、徽州的江南

江南核心地带的经济繁荣、文化昌盛也离不开徽商的经济活动。江南中心城市苏州，阊门外二十里的街市，是苏州最繁华的商业区，也是徽商的天下。在两浙盐场的杭州，万历府志称当地风水最好的南北二山，"实城廓之护龙百万，居民坟墓之所在也"。随着徽商势力的强大，他们在这块风水宝地"冒籍占产，巧生盗心。或毁人之护沙，或断人之来脉，致于涉讼，群起助金，恃富凌人，必胜斯已"，以致杭州"无卜吉之地矣"。至于扬州，《五石脂》更是直截了当地说："徽人在扬州最早，考其时代，当

---

① 《绩溪县志馆第一次报告书·胡适之先生致胡编纂函》。

在明中叶。故扬州之盛，实徽商开之，扬盖徽商殖民地也。"

徽商还遍布星罗棋布的江南市镇。明代棉布重镇南翔"往多徽商侨寓，百货填集，甲于诸镇"①。相邻的罗店镇，"今徽商凑集，贸易之盛，几埒南翔矣"②。"衣被天下"的松江更是徽商的天下。《云间杂识》载有这样一则故事："成化末，有显宦满载归，一老人踵门拜不已。宦骇问故。对曰：'松民之财，多被徽商搬去，今赖君返之，敢不称谢。'宦惭不能答。"

徽州海商对江南资本主义萌芽的生长功莫大矣。15世纪末16世纪初的地理大发现，打破了当时世界各地的隔绝状态，开拓了世界市场。武装走私的海商将江南地区卷入了世界市场与贸易体系之中。走私贸易有着巨大的风险，明政府海禁政策极为严厉地规定："敢有私下诸番互市者，必置之重法"，"正犯比照谋叛已行律处斩，仍枭首示众，全家发边卫充军"③。突破海禁是走私贸易最为困难之处。在这方面，徽商有着固有的优势。一是江南"无徽不成镇"的格局，使徽州坐贾和手工作坊主坐拥了海外需求的商品；二是海外贸易由坐贾、行商和海商三个层面组成，由于徽州商帮是由血缘与地缘纽带联结起来的，有着强大的内聚力，使其有能力突破海禁的壁垒。以汪直为首的徽州海商走私集团把江南的生产领域与海外市场联结起来。市场的急剧扩大，促使生产领域的变革。海外市场所需要的丝绸、瓷器、铁器、棉布等，正是我们通常所说的江南资本主义萌芽产生的产品。海外走私贸易反过来又进一步推动了"无徽不成镇"的繁荣局面。

在雄厚的物质基础上，徽州文化也对江南作出了杰出的贡献。徽州是全国四大书院所在地之一，全境遍布书院、族学、私塾，即使十余户的小村落也讽咏之声不断。其科举成就按人口比例仅次于苏州，被誉为"东南邹鲁""程朱故里"。清代，徽州的皖派与苏州的吴派，双峰对峙，形成盛极一时的乾嘉学派。历史上徽州为江南，为全国贡献了文化伟人，如朱

---

① 万历《嘉定县志》卷一《市镇·南翔镇》。
② 万历《嘉定县志》卷一《市镇·南翔镇》。
③ 《大明律附例》卷一五《私出外境及违禁下海》条。

熹、戴震等。他们的学术、思想都曾对中国社会的进程产生过深远的影响，都深深植根于徽州文化这块土壤。

徽州文化丰富、深厚、多元，其呈现形态有新安画派、新安医学、徽州三雕、徽派建筑、园林、徽州刻版、徽墨歙砚等。其内核则为新安理学、宗族文化和商人文化，他们之间互为因果，相互渗透。徽州商人文化最有特色。徽商大多是有文化的商人，他们以儒服贾，以儒术饬贾事，精于治生之学，讲究商业道德，"以诚待人""以信接物""以义为利"，形成"贾而好儒"的特点。在明代王阳明学说的影响下，徽商对儒家学说加以整合利用，提出"贾何负于耕""良贾何负于宏儒"的四民平等新社会观，而且还充满自信地提出了读书是"功名"，经商也是"功名"的新价值观。徽商价值观改变着徽人的社会心理，使徽商的事业在徽州社会得到最为广泛的支持。商人文化给江南社会以极大的影响，为江南市民社会的发育提供了精神的源泉。市民文化代表作"三言二拍"中有着大量徽商故事。

徽州富商大贾还在江南建立起徽班，如扬州徽商江春酷嗜戏曲，家中经常"曲剧三四部，同日分亭馆宴客，客至以数百计"。徽商潘之恒的朋友汤显祖《牡丹亭还魂记》脱稿不久，吴越石的家班就排练这出戏。潘之恒在彩排之际抱病看了五次演出，帮助演员分析人物，总结表演得失，实际上是该戏的艺术指导。徽班主要集中在扬州和苏州，并随徽商的足迹传播四方。徽州腔吸收了清丽婉转的昆腔，创造了昆弋腔。徽班进京，形成京剧。这是徽州与苏州，或者说江南对中国传统艺术的重大贡献。

近代以来，尤其是太平天国运动以后，传统时代江南的中心苏州遭到严重破坏，江南的中心逐渐移位上海。徽商资本在上海占有重要的位置，他们与浙商、苏商、外商等共同为上海的繁荣作出了贡献。徽州旅沪同乡会不仅协调其移民的经济、社会活动，还对徽州本土日益衰微的社会生活系统提供了强大的保障。

"徽州的江南"转换了一个视角，揭示徽州是江南繁华不可或缺的参与者和受益者。"徽州的江南"与"江南的徽州"是一个铜钱的两面，把这两个命题综合起来，就是从江南的视野解读徽州。"从江南的视野解读徽州"同时也是一个方法论，所以我们在前面加了"超越地域的疆界"，意在与读者交流40年来区域史研究中的一点心得：区域史研究，既要"守住疆界"，又要"超越疆界"；既要深入地域社会的细微肌理，乃至村落、个体，同时也不能忘了区域整体，乃至国家、海外。在这本集子里，我们选择27篇文章，按照"江南的徽州""徽州的江南""理论思考"这三个类目编排。

感谢王世华教授为推动徽学的发展，主编这套文库。40年前我与世华教授因缘际会，加盟安徽师范大学明清史研究室，在张海鹏教授的领导下，还有王廷元教授，进入徽学研究领域。筚路蓝缕，以启山林，当时艰苦创业的情景还历历在目。现在徽学已蔚为大观，成为国际性显学。这套丛书是国内40年来徽学研究成就的检阅和总结，也是再出发的基础和新起点。祝愿徽学在国内外学者的共同努力下欣欣向荣，如日中天。

唐力行

书于中国美术学院

目　录

江南的徽州

徽州的江南

理论思考

江南的徽州

明清徽州地理、人口探微

本文主要采用谱牒的资料，拟对明清徽州（以歙县、休宁、绩溪三邑为主）村庄的演变作一考索。

一

我们之所以选择歙县、休宁、绩溪三邑作为考索对象，是因为它们在徽州境内构成一个相对独立的经济地理区。新安江水系将它们与浙江省相沟通，徽州其他三邑则因地理条件而与江西省交往密切。

明清时期徽郡三邑村庄的变动是较大的。在明清之际的动乱以及其他政治、经济和战争因素的影响下，长盛不衰的村庄只是少数，相当多的村庄化为废墟，当然又出现了更多的新村庄。歙县从明代到民国近四百年间先后出现的村庄有1134个，休宁与绩溪从明代至清季先后出现的村庄分别为524和439个。我们以都为单位，对三邑所有村庄一一加以考索。所据村庄资料为明代的《新安名族志》（1551年）、康熙《徽州府志》（1699年）、道光《徽州府志》（1827年）和民国《歙县志》（1937年）。选择《新安名族志》所罗列明代村名的理由有二：一是与我们的研究目的相关，便于进一步探讨新安名族的地理分布；二是名族聚居地具有相对的稳定性，绵延至清代的占多数，便于考索。《新安名族志》所罗列歙县明代村庄151个，到康熙时仍存在的有94个，约占62%。《新安名族志》中休宁、绩溪的明代村庄，到康熙时仍存在的分别约占60%和82%。

歙县37都、休宁33都、绩溪15都，总计85都，我们在分都进行地名考索时，制作了85个《近四百年各都地名考索表》。在稽索各都地名时，有几个共同的问题需作说明。（1）都的行政区划历代是有变动的，一些村庄由原属的都改隶他都。（2）有的村庄在地图上消失了。歙县近四百年共出现村名1134个，到1937年时有村庄873个，其中261个村庄先后消失了，约占总数之23%。（3）村名的衍变，一般来说有五种情况：①谐音：如程村／呈村，叶祈／叶圻，亭子山／藤子山／腾紫山，紫坑／子坑／梓坑。②增减：竭头／丰竭头，竹坞／竹祥坞，张家潭／张潭，黄寺／黄坑寺，铸锅／铸锅黄村。③分解合并：凤凰／东凤凰、西凤凰，牌头／上牌头、中牌头、下牌头，大溪、小溪／大溪。④义变：泥窝／银窝，石灰坑／晖坑。⑤无规则变换：毛家坦／木冈坦，洪塘／横塘，金锅岭／棱唐岭，云雾川／乌蒙坑。（4）历代方志所列村名有失实的，有既列某村而犹分列其村之名小地名以为村者，有以一乡之名，一里之名，一桥梁、寺观塘竭之名而混谓之村者，我们尽力加以厘正。

综合歙县近四百年37都1134个村庄演变的十类情况，休宁县近三百年33都524个村庄演变的五类情况，以及绩溪县近三百年15都439个村庄演变的六类情况，制成下表，其中，"－"表示村庄消失，"√"表示继续存在，"总计"则是各年份村庄的总数。

明清徽郡三邑村庄演变表

县名	类别	1551年	1699年	1827年	1937年
歙县	1	57	－	－	－
	2	5	√	－	－
	3	10	√	√	－
	4	79	√	√	√
	5	－	20	－	－
	6	－	23	√	－
	7	－	142	√	√
	8	－	－	146	－

续　表

县名	类别	1551年	1699年	1827年	1937年
歙县	9	－	－	231	√
	10	－	－	－	421
	总计	151	279	631	873
休宁	1	61	－	－	
	2	90	√	√	
	3	－	2		
	4	－	130	√	
	5	－		241	
	总计	151	222	461	
绩溪	1	5	－	－	
	2	1	√	－	
	3	22	√	√	
	4	－	72		
	5	－	138	√	
	6	－	－	201	
	总计	28	233	361	

透过上表，我们可窥见明清时代徽郡三邑村庄演变的全貌。综合三邑村庄演变之数据，从总体上加以比较、分析，有助于我们从一个全新的角度去考察明清时期徽郡三邑社会经济发展的不同轨迹。

该表的统计数字至少说明了下述两点事实：（1）明代中后期三邑发展的起点不同。《新安名族志》有关歙县的名族共216条，他们分别聚居于164处，其中城镇13处，村庄151处。休宁的名族共237条，分别聚居于168处，其中城镇17处，村庄151处。绩溪的名族共52条，分别聚居于45处，其中城镇17处，村庄28处。名族者，权力、财力雄厚之强宗豪族也，其族中或有人朝中为官，或有人长袖善贾，或是两者兼之。歙县、休宁名族在农村聚居地的数量完全一致，说明两邑在明中后期社会经济发展的状况相近。绩溪名族聚居的村庄数仅为歙县或休宁的18.54%，则其社会经济相对落后。（2）明清时期三邑发展的速度不同。以1551年的村庄数为基数

1，1699年歙县村庄数发展为1.85，而休宁是1.47；到1827年歙县进而达4.18，而休宁仅为3.05。上述数据反映了有清一代歙县的发展超过了休宁。这与徽商资本的输回有关。歙商以经营盐业为主，休宁商则以典业为主。盐商依靠封建特权所得利润远超过典商，并成为徽商之中坚。商业利润的不断输回，造成经济的繁荣，促使了人口的增殖，原有的生存空间显得狭小了，于是大家族中的一些分支就相继迁徙，寻找新的生存空间。商业利润成为始迁祖建立新的村落的物质基础。这是歙县村庄大幅度增加的主要原因。不过，对控制金融业的休宁典商的财力也不可低估，休宁发展的速度只是稍缓于歙县而已。绩溪村庄的发展与其社会经济的发展也是合拍的。绩溪人外出经商较之歙县与休宁为迟，乾隆《绩溪县志·风俗》云："惟绩鲜挟资之游人。"其后随着出贾之风的渐兴，村庄也有较大的发展，以1551年村庄数为基数1，1699年发展为7.5，1827年为12.9。由于1551年的基数很小，出现了7.5和12.9的跳跃，但村庄的绝对数还是最低的。绩溪村庄数的低，与地理条件的限制是分不开的，前揭资料中说："绩邑与歙为接壤，而独受多山之累"，"山压水冲，偏绩有难耕之确土"。但明清两代地理条件是一样的，因此村庄的演变仍反映出该邑社会经济发展的轨迹。

为了进一步揭示三邑村庄演变的不同特点，我们还统计了各邑历代村庄的存有率。歙县1551年的村庄数到1699年的存有率为62.25%，到1827年为58.94%，到1937年为52.32%；1699年的村庄数到1827年的存有率为91.04%，到1937年为79.21%；1827年的村庄数到1937年的存有率为71.63%。休宁县1551年的村庄数到1699年的存有率为59.6%，到1827年仍为59.6%；1699年的村庄数到1827年的存有率为99.1%。绩溪县1551年的村庄数到1699年的存有率为82.14%，到1827年为78.57%；1699年的村庄数到1827年的存有率为68.67%。分析、比较历代村庄的存有率，有助于我们对三邑社会经济作深一步的综合考察。

休宁在明清时代的村庄存有率最高，康熙《徽州府志》所列村庄在道光时的存有率高达99.1%。道光时新出现的村名241个，仅占道光《徽州府志》所列村庄数的 52.28%，而 47.72% 的村庄是从 1551 年或 1699 年延存下来的。这些数字说明休宁县的村庄是在相对稳定的状态中稳步发展的。歙县 1551 年的基数与休宁相同，但其村庄的存有率低于休宁。道光时新出现的村名 377 个，占当时村庄总数 631 个的 59.75%，仅 40.25% 的村庄是从前代绵延下来的。这反映了歙县村庄发展的稳定性低于休宁，而发展速度则高于休宁（道光时歙县村庄绝对数比休宁多）。一方面有大量的新村庄建立起来，另一方面又有不少的村庄消失。这种不稳定性，也说明歙县内在变化的活力比休宁强。绩溪县 1551 年的村庄在 1699 年的存有率较高，这与它的绝对数很低是相关的。1699 年的村庄在 1827 年的存有率低于歙、休，仅为 68.67%。道光时新出现村名 201 个，占总数 361 个的 55.68%。由历代保存下来的村庄仅占 44.32%。上述数据说明该县村庄演变的稳定性最低。尽管道光时绩溪村庄的绝对数与歙、休相比仍为最少，但新出现的村庄的比例最高，这反映出绩溪在乾隆至道光的一百余年中取得了长足的进步。三邑村庄演变的不同态势，客观上也折射了它们社会经济发展的不同特点。

<h2 style="text-align:center">二</h2>

要确定村庄的空间位置，并进而探讨人口的地理密度，还必须恢复明清时代都的行政区划，绘制分都地图。我们参照《近四百年各都地名考索表》，在今天的分县详细地图上寻找各都历代延续至今的村庄。我们所得到的歙县地图是 1979 年绘制的，比例尺为 1∶110000，休宁地图是 1977 年绘制的，比例尺为 1∶100000，绩溪地图是 1980 年绘制的，比例尺为 1∶65000，这三幅地图的特点是详细标出了今天所有的自然村落。当我们在三幅地图上尽其所能地寻出明清时代绵延至今的所有村庄时，各都行政区域的方位也便显示出来了。划分都的分界线，在村落密集处较为简单，相邻而分隶各都的村庄之间易于确定分界线，在边远的山区划分都界就困难得多。我们是根据下述原则在村烟稀少区确定都界的：（1）地形和交通：村落稀少

地带并非真正的空白处，近代人口增殖，生产力提高，在山区新建村落颇多，当然它们是《近四百年各都地名考索表》所未载的。这些新增村落与邻近已能确定隶属某都的村落之间必然会有经济、文化、政治上的联系，这种联系须通过水陆路的交通。空白区的周边可能有两个或两个以上的都，我们可以从交通的合理性来判断某村落及其周边地区的隶属，最后以山水的走向划定分界线。（2）现实的边界线往往是历史的边界线的延续。人烟稀疏区较之稠密区边界线的变动为小。今天区、乡的分界线可以作为划分历史都界的借鉴。这种逻辑的都界线具有相对的合理性和可靠性。我们据此制作了歙县、休宁、绩溪三邑明清时代的分都图（略）。

在绘制地图过程中，我们发现一些有趣的、异乎常规的现象。例如以横尖、清坑两村为中心的区域（辖境相当于今天的一个乡）在明清时代属歙县。但它三面与休宁相邻、一面与浙江交界，与歙县之间既无水道相通，复又为休宁境内22都的高达1297米的长岭尖和昏岭所阻隔。为什么歙县在休宁境内有这么一块"飞地"？我们推测该地的居民当是由歙县迁来，为歙县某强宗豪族之分支，他们凭借政治特权获得特殊的"恩准"，使地图上出现这种例外。是否如此，自然有待进一步考证了。不过这块土地现在已归属休宁。又如，绩溪县丛山关以北、金沙河两岸的大片丘陵地带，竟无一个村落为明清时代所存留，难以确定它们的归属。该地区与宁国接壤，系金沙河的源头与上游所在。金沙河东北流入宁国，考其经济、交通、地形，我们确定它在明清时代曾隶宁国。

明清徽州分都图的绘制，为我们进一步考察以都为单位的徽州人口密度打下了基础。到目前为止，只有叶显恩先生强调了徽州的人口密度问题，但是他的分析仅限于以县为单位的人口密度，这对于研究区域社会经济史是远远不够的。只有掌握以都为单位的人口密度，才有可能深化区域社会经济史的研究。都的人口密度是指都一级行政区域范围内的人口数与都一级行政区域的土地面积的比例。要求得都的人口密度，就必须估量每一个都的面积和人口。

每一个都的面积是这样计算出来的：把三邑分都图复制在纸质均称的

制图纸上，沿都界线把每一个都剪下，然后在一种极其精密的化学分析天平上称出每一个都的地图的质量（精确到万分之一克），并称出每邑各都地图的总质量，每一都地图的质量（g'）与全邑地图总质量（g）的比，也便是每一都面积（s'）与全邑总面积（s）的比。可以按照s'=s×g'/g这一公式，计算出每一个都的面积。虽然用这种方法来估量面积是相当粗略的，但其精确度已足以用来作人口密度的分析。

三邑面积的数据是从《安徽省情》（1986年版）得到的。考虑到明清时代各邑边界的演变，我们对每一县的总面积做了相应的调整。三邑的总面积与各都的面积均为射影面积。它们是否会对人口密度的分析产生影响呢？在平原地区射影面积与地表实际面积相一致，其人口密度不会产生误差。山区丘陵地带的地表实际面积大于射影面积，这就会使人口密度的统计出现偏高的倾向。也就是说，山区丘陵地带的实际人口密度应该比统计数更低些，它与平原地带人口高密度区的反差将更大些。这不会对我们的分析产生影响。如果一定要说有影响的话，那就是山区丘陵地带实际上更低的人口密度对我们的分析和将得出的结论更为有利。

人口数据的取得，就更为困难，历代地方志所能提供的只是以县为单位的户口统计。我们注意到从康熙《徽州府志》、道光《徽州府志》到民国《歙县志》的舆地志里，记载了每个县所辖的里的总数和每个都所辖的图的数量。在明代地方行政制度下，里甲与鱼鳞图册是相通的。里、图相通包含两个层次的意义：其一是它们在户口单位上相通。里是明代的基层行政单位。每里为一百一十户。在编制鱼鳞图册时则以一百一十户为一图。其二是它们在地理单位上相通。图起初仅指一里所拥有的耕地，渐次也泛指一里所居住的地理范围，成为都以下的行政地理单位。里与图是从两个不同角度（户口与土地）来表示的同一行政地理单位。在明人的公文、地契和著作中，里图通用并不是偶然的现象。那么一邑里图的数量是否相等呢？我们的回答是肯定的。康熙《徽州府志》载，歙县"其地东西一百五十七里，南北二百四十里"，"嘉靖四十一年析东关三图，置东关五图共二百三十里"。增加两个图，里也相应增加两个。又载绩溪县1596年时有里三十五，图亦三十五。可见，舆地志所载各都所辖图的总和便是县所辖里的总数，里图除了在行政地理单位上相通外，在户口单位上也是可以通借的。有鉴于此，我们采用图作为计算都的相对人口密度的户口指数。之所以说相对人口密度，那是因为：（1）里（图）的人户并非真正的定数，一百一十户外还有数量不等的带管户和畸零户。（2）明代后期黄册、鱼鳞图册制度渐趋涣散，清前期虽然部分恢复了黄册与鱼鳞图册的工作，但其内容已与明代有所不同。既然如此，康熙《徽州府志》所列各都辖有的图的数字，能否作为人口密度统计的户口指数单位呢？我们认为是可以的。清初，随着社会经济的恢复和发展，人口逐渐增长，康熙年间徽郡三邑里的总数较之明末增加了34%~40%，图的数量随之增加，里、图的总数基本相同（歙县278个里，281个图，里比图少3个，休宁221个里，217个图，里比图多4个，这很可能是县界变化而造成的统计错误）。这说明清初徽州的里、图还是相通的，并具有相对的可靠性。康熙五十一年（1712年）"滋生人丁，永不加赋"后，赋税对象逐渐由土地、人口两项转为土地一项，里、图已失去过去的重要性。康熙府志与道光府志之间相隔的128年，正是人口剧增的时期，而道光府志所载三邑的里、图竟无增加，可见康熙后的里、图数已失去人口统计的参考价值。

我们既已掌握了各都的面积，复又确定图为户口的指数单位，便可进而算出各都的相对人口密度，即各都每平方公里所拥有的图数量。其算式为：都相对人口密度=图数／都的面积（km²）。根据各都的面积和人口密度，我们制作了《徽郡三邑各都面积、人口密度统计表》。

我们把该表的数据输入电脑，借助电脑绘制出《徽郡三邑人口相对密度分布图》（略）。分布图为五个层次：第一层次的人口相对密度为每平方公里0—0.04个图，第二层次为0.04—0.1个，第三层次为0.1—0.25个，第四层次为0.25—0.4个，第五层次为≥0.4个。层次越高，阴影越深。

三

徽郡三邑人口相对密度分布的格局为三个层次分明的生存圈：人口密度最高的核心地带，人口密度次高的过渡区环形地带，人口密度最低的边缘区环形地带。这三个生存圈与三邑自然地理的布局是相对应的。人口密度最高的核心区为一连续的地带，东起歙县徽城（县治）东北，覆盖岩镇、屯溪，向西延续至休宁海阳城（县治）。这一核心地带与休屯歙盆地相重合。沿着三邑边缘所形成的环形地带是人口密度最低的区域，该生存圈的地貌为高山和丘陵（包括黄山）。绩溪县全境均属这个环形带。在核心地带与边缘环形带之间有一个从人口高密度区向低密度区过渡的环形地带。该生存圈地貌为低山丘陵。人口密度的分布与决定人类生存条件的自然环境相对应，逻辑地证实了人口相对密度分布图是合理的，也反证了我们对于各都户口、面积的统计是可靠的。分布图的合理性与可靠性还可以从县城的地理位置，以及其他社会经济指标中得到进一步证实。

在人口密集的核心地带——休屯歙盆地中，屯溪居其中偏西，歙县与休宁的徽城则分别居于盆地的东端与西端，徽城与海阳城恰好处于核心地带与过渡区环形带的交切线上是合理的。从政治上来说，作为赋税主要来源的核心地带是封建统治者历来严加控制的，其统治网络较为完善。县城处于交切线上，正是便于对广大的人口稀疏而统治网络相对不够严密的山区加强控制。从经济上来说，县城的位置也有利于促进平原与山区的经济交流。从军事上来说，徽城与海阳城正好把守着屯溪盆地的东西大门，它们处于平原与山区的交界处，既有可以凭险而守的群山作屏障，又有湍急的练江与横江作深濠，难攻易守，保卫着人口稠密地带的安定。现代，两县城的军事意义已不复重要，于是徽州的中心便由徽城移至核心地带的中心——新安江与皖南公路、铁路的连接点屯溪。

一系列的社会经济指标也可证实人口相对密度分布图的合理性。（1）一般说来，人口密度高的地区总是土地肥沃、易于开发、水利方便之处。

徽州休屯歙盆地系新安江及其支流冲积而成的河谷地带，地势平缓、土层深厚、宜于耕作，面积在一百平方公里以上。（2）一般说来，人口密度高的地区总是商业发达、城镇众多。休屯歙盆地以屯溪镇为中心，向北偏东12公里为岩寺镇，再向东北11公里为徽城。屯溪镇的西北13公里为海阳镇（系直线距离）。四大城镇之间中小村、镇星罗棋布，新安江水系把它们联成一体，农民去城镇买卖农产品或商品当天便可往返。这与苏松杭嘉湖地区城镇分布的格局相似，唯其范围要小得多。（3）一般说来，人口密度高的地区也是历史悠久之区。《徽州府志》所载古迹一目基本上集中位于核心地带。（4）一般说来，人口密度高的地区也应该是世家大族密度高的地区。以歙县为例，核心地带的岩寺镇所在的19都共有22个望族，处于边缘环形带的34都连一个望族也没有，30至33四个都一共只有8个望族。

《徽郡三邑人口相对密度分布图》为研究区域社会经济史的学者提供了方便，但是它所展示的只是明清人口密度的一个横截面（局限于清初），还不足以显示人口密度分布纵向演变的全貌。囿于历史统计资料的匮乏，不可能作出明清各个阶段的人口密度分布图，俾以供徽州学者作纵向的比较研究。能够弥补这一欠缺的是，我们掌握了明清乃至民国各都村庄演变的统计数，而村庄密度与人口密度的关系是至为密切的，它能从一个侧面折射人口密度分布纵向演变的轨迹。

从17世纪末到20世纪上半叶，徽郡三邑村庄密度分布的演变是有规律可循的：村庄密度的增长是呈放射状由核心区向过渡环状和边缘环状带推进的。这一推进可以分为两个阶段。第一个阶段：1699—1827年，村庄密度的增加主要是向过渡环状带推进。核心地带经过长期的开发、经营，其生存空间已被开发殆尽。限于当时生产力的水平，已很难深化对生存空间的新的开拓。因此，核心地带聚居的大家族在其人口增加需要分支时，很难就近找到新的生存空间，于是分支便向过渡环状带迁徙，推动该环状带村庄密度的提高。与此同时，村庄密度增长的放射状推进也波及了边缘环状带。该环状带在清初是人口密度最低的地方，拥有村庄的绝对数很低。18世纪和19世纪上半叶，棚民不断地迁入边缘山区，种植由美洲传入的玉米、山芋等旱地作物。清政府对棚民的政策经历了由镇压到承认其合法性的过程，最后将棚民编入户籍，课以赋役。边缘环状带所增加的村庄除棚民所建外，也有大家族分支迁入的。第二个阶段：1827—1937年，村庄密度的增加主要是向边缘环状带推进。这一阶段村庄密度变化的格局是核心地带收缩，过渡环状带趋于稳定，边缘环状带村庄剧增。歙县所有位于核心地带的都，其1937年的村庄数几乎没有例外地少于1827年。核心地带收缩的主要原因是太平天国时期的战争所造成的人口、财产的巨大损失。过渡环形带村庄数的稳定说明该地区在上一阶段已得到了全面的开发，村庄密度得到大幅度提高的都属于边缘环状带。歙县村庄增加最多的是南部和东南部的边缘区，特别是新安江注入浙江的边缘区。山区村庄密度的大幅度提高，一方面显示了人类征服自然能力的提高，另一方面也说明随着清代后期人口的急剧增加，需要开拓更多的新的生存空间。不过，要指出的是人口密度最低的地区虽说村庄密度增加最快，但是由于村庄规模受地理条件的限制，该地区的人口密度绝对值还是最低的。

透过村庄密度演变的历史踪迹，我们可以窥见人口密度分布纵向演变大略。可以断言，人口密度的增加也是经过了从核心地带向过渡环状带和边缘环状带呈放射状发展的过程。从1699年到1827年，人口密度得到最大提高的是过渡环状带，而从1827年到1937年人口密度发展最快的则是边缘环状带。核心地带的人口密度有所下降。当然从总体上来说，人口密度由核心地带向边缘环状带递减的三个层次的格局未变。

明清徽郡三邑人口密度分布的格局已如上述，新安名族密度分布的格局又是如何呢？我们据《新安名族志》统计出徽郡三邑各都名族的数量，按照算式：名族密度=都名族数／都面积（km²）求出各都每平方公里所拥有的名族数，即名族密度。把这些数据输入电脑，借助电脑绘制出《徽郡三邑名族密度分布图》（略）。分布图阴影由淡到深分为五个层次：第一个层次为每平方公里0—0.02个名族，第二个层次为0.02—0.08个，第三个层次为0.08—0.25个，第四个层次为0.25—0.50个，第五个层次为≥0.50。

对比人口相对密度分布图与名族密度分布图,可以清楚地看到名族密度第五、第四层次与人口密度最高的核心地带基本重合,名族密度第三层次与过渡环状带大体对应,名族密度第二、第一层次相当于边缘环状带的空间范围。人口密度分布格局与名族密度分布格局的一致性并非偶然。明清时期徽州地区普遍聚族而居,人口密度高的地区,宗族密度自然也高。据我们估算,明代三至四个大家族中便有一个名族。宗族密度高的地区名族数量多的可能性也就大。不过,应该注意到宗族的数量随人口增加、不断分支而增加,它与村庄的增加是同步的。而名族的数量明清两代却没有多少变化,它在宗族中所占的比例随着宗族的增加而不断缩小。

说人口密度高的区域名族密度也就高,这在统计上自然是正确的,但是人口密度高并非造就名族的必备条件。相反,倒是名族的蕃衍、分支、迁徙对人口密度的分布格局产生了直接的影响。这是因为名族分支的迁徙有着向核心地带推进的趋势,这一趋势与人口密度的放射状发展的方向正好相反。正是这种逆向推进,促进了核心地带人口密度的增长,从而使人口密度由核心地带向外逆减的格局保持不变。

结语

(1)徽郡三邑村庄与人口密度的放射状扩散,显示明清时代徽州社会经济呈增长的趋势,说明即便到了封建社会晚期,社会的发展并未停滞。村庄与人口大幅度增长,与徽商巨额资本的输回关系密切。商品经济的发展催发着资本主义的萌芽,酝酿着社会发展的新趋向。这一历史趋向为鸦片战争所改变。

(2)人口密度与宗族密度的相对一致,显示了中国封建社会结构的稳定性。宗族成为宏观结构的封建国家与微观结构的小农家庭之间的中介。宏观结构的社会透过这一中介,在政治、经济、伦理、社会心理、民风习俗等方面对微观结构的社会施加影响。宗法社会与资本主义社会是格格不入的。由于因袭这一沉重的历史包袱,明清社会内部潜在的新事物的涓涓细流难以汇成澎湃汹涌的历史洪流，冲决数千年堆积的封建堤坝。值得注意的是执商业牛耳的徽商，把数量惊人的货币源源不断地输回家园，不仅未能分解宗族势力，反而使它更为强固，这便是中国封建社会的特殊性。

（3）都一级人口与名族密度及村庄的消长演变，对于历史人口学、地理学来说属于微观研究范畴，对于区域社会经济史来说却属于宏观研究的范畴。它能帮助我们掌握对谱牒、文书、方志、契约等地方史料运用的主动权，从而把区域经济史的研究推向新的深度和广度。这项工作应引起学者们的重视。

原载《中国社会经济史研究》1989年第1期，
与美国学者凯瑟·海泽顿合作撰写，有改动

论徽州宗族社会的变迁与徽商的勃兴

徽州地域社会为什么会成为"商贾之乡",并造就了称雄商界数百年的徽州商帮?前人对此已多有论说。徽州人认为:"吾徽居万山环绕中,川谷崎岖,峰峦掩映,山多而地少。遇山川平衍处,人民即聚族居之。以人口孳乳故,徽地所产之食料,不足供徽地所居之人口,于是经商之事业以起。"[①]文人们也如是说,"新安土硗狭,田蓄少,人庶仰贾而食,即阀阅家不惮为贾"[②]。历代所修方志无一例外地将其归因于地理环境所造成的人地矛盾。万历《歙志·货殖》云:"今邑之人之众,几于汉一大郡,所产谷粟不能供百分之一,安得不出而糊其口于四方也。谚语'以贾为生',意不贾则无望,奈何不亟亟也。""人人皆欲有生,人人不可无贾矣。"近年来,徽商研究者所见也无出其右。将徽州的地理环境与徽商的勃兴作为因果来考察,有其合理的成分。人地矛盾,迫使徽人以竹木茶炭漆等土产换取商品粮,从而造成悠久的商业传统。但是,如果深一层问:地理环境与徽州相仿佛之区域甚多,这些区域虽也存在"以贾代耕"的现象,但为什么称不上"商贾之乡",出不了称雄商界的商帮?可见单一、静态、直观地研究是难以奏效的。笔者以为方法论的完善是有助于认识的

---

① 吴日法:《徽商便览·缘起》。

② 唐顺之:《程少君行状》,《唐荆川文集》卷一五。此外,诸如汪道昆《太函集》、王世贞《弇州山人四部稿》、李维桢《大泌山房集》、归有光《震川先生集》、金声《金太史集》、魏禧《魏叔子文集》等均有类似论说。

深化的。首先应该强调的是整体的研究。我们不仅要注意到地理与民生的关系，还应深入考察地理与文化的关系。即便就地理而言，除了要注意到徽州内在的多山，还要从宏观上把握徽州在江南所处的位置。就徽州社会而言，除了要考察商业外，还应研究宗族和科举，以及三者的关系。其次，应该从社会变迁的角度把握徽州社会的特质。这里，宗族组织是解开徽州社会之谜的一把钥匙。徽州特定的地理位置与地理环境，使它成为一个高移民社会，随着中原望族向徽州望族的变迁，徽州的山越文化也变迁为以宗族文化为核心的新安文化。最后，应该注意到社会的互动。徽州成为"商贾之乡"以及徽商的勃兴，正是在特定时空条件下的社会变迁，以及由此而引起的一系列社会互动的结果。

一、徽州是个高移民社会

徽州多山，"东有大鄣之固，西有浙岭之塞，南有江滩之险，北有黄山之阨"①，"其险阻四塞几类蜀之剑阁矣，而僻在一隅，用武者莫之顾，中世以来兵燹鲜焉"②。被群山封锁、与外界隔绝的徽州就成为避乱的理想世界。根据明刻本《新安名族志》的记载，最早迁入徽州的是方、汪两姓。方氏迁徙江南的背景是西汉末的社会动乱。当时任汉廷司马长史的方纮"因王莽篡乱，避居江西，遂家丹阳。丹阳昔为歙之东乡，今属严州，是为徽、严二州之共祖也"③。汪氏迁徙江南的背景则是东汉末的社会动乱。"汉灵帝中平间曰文和，以破黄巾功，为龙骧将军；建安二年，因中原大乱，南渡江，孙策表授会稽令，遂家于歙，是为新安汪氏始迁之祖。"④秦汉之际，徽州属古荒服之地，其居民为"椎髻鸟语"的山越人。随着汉人的南迁，江南的开发，山越人与汉人的矛盾激化起来。三国时徽

---

① 道光《徽州府志》卷二《舆地志下·形胜》。
② 方弘静：《方氏家谱·序》。
③ 戴廷明、程尚宽等：《新安名族志》。
④ 戴廷明、程尚宽等：《新安名族志》。

地属吴国。山越"依阻山险，不纳王租"①，"以材力保捍乡土"②，对抗孙吴政权。孙吴与山越进行了几十年的战争。建安十三年（208年）孙权部将贺齐平定山越，歙县被析为始新、新定、黎阳、休阳四县，连同歙、黟共六县，立为新都郡，这是徽州立郡之始。从此，开始了汉文化与山越文化融合的过程。

徽州是个移民社会。避乱是移民的第一位原因。此外，还有官于徽州，爱其山水清淑定居下来的。例如鲍氏，其先居于青州（今属山东），晋永嘉末，青州大乱，子孙避兵江南。东晋"咸和间，曰（鲍）弘复为郡牧……子孙世籍郡城西门"③。又如任氏，其先居于乐安博昌（今属山东）。梁天监中，任昉"为新安太守，尝行春，爱富资山水之胜，遂家焉。后名其居曰昉村、（昉）溪"④。徽州的大好山水加之闭锁的环境，成了乱世避难、治世隐居的世外桃源。

考察徽州的地理环境，不仅要注意到它的封闭性，还要注意到该区域整体所处的地理位置。徽州山区毗邻江浙平原地区，随着江南的开发以及战乱向江南平原地区的蔓延，中原士族南迁的避难地便因地理之便而逐渐深入徽州山区了。据《新安名族志》统计，两汉时迁入徽州的仅两族。此后，中原士族迁徽时间集中在三个阶段，即两晋、唐末五代及两宋之际。第一阶段为两晋之际。中原地区因"永嘉之乱"，造成人口南迁的高潮。中原士族跨江南下后又因东晋小朝廷内部动乱连绵不断，江南残破，庐舍为墟，因此有九个家庭便径直避入徽州。第二阶段为唐末五代。安史之乱后，藩镇割据，黄巢起义，中原动荡，四海沸腾，迫使更多的士族南迁避难。这个阶段，迁徽定居的有二十四族，其中近二十族迁自唐末。值得注意的是，他们中的大多数并不是直接由北方南迁进入徽州的，而是从邻近地区迁入。北方士族从江南平原地区向江南山地的进一步迁徙，一方面反

---

① 《资治通鉴》卷五六。

② 罗愿：《新安志》卷一《州郡·风俗》。

③ 戴廷明、程尚宽等：《新安名族志》。

④ 戴廷明、程尚宽等：《新安名族志》。

映了人口迁徙的持续性，另一方面也显示了徽州作为避难处的地理优越性。第三个阶段则是两宋之际。"靖康之乱"，金兵南侵，大批士族涌入江南，形成第三次人口南迁的高潮。这一阶段来徽定居的共有15族，其中11族是在南北宋之交。《新安名族志》共收有历代入居徽州的名族计78个，其中因避乱而迁入者有42个，约占迁入总数的54%。

由于道途梗阻，交通乏便，中原士族迁徙入徽是十分艰难的。就陆路而言，"惟万山环绕，交通不便。大鄣、昱岭雄其东，浙岭、五岭峻其西，大鱅、白际互其南，黄山、武亭险其北。路皆鸟道，凿险缒幽"①。水道有二：东溯新安江至歙县，西由鄱阳湖入阊江北上祁门。由于地势高峻，"天目于浙江之山最高，然仅与新安之平地等"②，徽州的水有高屋建瓴之势，滩高流急，从而形成难进易出之势。山水之险阻，使徽州成为难攻易守之地。千百年来的动乱连绵不断，然而却鲜有波及徽州的。就连日寇侵华也未能踏上古徽州的土地。唯一给徽州造成灾难的是近代太平天国时期的战争。正因为徽州的安定和秀美的山水，中原士族不避艰难，或攀行于山间鸟道，或挽舟逆水而行，络绎于徽州的道上，寻觅理想中的桃源世界，把徽州造就为一个高移民社会。

二、从中原士族到徽州望族

徽州的山是闭锁的，徽州的水却是开放的。随着水的流动，中原士族源源不断地涌入徽州；而山的凝固，却又使中原古老的文化在徽州积淀下来。文化的传播犹如投石水中形成的同心圆波纹，不断地由中心向边际扩散，当中心文化发生变迁时，其文化原型却在边际得以保存。中原文化在徽州得以积淀保存乃至发展的主要是士族宗族制度。这一制度萌发于东汉，形成并鼎盛于魏晋，衰亡于隋唐。士族是凝聚力最强的宗族群体，当中原烽火使他们难以安居时，他们便举族南迁。《新五代史》云"故唐公

---

① 吴日法：《徽商便览·徽州总论》。

② 归有光：《震川先生集·汉口志·序》。

卿之族丧亡且尽"①，反映的是北方地区的情况。在南方，尤其是南方的山区，士族宗族制度却得以保存②。中原士族移居江南后，失去了原先的政治特权和经济优势，既不能凭借出仕特权世代为官，也不能依靠庄田制聚族而居，宗族的凝聚力大大削弱。如何在新的时空条件下，强化宗族的凝聚力？宋代徽州的理学家们从理论上作了探讨。婺源朱熹著有《家礼》一书。这本书提出了加强宗族凝聚力的设计方案，其中有建祠堂、明世系、墓祭始祖和先祖以及置祭田等。朱熹的方案，一方面对宋以后宗族制度的发展影响深远，另一方面也是当时徽州望族（即南迁士族）实际宗族生活的客观反映。朱熹的门人杨复曾就祭祖问题问朱熹："而今士庶亦有始基之祖，只祭四代，四代以上则可不祭否？"朱熹答曰："若是始基之祖，想亦只存得墓祭。"③祭祀南迁始祖，是徽州宗族强化凝聚力的重要环节。民国《歙县志》描述了徽州的墓祭："邑中各姓，以程、汪为最古，族亦最繁，忠壮、越国之遗泽长矣。其余各大族，半皆由北迁南，略举其时，则晋、宋两南渡及唐末避黄巢之乱，此三期为最盛。又半皆官于此土，爱其山水清淑，遂久居之，以长子孙焉。俗重墓祭，往往始迁祖墓自唐宋迄今，犹守护祭扫，惟谨因之。坟地迷信受病亦深，祖坟荫木之争，辄成大狱，亦其一蔽矣。"墓者慕也，墓地乃追慕士族祖先的所在，也是收族、强化宗族凝聚力的所在。

宋代的程颢、程颐兄弟，其先亦徽州望族，乃忠壮公程元潭之后。程氏一支后迁河南，即颢、颐家族。程氏兄弟对宗族理论的建树亦多。他们有"士大夫必建家庙"④的主张，并大胆提出庙祭始祖的方案，这对于士大夫来说是僭礼的行为。但是在宋代的徽州，这种僭礼行为已不是个别现象了。例如前述"世望河南"的方氏。方纮因避王莽之乱迁徽州。纮二传

① 《新五代史》卷二八《豆卢革传》。

② 叶显恩教授在《徽州和珠江三角洲宗法制比较研究》（《'95国际徽学学术讨论会论文集》）中指出，"徽州宗族制是一直保持与正统文化相一致，堪称正统宗法制传承的典型"，而珠江三角洲的宗族制则为已经变异的亚种形态。

③ 朱熹：《家礼·附录》。

④ 《二程集》第二册，中华书局1981年版，第352页。

为储。汉和帝时储以贤良方正对策为天下第一，任博士，迁议郎、洛阳令、太常卿，死后追赠尚书令、黟县侯，葬淳安城内（歙县东乡），立祠享祭。方储死后被逐渐神化，"（储）生平之日，羽驾乘空，仙游之时，蝉蜕而去，咸以公为仙化，莫知所归，共建祠堂，以时祭享"①，方储祠堂后被称为方仙翁庙。宋政和七年（1117年），徽宗赐以"真应庙"额。《敕赐黟县侯庙额》载：方储"号仙翁，遂立庙，系在祀典。今千余岁，前后灵迹不少。近年以来，或因久旱，或苦淋雨，公私所祈，无不感应"②。生前显赫、死后神化的方储虽不是方氏始迁江南的第一代，但由于仙翁庙、真应庙逐渐成为方氏子孙的结集场所，"每岁仲春（今用季春）三日诞辰，子孙陈祭行三奠礼，读祝升歌，罗拜其下，祭毕聚饮，欢洽而散"③，因此，方储成为宗族崇拜的偶像，方氏认同的标识。祭祀始祖的合法化是在明代嘉靖十五年（1536年）"诏天下臣民祀始祖"④后。宋、元时代徽州庙祭始祖的现象（尽管有时不得不通过神化先祖以取得庙祭始祖的合法权），正是南迁士族追念显赫家世，强化族人门第观念以及群体意识的举措。

透过徽州的文献资料，可以看到徽州理学家的宗族理论在徽州实践的情况。徽州望族在诸多方面保持了士族宗族的遗风。

首先是徽州望族严密的组织性和持久性与士族宗族可谓一脉相承。赵吉士之《寄园寄所寄》云：新安各姓，聚族而居，绝无一杂姓掺入者，其风最为近古。出入齿让，姓各有宗祠统之，岁时伏腊，一姓村中千丁皆集，祭用文公家礼，彬彬合度。父老尝谓新安有数种风俗，胜于他邑：千年之冢，不动一抔；千丁之族，未尝散处；千载之谱系，丝毫不紊。徽州六邑望族的组织性都是十分严密的。如黟县，"黟地山逼水激，族姓至繁

---

① 《方氏会宗统谱》卷一八《碑记·后汉故大匠卿兼洛阳令加拜太常卿黟县侯赠尚书令丹阳方氏之碑》。

② 《方氏会宗统谱》卷一七《庙额·敕赐黟县侯庙额》。

③ 《方氏会宗统谱》卷一七《庙额·敕赐黟县侯庙额》。

④ 《嘉靖以来注略》，转引自冯尔康等：《中国宗族社会》，浙江人民出版社1994年版，第215页。

者不过数千人，或数百人或百人，各构祠宇，诸礼皆于祠下行之，谓之厅厦。居室地不能敝，惟寝与楼耳。族各有众厅，族繁者又作支厅。富庶则各醵钱立会，归于始祖或支祖，曰祀会。厅与会，惟旧姓世族有之"①。又绩溪"深山大谷中人，皆聚族而居，奉先有千年之墓，会祭有万丁之祠，宗祐有百世之谱"②。歙县"家多故旧，自六朝唐宋以来，千百年世系，比比皆是。重宗谊，修世好，村落家构祖祠，岁时合族以祭。贫民亦安土怀生，虽单寒亦不肯卖子流庸"③。康熙《休宁县志》在介绍该县宗族严密的组织性和持久性时，指出朱熹在士族向望族流变过程中所起的关键作用："一姓也而千丁聚居，一抔也而千年永守，一世系也而千派莫紊，率皆通都名郡所不能有此，岂非谈道讲学，沐浴紫阳之所留遗欤？"

其次，徽州望族十分注重家族的社会地位，其门第观、婚姻观与士族宗族有着明显的传承关系。

门第、婚姻都关系到家庭的地位。徽州望族为保持家族地位长盛不衰，十分注重联姻对象的门第，所谓"婚礼重门阀"，"婚姻论门第，辨别上中下等甚严"④。宋代乾道间胡舜申为绩溪《金紫胡氏家谱》作序，谈到汪、胡"世为婚姻"时，指出："（胡氏）居县之东街崇仁坊，而敦礼坊汪氏最盛，两家东西角立，世为婚姻，所居之地各占半县。绩溪言望族者，惟胡氏、汪氏。"这是望族婚姻的真实写照。为保持血统的"高贵"，徽州望族强调主仆之分，严禁主仆通婚。徽州盛行佃仆制，佃仆与主人之间有严格的隶属关系，其地位相当于士族宗族制下的徒附。《歙风俗礼教考》指出，在徽州"婚配论门户，重别臧获之等，即其人盛赀富厚行作吏者，终不得列于辈流。苟稍紊主仆之分，始则一人争之，一族争之，既而通国争之，不直不已"。《清稗类钞·奴婢类》讲到徽州望族使用佃仆经商或农作，佃仆也有升腾发达的，但是主仆绝不通婚："徽州之汪氏、吴氏，

①嘉庆《黟县志》卷三《风俗》。
②乾隆《绩溪县志·序》。
③许承尧：《歙事闲谭》卷十八《歙风俗礼教考》。
④光绪《婺源乡土志》，万历《祁门县志》卷四《风俗》。

桐城之姚氏、张氏、左氏、马氏，皆大姓也。恒买仆或使营运，或使耕凿。久之，积有资，即不与家僮共执贱役。其子弟读书进取，或纳资入官，主人不禁。惟既已卖身，例从主姓。及显达，即不称主仆，而呼主为叔矣。盖以同姓不婚，杜后日连姻之弊也。"

徽州望族通过墓祭、庙祭、修谱维系群体的认同和组织性。其门第观、婚姻观，亦利于维持家庭的社会地位。但是，侨居徽州的望族，毕竟失去了"官之选举，必有簿状"①的门阀特权。徽州望族要在政治上保持崇高的社会地位，强化族众的凝聚力，只有依靠其文化优势，大兴族学、书院，以猎取科举制下的功名。如元代黟县的集成书院，是一所由黄友仁创办的黄氏宗族义学。该书院后因元末农民起义爆发而废。明代，其裔孙黄志廉率族重建，仍作为督课族中子弟读书之所。此外，还有婺源的太白精舍、祁门的李源书院等。在徽州，望族之家往往人才辈出，名儒代有，居高位列仕版者也代不乏人。如清代歙县有"连科三殿撰，十里四翰林"之说。《歙事闲谭》载有北京歙县会馆观光堂的"题名榜"，列有清代歙县本籍、寄籍的京官和科场及第者名单，计有大学士4人，尚书7人，侍郎21人，都察院都御史7人，内阁学士15人；状元5人，传胪5人，会元3人，解元13人，进士296人，举人近1000人。明清两代徽州府科举居于全国领先地位，科举之盛是徽州望族重视教育的结果，也是造成望族之势久盛不衰的前提。

三、从山越文化到新安文化

由士族到望族的变迁，同时也是一个文化变迁的过程。宋代淳熙《新安志》的作者罗愿勾画了徽州文化变迁的大致走向："其（新安）人自昔特多以材力保捍乡土为称，其后浸有文士。黄巢之乱，中原衣冠避地保于此。后或去或留，俗益向文雅。宋兴则名臣辈出。"徽州的原始居民是山

---

① 《通志》卷二五《氏族略·序》。

越人，其原始文化则是单一的山越文化。山越文化的特征是"鲜知礼节"、剽悍尚武。这种尚武精神与中原士族"保捍乡土"的观念相结合，形成"武劲之风"。《歙风俗礼教考》云："武劲之风，盛于梁、陈、隋间，如程忠壮、汪越国，皆以捍卫乡里显。"同时，士族带来的中原汉文化，渐渐使徽"俗益向文雅"。如洪氏始迁祖经纶，"淮阳人，唐天宝六年进士，为宣歙观察使……稍暇与士人讲论，为歙宣文学首倡"，等等。随着中原士族的不断迁入，汉文化渗透到徽州"深山远谷"之中。唐末黄巢起义，造成历史上规模最大的一次向徽州的移民，加快了汉文化对山越文化的整合。垂至宋代，糅合汉越文化的新安文化形成。所谓"宋兴则名臣辈出"。在《歙风俗礼教考》中有相近的记载："若文艺则振兴于唐、宋……而元、明以来，英贤辈出，则彬彬然称'东南邹鲁'矣。"

新安文化的内核就是程朱理学酿造出的宗族文化。明代徽州文人汪道昆在《太函集·黄氏建友于堂序》中说："新安多世家强盛，其居室大抵务壮丽，然而子孙能世守之，视四方最久远，此遵何德哉！新安自昔礼义之国，习于人伦，即布衣编氓，途巷相遇，无论期功强近，尊卑少长以齿。此其遗俗醇厚，而揖让之风行，故以文特闻贤于四方。"汪氏将"世家强盛"与"礼义之国，习于人伦"相提并论，足见宗族文化与理学关系的密切。《绩溪县志续编》则云："新安为朱子阙里，而儒风独茂，岂非得诸私淑者深欤！"程朱理学渗透于徽州社会生活中，而徽州社会生活的特征即宗族生活。《茗洲吴氏家典》的一席话，可为宗族文化作注："新安为朱子桑梓之邦，则宜读朱子之书，服朱子之教，秉朱子之礼，以邹鲁之风自待，而以邹鲁之风传之子若孙也。"宗族文化正是以儒家伦理为规范，突出宗族血缘和地缘关系，强调家庭政治、经济地位和族众凝聚力的文化。

新安文化还融合了古老的山越文化。据何光岳《百越源流史》考，"戉"是带木柄的斧头。山越人就是使用"戉"砍伐林木，过着烧畲迁徙农业生活的人。淳熙《新安志》云：徽州"山限壤隔，民不染他俗，勤于山伐，能寒暑，恶衣食"。山区"地瘠薄，不给于耕，故其俗纤俭习事"①。这"能寒暑，恶衣食""纤俭习事"与"武劲之风"构成徽州习俗的两重性。《歙事闲谭》说徽州人"人知节俭，有唐魏之风；俗尚骨鲠，耻脂韦之习"。两个方面生发开去，就节俭一面而言，嘉靖《徽州府志·风俗志》详加说明如下："其家居也，为俭啬而务蓄积。贫者日再食，富者三食，食惟馇粥，客至不为黍，家不畜乘马，不畜鹅鹜。其啬日日以甚。""女人犹号能俭，居乡者数月不占鱼肉，日挫针治缲纫绽。黟祁之俗，织木棉同巷夜从相纺绩，女工一月得四十五日。徽俗能畜积，不至厄漏者，盖亦由内德焉。"就武劲一面而言，《婺源乡土志》在谈到该县风俗时，指出婺人"性颇刚猛，勇于私斗"。《歙问》则指出歙人有"人尚气节"，"宁甘斗讼，好义故争"之习俗。《祁门志·风俗》则指出歙人有"人尚气节"，"宁甘斗讼，好义故争"之习俗。万历《祁门县志·风俗》说祁人"尚气好胜，事起渺怒，讼乃蔓延"。康熙三十三年《婺源县志·风俗》分析了这种"尚气""好义"之习的两重性："厥土坚刚，故用之善，则为正直，为高明，为风节。用之不善，则为忿戾，为褊固，为狷急。"山越文化融合于汉文化之中，使新质的新安文化，除了有"理学第一"的宗族文化主旋律外，还有着"人知节俭""俗尚骨鲠"的双重变奏。宋代以后，当着"俗益向文雅"之际，这双重变奏，以其鲜明浓厚的性格色彩，使新安文化少了"脂韦之习"，多了阳刚之气，多了冒险、犯难、勇于进取的开拓精神。

徽州的山是闭锁的，徽州的水却是开放的。闭锁的山容纳着乱世避难的人们，开放的水又载送着山地难以容纳的治世求生计做生意的人们走向平原，走向市镇。随着治乱的交替，徽州进退吐纳着一批又一批避难或求生的人，新安文化在进退吐纳之间不断丰富、成熟。

徽州人经商的历史十分悠久。徽州的山将徽州人逼上经商的路。《知新录》云："徽郡好离家，动经数十年不归。读晋《司马晞传》，有云晞未败时，宴会，娟妓作新安人歌舞离别之辞，其声甚悲。后晞果徙新安。则

① 王世贞：《弇州山人四部稿》卷六一《赠程君五十叙》。

知此风自晋已然。盖新安居万山之中，土少人稠，非经营四方，绝无治生之策矣。"有人据此推测徽商起源于西晋。其实，这是毫无道理的。因为徽州人经商的开始应该说在第三次社会大分工时。但无论是第三次社会大分工或是西晋，这种经商的徽州人与其他地区的商人几乎是没有什么明显区别的。徽商是一个有着特定内涵的名词，是一个特殊的群体。徽商孕育于一系列社会变迁和文化变迁之中，形成于新安文化整合完成之后，勃兴于16世纪商业竞争激烈进行之际。胡适先生曾把徽商喻为徽骆驼，把徽商刻苦耐劳、百折不挠的创业精神赞为骆驼精神。这些从山沟里走出来的徽骆驼，之所以能在变幻莫测的商海中创造出辉煌的业绩，是因为他们背负着新安文化。历史上的徽商，正是指有着特定的新安文化内涵的商人群体。

徽骆驼是背负着宗族文化的群体，它们列成长队，在《家礼》的驼铃声中，跋涉于茫茫商海。商途上的每一个驿站，都建起了文公堂——供着朱熹神位的祠堂、会馆。徽商的凝聚力特强，他们是以血缘、地缘两根纽带绞合起来的群体。徽商的行为不是个人的，而是宗族群体的。明代学者金声指出："夫两邑人以业贾故，挈其亲戚知交而与共事，以故一家得业，不独一家食焉而已。其大者能活千家百家，下亦至数十家数家，且其人亦皆终岁客居于外，而家居亦无几焉。今不幸一家破则遂连及多家与俱破。"[1]因而宗族文化的组织性、持久性和家族地位至上性都渗入徽商的经营活动中，使这一商人群体有着极强的竞争力。

徽骆驼有着冒险、犯难的"武劲之风"。徽商有诗云："丈夫志四方，不辞万里游。"他们"诡而海岛，罕而沙漠，足迹几遍宇内"。徽商在远出经营时，往往有百折不回、破釜沉舟、不成功便成仁的精神。《大泌山房集》中有《朱次公家传》，次公朱模"贾淮楚间"。"初服贾，击楫中流而矢之：'昔先人冀我以儒显，不得志于儒。所不大得志于贾者，吾何以见先人地下，吾不复归。'已而贾乃十倍于旧。"颇有"壮士一去不复返"的

---

[1] 金声：《金太史集》卷四《与歙令君书》。

气概。徽商在所到之处，"一贾不利再贾，再贾不利三贾，三贾不利犹未厌焉"①。侨居客地，他们"宁甘斗讼，好义故争"。顾炎武在《肇域志》里指出，徽商"商贾在外，遇乡里之讼，不啻身尝之，醵金出死力，则又以众帮众，无非亦为己身地也"。

徽骆驼还有着刻苦耐劳的创业精神。徽州"俭啬而务蓄积"的习俗在徽商身上得到最充分的体现。徽商汪材，"早年丧父，与兄标营商于亳，历任艰苦，创业于家。不惮勤，观其自律之善，则居安佚而志在辛勤，处盈余而身甘淡泊"②。李上葆，"家故贫，弱冠佣工芜湖，备尽辛劳。中年贷本经商，家道隆起"③。许尚质"负担走吴门，浮越江南，至于荆，遂西入蜀，翁既居蜀，数往来荆湖，又西涉夜郎、牂牁、邛筰之境"，"归既富厚，犹兢兢力作，衣敝食蔬，强步五六十里如其贫时"。"间自念曩入蜀时，迷失道，伛偻扳崖谷，行冰雪中，至今使人毛竦骨竖"。"于是翁乃具论其生平艰难辛苦状，勒石堂右，以语子孙，大多筋力纤啬之言"④。许俸先，"苦其心志，劳其筋骨，以致富有"⑤。关于徽商"折节为俭"，"以约奉身，以勤俭率诸子孙"的记载俯拾皆是。徽商还有"非勤俭不能治生"⑥，"良贾深藏若虚，无移于侈汰"⑦的格言。徽商以勤俭作为积累财富的理性工具，终于成就了大事业。正如顾炎武所说：新都勤俭甲天下，故富亦甲天下⑧。

徽商的成功，有其必然的因素，因为他们拥有新安文化的底蕴。但是，其成功也有着偶然的因素。徽州人是幸运的。当着明代中叶商品经济繁兴之际，他们几乎占尽了天时、地利与人和。盐法的改变可谓"天时"。

① 祁门：《倪氏族谱》卷下《诰封淑人胡太淑人行状》。

② 《汪氏统宗谱》卷三一。

③ 光绪《婺源县志》卷三十四《人物志·义行七》。

④ 歙县《许氏世谱·朴翁传》。

⑤ 歙县《许氏世谱·朴翁传》。

⑥ 吴吉祜：《丰南志》之《从父敬仲公状》。

⑦ 吴吉祜：《丰南志》之《从嫂汪行状》。

⑧ 顾炎武：《肇域志·江南十一·徽州府》。

明初行开中法，边商中晋商最占优势。弘治五年（1492年）开中制改为折色制后，盐商的活动舞台逐渐向内地转移，尤其是向盐业居全国之首的两淮江浙地区转移。淮、浙两地距徽州甚近，原是徽商的势力范围。徽商借得"天时"并利用"地利"之便纷纷转为内商，并逐步成为内商的主体。万历《扬州府志·序》指出："扬，水国也……聚四方之民，新都（徽州）最，关以西（陕西）、山右（山西）次之。"与此相观照的，万历《歙志·货殖》也说："今之所谓大贾者，莫有甚于我邑。虽秦晋来贾淮扬者，亦苦朋比而无多。""人和"则是徽州内在的宗族凝聚力。徽商在扬州仍保持着聚族而居的习俗。例如，"自前明入国朝，历二百余年，世习毋笑"①的吴氏，移居扬州者甚多，支脉繁衍。吴氏在扬州"内收宗党，外恤闾巷"②。《扬州画舫录》指出，"吴氏为徽州望族，分居西溪南、南溪南、长林桥、北岸、岩镇诸村。其寓居扬州者，即以所居之村为派"③。徽商在经商地还十分重视建宗祠，祭祖先。如《汪氏谱乘·序》写道："吾汪氏支派，散衍天下，其由歙侨于扬，业鹾两淮则尤甚焉。居扬族人，不能岁返故里，以修禴祀之典，于是建有公祠。凡值春露秋霜之候，令族姓陈俎豆、荐时食，而又每岁分派族人专司其事。数十年来，人物既盛，而礼文器具未尝稍驰。""人和"的结果是建立徽商在扬州的垄断地位，近人陈去病云："扬州之盛，实徽商开之，扬盖徽商殖民地也。"④ "人和"实质上体现的正是新安文化的精神，它与"天时""地利"这些外在条件的结合，使以盐商为主体的徽州商帮终于形成，并在数百年间长盛不衰。

---

① 吴吉祐：《丰南志》之《皇清例封宜人覃恩诰封太宜人晋封太恭人显妣乔太恭人行状》。

② 许承尧：《歙事闲谭》卷二十八《吴瑞鹏》。

③ 李斗：《扬州画舫录》卷一三《桥西录》。

④ 陈去病：《五石脂》。

结语

在特定的时空条件下，经过一系列的社会变迁，徽州地域已形成宗族组织、文化科举和商业经营间的良性互动，三者之间宗族居于核心地位。这便是该地域社会整体的特征。在徽州山区争夺生存空间的竞争中，宗族要生存、发展，就需要功名和财力的保障。宗族对文化教学的重视，以及其自身所具有的悠久的文化传统，加之商人对教学的投资，使徽州人才辈出，整体文化素质提高，从而被誉为"理学之乡""东南邹鲁"。功名地位不仅使昔日的士族衍变为望族，而且给徽商的经营活动（尤其是国家专权的盐业）以特权的庇护。宗族组织对徽商经营的全过程予以强有力支持[1]，徽商则为建祠、修谱、置族田提供财力。在社会互动中，徽商往往兼备了儒商、官商和族商这三种身份。于是一幅相反相成的绝妙徽州乡俗图在汪道昆的笔下展现："新都三儒一贾，要之文献国也。夫贾为厚利，儒为名高。夫人毕事儒不效，则弛儒而张贾；既侧身飨其利矣，及为子孙计，宁弛贾而张儒。一弛一张，迭相为用，不万钟则千驷，犹之转毂相巡，岂其单厚计然乎哉，择术审矣。"[2]讲究"灭人欲"的理学与追求人欲的商人，只是职业的不同，"士商异术而同志"[3]。求"厚利"的商人，"虽为贾者，咸近士风"[4]。求"名高"的士子，"孜孜为名高，名亦利也"[5]。贾儒相通，所以徽州既为"理学之乡"，又为"商贾之乡"。这样，"读朱子之书，服朱子之教，秉朱子之礼"的徽州人，毫无难色地接受商人之"书"，商人之"教"，商人之"礼"——商人文化。于是，徽州商人一方面以新安文化为依托，走向全国，走出国门；另一方面，"专以纲纪宗族为己任"[6]

---

① 唐力行：《论徽商与封建宗族势力》，《历史研究》1986年第2期。

② 汪道昆：《太函集》卷五二《海阳处士金仲翁配戴氏合葬墓志铭》。

③ 《汪氏统宗谱》卷一一六《弘号南山行状》。

④ 《戴震集》上编《文集》卷一二《戴节妇家传》。

⑤ 汪道昆：《太函集》卷五四《明故处士溪阳吴长公墓志铭》。

⑥ 《方氏会宗统谱》卷一九《明故处士南滨方公行状》。

的商人又把自己的观念形态、生活习俗带回徽州，整合着新安文化①。徽商与本土文化的互动，改变着徽州人的观念。《歙风俗礼教考》云："商居四民之末，徽殊不然。"万历《歙志·风土》亦云其"昔为末富，而今为本富"。明人蔡羽所撰《辽阳海神传》直截了当地指出了徽州人价值观念的世俗化："徽俗，商者率数岁一归，其妻孥宗党全视所获多少为贤不肖而爱憎焉。"获多者为贤为爱，获少者为不肖为憎。文化的互动营造了真正的"商贾之乡"：徽州人"以商贾为第一等生业"②，"业贾者什七八"③，"虽士大夫之家，皆以畜贾游于四方"④。"商贾之乡"通过血缘与地缘两根管道向"遍天下"的徽商输送养料，使其雄踞海内，长盛不衰。

原载《中国社会经济史研究》1997年第2期，有改动

---

① 唐力行：《论徽州商人文化的内涵、特点及其历史地位》，《安徽史学》1992年第3期；《论徽州商人文化的整合》，《安徽史学》1993年第1期。

② 《二刻拍案惊奇》。

③ 汪道昆：《太函集》卷一六《阜成篇》。

④ 王世贞：《弇州山人四部稿》卷六一《赠程君五十叙》。

论徽商与封建宗族势力

明清时期徽商兴盛之日，正是中国资本主义萌芽已产生并缓慢发展之时。然而，徽商在其经营活动中却与封建宗族势力结成了同盟，旧的封建桎梏——宗族组织在徽商的桑梓之地不仅没有松弛，反而更为强固。本文拟就徽商与封建宗族势力之间相互作用，以及它们紧密结合所造成的社会后果略陈管见。

一

宗族与徽人经商的关系，近人吴日法在《徽商便览》中已有论及："吾徽居万山环绕中，川谷崎岖，峰峦掩映，山多而地少。遇山川平衍处，人民即聚族居之。以人口孳乳故，徽地所产之食料，不足供徽地所居之人口，于是经商之事业以起。"这里，他把徽州宗族聚居造成人口与土地的尖锐矛盾与徽人经商联系起来考察，应该说是把这一问题的研究向前推进了一步。然而，宗族势力在徽人经商、徽商兴起的过程中所起的具体作用，至今还未引起徽商研究者的足够重视。

明人金声在《与歙令君书》中指出："夫两邑人以业贾故，挈其亲戚知交而与共事，以故一家得业，不独一家食焉而已。其大者能活千家百家，下亦数十家数家"①。业贾对解决土地与人口的矛盾，从而维持宗族聚居有如此重大的关系，因此族人经商得到了宗族势力的积极支持。不少族规、家典上明文规定：族人"业无所就，令习治生理财"。对于"族中子弟不能读书，又无田可耕，势不得不从事商贾者"，要求"族众或提携之，或从他亲友处推荐之，令有恒业，可以糊口"②。

徽人经商的原始资本，大多与宗族有关。凡"官有余禄"或"商有余资"者，往往资助族人业贾。如徽人"某之先世，微时来扬投其戚属"，"至扬州，戚属各助以资，置质库中"，使他得以业贾③。也有委托族贾，附资经营的，如明清之际歙商江国政贾淮阴，"亲友见公谨厚，附本数千金于公"④。还有族人合资经商的，如明代休宁商程锁，"结举贤豪者得十人，俱人持三百缗为合从，贾吴兴新市"⑤。日本藤井宏曾将徽商资本的来源归纳为共同资本、委托资本、援助资本、婚姻资本、遗产资本、劳动资本和官僚资本七种类型。应该指出，除劳动资本外，其他资本大多与宗族势力有关。此外，还有借贷资本，也应是徽商资本的重要来源。如明代天顺间歙人许积庆，"委财利为外物，九族贾而贫者多惠贷，不望其息"⑥。徽人得到族人贷款经商的事例是很多的。

徽商所雇佣的伙计，大多为族人。"择人而任时"是商业成功的重要条件，最能得到信任的伙计自然就是族人。明代嘉庆、万历年间，歙人吴良友在外业贾，"宗人从叔贾，历年滋多"。歙人吴德明，"起家坐至十万，未尝自执筹策，善用亲戚子弟之贤者，辄任自然不窥苟利"。"平生其于亲族之贫者，因事推任，使各得业"⑦。《太函集》作者汪道昆之曾大父汪玄仪，"聚三月粮"的原始资本，"客燕代，遂起盐策，客东海诸郡中"。随

---

① 金声：《金太史集》卷四《与歙令君书》。

② 《茗洲吴氏家典》卷一《家规八十条》。

③ 褚稼轩：《坚瓠秘集》卷五《白水铜印》。

④ 歙县《济阳江氏族谱》卷九《清故处士国政公传》。

⑤ 汪道昆：《太函集》卷九一《明处士休宁程长公墓表》。

⑥ 歙县《许氏世谱》第五册《诰封奉政大夫坦斋许公行状》。

⑦ 吴吉祐：《丰南志》之《良友公状》《德明公状》。

着商业规模的扩大，"诸昆弟子姓十余曹，皆受贾"，他们在汪玄仪的指挥下，参与营运，"凡出入必公决策然后行"。汪玄仪发了大财，成为盐策祭酒，而同族昆弟子姓也发了财，"或者且加公数倍"①。

由于宗族势力在资金与人力上的支持，徽人经商之势历久而不衰。明代之前，"徽商"二字虽不见经传，但徽人善贾，在社会上已小有名气。明中叶，商品经济有了很大的发展，商业资本空前活跃。徽州商人风云际会，迅速崛起。成、弘后，徽人就贾越来越多，"业贾者什七八"②，经营的领域不断扩大，"海内无不至"③。徽商之间在竞争中加强了合作，而合作的纽带便是宗族之间的联姻。其实，宗族之间出于商业缘由通婚者，早已有之，但为巨族士夫所不齿。在"重本抑末"的封建传统观念的支配下，徽郡巨族的婚姻注重的是政治上的等级、门第，所谓"婚姻论门高"④。婚姻是他们攀龙附凤，提高宗族在地方特权地位的手段。明中叶，随着商业利润源源不断输回徽商的菟裘之地，徽州的风俗被潜移默化。最为明显的是妇女服饰的变化，"女人服饰，则六邑各有所尚，大概歙近淮扬，休近苏松，婺、黟、祁近江右，绩近宁国。而歙、休较侈……大抵由商于苏、扬者启其渐也"⑤。人的价值观念也发生了巨变。正德、嘉靖间人蔡羽指出："徽俗，商者率数岁一归。其妻孥宗党全视所获多少为贤不肖而爱憎焉。"⑥传统的经济思想受到猛烈冲击，"昔为末富，而今为本富"⑦。价值观念的改变，反映在婚俗上，就是陈腐的"俗重门第，贫富不论"⑧观念的被抛弃（主仆间的婚姻仍被严禁），财富与商业利益被放到首要位置。这种变化，是徽商成帮不可或缺的一环。这里，我们以徽州首

① 汪道昆：《太函副墨》卷一《先大父状》。

② 汪道昆：《太函集》卷一六《阜成篇》

③ 嘉庆《两淮盐法志》卷五五《徽州紫阳书院岁贡资用记》。

④ 嘉靖《徽州府志·风俗志》。

⑤ 许承尧：《歙事闲谭》卷十八《歙风俗礼教考》。

⑥ 蔡羽：《辽阳海神传》。

⑦ 万历《歙志·风土》。

⑧ 许承尧：《歙事闲谭》卷七《新安竹枝词》。

望汪氏的婚姻状况为例，略加剖析。

汪氏是个历史悠久的巨族，"刘宋军司马（汪）叔举，即越国公（汪华）高祖也，隐居汪村为汪村始祖"。"一郡六邑之汪，皆出其流，蔓延他郡他省之汪，亦皆自此出焉"①，甚而有"新安十姓九汪"之说②。宋代时，这个世家大族婚姻主要考虑的是门第。胡舜申为《金紫胡氏家谱》作序，谈到汪、胡"世为婚姻"时，指出："（胡氏）居县之东街崇仁坊，而敦礼坊汪氏最盛，两家东西角立，世为婚姻，所居之地各占半县。绩溪言望族者，惟胡氏、汪氏。县令赵循道（赵企，字循道，大观间尝宰绩溪——旧注）有诗云：安定、平阳抵两家，盖纪实也。"明中叶，汪氏出贾者日多。万历《歙志·货殖》云："邑中以盐笑祭酒而甲天下者，初则有黄氏，后则汪氏、吴氏，相递而起，皆有数十万，以汰百万者。"晚清歙县最后一代举人、《歙事闲谭》的作者许承尧指出："吴、汪之富，在明称盛。若江氏等，殆皆起于清矣。"③可以说，汪氏作为簪缨甲一邑的世家大族的同时，也就成为富商巨贾的商业世家了。汪氏的婚姻状况也随之变化，这在《太函集》中有集中的反映，我们援数例以说明之：

汪氏与"歙之西，故以贾起富，其倾县者称三吴"的溪南吴氏通婚。汪、吴两族在明代都为大盐商。正德、万历间曾为盐笑祭酒的吴汝承，其曾孙吴洵美与汪道昆的长孙女联姻，得子吴荣昌也为巨贾。

汪氏还与程氏通婚。汪道昆自述家世云："吾大父，先伯大父始用贾起家，至十弟始累巨万"，"自大父亢始宗盐策"④。汪道昆的先大父与徽商程嗣功的先大父，"以盐策贾浙江，相与莫逆"。两家由商业合作而通婚，"余先考若公之先考，并受贾，相与通家"。汪道昆进而指出，程氏豪富，在梓里地位颇高，"其婚姻皆郡中名公卿"⑤。

---

① 《绩溪县志采访表》，民国二十二年。
② 戴廷明、程尚宽等：《新安名族志》。
③ 许承尧：《歙事闲谭》卷四《吴士奇〈征信录〉中之〈货殖传〉》。
④ 汪道昆：《太函集》卷一七《寿十弟及耆序》。
⑤ 汪道昆：《太函集》卷一六《海阳程次公七十寿序》，卷四三《明故通议大夫南京户部右侍郎程公行状》。

汪氏还与商贾辈出的孙氏同结秦晋。"休之东略兖山距歙五里而近，汪长公系出越国，是为吾宗。草市夹岸而居孙氏最著，二姓秦晋匹也，世为婚姻。"①

汪、胡仍继为通家，汪道昆的母亲即"胡之自出"。汪道昆在《南山篇》中，除了夸耀胡氏显赫的门第——"里中世家"外，对叔舅经商"席故饶，务豪举"也颇为自得。

汪氏依据商业利益选择婚配的例子很多，不一一罗列。宗族之间以商业为红线织起婚姻网络，产生三个明显的社会效果：

第一，婚俗的改变，既是商业发展的后果，又是促进商业更大发展的前提。最直接的好处是，原始资本的来源进一步扩大。族谱中关于"脱簪珥佐公充什一资""公乃挟妻奁以服贾""尽出簪珥衣饰为资斧""尽出奁具授之"的记载甚多。值得注意的是，宗族之间的媾通，还使商业经验得以交流。如汪孺人出生于"武林（杭州）邸中"，自小在父亲的店铺中长大。耳濡目染，使她精于筹算。这位娘家"以不赀倾郡"的汪孺人与"家拥素封"的吴次公结婚后，积极参与商业决策，"诸与次公共事者，孺人有所臧否，厥后屡中"②。又如大盐商之女胡氏嫁张处士后，"胡氏母绝贤，自梱内主计盐策，骎骎起富。二子修故业，致不赀"③。再如，客居扬州的吴、黄二氏"俱歙名族"。溪南吴氏女归竦塘黄氏后，"泉布出入，不假簿记，筹算心计之，虽久，锱铢不爽"，"处士既得孺人，无内顾虑，专精乘时，致资巨万。处士卒，子濡继其业，资益大殖"，"两世尝甲乙焉"④。因此，不少徽州商人坦率地把"起家累千金者"，归结为"孺人内助之功不少也"⑤。通家间的交流和合作，使徽人更精于从商之道。

第二，婚俗的改变，既是徽人经商的后果，又是徽商成帮的前提。徽

---

① 汪道昆：《太函集》卷五五《明处士兖山汪长公配孙孺人合葬墓志铭》。

② 吴吉祐：《丰南志》之《一恭孺人状》。

③ 汪道昆：《太函集》卷一二《寿张处士序》。

④ 歙县《竦塘黄氏宗谱》卷五《黄母吴氏孺人行状》。

⑤ 《汪氏统宗谱》卷三一《行状》。

州各宗族血缘集团之间由于商业利益而互通婚姻，不仅加速了簪缨望族与商贾世家合一的趋势，而且使宗族血缘纽带大大延伸、交叉，加强了各宗族集团在商业上的合作。徽州商帮既是地域的概念，同时又具有浓厚的血缘特色。由此，也就造成了徽商的一个重要特征：徽郡六邑各有其主要操持的行业。其中，歙县多盐商，休宁多典当商，婺源多木、茶商，祁门则瓷、茶、木商居多。各邑均有主干商业，除地理、物产诸因素外，主要是因为由宗族联姻所织成的血缘网络，覆盖面往往仅及一邑。所以同为徽商，各邑主干商业却不相同。它在客观上有利于各徽商集团互不干扰地发展势力，建立垄断。同时，各血缘网络又互相交叉，这表现为各邑在主干商业外，百业俱存、无货不居。徽商正是以宗族血缘为基础所构筑的血缘与地缘相结合的封建商帮。

第三，婚俗的改变，既是商业竞争的后果，又是进一步竞争的前提。徽商通过宗族集团之间的联姻，加强商业经营的合作，本身就说明了随着商品经济的发展，封建商业内存在着激烈的竞争，而徽州商帮的形成则加强了徽人在商业活动中的竞争力。

总之，宗族势力在徽商形成和兴起的过程中所起的作用，是不可低估的。

二

徽商的兴起得力于宗族势力。徽商在商业竞争中的进一步发展，更离不开宗族势力的支持。

(一)借助宗族势力，建立商业垄断

封建商业的掠夺本质，就在于通过贱买贵卖同一商品，攫取商业利润。在各地方市场上，坐贾为实现贵卖，展开竞争。要最大限度地提高利润率，只有排斥竞争，建立垄断。徽州坐贾对地方市场的垄断是从两个方面来完成的：其一是控制城镇市集的全部贸易，其二是把持某一行业的全

部业务。

垄断是在宗族势力全力支持下建立的。徽人外出经商，在城镇市集落脚后，其族人随之而来，其乡党随之而来。徽籍著名学者胡适在给绩溪县志馆编纂的信函中，就强调要注意徽人举族移徙经商与建立垄断的关系，他说："县志应注重邑人移徙经商的分布与历史。县志不可但见小绩溪，而不见那更重要的'大绩溪'，若无那'大绩溪'，小绩溪早已不成个局面。新志应列'大绩溪'一门，由各都画出路线，可看各都移殖的方向及其经营之种类。如金华、兰溪为一路，孝丰、湖州为一路，杭州为一路，上海为一路，自绩溪至长江为一路。然亦有偏重，如面馆业虽起于各村，而后来成为十五都一带的专业；如汉口虽由吾族开辟，而后来亦不限于北乡。然通州自是仁里程家所创，他乡无之；'横港'一带亦以岭南人为独多。"①胡适提出"大绩溪"的概念，是很有道理的。绩溪人举族移徙经商，在一些城镇市集建立起垄断组织，这些地方便成了小绩溪外的"大绩溪"。推而言之，则小徽州外有"大徽州"。长江中下游有"无徽不成镇"之说，也反映了徽商对地方市场的垄断。

绩溪《上川明经胡氏宗谱》追述胡适祖上经商的历史，清楚地显示了举族移徙的趋势："吾族自十三世以前，经商者颇少，其后则文阄公于闽，兆孔公于上海，汉三先生于广，其商业皆焜耀一时。逮道咸间，端斋公起，遂以开文墨业名天下。同时族人列肆上海者，又有万字招十三肆，皆兆孔派也。鼎字招九肆，皆志俊公派，而余派亦称是。同光之际，则上海有贞海公之鼎茂，玉庭公之万生端，贞春公之松茂。南京有方楷公之恒之，三溪有先大父荫林公之景隆，跗鄂相衔，业并素封，故旅遂以善贾名。……又吾族旅食以上海一带为最多，率常数百人，闻始商上海者即兆孔公，然则今沪地族侨，宜祀公为哥伦布矣。"②继之，是大量徽商涌向扬州，近人陈去病云："扬州之盛，实徽商开之，扬盖徽商殖民地也。"③

---

① 《绩溪县志馆第一次报告书·胡适之先生致胡编纂函》。
② 绩溪《上川明经胡氏宗谱》下卷《拾遗》。
③ 陈去病：《五石脂》。

徽商在建立区域性垄断时，联结宗族势力，造成人力、财力上的优势。例如，在汉口，婺源商人程栋"颇得利，置产业"，"凡亲友及同乡者，借住数月，不取伙食，仍代觅荐生业"①。又如江西吴城镇是个"徽商辐辏之区"，黟县商人朱承训，对"乡人觅业而来，与失业而贫者"，"因材推荐"②。这就使族人乡党势力不断发展，从而达到排斥异己的目的。明景泰、弘治间徽商许孟洁在"淮泗通津"的重镇正阳经营20余年，其族人纷纷前来投靠。许"尤睦于亲旧，亲旧每因之起家"，渐渐形成徽商垄断的局面，"故正阳之市，因公而益盛"。许孟洁客死正阳，"挽者近三千人，观者万人皆叹息，以为商而感人如此，虽达官贵人未之有也"③。许氏势力之大，于此可见一斑。徽商对城镇的垄断，还可以从他们占籍的人数来看。在号称"山东之集而中国之枢"④的山东临清，"十九皆徽商占籍"⑤。徽商在他们所控制的城镇市集，垄断百货贸易，攫取高额利润。明代的南翔镇，"往多徽商侨寓，百货填集，甲于诸镇"⑥。罗店镇"徽商凑集，贸易之盛，几埒南翔矣"⑦。

徽商在建立行业性的垄断时，离不开宗族势力的支持，我们以典当商为例加以说明。"典商大都休人"⑧，他们的竞争策略，是族人乡党从事同一行业，凭恃雄厚的资本，采取一致行动，降低典利，挤垮本薄利高的异帮商人。《金陵琐事剩录》卷三载："（金陵）当铺总有五百家，福建铺本少，取利三分、四分。徽州铺本大，取利仅一分、二分、三分，均之有益于贫民，人情最不喜福建，亦无可奈何也。"明代在上海开典铺的汪处士发财后，又在附近各县增设典铺，分派宗族子弟掌计，"处士与诸子弟约：

---

① 《婺源县采辑·孝友》。

② 同治《黟县三志》卷七《人物志·尚义》。

③ 《许氏统宗谱·处士孟洁公行状》。

④ 吴吉祜：《丰南志》之《百岁翁状》。

⑤ 谢肇淛：《五杂俎》卷一四《事部二》。

⑥ 万历《嘉定县志》卷一《市镇》。

⑦ 万历《嘉定县志》卷一《市镇》。

⑧ 许承尧：《歙事闲谭》卷十八《歙风俗礼教考》。

居他县，毋操利权。出母钱，毋以苦杂良，毋短少。收子钱，毋入奇羡，毋以日计取盈"。其结果是"人人归市如流，旁郡邑皆至，居有顷，乃大饶，里中富人无出处士右者"①。汪氏以薄利吸引贫民，扩大了经营规模。又如在浙江平湖县"城周广数□（里）余，而新安富人，挟资权子母，盘踞其中，至数十家。世家巨室，半为所占"②。在江苏泰兴"质库多新安人为之，邑内五城门及各镇皆有"③。这样，徽州典商在各地逐渐扩大自己的势力范围，建立起行业性的垄断。

（二）借助宗族势力，展开商业竞争

坐贾之外，还有行商。徽州富商大贾周游天下，西藏、台湾、东北、闽粤乃至海外都有他们的踪迹。行商的利润是由同一商品贱买贵卖所造成的价格差额以及剥削运输工人所得的利润组成。行商比坐贾的经营活动要复杂得多，其利润率高低取决于下列诸因素：对市场需求的正确判断和预测，货运周转率，正确估计季节、物候对价格的影响，运输工人的工资数额，等等。受这些因素的制约，贩运性贸易的经营方式往往是集团型的。资本愈大，组织愈严密，竞争力愈强，攫取的利润愈高。徽州富商巨贾在参与贩运贸易的竞争时，同样得到了宗族势力的支持。

对市场需求的正确判断和预测，是贩运贸易的前提，徽商十分注重对各地市场的考察。明代弘治、万历间徽商程季公，"东出吴会，尽松江遵海走淮扬，北抵幽蓟，则以万货之情可得而观矣"④。但是，市场行情瞬息万变，要做到"善察盈缩，与时低昂"，仅仅靠经验或对行情的一般了解是不够的。徽商对市场需求的判断和预测是依靠副手及在各地经商的族人提供的。因此，徽州行商十分重视修谱。绩溪商人章必泰，"隐于贾，往来吴越间"，"尝因收族访谱，遇福建浦城宗人名汉者于吴门，道及南峰

---

① 汪道昆：《太函副墨》卷四《汪处士传》。
② 康熙《平湖县志》卷四《风俗》。
③ 康熙《泰兴县志》卷一《风俗》。
④ 汪道昆：《太函集》卷五二《明故威将军新安卫指挥金事衡山程季公墓志铭》。

宗柘重建事，于是相与刊发知单，遍告四方诸族"，"厥后诣浦城，查阅《统宗会谱》与《西关谱》有无异同"①。在某种意义上，宗谱便成了徽人行商的联络图，"四方诸族"是他们取得可靠商业信息的重要来源。因而程季公能"坐而策之"，指挥族人同时进行多头的贩运贸易，"东吴饶木棉，则用布；淮扬在天下之中，则用盐策；吾郡瘠薄，则用子钱。诸程聚族而从公，惟公所决策。……行之十年，诸程并以不赀起，而公加故业数倍，甲长原"②。

行商要提高利润率，还必须加快贩运贸易的周转率，使资本在相同的时间里，发挥更大的效益。诸如水路、陆路交通工具的衔接、交通路线的选择等，需要事先作出缜密的安排。一些行业季节性较强，如木材商采购徽州本地木材，"于冬时砍倒，俟至五六月，梅水泛涨。出浙江者，由严州；出江南者，由绩溪。顺流而下，为力甚易"③。错过雨季，资本就得搁置一年。另外，还要缩短在采购或销售地的滞留。明嘉靖、万历年间，歙商王子承在四川，新安下贾运货至川，一时难以合适价格售出，商品贮在楮房，还得纳税。而他们急需购进的货物，又因资本垫付在贩来的商品上，难以周转。于是王子承代为销售，并贷款给他们采购④。由此可知，行商要增强竞争力，就必须建立起自己控制的商业集团，构筑自己的商业网，在购、销、运各个环节上安置自己的亲信。有关徽州行商的记载，都说明他们在这方面得到了宗族势力的支持。例如休宁汪福先，"贾盐于江淮间，船至千只，率子弟贸易往来，如履平地。择人任时，恒得上算，用是赀至巨万……识者谓得致富之道，里人争用其术，率能起家。数十年来，乡人称富者，遂有西门汪氏"⑤。汪福先有货船千艘，商业规模可谓大矣，宗族子弟在他的指挥下从事贩运，使他"赀至巨万"，而西门汪氏

①绩溪《西关章氏族谱》卷二四。

②汪道昆：《太函集》卷五二《明故威将军新安卫指挥佥事衡山程季公墓志铭》。

③赵吉士：《寄园寄所寄》卷一一。

④汪道昆：《太函集》卷一七《寿域篇为长者王封君寿》。

⑤《休宁西门汪氏族谱》卷六《盖府典膳福光公暨配金孺人墓志铭》。

也因此兴盛起来。

行商为提高利润率，还尽可能压低运输工人的工资。明人陈良谟在《见闻纪训》一文中，记载着徽商穷凶极恶地剥削迫害运输工人："同里许阿爱、杨达、万中极贫，惟以撑筏载商货为生。三人因与徽商程琳争雇直，触其怒，遂诬以侵盗货物米、布、干鱼若干。乃自取干鱼一包为赃，投里长郎升，贿嘱为证，呈告于州。州主林云溪信之，痛加箠楚。许阿爱自经死狱中，杨达、万中俱问刺徒配驿，陆续死于驿。阿爱父母老而饥寒，且苦无子，亦相继死。"徽商为了最大限度地提高利润率，还利用宗族制度下保留的奴隶制残余——佃仆制，驱使佃仆从事运输。例如，祁门《李氏分家文约》载："前项火佃，除各房婚姻丧祭急切重事，仍听量情使唤。其远行上县往州，装排、放木、讨柴等事，毋得互相使唤。其住房日后再整，俱是众备工食。"文书上把装排、放木等列为佃仆应服之劳役。其中，"远行下县往州"，应包含商品运输的劳役在内。这是徽商利用宗族势力的"得天独厚"之处，以利于他们在竞争中攫取更高的利润。

(三)借助宗法制度,控制从商伙计

徽籍巨贾往往兼行商、坐贾于一身，营运范围广，分设店铺多，需要雇佣众多的伙计。俞樾《右台仙馆笔记》载歙商许翁，有典铺"四十余肆，其人几及二千"。徽商要在竞争中立于不败之地，就必须加强对商业集团内部的控制，建立严密的管理体制。他们雇佣的伙计名目繁多，但就管理层次而言，一般分为代理人、副手、掌计、店伙或雇工四层。

代理人受商人的委托经营商业。如，江承封"为族人代理蓰务，绝无染指，经营或拙致亏赀本，愿倾产以偿。族人信其无私，恒谅之"[①]。

副手是商人的助手，其主要作用有三：一是商人与掌计之间的中间环节，起协调作用。例如，明嘉靖、万历年间婺源人李世福，"从诸父贾于江宁，握算计画，上佐诸父，下督掌计，而业日隆隆起矣"[②]。二是商人

---

① 江登云辑、江绍莲续辑：《橙阳散志》卷三《人物·隐德》。

② 婺源《三田李氏统宗谱·环畴东世福公行状》。

的耳目，使商人能"征贵贱运，睹若观火"。"大贾辄数十万，则有副手而助耳目者数人。其人皆铢两不私，故能以身得幸于大贾而无疑。他日计子母息，大羡，副者始分身而自为贾。故大贾，非一人一手足之功也"①。三是联络官府。《儒林外史》讲到"盐商人家，比如托一个朋友在司上行走，替他会客、拜客，每年几百银子辛俸，这叫做大司客"②。

掌计，即各店铺的管理人员，担负销售采购业务。例如，岩镇闵世章"走扬州。赤手为乡人掌计簿，以忠信见倚任。久之，自致千金，行盐筴，累资巨万"③。又如，歙商鲍志桐"少依我大父（鲍）凤占公习醝业，旋为我父司出纳，有才干，其资倚畀阅二十余年，未尝易主，家由是渐起"④。此外，还有用佃仆为掌计的，如黄彦修之父"遣仆鲍秋，掌计金陵"⑤。

店伙、雇工，一般由族人乡党或佃仆充当。

由以上可以看到，各层次的伙计基本上是族人乡党。富商巨贾要求他们"忠信""无私""铢两不私""绝无染指"。对于伙计来说，只要谨于职守，"以身得幸于大贾"，就有"分身而自为贾"的希望。例如，名重两淮的总商鲍志道就是"至扬州佐人业盐，所佐者得公以起其家，而公亦退自居积，操奇赢，所进常过所期，久之大饶，遂自占商数于淮南，不复佐人"⑥。即使是店伙，也有"超升管事掌钱财""几多兴家来创业"的⑦。

然而，能"分身而自为贾"的毕竟是少数。伙计行欺隐之事，时有发生。如吴良友为大贾，"宗人从叔贾，历年滋多，所没入即千缗不啻也"⑧。休宁黄氏"典务托匪其人，恣侵渔而反毁舍，以掩其狡，万金灰

---

① 顾炎武：《肇域志·江南十一·徽州府》。
② 《儒林外史》第二十三回。
③ 许承尧：《歙事闲谭》卷二十八《闵象南　吴幼符》。
④ 歙县新馆《鲍氏著存堂祠谱》卷二《例授奉直大夫州同知衔加二级鸣歧再从叔行状》。
⑤ 歙县《潭渡黄氏族谱》卷九《故国子生黄彦修墓志铭》。
⑥ 歙县《棠樾鲍氏宣忠堂支谱》卷二一《中宪大夫肯园鲍公行状》。
⑦ 徽州《桃源俗语劝世词》。
⑧ 吴吉祜：《丰南志》之《良友公状》。

烬一空①。佃仆窃资亡匿之事也不为少。黄彦修之父用仆鲍秋为掌计，鲍秋"干没巨万，自焚邸舍以绝纵"。程锁用仆为掌计，结果"窃资亡匿"②。

徽商祭起宗法制度的法宝，以加强对各级伙计（多为族人）的控制。嘉庆《黟县志·风俗》云："徽州聚族居，最重宗法。"徽商在经商地，仍保持着聚族居的习俗。例如，"自前明入国朝，历二百余年，世习眊筴"③的吴氏，移居扬州者甚多，支脉繁衍。吴氏在扬州"内收宗党，外恤闾巷"④。《扬州画舫录》指出，"吴氏为徽州望族，分居西溪南、南溪南、长林桥、北岸、岩镇诸村。其寓居扬州者，即以所居之村为派"⑤。徽商在经商地还十分重视建宗祠，祭祖先。如《汪氏谱乘·序》写道："吾汪氏支派，散衍天下，其由歙侨于扬，业鹾两淮者则尤甚焉。居扬族人，不能岁返故里，以修禴祀之典，于是建有公祠。凡值春露秋霜之候，令族姓陈俎豆、荐时食，而又每岁分派族人专司其事。数十年来，人物既盛，而礼文器具未尝稍弛。"又如，乾隆时徽商方士庶，"侨居广陵，未能即归故里。乃建宗祠、置祭田于扬，聚族之商于扬者，恪修祀事"⑥。再如，乾嘉间"总司鹾事十余年"的徽商郑鉴元，"先世以盐策自歙迁仪征、迁江宁、迁扬州，皆占籍焉"，他不仅在家乡"修歙洪桥郑氏宗祠，上律寺远祖海公宗祠，置香火田"，且在各经商地建祠设祭。在南京"建祖父江宁宗祠，三置祭田"，还在扬州宅后建亲乐堂，"子孙以时奉祭祀"⑦。徽商如此重视尊祖敬宗，其目的还在于收族，即以宗子的身份来管理约束族众，并以血缘亲疏尊卑关系来维护等级森严的管理层次。汪道昆在为徽商

① 《休宁古林黄氏重修族谱》。

② 汪道昆：《太函集》卷六一《明处士休宁程长公墓表》。

③ 吴吉祐：《丰南志》之《皇清例封宜人覃恩诰封太宜人晋封太恭人显妣乔太恭人行状》。

④ 许承尧：《歙事闲谭》卷二十八《吴瑞鹏》。

⑤ 李斗：《扬州画舫录》卷一三《桥西录》。

⑥ 民国《歙县志》卷九《人物志·义行》。

⑦ 许承尧：《歙事闲谭》卷二十五《郑鉴元》。

吴荣让写的墓志铭里，就勾勒了一幅徽商与伙计——宗子与族众的画面。吴荣让十六岁时，"从诸宗人贾松江"，因善于经营，很快就独立发展起来，并移徙浙江桐庐焦山开创新的事业。他在焦山"立宗祠，祠本宗，置田以共祀事如向法"，"召门内贫子弟，悉授之事而食之。诸子弟若诸舍人，无虑数十百指"。商业伙计均为族人，为加强对他们的控制，吴荣让每逢朔望日召集诸子弟（即伙计），"举《颜氏家训》徇庭中，诸舍人皆著从事衫，待命庭下以为常"①。

徽商还利用宗法制度，强化对从商佃仆的控制。佃仆在徽州的地位是极其低下的，所谓"主仆攸分，冠裳不容倒置"②，"主仆之严，数十世不改，而宵小不敢肆焉"③，"所役属佃仆不得犯，犯辄正之公庭。即其人盛赀积行作吏，不得列上流"④。《儒林外史》中提到徽商程明卿的书僮万雪斋，弄窝子（盐引）发了十几万的大财。程后来破产回了老家。就在万雪斋娶翰林女儿为媳的婚礼上，程恰好来到。万不由自主地跪地迎接，花了一万两银子才把主子打发走⑤。这虽是小说，当是社会现实的反映。徽商孙文林贾吴兴，"多纪纲之仆，毋能试一狎语"⑥。这里的"纪纲之仆"，就是被宗法制束缚住手脚的佃仆。

（四）借助宗族势力，投靠封建政权

明清时代，商业资本是在统治集团奉行抑商政策和专权制度的夹缝中艰难发展的。同其他商人一样，徽商也有受封建政治势力欺凌的一面。其中，有王公贵族的侵吞，如"万历癸卯七月，有大贾程思山挟辎重洛阳，为汝宁王所吞噬"⑦。有宦官的鱼肉，"中贵人以榷税出，毒痛四海，而诛

---

① 汪道昆：《太函集》卷四七《明故处士吴公孺人陈氏合葬墓志铭》。

② 程且硕：《春帆纪程》。

③ 赵吉士：《寄园寄所寄》卷一一。

④ 万历《祁门县志·风俗》。

⑤ 《儒林外史》第二三回。

⑥ 李维桢：《大泌山房集》卷七二《溪亭孙长公家传》。

⑦ 《新安张氏续修宗谱》。

求新安倍虐"①。还有恶霸、豪绅的荼毒，徽商王全业贾两浙，"县大猾张实出贱孥横行贾竖中，以口舌构人罪，即世家豪强争折节下之"②。为避免封建政治势力的欺凌，求得自身的发展，徽商十分注重投靠封建政权。

徽商投靠封建政权有着得天独厚的条件，因为徽州宗族势力与封建政权自来有天然联系。徽州巨族大多渊源于"中原衣冠"，其始迁祖"半皆官于此土，爱其山水清淑，遂久居之"。宗族势力的消长，往往取决于族中是否有人为官于朝。如"邑中各姓以程、汪为最古，族亦最繁"③，究其原因，首先是他们有显赫的祖先。程氏的先祖程元潭在东晋初任新安太守，受朝廷赏赐田宅而居歙④。汪氏迁歙始祖是刘宋军司马汪叔举。隋唐之际，"及越国公汪华起自澄源（原注：绩溪乡名），保障六州，率归命唐室，受国殊封"。其次是历代仕版不绝。汪氏"子姓济济，咸在朝列，由是而汪芒氏苗裔，日益繁衍，辟歙郡矢"⑤。因此，徽州各姓都十分重视培养子弟读书做官，并把这一条列为家典族规之首："族中子弟有器宇不凡、资禀聪慧而无力从师者，当收而教之，或附之家塾，或助以膏火，培植得一个两个好人，作将来模楷，此是族党之望，实祖宗之光，其关系匪小。"⑥徽州巨族不惜以重资举办书院学塾，徽商亦源源不断输送资金捐办学校，使徽州成为"东南邹鲁"。据朱彭寿《旧典备征》统计，有清一代各省状元数，安徽居第三，计有九人。安徽有八府五州，其中仅徽州一府便占四人。众多人跻入仕途，为徽商通过"叙族谊"联络封建政治势力创造了条件。同时，徽商本身往往也具有相当的文化修养，亦贾亦儒、贾儒结合，有利于他们同官府的交往。

"借资贵人，往往倾下贾"⑦，是徽商在商业竞争中所使用的主要手段

---

① 李维桢：《大泌山房集》卷六九《汪内史家传》。

② 汪道昆：《太函集》卷四五《明承事郎王君墓志铭》。

③ 民国《歙县志》卷一《舆地志·风土》。

④ 《新安程氏统宗补正图纂存》。

⑤ 陈去病：《五石脂》。

⑥ 《茗洲吴氏家典》卷一《家规八十条》。

⑦ 汪道昆：《太函集》卷四五《明承事郎王君墓志铭》。

之一。《西关章氏族谱》载，绩溪章必林"族叔盐经历公需次浙江，坐补原缺。历置诸场务，（必林）官宦相从，时与数晨夕，以故得名鹾政。是时，绩之业鹾者，半出其手，而于艰难兴替之会，皆为经划得宜，感其恩者不一而足"。其族弟章必焕（字斗南），"名著两浙，嗣是绩之业盐者，以斗南为鼻祖"。章氏一族依靠族中为官者的权势，得以上下其手，在两浙盐业中取得辉煌的进展，同籍商人也沾濡到了好处。明人李维桢指出："徽人多高赀商人，而勇于私斗，不胜不止，又善行媚权势。"①"行媚权势"是他们"勇于私斗，不胜不止"的前提。

徽商同封建政治势力的结合，在其经营专榷商品时表现得尤为突出。马克思指出，竞争是由封建垄断产生的。食盐自古以来就是封建国家专榷的商品。明代万历年间实行纲法，编入纲册的盐商成为世袭的专卖商。"凡商贾贸易，贱买贵卖，无过盐斤。"②各帮商人为取得盐的专卖特权，展开了激烈的竞争。竞争成败的关键，则在于他们同封建政治势力结合的程度。纲商要保持世袭专卖权，取得"官商"的资格便至为重要。嘉庆《两淮盐法志》载，成为官商的途径有二：一是"淮商登仕版，别立户籍，号曰官商，凡官吏需索，诸浮费皆不及"；一是"商籍行盐者，子孙官于朝，遂自立为官商。凡应出正项公费，或减半，或者竟有不出者"。这两条途径对徽商来说是畅通的。由于徽州各宗族对文化教育的普遍重视，徽商往往是亦贾亦儒，其中也有先贾后儒登仕版的。如大盐商江肇岷的儿子练如，"性颖悟，好读书，以家事浩繁，服贾瓜渚。（肇岷）公思振家声……复命归读，名振胶庠。康熙戊寅贡成钧，克付公期望之意"③。徽商十分重视延师课子，客籍扬州的徽商中，"世族繁衍，名流代出"。李斗《扬州画舫录》所记的高人雅士，有不少就是徽商或他们的子弟。因此徽商很容易跻身官商的行列。官商之上有总商，"众商行盐，必得总商作

---

① 《大泌山房集》卷六六《何中丞家传》。
② 《皇朝经世文编》卷五〇《户政》。
③ 歙县《济阳江氏族谱》卷九《清候选经历肇岷公传》。

保"①。由总商领导全纲商人经营业务，并对国家承担包税任务。总商由众商推举或官府指定，一般来说他有着更为强大的政治靠山。如鲍志道与长子鲍漱芳相继为总商，而次子鲍勋茂官至内阁中书加一级兼军机行走②。又如，"居扬州，淮北人多赖之"的总商曹锳，其父曹文埴官户部尚书，弟曹振镛官至军机大臣③。徽州宗族重视培养子弟业儒的传统，对徽商竞争总商是有利的。查阅《两淮盐法志》即可看到总商多为歙人。《歙县志》载："两淮八总商，邑人恒占其四。"明初，盐政实行开中制，外商多为山陕商人，内商多为寓籍淮扬的山陕商与徽商。嘉靖初"西北商贾在扬者数百人"④，势重于徽商。改行纲盐制后，徽商势力迅速增长。万历《歙志·货殖》云："今之所谓大贾者，莫有甚于我邑。虽秦晋来贾淮扬者，亦苦朋比而无多。"徽商在竞争中力克山陕商，从而操商界牛耳的原因，除了地理上接近以外，更重要的是徽商借助宗族势力，与封建政权有着更密切的联系。

（五）联合宗族势力，建立徽商会馆

明末，随着商品经济的发展，贩运贸易的规模日益扩大，对市场的争夺也日趋激烈。仅仅依靠一家一族的力量已不足以应付营运中所遇到的问题，也难以抵制外帮商人的竞争。于是，出现了把宗族势力联合起来的地域组织——徽商会馆。会馆盛行于清代。许承尧云："吾徽人笃于乡谊，又重经商，商人足迹所至，会馆义庄，遍各行省。"⑤会馆是封建商业竞争的产物，而会馆的作用却是维护本帮商人的垄断利益。徽商会馆在商业活动中所起的作用，主要如下：

首先，是联合徽商力量，摆脱牙人的控制。徽商为了摆脱牙人的敲

---

① 《皇朝经世文续编》卷五一。

② 歙县《棠樾鲍氏宣忠堂支谱》。

③ 李斗：《扬州画舫录》卷一〇《虹桥录上》。

④ 康熙《重修扬州府志》卷二五《闾里》。

⑤ 许承尧：《歙事闲谭》卷十一《北京歙县义庄》。

诈，有自身兼为牙人的。例如，在芜湖经营浆染业的阮弼，就是一身三任，兼为牙人、行商、坐贾①。然而，这毕竟是少数。徽商会馆集合众商的力量，援结官宦的权势，逐渐把牙人控制的中间垄断特权夺了过来。会馆一般都有自己的店铺、仓库、码头，为本帮商人提供方便。会馆在营建这些设施时，与牙行以及地方势力的冲突十分激烈。例如，雍正时湖北新安会馆，"欲扩充径路，额曰'新安巷'。开辟码头，以便坐贾、行商之出入。土人阻之，兴讼六载，破资巨万，不能成事，以致力竭资耗，而祭典缺然"。癸丑岁（1733年），歙人许登瀛出守邵陵，"公首创捐输，得一万五千金，置买店房，扩充径路，石镌'新安巷'额，开辟新安码头"②。

其次，是扶植本帮在商界的势力。徽人在经商地，受到地方势力或异帮商人欺侮时，会馆聚合众商之力"以众帮众"。"新都人……商贾在外，遇乡里之讼，不啻身尝之，醵金出死力，则又以众帮众，无非亦为己身地也。"③会馆还办理一些同乡公益事情，使商人"敦洽比，通情愫"，莫不知其休戚与共，痛痒相关。这有利于徽商在商业上联成一气，建立垄断。

再次，是举办利于商业的大型工程。这些工程依靠一家一族的力量是无法做到的。例如，"丹徒江口向有横、越二闸倾坏，后水势横流，船簰往来，迭遭险阨。道光年间，大兴会馆，董事请伸筹画筑二闸，并挑唐、孟二河。比工告竣，水波不兴，如涉平地"④。

最后，是代表众商与官府交涉商业事务。会馆董事以众商利益代表者的身份，与官府交涉商业事务。例如，木商运排途中税卡林立，巧立名目，税外征税，以至"商旅大困，有濡滞数月，不得过者"。徽州木商将徽木运往杭州出售，中间要经过严州的东关、闻堰两卡。徽州木商公所（行业性的会馆）代表众商与督办浙江通省厘捐总局、司、道反复交涉，使徽州木商得到免验单。"经过二卡，免其照票，呈单验明放行"，"候排

---

① 汪道昆：《太函集》卷三五《明赐级阮长公传》。
② 《重修古歙东门许氏宗谱·观察蕖园公事实》。
③ 顾炎武：《肇域志》第三册。
④ 光绪《婺源县志》卷三十四《人物志·义行七》。

抵杭，再由江干卡查点捐票"①，解除了"商旅大困"的威胁。

由上可知，会馆在商业经营中所起的作用，与宗族势力所起的作用相类似。由于它聚合众商之力，所能举办事业的规模就更大。徽商有举族、举乡移徙一地就贾的传统，就小城镇而言，客居其地的往往是一个或数个徽商宗族，它们之间还会由婚姻而媾通，会馆只是这些宗族势力联合的产物。在商业大都会，会馆则汇聚了更多的宗族。因此，徽商会馆既是地方乡土性的商人组织，同时又打上了宗族血缘的烙印。

徽商会馆与欧洲中世纪的"基尔特"不同。"基尔特"是纯粹的地域性或行业性的组织，而徽商会馆则带有强烈的血缘色彩，并以宗法制度维系内部的关系。徽商会馆"专祀徽国文公"，会馆房舍还兼为"朱子堂""文公祠"。朱熹所制订的《家礼》，是徽州各族"家典""族规"的蓝本。《茗洲吴氏家典》指出：吴氏族规乃"推本紫阳《家礼》，而新其名'家典'"。《家礼》以"三纲五常为大体"，目的是"明君臣父子夫妇之伦，序亲疏贵贱之仪"。《家礼》作为维护宗族统治的思想武器，被推而广之，运用到维持会馆内部的封建秩序上来。最富有或有"德行"的商人被推到"宗主"的地位，领导徽商与外帮势力竞争。这是徽商特别强固有力的重要原因。

三

宗族势力促进了徽商的发展，徽商资本反过来也强化了宗族势力。

明清时期，徽郡六邑宗族聚居之风日益隆盛，"士夫巨室，多处于乡，每一村落，聚族而居，不杂他姓"②。聚居的规模不断扩大，有"族居数千人"的，有"支祠以千计"的。宗族聚居地的社会经济结构，与我国广大农村一样，是地主制经济结构。所不同的是地主、自耕农和佃农被一条宗族血缘的纽带联结起来，透过脉脉温情的宗族纱幕，可以看到严重的阶

① 宣统《徽商公所征信录》。
② 程且硕：《春帆纪程》。

级分野。徽人宗谱上不乏"田连阡陌""筑室买田""广田园盛甲一乡"的记载，甚至有的商人地主一次就"增置休歙田产千余亩，佃仆三百七十余家"①。更多的族人却是"贫民不能自存者"。一旦遇到灾异，便"哀鸿遍野""告籴无门"，乃至"有枯棺不能举者"②。然而终明清两代，这种严重的阶级对立并未使宗族聚居的基础遭到破坏。究其原因，就在于徽商资本源源不断地给宗族血缘纽带输送营养。

"在商人资本仍然占着统治地位的地方，古旧的状态也就占着统治地位。"③徽商将部分利润输回故土，与其说是为了得到一张死后进入祠堂、享受子孙祭祀的入场券，不如说是对曾经帮助其商业经营的宗族势力的报偿。徽商资本是怎样加固着徽郡六邑的"古旧"状态呢？除了构筑祠堂、增置祭田、纂修谱牒，通过尊祖敬宗在精神上强化宗族血缘纽带之外，更重要的是不惜以重金购置族产，为宗族聚居提供物质基础。徽商购置土地作为族中公产，其田租收入用来泽惠族党、救济贫困。例如，明代祁门人胡天禄，"操奇赢，家遂丰"，"输田三百亩为义田，以备祭祀及族中婚嫁丧葬，贫无依者之资"④。明代岩镇人佘文义，"服贾，……买田百二十亩，择族一人领其储，人日馈粟一升，矜寡废疾者倍之，丰年散其余，岁终给衣絮。又度地二十五亩，作五音塜于岩溪之埭，听乡里之死者归葬焉"⑤。徽州田少，以至有购义田于外郡者。如清代歙商吴禧祖等，"共捐银万数千缗，置田千余亩，岁收其入，于季春、孟冬之月，给其族之颠连无告者，助丧助葬，立法于范氏义庄。事始于乾隆之三年，田购于宣城之泩水"⑥。徽商对宗族的捐助是多方面的，举凡衣食住宿、婚丧娶嫁、读书科举无所不及。徽商吴宗濊"侨寓姑苏，每岁必寄重赀赒族"⑦。徽商

---

① 休宁《率东程氏家谱》。
② 嘉庆《休宁县志》卷一四《人物·孝友》。
③ 《资本论》第三卷。
④ 赵吉士：《寄园寄所寄》卷九。
⑤ 嘉靖《徽州府志》。
⑥ 吴吉祐：《丰南志》之《杂志·杂记》。
⑦ 光绪《婺源县志》卷三十五《人物志·义行八》。

汪景晃，对"族之茕苦者，计月给粟，岁费钱百五六十千"，"冬寒无衣者，给之衣，岁费钱约五十千。疾病无医药者，给以药。贫不能亲师者，设义馆，岁费约二十千。死而无棺者，给之棺。岁岁行之，至年九十时，所费以万余计，给三千余棺"①。徽商汪元恂，"庀材伐石，筑广厦于里之西偏，以处周亲，凡三百六十四步，纵而南向者三，横而东西列者六，中敞为堂，前旷为场，面对颍溪"②。此外，还有代族之贫困者完纳官府赋税的。如徽商汪嘉树"代输本图积逋"③。徽商吴永亨，"乾隆壬寅，漕挽接运，族乏殷丁，众苦赔累，乃独任其事"④。腰缠万贯的富商捐出一部分利润，施舍族人，增置族产，让族人多少得到一点实惠，这就缓和了宗族内部小农的分化，使社会再生产得以继续进行。这些小恩小惠，族人之外的佃仆是得不到的。歧视、迫害佃仆，当时在徽州已成风俗。嘉靖《徽州府志·风俗》称："其主仆名分尤极严肃而分别之。臧获辈即盛赀富厚，终不得齿于宗族乡里。"康熙《徽州府志·风俗》夹注："此俗至今犹然。脱有稍紊主仆之分，始则一人争之，一家争之，一族争之，并通国之人争之，不直不已。"宗族与佃仆之间的对立状态，掩盖着宗族内部贫富分化、阶级对立的事实。谱牒志乘中常见"族居数千人，相亲相爱，尚如一家"⑤的记载，这自然是虚饰溢美之词。族之贫困者在徽商余唾的笼络下，虽不至全饿死于沟壑，但也不可能从根本上改变其阶级地位。

徽商与宗族势力互为奥援，结为同盟，这固然有利于徽商在商业中的竞争，同时又使它因袭了沉重的封建包袱，限制了徽商的进一步发展。从政治上说，欧洲的市民阶级与封建领主处于对立的状态，市民阶级进一步发展为资产阶级，并取得统治的地方，"它就把所有封建的、宗法的和纯朴的关系统统破坏了，它无情地斩断了那些使人依附于'天然的尊长'的

---

① 民国《歙县志》卷九《人物志·义行》。
② 民国《歙县志》卷九《人物志·义行》。
③ 民国《歙县志》卷九《人物志·义行》。
④ 嘉庆《休宁县志》卷十五《人物·多善》。
⑤ 同治《黟县三志·艺文志》。

形形色色的封建羁绊"①，而徽商却与封建政治势力紧密结合。从经济上说，西欧新兴资产阶级所进行的资本原始积累包括两个内容：一是对小生产者的土地剥夺；二是货币财富的积累，使"巨额财产像雨后春笋般地增长起来"②。资本的原始积累加速了从封建制生产方式向资本主义生产方式转变的历史进程。徽商积累的资本却大量消耗在捐助族人、增置族产上，这在客观上加固了小农经济。此外，他们积累的巨额资本还不断地被切割。按照宗族制度下分继财产的做法，徽商"均其资产，秋毫无私"。其"行状""墓志铭"中凡涉及遗产问题，都不外是"坐致不赏，悉举而与仲中分之"；"尽发其资产均与诸弟"；"数十年所积，悉以分弟"；"少有所获，必均分之，不以一钱自私"；等等。族长对族人财产继承有干预权，徽商无子息时，则由族人继承。《三冈识略》一书记载：汪姓徽商"以贾起家，积资巨万"，"汪无子，病将革，族人争立，抢夺一空，奴辈各攫资散去。汪卧床不得食，引首四顾，饮恨而卒"③。这种由积累而切割，再积累再切割的往复循环，限制了资本的进一步增长，因而也就限制了徽商进一步竞争的能力。

必须指出，徽商资本在加固封建古旧状态的同时，客观上还有着解体古旧状态的作用。徽商为便于贸易，把部分商业利润投入道路的修建，从而加强了各地方市场之间的联系。例如，明代休宁商查杰，"砌石埠于姑孰，甃南陵道百里"④。明代歙商方如骐，"石甃金陵孔道，以达芜湖"⑤。祁门商郑璇，"商于瓜渚，见运河为官民要道，遇粮运辄阻商行，璇捐金别浚一河，使官运无碍，商不留难，至今赖之"⑥。婺源商詹文锡，"承父命往蜀，至重庆界，涪合处有险道，名'惊梦滩'，悬峭壁，挽舟无径，心识之，数载后，积金颇裕，复经此处，殚数千金，凿山开道，舟陆皆

① 《马克思恩格斯全集》第四卷。
② 《马克思恩格斯全集》第二十三卷。
③ 《三冈识略》卷八《积财贻害》。
④ 道光《安徽通志》卷一九六《义行》。
⑤ 道光《安徽通志》卷一九六《义行》。
⑥ 同治《祁门县志》卷三十《人物·义行》。

便。当事嘉其行谊，勒石表曰'詹商岭'"①。随着商道的延伸通畅，徽商开拓了新的市场，特别是对开发西南地区起到了积极作用。徽商把更多的地区卷入商品经济领域，破坏着自然经济和宗族组织，还打破了徽州群山环绕的闭锁状态。例如，"箬岭界宣歙间，为歙、休宁、太平、旌德要道，其高径二十里，逶迤倍之"。徽商程国光"生计稍裕后，即决意为之，薙莽、凿石、铲峰、填堑，危者夷之，狭者阔之，几及百里。以歙石易泐不可用，本山石不足，复自新安江辇载浙石青白坚久者补之"②。又如，"郡北新岭峻险，行者艰阻"，歙商江演"捐金数万，辟新路四十里，以便行旅"③。再如，"祁、石之大洪岭，为徽皖要道"，黟商史世椿"倡捐经修，垫费千金"④。沿着新开的商道，商人重利之风也悄悄吹进了这个四塞之地，无情地冲击着这里"妇人纺织、男子桑蓬，臧获服劳，比邻敦睦"的封建田园生活，由正德、嘉靖初的"出贾既多，土田不重"，到万历时"金令司天，钱神卓地，贪婪罔极，骨肉相残"⑤。商品经济的发展，侵蚀着宗族聚居的经济基础。然而，徽商资本这种顺应历史发展的作用，充其量也只是为资本创造了历史前提。相比之下，徽商加固封建古旧状态的作用，反而更大些。

徽商与封建宗族势力的紧密结合，增强了它的竞争力，使它在贱买贵卖的营运中积累了巨额资金，势力"几半宇内"。然而，徽商却难以向中国最广阔的市场——农村进军。这一方面固然是小农业与家庭手工业相结合的中国社会经济结构具有内部的坚固性，难以为商业所肢解；另一方面，也是因为徽商因袭沉重的封建包袱，缺乏进一步竞争的力量。徽商以其商业活动破坏着封建的自然经济，又付出高昂的代价维持大量农民从事自给自足的经济。徽商虽然占据了很多城镇市集，然而它没有，也无力突

---

① 光绪《婺源县志》卷二十八《人物志·孝友二》。

② 道光《徽州府志》卷三《营建志上》。

③ 《橙阳散志》卷三《人物·义行》。

④ 同治《黟县三志》卷七《人物志·尚义》。

⑤ 万历《歙志·风土》。

破自然经济的藩篱，建立起全民族的市场。又由于明清时期（鸦片战争前）商业利润没有出现明显下降的趋势，商人自然不会把资本由流通领域转入生产领域，这是徽商极少投资产业的根本缘由。

对徽商与封建宗族势力关系的考察，可以为研究中国资本主义萌芽发展缓慢及封建社会长期延续的原因，提供一个新的观察角度。

原载《历史研究》1986年第2期，有改动

论商人妇与明清徽州社会

明代成弘后，徽州社会的巨变，盖缘徽商兴起所致，徽商自身亦成为徽州社会之一大新景观①。商人妇对徽商兴起乃至整个徽州社会影响至深至巨，不可不书。

一

徽州妇女自古便与商业结下了不解之缘。徽州"处万山中，所出粮不足一月，十九需外给"②。因而"徽民寄命于商"③。徽州最初的商业便是以山区所产之茶、木等交易粮食。妇女多参与商品生产，《歙风俗礼教考》云："茶时虽妇女无自逸暇。"

商品意识甚至渗入妇女的日常生活，淳熙《新安志·风俗》载宋代徽州风俗，"女子始生，则为植杉，比嫁斩卖以供百用，女以其故或预自蓄藏"。因而，明代成弘后，当商品经济的发展为徽商的兴起提供了舞台时，徽州妇女也从容地出演了商人妇的角色。明清时期徽人为贾者十之七八，商人妇也占了徽州妇女的绝大多数。徽商的事业离不开商人妇，商人妇的社会功能主要表现为以下五个方面：

① 唐力行：《论徽商的形成及其价值观的变革》，《江淮论坛》1991年第2期。

② 《止庵集·厘弊疏商稿序》。

③ 康熙《休宁县志》卷七《汪伟奏疏》。

（一）为徽商提供原始资本

商人妇所提供的资本有三类。其一是嫁奁。例如明代歙商吴烈夫"挟妻奁以服贾，累金巨万，拓产数顷"①。又如歙商许东井"微时未偿治商贾业，孺人脱簪珥服麻枲以为斧资"，"起家至盐筴，庐舍田园，迥异往昔，而声称奕奕著里中矣"②。明代内阁大学士、礼部尚书许国之父许钛也是靠妻奁起家的③。还有借助嫂奁作资本的，《岩镇志草》载，郑铣"弟铎善贾而无赀，铣语妇许，尽出奁具授之铎，贾荆扬间，业大振"。因此，汪道昆在记述金母"具赍斧赞（金）长公贾于淮，居数年，长公骎骎起矣，卒至饶益"时，评论道："母有首事功"④。以嫁奁为经商原始资本的现象在徽州较为普遍，这类记载也甚多。其二是聘金。《清稗类钞·婚姻类》载："徽人程某以赀雄其乡累世矣。生一子，少而痴。……无与论婚者。程氏故有质剂之肆在无锡，有汪氏者，世为之主会计。汪有女与程子年相若也。"汪氏为谋得聘金为资本，竟将女儿许配给痴子。程氏"割家赀巨万与之"，而其女"自此独处终身矣"。其三是劳动资本。康熙《徽州府志·风俗》云：徽州"女人犹称能俭，居乡者数月不占鱼肉，日挫针治缲纴绽。黟祁之俗织木绵，同巷夜从相纺织，女工一月得四十五日。徽俗能畜积，不至厄漏者，盖亦由内德焉"。妇女以纺织所得资助丈夫为贾的例子也不少。明代祁门善和里人程神保贫穷，其妻"李以蚕织簪珥助之，得三十金，贾峡江"⑤。清代歙县篁南人吴瑞玉"家甚贫，赘于姚氏，以纺织给朝夕，瑞玉后贾于台"⑥。

① 吴吉祜：《丰南志》之《存节公状》。
② 歙县《许氏世谱》第五册《明故叔祖母孺人王氏行状》。
③ 许国：《许文穆公集》卷一三《母孺人事实》。
④ 汪道昆：《太函集》卷一一《金母七十寿序》。
⑤ 李维桢：《大泌山房集》卷七三《程神保传》。
⑥ 民国《歙县志》卷十四《人物志·列女》。

（二）姻戚互助，组成商业网络

成弘后，商业竞争日趋激烈，"递废递兴，犹潮汐也"[1]。徽商在竞争中加强了合作，其合作的基础是宗族关系。联姻造成宗族血缘圈的交叉，从而扩大了合作的网络。以在扬州的盐业而言，万历《歙志》称，"邑中之以盐策祭酒而甲天下者，初则有黄氏，后则汪氏、吴氏，相递而起，皆由数十万以汰百万者"。嘉庆《江都县志》及近人陈去病撰《五石脂》则在黄、汪、吴三氏之外，又补充了程氏、方氏、江氏、洪氏、潘氏、郑氏、许氏诸大姓，并说"扬州之盛，实徽商开之，扬盖徽商殖民地也"。各大姓在扬州保持宗族聚居的格局。徽商在经商地十分重视建宗祠、祭祖先。《汪氏谱乘·序》载："吾汪氏支派，散衍天下，其由歙侨于扬，业鹾两淮者则尤甚焉。居扬族人，不能岁返故里，以修禴祀之典，于是建有公祠。"汪道昆在《太函集》中指出，汪氏与"歙之西，故以贾起富，其倾县者称三吴"的溪南吴氏通婚。汪、吴两族在明代都为大盐商。正德、万历间曾为盐策祭酒的吴汝承，其曾孙吴洢美与汪道昆的长孙女联姻，得子吴綮昌也为巨贾。各宗族借联姻在商业上互为奥援，增强了与其他商帮角逐的力量。有的宗族之间甚至结为较为稳定的通婚集团。《清稗类钞·豪侈类》载，在淮北盐商集散地清江浦，有"徽人汪己山，侨此二百年矣。家富百万，列典肆，俗呼为汪家大门。与本地人不通婚，惟与北商（即淮北盐商）程氏互为陈朱而已"。

姻戚联手经营的事例也不少。婺源木商洪庭梅，"偕姻戚权木植于闽越楚蜀数千里外，推心置腹，然诺不苟"[2]，结果发了财。新安汪氏，"十年富甲诸商，而布更遍行天下"。"嗣汪以宦游辍业，属其戚程，程后复归于汪"。戚属交替经营，而"二百年间滇南、漠北无地不以益美为美也"[3]。明人金声指出，"夫两邑人以业贾故，挈其亲戚知交而与共事"，

---

① 汪道昆：《太函集》卷五三《处士吴君重墓志铭》。
② 婺源《敦煌洪氏通宗谱》卷五八《清华雪斋公传》。
③ 许元仲：《三异笔谈》卷三。

姻戚之间在商业上利益相通，休戚与共，以至"一家得业，不独一家食焉而已"，"而一家破，则遂连及多家与俱破"①。

(三)攀附封建政治势力

与官宦联姻，是徽商攀附封建政权的一个重要途径。《二刻拍案惊奇·韩侍郎婢作夫人》云："徽州人有个僻性，是乌纱帽、红绣鞋，一生只这两件事不争银子，其余诸事悭吝。"徽商看重乌纱帽是经商的需要，其"不争银子"，是为了争得更多的银子。小说中讲到徽州盐商把干女儿江爱娘嫁给韩侍郎为偏房，"不争财物，反赔嫁奁。只图个纱帽往来，便自心满意足"。徽商与韩侍郎攀亲，就有了权力作后台，一则可以"借资贵人，往往可以倾下贾"②；二则可以取得官商的特权，保持盐业的世袭专卖权。这一类的例子甚多。《坚瓠九集》卷二《濯手倚松》记载了徽商吴某将其独生女许配应试儒士徐应登一事。吴某"有女求配，意得佳士，不计贫富"，是徽商联姻的普遍价值取向。

这样的联姻是双向的，徽州人为官后，也乐于联姻于巨贾。《丰南志·吴慕庵五十序》载："许（国）父本苏州贾，有阴德，故相国爱与巨富联姻，如女嫁休邑余村程爵子，固百万也。"贾儒合流，迭相为用，一则反映了商品经济发展对传统四民之分的冲击，二则也揭示了徽商成功的奥秘。贾儒合流，联姻为一大途径也。

(四)主持家政，使商人无内顾忧

《休宁率东程氏家谱》载商人妇孙勤行状云："自归公（程维宗）以来，勤劳恭慎，有过人知识。公终身驰驱于外，家政皆其经纪，日不遑宁，举无失所，累经忧患，处之泰然，乡里称其贤。"许国在《寿思源程公六十序》的条幅中写道：徽商程思源"业大饶，积逾十倍，皆赖孺人内

---

① 金声：《金太史集》卷四《与歙令君书》。
② 汪道昆：《太函集》卷四五《明承事郎王君墓志铭》。

助也"①。商人妇是如何主持家政，充当贤内助的角色呢？

首先是帮助丈夫创业。出身于商贾世家的妇女往往有很强的商品观念，当她们来到夫家后，往往会劝说丈夫去从事商业经营，以改变夫家的困窘。例如，汪道昆的大母"尝乘间告大父曰：'君家世孝悌力田善矣。吾翁贾甄括，闻诸贾往往致富饶，君能从吾翁游，请为君具资斧。'大父曰：'善。'及大父由甄括起，赍用遂优"②。再如，商家女朱氏所嫁汪家甚贫，"于是说汪君收余赀出贾荆襄，曰：'君第去，吾为君侍养，必当而父母心，君无反顾。'汪君竟以贾起，孺人先后之也"③。丈夫外出经商，由商人妇主持家计，这在商贾之乡已蔚为风俗。万历《休宁县志·风俗》描述了商人妇主持家计的情况："女人能攻苦茹辛，中人产者，常口绝鱼肉，日夜绩麻挫针，凡冠带履袜之属，咸手出，勤者日可给二三人。丈夫经岁客游，有自为食，而且食儿女者。贾能蓄积，亦犹内德助焉。"民国《歙县志·风土》也有类似记载："妇女尤勤勉节畜，不事修饰，往往夫商于外，所入甚微，数口之家端资内助，无冻馁之虞。"徽商经营所得也因商人妇的节俭，得以积累，投入营运。《歙淳方氏会宗统谱》收有熊颐所撰《傅溪方母徐孺人墓志铭》，较细致地叙说了徐孺人对徽商方西城创业的支持："盖西城远客数岁不一归，归逾月辄束装去，无内顾忧。孺人一灯荧荧，形影相吊毫无艰难愁苦之色，行李缝纫途中所需应手得，若宿构然而孺人不以告也。"徐孺人娘家在维扬业盐，"岁有所遗，孺人悉以急家用"。方西城得以从容在客地创业。

其次是帮助丈夫守业。徽商致富后，商人妇仍节俭持家，以守成之。例如歙商江终慕"既饶，安人纤俭如故"④。又如两淮总商鲍志道，"拥资巨万，然其妻妇子女，尚勤中馈箕帚之事"⑤，妻汪氏不务奢丽，捐资乡

① 许国手书条幅，藏徽州博物馆。
② 汪道昆：《太函集》卷四三《先大母状》。
③ 《休宁西门汪氏族谱》卷六《处士天赋公配朱孺人节妇行状》。
④ 《溪南江氏族谱·明赠承德郎南京兵部车驾署员外郎主事江公暨安人郑氏合葬墓碑》。
⑤ 李斗：《扬州画舫录》卷六《城北录》。

里,如"置田百亩,取租给族之众妇","重筑大母竭、七星墩竭、田水、溪桥诸道路,至今里人能道也"。这些义举,提高了鲍的信誉和声望,从而使鲍家长盛不衰。其长子淑芳继为总商,次子勋茂官至内阁中书,军机处行走。再如,《丰南志·黄孺人状》载,徽商吴长君"司计天津","垂十年才一归"。"初年,家稍微,及业大起,孺人斤斤自若,赘用一无所芬华",以至"骎骎逾溢,闺以内滋甚"。徐榜赞黄孺人道:"令人有女,富益尤之!"商人妇帮助丈夫守业,不仅表现为"女富溢尤",还表现在存亡继绝上。休宁率东程悦"商游江淮间,正德戊寅程君卒于旅"。其妻吴孺人,在程悦生前,主持家计,使"程君无内顾";在程悦死后替他还债,"倾奁佐还之",并告诫儿子程锁从贾,终至"起家累巨"[①]。

(五)直接参与商业经营

商人妇中有不少能人,她们直接参与商业经营。如汪孺人出生于"武林(杭州)邸中",自小在父亲的店铺中长大,耳濡目染,从而精于筹算。这位娘家"以不赀倾郡"的汪孺人与"家拥素封"的吴次公结婚后,积极参与商业决策,"诸与次公共事者,孺人有所臧否,厥后屡中"[②]。又如大盐商之女胡氏嫁张处士后,"胡氏母绝贤,自闺内主计盐笑,骎骎起富。二子修故业,致不赀"[③]。再如盐商金赦妻戴氏,"故习书计,部置中外,出入悉手籍之,伸起家则闺以内多助矣"[④]。还如,客居扬州的吴、黄二氏"俱歙名族"。溪南吴氏女归竦塘黄氏后,"泉布出入,不假薄记,筹算心计之,虽久,锱铢不爽"。"处士既得孺人,无内顾虑,专精乘时,致赀巨万"[⑤]。商人妇中最为杰出的,当推汪太太了。她丈夫汪石公是两淮八大总商之一。丈夫死后,"内外各事,均其妇主持,故人辄称之曰汪太

---

① 《休宁率东程氏家谱》卷一一《程母吴孺人传》。
② 吴士祜:《丰南志》之《一恭孺人状》。
③ 汪道昆:《太函集》卷一二《寿张处士序》。
④ 汪道昆:《太函集》卷五二《海阳处士金仲翁配戴氏合葬墓志铭》。
⑤ 歙县《竦塘黄氏宗谱》卷五《黄母吴氏孺人行状》。

太"。乾隆南巡时，汪太太曾仿杭之西湖风景建筑亭台园榭，以供御览①。由此得到高宗赞赏，更有利于她的商业经营活动。据扬州民间传说，汪太太曾为扬州八大商总之一②。

如上所述，商人妇促进了徽商的兴盛，而商品经济的繁荣又造成了徽州社会风尚的改变。首先是从妇女服饰的变化开始的，所谓起于青蘋之末也。《歙风俗礼教考》云："而女人服饰，则六邑各有所尚，大概歙近淮扬，休近苏松，婺、黟、祁近江右，绩近宁国。而歙、休较侈，数十年前，虽富贵家妇人，衣裘者绝少，今则比比皆是，而珠翠之饰，亦颇奢矣。大抵由商于苏、扬者启其渐也。"③歙休妇女服饰较侈，是与两邑商业最为繁荣相应的。嘉万年间，很多材料都反映了这种"商启其渐"的变化。如歙县丰南一村，据《丰南志》称："吾宗（吴氏）莫盛于今日（万历）。"其表现是"里妇竞富，服饰甚郁"，"纨绔子方与新妇盛簪珥、饰车骑以夸乡党"。风气变化的原因则是"转毂遍四方"的商业。

社会风尚的变化，导致了徽州人价值观念的变革。"徽俗，商者率数岁一归。其妻孥宗党全视所获多少为贤不肖而爱憎焉。"④获多者为贤为爱，获少者为不肖为憎。价值观的变革，冲击着封建时代传统的观念和秩序，这是有利于妇女的解放的。

徽州妇女地位的提高，在谢肇淛的《五杂俎》中有反映："美姝世不一遇，而妒妇比屋可封，此亦君子少、小人多之数也。然江南则新安为甚，闽则浦城为盛，盖户而习之矣。"妇女地位的提高，意味着对束缚妇女的封建纲常礼教的冲决，当时被称为"妒妇"自不足怪。浦城处闽浙赣三省交界处，物产丰富、交通方便，是商人辐辏之地，徽商移居该地也甚多。新安、浦城"妒妇"之多，是与两地商品经济的发达、商人妇经济地位的重要相对应的。谢肇淛分析造成丈夫惧内（即"妒妇"）的原因有三

---

① 徐珂：《清稗类钞》第七册《豪侈类·汪太太奢侈》。

② 参见杨德泉：《清代前期两淮盐商资料初辑》，《江海学刊》1962年第11期。

③ 许承尧：《歙事闲谭》卷十八《歙风俗礼教考》。

④ 蔡羽：《辽阳海神传》。

点，其中两点是与经济相关的：一是"贫贱相守，艰苦备尝，一见天日，不复相制"；一是"齐大非偶，阿堵生威，太阿倒持，令未已出"。比照前述商人妇对徽州商业的作用，恰是相合。可见，商人妇以其特殊的社会功能改变了徽州社会，从而也改变了自己。

二

徽州社会是如何作用于商人妇呢？商品经济的发展固然有利于妇女的解放，但是它同时又加固了徽州最为陈旧的宗族组织。

首先，这是徽商控制从商族众的需要。

徽籍巨贾往往兼行商、坐贾于一身，其营运范围既广，分设店铺亦多，需要雇佣众多的伙计参与营业。俞樾《右台仙馆笔记》载，歙商许翁，有典铺"四十余肆，其人几及二千"。徽商要在竞争中立于不败之地，就必须加强对商业集团内部的控制。徽商雇佣的伙计，大多为族人、姻戚以及佃仆。与山西商帮不同，徽商对从商伙计的管理并不是以严格的制度，而是借助于宗法关系，在脉脉温情的面纱掩盖下，以宗主的身份控制从商的伙计。这就揭示了徽商热衷于投资建设宗祠和纂修族谱的底蕴。移居他乡的徽商，在客居地建宗祠并不鲜见。例如，《歙事闲谭》载，乾嘉间"总司鹾事十余年"的徽商郑鉴元，"先世以盐策自歙迁仪征、迁江宁、迁扬州，皆占籍焉"。他不仅在家乡"修歙洪桥郑氏宗祠，上律寺远祖海公宗祠，置香火田"，且在南京"建祖父江宁宗祠，三置祭田"，还在扬州宅后建亲乐堂，"子孙以时奉祭祀"。乾隆时徽商方士庶"侨居广陵，未能即归故里。乃建宗祠、置祭田于扬，聚族之商于扬者，恪修祀事[①]。再如，在杭州，徽商叶道传"创宗祠于虎跑大路旁圣安山下"[②]。至于商人捐资在家乡助修祠堂，则更普遍了。

其次是徽商远出经商时保持家庭稳定的需要。

---

① 民国《歙县志》卷九《人物志·义行》。

② 民国《歙县志》卷九《人物志·义行》。

民国《歙县志·风土》云："邑俗重商，商必远出。出恒数载一归，亦时有久客不归者。新婚之别，习为故常。"徽商因行商之艰难而"久客不归"之事在方志、族谱中俯拾皆是。商人妇生活难以为继，威胁着商人家庭的稳定。嘉庆《黟县志》卷七载有一则事例："汪某外贾无耗，妇将改适人。（苏）源为作家书，并白金寄其家，妇意始定。越三年而后汪归。"如果没有黟商苏源惺惺相惜的义行，汪商家庭的破裂是无疑的了。但是，靠商人的个人力量，是不足以阻挡家庭不稳定的趋向的。于是，他们祭起宗族制度的法宝。

《歙风俗礼教考》云："间有作慝者，乡党共耳目之，奸诡不行焉。则非其人尽善良也，良由聚族而居，公论有所不容耳。"远行徽商借助乡党的耳目、聚族而居的"公论"来制止商人妇改适的"作慝""奸诡"，是最为可靠的了。这"公论"便是儒家的三纲五常；便是道学家的"存天理、灭人欲"，"饿死事小，失节事大"；便是徽商不惜以重金修纂的族谱上的家法家规。试以同治十三年修的《祁门方氏族谱》所载族规分析之。该族规共32条条款，举凡社会生活之方方面面均有涉及，其中专门针对妇女或涉及妇女的条款共13条，计有示家长、友兄弟、别夫妇、防继庶、严嫡妾、训诸妇、肃闺门、重婚姻、事舅姑、和妯娌、植贞节、尚勤俭、节婚嫁等，占族规之40%强。这些条款对妇女一生的行为作了严密的规范，其中最为关键的是强调夫为妻纲。在"示家长"中，要求家长"尤不宜轻信妇女奴隶之言，以取戾于家"。在"别夫妇"中，强调"夫者须正身齐家，不可使牝鸡司晨，为妇者当降心从夫，不可执一己之性间有悍泼不顺"。在"肃闺门"中，责令"妇女当从一处勤绩纺，力机杼，尽其常职。心有专用则邪避之念自无由生者"。在"植贞节"中，一方面以"公论"迫使妇女就范守节："妇女守节最为难事，宗族中或不幸而孤寡者，近属亲邻当资给扶持之，待其节终，公举表扬，以励风化。"另一方面，对于"改志转嫁者"，徽州各族都不假宽贷，而是运用"公论"的力量，加以弹压。《桂林方氏宗谱》的《凡例》有："如改志转嫁者，虽有子，止书其子，不书其母姓氏，为失节故也。"《尚书方氏宗谱》之《凡例》规定："女嫁名族书适，再适者黜不书"，"改适，于夫下黜，不详书，以明义绝"。这些族规、家法就像锁链，把商人妇的手足牢牢捆住，从而维持着商人家庭的稳定。"公论"的力量是不可忽视的。宗族把"学而入政，名登金榜；闺闱挺秀，巾帼完人"并列，认为它们"并为家国所重，宗社之光"。因而，几乎每一个宗族，都在族谱上"作科第录、节孝志，用彰既往，以励后来"①。族谱上的烈女传、闺闱淑德起着舆论导向的作用，钳制着妇女的思想，制约着妇女的行为。

族谱的广泛镌刻，甚至还促使了徽州印刷业的兴盛。徽商除了资助镌刻精良的族谱外，还不惜以重金镌刻儒家经典、朱子《家礼》以及《女儿经》《闺范图说》等书籍，强化对妇女的礼法控制。民国《歙县志》卷十一《人物志·列女》有一则女仆殉夫的记载，很能说明"公论"在妇女心理上形成的强大冲击，引导着她们的价值取向。兹录如下："尹春妻张氏。尹春（明末）潭渡人，（徽商）黄时耀之仆。而张即耀母之媵婢也。耀妻程氏知书史，姑尝令其陈说《列女传》以谕晓家人，张侍每乐听不倦。居岁余，尹春死。张泣辞主母欲殉。汪哭遣之曰：'尔亦思流芳耶。'张比掩户自经，家人急救而免。翌日自诣市市砒，市人易他物给之，又不死。乃自置一棺卧其中不起。汪挽之曰：'若盍侍我终年亦无损于节，何必遽尔耶？'张泣对曰：'婢志不可回，自听《列女传》时已决矣。'遂坚卧，不食而死。"当"公论"已内化为"志不可回"的人格操守时，徽商即便"久客不回"，其家庭一般也能保持稳定。乾隆年间徽商方士庶的《新安竹枝词》有："健妇持家身作客，黑头直到白头回。儿孙长大不相识，反问老翁何处来。"词中描绘的徽州风俗，透露了大多徽商家庭的稳定。许国曾为一个出嫁四年丈夫即客死贵池的方节妇立传。方节妇丧夫时年仅23岁，有一女和遗腹子，为延续方氏一脉历尽艰难。先是"宗人有利其产而谋夺节妇志者，节妇则以（遗腹子）顺走匿母家，令母弟讼之得免"。其后，方节妇又"绩麻枲，畜鸡豚，灌园以自给"，扶养子女，为他们操办

---

① 《歙淳方氏会宗统谱》卷一《凡例》，乾隆十八年刊本。

婚嫁。又为儿子方顺准备出贾的资本，帮助儿子经商。许国称赞方节妇云："保六月之遗孤而卒树立，外患之至若风雨飘摇，衰白而不失其所守，嗟乎可以为难矣。"

可见，徽商捐资撰修族谱、构筑祠堂，加固宗族血缘纽带，并非出于对祖先的偏爱，更多的是从其实际需要出发的。

最后是封建统治者的倡导。

宗族制度强化的倾向又得到封建统治者的支持。明清统治者倡导人伦纲常是加强专制皇权的需要。"三纲"是一个系统，君为臣纲的合理性是建筑在父为子纲、夫为妻纲合理性基础上的。宗主权是父权的延伸。封建宗族制度是父权与夫权的物化，因而也理所当然地成为君权的基础。君权需要借助族权来维持对地方的统治，而族权则要借助君权的权威来强化对族人和妇女的控制。明清徽州族谱中留下了不少封建政权支持族权的材料。例如，明代编纂的《朱氏祠志》收有《县给告示》一文。朱氏族长朱明景和歙县二十一都五图约长朱文谟联名具呈，请求知县"准申祠规，赐印、赐示、刻扁、张挂，以警效尤"。歙县知县于万历二十六年八月十八日给告示如下："为此示仰朱姓通族人等知悉，务宜遵守家规，苟有违约不遵者，许约正族长等指名呈来，以凭究处，以不孝罪论，决不轻恕。特谕。"并盖上了知县官印。又如，清代乾隆十八年刊本《歙淳方氏会宗统谱》的卷首便是《宪给印牒》。方氏为加强族权的权威性，请求徽州府台"恳赏印信，永光世守"，"每谱一部，赏印一颗，俾奉守敬谨，传之无穷"。徽州知府应请而在谱上盖了知府官印。

封建统治者的倡导还表现为以律令的形式把某些族规、家法强化为国家的定制。旌表制度便是如此。明王朝创建伊始，朱元璋便诏令"民间寡妇三十以前亡夫守节，五十以后不肯改节者，旌表门闾，除免本家差役。"（《明会典》）清统治者则进一步规定，孀妇守节至六年以上身故，未婚贞女在夫家守节病故，女子拒辱被害及自尽者均得旌表，立牌坊，并按口给银三十两。（《光绪会典事例》）这些律令的实行在族谱中多有反映，例如《祁门方氏族谱》卷六《闺闱淑德》载："（方）德煌聘妻胡氏，孺人年七岁为童养媳，九岁未婚夫殁，贞节著闻，事姑至孝。姑因长子遇之不善，商嫡堂侄德启，邀族公呈鸣官，批给口食，以安贞女。"这便是未婚贞女守节按口给银的一则实例。国法对家法的确认，君权对族权的支持，说到底是为了维护极端君权的合理性。

商人妇推动了商品经济的发展，然而徽商的兴起并没有给她们带来更多的妇女解放的机会。商人的需要与明清王朝强化专制皇权的需要相结合，凝固为压迫妇女的宗族制度，这是商人妇始料未及的。商品经济的繁荣与宗族制度的强化，使徽州社会成为一个二律背反的混合体。在徽州社会的作用下，商人妇的命运如何呢？

其一是"妒妇比屋可封"与"新安节烈最多"的杂糅。

"妒妇比屋可封"，"新安为甚"，所显示的妇女解放的倾向已如前述。赵吉士所云"新安节烈最多，一邑当他省之半"[1]，并非夸张之词。且以数字说明之。据笔者统计，民国《歙县志·人物志》共九卷，其中勋绩宦迹、忠节儒林文苑、材武孝友、义行、士林遗侠方技各一卷，而列女传则有四卷，几占其半。烈女的总数则远远超过其他人物。历代受旌表的烈女，计唐代2人，宋代5人，元代21人，明代710人，清代7098人。据县志编纂者许承尧称："旧志义例取褒举而不遗，惟咸丰间兵事，歙人受祸实为奇酷，烽燹所至，闾里为墟，幽壑深岩，逃匿无所，全县人口十损七八，妇女之抗节守义、宁为玉碎者多至不可胜计。爰据《两江忠义录》及此次采访之有事略者录之，以概其余。"[2]董家遵曾据《古今图书集成》所录历代烈女作《历代节烈妇女的统计》，其中明清（至康熙末年）全国节烈妇女人数是11529人[3]。董家遵的统计数字无康熙末年以后的数字。据笔者统计，清代节烈妇的人数，是在康熙以后激增的。以《歙县志》所载数字为例，如果以康熙年间平均每年旌表的烈女数为基数1的话，雍正年间则上升为3.61，乾隆年间上升为4.16，嘉庆年间降为2.93。全国节烈妇人数如果加上

---

① 赵吉士：《寄园寄所寄》卷一一。

② 民国《歙县志》卷十一《人物志·列女》

③ 转引自曹大为：《中国历史上贞节观念的变迁》，《中国史研究》1991年第2期。

康熙以后的数字，将更为庞大。即使如此，歙县以一邑而拥8606个节烈妇的数字实在是惊人的。其实，徽州节烈妇的统计数字仍是不完整的。各宗族谱牒所收录的烈女数是较为精确的。其中，有的传主并未得到朝廷旌表，只是得到本族的首肯。族谱中得到旌表的传主一般有其事迹见郡邑志。剖析大量烈女传记，可以清楚看到烈女能否得到旌表，也并不是机会均等和公平的。夫家的权力和财力起了不小的作用。具有嘲弄意义的是，商人妇在这方面倒是颇具优势的，她们在县志烈女传中所占的篇幅达十之七八。

其二是商人的肉欲横流与理学的道貌岸然的结合。

明清时期，徽州被称为"程朱阙里""东南邹鲁""文物之乡"，程朱理学渗透到社会生活的每一个角落。许承尧在为歙县志烈女传所作按语中指出："歙为山国，素崇礼教，又坚守程学朱说，闺闱渐被砥砺，廉贞扇淑扬馨，殆成特俗。"①朱熹所制订的《家礼》，是徽州各族"家典""族规"的蓝本。雍正《茗洲吴氏家典》要求族人："宜读朱子之书，服朱子之教，秉朱子之礼，以邹鲁之风自待，而以邹鲁之风传之子若孙也。"徽州商人提倡理学，捐资在桑梓之地兴办书院，是有其目的的。一则与前述商人两大"需要"紧密相关，二则也有利于投靠封建政权。但是必须注意的是，理欲关系在程朱理学中是对立的，朱熹说："人只有个天理人欲。此胜则彼退，彼胜则此退，无中立不进退之理。凡人不进便退也。"②因此，要"存天理"，必须"灭人欲"。而在徽商们的手中，理欲关系的对立变成了迭相为用的统一。他们把"理"套到了商人妇身上，套到了商业伙计、佃仆的身上，而把"欲"留给了自己。于是，徽州一方面是"人文辈出，鼎盛辐辏，理学经儒，在野不乏"，"文公道学之邦，有不为歧路途惑者，其教泽入人深哉"，另一方面则是商人的肉欲横流。《五杂俎》云，新安人"惟娶妾、宿妓、争讼则挥金如土"。《歙事闲谭》载，嘉靖时徽商吴天行"后房女以百数"，"时号天行为百妾主人"。在扬州，由于徽商"宿妓"，致使该地"粉黛绮罗甲天下"③。这类材料甚多，兹不一一列举。

---

① 民国《歙县志》卷十一《人物志·列女》。

② 《朱子语类》卷一三。

③ 《扬州鼓吹词》。

其三是商人妇的才智与贞节牌坊下的愚昧交错。

商人妇中不乏经营能手，前述担任扬州盐总的汪太太便是她们的代表。她们之中还有不少才思敏捷的才女。例如前述汪道昆的孙女西池，"适吴氏，著有《采藻轩稿》，见王士禄宫闺氏籍艺文考略"。又如，盐业世家丰溪吴震生之妻程琼，"工诗，幼见董华亭书画，眼一遍遂能捷悟。及长，书画、算弈无不精敏，论事评理微妙独绝"。《歙县志》所收录才女，如汪西池、程琼者有 37 人。实际人数自然远不止此。值得注意的是，这些显露才智的商人妇，大多已脱离徽州本土，迁往经商地定居。离开家乡森严的祠堂、浓重的理学氛围，移居于商业都会和市镇，这是有利于妇女的解放的，也有利于她们才智的释放。这一变化，显示了商品经济对徽州人价值观的影响。程且硕《若庵集》记徽州风俗云："男尚气节，女慕端贞，虽穷困至死，不肯轻弃其乡。"是书作于康熙五十七年（1718 年）。明后期、清前期，徽商虽周流于全国各地，但大都不变籍里。嘉庆《江都县续志》指出，直到清前期，在扬州的盐商，"如歙之程、汪、方、吴诸大姓，累世居扬而终贯本籍者，尤不可胜数"。近人陈去病《五石脂》则反映了清后期徽人"不肯轻弃其乡"观念的变化。他指出，"扬盖徽商殖民地也。故徽郡大姓，如汪、程、江、洪、潘、郑、黄、许诸氏，扬州莫不有之，大略皆因流寓而著籍者也"。洪玉图所著《歙问》问道："昔之商或身处于外者，今并挈其妻子而去矣；昔之商或几岁一归者，今并弃其丘墓而往矣；向使无有驱之者，亦何为而甘播迁乎？"日本学者臼井佐知子在《徽商及其网络》一文中指出，徽商"甘播迁"与清代中叶市场的变化有关。由于地域市场自立化趋向的发展，徽商长途贩运的利润降低了，因而他们纷纷在商品经济繁盛的长江三角洲以及汉口等地定居。这当是"甘播迁"的主要原因。然而，商人妇的意志也是不可忽略的因素，随着在客地的定居，徽商家庭的稳定已不成为问题。而徽商子弟与定居地的联姻，也使商人妇的成分发生变化。这些多有利于商人妇对徽州传统的摆脱。《五杂俎》有关于富商家庭出身的妇女来到夫家后的表现："颇僻自用，动笑夫家之贫"，"一切孝公姑，睦妯娌，敬师友，惠臧获者，概未有闻"，等等，显示着封建纲常的动摇。自然，我们不能对此估计太高。

但是，在徽州，直到清季，贞节牌坊仍在不断增加，森然林立。徽州妇女乃至大多商人妇仍把贞节作为最高的价值取向。歙商吴珮，"以服贾起家，居常语（其妻）汪：'吾家仲、季守明经，他日必大我门，顾我方事锥刀末，何以亢宗？诚愿操奇赢，为吾门治祠事，所不卒事者，非夫也'。汪敬诺。有顷，处士客死大梁，汪立处士后，逆丧归，擗地痛哭曰：'君死，未亡人不难以死从君。顾君有志不终，而君未有子，未亡人死，其谓君何！'乃举处士遗金授能者转毂。居数岁，累百金，遂度地程材，乃议祠事……尽百金不足，则脱簪、珥倾筐笥以继之。又不足，则称贷继之，辟纑织纴以偿之。盖始终若干年，然后告成事"[1]。商人妇汪氏的可悲在于，她继承丈夫的遗志，竭尽全力去做的一切，实际与妇女的权益是背道而驰的。宗祠的修筑，只会加强封建的纲常，加强对妇女的压迫。而汪氏却愚昧地把自己的苦行，看作实现贞节的坦途，终生乐此不倦。有的商人妇，为实现贞节，甚至愚昧到自伤自残的地步。例如，方大章在嘉禾学生意病死，其年轻的妻子吴氏，"讣至哀毁异常，几损者数四，水浆绝不入口。姑氏躬往劝之进一匕，姑归而覆于地。……时严冬，止服布单衣二，席藁卧地，人所不堪，长而安之。……卒以月之五日正，坐而暝，请殓以衰麻，示在丧也"。方氏族谱称赞吴氏："从容就义。"封建道学的虚伪、残酷在这四个字中显示出其全部的内涵。

商品经济的发展是自然经济瓦解的前提。在欧洲，商品经济的钟摆敲响了中世纪的丧音，报告了一个新时代的开始。在中国，商品经济的钟摆刚刚向着有利于妇女解放的角度倾斜时，历史的重力又迫使着它向着相反的方向摆去，从而造成一种新的平衡。明清徽州社会所呈现的"杂糅""结合""交错"的众生相，为我们观察传统中国社会提供了一个窗口。

原载《社会学研究》1992年第4期，有改动

---

[1] 吴士祐：《丰南志》之《溪南吴氏祠堂记》。

徽州方氏与社会变迁

——兼论地域社会与传统中国

《方氏家谱序》云："歙以山谷为州也，其险阻四塞几类蜀之剑阁矣，而僻在一隅，用武者莫之顾，中世以来兵燹鲜焉，以故故家旧牒多有存者。"[①]封闭的地理环境，造成汉唐以降宗族聚居的格局，以至"千年之冢，不动一抔；千丁之族，未尝散处；千载之谱系，丝毫不紊"[②]。宗法制度下的农村社区生活呈现"家给人足，居则有室，佃则有田，薪则有山，艺则有圃。催科不扰，盗贼不至，婚媾依时，闾阎安堵。妇人纺织，男子桑蓬，臧获服劳，比邻敦睦"[③]的中世纪田园风光，历史在这里仿佛"定格"了。然而崇山峻岭并没有把徽州与传统中国的大环境完全阻隔开来。千百年来传统中国每一次动乱都会在这里引起回响。徽州与其他区域社会有共同点，它们都受社会整体的制约；徽州的不同点在于，宗族聚居的格局使其具有特殊的应变力。在传统社会变迁的过程中，它以"静"制"静"，以"变"应"变"，始终保持自身的稳定。《白虎通·宗族》云："族者何也？族者凑也，聚也，谓恩爱相流凑也。"对于宗族，我们往往较多地注意到相对静态的"凑""聚"，其实这"凑""聚"是在"流"的过程中实现的。"流""凑"之间宗族的动静分合正是徽州社会特有的应变力。本文拟就徽州方氏作个案研究，并由这一视角来考察地域社会与传统

---

① 方弘静：《方氏家谱序》（万历二十二年）。

② 赵吉士：《寄园寄所寄》卷一一。

③ 万历《歙志·风土》。

中国的关系。

一

方氏并非徽州土著，其先原居于黄河流域，"后迨方叔佐周宣王，以元勋封邑河南，故世望于此"①。方氏南迁并演化为"新安名族"的过程是与传统中国社会的变迁密切相关的。传统社会的变迁主要有三个方面的内容，其一是周期性的治乱兴衰，而在王朝交替时，往往伴有外族入侵、农民起义、割据战争等社会动乱；其二是传统农业社会处于相对的静态；其三是传统社会转型，它与周期性的治乱兴衰相交叉，变化更为复杂、深刻（关于后两个方面，将分别在本文第二、三部分论述）。

方氏迁徙江南的背景是汉末的社会动乱。当时在汉廷任司马长史的方纮，"因王莽篡乱，避居江西，遂家丹阳。丹阳昔为歙之东乡，今属严州，是为徽、严二州之共祖也"②。从明刻本《新安名族志》来看，方氏是其收录的78个名族中最早移民徽州的。纮二传为储，东汉和帝时方储以贤良方正，对策为天下第一，拜太常卿、黟县侯，死后追赠尚书令、洛阳开国公，葬淳安城内，立祠享祭。方储死后被逐渐神化，撰于建安二十五年（220年）的《开国公家世行实》称方储"博经文，辨图谶；讲孟氏易，善星文，占吉凶，知未来，察略谋，预知灾异"③。宋明帝加赠方储为龙骧将军、洛阳郡开国公。唐监察御史张文成撰文立碑云：方储"生平之日，羽驾乘空，仙游之时，蝉蜕而去，咸以公为仙化，莫知所归，共建祠堂，以时祭享"④。方储祠堂后被称为方仙翁庙。宋政和七年（1117年），徽宗赐以"真应庙"额。《敕赐黟县侯真应庙额》载：方储"号仙翁，遂立庙，

---

① 戴廷明、程尚宽等：《新安名族志》。

② 戴廷明、程尚宽等：《新安名族志》。

③ 《方氏会宗统谱》（乾隆十八年刻本）卷二《历代谱牒序》。

④ 《方氏会宗统谱》卷一八《碑记·后汉故大匠卿兼洛阳令加拜太常卿黟县侯赠尚书令丹阳方氏之碑》。

系在祀典。今千余岁，前后灵迹不少。近年以来，或因久旱，或苦淋雨，公私所祈，无不感应。所勘青溪县初乃歙之东乡，因储父子避地始为州县，故其庙正当县郭冲要之处，远近祈祷必会集其下。每岁春夏之交，虽邻近有疫疬，惟此无一疾病，实神以安也，委是功德及民最为深远"①。生前显赫，死后神化的方储虽然不是方氏始迁江南的第一人，但由于仙翁庙、真应庙逐渐成为方氏子孙结集的场所，"每岁仲春（今用季春）三日诞辰，子孙陈祭行三奠礼，读祝升歌，罗拜其下，祭毕聚饮，欢洽而散"②，因此方储成为宗族崇拜的偶像，方氏认同的标识。清乾隆十八年（1753年）撰修的《歙淳方氏柳山真应庙会宗统谱》将方氏世系分为三个部分，其一为《原始世系》，追溯方氏受姓的经过直至迁徙江南，封黟县侯建庙祀，共113世。方氏以雷为鼻祖，据说雷是榆芒帝的长子，有"破蚩尤于阪泉，斩永蠖于涿鹿"的功绩，被轩辕封于方山，"因封赐姓，所传伏羲后六姓方居其一"③。《原始世系》失之邈远难征，方氏后人已指出："自雷祖至回公历年未及四百而传世四十有五，窃有疑焉。"④其二为《统宗世系》，自方储1世起至12派始迁祖汇而图之。由于《原始世系》以方储之子辈为113世，方储也就顺理成章地被列为《统宗世系》第1世。其三则为《分派世系》。

方储有三子，其长子仪之后，迁湖、常、鄞、滁、仁和、南海、莆田、兴化、九江，以莆田最盛。其次子觌、季子洪之后流布亦广。汉唐间居住于歙东乡及浙江省交通便利处的方氏，主要是觌与洪的后代。这近千年的时间里，有关方氏宗族活动的记载甚少。除上述方仙翁的祭祀活动外，东晋咸和年间方氏8世藏曾撰修《方氏历代谱牒》，"考姓氏之源流，据年代帝号著世次，而衍真传，奕叶相承"⑤。方氏《原始世系》当出藏

---

① 《方氏会宗统谱》卷一七《庙额·敕赐黟县侯庙额》。
② 《方氏会宗统谱》卷一七《庙额·敕赐黟县侯庙额》。
③ 《方氏会宗统谱》卷三《原始世系》。
④ 《方氏会宗统谱》卷一《存疑》。
⑤ 《方氏会宗统谱》卷一《修谱表·诸宗修谱人物表》。

之手。此外，根据宋帝对方储的追封以及宋政和五年（1115年）《方氏续修谱序》的记载，汉唐间方氏封侯伯以上者有31人，可以断定当时方氏在江南有相当大的势力。

方储定居的歙东乡于建安十三年（208年）建置为始新县①，到隋文帝仁寿三年（603年）新安县（由始新改名）改隶睦州②，从此不再属徽州。汉唐间方氏的活动并不限于歙东乡，他们与徽州本土（不含东乡）的联系是十分密切的，例如方储炼丹处即在歙县柳亭山（今名霞坑）。但是，方氏向徽州本土大规模移民，建立宗族定居点，则是在唐代末期了。

最先向徽州本土迁徙的是方储季子洪的后代29世羽。羽的父亲肃于唐文宗七年（833年）登进士，任杭州仁和县令，三年后迁桐庐万户，始居白云村，为白云村始祖。肃有三子，长子犟无传；次子干唐僖宗时以诗名江之南，人称玄英先生；羽为季子，也善诗文。干和羽是方氏迁徙徽州本土10个大派的共祖，十分重要。唐宣宗大中十三年（859年）十二月裘甫率众起义于浙东，这场历时七个月的起义揭开了唐末农民大起义的序幕，震动了整个浙江。咸通元年（860年），羽率家人退避到"居万山中"的歙县茆田。《联临分派世系》载羽小传云："唐咸通元年与从孙甲之子景云避裘甫乱，挈家寓居歙西临河，筮者告以遇田则止，于是卜筑茆田，颜其庐曰师古，读书自适，因以家焉，是为联临派始祖。"③羽五传琪迁联墅，珍居临河。联墅、临河隔丰乐水相望，与茆田相近，形成联临派的基本格局。

第二支迁入徽州的是33世杰兴。杰兴乃方储次子觌一脉。后唐长兴元年（930年）由歙东乡迁居歙县。《灵山方氏宗谱序》（1543年）记述其迁徙的原因是"避五季之乱"。杰兴为灵山派始祖。

第三支迁入的是33世景玘。景玘乃方储季子洪一脉，系29世干的后裔。《方村分派世系》载："黟侯三十三世孙景玘公字公玉，仕唐为浙江廉

---

① 《三国志·贺齐传》。
② 《隋书·地理志下》。
③ 《方氏会宗统谱》卷一六《联临分派世系》。

使，致政归田，值世变乱，避地而居于歙南，以娃名其村。"①

第四支则为第34世承威，字可畏，又名彦成、三公。承威系干之后裔。关于承威迁徙瀹坑的原因，《方氏会宗统谱》卷七《瀹坑派始迁》的记载是："宋景德甲辰（1004年）自古睦州白云村避仇而迁歙南方巷井坞，即今瀹坑，是为瀹坑派始祖。"《方氏族谱序》（1525年）则认为："三公，又曰彦成，值唐末藩镇割据自白云源徙歙之瀹坑。"该谱另一篇序言也说："有三公者当唐末藩镇割据自桐庐迁歙之瀹坑。"上述两说，时间上互异，原因也不同，但不管是避仇还是避乱，社会的动荡不安是引起承威这一支迁徙的原因。

唐末五代的社会动乱造成了方氏第二次迁徙，他们由歙东乡、桐庐向徽州山区移民，从而促进了地域社会的开发。据《新安名族志》的不完全统计，汉晋南朝时迁入徽州的有13个大族，占78个名族的16.7%，而唐朝、五代迁入徽州的达37个大族，占总数的47.4%强。就方氏而言，参与明初宗支合同的10个大派中的4个是在这一时期迁居徽州的。可见，唐末五代是向徽州移民的第二次高潮，其广度和深度远远超过由汉代方纮开始的第一次移民潮。

社会动乱是方氏向徽州山区迁徙的第一位原因。宋代佘坡分派的形成直接与方腊起义相关。元末明初的社会动乱造就了歙淳方氏的最后一个分派——磻溪。磻溪派始祖天泽是方储54世裔孙，属干一脉。天泽原属苏村派。苏村位于徽杭通道一侧，居交通要冲。《磻溪成性派·天泽小传》载："元至正壬辰（1352年）寇氛扰攘，乡曲备历艰危，继以征敛繁杂……祖居当孔道，因避地卜迁，与诸父昆季徙于磻溪家焉。"②《方氏族谱》（磻溪成性堂抄本）对天泽迁徙的经过及原因作下述说明："因红巾作乱，祖居地当孔道，避于磻溪之上。待洪武定鼎始偕昆季卜居，后裔奉为成性祠始祖，是为成性派。"③磻溪在深山更深处，安全自然更有保障。

①《方氏会宗统谱》卷一六《联临分派世系》。
②《方氏会宗统谱》卷一三《磻溪分派世系》。
③《方氏族谱》抄本，原件抄自20世纪30年代，现藏磻溪方德礼家。

方氏迁徙的第二个原因是土地与人口的矛盾。"徽之山大抵居十之五，民鲜田畴"①，方氏移入山川平衍处聚族而居，经过几代人的繁衍生息，人地矛盾必然会尖锐起来。于是有进一步的分支迁徙，从而使山区的开发向纵深发展。34世承威迁居瀹坑后，到第41世子华迁瀹潭，其间经过6代150年左右的时间。《瀹潭分派世系》指出子华是因"派衍繁盛，人稠地隘，乃于南宋绍兴间去井坞里许卜基，筑室而居焉"②。人地矛盾也是桐庐白云村方氏继续向徽州迁徙的原因。

第三个原因是经商或宦游。例如，环岩派上路口支第43世千，"宋末时商游滁州，留家全椒县"。从千的小传还可知，千"尝游蜀中，倦还江南，因睹滁之全邑峰峦秀拔，遂寄籍焉"。可见千曾在四川经商，后又商游全椒，最后定居该地。

分析上述方氏迁徙的原因，可以看到歙淳方氏12派（康熙九年12派订立轮祀柳亭山真应庙合同，比之洪武四年10派宗支合同增加2派）中有6派是因社会动乱而迁入徽州的，占总数的二分之一，其中大多数是在唐末、五代。另有4派则是因人地矛盾而迁徙的，其中有3派是由瀹坑分支派生的。其时间则主要是南宋。此外，还有苏村、环岩2派始迁原因不明。以商业和宦游迁徙者均未直接构成大派，但16世纪后，因商业迁徙者在远地构成新的门、房支系则甚多。

从汉末方纮始居江南歙东乡，到唐末、五代向徽州山区的迁徙，以及南宋时在徽州境内的进一步分支移徙，与中国古代北方士民三次大规模南迁大致同步。三次南迁是传统中国社会变迁的重要表象，同时对江南的开发起着积极的作用。淳熙《新安志》云："其（新安）人自昔特多以材力保捍乡土为称，其后寖有文士。黄巢之乱，中原衣冠避地保于此。后或去或留，俗益向文雅。宋兴则名臣辈出。"方氏等"中原衣冠"不仅使徽州经济得到开发，也使其成为文化繁兴之区，以至有"朱子阙里""东南邹鲁"之称。汉唐五代中原各大姓向徽州的移民是以宗族群体的形式进行

① 康熙《徽州府志》卷二《舆地志下·风俗》。

② 《方氏会宗统谱》卷八《瀹潭分派世系》。

的，而徽州山区也以它的怀抱使宗族制度得以长久保存，从而形成独特的徽州地域文化景观。

二

方氏以动态的迁徙来应对社会的动乱。当方氏在新的生存空间定居下来时，便迅速地复制宗族组织，以"静"制"静"，恢复相对静态的农业社会生活。说相对静态是因为随着人口的自然增殖，宗族还会有新的迁徙活动，各大派继续分支，不断地向人口更为稀少的地区拓展。方氏在迁徙的过程中，保持着清晰的统系，有严格的世代区分。方氏12派均出自方储之后，其中方储次子觌之后有灵山、环岩2派，季子洪之后则以29世干、羽兄弟分支。干之后有方村、瀹坑、瀹潭、潜口、沙溪、苏磻、磻苏、佘坡、柘源9派；羽之后则有联临派。12派有着共同的始祖崇拜，有着固定的祭祖节日（九月初六）。凡统系、世次不明者不予认同。环岩《方氏族谱序》（1561年）指出："希道公乃由淳安徙今歙县，又再传至念五公乃徙环山居焉。历宋至元，子孙蕃盛析居岩镇等处。故今新安诸方虽各有显官腴室，而念五公之派终恃不肯轻与合。"《灵山方氏宗谱序》披露了这样的事实：成化年间灵山方士贵请兵部郎中方嵩为宗谱撰写序言，方嵩要求看谱，而士贵仅给他看了其他序言。根据这些序言，嵩只能"悟其大概耳，而索诸全谱则弗克也"。究其原因则是防止世系图外泄，以免同姓冒认宗亲。所以嵩在谱序中就此发表议论："余虽愚，非欲援引以求通亲或稽考，而渥洽之两相资焉，而借重于世也。"潜口派富源支《方氏族谱序》（1525年）介绍了富源派与桐庐方氏认同的经过："方氏族谱书成，携过桐庐访玄英之遗裔，会族长曰冕者出其谱相参订，上下数千年靡不符契，于是叙族讲好。"反之，如苏磻派分迁杞梓里支下方村头裔孙，虽也积极参与方氏统宗祭祖活动，但因世次不明而不准入统宗图系，"以俟续考订正"①。

---

① 《方氏会宗统谱》卷一一《苏磻分派世系》。

这就造成极强的群体归属感，从而有利于方氏在新定居地以整体的力量与其他族姓争夺生存空间。在山多田少的徽州，这种争夺往往是十分激烈的。

笔者曾往徽州方氏聚居地考察，深深感受到宗族是适应传统农业社会生活的较为成熟的生存系统。例如磻溪，距苏村3里，旧时只有山间小道可出入。群山环合中，一线源于浙江的昌源水穿过这里，注入新安江。磻溪村便在昌源河谷。明初方氏宗族迁入后，即组织人力、财力，拦河筑起4道石堰，枯水期可储水，平时则抬高水位，保证生活和生产用水。这4道石堰后遭破坏。数十年前，村周山头还是树木参天，因有祖坟，不准砍伐，生态得以保持平衡，现在山木几乎已被砍伐一空。兴修水利、植树造林、保持生态平衡是徽州山区宗族的一大功能。这也是生存的必要条件。

宗族聚居，子孙繁衍，必然会有贫富的分野。《续方氏家乘序》（1464年）云："凡同方姓者虽贫富不齐、贵残殊位，皆吾绂祖储仙之遗裔，其遇高年长者咸宜尊敬，于茕独孤弱亦必加恩意焉，如此斯有以广念宗敦族之义，又有以致竭诚事天之孝，庶仁义之流演而吾族之益盛，容漫没乎！"因此，宗族以族产收入来泽惠族党、救济贫困。宗族抚孤恤贫的义举缓和了其内部小农的分化，使社会再生产得以继续进行。这些小恩小惠，族人之外的佃仆是得不到的。但歧视、迫害佃仆的现象，在徽州却很普遍。嘉靖《徽州府志》称："其主仆名分尤严肃而分别之。臧获辈即盛赀富厚，终不得齿于宗族乡里。"宗族与佃仆之间的对立状态，掩盖着宗族内部贫富分化、阶级对立的事实。所以在徽州我们可以看到佃仆的反抗斗争，却少见农民起义。瀹坑派55世方时翔的传记中有这样的记载："明季无主荒馑，后不逞者乡纷起，群仆而叛，族哄而攘，君首创富室醵金饷贫，联络拳勇，名以御外侮而实杜内衅"；"本朝（清）既定鼎，山寇犹在在窃发，乡之悍仆杨继云恃勇为乱，肆害本乡，屡捕不得，一日忽至众怖甚。君乃帅乡之有力者密谋之，先藏器械诱之至，突起击之仆地，村众继至共杀之，余党皆骇散。巨害既歼，乡遂宁静"①。方时翔是个"往来大江南北间，转移贸易，以时伸缩之"的客商，后归乡置产，成为族中大地主。在对待"族哄而攘"上，时翔"首创富室，酿金饷贫"；在对待"仆群而叛"，方氏则毫不手软"共杀之"。谱牒志乘中常见"族居数千人，相亲相爱，尚如一家"②的记载，这并非全属虚饰溢美之词。由于土地与人口的矛盾及南宋赋役的繁重，这个自34世承威迁瀹坑起，直至第40世的7世同居家庭才析居。第41世子华、贞献分别迁瀹潭、潜口。迨至明清，这类百口同居、同爨的大家庭已不多见，但在新的小家庭大宗族③的格局下，佃仆阶层仍是转移、减缓宗族内部矛盾冲突的特有机制。作为一个生存系统，徽州宗族具有自我调节的功能，富有张力。

方氏族人对宗族的归属感是建立在尊祖敬宗的基础上的。上述在祖宗面前不分贫富人人平等的观念便是由此派生的，其理论根源便是儒家学说的核心——孝。方氏《成性祠宗谱叙》（1644年）云："子与子言孝，父与父言慈，兄与兄言友，弟与弟言恭，推之与事君者言忠，与交友者言信，皆孝也。"孝派生忠，忠也是孝，"百行孝为先"。由此而推导的结果是，当孝与忠发生冲突时，作出孝优于忠的选择是合于儒家伦理的最高原则，也是理所当然的。《方氏会宗统谱》卷十九《太学广居方先生墓志铭》记载，方启大以"祖父母在不敢以身从"为由，拒绝参加抗清斗争，不但未遭到人们非议，反而被作为孝的典范受到环岩方氏的推重，其墓志铭也上了《方氏会宗统谱》。儒家学说本是以家庭伦理为基础构筑起来的，所以孝被推崇到至尊至高的地位。这套理论对维持农业时代农村宗族、家庭的稳定十分有利。

宗族是封建国家的缩影，也是封建国家统治的基础，因此反封建国家的斗争其矛头所向往往首先对准宗法统治。《桂林方氏统宗谱》卷四《忠义彦通方公传》载，北宋宣和年间"朱勔以花石纲媚上，人多出其门，竞

---

① 《方氏会宗统谱》卷一九《家传方元之先生传》。
② 同治《黟县三志·艺文志》。
③ 唐力行：《明清徽州的家庭与宗族结构》，《历史研究》1991年第1期。

为刻剥，深山穷谷之民，罔克奠居"。东南地区阶级矛盾十分尖锐。当时在民间传播着食菜事魔教，该教教规之一是"不事神佛祖先"①，而主张"同党相亲相恤"②。以"同党"取代同祖，直接与宗法观念相对抗。方氏族人方腊利用食菜事魔教，组织起一场轰轰烈烈的农民起义，所谓"腊得妖书，借以倡乱"。关于方腊，新中国成立后尤其是"文革"后曾就其出身和籍贯产生过争议③，但是有一点是可以肯定的，即方腊乃歙淳方氏的族人。方腊起义是由造宗族的反开始的，《佘坡分派世系》方有常小传载："邑人方腊者向佣于家，宣和初腊得妖书，藉以倡乱，因令次子世熊首于县大尹，陈公光不察，反坐诬系世熊于狱，腊觉即杀其家人四十余口，惟第三子庚及孙文忠、文毅，并在狱之世熊得免。"方有常（44世）系自苏村始迁淳安帮源桂（41世）的曾孙。《佘坡分派世系》方桂小传载，其"承父遗业，服贾青溪万年镇，即今威平，得膏腴产于帮源，曰姑婆宅，因挈家帮源居焉，时宋仁宗天圣癸亥岁（1023年）也"。桂因经商致富购地迁居帮源，这是方氏12大派中唯一以经商始迁，又以战乱再迁定居的派系。三传至有常已是帮源的大地主了。宣和二年（1120年）秋，方腊杀有常一家后，"数日之间，啸众至数万人"④，不久便"众殆百万"⑤，席卷东南。三年（1121年）四月方腊被韩世忠部俘获，起义失败。《桂林方氏谱序》（1685年）有方庚助韩世忠破方腊的记载：有常季子"庚公乃奔命江淮，逆王师为韩忠武先导，诱擒腊并其党羽，东南以平。余读《宋史》尝观腊寇之变起于仓卒，聚群不逞之徒，伪据吴越，欲凭江为阻窥视中原，已而王师直指，忠武为王渊裨将，以素未经涉之地，独能卷甲疾趋攀

---

① 《青溪寇轨》附《容斋逸史》。

② 《建炎以来系年要录》卷七六。

③ 关于方腊的出身，《宋九朝编年备要》《续宋编年资治通鉴》《青溪寇轨》等均载方腊"家有漆园"；《桂林方氏宗谱》中元人刘彭寿、徐直之的两篇传记，则称方腊系"佣人"；民间则有方腊为"桶匠"的传说。关于方腊的籍贯，则有淳安（青溪）说与歙县说之分。

④ 《续宋编年资治通鉴》。

⑤ 《青溪寇轨》附《容斋逸史》。

崖度谷，不浃旬而捣其巢穴，意必有卓荦非常之士，奋忠义以为先者，今乃知皆庚公力也"。有象征意义的是，方腊起义是以打击宗族势力开始的，也是在宗族势力的打击下结束的。宗族在变乱中，有极强的应变能力和复制再造能力。

在方腊起义的过程中，受打击的另一支方氏是柘田派。《柘田分派世系》方愚（45 世）小传载："宣和之难，奉亲避于穷山，兄弟被戮，室庐灰烬，创兴于平复之后，葺墓修谱，追溯渊源，后世赖以传焉。"柘田方氏所受的打击是双重的。《续方氏家乘序》（1464 年）云："愚祖遭兵燹，后获抵升平。"①遭"兵燹"而不称"寇"，是指柘田受方腊的株连而遭宋兵打击。这是明代天顺年间写的序，而当事人在宋代却未便称"兵燹"，只是强调自己"清白相承"，这是可以相印证的。同时，方腊对柘田本家的叛逆和打击，也可见于愚的谱序："蒙又以族系日繁不可具载方册，略书世代名行纪于家谱之后，自元英先生干以来至我高祖承之，祖行共十一世，叙成一图，传宗人之家各图诸壁，庶几举目知敬，不幸贼炬一焚，悉为煨烬。"谱图付之一炬，这是方腊对宗族统治的宣战和讨伐。

柘田方氏在经历方腊和宋兵的双重打击之后，迅速地重建宗族统治，《方氏谱牒序》（1130 年）云："渐创屋业，会骨肉于离散之后，定宗盟于扰乱之余，亲族得以再聚。"愚小传所称"葺墓修谱"就是宗法统治重建的象征。

《方氏族谱序》（1700 年）指出祠堂、谱牒可以"济宗法之穷也"："吾乡聚族而居，居必有祠，而大宗祠必建于始迁之族，与庶子祭必于宗子之家义犹相近，而谱牒因此以系，凡昭穆继序、嫡庶相承、尊卑长幼、爵位名号与夫忠孝节义、幽贞阃范斑斑可考，虽数千年之族，枝分叶散，而入其祠观其谱凛然有不可犯之色，则宗谱者所以济宗法之穷也。"在徽州宗族社会，一个个富有张力的生存系统，在祠堂、谱牒、祖坟的维系下，不断地延续、再生，"以静制静"，从而构成农村社会"静态"的景观。

---

① 《续修柘源方氏宗谱》（明天顺年间）。

三

中国传统社会的转型始于16世纪,其标志是资本主义萌芽的诞生。由于传统社会特有的结构,直至19世纪中叶,新经济的因素仍处于萌芽阶段,因此社会转型始终沉重而难以启动。传统中国特有的结构之一便是农村宗族制度。在社会转型的过程中,宗族自身又有什么变化呢?这一变化对地域社会的影响如何?为了深入探讨这些问题,我们将历史的视角稍往前拉,从转型前最后一次王朝交替,即元明之间的动乱开始观察,以便作出比较,把握转型期的特征。

方氏宗族受族人方腊的"连累",遭到沉重打击。除了柘田、佘坡外,其他方氏派系也不同程度受"连累"。《联墅方氏源流序》(1308年)云:"独怅祖宗文集家传谱记毁于五季及宣和。"方村《锦庭方氏家谱序》(1242年)云:"干戈纷乱之后,版籍图书大都厄于兵燹。"方氏所遭打击是普遍而深刻的,以至理学家郑玉在为《方氏族谱》(1324年)撰写序言时,告诫方氏子弟:"立身修德以光大其门闾,使家声复振,斯谱之传不坠,此则谱外意也,方氏子孙勉之。"可见直至元代,方氏"家声"仍未"复振"。元末明初,改朝换代的战争也给这个山区宗族带来巨大的灾难。《临河方氏本宗源流考》(1484年)载:"元朝之乱抽点富民婴城固守。后归我太祖高皇帝遂籍于兵,调征不停,既成混一,分隶诸卫,无复得守乡土,纪于载册。吾宗富盛之族全徙于军者七去其五,加以贫乏不能自存,流散走死,不知其有几也。所得存于临河者是亦其幸欤。"《联临分派世系》没有具体披露元末明初方氏被"乱抽点"和"籍于兵"的情况,但其他分派世系有涉及这方面的内容。例如《柘田派居马源》载,第54世聚师(1342—1414年),"父以有司令拒红巾贼,死于饶州,时聚年甫十二,能哭奔贼寨,获父首归葬"。聚师第4子春童(1363—1401年)"建文三年辛巳充百长,部领赍粮赴德州,回至徐州卒"。这些资料可以印证元末"乱抽点"和明初"徙于军者七去其五"之说的真实性,以及动乱对地域社会，哪怕是群山怀抱之中的地区，也是影响深刻的。撰于明永乐戊子（1408年）的方氏《家谱续通序》惊呼："数十年间尊祖之义扫地矣！"元末明初战乱后，方氏宗族的重建方向仍是农村到农村。到15世纪末的弘治年间，徽州农村社会又恢复了本文开头所引的"闾阎安堵""比邻敦睦"的情景，人口与土地的矛盾再度突出。

16世纪初的正德、嘉靖年间，商品经济的发展，资本主义的萌芽，给了徽州前所未有的震荡，其深度和力度超过了历史上任何一次战乱和灾异。首先是宗族迁徙和重建的方向转为以农村到城镇为主，这与社会转型是合拍的。方氏因经商而迁徙的城镇几乎遍及全国，而以江、浙、赣、鄂、川、闽、粤、鲁地为盛。我们知道，徽商的兴盛是与其对盐业的把持相关的。方氏经营盐业起于明初，柘田派第55世赵童（1362—1414年）"洪武间诏济边储，时甫弱冠，资装赴甘肃易粟输公"[1]。这是方氏以边商身份开中纳粟经营盐业最早的一例。因边地遥远，方氏为边商者不多。弘治间开中折色，内商兴起，徽商得地理之便，在两淮盐场迅速崛起。迁徙于扬州、江都、泰州、仪真等城市的方氏都直接与盐业相关，而迁徙于汉口、荆襄、江西等两淮引盐销售口岸的方氏其经营往往也与盐业有关。这是方氏迁徙的一个重点方向。以联临派为例，16世纪前，联临方氏的迁徙主要是在徽州境内及境外近地。联临派居联墅钟英门最早迁扬州的是44世祐孙，时在明初。其后从16世纪下半叶的万历年间到18世纪上半叶的乾隆初年，即从53世到59世，联临方氏不断迁往扬州。

山东也是方氏迁徙的一个重要方向。联临派居联墅黑楼门55世嘉言、嘉训同迁济宁小闸口；承庆门50世雄才、僖、俶，51世文旺，嘉靖年间"俱迁临清"；新屋门45世九皋迁临清；慎业门居信行第50世符"迁居临清，符之次子元修由恩贡授北直深泽令"。临清、济宁均为运河边上的重镇，商业素称繁兴，是徽商麋集之地。谢肇淛《五杂俎》称："山东临清十九皆徽商占籍。商亦籍也。往有一学使苦欲逐之，且有祖父皆领山东乡

---

① 《方氏会宗统谱》卷一四《柘田派分罗田》。

荐，而子孙不许入试者，尤可笑也。"方氏迁居山东，经商致富，延师教子，子弟科举入仕。这种局面说明方氏在临清已颇为得势。

方氏联临派从嘉万至乾隆初向远地的迁徙，除集中于扬州、临清处，还涉及四川、贵州、汉口、襄阳、海州、湖广、天津、镇江、常州、苏州、通州、常熟、湖州、孝丰等地，只是较扬州、临清人数为少。

方氏每一派别都有重点移徙的方向。如潜口派以赴荆襄经商为多，环岩则以扬州为主，瀹坑迁闽粤、两浙、济宁为盛。各派的迁徙也有相交叉的集中地。在《方氏会宗统谱》卷一七《科第录》中，我们可以看到方氏在移居地占籍或以商籍科举成功的记录。方氏联临派元焕于嘉靖十六年（1537年）以山东籍参加乡试中举，这是方氏在移居地科举成功的第一例。方氏以客籍参加科举考试，说明他们在移徙地已有相当根基。因此，这一变化反映了16世纪后宗族由农村向城市移徙的新走向，与社会转型是同步的。综合明清（自嘉靖十六年至乾隆九年213年间）方氏在远地占籍或商籍科举成功者的分布情况如下：山东籍2名，顺天籍2名，江都籍4名，仪征籍2名，湖广籍2名，江西籍1名，江苏丰县籍1名，浙江籍1名，安徽本省全椒籍2名，颍州籍3名，怀远籍1名，共计21名。江都、仪征是方氏最为集中地，沿江而上江西、湖广也多方氏，这9个科举成功者，其家族大多当与两淮盐业相关。将方氏在浙江科举的情况与两淮、山东比较，则可见方氏在该两地移居人数之多及势力之盛。

明代方氏科举成功者共54人，其中占籍或商籍者仅占5.56%。清代则有很大变化，自清初至乾隆九年（1744年）的百年里，方氏科举成功者共34人，其中占籍或商籍者竟达18人，占总数的52.94%。可见，从16世纪开始的向城镇迁徙的趋势，到清前期愈益发展。宗族顺应社会变迁所作的变通，证明即使到通常所谓的封建社会晚期宗族制度仍是充满活力的；同时，它也以顽强的生命力和应变力，给传统社会的转型打上了自己的印记。

其次是宗族自身的变化。社会转型一方面给宗族发展开拓了新天地，另一方面也给宗族的发展带来不利的因素。商品经济扩大了贫富分化，煽起了奢靡之风，打破了固有的等级顺序，动摇了传统的价值观念。《磻溪宗谱叙》称："彼逐末忘本趋利悖义者，即内而一家且秦越，手足何有于闾里？吾见此乘车彼戴笠，兄长觌面交臂失之者比比而是，若而人者即令萃集庙中，气谊不属，虽备言燕私不过轰然一堂，如韩公所云聚飞蚊焉。"《方氏会宗统谱》卷四载有一则由白云源迁问政的支派被革除的事例："按祖庙旧籍载有问政一支而久不与祭，详考其故：吾乡巨族必置廨宅于郡城为因公至郡及岁科应试止宿之区。我方氏廨宅今独不存乃问政支丁私鬻致废，其久不入庙盖由于此。"上述变化与正德末、嘉靖初至万历年间徽州社会风尚的变化，以至"金令司天，钱神卓地。贪婪罔极，骨肉相残"的情况是相对应的。

商品经济在破坏宗族传统秩序的同时，却又在加固着宗族社会的经济基础。明清时代，徽商的财力居各大商帮之首，堪与其匹敌的只有山西商。徽商在其经济活动中借助于宗族势力，因而不惜斥巨资购族田、修谱建祠办族学，救助族之贫困者[①]。郑玉曾在《方氏族谱序》中阐述宗族兴盛的三个条件："非有达官大人之势，豪家巨室之资，世以力田相遗而能保守不坏。"徽商为改变商为四民之末的地位，除捐纳为官外，还兴办族学培养子弟入仕。族中子弟文化素质的提高，有利于徽商自身素质的提高，因为入仕者毕竟是少数，大多数人还是经商。族中子弟为官，有利于徽商与封建政治势力的结合，这在封建商业活动中是至关重要的；同时也有利于宗族在徽州山区争夺生存空间。因此，宗族组织、达官大人之势，豪家巨室之资，构成一个良性循环系统，从而给宗族社会注入了新的活力。方氏科举状况也证实了"资"与"势"的结合是宗族兴盛的前提。两宋300余年方氏科举成功者共25人，元代仅2人，明代54人，清代前叶百年间达34人。联临派在宋代占方氏科举成功者的32%，有8人；明代占11.11%，有6人；清代占11.76%，有4人；占方氏四朝总数的15.65%，共18人。这一派在宋代科举最为发达，明清略有下降。而环岩派在宋代仅占

---

① 唐力行：《论徽商与封建宗族势力》，《历史研究》1986年第2期；《论明代徽州海商与中国资本主义萌芽》，《中国经济史研究》1990年第3期。

8%，有 2 人；明代则上升至 19 人，占 35.19%；清代再升至 21 人，占 61.76%；占四朝总数之 36.52%。柘田也是后来居上，宋元为 0；明代占 29.63%，有 16 人；清代占 2.94%，有 1 人；占总数之 14.78%，共 17 人。潜口宋代占 8%，有 2 人；明代占 20.37%，有 11 人；清代为 0；占总数之 11.3%，共 13 人。这 4 个派科举成功者共 90 人，占总数之 78.26%。而这 4 个派恰恰就是在 12 派中向远地城镇迁徙最为活跃的派别。潜口派"商游荆襄"者居多，其 49 世方勉"永乐辛卯（1411 年）举人，乙未（1415 年）进士，由庶常历官湖广布政司参议，进阶亚中大夫，尝纂家礼辑谱牒"[1]。潜口派在荆襄的活跃与方勉在湖广的"势"有关联。柘田派南下福建，北上汴梁、山东；环岩派则以扬州为主，遍及各地。正因为"势"与"资"的结合，这 4 派宗族是方氏在徽州 12 大派中最为兴盛的。

在商品大潮的冲击下，宗族自身结构也相应作了调整。笔者在《明清徽州的家庭与宗族结构》一文中曾对方氏 4 个支派的家庭人口作统计后指出：明清徽州宗族制度下的家庭结构是以核心家庭为主，主干家庭为次。家庭—宗族结构概括地说，就是大宗族小家庭结构。家庭规模的缩小可以避免大家庭中劳逸不均和利益不均所造成的矛盾，也利于商业经营。宗族圈的扩大，则有利于方氏各支派在远离本土的异乡经商时互通信息、互为奥援。扩大的标志则是修统宗祠、统宗谱、始祖墓。方氏统宗祠在歙县柳亭山，称真应庙。方氏在万历年间为真应庙产纠纷曾多次与异姓发生诉讼，三十八年（1608 年）"庙业始复"，并形成十派"轮司祀事"的制度。康熙九年（1670 年）12 派"复立合同"，改由 12 派轮祀。方氏各派共同拟定《条议十则》，这是前所未有的统宗组织法。《方氏会宗统谱》是由方善祖（环岩派，59 世）发起撰修的。这是个徽商世家，上溯到 54 世文辉即开始经商，至 58 世良孺"远服贾于江淮三楚间"。善祖本人也是"鬻财江淮间，延缘楚之西南靡不遍"[2]。这个盐商家族对撰修统宗谱表现出异常的热情。乾隆十二年（1747 年），善祖向徽州本土及迁徙异地的方氏各支派

---

① 《方氏会宗统谱》卷一〇《潜口派上方支》。

② 《方氏会宗统谱》卷一九《墓志》、卷二〇《赠序》。

发出《会宗小启》，并亲任会宗谱总修，谱成后捐资付梓。除环岩派外，柘田、潜口、联临3派对会宗谱的撰修积极响应。会宗谱所收《家传》《行状》《墓志》共涉及传主58人①，12派虽都有先人被收入，但主要是根据其社会地位及对真应庙和会宗谱的资金投入而收入的。环岩收传主19人，占32.76%；柘田8人，占13.79%；联临6人，占10.34%；潜口4人，占6.90%。这4派占传主总数的63.8%。这个数字与他们在科举成功者中所占的比例是相对应的。其他各派则分别在1至5人。值得一提的是，苏磻派收入5人，占8.62%，居第4位。这是因为真应庙在苏磻派居住的苏村附近，他们对真应庙的日常管理承担起最大责任。环岩等4派的热情以及12派的普遍投入，证实了宗族圈扩大的趋势是与方氏的迁徙和商业经营活动相关的。明清时期方氏各派的族谱也直言不讳地阐述这种关系，康熙二十四年（1685年）《桂林方氏谱序》云："谱牒之作毋为其名，为其实而已。尊祖敬宗所以联其族，文武忠孝所以世其家，此其以实胜也。"嘉靖戊申（1548年）《重修方氏家谱序》云："凡族属之逾于五服，其疏者也。而视同祖于玄英不又有间乎？等而上之，为世益邈，为属益疏，然苟同所出则同所宗，同所宗则同所亲。虽百世之外，千里之远，一旦遇而相考识焉，其与夫途之人不犹有间乎？是故言乎宗亲则蔼然同矣。"嘉靖辛酉（1561年）《方氏族谱序》，系由莆田方氏族人万有所撰。谱序谈到《莆阳方氏谱》附有方氏浙、广二派的《鄞谱略》和《广谱略》，表示希望能得"《歙谱略》归并藏之"。合谱的动议，"千里之远，一旦遇而相考识焉"，足见"联其族"是"为其实而已"。

远徙经商者往往在定居的城镇建造宗祠。《歙事闲谭》第七册载方士庶"性孝友睦族，尝创建宗祠于扬州，置祀田"。同时，他们对于家乡本土的统宗祠及支祠的修建也十分热心。《歙南柳亭山真应庙纪事》载，清初"（真应）庙貌全堕，祠祭不备"，于是"维扬征收输银四百三十两，竣

---

① 传主58人中，业儒或入仕者17人，义士3人，商人23人，手工业者1人（族谱刻工之父），妇女14人（其中明确为商人妇者7人）。始祖方储及12派始祖传记未计入内。

役于庚戌（1607年）"①。由统宗祠谱到各地的分祠谱，血缘纽带编织起方氏的网络。

血缘网络继续扩大则为地缘网络。日本学者臼井佐知子在《徽商及其网络》一文中，十分精辟地指出，徽商"建立起一张几乎覆盖大半个中国的商业网络。一些重要的商业大都会，如北京、山东临清、南京、扬州、汉口、苏州、杭州、广州等，都是徽商麇集之地，它们是网络的枢纽和基点。网络从这些基点再散衍到周边的村镇"②。宗族圈的扩大，对传统中国的转型起了积极作用，它造就了地域性的徽州商帮以及"无徽不成镇"的局面，也正是在这些江浙市镇滋生了资本主义的最初萌芽。

宗族圈的扩大，也为地域社会的生存和发展创造了新的机会。多山的徽州的内部的开发，在一定生产力条件下，毕竟是有极限的。迁徙以及徽商利润源源不断地返回徽州，解决了土地与人口的矛盾。就前述唐川村和磻溪村而言，据笔者调查，民国时在家与在外的人口比例为2：1，在家的大多靠在外经商的人养活。这在徽州是普遍现象。但是，宗族制度的应变力和顽强的再生力，虽然可能一度利于商品经济的发展，从而利于社会转型的启动，然而它最终是与社会转型异向的。

原载《历史研究》1995年第1期，有改动

---

① 《方氏会宗统谱》卷一八《纪事》。
② 臼井佐知子：《徽商及其网络》，《安徽史学》1991年第4期。

朴元熇著《明清徽州宗族史研究》

韩国高丽大学史学科主任朴元熇教授对徽学的研究有鲜明的特色：把一个宗族放在"显微镜"下，进行细密的探析，重构明清宗族社会的实态，由表及里，由此及彼，见微知著，把握徽州宗族社会的整体特征，进而展现中国宗族制度变迁的场景，探讨中国宗族社会与明清社会变迁间的关系，并试图回答16世纪以来，在中国商品经济繁荣、社会急剧变化的时期，宗族制度不仅没有解体，反而得到强化的内在原因。自20世纪90年代初以来，作者就发表了一系列有关徽州柳山方氏研究的论文，并最终结集出版《明清徽州宗族史研究》。这是海外第一部有关徽州宗族研究的专著，受到国内外徽学界的关注和高度评价。其研究有如下特点。

第一，从区域整体史的视野研究徽州宗族。朴元熇指出，明代中期宗族制度的进一步强化主要表现在两个方面，一是同族结合范围的扩大，二是宗族与区域社会关系的进一步深化。他的研究正是从这两个方面进行，并将这两个方面结合在一起加以考察。他紧紧抓住柳山方氏同族结合范围扩大的主线，同时又把宗族的变迁放在区域社会关系中进行研究。朴著特别强调徽州社会的"良性循环"。笔者以为，"良性循环"正是徽州区域社会的整体特征，在区域社会研究领域里，最为困难的是把握区域社会的整体特征。在缺乏整体把握的情况下，区域研究往往会显得细琐、表面和片面。徽州在特定的时空条件下，经过一系列的社会变迁，至明清时期已形成宗族组织、文化科举和商业的良性循环，这三者中宗族居于核心地位，这便是该地域社会整体的特征。正是从整体特征出发，朴著在考察宗族的同时，始终抓住了士绅、商人与宗族变迁的互动关系。

考察徽州宗族，族谱是主要的研究资料。朴元熇在柳山方氏族谱的搜集上下了很大的功夫，除了研究联宗活动的重要族谱《歙淳方氏会宗统谱》外，他还利用田野调查的机会在徽州民间寻访族谱，先后寻得十种柳山方氏支派的族谱。这就为他的研究奠定了坚实的基础。方氏联宗的活动是围绕真应庙祀产的纠纷进行的。真应庙原在柳亭山巅，是方氏迁歙始祖方储的炼丹处，并非方氏的始迁地。北宋端拱元年（988年），方储40世孙方永忠始迁苏村，他将濒于倒塌的真应庙移建到山麓，并购置祀田。明永乐年间方氏又扩置祀田。因庙、祀田离方氏住地苏村较远，于是请守视僧代为管理。早在元代时，就曾发生过守视僧侵盗祀产的事件。这样的侵盗行为在明代愈演愈烈。朴著敏锐地指出，守视僧侵盗祀产只是表面现象。在守视僧的背后有吴氏与潘氏佃农，而佃农背后则是被方氏指为地豪或地恶的有势力的吴、潘宗族。徽州是土地资源缺乏的山区，也是中原世族移居的移民社会，宗族对于生存空间的争夺十分激烈。比方氏更早移居真应庙与祀田所在地（今歙县霞坑乡霞坑村）的潘氏与吴氏，一心要收回失地。围绕真应庙的祀产之争是宗族间的斗争。朴著指出，这些成为宗族结合契机的土地纠纷，原本是随着徽州人口剧增而频发的诸多纠纷之一。重要的是，由于徽州"聚族而居"的特点导致了以宗族为单位解决纠纷的努力。总之，在有限的土地和增加的人口之间存在的深刻矛盾中，徽州各宗族都试图扩大宗族组织以应对面临的生存危机。

柳山方氏通过扩大宗族组织来对付吴、潘两家族势力的挑战。乡绅在保护真应庙祀产、加强方氏内部团结中，担当了领导的作用。万历二十四年（1596年）方氏一族中曾任职最高的乡绅倡议重修家庙，这是真应庙由宗祠转化为统宗祠的开始。二十七年（1599年），方氏50多名生员、监生、举人等联名上诉守视僧及潘、吴佃农。三十六年（1608年），方氏祀产全部恢复，十个支派订立合同，联宗得以实现。三十七年（1609年），在方氏族内最有地位的乡绅联名将《十派合同》交给歙县县长，得到正式的钤印。朴著指出，地方官对同族结合的肯定，表明国家权力在乡村的控制大大削弱的时候，欲依靠宗族势力来维护社会秩序。明清时期的徽州，乡绅与宗族紧密结合，居于国家与民众之间，担纲起社会自治的功能。

方氏宗族加强统合的15世纪末、16世纪初，也正是徽商兴起之时。徽商之所以能在明清数百年间成为中国商界最强大的商帮，是与宗族的紧密结合相关的。因此，徽商在致富后，以其余资帮助宗族建祠堂、购族田、修族谱，这也是实现徽商的儒家价值观的途径。徽商强有力的资财，使他们在宗族事务方面取得越来越大的发言权，并有取代乡绅主导地位之势。朴著列举了大量事实说明这一点。

柳山方氏的宗族、乡绅与商人实现了"良性循环"，因此在与吴氏、潘氏的竞争中取得了胜利。"良性循环"是徽州区域社会的总体特征，因而造成了徽州的特殊景观：徽商在明清数百年间执掌中国商界之牛耳；徽州科举在明清与苏州并驾齐驱，成为全国府一级科举之最；徽州宗族则是"千年之冢，不动一抔；千丁之族，未尝散处；千载之谱系，丝毫不紊"。当然，各个宗族在实现"良性循环"时，有程度上的差异，即便一族之内也是不同的。就柳山方氏而言，在其诸多支派中，最活跃地展开商业活动的就是环岩派。他们最早进入扬州，盐商最多。重视教育子弟，成为在科举上取得最好成绩的一派。在万历二十四年（1596年）至二十七年（1599年）公呈名单中列举的50名柳山方氏绅士中，环岩派占20名。在万历四十七年（1619年）公呈名单的59名绅士中，环岩派占25名。环岩派以这种实力为背景从万历年间开始主导柳山方氏宗族内部的事业。在徽州宗族竞争中，"良性循环"程度上的差异，势必影响竞争的实力。这就促使各个宗族努力争取更好的"良性循环"，并最终形成徽州区域社会的整体特征。对于"良性循环"，他指出，宗族强固、官商交替，对于徽州来说是"良性循环"，对于社会变迁而言，却是"恶性循环"，因为它延续了中国传统社会的结构。

由宗族竞争，朴元熇进而对宗族组织扩大、强化的趋势为何出现在16世纪进行了理论上的探讨。对这一问题，目前大体上有两种解释。一种解释由美国学者希拉里·J. 贝蒂和日本学者井上彻提出。贝蒂研究了安徽桐城县宗族扩大、强化的情况，认为"这是在科举制的竞争下，新兴绅士阶层为了长期维持社会地位和权力而展开的行动"。井上彻通过苏州宗族的个案研究，得出结论，"对家族存续的危机感使士大夫推进宗族的形成"。提出另一种解释的代表学者是日本的上田信和中岛乐章。上田信在研究了浙江省山区的宗族后，认为是因为16世纪后期以后，"水利纠纷等社会问题已逐渐无法在本乡本土内解决，而是需要在县域范围内考虑并加以解决"。中岛乐章在研究了徽州休宁县的茗洲吴氏后，认为"围绕有限资源而发生的激烈竞争"，是导致宗族扩大的原因。朴元熇整合上述观点，提出了自己的见解："虽然家族永久繁荣是士大夫的基本愿望，但在生存竞争激烈的地区，更现实的问题凸现出来，从而推动了宗族制的强化。"[1]

第二，从社会史的角度研究徽州宗族。对于中国宗族制度的变迁，中外学者的研究表明，以族产、族谱、宗祠为核心内容的明清宗族制度是从宋代开始登上历史舞台的，但是由于复杂的原因，这一特征到了明代中期才得以进一步强化。这一结论无疑是正确的。学者的根据是嘉靖十五年（1536年）朝廷因夏言的奏请，允许士民祭祀始祖，进一步促进了乡村社会的同族结合。日本学者清水盛光曾描绘过这一变迁的过程，将其归结为从朱熹的祭田说到程伊川的祭田说的发展过程[2]。但是，历史的发展是复杂的，仅仅从国家的政令或是从学者的学说出发，就会把复杂的历史简单化。夏言是在什么样的历史背景下发出这一奏请的？从宋代到明代中叶中国农村宗族制度变迁的真实情况如何？这都是需要研究者回答的。宗族制的发展情况在每个地区不尽相同。因此选择特定地域，解剖一个宗族，是

---

① 参见 Hilary J. Beattie：Land and Lineage in China，A Study of Tung—Ch'eng County，Anhhui，in the Ming and Ch'ing Dynasties，Cambrige，1979；井上彻：《宗族形成の再开代中期以降の苏州地方を对象として》，《名古屋大学东洋史研究报告》1994年第18期；中岛乐章：《明代徽州の一宗族をめぐる纷争と同族统合》，《社会经济史学》1996年第62卷第4号；上田信：《地域と宗族——浙江省山间部》，《东洋文化研究所纪要》1984年第94期。

② 参见清水盛光：《中国族产制度考》，东京：岩波书店，1949年。

比较合理的研究方法。朴元熇在研究柳山方氏的资料时发现，在宗族发展的诸多类型中，存在着所谓"专祠转化"的类型，即将纪念名人的以地缘为基础的专祠改为以血缘为主的宗祠的现象。在乡村，有势力的特定宗族通过"寻根"运动，将村民共有的专祠蜕变为一族的祠堂。真应庙本是"民水旱，祷必应"的村民专祠。北宋端拱元年（988年），36世孙方忠正将其移建到山下，并购置祀田，将其转化为方氏的宗祠。其时间早于南宋的朱熹与北宋的程伊川。

由于从专祠转化为宗祠，新的真应庙祭祀的祖先实际上具有始祖的地位。选择地位显赫的祖先作为始祖，这在徽州是较为普遍的现象。柳山方氏家庙祭祀的方储并不是方氏迁徙江南的始祖。方氏始迁江南的一世祖是方储的祖父方纮。方纮于汉元始五年（5年）搬到歙东乡，成为歙县、绩溪一带新安方氏的始祖。朴元熇在梳理方氏源流时，认真作了方氏始祖之辨。为什么方氏的后代要弃方纮而取方储呢？这是因为方储虽非主导家族移居江南的人物，但方储的社会地位比乃祖方纮高。方储在东汉和帝时，曾任洛阳令、太常卿等职，死后追赠为太常卿尚书令洛阳开国公，"敕护归葬"，同时敕建家庙，而名之为"仙翁"。庶民不能随意建立的家庙本身是显示方氏为世家大族的重要标志，于是方储遂成为其后裔们精神上的凝聚点。在家庙的祭祀活动中，方储是被作为始祖来崇拜的。明末清初会宗时方储被拥戴为柳山方氏始祖，证明了这一点。也可以说，方储替代了主导家族移居江南的祖父方纮成为方氏一世祖，是历史的延续。这说明无论是朱熹、程伊川的学说还是夏言的奏请，都是对民间早已存在的社会现象的承认和提倡。

嘉靖年间开始允许祭祀始祖，许多宗族新立宗祠，并以始祖作为联系纽带开始活跃的联宗活动。这是大趋势，也为学者所认可。但朴元熇在研读文书与实地考察后指出，即使在明清联宗活动活跃之时，也有例外。如淳安县东廓内之真应庙虽然是最重要的方储庙，但因为所处之地正是与一些异姓宗族混居的县城，至清代乾隆年间为止未能转化为宗祠。因此宗祠转化，随着宗族在所居之地的社会经济条件以及宗族本身的强弱，可以产生不同的结果。

从社会底层的变化出发，向上看上层政策的形成，这是社会史区别于传统史学的一个重要方面。一般来说，社会的变化总是先从民间社会开始的，然后才会在政府的典章制度或学者的学说中反映出来，即便政府的法令改变了，民间社会的实际情况也是多维的。从空间上来说，各地区之间有类型上的差异；从时间上来说，发展也是参差不齐的。但是，差异之中也有共性，朴元熇对柳山方氏家庙由专祠而宗祠，再到统宗祠的变迁过程的探讨，也就更接近历史真实地反映出宗族制度由汉代至北宋，乃至明清时期的演变大趋势。

第三，用历史比较的方法研究徽州宗族。朴著在对徽州宗族的研究中，还专题研究了柳山方氏的聚居地之一——岩镇。以往在市镇研究领域中，主要是聚焦于江南市镇，对徽州市镇的研究较少；而在对岩镇的少量研究中，主要依靠的是《岩镇志草》等地方志资料。朴著将宗族研究引入市镇研究，这是由柳山方氏研究所引发的。方氏最具实力的环岩派，指的就是居住在环山与岩镇的方氏族人。对环岩派的研究，仅仅靠《歙淳方氏会宗统谱》是不够的。为此，作者锲而不舍地搜集资料，在安徽省图书馆找到了《歙县环岩派方氏族谱》。因此，朴元熇市镇研究的特色，除了与宗族研究相结合外，还注重与江南市镇作比较研究，以揭示徽州市镇的底蕴。

徽州与江南市镇的相同处表现为：（1）市镇的出现可以追溯到宋代，真正兴起是明代中期以后，以当时商品经济繁荣为背景。（2）像江南一样，有以特色商品为对象的季节性集市，如深渡的茶市。（3）庙会是重要的交易形式。不同处表现为：（1）新安江联结江苏、浙江的经济圈。大多市镇并不分布于占绝大多数面积的山区，而是形成于新安江及支流沿岸，造成线与点的结合。江南市镇则是全面分布于水乡水网，是点与面的结合。（2）徽州市镇主要是集散与流通为主的商业型市镇，徽州生产的茶木等不需要复杂的加工过程，而江南则主要是以商品生产和加工为主的专业型市镇。（3）岩镇兴起与徽商在两淮盐场的发展是同步的。环岩派族人及其他岩镇的宗族在经商成功后，从农村移居市镇。商人资本向家乡的回归，是岩镇兴起的原因。宗族也随之由乡村包围城市，使市镇成为一片宗族世界。这与江南市镇因商人与作坊主的集中而兴起是异向的。

作者还从文化上对徽州与江南市镇作了比较，指出它们是同中有异。两地市镇文化均发达，但江南市镇的主要特色是市民文化，而徽州则是儒学盛行，有书院、文会，从唐代到清代岩镇就出了4个状元、36个进士、81个举人。两地市镇均有祠堂，但江南市镇在商品经济的冲击下，宗族组织迅速崩溃，很少有聚族而居的现象，多的是深厚的商业专业市镇色彩。岩镇则保持聚族而居的状态，雍正十二年（1734年）宗族祠堂有21个，环岩派分支宗祠有4个，有着强烈的宗族、人文色彩。

朴著还由对柳山环岩派的研究，进而对哈佛燕京图书馆所藏的《方用彬（元素）书信》进行研究。作者利用《歙淳方氏会宗统谱》和《歙县环岩派方氏族谱》对方元素其人作了考证。他将两谱的世系对接起来，考索了方元素家族（包括他的祖父、叔父和他本人的职业），对信件所涉及的社会网络以及他们与方元素的交往作了考察，并由此揭示方元素本人的儒商气质。据此，作者对16世纪以来宗族制度不仅没有解体反而得到强化的内在原因作出了自己的解答：16世纪后商品经济的繁荣本来应该成为社会变革的起点，但徽商的商业资本按"儒商"的价值观消耗，不仅不能促使徽州宗族制解体，反而起到了强化的作用；而宗族制作为传统社会构造的一部分继续演进，成为长期制约中国社会发展的因素之一。

综上所述，朴元熇的研究从微观出发，对一个宗族进行精细解剖，进而从宏观层面追索他对中国社会变迁的深层关怀。在徽州研究领域，这是具有开创性的。

原载《历史研究》2005年第2期，有改动

重构乡村基层社会生活的实态

——一个值得深入考察的徽州古村落宅坦

徽州号称"东南邹鲁"，是一个人文荟萃、文化积淀极其深厚的区域，历史上就有编撰村志的传统。近日读了两本新编徽州村志《龙井春秋》和《徽州文化古村——六都》。这两部村志各具特色，既继承传统，又有所创新，其时限上及唐、宋，下至改革开放，细致地描述了古往今来村落历史的变迁，为我们重构基层社会生活的实态提供了弥足珍贵的信息。

《龙井春秋》是一部志、谱性质兼备的村志。志而兼有谱的性质，在中国古代志书中是有先例的。但一般来说，一部志书是由几个大家族的历史交织而成，所以谱的痕迹往往为地域性所掩盖。例如，万历《新昌县志》就是吕、潘、俞三大家族的县级公共家谱①，而《干巷志》则是曹、陆、夏、朱四大姓的乡镇级公共家谱②。志谱完全重合的情况只出现在单姓村，江南单姓村不多（徽州是个例外）。单姓村修族谱是常见的，修谱之外再修村志者则不多见。在徽州单姓村中往往会杂有少量异姓，这与徽州的佃仆制度和他姓入赘相关。宅坦村胡姓占95%以上，祁门六都村也是程姓居绝对多数。所以两部村志，同时也是研究中国家族史，研究胡、程两个家族个案的极好资料。从编撰体例上来说，这两部村志各有特色。

---

① 戴思哲：《谈明万历〈新昌县志〉编纂者的私人目的》，引自《中华谱牒研究——迈入新世纪中国族谱国际学术研讨会论文集》，上海科学技术文献出版社2000年版，第161页。

② 唐力行：《新安商人在江南的迁徙与定居活动探微》，同上揭，第163—175页。

六都在历史上曾经三修村志，早在明代弘治年间程氏族人便编有《善和乡志》，因而在编撰时沿用旧志体例，正文后附有旧志序跋，显示其修志的悠久历史传统。相比较而言，宅坦村志志谱结合的特色更为明显。村志及宅坦丰富的文献资料，为笔者从事历史人类学的考察提供了厚实的基础。

龙井是绩溪县上庄镇宅坦村的古称，与胡适的故乡上庄村接壤，位于绩溪西部的崇山峻岭之中，村域面积近7平方公里。宅坦与外界的联系十分不便，自古以来村民外出都要靠步行，翻过崇山峻岭才能抵达歙县和旌德的水码头，然后走新安江去杭州，再转水路至金华、衢州，或是沿徽水（青弋江）顺流至芜湖，再经由长江去南京、苏州、上海和武汉等地。这也是宅坦的徽商外出经商的主要路线。直至1933年芜屯公路通车，宅坦人外出方可免去艰难的跋山涉水，不过从村落到绩溪县城还得靠步行。直至改革开放后，宅坦村的交通才通达起来。自古以来，宅坦村民僻处一隅，他们与外部世界的信息流通靠的是信客带转的旅外族人的钱信包裹。20世纪30年代，宅坦中门街聚成号布店始设邮政代办所。40年代村里始有电话，仅与乡公所相通。1949年后村里始有一台公用电话，与外地的联系靠上庄总机转接。70年代后期到1993年，因电话线老化，电话联系中断。千百年来宅坦的先辈们就是生活在这样一个似乎与世隔绝的地方，那么他们是怎样生活的，是怎样创造出傲世的古代文明的？

宅坦村位于竹峰山下，村落被东迤的竹峰山余脉葫芦岭和长岭环抱，地势西北高东南低。徽州人在长期的社会实践中逐渐摸索出在山区选择宜人居住地的规律，即枕山、环水、面屏。宅坦村南有长岭横亘，因而有枕山面屏之势。但是由于没有溪河流水过境，从总体上来说宅坦的地理条件并不好。旧时有句俗语："有女不嫁宅坦村，挑水要到外村去。"宅坦四方有四口井，其中南北龙井是有名的古井。但是四口井难以解决一村人的饮水和灌溉。千百年来宅坦先人们整山治水，在这里营造出一个适合人居的环境来。村民们在村落西北的山上筑堤拦截山水，营建起蓄水8000立方米的大塘——深塘水库。然后开沟渠引水入村，又在村里开挖了170多口水塘。各塘均有明暗水道相通，定期换水。这些水塘星罗棋布，洒落在村内外，犹如水渠串起的明珠，熠熠放射着光华。

细察宅坦村民国时期平面示意图，可以看到人工开挖的沟渠从深塘引入村来，形成几个“之”字形，曲曲弯弯缓缓流过全村。一支向东北方成双龙抱珠之势，抱住桂枝文会和胡氏宗祠，流向下门支祠周边的水塘。另一支则注入慕前塘、石井塘由西南出村。从整体上看，这几个“之”字形又构成一个不很规则的“井”字形，与龙井村的井字暗合。疏通一村的给排水，具有明显的实际功用，既方便村民洗涤、灌溉，又具有应急的消防作用。而实施这一工程的组织者则是胡氏宗族。至今，我们还能从一些名塘的形制上找到宗族的印记，例如占地近4亩的慕前塘，原来是一处地势低洼的芦苇丛，有碍前门支祠澳瞻堂的风水，于是挖凿了此塘。它由前门支派下的桂、相、朴、桓、桢、梧、楫、枵、构这九个分支的胡姓族人共同挖凿而成。慕前塘的形状处处体现九字，如环塘的石驳岸有九个内角，泄洪闸门排水孔有九个，洗涤用的石塘坎也是九级。再如占地近3亩的坝下塘，它的造型也有独到之处，当塘蓄满水时，它是一口大水塘，而塘中水浅时，它又一分为三变成三口小水塘。小塘与小塘之间有塘壁间隔。后门支祠的坝下塘是由后门的胡社生等三分支共同修筑的，其设计既含蓄又明确地体现了这一点。

宗族还担当起沟渠水塘的管理职能，务使沟通，永无壅滞，并以严厉的族规家法制裁污染水质的行为。我们从民国三十三年（1944年）十二月五日召开的祠务会议记录上，可以看到其讨论的问题是：“关于塘水利应如何修理保管案”。最后决议：“推选下门胡敦贤、下门胡进益、中门胡立恒、后门胡福淦、前门胡庆祥为水利管理员，并定于即日施行之。每年监管，议定由祠堂首事兼理之。”[①]

徽州村落都十分重视水口的建设。徽州村落的选址最常见的是背山依水，水由高而下，经过村落，流向平芜之地。一般来说，村落的入口，就

① 胡氏亲逊堂：《宗祠会议记录簿》。

是水的出口。宅坦从深塘引入的水流有南北两个出口，因而先民们营造了两个水口。由于宅坦村大体是南北走向，其水口则为东西走向的两条绿色长廊。按照旧时风水的说法，"村乡之有树木，犹人之有衣服，稀薄则怯寒，过厚则苦热，此中道理，阴阳务要冲和"。村北的水口树木栽植于人工垒砌的护坝上，林木高而密，树种为香榧、白果、柏树和柞树等，有利于阻挡北方冷空气；而村南有长岭横亘，水口林木相对稀疏，不影响夏秋南来凉风吹拂，调节气候的功能十分明显。水口以及村内外的植树，大多是由宗族组织族人进行的。宗族对绿化十分重视，龙井民国谱祠规中有"护龙脉"一则："倘龙脉沙水一处受伤，则体破气散矣。倘贪利忮刻之徒或掘泥土，或斫薪木，不分己地人地，罚银一两入祠，仍令其禁止安宅。"村落所倚之山是龙脉，其山势要蜿蜒起伏宛若行龙，则村基始有生气，宗族才能科举发达。这里自然有迷信的成分，但是保护村落所倚之山的林木，才能使山中所储之水源源不断地聚入深塘，确是与村落存亡有关的大事。

现存的宗祠会议记录簿里同样可以看到保护树木的记录。一则是民国三十三年（1944年）十二月五日下午一时的祠务会议，讨论"关于两保不通本祠擅行砍伐墓霞荫木，暨种植树木及坟屋修理应如何处理案"。当时国难当头，为驻军提供木柴是自上而下的摊派，自然要执行，但不准私人染指，所以会议议决："对墓霞荫木昨日已经砍伐之五株，尽行拨供驻军，本村两保应摊之柴额。擅行砍伐者不得剥取分毫。本日继砍之枝，拟议处罚该各砍伐诸人，以□将来处罚办法，由祠首专派人会同两保前往墓霞点收拿不论。对停止砍伐不追。继砍木者之柴工资充当罚金。"民国三十五年（1946年），修理祠堂后进，更换栋梁，需要砍伐树木。宗祠又召开祠务会议认真讨论："后屋培、杨桃坑各有大树一株，应决定砍伐何处之树为宜案。"决议："砍伐杨桃坑之树。"所以千年来村民们得以生活在绿荫碧波之中，享受着天人合一、与自然和谐相处的优美环境。

宅坦在群山环抱中，其生存资源并不丰富。全村耕地1267亩，其中水田1179亩，旱地88亩，林山面积5523亩，人均耕地不足0.7亩。旧时作物一稻一沤或一稻一麦（油），旱地种玉米、高粱、蚕豆、豌豆等。亩产一般在200~300斤。每年都要从旌德运进粮食以补不足。在并不充裕的物质条件下，村民们之所以能创造出辉煌的古村落文明，是与宗族、文化、商业相关的。我在《明清以来徽州区域社会经济研究》一书中曾经指出：在特定的时空条件下，经过一系列的社会变迁，徽州地域已形成宗族组织、文化科学和商业的良性互动，这三者之间宗族居于核心地位，这便是该地域社会整体的特征[①]。应该说，宅坦村具备了上述特征，并且是在三者的良性互动中创造了古村落的文明。

先来看宗族。宅坦是胡氏宗族的聚居地。宗族聚居必须具有四个要素：族谱、祠堂、祖坟和族田。北宋景德四年（1007年）始迁宅坦祖胡忠定居龙井后曾八修族谱：宋嘉定四年（1211年），十四世胡俊卿始纂宅坦族谱；元延祐元年（1314年）十世胡景和、至正十一年（1351年）十八世胡复初分别续编；明嘉靖三十五年（1556年），二十四世胡文宪等十七人会纂嘉靖版；万历年间二十五世胡桓、胡东溥编万历版；康熙五十九年（1720年）的康熙版，编者失考；乾隆十九年（1754年），三十一世胡挺发起龙井本派及外迁支派会修宗谱；同治十一年（1872年），前门三十六世胡宝铎续修未果；民国九年（1920年）弟胡宣铎修民国版。

徽州宗族继承了中原古宗族的传统，有着严格的谱系制度。例如，乾隆二十年（1755年）前后，徽州各县掀起纂修统宗谱的热潮。徽州婺源考川村的胡姓（始祖明经公胡昌翼的定居地）发起纂修明经胡氏统宗谱，成立了由天衡（举人）、天衢总负责，涟（举人）、应箕分管资金及外联，德文主管财务收支，奎文专事编审校对的谱局，向各支裔发函通知携其谱底世系前往考川会修统宗谱。宅坦当时派胡履泰（乾隆十九年与其父胡挺等人辑龙井派宗谱）等三人前往考川参与会修。据凡例称，为防止假冒，凡持有宋代或元代旧谱及迁徙之初行名字号与各房旧谱相同者，方予编入。胡昌翼有三个儿子，三房延臻仍居考川，在谱中编排在先；长房延进外迁

---

① 唐力行：《明清以来徽州区域社会经济研究》，安徽大学出版社1999年版，第85页。

各派（宅坦胡忠乃延进之子）编排在后；二房延宾公派由于谱牒失落，统宗谱未正式收入其世系，仅在第二十八册的附录中简略介绍。统宗谱每本均盖有防伪章和核对章。谱系的严格，给族人造成一种神圣感和敬畏感。族人的最后归宿就是上谱，进祠。

族人受到的最严厉的处罚就是开除族籍。在徽州这样一个宗族世界里，一个被宗族除名的人是无地容身的。祠堂里还设九案特祭，对供奉于寝室的"百世不迁之主"，能干，配享，酬劳，土地，忠孝节义等设立九案分祭，以示对始祖迁祖或对造祠公益等有突出贡献者的敬意和缅怀。太平天国战乱时，族人胡志高丢弃全部家产，背负宗谱逃难，为宅坦保存了极其珍贵的乾隆版考川明经胡氏统宗谱（今为唯一一套传世宗谱），其本人也就成了宗族的英雄。宗族通过一系列仪式和家法祠规来规范族人的行为，加强族人的凝聚力。

宅坦村拥有七所祠堂。永乐九年（1411年）二十世胡英定的四个儿子分为四个门派，即前门、后门、上门和下门。其中，二十二世时前门派再分出一支，即中门派。自此宅坦胡氏分立五支祠，即前门澳瞻堂、后门继序堂、上门豫格堂、中门敦睦堂及中门分支祠、下门笃伦堂。上门为长房门派（长房长子为宗子）。天启二年（1622年）五个门派合力修建宅坦胡氏总祠——亲逊堂。由五个支祠共推选三十六班头轮年负责施工，共建了六年。该祠气势恢宏，三雕精美，成为绩溪三大名祠之一。从此亲逊堂就成为宅坦胡氏的最高权力机构。亲逊堂由宗子以及祠首和司事管辖。我们从宅坦村收藏的散件档案中，检阅到民国二十二年（1933年）八月初一宗祠会议推定的管祠的人选，六班管祠是由各门派搭配而成的，每班第一、二人为祠首与副祠首，六年之中轮值一年。从宗祠会议记录簿看，村里每有关系族人利益的事情，就要召开会议讨论，参加者少则十余人，多则数十人，共同议决，体现着一定的族内民主精神。每一门派，也有自己的组织领导机构，从而形成总祠—支祠—族人的多层控制网络。

墓者慕也，是追慕祖先的处所。宗族通过祭祖的仪式来强化族人的凝聚力。旧时祭祖，清明前一天祭扫各支祠祖墓。清明节上午族丁抬全猪全羊去位于今旺川乡医院背后的二世祖进公（胡延进）衣冠墓祭扫，中午再祭扫宗祠前宅坦始迁祖胡忠墓，最后再各自扫自家近祖墓。《新安竹枝词》载："鼓吹喧阗拥不开，牲牷列架走舆台。问渠底事忙如许，唐宋坟头挂纸来。"[1]宅坦的清明正是这样一番景象。

祠堂拥有田地和山场的多少是衡量一个族派是否兴旺的标志，也是一个族派存在的物质基础。民国时期，宅坦插花管业的祠田祠山就及歙县和浩寨等地。祠田学田归亲逊堂和桂枝文会所有。村内共有祠田或学田206亩，由本村和外村176户佃农耕作，其中本村佃户78家，外村佃户98家，分布在本县和歙县20个村庄。每年收租8000斤左右。祠堂的收入主要用于祭祀活动，也有相当一部分用于济贫，救助族中贫困者。每逢歉年，宗祠往往与乐善好施的族人一起，向余粮户或到旌德购米平粜，亏空由祠堂和行善的个人承担。平粜前先将缺粮户登记造册，规定每户平粜的数量，另写告示，强调平粜的对象为缺粮贫困户，余粮自给户不在此例。1947年春，宅坦宗祠主持了最后一次平粜。

在徽州山区，宗族要生存、发展，就需要功名地位和财力的保障。胡氏宗族对文化教育的重视以及胡氏商人对教育的投资，使宅坦人才辈出，整体文化素质相对较高。胡氏在宅坦定居的起因就与文化教育相关。北宋开宝末年，龙井就有一流的书院（书院名失考），绩溪县令胡延进送儿子胡忠来此读书。北宋景德四年（1007年），已随父（时事建德军知）移居浙江建德的胡忠复归龙井，并在龙井建造安徽省最早的桂枝书院。其后，宅坦先后创设了翚西文社（乾隆胡挺重修，捐田十几亩为学田）、玉成文会（嘉庆时村人以49个股份购置田产，分七班轮管，除招子弟读书外，还用田租收入操办祭事）、惹云书屋（乾隆时胡大锦修）和桂枝文会，宅坦先人入仕者不下140人。清代出了3名进士，他们是乾隆年间胡延龄、胡志浩，同治七年（1868年）胡宝铎。还有举人、秀才不下50人。出任教谕、训导者不下10人。先后入载县志《学林志》者14人、《大学志》者2

---

[1] 许承尧：《歙事闲谭》卷七《新安竹枝词》。

人。历代人文荟萃，共有30人有著述问世。清末新政，国人开始兴办新学，宅坦也得风气之先。早在光绪三十四年（1908年）胡蕴玉、胡幼圃等三人就创办了宅坦新学——桂枝小学校。悠久的文化传统使龙井胡氏在地方上拥有崇高的地位。

整体文化素质的提高，使大多胡氏商人成为贾儒结合的儒商。商人掌握一定的文化知识，有助于在商业活动中分析市场形势，分析自然和社会诸因素对供求关系的影响，从而在取予进退之间不失时机地作出正确的判断，以获得厚利。同时，随着商业经营规模的不断扩大，行业内部以及行业之间的交往联系日益密切，这又需要他们具有一定的管理和组织才能。不少人正是具备这些经商才能，所以能在商业活动中大显身手。宅坦徽商主要从事的是造纸、百货、茶叶、徽墨、国药等行业；主要分布在江苏常州、苏州、宜兴，浙江衢州、兰溪，江西铅山、玉山，及本省歙县、芜湖等商埠。晚清村人经商由江浙移师上海，上海成为村人经商的主要商埠。商业繁兴时从业人员几逾村内适龄人数之半。徽商的经营活动离不开宗族势力的支持。他们借助宗族势力，获取原始资本，展开商业竞争，建立商业垄断；借助宗法制度，控制从商伙计；联合宗族势力，建立商人会馆，投靠封建政权。有着强烈宗族情感的徽商在致富后，会源源不断地将其一部分利润输回桑梓之地，捐助建祠、修谱、置族产、办族学，并在家乡修建精美的宅第亭园。

民国二十四年（1935年）的宗祠会议记录簿上录下九月十日徽商兼任亲逊祠代理执年的胡昭培（字子萍）的一份声明，现录如下："萍向来在外经商，民二一年回里休养，民廿一年宗祠派别列入四班，主席昭万助理管祠。第一次会议议决：大众等筹款修理祠堂后进，八月定办材料，九月廿一日开工，十月终告成，计修后进及钟鼓楼，添换栅十一根、梁二根、全进番盖，又中进西进门上一间、中进两廊番盖、全祠修漏。所有款项由萍挪移来者。原议修好再收丁口捐。后因故及年关关系丁口捐未收。自廿三年至廿四年春连荒三季，数十年未见遇之大荒年。廿四年八月宗祠会议提议种种条程无赞成者。又届一年交替之期，收租在即。萍经手所佃

（填）之款，归萍个人捐入宗祠，尽派下子孙一点义务。此次后进之丁口捐不收者。所有修祠未用完余存之木料，查点计数交下班。廿四年九月十日子萍启。"这段文字告诉我们，当时宅坦的经济状况极其艰难，宗祠无法按常规向族人收取丁口捐以充修祠费用，只得求助于经商族人借垫。祠堂修好，但费用仍无着落。最后由商人宣布借垫之款捐入祠堂了结。办学的情况也是如此。1917年由清代进士胡宝铎的次子徽商胡文骐（1872—1927年）等出资1000元生息，创办资政小学。1931年经费困难停办。1932年富商胡家祺重办桂枝小学，次年由旅外同乡劝募续办。

剖析《龙井春秋》大事记，可以清晰地看到宗族、商业和文化三者间的互动关系。经过长期的历史积累，明代后期、清代是宅坦宗族势力强化、商业繁兴和科举发达达到良性循环之时。

我们再来看《徽州文化古村——六都》，相比较而言，祁门六都在宗族、商业和文化三者之间存在着经济上的薄弱环节。六都的经济是单一的林业。六都善和程氏是以经营田产山场起家的，产业均在本村。从十八世程新春至二十一世程昌，大约在15世纪的一百年间，是善和程氏家族的鼎盛时期，由于山场经营得好，与宗族、文化发生了良性互动。六都村中的17座程氏宗祠、15座牌坊，大多数建于此时。这段时间，程氏通过科举考试，中举人者4人，进士5人，任三品以上高官5人。但是，发生在弘治六年（1493年）和嘉靖十三年（1534年）的两场大火，几乎将其家业烧毁殆尽。在无外来资本（如徽商）的情况下，程昌力图通过修纂《窦山公家议》，以加强家族管理来复兴程氏家族，可惜只是一厢情愿，程氏无可挽回地走上了困顿的道路[①]。

处于良性互动中的宅坦村民世世代代在这里生息，他们日出而作，日落而息，大多过着与世无争的平静生活。然而崇山峻岭并没有把徽州乃至小小的宅坦村与传统中国的大环境完全阻隔开来。千百年来传统中国社会的变迁也会在这里引起反响。但是，由于宗族聚居的格局，徽州社会具有

---

① 程成贵：《徽州文化古村——六都》，第16页。该书系2000年由安徽大学出版社印行的非正式出版物。

特殊的应变力，始终保持自身的稳定。村落历史上涉及的社会动乱主要有三次。第一次是明清交替，异族入主中原。顺治二年（1645年）四月南明帝弘光出亡，族人成立保身会以自救。九月清兵进入与宅坦相邻的浩寨乡，村人纷纷挖地窖藏匿衣谷等物。次年二月，徽州府东山营得知宅坦、上庄一带还有许多人未剪发，扬言发兵进剿，村人闻讯惊恐万状，忙着去官府送钱银，事遂平息。当时地方上出现土兵。这些土兵趁世乱，打起反清旗号，也劫掠百姓。宅坦人对索饷的土兵恨之入骨。顺治五年（1648年），土兵为清军所剿灭，宅坦、旺川一带恢复平静。十一月宅坦为庆贺兵乱渐平特做还愿戏。在宅坦所发生的一切，诚如马克思在《资本论》卷一中所指出的："这些自给自足的公社不断地按照同一形式把自己再生产出来。当它们偶然遭到破坏时，会在同一地点以同一名称再建立起来。这种公社的简单的生产机体，为揭示下面这个秘密提供了一把钥匙，亚洲各国不断瓦解，不断重建和经常改朝换代，与此截然相反，亚洲社会却没有变化。这种社会的基本要素的结构，不为政治领域中的风暴所触动。"

第二次动乱是咸丰、同治年间清兵与太平天国的战争。清代乾隆、嘉靖年间，全村人口6000多人，清咸丰、同治年间，死于战乱和为躲避战乱而举家外迁者难以计数，村内人口锐减至不足1000人。迄至民国，全村人口一直在七八百人之间徘徊。村志的作者颇有历史感，他从村里建于明代后期胡养源老屋所受的创伤，来看动乱对宅坦传统文化的摧残。胡养源老屋厅堂的前柱有太平军留下的砍削斧痕。厢房的窗棂镂刻有精美的木雕，画面上官员、读书人为太平军所不容，他们的头颅统统被削去，只留下农夫和耕牛完好无损。

第三次动乱则是抗日战争。抗战时期徽州未被日本侵略者所占领，是江南唯一的后方基地。徽州人民在极度困难的条件下坚持抗战。宗族会议记录簿中留下了村民们积极参加抗战的记录。民国二十七年（1938年）十月十六日的会议记录中有："第二次破坏公路，由公众暂借款七十五元，应如何归还案。"破坏公路是为了阻止日寇进入徽州，其所需费用会议议决："由亲逊祠拨付（而待联保清单拨付后）。"三十四年（1945年）三月的祠务会议上讨论抗日军属的抚养问题："为抚养胡乾健出征家属应如何处理案。"决议："每年秋收时本祠津贴四秤，此生直至该壮丁之母逝世为止。如该壮丁回家后，即行停止。"此外，我们还从该村保存的一些散件档案中看到祠堂在支持抗战中的积极作用。如《绩溪县自卫队捐》："今收到第一甲胡亲逊祠给纳自卫队给养费三元正（整），用特临时收据为质。经手保长胡品常，民国三十一年三月三十日。"又如民国三十三年的借据："兹因驻军主食领借到胡亲逊堂干谷市秤二千二百五十斤。待层峰发还时如数归偿。此据。具领人石井保保长胡学校，中华民国三十三年二月□日。"[①]可以说，当时民国政府的基层组织——保，离开了宗族是一事无成的。

每次动乱过后，胡氏族人便急于修复祠堂。咸丰十一年（1861年）亲逊祠遭破坏，乱平后即开始修建，至同治十年（1871年）修竣。清末民初又新建了三屏风楼。抗日战争期间和之后，宅坦村民曾于1933年、1937年、1946年三次维修亲逊祠。每次均成立专门机构，下设总务、经济、工程、募捐、监察五股。维修经费由征收丁口捐、特别捐解决。前揭胡昭培捐款修祠堂，就是1933年的那一次。马克思说："这种社会的基本要素的结构，不为政治领域中的风暴所触动。"这一基本要素，除了我们通常说的农业与手工业相结合的小农经济结构、专制制度，还应包括介于小农与政权之间的宗族组织。

胡适在为宅坦近邻旺川《曹氏显承堂族谱》所作的序中说："要知道谱的本意是要存真传信，若不能存真，不能传信，又何必要谱呢？"将来有了无数存真传信的小谱，加上无数存真传信的志书，那就是民族史的绝好史料了。"

宅坦村志是一部存真传信的志书，为我们留下了诸多民族史的绝好史料。例如，大队组织农民在"1963年改建水库，水坝高16米，总库容量达10万立方米。1975年又对大坝加砌分层台阶式护坝增加库容量3.4万立方

---

① 宅坦宗族散件档案。

米"，使原来只有8000立方米容量的深塘水库大大增容，使宅坦即使在大旱之年其生产、生活用水也能得到保障。这是前所未有的。

村志为历史人类学的研究也提供了很好的素材。例如，宅坦人的通婚圈半径长短交替变化的规律：宋迄明代宅坦人以家居务农为主，通婚局限在本都10公里范围内，最远不过80公里内的宁国、歙县和旌德等邻近各县，而以本都的余川、瑞川、旺川为最多，与宅坦人通婚的姓氏有31个。清代以来，随着旅外经商族人的增多，在外埠（上海、江苏、江西、浙江、福建、湖北等，其中沪、苏、浙为最多）娶妻妾者比比皆是，通婚半径延伸至800公里，嫁于宅坦的外地女子的姓氏有90个之多。其中以曹、汪为最多，分别占16.8%和14.4%，程、王、冯三姓列三至五位，分别占11.6%、10.1%、6.5%。民国年间，村人旅外经商做工仍多，通婚半径较清代又有延伸，达1500公里，村人娶四川、湖南、湖北女子并不鲜见。新中国成立后一段时间里，由于实行严格的户籍制度和控制人口外流，村人外出经商做工门路梗塞，宅坦人的通婚半径又缩短为不足10公里，通婚范围不足一里的本村女子的成婚占总数的三分之一。进入20世纪80年代，村人外出打工经商者渐多，通婚圈半径也随之扩大为1000公里，河南、江苏和皖北的一些女子先后入嫁宅坦。在外工作或出国创业的族人婚姻范围更为扩大。赴日创业的有娶东洋女子为妻者，通婚半径达2000公里。通婚的半径是受社会环境和经济水平制约的。通婚圈过小，不利于居民的体质进步。宅坦虽然居于深山之中，其通婚半径却因徽商的流布而扩大至1500公里。改革开放后，婚姻半径进一步扩大到2000公里，这从另一个角度证明了改革开放的好处。

说到胡适，自然要说一说介于胡适家乡上庄与宅坦中途的风乎亭。建于康熙、雍正年间的风乎亭，其谐音为"分胡亭"，有暗指亭南的上庄胡姓为假明经胡的意思。这段有关乡村宗族生活的公案，是由历史上宅坦、上庄这两大村争夺七月会的首办权和五朋中的头朋引起的。其实，考诸考川统宗谱、宅坦和上庄的宗谱都有一致的记载：龙井（宅坦）和杨林（上庄）一至五世同祖，均为昌翼、延进、忠、昉、文谅。有关始祖、远祖的生卒年、墓葬地、名号的记载基本一样。上庄在乾隆修谱的序言中记载：

"七世端五公子忠公迁翚北龙井，十二世德真公迁杨林，二十世七二公始迁上川。"所不同的是，宅坦认为胡忠是胡延进的儿子，而上庄的世系认为胡忠是胡延进的第七世孙。根据胡维平的考证，明经胡的第十四代胡允昌从龙井迁杨林，即今上庄杨林桥一带；允昌次子胡七二是上庄胡姓始迁祖。因此，胡适除了是明经杨林派（上庄）的后裔外，同时也是胡经龙井派（宅坦）的后裔。这个历史陈年老账似乎已经翻过去了。1999年11月，始祖昌翼公逝世一千周年，宅坦和上庄的胡氏后裔一起赴考水寻根祭祖，并合影留念。这是一场文雅的争执，足见胡适在桑梓地影响之大。

宅坦的胡氏亲逊祠在历经了350余年的历史沧桑后，终于在二十世纪的七十至九十年代被拆除，改为小学校舍。祠堂已荡然无存，其木雕精品也被县文物部门收藏。然而值得庆幸的是，宅坦的有心人保存了众多的文献资料，内容涉及宗谱、祠谱、宗祠文档，新中国成立后各个时期的档案，涵盖时间为乾隆二十年（1755年）到1990年，内容之多、价值之高，为村史资料之罕见。明清、民国年间的宗族资料有宗谱、祠谱（分为奉先录、殊荣谱、聚神谱三大类），平粜记录7本，祠田编号草簿1本，收租、收支总录19本，祠堂器具簿1本，宗祠会议记录2本，其他散件213件（完税票据、收据、借据、租批），祠祭人员名单、修祠章程24件，龙井乡公所会议记录。新中国成立后的村级档案有：（1）账册、表册。自1955年至1990年涉及税收、分配、统购统销分户安排表，预算决算分户表，口粮到户表，平调社员物资退赔表，现金日记账24本（1957—1986年），1962—1990年农业统计年报及收入分配表共33册，1957—1986年历年原始记账凭证（工分条、购油单等收条）。（2）会议录共37本（1966年4月至1999年底），记录"农业学大寨""农业大包干"以及直选村民委员会等方面的内容。此外还有绩溪县宅坦乡人民委员会的文件，大队会议记录，补选村委会主任预备会议记录。这些资料为我们在宅坦从事田野考察、重构古村落的实态，提供了必要的前提。可以预见，宅坦必将以其丰富的人文内涵为世人所瞩目。

原载《中国农史》2002年第4期，有改动

"千丁之族，未尝散处"：
动乱与徽州宗族记忆系统的重建
——以徽州绩溪县宅坦村为个案的研究

中华文化一脉相承，源远流长。学者曾从不同角度对此加以探讨。笔者认为在诸多的原因中，有一重要原因迄今尚未引起我们的重视，即中华文化中存在着不同层次、不同地域交织而成的完善的记忆系统。本文所要探讨的是徽州民间的宗族记忆系统。中国自古以来就是一个宗法社会，宗法思想一脉相承，宗法制度与时俱进，垂至明清宗族组织在民间普遍推广，徽州等地形成为区域性的宗族社会。在长时段的民间日常生活中，徽州宗族通过文本与仪式的相互作用，构建、维持和强化族群的记忆系统。在短时段的事件（具体说是咸丰之乱）后，考察徽州一个村落的宗族从失忆到记忆系统重建的过程，我们可以发现宗族记忆系统的深层构成是复杂多元的。宗族记忆系统具有导向性，族群记忆与忘却在同时进行，其价值判断则是儒家文化。宗族记忆系统的重建得到了国家的支持，因为它与地方社会秩序重建是一致的。不同层次、不同地域交织而成的完善的记忆系统是中华文明历经劫难而长盛不衰的内在机制之一。

一

　　徽州多山，"其险阻四塞几类蜀之剑阁矣，而僻在一隅，用武者莫之顾，中世以来兵燹鲜焉"[①]，成为避乱的理想世界。因其毗邻江浙平原地区，随着江南的开发及战乱向江南平原地区的蔓延，中原地区南迁士族的避难地便因地理之便而逐渐深入徽州山区，把徽州造成一个高移民社会。中原士族在徽州保持了宗族制度的原生态[②]。徽州宗族呈现出严密的组织性和持久性[③]。宗族是由同一祖先按男性血缘系统传承的家庭组成的族群共同体。宗族组织得以形成、发展的前提是对同一祖先血缘传承系统的确认，这是依靠记载清晰的族谱来实现的。"谱之作何为者也，人本乎祖一而已矣。"[④]"谱者，家之大典，姓氏之统于是乎出，宗祖之绩于是乎章，自姓之绪于是乎传，宗法于是乎立，礼义于是乎兴。"[⑤]"家无谱，无以明世系，无以溯渊源。"[⑥]因此，谱牒是宗族记忆之根本，徽州宗族的严密性与持久性是由族谱的严密性与持久性来做保障的。赵吉士《寄园寄所寄》指出："新安各姓，聚族而居，绝无一杂姓掺入者。其风最为近古。出入齿让，姓各有宗祠统之，岁时伏腊，一姓村中千丁皆集，祭用文公《家礼》，彬彬合度。父老尝谓新安有数种风俗胜于他邑：千年之冢，不动一抔；千丁之族，未尝散处；千载之谱系，丝毫不紊。"在长时段的日常生活中，要保持"千丁之族，未尝散处"，依靠的是"千载之谱系，丝毫不紊"。

　　① 方弘静：《方氏家谱·序》。
　　② 叶显恩教授在《徽州与珠江三角洲宗法制比较研究》（《'95国际徽学学术讨论会论文集》）中指出，"徽州宗族制是一直保持与正统文化相一致，堪称正统宗族制传承典型"，而珠江三角洲的宗族制却是已经变异的亚种形态。
　　③ 参见唐力行：《徽州宗族社会》，安徽人民出版社，2005年版第10—19页。
　　④ 《尚书方氏宗谱》卷二，胡允惟：《北方村派序》。
　　⑤ 万历《程典·序》。
　　⑥ 崇祯《海阳吴氏族谱·序》；乾隆《歙县志》卷二〇《风俗》。

族谱是对祖先的确认与追忆的凭借，族谱的撰修是宗族组织的首要大事。《尚书方氏宗谱》卷二载有胡景颐于乾隆六年（1741年）所撰《黄冈派原序》，描述了续修族谱时各门派聚集一堂的热闹情景："朝于方氏祠堂往拜焉，盈庭聚族，图籍满前，叩之则皆为肇修家乘而来者。"但是修族谱是一项复杂的工程，从建立谱局到征集核对信息，再到镌刻印刷需要耗费大量的人力物力，殊为不易。所以各个家族纂修族谱间隔的时间是不同的。比较长的，如光绪绩溪《华阳邵氏宗谱》卷首《修谱条议》云："古人云，三世不修谱为不孝。"按一世三十年计，三世则近百年。时间间隔太长，会有"无从稽考"之弊。道光《新安歙西沙溪汪氏族谱·重修族谱凡例》指出：如果族人迁移频繁，则不妨三十年一修，"吾族有经商为客，有携家侨寓，有置产迁居，如浙江、江西、河南、山东、湖广、广东、四川及本省十四属府州县乡镇，自八十一世至八十八世在在都有，一处未到，遂不能全，所以家谱当三十年一修，庶见闻所及，方无遗漏"。徽州业贾者十之七八，因而主张三十年一修的宗族为数甚多。如《蛟溪派会修宗谱支序》也云："先正有云三十年不修谱牒，不成大家，甚言谱之不可以弗修，修之不可以弗勤也。盖谱不修则宗法渐弛，而修不勤则文献就湮，不惟鱼目混珠，冠履倒置，将数典自忘。"[1]为了维持记忆的清晰、正确，徽州宗族逐渐形成"三十年一小修，五十年一大修"谱牒之俗。乾隆时徽州人黄衣说："钜宗甲族均有掌记之人，联氏姓，集昭穆，老幼、尊卑、生死、婚嫁、贤能、贞孝、德行、文章、迁徙、坟墓悉登于书，家谱是也，大都然矣。"[2]掌记之人怎样才能做到"悉登于书"，从而保存宗族的记忆呢？这就要求我们对包括族谱在内的文本系统作一全面的考察。

宗族社会秩序是建立在族群对共同祖先的确认、崇敬和皈依的基础上的。谱牒纂修只是数十年一遇的宗族大典。宗族社会秩序虽然有着强大的惯性，但是族群对共同祖先的群体记忆会随着时间的流逝而不断耗散，这就需要靠日常的祭祀仪式来加以强化。光绪绩溪《梁安高氏宗谱》卷十一

---

① 《尚书方氏宗谱》卷二，方邦吉：《蛟溪派会修宗谱支序》。

② 《尚书方氏宗谱》卷二，黄衣：《重修方氏宗谱序》。

《高氏祖训十条·敬祖宗》云："修祠堂、省坟墓、奉祭祀，此敬祖宗之事也。"祠堂与坟墓是祭祀的场所，"贤子慈孙，入祖祠则知祖宗神灵之所依，过祖墓则识祖宗体魄之所藏，则祠祭墓祭如见祖宗一般"[①]。徽州方志叙述当地风俗："古之为祭者，必戒且斋，竭诚敬，庶几祖祢我飨。宗各有祠，祀其先祖。举宗按时而祭，疏者岁再举、三举，数者岁四、五、六举，盖报祖功，洽宗盟，有萃涣之义焉。远近祖墓，春初有祭，清明有祭，自宋唐以来，树者、封者可无失其故物。近祖祭之于家庙或寝，凡岁时伏腊、生忌荐新，每致其严敬焉。秉礼之家有终身丧，有先日戒，特重其事，庶几可以风矣。"[②]"祠宇，祖灵所栖，子孙报本追远地也。"[③]祠祭一年内，少者二三次，多者五六次。"坟墓，保遗体也，凡先世葬有吉壤兆域之存者，图之，附注方向、字号、亩步、经业，俾子孙祭扫永远不磨。"[④]墓祭则为三月清明和十一月冬至日。"新安名家祖冢多有千余年祭扫不绝者。"[⑤]墓者，慕也，墓地乃追慕祖先的所在，也是收族、强化宗族族群记忆的所在。祖墓、祠堂是宗族记忆的物化，也是强化记忆的祭祀仪式的载体。无论墓祭、祠祭，其祭祀的对象、墓地所在与仪式均载之于谱牒。近世以来，宗族群体的记忆就这样在谱牒的纂修和年复一年的祭礼中，或者说是在文本与仪式的不断互动中，得到维持和强化，宗族社会生活也就这样年复一年地被复制和延续。

以上是通常所了解的徽州宗族记忆系统，它由文本系统与仪式系统两个部分构成。但是这两个系统内在的构成如何？它们是怎样运作的？两者之间的关系如何？这是我们知之不多的。徽州是一个宗族社会，宗族记忆系统是徽州社会建构的基础。因此，探讨徽州宗族记忆系统的构成是徽学研究的重要课题。笔者借助绩溪县宅坦村所发现的村落文书，考察其在短

---

① 乾隆《休宁古林黄氏重修家谱·祠规·祠墓当展》。

② 康熙《休宁县志》卷八《风俗》。

③ 民国歙县《蔚川胡氏家谱》卷二《规条·洁祠宇》。

④ 正德《新安休宁长垄程氏宗谱·凡例》。

⑤ 乾隆《歙淳方氏柳山真应庙会宗统谱·凡例》。

时段的战乱后重建宗族记忆的过程，以窥宗族记忆系统的内在构成。

二

徽州宗族社会的记忆系统隐没在长时段日常宗族生活中，短时段的事件对宗族记忆的冲击，反倒使其显现出来。

从长时段的视野看，徽州农村宗族社会生活是相对稳定的。但是，崇山峻岭并没有把徽州与区域外的大环境完全阻隔开来，历史上一些大规模的动乱也会在这里引起回响。如宋代的方腊起义。方腊出生于方氏柘田派。起义中，方腊对柘田本家以沉重打击，"谱图付之一炬"。柘田方氏在起义被镇压后，迅速地重建宗族记忆。《方氏谱牒序》（1130年）载，方氏合族"葺墓修谱"，"渐创屋业（祠堂），会骨肉于离散之后，定宗盟于扰乱之余"[1]。方氏究竟是怎样"定宗盟于扰乱之余"的，因年代久远，资料匮乏，已难细究了。

进入近代后，波及徽州的大动乱主要是咸丰年间的战乱。徽州方志描述了这一进程："咸丰十年（1860年）八月十八日，（太平军）李世贤[2]由宁国胡乐司入丛山关，陷绩溪。二十四日，晡时已薄徽州城下，（李）元度不意敌军猝至，遂于二十五日黎明率残部出南门奔开化，频行纵火城市，经琳村亦付一炬，冀缓。敌军蹑声，于是府县两城俱陷。二十八日休宁亦陷，居民横被杀掠，祁门戒严。"（咸丰）十一年（1861年）四月，"曾国藩移驻东流，国藩于上年六月驻师祁门，敌军亦悉锐来攻徽州，蹂躏不堪，村舍焚烧殆尽，至是战祸稍纾。然斯时，徽民不死于兵刃，即死于饥与疫，孑遗亦无几。"国藩疏陈皖南惨状有云："革根掘尽则食所亲之肉。"又云："黄茅白膏竟日不逢一人，皆纪实也。"当时"道毙者尤不可

---

① 参见唐力行：《徽州方氏与社会变迁——兼论地域社会与传统中国》，《历史研究》1995年第1期。

② 李世贤（1834—1865年），李秀成堂弟，任太平军左军主将，曾于1860年率部克绩溪、徽州（今歙县）、休宁，逼祁门。

以数计"。方志编纂者惊呼："益知兵乱之可畏也。"①

　　咸丰十年（1860年）前后，清军与太平军在徽州本土多次激战，给社会经济造成严重损害，直接破坏了徽州宗族社会秩序。绩溪县宅坦村（旧名龙井）虽偏处一隅，但咸丰间的连年恶战，仍给这个小村落造成了史无前例的灾难。据民国辛酉（1921年）宅坦重修族谱所载：太平军与清军"久战于江南，吾乡无一片净土。公私焚如，百不存一。虽同治中叶战难削平，而疮痍满目，十室九空"。全村共有441人在这场战争中遇难失踪。其中，死于非命者160人，因乱失踪者281人。为了让这些失踪丧命的族人魂兮归来，宅坦村头出现了许多招魂之墓，如三十五世士庚、士庸的墓上就这样写道："遇乱逃出未归，招魂入墓。"更多的是写在纸角簿上，让后人永远铭记。据新编宅坦村志《龙井春秋》载，清代乾隆、嘉庆年间，宅坦胡氏人口为6000人。战后人口除死难者外，大量族人逃难至江西铅山、浙江兰溪及上海、天津等地，仍居于本村者不足1000人，仅占原人口16.7%。人口的损失在徽州是普遍的。与宅坦比邻的上庄村是胡适的家乡，据胡适父亲胡铁花的年谱所载，太平天国之后上庄胡氏仅剩"老幼男女八百余口"，"阖族为工商于外者四百余人"，总数是1200余人。胡铁花说："大乱之后，族中丁口十只存二。"②由此可以推算，胡氏原来的人口约为6000人，与宅坦村的规模相近。可见，"十室九空""十只存二"是乱后徽州的普遍现状——千丁之族，俱已"散处"。

　　咸、同间战乱平息后，有关徽州"宗族被灾""祠宇圮坏"的记载在方志、谱牒中俯拾皆是。光绪三十一年（1905年）胡荣所撰《古祝派会会宗谱支序》指出："咸同间粤氛扰攘，绩歙尤甚，其中世家巨族谱牒大半无存。"宅坦村的谱牒、亩册在战乱中也多付于一炬，"宗祠于咸丰十一年（1861年）被贼毁坏"③。民国宅坦胡氏在续修宗谱时回忆道："洪扬劫后，

---

　　① 民国《歙县志》卷三《武备志·兵事》。

　　② 《胡氏作品集》第1集《四十自述》（附《胡铁花年谱》一种），胡适纪念馆授权远流出版公司（台北）1986年出版。

　　③ 《亲逊堂奉先录》第1册（始祖至二十五世），钞本，藏绩溪宅坦村。

死伤流离，数典忘祖者比比，寻坠绪之茫茫，洵戛戛乎其难之。"①宗族处于"数典忘祖"的失忆状态。要恢复宗族社会秩序，首先要恢复宗族记忆。然而经过动乱后，"寻坠绪之茫茫"，要从失忆状态中恢复过来，实在是"洵戛戛乎其难之"！考察宅坦胡氏宗族在乱后恢复宗族记忆的做法，有助于我们破解宗族记忆系统的内在奥秘。宅坦胡氏乱后首先要做的两件大事，便是重编族谱、修复祠堂。记忆最为重要的依据是谱牒，然而千载谱系已紊。胡氏始迁祖胡忠于1007年定居宅坦后，直至太平天国战乱之前，该家族曾七修谱牒，宋嘉定四年（1211年）十四世胡俊卿始纂宅坦族谱；元延祐元年（1314年）十六世胡景和、至正十一年（1351年）十八世胡复初分别续编；明嘉靖三十五年（1556年）二十四世胡文宪等十七人会纂嘉靖版；万历年间二十五世胡桓、胡东溥编万历版；康熙五十九年（1720年）的康熙版，编者失考；乾隆十九年（1754年）三十一世胡挺龙井本派及外迁支派会修族谱。胡氏从1211年初修族谱至1754年七修族谱，平均89年修一次谱。三十年为一世，差不多三世一修，勉强合于规范。此后，又历三世，则为1844年，鸦片战争之后了。世事突变，危象迭起，再过数年便咸丰乱起了，胡氏错过了修谱的时机。到乱平时，距乾隆修谱已是110年了。"每见世家巨族修谱若过百年，无从稽考，纵有大才亦难重葺，贵乎四五十年一修见知确乎可凭，闻知亦能悉数。后来君子须按期早修庶无遗失。"②因此，宅坦胡氏将重修族谱暂时搁置，而是先行修复毁于战乱的宗祠亲逊堂。

胡氏亲逊堂是宅坦胡氏宗族的总祠。永乐九年（1411年）二十世胡英定的四个儿子分为四个门派，即前门、后门、上门和下门。其中，二十二世时前门派再分出一支，即中门派。自此，宅坦胡氏分立五大支祠，即前门澳瞻堂、后门继序堂、上门豫格堂、中门敦睦堂及中门分支祠、下门笃伦堂，奠定了宅坦胡氏宗族的基本格局。上门为长房门派（长房长子为宗子）。亲逊堂为五个门派所共有，规模宏大——四间七进式。据《龙井春

①民国《明经胡氏龙井派续修宗谱·跋续修宗谱后》。
②道光《新安歙西沙溪汪氏族谱·重修族谱凡例》。

秋》介绍，其前进由三屏风楼、五屏风楼构成。中进大厅正前两侧有雕有龙凤、麒麟、雄狮、武士、花草等的石雕护栏。中进中间为祭典中心。两侧厅分别设立"百世不迁之主""能干""建祠总首"及历代有名学者的祭殿。中进有边门可通向中进后堂，再从后堂登享堂。享堂分两层，下层两侧分别建有钟楼和鼓楼，每逢祠堂举行重大祭事敲钟擂鼓，显得肃穆隆重。上层为陈放祖宗牌位的寝室，台阶式的祭台放置许多亡灵牌位，其中间则为百世不迁之主的神位。祠堂有100根柱落地，99根为明柱，1根为暗柱砌在夹墙中，形制接近宫殿。祠堂建筑面积1722平方米，若包括桂枝文社和坦场在内，占地面积达7451平方米，为绩溪第三大祠堂。1861年亲逊堂被毁后，宅坦村全体族人在"公私焚如，百不存一"的艰难条件下，先公后私（传统中国的公私是一个相对的概念，家族相对于国家是私与公的关系，家族内部小家庭相对于宗族而言也是私与公的关系，祠堂、族田、祖墓等都属于家族内的公产），经过十年努力，至1871年重新修竣。

在乱后民生凋敝的艰难时世，修复规模宏大的亲逊堂实属不易①。但是，修复祠堂不仅是一个建筑的过程，同时还是一个祠谱重修的过程。祠堂收藏的祠谱在战乱中大多被毁，没有文本的依据，祭台上的牌位就无法重建，祭祀仪式难以举行。可见，文本与仪式这两个记忆系统是密切相关、相辅相成的。

祠堂文书②的祠谱是宗族记忆文书系统的重要组成部分，而以往我们对祠谱重要性的认识重视不够。在二次修谱之间的一世至三世，谱系的记录主要是靠祠谱。因此，掌记之人"悉登于书"，首先是登于祠谱，祠谱是纂修族谱的底本。

----

① 关于修复亲逊堂的过程缺乏文献，可参考宅坦邻村上庄乱后修复祠堂的记录，《胡铁花年谱》里有一段颇为惊心动魄的记录，讲的是铁花主持修复焚于战火中的祠堂，而不少族人却不愿或者说是交不起丁工捐，铁花遂以不纳丁工捐其家祖先神主不准入祠相逼，于是爆发了一场冲突。摘录如下："'闻不逞之徒各令铁匠制刀，期与□□□争。子不急转圜危矣。'钝夫（铁花）不为所动。越数日，言此者益众，并有查明某某等八十余人已制利刀八十余口者。钝夫自思，事已如此，惧则其势益张，乃急购大杉板，雇工人为制二棺，意以其一为先妣百年后备，一即自备以待众人之刀也。先妣闻其事，诘责严切。钝夫从容解譬而勉慰之。私告玠弟曰：'无惧也，吾如果被刺死，尔可以此棺殓吾尸，殡于宗祠之中堂，竭众人之财力造此宗祠，以居吾棺，吾死无憾矣。'棺既成，钝夫乃遍告父老及各司事，移居宗祠账房以待之。十月惇汝伯、健甫叔偕其昆弟群众二十余人自休宁归。闻其事，颇咎众人之卤莽，乃以好语来为族之贫者求宗祠恩免，冀仍得行其私见。钝夫笑曰：'勿复言求也。众人已制利刀八十余口，吾亦预备棺木一口，专待诸公来以决一死。吾死，任诸公为之耳。'惇汝伯语塞，健甫叔急为众人剖白并无制刀之事，时众人随入宗祠观听者数百，□□甚□□。钝夫复笑而问众中之欠捐者曰：'子等新制□□□□□，此时可以动手矣。'健甫恐激变，急叱令众退□□□曰：'子疑吾等来与子拼命耶？'对曰：'非疑也……今日为十月初七日，距十三升主吉日不过五日，吾不死必梗诸伯叔之议，不速决计，恐诸伯叔赶办不及也。'曰：'吾等来与子从容商之耳。'曰：'何商之有？丁工捐不交清，其家之祖考神主不准入祠，乃祖宗之旧例，非吾所创议也……'"（光绪二年）

② 据《民国三十四年亲逊堂移交簿据物件开列于左》的散件文书（现藏宅坦村），可知当时祠堂文书有：《奉先录》《聚神谱》《像牌谱》《会议录》《族谱便览》、修祠记录、家俱（具）簿，租簿、桂枝（学校）租簿、本班收租流水、收租支用簿、收支总登簿、平粜簿，散件的完纳三十二三年昭度保管条一纸、梦秋借谷凭条一纸等。此外还有锁匙等。

我们在宅坦村作田野调查时，发现有关祠堂的四种文书，即《聚神谱》《奉先录》《像牌谱》和《殊荣谱》，统称为祠谱。《聚神谱》是祠谱的底本，是一种不按排行只按去世时间顺序登录的族人神主及其上祠堂经过的草谱，现存共三册，起讫年为1904年至1948年。《亲逊堂奉先录》是清同治十年（1871年）越主时重新编辑成册的，共存44本，收录了自始祖昌翼公至第四十世所有辞世族人的"神主"，按世次顺序排列。每一个神主都盖有亲逊堂的印章，其下还盖有入圹的印章，即神主牌位在升主（又称越主）时从牌座上取下，成捆放入类似棺椁的砖圹中。《像牌谱》共四册，收录因捐资建祠修谱而设像的族人。《殊荣谱》仅一册，载有"百世不迁"①"能干"②"配享"③等特殊荣誉获得者的记录。这四种祠谱内容不同又相互补充，其中《聚神谱》是最原始的流水记录，在它的基础上，按世次为序，整理为《奉先录》，《像牌谱》与《殊荣谱》则是少数对宗族有功成员的记录。除了祠谱外，宗族记忆系统还应包括在祠堂供奉的牌位，它又分为单牌与总牌。单牌是单个祖先的牌位。总牌是登录升主后牌位被烧的祖先名字、世次的总牌位。祠谱与祠内的单牌、总牌共同构成一个严格的谱系系统。

祠谱以往记载着祖先的名讳。胡氏已有一百多年未修族谱了，这期间逝去的先人名讳，全靠祠谱的记载和供奉在祠堂寝室的登录祖先世次姓名的总牌、单牌来提供。但是随着祠堂的毁坏，祠谱和单牌、总牌也大半散失。此外，乾隆十九年（1754年）最后一次修谱前的祖先名讳，则只有依赖于此前所谱的挂线图了。但是族谱所载与祠谱仍有不同，祠谱和总牌对祖先的记载是按特殊贡献的祖先与一般祖先分类的，而族谱列传人物则较祠谱《像牌谱》与《殊荣谱》少得多。修复祠堂是为了恢复对祖先的祭祀活动，如果只有祠堂的建筑，而无供奉于祠堂的祖先神灵，祭祀活动将无法进行。因此，胡氏族人开始了艰难的考据工作，致力于祠谱的复原。乱

---

① 宗族寝室中间一排一百代都不入圹、不升主的神主牌位。

② 对宗族发展有特殊贡献和重大建树的辞世族人的尊称，设专祠供奉能干的牌位。

③ 对宗族发展有突出贡献的族人，其牌位列于百世不迁之侧。

后重撰的《亲逊堂奉先录·序》对此有详细记载，可帮助我们具体了解社会动乱对宗族生活的破坏，以及重建祠堂先人秩序的艰难："自遭兵乱，祠谱无存，总牌亦遗失大半。辛未年（1871年）迁主之役只得照各门支谱誊作底本，另写总牌。惟仓卒葳事，多有未惬心之处，更望下次迁主详加斟酌，以臻妥善。"胡氏族人不得不重新考核祖先中"百世不迁之主""能干"等对宗族有特殊贡献者的名字，以及入祠奉祭的普通族人的名字。

在徽州宗族社会，人们最关心的是各门、各房的亲人死后能否进祠堂。个人对于国家、地方、宗族，或在操守上、言论上，要说有什么贡献，也无非入祠堂、上家谱，传之百世，为子孙观摩仿效。细察胡氏在重修祠谱时的认真态度，我们更可以深切地感受到徽州宗族的严密性。

首先是对《殊荣谱》的重新考订。《奉先录》介绍了对"百世不迁之主"和"能干"的考证。"祠内寝室中间一座，均系百世不迁之主。自遭兵乱存者寥寥（尚存木主五个），其建祠总首三十余人，另有总牌可证。其上世不迁之主，系何名目，无可稽查。因照澳瞻堂例，自分门以前，一世至二十世祖，皆另制新主，奉安中座。后观祠内所存第一块总牌（另录有谱），以四世祖昉公为始，又十六世祖景公亦不列名，细加思索，始知从前不迁之主，二十世内只此四公。故不入总牌。盖总牌本为迁主设也，且以义断之，明经公为始祖，延进公为分派祖，忠公为始迁祖，景公以德总首以功，故同在不迁之列。今二十世以前概邀此典，未免过多，此事下次迁主，似须详慎斟酌。又今次总牌其不迁之主亦俱写入，亦觉于义未合，盖总牌皆系迁主，其不迁者似不宜重列于中。又所存木主五个，内有东洋公。查支谱族谱东字行俱无此名，并存之，以备稽考。"经过战乱，祠堂寝室中间最显赫位置供奉的百世不迁之主也已失忆，于是将一至二十世的先祖一概列入，经过考证，不迁之主是不入总牌的（总牌是登录越主之名与世次的），在二十世先祖中只有始祖、分派祖、始迁祖和对宗族有功的十六世祖胡景[①]属百世不迁之主，其他祖先资格虽老，却是只能越主

---

① 宅坦胡氏《宗谱便览》中介绍胡景：元代称名儒，明代免茔征，名载绩溪志，理学为儒家。

登录总牌而无缘这个宗族最高荣誉。百世不迁之主中的东洋公，其虽存木主，却是生平事迹失考，难以恢复记忆。"能干"的失忆更为严重，"祠内能干本有五人，今只知光代公一位，已经另制新主，其四名俟后查补"。

其次是《像牌谱》。乱后，"祠内像牌只存三块（俱系总牌[1]），缺失尚多。另得像谱数本，其名俱已补录（此外仍有缺遗者，因总牌与谱两无，故未曾补）。后又闻此数本内恐有角单（角单者于祠谱外另钞小本，为春分冬至做纸角而设也，历代俱有。角单像牌于正祭后多设一祭。另有角单样式相同，故恐有误），急思取谱查核，而此谱只存二本（钞录像牌另系一人经手，据云钞毕时将此谱存澳瞻堂西房架厨上，后不知移存何处）。其余俱已遗失，屡查未获，故像谱未曾抄录"。经考证，录入捐资建祠修谱而设像的族人共有1567人。

再次是普通族人的考证，即按世次排列的《奉先录》。相比有特殊贡献的族人，普通族人的考证更为困难，但胡氏宗族的精英们并未因此而稍有懈怠，其考证的方法极其严密：一是总牌与支谱互为校勘，"此次迁主，既以各门支谱为本，并将所剩总牌互相校对，间有总牌已录，支谱未登者；又有总牌有公有氏，支谱只录一名；支谱有公有氏，总牌只录一名者，此类最多。恐有重复。惟当乱后，清理甚难。金议以为，恐有同名者，宁可重复，不可删并，因附写各行之后，于上面另缀存疑二字，以俟下次迁主再行斟酌定夺。内有总牌已登，祠谱未录者（共十余位）因核对族谱系重复，故删去，另有存疑，谱均已注明"。

二是单牌（神主）与支谱互为校勘。"自咸丰二年至十一年祠中所上单牌亦缺大半，但既入宗祠，支祠想已先上。内有祠中尚存单牌，支谱转无名字者，恐支祠亦或有遗失，另于上面写单牌两字，以待查核。其单牌已失者，各家多于辛未年补入，圹内有端音公、土泾公、似顺汪氏、仕姒冯氏、松姬鲍氏数名，为支谱所无，不知何故？亦不知系何门？当时未曾录上总牌，下次迁主，望为补录。又有大福公、福音叶氏（上门）、贞富

---

[1] 《尚书方氏宗谱》卷二，方永燔：《重修族谱序》。

公（中门配福顺黄氏）、顺姒江氏（中门配细顺公）、洋顺王氏（后门配志祥公），因支谱脱写未录总牌，下次迁主并望补之（仕姒系汪氏补牌入圹时误作冯氏。其汪氏配志仕公已照支谱录入总牌，下次不必再录）。"

三是《奉先录》与《聚神谱》互为校勘。"《聚神谱》载明某某公配并氏配某某公者，查《奉先录》并无某某公某某氏，想系遗失，如志邻公谅姬石志寿公皆不见于《奉先录》，此类甚多。又族谱有某某氏而《奉先录》亦未录入者，似应概行查补，附记于此，以谂来者（均已补入）。"

四是支祠与宗祠互为校勘。"宗祠于咸丰十一年被贼毁坏，至同治十年修理始竣，内有将主先上支祠，至辛未迁主后始进宗祠者，俱已照支谱录上总牌，另于入圹下写辛未年进数字，下次迁主只将单牌入圹，不必再上总牌，以免重复。"

五是《奉先录》与新修族谱互为校勘。"同治甲戌，重修族谱，将此互相核对，其已登族谱者于名字上加红点，未登者不加点，以示分别。有公已登族谱，孺人未登，此次补入者，于名字旁加红△，其于姓旁加红△者，缘姓与族谱所载不同，另于下一格载明族谱作某氏。""将族谱对《奉先录》，有公已登《奉先录》，而氏未登者，有氏登《奉先录》而公未登者。数氏而只登一。""宗祠至二十四世始行创造，前所存总牌，凡在造祠以前其绝嗣者俱未收入，此次迁主，自二十一世至二十六世俱照族谱钞录，与从前挂线之例两不相符，窃思此等名字增入虽无大碍，但与历代祖先同列，揆之于义，亦嫌稍无分别。其伯世两代写总牌，只照支谱，至写祠谱时，另对族谱，补有名字（其下注有照族谱增数字，俱未写入总牌）。希光以下，总牌及祠谱俱照支谱钞录，未将族谱核对。"

通过认真校勘，对于族人的记忆大多得以复原，"辛未迁主所誊各门支谱，共九本，前所存总牌共录草谱六本，单牌录草谱一本，存疑者另录草谱三本，下次迁主时，如有留意斟酌者，或遇疑难处，须将各谱互相核对，方有头绪"。这就为《奉先录》的重修并进而撰修新谱奠定了基础。

宗族记忆是对各种个体的以及与此相关联的集团记忆的动员、利用。在动乱之后，认真地考证已故族人，重修《奉先录》和《聚神谱》，一个不漏地恢复族人在记忆系统中的位置，将大大强化宗族群体的凝聚力。宗族对《像牌谱》和《殊荣谱》的复原，在于动员族人在艰难时世为宗族多做贡献。

借助动乱后宗族记忆重建过程的考察，我们可以知道宗族记忆的文本系统是复杂而多元的。除了族谱（支谱）外，还有祠谱（《聚神谱》《奉先录》《像牌谱》和《殊荣谱》）、牌位（单牌、总牌）等要素，它们各有不同的功能，又互相制约、互相补充，保证了记忆的真实可靠。

文本系统的复原为仪式系统的正常运作提供了必要的前提。徽州宗族记忆的仪式系统有两个层次。一是日常的仪式，二则为升主仪式。以往我们对升主仪式在徽州宗族记忆系统中的关键作用认识是不足的。所谓升主，就是宗祠寝室（享堂）里的牌位放满了，就要超越旧神主，重立新神主，将旧神主的牌位放入砖圹内，而将上次升主时放在砖圹内的亡灵牌位拿出来集中烧掉，牌灰埋在龛座底下。被烧掉的祖先牌位，其名字、世次登录入总牌。一个普通的村民死后，神主上龛座到入圹是一代人的时间，由入圹到升主则又是一代人的时间。这样就为未来的新神主留出位置。1871年祠堂修复后，胡氏举行了升主仪式。此后，在1920年与1948年分别举行了升主仪式。间隔的时间分别为50年和29年，相当于一世或二世不到。一般来说，祠堂是一世举行一次升主仪式，期间亡故的族人，先是在《聚神谱》登记，记录的项目有：时间、门派、逝者子孙的名字和逝者的名字。逝者的名字上盖有胡氏龙井派亲逊堂的印记。牌位进祠堂一般是在春分或冬至全族举行祀典时，也有特进的，即宗祠特地开门，将牌位迎入。特进者为对祠堂有特殊贡献，或捐款给祠堂的族人。《聚神谱》上分别盖有"春分""冬至"或"特进"的印记。有些内容上还盖有"对"的校对章，说明在升主仪式前或修谱时，《聚神谱》已与《奉先录》核对过。此外，亲逊堂还存有"对聚神谱"与"对牌""配入总牌"的宗祠核对印章。在升主前，将《聚神谱》的内容按世代登录到《奉先录》上，将升主的单牌的名字配入总牌。因此，一世修一次谱，实际上就与一次升主仪式相合，这是最为理想的。徽人方永燔《重修族谱序》云："苏子曰三十年不修谱不成大族，非不欲久之也，诚恐远而难稽，非派者书之，同族者或弃焉。"三世修一次谱，则中间很可能就间隔了三次升主，就有可能出现"远而难稽，非派者书之，同族者或弃焉"。

根据《宗族记忆系统图》（图1）可知：文本系统分为祠谱与族谱两大块，它们是由族中知识精英操控的，而仪式系统则分为日常仪式与升主仪式两大块，这是精英和普通族人都要参加的。升主仪式是联结文本与仪式两个系统的关节点。其中，修祠谱、上牌位等的日常登录均是围绕着一世一次的升主仪式进行的，而升主仪式的举行则为纂修族谱准备了条件。这就是徽州宗族的"生活世界"，徽州人就是这样世世代代循环往复地延续着宗族生活。

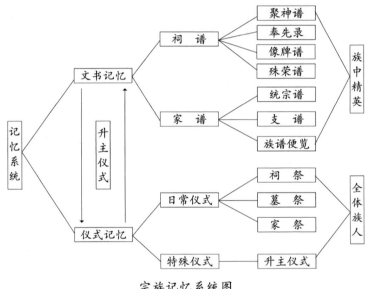

宗族记忆系统图

升主仪式是徽州宗族最为重视的祭祀大典，有关1871年的升主仪式已无记载，庆幸的是宅坦村胡氏保存有抗战前后的《宗族会议录》。会议录告诉我们在1948年升主仪式前，胡氏举行了六次会议专门讨论升主有关事项，据此我们可以详细了解升主仪式复杂的准备过程^①，它包括：由族中精英组成庞大的升主筹备会；到旅沪族人处募集款项；确定升主日期；推

① 1944年12月5日，胡氏首次提出了"神主满座是否设法升主？"的问题，当时的决议是："待下次议决。"事隔两年以后，升主终于提上了议事日程。1946年6月20日，亲逊堂召集了升主筹备会。会议由主席胡华茂主持并作了报告，把升主问题正式列入了工作日程，并已在经济上为升主作准备。这次会议讨论了两个问题，其一是："本祠龛座已满，应如何设法升主，关于整牌人圹事宜应如何组织？公推何人担任以导责任案。"会议作出决议，组织升主筹备委员会，筹备会由29人组成。内设总务室、经济股、文书校对股、盘察股、庶务股，并公推了各部门的负责人。到12月15日，又召集了祠务会议，仍由华茂主持并作报告："每门推出一人，开出生肖，以便选择升主日期。"升主日期是由各支祠开出宗子的生肖，请当地有名的星相曹立益择定。时隔一个月，1947年的1月31日，胡华茂又主持了本祠升主筹备会议，选出了一个由96人组成的庞大的筹备委员会，内设总务、经济、文书、庶务、交际五股。7月12日，又在桂枝文社举行了祠务会议。在这次会议的文本上我们了解到，祠堂曾有过一个决议案，这个决议案的原件已不可知，但从会议记录中仍可分析出决议案的大概来。《会议录》载："讨论事项：关于胡子佩赴沪捐赏办法，查与原决议案相差太远，请公决案。决议：仍应依照原决案酌量招待并由总务部函知旅沪同乡。"可见，原决案是捐与赏两个方面的内容：向上海商人劝捐，对捐助升主者予以奖赏。奖赏的内容，一是对旅沪商人回家参加升主者给予招待；一是字面上未写出的，可能将根据捐助额对家属神主入祠予以百世不迁或像牌等的待遇。交际股胡子佩在上海募捐时，可能受到一些压力，不得不将赏的度提高了，回来后受到非议。祠务会议重申了原决议案。9月6日在桂枝小学又举行了一次本祠堂升主讨论会，仍由华茂主持。讨论了三个问题，其中之一是"关于升主日期应否依照原议实行案"。决议："依照原议实行，时间限定五日。"因为这是《会议录》的最后一次会议记录，所以并不知道升主的确切时间。据宅坦村胡维平的《龙井春秋》介绍，升主是在次年，即1948年举行的。1946年和1948年胡氏宗族会议又议决增选对宗族有特殊贡献的族人，包括"百世不迁之主"14人、"能干"9人和"配享"9人。我们根据田野调查，对他们略作介绍：新增"百世不迁"胡文骐（1872—1927年）系胡宝铎的次子，徽商，曾出资一千元生息，创办宅坦资政小学。"能干"，宣铎，与前门胡蕴玉等在同治谱的基础上编辑完成民国谱。"能干"，蕴玉（1868—1945年），恩贡，民国时任绩溪县财政局长，参与编修县志和宗谱，光绪三十四年（1908年）胡蕴玉、胡幼圃等三人始创宅坦新学——桂枝小学校，此后任桂枝小学校长多年，是宅坦村资深的村董兼族长。1933年修理宗祠帮同办理；任宗祠后进修理委员会募捐股委员、1940年二次祠务会议主席，1941年祠务会议主席，1942年参加祠务会议。"配享"，昭度（1889—1944年），前门派，主要管祠、管校人。1933年、1937年、1941年、1942年多次参加祠务会议，任1934年祠堂司事、1940年祠堂副总管兼会计、1941年司事司账。这些都是宅坦胡氏最后一批所树立的宗族偶像。

选新的百世不迁、能干、配享等。又据《龙井春秋》的回忆，1920年与1948年举行升主盛典时，所有邻近从宅坦迁出的胡姓分支及外姓邻村宾朋均送来对联，并派人抬猪牵羊前来祝贺。仪式以烧圹内的老祖宗牌位起始，然后将新牌位扎成小捆放入圹内。升主最重要的环节是点主，请有声望的族中精英在新立主要祖宗牌位的主字上用朱笔加点朱墨，以表示子孙朱缨紫绶、荣华富贵。点主完毕，点主官念赞，气氛庄重肃穆。升主仪式结束后，在祠堂上演徽戏五天。

宅坦胡氏在饱经战乱祠毁谱亡的情况下，仅用八年就修复祠堂、重建祠谱、举办升主仪式，足见升主在宗族记忆系统中的关键纽带作用。

三

1871年举行的升主仪式，为新一轮族谱的编纂奠定了基础。

在宅坦胡氏保存下的乾隆谱中，载有历代旧谱的序，这些序中阐述了谱牒与宗族记忆的关系。南宋嘉定年间编纂的《龙井胡氏旧谱序》指出："识祖知族不外乎谱而已。""亲犹本也，忘其本而遗其本，兽类之一同耳，可乎哉？""祖远而易忘，亲疏而易失。欲使不忘而不失，见祖宗于千载之上，笃生子于伦叙之中，舍其谱系则何以哉！"宗族记忆归根到底是要凝结保存于族谱之中。宅坦胡氏在祠谱修复、升主仪式举办后，就开始续修新谱。"然秦火余烬，收拾图籍"，并非易事，主其事者是胡氏前门第三十六世胡宝铎。宝铎，同治七年（1868年）进士，同治十年（1871年）任兵部主事，历任军机章京、总理各国事务衙门行走等职。民国版宗谱《跋续修宗谱后》说：宝铎"同治辛未登第归，以笃宗盟为己责，征文考献。赖族伯志高保存旧谱，乱平未久殷商遗老犹有存者，得以资为依据。又有热心诸长老如绚道、升等相与辅助之。周咨缮与，各司其责，而搜罗散佚，鳌订论谬，直身任而弗辞。时编摩更四寒暑，始得属藁"。这里，值得一提的是普通族人胡志高的贡献。战乱时胡氏前门第三十六世志高丢弃全部家产，背负宗谱逃难，为宅坦保存了极其珍贵的乾隆《考川明经胡氏统宗谱》，这是当时传世的唯一一套胡氏谱牒。1921年《明经胡氏续修龙井派宗谱·例言》追述乾隆谱的重要性时指出："元明谱牒历经大劫，均已无征，仅保存乾隆一全部，犹韦述藏南山史也。故龙井世系得有所凭，以为编次之张本。"存亡继绝，使后世修谱有了依据，志高本人也就成了宗族的英雄。

乱后修谱，不仅族中精英积极参与，还得到普通族人的广泛支持。同时，恢复宗族社会的秩序也是与国家利益相一致的。曾国藩在镇压太平天国运动时就主张以绅辅官，他说："古来无与宗族、乡党为仇之圣贤。"① 收复江南后，清政府面对人口急剧减少、主客矛盾激化、社会秩序混乱、赋税剧减等情状，急欲恢复社会秩序，如同治三年（1864年）"命招抚流亡，讲求吏治。谕曰：现在江南等省新复地方，间阎凋敝，创巨痛深，老弱转徙流离，尚未复业，应如何招徕抚恤，遂民生而苏民困之处"②。又如同治九年（1870年）"谕军机大臣等：御史李宏谟奏：安徽广德等州县，客民麇集，劫夺频闻，强占田宅，并造有会馆，私藏军器，动辄聚众，地方官并不严办。江、浙与皖南毗连处所，客民亦复不少，恐彼此煽惑为患，不可胜言，请饬妥为筹办等语。东南各省兵燹之后，地旷人稀，各处遣散游勇，所在盘踞，欺压良民，乘机滋事，若不豫为防范，必致愈无忌惮。著曾国藩、张之万、英翰、杨昌濬遴派明干大员，前往各该州县，认真体察情形，分别良莠，将安分守业之民量给荒田，暂行耕种，俾安生业。其强横不法之徒，查明原籍，递回管束"③。在乡绅自治的晚清基层社会，胡宝铎为代表的乡绅主动参与编修族谱并致力于恢复乡村社会秩序的做法是国家所鼓励的。美国学者艾尔曼指出："士绅的政治结合如果是基于非亲族的纽带，就会被界定为'私'（即自私），而且会遭到禁止，基于亲族关系的社会组织则受到鼓励，称之为'公'，正好和现代西方的命名相反。""1900年以前中国宗族的发展，不是出自'私人'对国家的对

① 曾国藩：《曾国藩全集·家书一》，岳麓书社1985年版。
② 《清史编年》第十卷。
③ 《清穆宗实录》卷二九五。

抗，反而是国家和士绅精英之间'公共'互动的演变结果。"①所以，晚清徽州出现了一个修复祠堂、重编家谱的高潮，领其潮流者则是乡绅。以下，我们以上海图书馆收藏的徽州家谱作一统计，以窥明清以来徽州宗族修谱数量演变的趋势（表1）。

表1　上海图书馆收藏徽州家谱分时段年均比值统计表

时间	家谱总数	年代数	比值（家谱总数/年代数）
明	123+6	277	0.4657
清前期	178+3	197	0.9188
清后期	72+1	72	1.0139
民国	44+1	38	1.1842

　　说明：某一部家谱的重本用"＋"表示。如现存明代徽州家谱为123部，另有6部重本，表上数字表示为"123+6"。

　　揆之以比值，可以清晰地看到上海图书馆收藏徽州家谱之年均比值，由明、清前期、清后期至民国呈上升趋势。修谱年均比值的提高，当然是考察宗族活动的一个重要指标。上海图书馆是中国收藏家谱最富的图书馆，也可视作一次抽样调查。但是，我们应考虑到年代越久远，家谱受损的可能性就越大、收藏越不易的因素，清后期与民国距今时段最近，家谱收藏的难度要小于明朝及清朝前期。根据表1，至少可以认定太平天国被镇压后恢复宗族记忆的活动在徽州并不限于宅坦，而是普遍的。

　　宅坦村恢复记忆的活动一直延续到民国年间。虽有升主时新纂祠谱作为底本，但存疑尚多，宝铎与族中精英在编纂新谱时仍是困难重重，所以经过四年努力，仍是"有志未遂"，仅完成了一部草稿。但是，这部草稿以及此前围绕升主而修的祠谱，为家谱的最终完成奠定了基础。民国《明经胡氏续修龙井派宗谱例言》充分肯定了这一点："洪杨乱后，户口凋残，非当日咨访父老，搜辑谱系，由过此以往，更有难道其详者，民国续修犹也。惟有甲戌稿之基础沿例搜厘，故其赓辑也较易。"从1754年的乾隆谱

---

　　① 艾尔曼：《经学、政治和宗族——中华帝国晚期常州今文学派研究》，江苏人民出版社，1998年版第19页。

到同治十三年（1874年）重修新谱，其间有121年的时间跨度。修复这一时段的宗族记忆，虽然有"殷商遗老"可供咨询，但毕竟年代久远，难以厘清，所以宝铎"垂殁犹谆谆顾命焉"。他的从弟宣铎受顾命，"仰体苦心，耄犹不倦。爰于民国庚申踵其事以成之，与萧规曹随无异"。胡氏在恢复记忆中的存疑精神，贯穿于同治、民国谱的撰修全过程。1920年胡宣铎与前门胡蕴玉等在同治草谱的基础上编辑完成民国谱，于次年刊印出版。民国《明经胡氏续修龙井派宗谱例言》讲述了修谱审慎存疑的规则："甲戌谱内填注无考者，长此销沉，不无漏遗之恨。佚讳、佚氏，纪以方空，仿逸周书传也。待查待访，确所不知，据欧阳谱例也。搜残补亡，是所望于来者。""从龙井侨居者，必志其地，重出乡也。百余派中，远者登广告，近者颁知启，阅今年余，所余修者，只此邻近各派，希望之心有所未逮。愿以俟诸异日。"可见，咸丰乱后，尽管宅坦胡氏做了最大的努力，不仅是定居于本土的不少先祖仍是"待查待访"，而且出乡百余派中，也只有邻近各派得以入谱。宗族记忆系统的完全复原几乎是不可能的。

从1874年到1921年，前后经历48年，才定稿镌刻，而距乾隆谱则有168年的间隔。这一方面让我们知道恢复宗族记忆之艰难，另一方面，分析族谱的所记所载，我们可以认识到记忆不单单是为了保存过去，而是人们根据当下的需要回想特定的过去事物并赋予其意义。宗族记忆是对各种个体的以及与此相关联的集团记忆的动员、利用、篡改，甚至压抑和抹杀过程中建立起来的，因此宗族记忆也是宗族忘却，或者说宗族记忆内涵了宗族忘却。

张载说："管摄天下人心，收宗族，厚风俗，使人不忘本，须是明谱系，立宗子法也。"①儒家学说是维护社会秩序的理论工具，徽州宗族用儒家伦理来"管摄天下人心"，规范世俗社会的秩序。因此，合于儒家伦理的记忆便会在修谱时加以强化和利用，对于违背儒家伦理的则在记忆中加以篡改，甚至压抑和抹杀。民国亲逊堂《明经胡氏续修龙井派宗谱·祠

---

① 《张载集·经学理窟·宗法》。

规》有"彰善四条"①，即忠、孝、节、义。四善之中，提出的善行有：为仕扬名显亲，清廉正直，忠于朝廷；父母生则孝养之，恭敬之，父母殁则丧祭有礼；妇女从一而终，丈夫殁则苦志贞守，孝养舅姑甚或捐躯殉烈；重礼轻财，亲亲孝友，捐产资助族之贫困者。凡有这些善行者，活着的时候给胙，死后在祠堂里配享。这些都是要在族谱中大书特书的。与之相对立的是"瘅恶四条"②，即偏离儒家伦理的行为和越轨行为，属要惩罚的对象。此四条中，族规列举了忤逆、奸淫、匪贼和凶暴的表现：赌

①四善："一训忠。扬名显亲，孝之大也。然能仕，而父教之忠，在位而恪共乃职，始不负于朝廷，乃有光于宗祖。节俭正直靖共之大节宜追，肃慎柔嘉丞民之遗规尚在，而且夙夜匪懈，进退有思。有此贤能子孙，生则倍常颁胙，殁则给其配享，以训忠也。一训孝。众之本，教曰孝，其行曰能养，其养必兼之能敬，而将之以礼，始无愧为完人，乃得称为孝子。啜菽饮水，但求能尽其欢；夏清冬温，又在不违其节。而且丧祭有礼，庐墓不恣。有此仁孝子孙，生则颁胙，殁则给配享，仍为公呈请，旌以教孝也。一表节。妇人之道，从一而终。一与之齐，终生不改。汎柏舟而作誓，矢志何贞？歌黄鹄以明情，操心何烈？倘有节孝贤妇，不幸良人早夭，苦志贞守、孝养舅姑满三十年而殁者，祠内酌办祭仪，请阖斯文以荣之。其慷慨捐躯殉烈者亦同，仍为公呈请，旌以表节也。胙，殁则给配享，仍为公呈请，旌以教孝也。一重义。仁人正谊不谋利；儒者重礼而轻财。然仁爱先以亲亲，孝友终于任恤。辟家塾而教秀刘，先哲具有成规；置义田以赈贫，范夫子行兹盛举。倘有好义子孙，捐义产以济孤寡；置书田以助寒儒，生则颁胙，殁则给配享，仍于进主之日，祠内酌办祭仪，请阖斯文以荣之，以重义也。"

②四恶："一忤逆。父母之恩，欲报罔极。乃有博弈、纵饮、好货私妻；夙夜既忝所生，朝夕不顾亲养，甚且妇姑不悦，反唇相讥。此等逆子悍妇，一经投纸入祠，即行黜革。至若子固当孝，亲亦宜慈。产多毙女，贫困鬻男，岂非左计，为父母者如有此事，众共辱之。一奸淫。人之有偶，不可乱也。乃有纵欲者流，名教不恤，坏族名风，破人节行，甚且中冓难言，新台有刺。此等人面兽行，或经投纸入祠，或经告奸有据，即行黜革。至若士耽固不可言，女耽犹不可说。见金夫而不有，乘墙垣而嘱迁，如此女流，亦不许进主，其娶宗妇及同姓者并加黜革。一匪贼。天地之间，物各有主。乃有不轨之徒，临财起意。纳履瓜田，见利生心，整冠李下，鼠窃狗偷。此等匪人宜加惩戒，如盗瓜、菜、稻、草、麦、秆之属，罚银五钱；盗五谷、薪木、塘鱼之属，罚银三两。入公堂演戏示禁。其穿窬夜窃者捉获有据，即行黜革。一凶暴。身体发肤受之父母，不敢毁伤。乃暴戾之徒逞英雄之概，凶毙无词，恃气矜之，隆恶终弗顾。自召其殃，甘投法网。此等并皆黜革。授缳自溺者皆与同条。惟捐躯殉烈别有旌嘉。无辜受灾者不在此例。"

博、酗酒、好货而偏听妇人之言，不孝养父母，媳不敬婆的行为为忤逆，就父母而言，溺女婴、卖儿子也是对祖宗的忤逆。男女有奸淫行为或同姓、同宗婚嫁者也视同奸淫。偷窃财物，甚至破墙夜盗者为贼为匪。恃气逞凶，自投法网，或自杀者均视为凶暴。族人凡有上述偏离行为或越轨行为即要受到黜革的处分，开除族籍。只有偷窃行为尚不严重者，另当别论。如盗瓜、菜、稻、草、麦、秆之属，罚银五钱；盗五谷、薪木、塘鱼之属，罚银三两。入公堂演戏示禁。凡此种种都属"即行黜革""众共辱之"，也即在宗族的公共记忆中将其加以篡改，甚至压抑和抹杀。"四善"和"四恶"的去舍标准，告诉我们宗族公共记忆是如何被创造出来的。族谱并非实录，在胡氏宗族认同的建构过程中，记忆与忘却同步。

"四善"与"四恶"的去舍标准也未必能得到严格执行。"续修未能尽其实之故耳。明不至则贤奸莫辨，才不逮则考核难详，识不精则去取无当，而派系混淆矣；心苟不公则狥于私求，故扬善多伪；力若未果则胁于势焰，故黜恶多遗，而是非失实矣。是皆徒袭其迹而遗其旨者。以致谱之不灵耳。其视六经四子者暮朝吟而不求圣贤立教之所在，致纯德粹行若不可几者，亦何异哉。然则欲谱之实者，亦唯得一精明学博刚健中正之人而纂修之斯可矣。"①因此提出了修谱者必须有明、才、识、心、力之品质。

晚清中国遭遇数千年未遇之变局，清亡入民国，中国加快了近代化的进程。世事变迁，社会动荡，在新的历史条件下，宗族以变应变，加强自身的凝聚力。新修明经胡龙井派民国谱卷帙浩繁，只印了五十多套，分给斥资捐助编印族谱的富户收藏，而贫困族人却难以查阅。怎样才能帮助普通族人也能读到谱，使宗族的记忆成为全体族人的记忆？胡氏谱局很有创新意识，为普及、推广族谱，使贫者也能人手一册，编纂了普及本族谱——《明经胡氏龙井派族谱便览》。《族谱便览·小引》阐明了编纂者的用意："民国辛酉吾族宗谱告成，捐赀购领者凡五十余部。然族大人众，势难普及。领谱者各自珍藏，又不轻易与人翻阅。未领者依然向隅，岂非恨

---

① 《尚书方氏宗谱》卷二，董德求：《车田派方氏宗谱序》。

事。爰复撮其大要集为一卷，工省价廉，可以家置一部，随时翻阅，一览而知族谱之大略。其后更留空白以备各家填写近代祖先并生人名氏、年庚，为日后修谱张本，庶于世系之奠不无小补云。"族谱便览在中国谱牒史上是一大创举。这也说明即便是到民国年间，中国宗族制度仍显示其强大的生命力。

解析《明经胡氏龙井派族谱便览》的主要内容，可以清晰地了解宗族要求族人记忆的主要内容。便览分为八个部分，一是《祖系纪略歌》，把胡氏一世至二十世先人的名字、事迹以及分房的情况编成歌诀："一世明经公，唐代昭宗子，避难居婺源，胡姓从此起。寿元九十六，同光登进士，易学以传家，隐居而不仕。卒葬锡子桥，墓载婺源志，夫人系詹氏，笃生三令嗣。长派绩宅坦，次迁歙紫阳，三仍居考水，三处发其祥。二世延进公，宋初为绩令，后知严州军，年老卒于任。夫人亦詹氏，合葬在桐江，一子复回绩，营墓衣冠藏。三世讳忠公，始迁宅坦里，建立桂枝院，墓在蟹形里。孺人汪柯氏，笃生三令子，行三昉公传，长二迁他地。……二十世中公，行一娶洪氏，合葬在庵前，笃生三令嗣。长子尚仁公，祠祭为宗子，在族称上门，豫格堂斯起。次子尚义公，前中两门是，三子尚礼公，后门自兹起。从此瓜瓞繁，宅坦族以启。庶生尚智公，外迁垂后裔。次派文中公，世居在下门，五门共祠宇，逊亲堂以兴。"让族人从小就朗朗上口，记住：我从哪里来？我是谁？

二是《通冥赋》，赋中阐明了九族亲戚间的关系和称谓，让每个人明白自己在家庭、门房、宗族血缘伦理系统内的位置，以备祭祀合礼。

三是《明经胡氏诸贤事略》，于统宗谱中选择可法可传的八位学者的事迹作简要介绍，供族人师法，并由此提高族人对家族的信念。

四是《祭文录》，载有《冬至、春分习仪文》《正祭文》《祭能干文》《祭土地文》《祭义祖文》《碬辞》《腊祀祭文》《清明祭文》《山神祭文》《祭始祖明经公文》《上堂祭文》《父母丧祭通用文》等12种祭文，族人进行某种祭祀仪式，只要在祭文中填上祭主，便可便宜应用了。从《祭文录》，也可知一个普通族人，一年所要参与的祭祀活动之繁复了。而这些仪式对于强化宗族记忆是不可或缺的。此外，熟读祭文内容，如《腊祀祭文》云"敢忘祖功宗德"；《祭酬劳文》云"褒忠扬孝，有德者旌，饮水思源，有劳则名"；《祭能干文》云"木本水源，既重岁时之祀，祖功宗德，敢忘先世之勋"等，都对族人有舆论导向的作用。

五是《统宗谱诗文摘录》，将历代祖先或文人有关歌咏乡里、祖先的诗作摘录在宗谱便览中，如始祖昌翼公遗兴诗云："家住乡庄深僻处，就中幽景胜他人。林园满目犹堪玩，丘亩当门渐觉新。"读之油然而生爱乡之情。又如《明经书院记》等文，读之可知胡氏之人文传统，令族人顿生爱族之心。

六是附录《家礼》一条，说明"此乃居家平日之事，所以正伦理、笃恩爱者，其本皆在于此。必能行之，然后其仪章度数，有可观焉"。

七是《旧谱规条》，与第六《家礼》，俱为族人之行为规范。

八是一至二十世祖世系，与《祖系纪略歌》相对应。

《族谱便览》还接受咸丰之乱宗族记忆难以完全复原的教训，在书后留下几个空白页，以便族人自行接续直支世系，填写近代祖先的出生年月、简历等，为日后修谱奠定基础。

宅坦胡氏在1864年后重建并普及宗族记忆系统的活动至1921年始告一段落，历时58年。

以上我们考察了由文本与仪式两个部分组成的徽州宗族记忆系统，这一系统在历史长时段中的每一阶段性成果都凝聚在族谱上。中国有修史的传统，古人说家之修谱，犹地方修志，国之修史。谱、志、史有着内在的联系。民国《明经胡氏续修龙井派宗谱》有不少内容为县志、省志采用，参见《宅坦村胡氏族谱人物为县志、省志转载统计表》（表2）[1]：

---

① 参见胡维平编《龙井春秋》，该表据《龙井春秋》之统计表改制。

表2　宅坦村胡氏族谱人物为县志、省志转载统计表

类别	省志转载人数/人	类别	县志转载人数/人	类别	县志转载人数/人	类别	县志转载人数/人
烈女	3	烈女	74	人瑞	2	文苑	1
		孝友	27	大学	2	学苑	1
		尚义	16	拾遗	1	桥梁	1
		学林	14	书籍	1	臣业	1
		乡善	6	隐逸	1	修学能干	1
总计	3	善行	3	方技	3	总计	155

自明代天顺壬午（1462年）胡积生妻程贵贞以"抚孤守节"入载县志起，至1921年吴昭智妻朱氏最后一个入载县志为止，悠悠四百年间宅坦族谱人物共有155人入载县志，其中的3人又进而入载省志。宅坦入载省志的全是妇女，如胡光世妻汪氏"夫槟未归，氏不就褥，老独居一室，三尺童子不许入内"。又如胡瑞洗妻章氏未过门而夫亡，绝粒7日而殁。胡志湜妻石氏因1823年独资建功祠堂享堂、修桥筑路等善举，并亲见7代，有5世同堂之福而入载省志。妇女入载县志者达74人，几占入载县志族人之半。而孝友、尚义大多是商人，共43人，占入载县志族人的28%。这说明族谱的记忆与方志是相通的。

记忆不单单是为了保存过去，还是人们根据当下的需要回想特定的过去事物并赋予其意义。如民国《歙县志》所录历代受旌表的烈女，计唐代2人，宋代5人，元代21人，明代710人，而到清代激增为7098人。据县志编纂者许承尧称："旧志义例取褒举而不遗，惟咸丰间兵事，歙人受祸实为奇酷，烽燹所至闾里为墟，幽壑深岩逃匿无所，全县人口十损七八，妇女之抗节守义，宁为玉碎者多至不可胜计，爰据两江忠义录及此次采访之有事略者录之，以概其余。"同样的情况也见1933年《吴县志·烈女传》对吴县历代烈女的统计，汉代3人、三国1人、晋1人、宋6人、元14人、明210人，而到清则为10839人。江南地方志将死于战乱的妇女都记忆为"抗节守义，宁为玉碎者"，其实是赋予了清政权合法性的意义。

家国共同体的记忆系统，有个体记忆和公共记忆。从横向来说具有区域性，从纵向来说则是国史、地方志与族谱的层级序列，个体与公共记忆纵横交错共同构筑为一个庞大的、复杂的记忆系统，具有强大的延续性和再生性，这是中华文化得以数千年一脉相承的内在机制。

原载《史林》2007年第2期，有改动

论徽州士绅的文化权力与乡村自治

十六至二十世纪中叶，徽州乡村社会长期保持着稳定的局面。徽州乡村社会稳定的原因是多方面的。我曾指出：徽州特定的自然地理环境造成了经济上的徽商、社会上的宗族组织与文化上的科举理学这三个富有特色的要素。在特定的时空条件下，三要素构成良性循环系统。明清时期，徽商数百年间执中国商界之牛耳；徽州科举与苏州并驾齐驱，成为全国府一级科举之最；而徽州宗族"千年之冢，不动一抔；千丁之族，未尝散处；千载之谱系，丝毫不紊"[1]。本文拟从徽州社会系统三要素良性循环的大视野出发，探讨徽州士绅为什么能担当起乡村自治的领导力量？士绅如何在乡村日常生活中行使其文化权力？当乡村社会出现不稳定局面时，士绅是如何应对的？

一、数量庞大的正途与异途士绅

在徽州区域社会三要素的良性互动中，徽商投资教育，培养子弟业儒入仕，是他们成为官商、取得商业特权的捷径[2]。汪道昆曾精辟地指出徽州贾儒互动的关系："大江以南，新都以文物著。其俗不儒则贾，相代若

---

① 赵吉士：《寄园寄所寄》。
② 唐力行：《论徽商与封建宗族势力》，《历史研究》1996年第2期。

践更。要之，良贾何负闳儒，则其躬行彰彰矣。"①士商互动造成了庞大的士绅队伍。据北京歙县会馆观光堂的题名榜，有清一代，歙县本籍、寄籍之取得科第者有大学士4人，尚书7人，侍郎21人，都察院都御史7人，内阁学士15人，状元5人，榜眼即一甲二名2人，武榜眼1人，探花即一甲三名8人，传胪即二甲一名5人，会元3人，解元13人，进士296人，举人近千人②。徽州六邑，正途士绅的数量当更为庞大。吴建华曾经做过苏州与徽州进士数量的比较研究。据他统计，明清徽州六县的进士共652名，其中明代405名，清代247名。这个数量未计入寄籍者。苏州在明清两代拥有进士1779名，其中明代1016名，清代763名。在进士的绝对数量上，徽州因人口少，是落后于苏州的，但是如果从进士与区域人口的比重来看，苏州的科举是全国的最高水平，徽州的科举水准，从进士与人口的相对数量上来说大体接近于苏州③。这是十分了不起的。

徽州士绅有着显著的士商融通的特征。一般以科举进入仕途者往往有着商人家庭的背景。据记载，新安理学创始人朱熹"外家新安祝氏，世以资力顺善闻于乡州，其邸肆生业几有（歙）郡城之半，因号'半州'"（许承尧《西干志·祝外大父祝公遗事》）④。明代相国许国"父本苏州贾，有阴德，故相国爱与巨富联姻，如女嫁休邑余村程爵子，固百万也"（吴吉祜《丰南志·吴慕庵五十序》）⑤。明清间反清志士金声，"徽州休宁人。随父商武昌，以嘉鱼籍中天启甲子乡试。崇祯元年戊辰，成进士，选庶吉士"（邵廷采《东南纪事》卷四）⑥。值得一提的是，明代万历年间，随着徽商势力的崛起，在杭州的徽商取得了在经商地以商籍参加科考的权利，"明万历三十三年（1605年），歙人吴宪请立商学，巡盐御史叶永

① 汪道昆：《太函集》。
② 许承尧：《歙事闲谭》卷十一《清代歙京官及科第》。
③ 吴建华：《明清苏州、徽州进士的文化素质与文化互动》，《史林》2004年第2期。
④ 张海鹏、王廷元：《明清徽商资料选编》，黄山书社，1985年版第481页。
⑤ 张海鹏、王廷元：《明清徽商资料选编》，黄山书社，1985年版第484页。
⑥ 张海鹏、王廷元：《明清徽商资料选编》，黄山书社，1985年版第488页。

盛题奏：徽商行销浙引，许令现行盐人，并具嫡派子弟附试杭州，例由两浙驿传盐法道取送学院，岁科两试，各拔取新生五十名，内拨入杭州府学二十名，仁和钱塘两学各十五名。具载《两浙盐法志》及《学政全书》"（吴吉祜《丰南志》）①。商籍之设极大方便了商人子弟，这个制度一直延续到清季废科举。

三要素的良性互动，不仅造成了庞大的正途士绅队伍，还造成了更为庞大的异途士绅队伍。十六世纪以后，由于中国特殊的国情，出现了士商合流的趋势，一个绅商阶层开始兴起。与此同时，徽商执中国商界牛耳数百年，众多的徽商凭借雄厚的财力，通过捐纳而获得功名，造成一个数量庞大的"异途"士绅群体。绅商贾而好儒，或是兼有功名，或是有较高学识，或是与皇室官宦关系密切。万历《歙志·赀级九》载："吾乡之郎而赀者一也。乃其以资而郎者则亦有不同焉：具有才谞，不得志于正途，思奋一长以表见者上也；家尚阜殷，可优悠以自逸，勉徼一命以荣亲者次也；赀已渐尽，将困乏之难支，用贾三倍以取偿者，斯为下矣。以上三者，皆有其人，无可悉稽。"异途士绅与正途士绅，同样活跃在徽州基层社会，从某种意义上说，他们的数量更大，财富更为丰厚，对家族与家乡的贡献更为巨大。

根据《歙志·赀级九》所分类别，我们对异途士绅分类加以考察。康熙、乾隆年间的吴铴就是一位"郎而赀者"。据载，吴铴的祖父"治矬汉皋"，他"分任其事"协助商业，并"以附贡生循例捐候选道，加四级，诰授资政大夫"。吴铴后来在两淮经理盐业，"翠华南巡，承办文房差务，恩加顶戴一级，复邀荷包、银锭、貂皮、文绮、藏香、克食之赐。丁丑，翠华再莅，又蒙恩加一级。壬午，复蒙赐宴天宁寺，盖异数也。癸巳，以输饷议叙蒙恩加六级。府君每荷宸光，辄率不孝（吴绍溁）等望阙谢恩，勉以读书报国"。后吴绍唔读书"成进士，蒙恩授武英殿总校官"（吴吉祜《丰南志》）②。

---

① 张海鹏、王廷元：《明清徽商资料选编》，黄山书社，1985年版第485页。
② 吴建华：《明清苏州、徽州进士的文化素质与文化互》，《史林》2004年第2期。

"资而郎者"分为上中下三等。上等者"具有才谞，不得志于正途，思奋一长以表见者上也"。这类的徽商数量甚多。例如《休宁率东程氏家谱》载，洪武永乐间人程成一"连举未第，退事于商，获利倍万，增创田粮三百余石，屋宇火毁，革故鼎新，数倍过旧……永乐二十年以人才赴京，除唐山二尹，为政以德，民咸感之。上司旌异，保升经历"。又如，明代休宁商汪起前，"公仅十龄，值家中落，安人命仲下帷，属公偕季挟箧游湖海间……竟以赀雄闾右……公念赠公（父）早背，丈夫不以儒成名，逐逐泉刀之末，未能以泽及民，乃通籍主幕。莱州豪有力为奸，绳以法……公故恬淡寡营，迨移襄阳幕，遂返初衣"（《休宁西门汪氏宗谱》卷六《参军麟英公行状》）[1]。再如康熙、乾隆间歙商江登云，"十六岁从兄客鄱阳。予族多治禹策业，时勉亭公司饶埠蓝务，深器公之才识，尽假手焉。公意殊不自得，尝语人曰：'丈夫志功名为国家作梁栋材，否亦宜效毫末用，宁郁郁侪偶中相征遂以终老耶！'……公入武庠，丁卯领乡荐，连第进士，膺殿廷选，侍直禁卫，恭慎称职……公自甲午迄丙申，三膺朝命，署南赣都督"（歙县《济阳江氏族谱》卷九《清覃恩累晋武功大夫袁临时将署南赣总兵官登云公原传》）[2]。又如，康熙、乾隆间歙商许蓬园"初试陶朱策，拥多财，辄以利济并为，三党亲族赖以沾溉。而先生俯视持筹取盈，第偶然借径，非其好也。壮岁通籍部曹，综理周详，出人意表，如太阿出匣，光不能掩。既秩满出守楚邦，旋镇抚四郡，再摄大观察，秦镜高悬，庭无滞狱，楚人惊以为神"（《重修古歙东门许氏宗谱》卷十《蓬园许君六十寿序》）[3]。

中等之"资而郎者"，即"家尚阜殷，可优悠以自逸，勉徼一命以荣亲者次也"，这更为普遍。《休宁西门汪氏宗谱》卷六载有明天启间休宁商汪起英为其父汪应亨纳赀求得的《京兆应亨公暨金安人敕命》，其文如下："奉天承运皇帝敕曰：……尔汪应亨乃南京应天府通判起英之父。大隐隐

---

① 张海鹏、王廷元：《明清徽商资料选编》，黄山书社，1985年版第380—381页。
② 张海鹏、王廷元：《明清徽商资料选编》，黄山书社，1985年版第384页。
③ 张海鹏、王廷元：《明清徽商资料选编》，黄山书社，1985年版第385页。

市，良贾贾仁，雅有儒风，惟尔少工儒业，绝无利习，惟尔原薄利谋，急人急，以能周人，用归如流水……兹特赠尔为承德郎，南方应天府通判。"康熙《休宁县志》卷六《人物·孝友》载有徽商汪楫因捐输，"受特恩，以词臣加一级服册封琉球。时蕃（其父徽商汪汝蕃）届八十，琉球君臣制诗文为寿，远近荣焉"的故事。在地方志、族谱中"勉徽一命以荣亲者"的事例俯拾皆是。

下等之"资而郎者"，"赀已渐尽，将困乏之难支，用贾三倍以取偿者"。虽然在为亲者讳的方志、族谱中难以见到下等者的事例，但是在文集、笔记、野史中不乏其例。如《万历野获编》卷六载有"自纳银助大工，特授中书舍人，直武英殿"的徽商程守训，"首建矿税之议"，投靠太监陈增，"认为侄婿"，不可一世，"旋于徽州起大第，建牌坊，揭黄旗于黄竿曰：'帝心简在。'又扁其堂为'咸有一德'"。程守训勾结陈增搜括天下商人，据其家奴告发说："守训有金四十余万，他珍宝瑰异无算，度畜龙凤僭逆之衣，将谋不轨。"最后，程守训虽被"捕送京师治罪，及追所首多赃"，但"故税流毒，宇内已无尺寸净地"。虽说这是一个极端的例子，但徽商中为富不仁的也不在少数。"近来业典当者最多徽人。其掌柜者，则谓之朝奉。若辈最为势利，观其形容，不啻以官长自居。言之令人痛恨"（吴趾祥《此中人语》卷三《张先生》）[1]。

士绅中能做官的人并不多，"以赀通籍"的异途士绅为官者更少。所以，大量的正途与异途士绅并未进入仕途，这就使徽州乡居士绅的数量众多。这些乡居的正、异途士绅享有徭役和部分赋税优免、法律豁免等特权。同时，他们又在乡里从事慈善活动，领导公共事务，所以有一定的威望。W.艾伯哈德（Eberhard）说："只有人们将'绅士'设想为家族性的时候，对'绅士'的理解才有可能。绅士家族通常很大，至少一个家庭为中心繁

---

[1] 张海鹏、王廷元：《明清徽商资料选编》，黄山书社，1985年版第291页。

衍出许多家族来。这样的家族常常维持上千年。"①尽管张仲礼对艾伯哈德
有关绅士的研究有不同意之处，但是上引这个论断用来印证徽州士绅则是
最合适不过的了，徽州士绅的属性首先是家族的，其延伸则是由多个家族
所构成的地域社会。这是合于儒家由孝及忠的理念的。官府借助士绅维护
地方社会的稳定，士绅则借助官方权威扩大在地方社会的影响力。士绅充
当了官府与民众间的中介人，以家族和家乡的福祉增进和利益保护为己任，
代表着本族、本地的利益，承担起诸多地方责任，如排解纠纷，兴修公共
工程，弘扬儒学价值观念，等等。例如，乾隆时徽州盐商江春，因"上六
巡江南，两幸山左，祗候供张，胥由擘画"，而被"加授布政使衔，荐至一
品"。他广做善事，"如建宗祠、整书院、养老周贫，及一才一技之上，望
风至者，务使各副其愿。其敦本尚义，又族戚宾朋所共钦者"（江登云辑，
江绍莲著《橙阳散志》卷三《人物·义行》）②。又如雍正乾隆间"以营
田侧授知州"的徽商刘正实，为家乡歙县解决了田赋积欠扰民的困境，据
民国《歙县志》卷九《人物志·义行》载："邑田赋旧例，排年、总催，弊
端丛积。自康熙丁酉至雍正己酉，积欠逾二万两。正实之弟丰年时就粤西
州牧，谒令赴官，令具言民困状，丰年慨然自任代捐，归告正实。正实自
忖合兄弟之资尚有不逮，姑至淮南谋于邑之业鹾者，庶易成，否则当破产
以集事。已而淮众感正实真挚，且首输为倡。邑令汪文坦并将无业有粮之
户丁、匠丁班额税均平摊入田亩，邑困大苏，永无逋累。"再如得到清王朝
表彰的婺源商人程世杰，"早岁由儒就商，往来吴楚，稍聚赢余，推以济
众。尝置义田三百余亩，立义仓，丰年积贮，遇凶浸减价平粜；又念远祖
本中曾建遗安义塾，置租五百亩，久废，杰独力重建，岁以平粜所入延师，
使合族子弟入学，并给考费，有余即置田，二举经费不下万余金。邑建紫
阳书院，捐金千两。京师创建会馆，捐金三百。他若修建祠宇、造桥、施

---

① W.艾伯哈德：《征服者与统治者：中世纪中国的社会力量》。出自张仲礼：《中
国绅士——关于其在19世纪中国社会中作用的研究》，上海社会科学院出版社，1991
年版第6页。

② 张海鹏、王廷元：《明清徽商资料选编》，黄山书社，1985年版第384页。

槽，勇于为义者指不胜屈。奉旨建坊旌表'乐善好施'"（光绪《婺源县志》卷三十三《人物志·义行》）①。这类事例在明清徽州地方文献中不胜枚举。士绅承担起地方事务的责任，也使他们获取了地方事务的发言权，我们也可以将其称为士绅的文化权力。当地方利益与官方发生冲突时，士绅往往会代表地方利益，对官府施加影响。在地方政权只设到县一级的传统社会，地方事务实质上操纵于士绅之手。在群山环绕、交通不便的徽州，家族性的士绅在乡村自治中的领导力量尤其强大。

二、士绅的文化权力

士绅在徽州乡村社会通过血缘、地缘、业缘、学缘等纽带结成网络②，使他们的文化权力渗透到徽州社会的每一个角落。士绅的文化权力无所不在，主要表现为两个方面：

（一）文会与乡评。《新安竹枝词》云："雀角何须强斗争，是非曲直有乡评。不投保长投文会，省却官差免下城。"③为我们展现了徽州乡村社会发生纠纷时，其"是非曲直"由"文会"作"乡评"的自治图景。许承尧《歙事闲谭》卷十八《歙风俗礼教考》有更详尽的记述："士尚气节，矜取与。其高者杜门却轨，自偶古人，乡居非就试罕至城府。各村自为文会，以名教相砥砺。乡有争竞，始则鸣族，不能决则诉于文会，听约束焉；再不决，然后讼于官，比经文会公论者，而官藉以得其款要过半矣。故其讼易解。若里约坊保，绝无权焉，不若他处把持唆使之纷纷也。"据日本学者涩谷裕子的研究，文会的作用主要有二：一是具有科举考试预备班的性质，特别是正月里总要发表科举考试的模拟试题；一是起着亲善作

---

① 张海鹏、王廷元：《明清徽商资料选编》，黄山书社，1985年版第316—317页。

② 参见唐力行：《论徽商与封建宗族势力》，《历史研究》1986年第2期；《城乡之间：1947年歙县旅沪同乡会扑灭疟疾运动会》，《史林》2013年第1期。

③ 许承尧：《歙事闲谭》卷七《新安竹枝词》。

用①。实际上，文会的另一个作用便是"乡评"。乡村发生争讼，"始则鸣族"，继"则诉于文会"，"然后讼于官"。凡宗族族规家法难以处置的争讼，由文会士绅的"公论"来约束，即使文会不能解决，经过士绅的"公论"，在官府裁决下，"其讼易解"。文会由"以名教相砥砺"的士绅组成，他们是乡村自治的领导力量。

中国传统乡村社会是由保甲制度和宗族组织及士绅统治结合在一起的乡村自治。明清时期的里甲和保甲，是一种以赋役为主要职能的职役组织，政府也曾经试图让其承担调节民事纠纷、和睦邻里关系、维持村社治安等等的职能。崇祯年间，歙县知县傅岩在《歙纪》中，对保甲制有如下记载："严行保甲，十家为甲，十甲为保，择材能诚实者为长。甲置牌架器械，遇盗鸣锣，传知救捕，平日逐户挨查，赌博非为，呈首究治。其无籍流棍、流娼、游食僧道，严行驱逐，地方宁谧。"②然则徽州的现状是弱里甲（保甲）强宗族，里（保）甲执事往往是通过宗族组织来实施的③。正如许承尧所云："若里约坊保，绝无权焉，不若他处之把持唆使之纷纷也。"而宗族组织的领导者中也不乏士绅，其与文会的不同在于，前者是士绅与农民等各个阶层共同参与的，后者则是一个士绅群体的组织。文会虽是士绅的群体组织，文会的建立却是宗族共同的大事。文会大多是由徽

①涩谷裕子：《明清徽州农村的"会"组织》，出自周绍泉，赵华富：《'95国际徽学学术讨论会论文集》，安徽大学出版社，1997年版第151—158页。

②傅岩：《歙纪》，黄山书社，2007年版第55页。

③在徽州，里（保）制度往往是通过宗族组织实现其职能的。即使是抗日战争时期，在国民党强化保甲作用的徽州农村，宗族仍牢牢把握住对乡村基层社会的领导地位。例如，在绩溪县上庄镇宅坦村的村落文书中，保长本身就是宗族的成员，听命于宗族。如军粮，在该村保存的宗族散件档案中有1944年的两份借据："具借据中门保办公处，因驻军食米，奉乡公所令，各保暂垫。本保派垫食米向亲逊祠借到干谷二千二百五十市斤。该项借谷由上峰指定何项公谷时再行还，谷即由保办公处负责筹征而归还之。此据为证。呈 亲逊祠台核 经手保长胡华光 1944年2月 日。""兹因驻军主食领借到胡亲逊堂干谷市秤二千二百五十斤。待层峰发还时如数归偿。此据。具领人石井保保长胡学校 1944年2月 日"。可见当时的保只是起到政府与宗族间上下联络的作用，离开了宗族是一事无成的。

商捐助而建。我们略举数例以窥之：

（章）有元，一名瑞，尊祖敬宗。豁达慷慨，尝输己田倡立文会，鼓励后进。独出己赀建造敦伦堂，为小宗家庙。宗祠椅桌亦其所置。以鹾业客维扬，遂家焉。（绩溪《西关章氏族谱》卷二十四《家传》）①

凌晋，字锡蕃，太学生。生平敦厚诚一，能敬承先志，虽经营囊匮中，而仁义气蔼如。与市人贸易，黠贩或蒙混其数以多取之，不屑屑较也。或讹于少与，觉则必如其数以偿焉。然生计于是益殖。本里水口亭，当北源要道，岁久将坏，君独捐资整之，行旅往来始复有所憩息。文会辅仁堂草创未就，亦首倡捐资以底于成……厥考永吉公以建祠著勤，而锡蕃公复以捐修底绩。父析薪而子克负荷，可谓世济之美矣。②

程世德，字明友，（清婺源）溪头人。幼贫。长贸易江右，勤俭成家，见义不吝。祀厅被毁，慨输五百金襄成。族中创立文会，输租数十称资助。（光绪《婺源县志》卷三十三《人物志·义行》）③

史世椿，字延龄，（黟县）九都金钗人。少清贫，商皖起家。勤俭好义，重建家祠，兴文会，造本村路，助修溪桥，施棺助葬，散赈济荒，输书院考棚建费……靳年逾八十，连举二子，人谓德极。（同治《黟县三志》卷七《人物志·尚义》）④

李正杰，字位丰，（清道咸间）严田人。兄随父贸易信州，杰理家政……邻近逋负五百金，空乏者杰焚其券。捐金修祖祠，置祀产，兴文会，义举殊多。（《婺源县采辑·义行》）⑤

潘涟，号锦溪，国学生，（婺源）坑头人……始业儒，后念贫无以养，遂服贾。家稍裕，延师课子，倡兴文会。二伯父贫而嗜读，涟

① 张海鹏、王廷元：《明清徽商资料选编》，黄山书社，1985年版第152页。
② 凌应秋：《沙溪集略》，江苏古籍出版社，1992年版第127页。
③ 张海鹏、王廷元：《明清徽商资料选编》，黄山书社，1985年版第309页。
④ 张海鹏、王廷元：《明清徽商资料选编》，黄山书社，1985年版第342页。
⑤ 张海鹏、王廷元：《明清徽商资料选编》，黄山书社，1985年版第351页。

奉之如父。堂弟申郡庠生，境亦困乏，涟时侬助，届期给以资斧……（《婺源县采辑·孝友》）[1]

徽商把"建家祠、兴文会"看得同样重要，他们捐金、输田产、输租"倡兴文会"，从而载入史册，被誉为"尚义""义行"和"孝友"。这里我们再一次看到了徽州社会三要素间的良性互动。兴文会不是孤立的，一方面文会"以名教相砥砺"，形成徽州农村社会的"文化权力"，维护了基层社会的稳定。另一方面，文会为知识分子"敬业乐群，论学取友"提供了场所，从而推进了徽州科举功名的兴盛。如南屏叶氏文会，"聚则言孝言慈，以余力攻举子业"[2]。沙溪凌氏文会，"吾宗道义文章虽不因文会而始兴，然自文会之建，风轨愈振"[3]。16至20世纪初，依托文会等完善的教育系统，徽州科举功名成绩斐然，造成了一个庞大的士绅群体。

（二）编纂族谱、地方志，也体现了士绅的文化权力。族谱是宗族的大典大法，其严密的谱系，排斥一切非我族类；其文武科第录、祀典、庙额、宸纶记载着宗族的荣耀；其祀产登录着宗族的财富；其阳宅、地胜夸耀着桑梓之地的美轮美奂；其碑记、茔志、记事、合同是宗族的文件；其家传、行状、墓志铭是为族人树立的楷模。我们试以徽州方氏士绅行使文化权力的实例，来加以剖析。

乾隆十二年（1747年）监生方善祖向分布于歙、淳安两县的方氏18个支派发出《会宗小启》，号召会修统宗谱。方善祖其实是一个世代业贾的盐商，也即异途士绅。从《柳亭山真应庙方氏会宗统谱》卷十九《墓志》可知，从五十四世方文辉弃儒入贾，"捐儒术懋迁吴越间"起，五十五世方道显即"以盐笑寓维扬"，直到五十九世方善祖"行游笑"，先后六代儒商。方善祖既有士绅的地位，又有经济实力，由他来发起纂修同宗统谱是最合适不过的了。《会宗小启》全文如下：

吾鼻祖受封方山，因以为氏，于诸姓为最先。迨后望河南，衍江

---

① 张海鹏、王廷元：《明清徽商资料选编》，黄山书社，1985年版第481页。

② 程汝翼、俞正燮：《黟县志》，成文出版社，1983年版。

③ 凌应秋：《沙溪集略》，江苏古籍出版社，1992年版第150页。

左，至汉黟侯储公凡百十二世，谱牒昭然，人世可考。嗣是而下，本根茂则枝叶繁，其蔓延于歙睦间，或以功德，或以文章，或以宦业，称世家成巨族。屈指而顿，遽数之不能终其物矣！然皆各自为谱，迄无统系，亦缺典焉。代有贤哲，何竟若罔闻知也？意者苦其繁琐而艰于荟萃钦！愚谓水发昆仑，滥觞有自。《礼》曰：尊祖故敬宗，敬宗故收族，为人后者何可不共溯本源。其自黟侯以上历有纪传，不复具论。若各派始迁之祖，仅注黟侯某世孙，初未统辑世系，会通谱牒，敦本之谓何而？乃如秦人视越人之肥瘠，良可喟矣！虽然嘉靖乙卯，星源平盈族倡修统会一谱，然简而未详，同本异枝，既多舛谬。不揣固陋，欲广集诸宗比而合焉，特敢先将所自出之祖系，图成一帙。其始迁以下既已各有专牒，尚待踵此分修。兹惟附录分支巅末，编辑成书，用为程式。幸冀各派志笃宗盟者，悉如此法，分而集之，余乃统而会之，宁详毋缺，都为若干卷，俾论世知人，开卷可得，斯亦溯本穷源之一助也。若夫非我族类概摈弗录，不使如诸胡带令，甘父冒堂，则余更有望焉。因书数语，遍告吾宗。

大清乾隆十二年岁在疆围单于余月，钢山路黟侯后裔善祖椊林氏拜手书。

由上可知嘉靖乙卯（1555年）方氏星源平盈族曾倡修统宗谱，这是与嘉靖十五年（1536年）后修建宗祠联宗祭祀始祖的热潮相应的。只是，初次尝试，并无经验，统宗谱"简而未详"，且"既多舛谬"。所以在将近200年后的乾隆十二年（1747年），监生方善祖发出《会宗小启》，号召方氏各个支派共同撰修会宗谱。小启十分明确地提出了舍旧谋新的目的：尊祖、敬宗、收族。方善祖还拿出了一个从黟侯至12派分支始末的《统宗世系》，并附上分支后本支的《分派世系》，要求各个支派"悉如此法""踵此分修"。先"分而集之"，再"统而会之"编纂成会宗统谱。《会宗小启》发出后，得到12分支的热烈响应。乾隆十八年（1753年），《方氏会宗统谱》刊刻问世。先后经历了七个年头。其间参与编纂者共计70人。他们又分为总修、编次（相当于副总编）、校字、校对、协修和分修（分修各门派之内容）。在这70人的写作班子中，有功名的族人有23位，占三分之一，无功名者也都是读书人。可见，编纂族谱的文化权力是掌握在知识精英，尤其是士绅手中的。

士绅们在编纂会宗谱时，首要讨论并确定的是编纂体例：《凡例》。《凡例》体现了士绅的文化权力。《方氏会宗统谱·凡例》说："家之有谱，如国之有史，所系非轻。"有资格参与族谱编纂者，必定是有一定身份地位的。各宗族的《凡例》原则上一致，但详略、表述均有差异。柳亭山《方氏会宗统谱·凡例》共有16条规定。笔者以方氏会宗统谱为主，并参之于其他方氏族谱，对《凡例》作一剖析。

首先是对参与编纂会宗统谱的士绅提出要求，令他们做到谱牒世系清晰，以保持血缘的纯粹。世系的排列以"五世为图"，"蝉联而下"，分为原始世系、统宗世系和分派世系三个时段。分派世系以分布在歙、淳二邑的12支派为范围，要求士绅在编纂时严加考证，因为这是宗族会聚的基础。

其次是掌握书写"善"的权力，以儒家伦理为标准，引领乡村社会的价值趋向。谱图后附有小志，表彰对象为士绅与节烈妇。"书封爵，书乡宾耆宿，书科贡太学生，书庠生儒硕书生，书卒，书享寿，书娶某氏继娶某氏，姜之有子者书和侧室，书孝弟节烈，书葬地某向"。前面四书中，三书是士绅，有资格列志者首先就是士绅，而乡宾耆宿也多为绅商。对于"兹谱分支、分门以下未续后图，不及尽载，统作《科第录》与《节孝志》，用彰既往，以励后来"。《凡例》还特别强调，"学而入政，名登金榜，闺闱挺秀，巾帼完人，并为家国所重，宗舫之光"。书写列祖列宗之中的官宦和知识精英，使族人读之顿生敬祖之心，有利于强化宗族的凝聚力。"素封沿义利物"，素封即富商。他们中有一部分通过捐纳为官，也就是异途士绅。有钱不一定行义，但行义却要有钱。行义的商人，或捐钱修祠堂、族谱，购族田，或捐钱办学、修桥、筑路，他们的事迹照样能上族谱，得到族人的尊重。四民之末的商人，在徽州也有着崇高的地位。

再次是掌握黜削大权，制定谱牒"不书"的标准，以儒家的伦理规范乡村社会的秩序。在徽州宗族社会中，任何一个人都是从属于宗族组织的，死后进祠堂、上族谱，是徽州人最终的追求。因而，"不书"是最为严重的惩罚。如祁门《方氏族谱·凡例》载有"六不书条"，列入"不书"之罪的有"弃祖""叛党""刑犯""败伦""背义"。对于这些"玷祖"之罪的处理便是开除族籍。

族谱的涵盖面仅及一个族，即使是统宗谱。士绅对基层社会的控制，还表现为编纂超越血缘关系的地缘性的村、镇志，诸如休宁《孚潭志》，歙县《岩镇志草》《橙阳散志》《沙溪集略》《丰南志》《西干志》，祁门《锦城纪略》，等等。从某种意义上说，这些村、镇志都是强宗豪族的联合家谱，都有控制地方的功能。

在徽州最有特色的是区域性的名族志。从元顺帝至元丁丑（1337年）陈栎始编《新安大族志》起，到明世宗嘉靖庚戌（1550年）戴廷明将《新安大族志》最后编定成书，其间历200多年；《新安名族志》是由程尚宽据戴廷明《新安大族志》续补而成的，于1550年首次刊行。先后参与编纂的都是地方士绅，现将《新安大族志》《新安名族志》《新安休宁名族志》编纂士绅名单开列如下：

元延祐丙辰陈栎，字寿翁，号东阜，学者称定宇先生，延祐元年乡闱中选（休宁陈村人）。

明嘉靖己酉郑佐，字时夫，号双溪，嘉靖甲戌进士，历任江西布政司参政（歙县岩镇人）。

嘉靖辛亥江垣，字峻之，号觉山，嘉靖壬辰进士，历任山东道监察御史（婺源官源人）。

万历己卯曹浩，字仲宣，号北海，隆庆辛未进士，历任礼部祠祭司郎中（休宁曹村人）。

同校诸生

嘉靖己酉戴廷明（号和溪，休宁人）、王孟沚、叶本静（休宁人）、程子璿（号阳谷）、方德卿、王克和。

嘉靖辛亥增补程尚宽，号中泉（歙竦口人）；吴让天，号古冈（黟县人）。

天启乙丑续补曹嗣轩，字叔明（祠部季子）。

同校曹嗣乾，字□伯（祠部从子）。

牵梓胡维元，字善庭（休宁县人）。

以上士绅都是有功名的读书人，最低的功名也是诸生（秀才）。参加编纂者的身份，说明徽州社会对此举的关注与重视。名族志的入选，对宗族在地方上的地位有很大意义。每个宗族为了保持或进入名族的行列，必得加强宗族组织的建设，除了前揭徽商个人捐助教学外，还在制度上作出保障，以培养更多子弟读书入仕，更多族人从商为素封。休宁茗洲吴氏《家规》说："族中子弟有器宇不凡、资禀聪慧而无力从师者，当收而教之，或附之家塾，或助之膏火。"歙县谭渡黄氏《家训》说："子姓十五以上，资质颖敏，苦志读书者，众加奖劝，量佐其笔札膏火之费。另设义学以教宗党贫乏子弟。"士绅以自己的文化权力确保这一权力的延续。

许承尧在《歙事闲谭》卷十八《歙风俗礼教考》中赞美徽州农村社会秩序："里仁之美，不信然哉！"究其原因则认为：宗族社会"大憨巨猾，绝未之闻。间有作慝者，乡党共耳目之，奸诡不行焉。则非其人尽善良也，良由聚族而居，公论有所不容耳"。这"公论"便是士绅编写族谱、地方志、名族志等控制舆论导向所造成的。

在徽州宗族社会里，士绅的文化权力与宗族制度相结合，形成理学的独统天下，从而使其他宗教信仰在徽州难以有立身之地。对此，许承尧指出："徽州独无教门，亦缘群居之故，非惟乡村中难以错处，即城中诸大姓，亦各分段落。所谓天主之堂、礼拜之寺，无从建焉。故教门人间有贸易来徽者，无萃聚之所，遂难久停焉……徽俗不尚佛、老之教，僧人道士，惟用之以事斋醮耳，无敬信崇奉之者。所居不过施汤茗之寮，奉香火之庙。求其崇宏壮丽所谓浮屠老子之宫，绝无有焉。于以见文公道学之邦，有不为歧途惑者，其教泽入人深哉。"

三、交通官宦,参与诉讼活动

士绅控制地方秩序,致力于把朱子的桑梓之邦建成江南的邹鲁。但是在乡村社会,理念与私利交杂又是难免的。宗族理念与现实尖锐冲突。当矛盾来自异姓、异族,而祠堂与文会难以摆平时,争讼之风不免日炽。争讼既是为了保护宗族的利益,维持理学规定的世俗世界的秩序,所以常常会争个你死我活。前揭《柳亭山真应庙方氏会宗统谱·歙南柳亭山真应庙纪事》载右方氏真应庙祀产遭到守视僧院侵盗和"恶佃"抗租,为保护祀产,从万历二十四年(1596年)到二十七年(1599年),家族中的50名士绅多次联名将守视僧告到歙县知县衙门①。士绅们的联名起诉,大大加强了方氏宗族的力量,最终他们的诉讼取得了胜利,保住了真应庙的祀产。方氏各支派之间也在诉讼中加强了凝聚力,士绅们通过参与诉讼,增强了对宗族秩序的控制力,也印证了"宗族所赖维持而勿替者,斯文而已"(方振钵主修:祁门《方氏宗谱·族规》)。庙产之争,事关祖先,悠悠万事,唯此为大,由此引起的诉讼在徽州屡见不鲜。据绩溪县志所载:"邑中大族有宗祠,有香火堂,岁时伏腊、生忌荐新皆在香火堂。""故邑俗宗祠最重。"②

笔者手头有一件关于徽州绩溪胡里中王庙的争讼文书,上、下两册,抄录有光绪八年(1882年)到十七年(1891年)的诉讼文书③。根据文书,我们可以知道,在绩溪胡里中王村,有着胡氏迁徽州的二世祖胡延政的坟墓,距墓地二十余丈有庙名中王庙,乃胡延政的专祠。又据绩溪《上川明

---

① 关于这场诉讼的经过详情,可参见朴元熇:《从柳山方氏看明代徽州宗族组织的扩大》,《历史研究》1997年第1期。

② 乾隆《绩溪县志》卷一《方舆志·风俗》。

③ 《中王庙诉讼文书》,上、下两册,藏安徽绩溪宅坦村。该文书前三页介绍了文书的基本内容,录如下:第一页载,此案由光绪七年(1881年)至十一年(1885年)在绩溪担任县令的欧阳霨(江西宜春人)具体审理,并多次上告到徽州府及巡抚府。此案(指胡里村与中王村庙宇争讼案)始于光绪八年(1882年)九月王姓在中王庙重塑九相公像,胡里胡姓称该庙系其二世祖胡延政之庙,从而引发官司。历时十年结案。第二页载,第二册稿 裕堂经手,在郡钉抄 光绪十年(1884年)三月。以下关于本案讼文,皆出自《中王庙诉讼文书》,不另注,仅注明页数。

经胡氏宗谱》所载,胡氏乃徽州名族,其始祖胡昌翼系唐昭宗之幼子,因唐末朱温篡乱,昌翼避难婺源考川,冒义父胡三公姓。后唐同光年间,昌翼登明经进士,其后裔遂称明经胡氏。昌翼子延政,宋初自婺源考川迁居绩溪胡里。延政于北宋开宝八年(975年)任绩溪县令,赐居胡里(在今绩溪县临溪镇境内)。延政子孙又先后分支,迁往上庄、宅坦、杨林等地。胡氏子孙虽分居各地,并在各地多建有宗祠,但胡里的中王庙仍是他们心目中的圣地。当时,中王村的居民已主要是周姓与王姓。他们认为中王庙并不是胡延政的专祠,而是汪华第九个儿子九相公的庙。九相公即唐朝越国汪华第九子汪宪。汪宪死后,自唐至宋有五位皇帝敕封,成为忠义的象征。周、王两姓在庙中推倒了原有的胡延政塑像,竖起了九相公的神像,把中王庙占夺为属于中王村周、王两姓的神庙。胡氏族人看到祖庙被占夺,胡延政的塑像和画像被毁,是可忍,孰不可忍?!于是发起诉讼。下面我们征引双方各一诉状,读者基本可以知道事件的来龙去脉。

　　三月二十八日府投讯　具禀职员胡位中、五品军功胡尚成、耆民胡文瑞、恩贡胡沅、廪生胡贞照、胡玠、附生胡国琇、抱呈胡顺海禀为遵饬投到环叩,催提查核原卷究令复旧事。缘职二世祖讳延政,以唐宗室宋封中王为绩始令。有功于民,卒葬古溪野,居民立庙墓后,塑像画像祀之。凡历九百余年无异,王寿海等胆敢毁神改庙,前经控奉县宪讯明,断详在案,乃王含贞等抗不遵断,复敢控词上控。沐奉批宪亲提,窃职祖墓庙载之志乘、谱序,鉴鉴可据,与王姓并无干涉,贞等何得狡执贪谋。一沐查核原卷,虚实自明。为此遣抱投叩。

(第3页)

　　禀文的上诉者胡位中、胡尚成、胡文瑞、胡沅、胡贞照、胡玠均系乡绅,其中胡玠即胡玠如,乃胡适之叔。他与胡沅、胡贞照、胡国琇共四人均为上庄人,绩溪《上川明经胡氏宗谱》之《学林》有载。胡氏上庄的始迁祖即延政的第十九世孙[1]。我们再征引一段王姓的禀文:

　　生员王含贞等禀为业不由主税莫为凭抄呈恩鉴业还原主事。生等世居绩

―――――――――

[1] 胡祥木等纂修:《绩溪上呈上明经胡氏宗谱》,清宣统三年木活字本。

东中王村，合村于村首共建九相公庙由来已久，该庙基系七字一千四百三号，计基税三分九厘八毛，粮归周社旺户完纳税。谱鳞册确核庙前有胡姓祖坟，离庙二十余丈，胡姓久怀谋占。前于咸丰七年因生村王善庆造屋结讼，蒙中调处，庙神照旧，各照契税管业。去岁九月间开光塑像，悉遵古制。不料胡文薯、胡位中纠率势豪胡沅、胡远昌、胡贞照、胡玠等假生等村名冒伊祖封号，控称伊祖延政公宋封中王，肆行混争并毁神像，又复串通江西补用道胡光墉越控抚宪。谎控诬控即行批发排单到县。县宪即传讯断令胡姓出洋一百元作为庙基业价。生等不遵，谕书当堂割税庙归胡姓执管，反将生等三人均押在□。泣思朝廷以粮税为凭，百姓以执业为主。生等数百年之庙，一旦被胡姓占去万难甘休。有县府案卷并胡延政公考，确核为抄粘，伏乞学宪大人垂怜，鉴主赏赐钧批府提讯，严究占毁，业还原主。戴德上禀。

九年十一月十三日（第5页）

王姓推出生员王含贞等签署的禀文，在这一诉状中，我们可以看到面对胡氏强大的士绅与异途士绅组成的具禀人队伍，势单力孤的王含贞把他们称为"势豪"。还指出，胡姓的另一个大"势豪"，江西补用道胡光墉参与此案，越控抚宪。胡光墉即赫赫有名的红顶商人胡雪岩，祖籍绩溪胡里①，他因辅助左宗棠有功，授江西候补道，是个"亦官亦商"、富甲江南的异途士绅。

从胡、王两姓的禀文可以看到，双方尽管都振振有词，理直气壮，但是官方在处理的过程中，还是倾向于士绅势力强大的胡氏，并且作出了有利于胡氏的判决。关于这场诉讼的是非曲直及其曲折过程，将另文探究；我们关心的是士绅交通官宦，参与诉讼活动。中王庙的诉讼文书清楚地披露了这一点。

士绅对乡村社会重大事件的参与，一直延续到20世纪40年代末。1948年7月15日，歙县潜口发生"联防区署解送匪犯六名，途中挣扎脱逃，就地枪毙一案"，歙县旅沪同乡会向歙县县政府质疑，认为不应随便

---

① 关于胡光墉的籍贯，数年前有杭州人与绩溪人争夺乡贤之旧案。据此文书所载，足见胡光墉祖籍乃绩溪。

枪杀未经审判的疑犯。县政府对此作了解释，在复函中附了一份事件发生次日由士绅联署的证明书，全文如下：

证明书

为据实证明：事缘迩来匪氛猖獗，奸匪出没无常，本月十四晚，附近农山乡公所突被匪徒混入，邵乡长亦被匪徒绑去，局势极为紧张。本区王主任于昨（十五）日下午四时许派枪兵四名将羁押匪犯吴源奇、吴增荣、鲍老四、吴耘农、吴志坚、吴正喜等六名解送钧府法办，不意行至警戒线外，陡闻前面发生枪声，冲出匪徒五六人，劫夺押送匪犯，该犯等乘机各自极力挣扎脱逃，押兵等当以责任所在，即开枪示威喊停止。讵该犯竟不为惧，益外加速奔逃，见已无法制止，遂前去追赶，就各所在地开枪射毙，事实俱在，并无虚伪。所具证明书是实，谨呈县长王。

潜口镇镇长查明高印　　县参议员汪歙钟印　　潜口镇代表会主席汪沛然印　　软溪保保长许立恒印　　陶潜保保长吴蔚云印　　昌德保保长汪植城印　　柏山保保长汪玉书印　　七贤保保长张裕森印　　士绅徐蕃印、潘省言印、龚会炜印、王允孝印、杨伯渔印、汪麦浪印、杨笃初印、王曼谐印[1]

签名证明者除了镇长、县参议员、镇代表会主席、各保保长外，还有8位士绅。其实，署名士绅者，只是因为他们未担任公职，而担任公职的其他人大多也应该是士绅。这清楚地告诉我们，直到新中国成立前夕，士绅仍是乡村自治的领导力量，具有相当的公信力。新中国成立后，乡村士绅的威权荡然无存，乡村社会翻开了新的一页。

原载《安徽师范大学学报》（人文社会科学版）2014年第2期，有改动

---

[1] 《歙县县政府来代电：为准潜口联防区署解送匪犯六名途中挣扎脱逃就地枪毙一票经过情形复请查照由》，上海档案馆藏，档号：Q117-27-9。

20世纪上半叶中国宗族组织的态势

——以徽州宗族为对象的历史考察

辛亥革命后，清朝亡，民国立，社会转型的速度大大加快。在这样的背景下，传统宗族势力的态势如何？这是窥测中国社会变迁进度的一个重要指标。以往我们比较重视中国社会变迁的阶段性，过于强调近代以来中国社会的进步，而对中国传统社会的延续性估量不足。这使我们对中国社会的认识常常与实际严重脱节。因此，有必要对20世纪上半叶中国宗族组织的态势加以考察。之所以选择徽州作为考察的对象，是因为20世纪上半叶的徽州仍是属于自然的历史发展过程，并未因外力的破坏而中断传统的延续。明清以来的宗族组织有三个要素，即族谱、祠堂①和族田，所谓"敦睦之要有三，若祖庙，若祀产，若宗谱。其大端也，宗谱全则敦睦有其据，祖庙整则敦睦有其地，祀产备则敦睦有其资。三者相须，不可缺一"②。这三个要素在20世纪上半叶徽州的态势如何呢？本文拟对此作一历史考察。

---

① 有关20世纪上半叶祠堂的态势，我曾在《商人与文化的双重变奏——徽商与徽州宗族社会的历史考察》一书中指出，土改前仅歙县就有6000所祠堂。另外关于太平天国时期与抗战时期徽州宗族与祠堂的历史考察，将另撰文详谈。本文限于篇幅，关于祠堂从略。

② 歙县《方氏会宗统谱》卷二十《后序》，清乾隆十八年刊本。

一、20世纪上半叶宗族修族谱的态势

明清以来，族谱由单纯的明世系、辨昭穆的血缘世系记载转变为记叙宗族历史的典籍，其内容包括一个家族的源流、世系、迁徙、茔墓、族产、族规、族人传记、家族文献等。编修和宣讲族谱成为宗族管理的重要手段。大多族谱载有《述先儒谱说》，节录先儒关于族谱的论说。如："程子曰管摄天下人心，收宗族，厚风俗，使人不忘本，须是明谱系立宗子法也。又曰：宗子法废，人家不知来处，世无百代之家，骨肉无统，虽至亲恩亦薄也。"北溪陈氏曰："谱系者人之根本也，根本不明则颠倒无据。""又曰谱牒废坠不明，则族属紊乱无统。"①所以，族谱的纂修是宗族组织存在、发展的第一要义。20世纪上半叶，中国族谱编纂的情况如何呢？目前世界上收藏中国族谱最多的是上海图书馆，收有历代族谱约12000种②。我们根据上海图书馆（简称"上图"）收藏的徽州族谱做一抽样调查，制作《明清以来徽州地区族谱上图馆藏情况统计表》，考察徽州族谱在明代、清前期、清后期、民国年间的分布，以窥20世纪上半叶徽州族谱编纂的态势。

明清以来徽州地区族谱上图馆藏情况统计表

时间	婺源	祁门	休宁	歙县	黟县	绩溪	徽州	新安	合计
明	11+1	9+1	40+2	29+2	1	3	13	17	123+6
清前期	27	13	53	48	9	4	9+1	15+2	178+3
清后期	13	15	7+1	12	3	15	1	6	72+1
民国	5	2	3	12	4	13+1		3	44+1
其他	1	1	2	2				1	7
合计	57+1	40+1	105+3	103+2	17	35+1	25+1	42+2	424+11

①婺源《尚书方氏宗谱》卷二《谱说》，清光绪三十一年刊本。

②王鹤鸣：《浅论方志与家谱》，《中国谱牒研究——全国谱牒开发与利用学术研讨会论文集》，上海古籍出版社，1999年版。

说明：某一部家谱的重本用"＋"表示。如现存明代休宁家谱为40部，另有2部重本，表上数字表示为"40＋2"。

根据上表，我们可以分时段统计家谱数与年代的比值了（参见下表）。

上图收藏族谱分时段年均比值统计表

时间	家谱总数	年代数	比值
明	123＋6	277	0.4657
清前期	178＋3	197	0.9188
清后期	72＋1	72	1.0139
民国	44＋1	38	1.1842

揆之以比值，可以清晰地看到上图收藏家谱之年均比值，由明、清前期、清后期至民国呈上升趋势。修谱年均比值的提高，当然是考察宗族活动的一个重要指标。但是，我们应考虑到时间越久远，家谱受捐的可能性就越大、收藏越不易的因素，近世后期（即清后期与民国）距今时段最近，家谱收藏的难度要小于近世前期（明、清前期）。至少我们可以得出近世后期徽州宗族的活动并没有衰退的结论。

入民国后，族谱的纂修在继续进行。以徽州绩溪县宅坦村胡氏为例，清季同治甲戌（1874年）族人、进士胡宝铎发起编修龙井派族谱，因其任职京师，未能完成。其弟胡宣铎于1920年续修之，次年《明经胡氏龙井派续修宗谱》完稿刊印。该谱卷帙浩繁，只印了五十多套，分给斥资捐助编印族谱的富户收藏，而贫困族人却难以查阅。谱局很有创新意识，为普及、推广族谱，使贫者也能人手一册，编纂了普及本族谱——《族谱便览》。《族谱便览·小引》阐明了编纂者的用意："民国辛酉吾族宗谱告成，捐赀购领者凡五十余部。然族大人众，势难普及。领谱者各自珍藏，又不轻易与人翻阅，未领者依然向隅，岂非恨事。爰复撮其大要集为一卷，工省价廉，可以家置一部，随时翻阅，一览而知族谱之大略。其后更留空白以备各家填写近代祖先并生人名氏、年庚，为日后修谱张本，庶于世系之奠不无小补云。"《族谱便览》在中国谱牒史上是一大创举①。这也说明即便是到民国年间，中国宗族制度仍显示其强大的生命力。这反过来又说明了即便是民国年间，中国社会仍处在农业传统社会的阴影中，农村几乎鲜有变化。

二、20世纪上半叶宗族族田的态势

要了解20世纪徽州族田的情况，最好的资料莫过于土地改革的调查资料了。1950年6月30日公布的《中华人民共和国土地改革法》，宣布土改的目的是："废除地主阶级封建剥削的土地所有制，实行农民的土地所有制，借以解放农村生产力，发展农业生产，为新中国的工业化开辟道路。"对于所谓"公共土地"，即祠堂、宗族所有土地，则纳入地主阶级封建剥削的土地所有制范畴，采取没收重新分配的政策。土改从1950年冬起分期分批进行。土改进行之前，各地方党委都进行了土改调查。笔者得到一份十分珍贵的材料，系皖南区党委农委《1950年6月土改调查材料·祁门县莲花村公堂祠会调查材料》②。这份调查材料为了解土改前徽州祠堂、公会所占土地在可耕田中所占的份额，族田的用途，租佃者的情况，以及祠堂、公会土地在土改中的命运，提供了翔实可靠的佐证。

1. 莲花行政村的祠堂、公会及其占有土地的情况

莲花行政村是由东塘、西塘、黄土塘、下塘、合村、莲花塘6个自然村组成，居住关系较分散，距离十余里。总计该行政村：地主4户，富农5户，佃富农11户，中农23户，佃中农70户，贫农41户，佃贫农42户，其他6户，共计202户，6个自然村人口共694人，户均人口3.44人。

（1）祠堂。莲花行政村共有吴、项、余、汪、黄、朱等6姓，其中有同姓而不同宗的，如黄姓就分为3个宗族，余姓分为2个宗族。实际上就

---

① 宗族研究专家钱杭曾与笔者交流，谓在浙江田野考察时，也曾见到民国年间的宗谱简本。

② 藏安徽省档案局皖南区党委永久卷74。

形成不同宗的6个姓9个宗族。该村以本地人吴姓为主导，解放前处于统治地位。有7个宗族建立祠堂，他们是：

吴姓：名称"致顺堂"，下设43个祀，30个会，是该村最大的一个，出租田有982亩，占全村使用田的45%。内有地主4户、富农2户、中农4户、贫农10户、其他3户，共23户，87人。吴姓是全村的第一大姓，一部分靠管公祠，一部分出租田与经商，做伪事，极少部分种田。吴姓4个地主中，有3人是从商出身。

项姓：名称"项氏家祠"，下设3个会，出租田30余亩，共10户，全是农民。

余姓：名称"余德宁祠"，下设4个会，出租田100余亩，有富农1户，其他都是贫农成分。

汪姓：名称"汪氏宗祠"，下设2个会，有田20余亩，俱是中贫农。

黄姓：名称"黄家宗祠"，有田数亩。

余姓：（同姓不同宗）名称"余家宗祠"，有田7分。

朱姓：名称"朱务本祠"，有田20亩。共4户，3户中农，1户在外经商。

据调查，各姓建立祠会之原因大致有三：一是为了纪念祖宗不断香火，清明等节，本姓聚合祭祖会餐。二是为了占势力，不受他姓欺侮，或者有力量去欺侮他姓。三是为了田地集中，出租给农民，有势力向农民收租。

（2）公会。公会是由异姓联合建立的，各个公会组成的姓氏数不同，最多有11姓，最少也有4姓。莲花行政村共有公会5个，它们分别是：

普福寺：由该村的9大姓组成（一朱一吴三黄二余一汪一项），有田20余亩出租，"该田现由吴志昆霸占"。这个公会涵盖了全村9大姓，应该是协调各姓之间地方事务、处理各姓之间矛盾的组织。吴姓是这个公会的主导力量，应是地方上各姓力量对比的自然结果。

五门会：是由5个姓的祠堂组成（三余一黄一项），有田20余亩出租。

聚奎文会：是由4姓组成（一项三余），有田9.6亩出租。

聚英文会：组成不明，管理人是祁门县人。

同善茶亭：是由11姓组成，有田7亩多出租，"也被吴志昆霸占"。

公会是血缘性宗族的联合，是具有地缘与血缘的双重特征的民间组织，在多姓村可以补充宗族之不足。各姓联合建立公会的原因有三：一是为了不受大姓的压迫，几个姓组织起来抵抗霸占势力（就五门会、聚奎文会、聚英文会而言）；二是互济，行善（五个公会都有此性质）；三是聚合会餐，联络感情（就普福寺和同善茶亭而言）。

（3）祠堂、公会占有土地概况。

祠堂、公会占有土地的情况，分别参见下列《莲花村祠堂占有土地统计表》和《莲花村公会占有土地统计表》。祠堂、公会土地占全村土地的比例则参见《莲花塘村祠堂（堂、祀、会）占本村总田亩比例统计表》：

莲花村祠堂占有土地统计表

公会名称	10亩以下		10~50亩		50亩以上		共计	
	个	亩	个	亩	个	亩	个	亩
吴致顺堂	44	247.769	28	598.585	2	146.51	74	992.864
项氏宗祠	3	8.7	1	22.91			4	31.61
余德宁祠	3	14.7	1	18.4	1	73.12	5	106.22
汪氏宗祠	2	8.1	1	15.1			3	23.3
黄家宗祠	1	5.8					1	5.8
朱务本祠			1	19.4			1	19.4
余氏宗祠	1						1	
范荣(永)机清明会			1	31.1			1	31.1
共计	54	285.069	33	705.495	3	219.63	90	1210.194

莲花村公会占有土地统计表

公会名称	10亩以下		10亩以上		共计	
	个	亩	个	亩	个	亩
普福寺			1	25.68	1	25.68
五门会			1	21.2	1	21.2
聚奎文会	1	9.6			1	9.6

公会名称	10亩以下		10亩以上		共计	
	个	亩	个	亩	个	亩
聚英文会			1	13.45	1	13.45
同善茶亭	1	7.8			1	7.8
共计	2	17.4	3	60.33	5	77.73

莲花塘村祠堂（堂、祀、会）占本村总田亩比例统计表

祠堂名称	堂			祀			会			共计		
	个	亩	占比	个	亩	占比	个	亩	占比	个	亩	占比
吴致顺堂	1			43	723.23	32.9%	30	269.634	12.25%	74	992.864	45.14%
项氏宗祠				1	22.91	1.04%	3	8.7	0.4%	4	31.61	1.44%
余德宁祠				1	18.4	0.33%	4	87.82	3.99%	5	106.22	4.32%
汪氏宗祠				1	5	0.22%	2	18.2	0.8%	3	23.3	1.02%
黄氏宗祠		19.4	0.88%							1	19.4	0.88%
朱务本祠	1	5.8	0.26%							1	5.8	0.26%
黄家宗祠	1			1								
范荣(永)机清明会							1	13.1	1.41%	1	31.1	1.41%
共计	3	25.2	1.14%	47	769.54	34.5%	40	415.454	18.85%	90	1210.19	54.47%

注：档案原表中数据有差错，现重作计算后加以更正。

该村公堂祠会田亩数共1287.924亩（1210.194亩+77.73亩），占该村总田亩数的58.5%。可见在多山少田的徽州，宗族势力是何等强大，其所控制的土地占全村的近六成，完全掌握了全村的经济命脉。

从表中还可反映出该村以一姓为主的祠堂居于主导地位，而尤以吴姓为主，其祠堂土地占全村耕地的45.14%。外姓所有祠堂土地仅占全村土地的9.33%。吴姓祠堂土地是其他姓祠堂土地总和的4.84倍。其他各姓虽也为本土宗族，却在吴姓阴影下生活，他们成立祠堂及公会的主要原因是为了在莲花村争夺生存空间。在该地区，公会所占土地仅为祠堂土地的

6.42%，可见地缘性的公会势单力薄，并无多大发展空间。至于解放前来莲花村的外姓，一般均为佃仆，没有任何地位可言。

从该地祠堂、公会的规模来说，50亩地以上的祠堂仅有3个，且集中在吴姓祠堂内部，10~50亩的有33个，10亩以下为53个，因而土地经营是比较分散的。

2. 莲花行政村祠堂、公会土地的管理和用途

根据皖南党委农委的调查，祠堂、公会的管理方式，分为固定的管理（7个）、轮流的管理（12个）以及由地主豪绅直接掌握（76个）三种形式。面积较大的祠田，由该宗族委派的固定管理者管理。管理人员由宗族内部有地位、有信誉的能人担任（如下表）。

祠田管理人员情况表

姓名	年龄	人口	出身	职业	成分	文化程度	简历	管理时间
吴国钧	56	5	学	私学教员	自由职业者	初中	任乡调解委员,任乡民代表,管理公堂	7年
吴吉昆	45	4	商	商	地主	初小	任保长,任乡民代表,管理公堂	很多年
吴钰益	33	8	商	商	地主	私塾6年	店员	5年
吴琴轩	59	5	商	商	地主	私塾6年	读书后在江苏做生意	5年
吴绍裘	39	6	农	农	富农	高小	读书,做生意,种田	轮管
黄寿业	35	3	农	农	中农	私塾	任过4年甲长,乡民代表	4年
余旺隆	34	3	农	农	富农	私塾	任过甲长,乡民代表	2年
余春泉	43	1	农	农	贫农	不识字		8年

由上表可知，前面所述及的普福寺和同善茶会这两个由吴姓控制的公会，便是通过吴吉昆来实现的。吴吉昆在土改时被视为"霸占"者，其实不完全妥当，他是吴氏宗族对公会加以控制的代表者。他在地方上的身份是保长、乡民代表，管理公堂，是传统地方秩序的维持者。在祠田管理人员中有教员、商人兼地主、富农、中农和不识字的贫农，所以很难用阶级分析法把这些管理者称为地主阶级。该村公堂祠会由地主、豪绅掌握的有76个。但是我们必须注意到，这些公堂祠会的土地本身就是商人、地主或

缙绅捐出的，他们在这些宗族的"公"田上有较多的控制权也是历史形成的。族田与公会的田租给佃农，收取地租，租额根据群众反映，每亩交60%、40%、50%。吴姓祠田的剥削方法："若谷子较湿些便要加秤，不然就挑回去不要。""收取用固定的秤谷用具，本来1斤重，就是算2斤。""秤垂底加锡，使秤增大。"

收获租谷之用途主要是维护宗族的日常开支：一是用于祭祀，"清明佳节聚餐祭祖"；二是用于"交公粮及保甲费，本姓分一点"，所谓"本姓分一点"，实际上就是用于宗族保障；三是"管理人从中夺利"。

3. 莲花行政村祠堂、公会土地佃种者对土地改革的要求

莲花行政村祠堂土地是属于各个宗族的公有土地，因而其经营主要是出租给佃农，收取租谷，供各宗族"公用"。关于莲花塘村公堂祠会的出租情况，参见以下两表：

莲花塘村祠堂土地出租情况统计表

祠堂名称	本姓轮流		出租本姓		出租本村		出租外村		总计	
	亩	占比	亩	占比	亩	占比	亩	占比	亩	占比
吴致顺堂			36.72	3.7%	832.644	83.86%	123.5	12.44%	992.864	100%
黄家宗祠			4	69%	1.8	31%			5.8	100%
项氏宗祠			20.8	65%	10.81	35%			31.61	100%
余德宁祠			24.7	23%	45.02	41%	36.5	34.3%	106.22	100%
汪氏宗祠			1.5	6%	20.3	94%			21.8	100%
朱务本祠	6.5	33.5%	7.9	40.7%			5	25.8%	19.4	100%
范荣（永）机清明会			3	10%	14	45%	14.1	45%	31.1	100%
共计	6.5	0.54%	98.62	8.16%	924.574	76.49	179.1	14.81%	1208.794	100%

注：汪氏家祠之田亩数内1.5亩未计入。

莲花塘村公会土地出租情况统计表

公会名称	出租本村		出租外村	
	亩	占比	亩	占比
普福寺	25.68			
五门会	21.2			
聚奎文会	9.6			
聚英文会	13.45			
同善茶亭	7.8		4.4	
总计	77.73	94.6%	4.4	5.4%

从以上两表统计数字来看，祠堂土地只有朱务本祠由本姓轮流耕种之例，其他各姓均无本姓轮种现象。各宗族都有出租本姓的现象，但比例仅为8.16%。90%以上的土地是租给本村和外村农民耕种，而以本村为主。公会土地出租的情况也差不多。所以祠堂、公会的土地分散在本村和外村农民的手中，多数是固定出租的永佃户。

该行政村本地人与外迁来的农民之间矛盾甚大。在解放前，外迁来的群众，大多数历代都受本地人（主要是本地吴姓和其他有祠堂姓氏）的统治压迫，其地位当是佃仆。解放后外移来的群众，大部分是贫雇农，现任村干部都是他们。据调查报告称：该村过去干部当地人占多数，因维护本地人的利益，被视为立场不稳。经过数次调整，现在干部大多数都是贫苦劳动群众，过去的历史比较纯洁。该村长过去都是帮工维持生活，参加过游击工作，性情忠实，工作负责，群众的反映很好。该村农会主任，过去是教员，现在工作很负责（外地人），本地人对他反映不怎么好。一般干部，贫农占2/3，中农占1/3，对工作很积极负责。所以，解放后莲花村的权力已到了外来者或者说是贫雇农的手中。在土地改革调查中主要是征求他们的意见。

皖南区党委农委听取了莲花村各阶层对公堂祠会的处理意见，现录如下：

本姓：贫农意见：在过去名义上是本姓的，实在都一点也没有，现在要分，我多少能分得几亩。地主富农意见：都说根据上级的政策行事，分不分都无意见。

外姓及各阶层的意见：大家们都同意把公堂祠会田平分，过去都是被管理人从中夺利，他们一点没有。

至于具体如何改革，在各自然村召开座谈会上群众对土改中的几个意见如下：

田：（1）地主与公堂祠会的田，拿出来原佃原种分配，在超过每人平均数以上的，抽出来分给少田或无田的。（2）无论是各阶层的公堂祠会田，完全拿出来，按人口平均分配。（3）一田数主的田，谁种就分给谁。（4）田的好坏不均有的应按田的产量合成标准亩，每人平均分配。有的一等田一亩算一亩，二等一亩半算一亩，三等二亩算一亩，这样才够公平。

山林：根据群众意见山不分，归大家所有，谁劳动谁不怕吃苦，开了山砍了柴，就是谁的。就是茶山、竹山、杉木山、坟山、水口树这些，任何人不许乱开山或乱砍。

土地改革中的处理意见归纳为：平均分配，差别仅在于按人口分，还是按田地的优劣分。

在调查时还了解了群众顾虑："（1）贫苦农：怕村干部分好田，自己分得坏田，再怕公堂祠会只把坏山拿出来分给他们。（2）地主与过去不种田的：怕土改时不分田给他们。"

次年，土地改革就在皖南开展了。在《中华人民共和国土地改革法》"废除地主阶级封建剥削的土地所有制，实行农民的土地所有制"的指导下，一切祠堂、公会之类的土地，全部分给农民。从这份调查报告中，我们可以知道，直至20世纪上半叶，徽州的族田占耕田的比例仍达60%，其实这一比例在徽州还不算是高的，一些强宗豪族拥有族田的比例可达80%。族田占有如此高的比例，并非徽州的特有现象，闽粤地区族田所占的比例也大致如此①。此外，根据《明清以来苏州社会史碑刻集》②，也可知近代以来的苏州，宗族仍在增置族田。苏州族田的功能与徽州地区的莲花村一样，除了承担祭祀的费用外，还担负起互济、行善的费用，帮助族中贫困者。族田是聚族而居的经济基础，族田的高比例，正是20世纪上半叶宗族组织仍然活跃的表现。

三、20世纪上半叶宗族组织的态势

20世纪上半叶，近代化的大潮冲击着神州大地，数千年未有之变局仍在延续，但作为传统中国的基本结构中的宗族组织却以不变应万变，仍顽强地生存着。这与民国政府的提倡是分不开的。潮起潮落，各地宗族组织解体者有之，重建者亦有之。如前所述，在得社会变迁风气之先的苏州，又有一些宗族组织得以强化。在封闭的徽州，宗族组织则仍是基层社会的主要组织形式。

但是，与明清时期相比较，20世纪上半叶的徽州宗族组织毕竟随着天下大势的变化而渐趋式微。其表现不仅是数量的增减，而且是内在的变化，主要有两个方面：

1. 族田管理的松懈：族人租佃本族"公田"

宗族生活的物质基础是族田，包括祠田、祠山和学田等，属宗族的公产。按照徽州宗族的成规，为防止族人侵吞田产或拖欠租米，是不允许将本族"公田"租给本族人的。从莲花村的调查报告中可知吴姓宗族把部分族田租给本族人。这种现象在徽州不是个别的。我们再以徽州宅坦村胡氏为例详加说明。亲逊堂和桂枝文会拥有祠田或学田206亩，由本村和外村176户佃农耕作，其中本村佃户78家，外村佃户98家，分布在本县（绩溪）20个村庄。每年收租8000斤左右。这里我们着重谈宗祠是如何管理佃

① 郑振满：《明清福建家族组织与社会变迁》，湖南教育出版社，1992年版。

② 王国平、唐力行：《明清以来苏州社会史碑刻集》，苏州大学出版社，1998年版。

农的。祠堂与佃农的关系，集中到一点就是租谷的收缴。从徽州文书《亲逊堂会议录》①看，抗战前后祠堂收不齐租谷，是一长期的问题。1933年7月11日的祠务会议上重点讨论的问题就是："本祠租谷历年短少，应如何设法加增案。"会议作出了决议："由本班司事临田察看，究竟有无虫旱等伪，并布告各佃户：原田统收三分，并顶田统收五分，不得短少，否则起佃拿租，启事列后。"以下是《本祠秋收启事》全文："本祠秋收租谷历来逐渐减少，推究原因，此中不无荒旱之发以故原情减让，奸狡佃户因之以发其奸，伪言荒旱，希图短纳。每有缓以为例者，长此因循以往，匪特逐年短少，将来必至颗粒无收。本班执事鉴于斯，缘集大众公同议决：原田统收三分，并顶田统收五分，不得短少，倘有荒旱情事，仰该佃户先行诣祠报告，由本祠派人察看，再行斟酌减收。如有刁狡佃户故意短交，并顶田即行起佃，原租田一律拿租，决不宽贷。仰各佃一体知照，特此告白。"从祠务会议的决议与启事来看，祠堂历年租谷减少。本来在发生自然灾害时，祠堂会根据灾情，减少租谷。但是佃农往往谎报灾情，少交或不交租谷，从而损害了祠堂的经济基础。亲逊祠向佃农收的是分成租，这里的原田指的是有田面权的佃农，田底权则在祠堂，这类佃农当地称为永佃人；并顶田指的是既无田底权又无田面权的佃农，当地称为佃人。前者要向祠堂交三成租，后者要向祠堂交五成租。祠堂这次似乎动真格的了，在没有灾情的情况下，租谷不得短少，有灾荒的时候，则要在收割前由祠堂察看后再行斟酌减收，否则就要起佃拿租，即收回土地。

但是，从《亲逊堂会议录》可知，1934年"又遇极度大的荒年"，并连续了三年，亲逊祠的收入一直不见增加。抗战期间，政府增加赋税，地方上各类捐税多如牛毛。可以说，祠堂与佃农之间的矛盾未见缓解。

1946年7月的《亲逊堂收支总登》告诉我们，亲逊堂的租谷收入一年为8000斤，按之田地数量206亩、佃户的数量176户和当时的亩产量200—300斤计算，我们会发现租谷收入不足的情况是十分严重的。户均交纳租

---

① 徽州文书《亲逊堂会议室》，藏安徽省绩溪县宅坦村。

谷仅45斤，亩均交纳租谷仅38斤。租率仅为1.5成至2成。造成这种状况的原因何在？主要是制度问题。1937年7月制的《亲逊堂田亩编号草簿》载："将亲逊祠所有田地山场产业插签陈报及另编执业户主，分部署名登记，以资考核，并将各佃人姓坵目地址胪列于右。"这就为我们了解当时佃户的名单并进行研究提供了可能。

从亲逊堂永佃人的名单来看：永佃人共87人，其中胡姓50人，汪姓8人，王姓12人，曹姓1人，鲍姓6人，程姓5人，张姓3人，柯姓2人。胡姓中有15人在宗祠《会议录》中有记载，占胡姓永佃人之30%，他们的职业是务农者9人，经商者3人，商而兼文的缙绅1人，职业不明2人。

从亲逊堂佃人的名单来看：佃人共57人，其中胡姓36人，鲍姓6人，王姓5人，汪姓3人，叶姓4人，张姓1人，黄姓1人，曹姓1人。胡姓中宗祠《会议录》有记载者9人，占胡姓永佃人之25%，9人中职业不明2人，职工1人，务农5人，经商1人。

从桂枝文会永佃人名单看：永佃人共13人，其中胡姓10人，王姓2人，程姓1人。胡姓中在宗祠《会议录》有记载者3人，占胡姓永佃人之30%，职业均不明。

从桂枝文会佃人名单看：佃人共16人，其中胡姓9人，王姓2人，叶姓2人，程姓2人，曹姓1人。胡姓中宗祠《会议录》有记载者3人，占胡姓永佃人之33%。胡姓务农1人，经商1人，职业不明1人。

名单十分清晰地告诉我们，亲逊堂和桂枝文会的祠田和学田大部分都租佃给了本族人。其中不乏有势力之族人，如宗子正益，族长、桂枝小学校长振铎，商人、1937年宗祠司事、1938年祠堂副管连元等。从《亲逊堂田亩编号草簿》还可知，正益除了永佃有亲逊堂的土地外，还世袭有宗子田3块，共一亩三分。自然这特权不能算大。按照徽州宗族的传统规则，族田是不允许租给本族人耕作的。其用意是防止族人侵吞，也防止收租困难。而《亲逊堂田亩编号草簿》则披露了宅坦的族田、学田大部分租给了本族人，其中有头面人物、乡绅，这自然是亲逊堂族田、学田难以管理的根本原因。这也是宗族制度在民国年间逐渐式微的一个征兆。

2. 族谱、祠堂管理的松懈：异姓嗣子入祠

宗族乃一血缘群体，十分注重血统的传承与纯真。明清时期宗族同族结合范围的扩大，在联宗活动中，宗族虽然希望扩大联合的范围，却坚持宁缺毋滥的态度，以保持血统的纯正。如纂修于乾隆十八年（1753年）的《方氏会宗统谱》卷一《凡例》就指出："储公苗裔菲第蔓延于歙睦间者不可指数，如莆田、九江、鄞滁、南海、严衢、婺越、湖常池秀宣城皖江派甚多，不能遍历诸郡统而会焉，惟以勅建柳亭山真应庙自宋以来每岁分给袷祭之十二派汇而图之，其自十二派分迁及向曾入庙会祭者，考其源流悉合，支派足征，分别附录，征者不载。名曰歙淳方氏柳山真应庙会宗统谱。其他概不敢收，防冒滥也。"又如，乾隆二十年（1755年）前后，徽州各县掀起纂修统宗谱的热潮。徽州婺源考川村的胡姓（始祖明经公胡昌翼的定居地）发起纂修明经胡氏统宗谱，成立了谱局，向各支裔发函通知携其谱底世系前往考川会修统宗谱。宅坦当时派胡履泰（乾隆十九年与其父胡挺等人辑龙井派宗谱）等3人前往考川参与会修。据《凡例》称，为防止假冒，凡持有宋代或元代旧谱及迁徙之初名行号与各房旧谱相同者，方予编入。胡昌翼3个儿子中，三房延臻仍居考川，在谱中编排在先；长房延进外迁各派编排在后；二房延宾公派由于谱牒失落，统宗谱未正式收入其世系，仅在第二十八册的附录中简略介绍。统宗谱每本均盖有防伪章和核对章。谱系的严格，给族人造成一种神圣感和敬畏感。

徽州宗族在收养嗣子的问题上，是不准收异姓之子的。徽州王氏于咸丰六年（1856年）立的《同心合文契》云："立同心合文人王福寿公秩下洪锦等原身族自四世祖卜居历溪，一脉流传，清白传家。《王氏统宗谱》载明：义子异姓不得紊乱宗支，婚姻不缔于不重之门。祖规森严，谁敢逆犯。今我族合修宗谱告成在即，逆裔清池抱来异姓之子，业已控告在案，不准入谱……"①《方氏会宗统谱》卷一《凡例》也对继嗣问题作出明确规定："继嗣必以序承，间有世次差紊者，已从改正，于本生父下书曰嗣

---

① 《同心合文契》，藏安徽师范大学图书馆。

某后，于所后父下书曰某子承继。无子者于图内书曰止，附于父志下，书曰某无嗣无传。旧谱无明载者，书曰失考。其有异姓承祧，无裨宗祊，徒紊宗脉者，已削不录。盖我祖不歆非类律例亦严乱宗，以后更有犯者，其支并削。"不仅"异姓承祧"，要受到"其支并削"的严惩，而且"支下有出继异姓者"，"概当屏绝，毋玷家乘"。

但在20世纪上半叶，对于"异姓承祧"这一紊乱血统的逆犯行为，在《亲逊堂会议录》1946年、1947年的两次会议记录中，却可以看到为宗族组织所接受。兹录该文书两段相关的记载：

祠务会议（十二月十五下午三时）

地点：本祠会议厅

出席者：胡华茂、胡棣辉、胡正益……（总计胡姓41人）

主席：胡华茂　记录：胡越兴

主席报告：每门推出一人，开出生肖，以便选择升主日期

讨论事项：

1.关于升主日期应请何人择定案。

决议：开出宗子生肖请曹立益先生择定。

2.本祠向例对于义子毋许入祠，兹以潮流改变，纷纷建立请求本祠开恩容纳，应如何决定案。

决议：组织亲逊祠委员会公推委员担任起草章程事宜，再行开会议决通过。推定胡隽臣、胡节斋、胡子珮、胡品璋、胡越兴、胡华茂、胡正文七人为委员。

本祠升主讨论会（农历九月六日下午三时）

地点：桂枝小学

出席者：胡越兴、胡子彬、胡华茂……（总计胡姓17人）

主席：胡华茂　记录：胡越兴

讨论事项：

1.关于升主日期应否依照原议实行案。

决议：依照原议实行，时间限定五日。

2.关于升主经费应如何筹措案。

决议：除向旅外族人筹募外，并向各佃户摊派筹集之。

3.螟蛉子应如何折币案。

甲等一百万元，乙等五十万元，丙等二十万元。

这两段记录告诉我们，因为"潮流改变"，关于"义子毋许入祠"的族规被破坏了，异姓嗣子只要交纳一定的钱财后就可以上谱入祠了。这也是宗族制度趋于式微的一个重要征兆。

结语

中国传统社会是一个富有弹性的结构，以往我们只注意到社会阶层的上下流动和土地的集散变动，而未遑论及政治制度的弹性。沉重的专制制度并非完全是一个僵硬的等级体系，它与民众之间有一个乡村相对自治的空间。其中介则是官民之间的宗族与士绅。这一方面使得国家行政成本大大降低，另一方面又实现了乡村社会的稳定。宗族与士绅以及由他们构成的地方网络使传统庞大的国家机器与民众之间形成富有弹性的政治结构。

原载《上海师范大学学报》(哲学社会科学版)2005年第1期，有改动

徽州的江南

论明代徽州海商与中国资本主义萌芽

一

徽州海商是明代嘉隆年间"倭寇海盗"的中坚力量。近年来，由戴裔煊先生发起的对"倭寇海盗"的重新评价，已引起史学界的关注，并有数位学者继其后，从不同的角度，为早已盖棺论定的"倭寇海盗"正名[①]。他们一反传统的观念，指出嘉隆年间的"倭寇"不同于万历年间的真正倭寇，所谓倭寇海盗实际上是不顾封建地主阶级的海禁，出海从事正常贸易的无以为生的农民、市民及各阶层的人民；"倭寇海盗"是在中国资本主义已经萌芽生长的时代出现的，他们与封建统治者之间的阶级斗争的实质是海禁与反海禁之间的斗争，是国内的阶级斗争。这些见解恢复了历史的本来面目，也是笔者深为赞同的。但是，由于他们对"倭寇海盗"与中国资本主义萌芽的关系论证还不够充分，尤其是对资本主义萌芽的认识仍受传统观念的束缚，没有在理论上和方法论上有所突破，因此对"倭寇海盗"性质的界定仍不明确，这就影响到对"倭寇海盗"反抗运动性质的认识和评价。本文拟从剖析徽州海商的经营活动入手，进而探讨"倭寇海

---

① 参见戴裔煊：《明代嘉隆间的倭寇海盗与中国资本主义的萌芽》，中国社会科学出版社1982年版；林仁川：《明末清初私人海上贸易》，华东师范大学出版社1987年版；晁中辰：《王直评议》，《安徽史学》1989年第1期；等。

盗"与中国资本主义萌芽的关系，并就中国资本主义萌芽问题略陈浅见。

国内外学者已就明清徽商进行了深入、广泛的探讨，然而徽州海商却至今鲜为道及，究其原因：一是徽州海商与嘉隆间的倭寇海盗纠缠在一起，他们被蒙上"奸民"的阴影，以至有的学者一厢情愿地为徽商开脱，徽商都是抗倭的，从倭的都不是徽商，从而把徽州海商从徽商的行列中一刀切了出去；二是徽州海商积累的巨额资本，并未投入产业中去，因而徽州海商与资本主义萌芽没有关系。把徽州海商斥之为倭，给徽商戴上"爱国"的红顶子，这固然不足取；而把资本主义萌芽仅仅归结为资本投入产业，断定徽州海商与资本主义萌芽无缘，同样是不利于研究的深入的。我们认为对徽商性质的判定，不应从先验的观念出发，而应该从具体剖析它的经营活动开始。

远离桑梓之地的徽州海商为什么能与浙、闽籍的海商相抗衡，并成为嘉隆年间"倭寇海盗"的中坚？透过徽州海商的经营活动，我们可以看到徽州海商并非孤悬海外的，他们的力量来自他们同徽州行商、坐贾和手工作坊主的紧密联系。从广义上来说，徽州海商的经营活动并不限于海上，而是包含有三个层次。其核心层次是指直接雄飞于海上的徽商，其外围层次则是由广泛分布于江南市镇的徽州坐贾和手工作坊主构成，居于这两个层次之间的是徽州行商。这三个层次共同构成一个海外贸易的整体。下面，我们分别对这三个层次加以考察，并探讨它们之间的关系。

首先，我们考察核心层次。往来于大海的徽商承担的风险最大，因而获利最高。明代统治者厉行海禁，规定"敢有私下诸番互市者，必置之重法"[①]。海禁之严在徽州地方志里也有反映。徽商毕懋政"尝游闽……见某贾折赀，将航海。是时航海之罚甚峻，懋政给道里费，挈之归"[②]。毕商资助同乡商人，使他免受"航海之罚"，被归入《义行》类，足见法网之周密了。徽州海商承担的风险还来自航海的艰险，海外贸易常遭海盗的

---

① 《明太祖实录》卷二二一，洪武二十七年五月甲寅条。
② 民国《歙县志》卷九《人物志·义行》。

劫掠。嘉万间徽商许谷"贩缯航海","舟薄浯屿，群盗悉掠之"①。徽商鲍文玉"行贾于外，转徙瓯粤间。是时市舶出洋，遭劫掠者无算，文玉数往来，属有天幸，独不遇"。劫掠之频频，以至《鲍君文玉传》的作者将鲍商未遭劫掠，称之为"天幸"，"游海上往往得神助云"②。游弋海上，由于自然条件恶劣，极易染病。《湖壖杂记·净慈寺》载有一则事例："明时休宁赵贾出海病疽，同舟者弃之海岛。……（偶遇一僧被救得归）贾还，捐赀造建初寺，画神僧之事于壁，以彰佛力。"此外，还有为飓风迫离航道以至倾覆者。据《嘉靖实录》卷三二一，嘉靖二十六年（1547年）三月乙卯条统计，嘉靖初年往来于中日的海商，被风漂入朝鲜国境的前后共千人以上，这些商人免遭灭顶之灾当属"天幸"。尽管有着重重风险，徽商对海外贸易仍趋之若鹜，原因便在于海外贸易利润极高。上述"贩缯航海"的许谷，"贾岛中，赢得百倍"。鲍文玉在海外，"货委于地，人皆争取，无积滞，又数得息"。赵贾"贾还"，居然有力捐赀建造一寺宇。又如，万历间休宁商汪镗"去海上业贾，息钱恒倍"③。嘉靖间歙商许辰江，"航大海，驾沧江，优游自得，而膏沃充腴，铿锵金贝，诚古逸民中之良贾也"④。在高额利润的驱使下，越来越多的徽商铤而走险，远扬于大海。明代徽州学者金声指出："尽天下通都大邑及穷荒绝徼，乃至外薄戎夷蛮貊，海外贡朔不通之地，吾乡人足迹无或不到。"⑤嘉隆年间徽州海商以歙人与休宁人居多，这与两邑在当时徽州六邑中商业率先起飞是相对应的。万历《歙志》云："即山陬海壖孤村僻壤亦不无吾邑之人。""九州四海尽皆歙客，即寄籍者十之五六。"为封建统治者所不容的徽州海商自然不可能"寄籍"，他们当属没有寄籍的十之四五之列。《休宁县志》亦称，邑人"甚则逖而边陲，险而海岛，足迹几遍禹内"。徽州海商居无定所，漂泊往

---

① 《重修古歙东门许氏宗谱》卷九《许全善传》。

② 《歙棠樾鲍氏宣忠堂支谱》卷二一《鲍君文玉传》。

③ 《休宁西门汪氏宗谱》卷六《处士镗公传》。

④ 《新安歙北许氏东支世谱》卷五《练溪辰江则叙》。

⑤ 《金忠节公文集》卷七《寿明之黄太公翁六秩序》。

来于"边陲""海岛",其中还有侨居异国的。郑舜功《日本一鉴》卷六载,徽商许二、许三先年下海通番入赘于大宜满剌加,其后许一、许四"尝往通之"。以镇压"倭寇"、厉行海禁著称的徽州绩溪人胡宗宪在《筹海图编》中说,"纠倭贸易"的"闽广徽浙无赖奸民,潜匿倭国者不下数千,居民巷街名大唐"①。他承认"无赖奸民"中有他的同乡,足见侨居日本徽商数量之多了。

众多的徽商从事海外贸易,其经营方式如何呢?海商的经营是受下述条件制约的:其一是必须面对封建统治者的海禁罗网,其二是必须要有雄厚的资本。当时建造一条海船要"千"余金,雇佣伙计、船工、舵手等以及海船的维修均需大量资金②,因此,独资经营者不多。更多的徽商是合资经营。休宁赵贾被同舟者弃之海岛便是合资经营的一例。嘉靖十九年(1540年),徽商汪直便是与叶宗满、徐惟学、谢和、方廷助等合伙"造海船,贩硫磺、丝绵等违禁货物,抵日本、暹罗、西洋诸国,往来贸易五六年,致富不赀"③的。此外,还有集团经营。为了对抗明王朝的武力镇压和扩大贸易,海商们渐次组合成武装的商业集团。他们"各结綜,推强者一人为船头,或五十只,或一百只,成群分党,占泊各港,纷然往来海上"④。这些船头又在竞争兼并中聚合成几个大的武装海商集团。其中,较为著名的以徽州海商为首领的有许氏兄弟海商集团、汪直海商集团和徐海海商集团。

海商的经营是双向的,他们将中国生产的丝棉、丝绸、瓷器、棉布、铁器、茶叶和药材等等运往日本、东南亚各国,又将海外出产的苏木、胡椒、象牙、犀角、玳瑁和银币等等输送回国。海外贸易的流通过程由三个环节构成,即收购、运输和销售。在海外的销售、收购自然不受明王朝海禁的影响,相反还备受海外各国的欢迎。例如,日本平户的领主松浦信隆

---

① 《筹海图编》卷一二。

② 张燮:《东西洋考》卷九。

③ 《殊域同咨录》。

④ 《明书》卷一六二《列传二十·乱贼传·汪直》。

为了得到中国货物，"利用了五峰，于是大唐商船往来不绝……因而京都、堺港等各地商人，云集此地，人们称作西都"①。他甚至允许汪直据松浦津，"僭号宋，自称曰'徽王'，部置官属咸有名号。控制要害，而三十六岛之夷皆其指使"②。汪直在平户活动达十五年之久，平户成为中国海商云集的地方，平户的领主也就从这种商业活动中获得了大量的税收。就运输环节而言，单独或合伙经营的海商是无力抵抗明王朝的武力镇压的。但是，明王朝并不重视发展海上武装力量，它的防务方略仍是传统的，即倚重步、骑兵以拱卫内陆。因此，嘉隆年间重要的海上通道先后为许氏和汪氏海商集团所控制，而独立或合伙经营的海商则要借助于这些集团的武力庇护，并为此付出代价。海外贸易的关键在于第三个环节，也就是在中国沿海、内陆的收购和销售。《大明律》有关海禁的条款甚多，这里仅列两条，足见第三环节之难以运营："擅造二桅以上违式大船，将带违禁物下海，前往番国买卖，潜通海贼，同谋结聚，及为向导劫掠良民者，正犯比照谋叛已行律处斩，仍枭首示众，全家发边卫充军"。"番货到来，私买贩卖苏木、胡椒至一千斤以上者"，"发边卫充军"③。一方面严禁将违禁物（丝棉、铁器等均为违禁物）销往海外，另一方面又不准在内地销售舶来品。浙闽粤沿海地区正处于明政府的严密控制之下，而第三个环节又不得不在这里进行，海外贸易的难点即在于此。这一环节如不能打通，则三个环节便不能活动起来。

海商武装集团主要是采用下述两种方法打通第三个环节的：一是占据海岛，以此作为海外贸易的交易场所，吸引外商和独资、合伙经营的中国商人来海岛交易各自的货物。海商武装集团保障海上通道及交易的安全，并充当"为商夷所信服"④的交易中间人，即"司其质契"⑤。当时浙江沿

① 木宫泰彦：《日中文化交流史》。
② 《借月山房汇钞》佚名《汪直传》。
③ 《大明律附例》卷一五《私出外境及违禁下海》条。
④ 《明世宗实录》卷四五三。
⑤ 参见《明史》卷二〇五《朱纨传》，《明世宗实录》卷四五三。

海的岛屿双屿、大茅、烈港均成为国际贸易的中转站。《日本一鉴》载：嘉靖十九年（1540年）许氏兄弟"勾引佛郎机国夷人，络绎浙海，开市双屿、大茅等港"；嘉靖二十四年（1545年）汪直往市日本，"诱博多津、倭助、才门等三人来市双屿"①。《筹海图编》卷十二载：嘉靖十九（1540年）年许氏兄弟"以奸党于直隶苏松等处，诱骗良民，收买财货到港"。许氏、汪氏则收取交易税，充当类似牙人的角色。二是自行到大陆采购货物。海商集团有一部分人分工潜往大陆采办，他们凭借财力和武力，打通关节，"入关无盘阻，公然纷错苏杭之间"②，"潜与内地奸民交通贸易"③。打通第三个环节对于独资和合资经营的商人来说就困难得多，他们别无他途，只有与行商密切合作，从行商处得到外销的货物，并将舶来品转手给行商。走私贸易的海商到内地购销不仅有被捕受严惩的危险，而且不利于海船周转以取得更大的经济效益。走私的海商如果被告发则有身家性命之危，因此他们与行商之间的交易是秘密进行的。与徽州海商接洽的大多是徽州行商（关于这一点我们将在下文阐述）。回过头来再看海商武装集团，也同样离不开行商。他们招引海商，说到底也靠行商的合作，他们"纷错于苏杭"，更是要靠各地行商、坐贾的帮助。由以上分析可知，徽州海商的经营活动不是孤立的，行商是海外贸易不可或缺的环节。

其次，我们考察中介层次：行商。徽州海商称雄于海外，是由于徽州行商源源不断地向他们提供充足的货源，并将舶来品推销于江南富庶之区甚至全国各地。明代嘉隆万历时期，徽州行商十分活跃，他们"藉怀轻赍遍游都会，因地有无以通贸易，视时丰歉以计屈伸。诡而海岛，罕而沙漠，足迹几半禹内"④。徽州行商流动的方向主要有二，一是溯长江远涉楚蜀滇黔的东西流向，一是南北流向。当时，南北流向因走私贸易兴盛而更为有利可图，因此，成为徽州行商的主要流向。而于这一点，在万历

---

① 郑舜功：《日本一鉴》卷六《海市》。
② 《明书》卷一六二。
③ 《天下郡国利病书》卷一一九《海外诸番·日本条》。
④ 万历《休宁县志·舆地志·风俗》。

《歙志·货殖》中有所反映："今之所谓都会者，则大之而为两京、江、浙、闽、广诸省；次之而苏、松、淮、扬诸府；临清、济宁诸州；仪真、芜湖诸县；瓜州、景德诸镇……故邑之贾，岂惟如上所称大都会皆有之，即山陬海堧，孤村僻壤，亦不无吾邑之人，但云大贾必据都会耳"。这些都会、府、州、县、镇的连接线，实际上便是徽州行商的流通网络。两京、江、浙、闽、广正是南北走向的行商路线，而上述府、州、县、镇大都亦分布于江南这一片，显示了徽州行商与海外贸易的密切关系。至于东西流向，则在明清战乱以及清初迁海锁国后，才成为行商的另一主流。有关嘉万间徽州行商的史料甚多，我们随拈数例以考察之。嘉靖年间歙商黄镛，"商游闽、越、齐、鲁者三十余年，十一取赢，赀大丰裕"[①]。正德嘉靖时歙商黄仕政，"以雄赀懋迁，有声吴越齐鲁间"，其子黄明芳辅助乃父，"往来南北，心计之妙，素号老成者有所不及"，以至"盛冠乡里"[②]。明代歙商江希贤，"挟资游二浙三吴，不辞艰劳"[③]。明代歙商程其贤，"年十六远服贾，往来闽越荆豫间，诚信自矢，不罔利，而业日振"[④]。徽州行商往来的路线虽不尽相同，但总的流向是一致的。

徽州行商往来穿梭于江南丝绸、棉布、瓷器产地与浙闽粤沿海之间，使南北流通的渠道畅通。《松园偈庵集》载，嘉万年间徽商程汝概"既冠从父商游。独好书喜事，其临财廉，取与让，所至交知名之士。尝涉齐鲁燕赵之郊，其后逾瓯越至闽海，历漳泉，与蕃舶贸货而还"[⑤]。这里有两层意思，一是程汝概以海外所需之物易取舶来品；二是"贸货而还"又开始了新一轮的运营。徽州行商的活动对海商是至关重要的，他们之间的乡情族谊在厉行海禁的时代条件下是走私贸易得以安全进行的可靠保障。同时，徽州行商还借助乡党族亲关系与客居江南的徽州坐贾、手工作坊主保

① 歙《潭渡黄氏族谱》卷九《松涧黄处士传》。

② 歙《竦塘黄氏宗谱》卷五《双泉黄君行状》。

③ 歙《济阳江氏族谱》卷九《明处士希贤行状》；《皇清诰赠奉直大夫应万公传》。

④ 《岩镇志草》(抄本)。

⑤ 《松园偈庵集》卷下《故处士程君墓志铭》。

持密切的联系，从而易于得到禁止出口的商品和脱手舶来品。作为生产与海外流通中介的徽州行商，具有周转快、利润高的优势，这就把更多的徽商吸引到与走私贸易相关的南北贩运贸易的行列中来。《闽书》载："安平一镇尽海头，经商行贾，力于徽歙，入海而贸夷，差强赀用。"①反映了当时福建沿海走私贸易最重要的港口之一泉州安平镇，徽商麇至的兴盛局面。

最后，我们考察徽州海商的外围层次，即遍布于江南的徽州坐贾与手工作坊主。徽州海商的成功，很大程度应归结为"为有源头活水来"。"无徽不成镇"的江南，便是徽州海商活力的源头。《见只编》记载了明代日本所需的中国商品，指出"饶之瓷器，湖之丝棉，漳之纱绢，松之棉布，尤为彼国所重"②。饶州、湖州和松江等中国手工业品的重要产地正是徽商最为集中的区域。徽商在苏松杭嘉湖地区的活动，早在宋代已见于记载，但是他们在该地区经济中举足轻重的地位，却是在明代嘉万年间随着江南市镇的兴起而确立的。海外市场的扩大，吸引了更多的徽商到江南地区经营。江南"无徽不成镇"的局面是在徽州宗族势力的全力支持下形成的。徽人有举族迁徙经商的习俗，徽商一旦在城镇市集落住脚，其族人乡党便随之迁徙至该地，然后凭借人力、财力上的优势，建立对城镇市集或某行业的垄断。这对他们控制海外贸易热销商品是十分有利的。我们试对湖丝、松布、饶瓷的产地作一粗略的鸟瞰。太湖流域盛产湖丝的市镇，均为徽商辐辏之地。《杭州府志》指出："湖州货物所萃处，其市以湖州名。犹今钱塘江滨徽商登岸之所，即谓之徽州塘也。"③《嘉善县志》载："昔之商贾，重去其乡，今亦间有远出者。……然负重赀牟重利者率多徽商，本土之人弗与焉"。④《塘栖志》引明末胡元敬《塘栖风土记》云："镇去武林关四十五里，长江之水一环汇焉。东至崇德五十四里，俱一水直达。

---

① 《闽书》卷三八《风俗》。

② 《见只编》卷上。

③ 乾隆《杭州府志》卷五《市镇》。

④ 嘉庆《嘉善县志》卷六《风俗》。

而镇居其中，官舫运艘商旅之泊，日夜联络不绝，砼然巨镇也。财货聚集，徽、杭大贾视为利之渊薮，开典顿米、贸丝开车者，骈臻辐辏。"①徽商在这些市镇不仅收购周围农村的蚕丝，有的还"开车"缫丝，生产丝织品。吴江县的丝织专业市镇盛泽、震泽等也是徽商的"汇集之处"②。织户们生产的精美的丝绸织品源源不断地集中于徽商之手。"衣被天下"的松江更是徽商的天下。《云间杂识》载有这样一则故事："成化末，有显宦满载归。一老人踵门拜不已。宦骇问故，对曰：'松民之财，多被徽商搬去，今赖君返之，敢不称谢。'宦惭不能答。"于中可见徽商势力之盛。棉布重镇南翔，"往多徽商侨寓，百货填集，甲于诸镇"。相邻的罗店镇，"今徽商凑集，贸易之盛，几埒南翔矣"③。徽商还深入一些小市集和农村。例如钱门塘市，万历时所产丁村布名震一时，"徽商僦居里中收买出贩"，因而该市"俨然若小都市，几与南翔埒"④。与徽州毗邻的瓷都饶州景德镇亦多徽商，《黟县三志》载道："徽地多山少田，丈夫操商于外者强半。与饶接壤，故聚于饶者尤多。"⑤徽州坐贾的"收买"，经由徽州行商的"出贾"，从而造成徽州海商"源头活水"不竭的运营机制。这一运营机制还是双向的，即同时进行着由海商经行商到坐贾的逆向运营。绩溪《盘川王氏家谱》卷四《文苑·颂泰邦公》有这样一段记载："我祖（王）泰邦公，作贾在吴中，设市周庄镇，居然端木风。春季市茶叶，冬季海货通。"由于私买贩卖海货触犯刑律，故家谱未明说坐贾王泰邦出售的是什么海货。据嘉万间学者归有光介绍，徽商主要经营的项目有："倚顿之盐、乌倮之畜、竹木之饶、珠玑犀象玳瑁果布之珍，下至卖浆、贩脂之业。"⑥其中珠玑犀象玳瑁果布便属海货。坐贾王泰邦们的海货得自徽州行商。王世贞曾述及万历初的一位徽州行商的活动："程君，新安人也。大抵徽俗，

①光绪《塘栖志》卷一八《风俗》。

②《明清苏州工商业碑刻集》。

③万历《嘉定县志》卷一《市镇·南翔镇》《市镇·罗店镇》。

④《钱门塘乡志·外冈志》。

⑤同治《黟县三志》卷一五《舒君遵刚传》。

⑥《震川先生集》卷一三《白庵程翁八十寿序》。

人十三在邑，十七在天下。其所蓄聚则十一在内，十九在外。自程君年甫髫而从其舅，江淮间为下贾，已进中贾。属有外难，脱身归，则转赍湘楚，稍稍徙业二广，珠玑犀象香药果布之凑，盖不数年而成大贾。"①程君将"珠玑犀象香药果布"贩卖给坐贾王泰邦们，充当了海商与坐贾的中介，从而使逆向运行的渠道畅通。

徽州海商的上述双向运营，构成一个生产与流通相互作用的良性循环系统。江南地区的农副业和手工业生产为走私贸易提供了充足、适销的货源；反之，海外市场的扩大也极大地刺激、推动了江南地区生产的发展。江南市镇的勃兴与走私贸易的盛行几乎是同步的。从某种意义上来说，"无徽不成镇"不仅指徽商在江南市镇经济中举足轻重的地位，而且蕴含对徽州海商的经营活动推动江南市镇勃兴的充分肯定。

在这个系统里，把徽州海商经营活动的三个层次联成一体的是徽州宗族制度和徽人强烈的地域观念。徽州海商在激烈的竞争中之所以胜筹在握，不能仅仅以善于经营来解释，更为深层的原因是徽商具有特殊的优势，他们将徽州根深蒂固的宗族血缘关系和强烈的地域观念带到了商业活动中，从而将"桑梓同志"联结成"声应气求""营道同术"的徽州商帮。《肇域志》的作者顾炎武指出："新都人……商贾在外，遇乡里之讼，不啻身尝之，醵金出死力，则又以众帮众，无非亦为己身地也。"徽州海商与行商之间就是凭借着"出死力""以众帮众"的精神，冲决海禁的罗网，使走私贸易得以兴旺发达。血缘、地域纽带和三个层次相交叉，使徽州海商的经营活动成为一个网络状的整体。这里，血缘、地域纽带使得系统在不利的环境中（即严厉的海禁制度下）稳定运行，在徽州海商的经营活动中具有特别重要的意义。关于这一点，我们可以从徽州海商汪直的经营活动中得到证实。且从汪直姓氏的辩正说起。戴裔煊先生认为："王直的姓名，明代史料俱写作王直，独《明史》标奇之异，改为'汪直'，实在没有必要。考王直请胡宗宪代为疏请通商，疏文自称'带罪犯人王直即汪五

---

① 《弇州山人四部稿》卷六一《赠程君五十序》。

峰，直隶徽州府歙县民，（见采九德《倭变事略》卷四），本人自认是王直，就不必更改为'汪五峰'，更不必改作'汪直'。"①笔者以为《明史》将王直改作汪直并非标奇立异，而是很必要的。姓氏之辩，恰恰透露了徽州海商经营的机巧。明代学者金声指出："歙休两邑民皆无田，而业贾遍于天下。自寇乱，破家荡产者大半。夫两邑人以业贾故，挈其亲戚知交而与共事，以故一家得业，不独一家食焉而已。其大者能活千家百家，下亦至数十家数家，其人亦皆终岁客居于外，而家居亦无几焉。今不幸而一家破则遂连及多家与俱破。"②"挈其亲戚知交而与共事"是徽商经营之道的一大特色，他们联袂而起、互为奥援，一荣俱荣，一败俱败。"自寇乱，破家荡产者大半"，这里的"寇"即倭寇，因寇乱而破家荡产者中不少是受旌扬的抗"倭"的徽商。明代大学士歙人许国指出："徽民商游，无土业，名外富而实内贫。曩东南诸郡，缮兵筑城，所籍客户，十九皆徽。"③嘉隆间江浙为"抗倭"计，"缮兵筑城"之财源，"十九皆徽"，以至许国惊呼"外赀（客商之资本）既耗"，"民何以堪"！徽商斥资抗倭，一方面显示了他们的封建性，维护封建秩序有利于商业的经营；另一方面对于重利的商人来说，也是被迫无奈之举，其中不乏地方官的刻剥敲诈，其怨愤之情于许国之字里行间亦可闻矣。破家荡产者中还有因亲戚知交从事海外贸易而被指诬为通倭的徽商。胡宗宪在《筹海图编》中指出，徽州海商往往被迫打起"倭"的旗号，一则利用统治者恐倭的心理，得以逍遥于大海，二则"惟以倭名，则彼得以藏匿，而室家族戚，可得无虞"。如果懂得个中道理，那么对徽州海商隐名改姓就可以理解了。汪直之所以隐瞒真姓，主要是由于《大明律》对违禁出海的商人及亲属处罚严厉，而他的老母、妻室尚在歙县老家。另外，这也有利于在不累及亲戚知交的前提下，与他们保持密切联系并得到他们的支持。今天，我们已无法在汪氏宗谱上

---

① 戴裔煊：《明代嘉隆间的倭寇海盗与中国资本主义的萌芽》，中国社会科学出版社，1982年版第10页。

② 《金太史集》卷四《与歙令君书》。

③ 分见《许文穆公集》卷九《与林宪副》；《重修古歙东门许氏宗谱》卷一〇。

找到汪直的名字，并以此作为其姓氏之辩的佐证。据徽州宗族的法规，凡凶死者姓名不准上谱，神主不得入祠。汪直是被胡宗宪处死的，属凶死。但是，王直姓汪并非《明史》孤证，《明书·汪直传》《借月山房汇钞》《谈往·倭寇始末》《倭变事略》《涌幢小品》等所载均与《明史》相同。明人朱国祯的《涌幢小品·平倭》先称王直后改汪直是极有分寸的。当汪直纵横大海，隐名改姓之际，则称"最难致者王直""王直忽驾巨舰"。王直被捕后则改称为汪，"三十八年十一月，本兵再驳汪直等罪状。下抚按三司详议，枭斩于市"。作者在介绍汪直身份时确定："汪直，故舶主，原徽州人。"可见，汪氏在被捕后交待了自己的真实姓氏。其实，戴先生所引《倭变事略》"带罪犯人王直即汪五峰"，与他的结论"本人自认是王直，就不必更改作'汪五峰'更不必改作'汪直'"之间并无必然的逻辑联系。戴先生所引出自汪直的疏文。汪直是在胡宗宪许以封爵的条件下才归降上疏请求通商的，既然荣耀祖先在望，自然不必再隐没真姓。而且胡宗宪是徽州人，汪之妻女老母已被其羁留，隐没真姓也不可能。因此，汪直在疏文中交待了"王直即汪五峰"。

这里，我们要进一步指出的是汪直之所以能成为海商集团之首领，与他的姓氏是大有关系的。汪氏是徽州第一大姓，徽州素有"十姓九汪"之说。《五石脂》云："徽州多大姓，莫不聚族而居，而以汪、程为最著，支祠以数千计。""子姓济济，咸在朝列，由是汪芒氏苗裔，日益繁衍，遍歙郡矣。且其俗重商，四出行贾，多留不返。故东南郡国巨族，往往推本于歙，固不特汪、程二氏。"汪氏遍布于东南郡国（苏浙赣闽粤等），例如，"宏村名望族"汪氏"为贾于浙之杭绍间者尤多，履丝曳缟，冠带袖然，因而遂家焉"[①]。宏村虽属黟县，但"推本于歙"。因此，汪直之"入关无盘阻，公然纷错苏杭之间"。"栖泊岛屿，潜与内地奸民交通贸易"，显然是得到亲戚知交的掩护的。顾炎武指出："杭城歙客之家，贪其厚利，任其堆货，且为之打点护送。如铜钱用以铸铳，铅以为弹，硝以为火药，铁

---

① 《黟县续志》卷一五《艺文·汪文学传》。

以制刀枪，皮以制甲，及布帛丝绵油麻酒米等物，无不资送接济，而内地之人，无非倭党矣。"①这里，"打点护送""资送接济"的"倭党"，大多是汪直的乡党族人。嘉靖三十五年（1556年），海道副使汪柏"乃立客纲、客纪。以广人及徽、泉等商为之"②。日本藤井宏教授在《新安商人研究》中解释汪柏以徽人为广州的客纲、客纪时，据万历《广东通志》卷十《藩省志一〇》秩官条所载按察副使汪柏"浮梁人，进士"，指出"汪柏出身地在江西浮梁县，该县之有名的景德镇，是徽商进出地之一。因此汪柏与徽商之间为便宜计，也许有某种特殊的关系"。藤氏的推测是正确的，汪柏也"推本于歙"，因此徽州海商的经营活动甚至得到了同宗官宦的暗中支持。

由汪直姓氏的辩正，我们进一步可以看到，远离皖南山区的徽州海商能在海外贸易中一度执掌牛耳，除了徽商具有的种种优势，例如有着悠久丰富的从商经验，有着较高的文化素养（如海商鲍文玉"善笔札"，而"海上无知书者"，"居人贾客，群依赖之"③），讲究商业道德（如行商江应万"历游吴越闽海诸地，以诚信交人，同事无少欺隐"④）之外，更为重要的是血缘纽带与地域纽带在海商的经营活动中发挥了特殊的效用。封建的血缘、地域关系维系着海商经营活动的三个层次，使其成为一个产—供—销双向运行的整体，从而极大提高了徽州海商的竞争力。

二

徽州海商的经营活动与封建的宗法关系、地域关系密不可分，那么它与中国资本主义萌芽的关系如何呢？其自身的性质又如何呢？戴裔煊先生在其1982年出版的《明代嘉隆间的倭寇海盗与中国资本主义的萌芽》中，

---

① 《天下郡国利病书》卷八四《浙江二》。

② 万历《广东通志》卷七〇《杂蛮》。

③ 《歙棠樾鲍氏宣忠堂支谱》卷二一《鲍君文玉传》。

④ 歙《济阳江氏族谱》卷九一《明处士希贤行状》《皇清诰赠奉直大夫应万公传》。

把倭寇海盗与中国资本主义萌芽联系起来。他依据马克思在《资本论》中断定的"资本主义时代是从16世纪开始的",指出16世纪中叶沿海百姓（自然也包括徽州海商）"不顾明封建统治阶级的海禁，出海从事正常贸易，正是中国社会历史上资本主义萌芽的时代标志之一"[①]，并以此作为探讨倭寇海盗反封建斗争性质的立论前提。由于戴著对海商与资本主义萌芽的关系未深入论证，而16世纪以后的海上贸易亦未必一定具有资本主义萌芽的性质，这就使他本来正确的结论缺乏逻辑上的说服力。要使这一结论为学术界广泛接受，就必须对"倭寇海盗"与资本主义萌芽的关系加以科学论证。这实际上也是一个如何判断流通领域资本主义萌芽的问题。

　　资本主义萌芽是封建社会内部资本主义生产关系的最初形态。由于受生产关系传统的三分法的影响，史学界对中国封建社会内资本主义萌芽的研讨，长期以来集中于生产领域，即手工业、农业和矿冶业等生产的组织形式和雇佣关系上。生产领域的资本主义萌芽研究，对于确定中国封建社会内是否存在资本主义萌芽以及资本主义萌芽具体出现在什么时期等问题无疑是至关重要的。近年来，对于生产领域资本主义萌芽的研究正在逐步深化。然而，研究的视野不能仅仅局限在生产领域。马克思在《政治经济学批判》的导言中指出，生产关系的具体内容包括人们在物质资料的生产、交换、分配、消费等方面的关系，"它们构成一个总体的各个环节，一个统一体内部的差别"[②]。恩格斯在《反杜林论》中将生产关系概括为"人类各种社会进行生产和交换并相应地进行产品分配的条件和形式"[③]。流通与生产互为"条件"，并且与生产一起"构成一个统一体内部的差别"。而过去研究资本主义萌芽的缺陷便在于孤立地考察生产，置流通于不顾。我们应该在理论上和方法论上有所突破，把资本主义萌芽的生产与流通作为一个整体或系统来考察。

---

　　① 戴裔煊：《明代嘉隆间的倭寇海盗与中国资本主义的萌芽》，中国社会科学出版社，1982年版第3页。

　　② 《马克思恩格斯选集》卷二，第17页。

　　③ 《马克思恩格斯选集》卷三，第492页。

徽州海商的经营活动如前所述是一个生产与流通相统一的系统，在探讨该系统与中国资本主义萌芽的内在关系之前，有必要先对系统的外部环境加以考察。徽州海商走私贸易盛极一时的明代嘉隆年间，正是资本主义萌芽在我国诞生之时。中国资本主义萌芽的产生是否完全是生产力自然发展的结果呢？我们知道，明代的农具和耕作技术，基本上还是宋代的水平。手工业生产技术也只是在宋代水平上有所改进。这种改进很多也只是在量的方面。例如丝织业，明代所用的织机仍是宋末薛景石的《梓人遗制》。但是织机专用化了，织造工艺进步了，品种也多样化了[①]。因此，明代社会生产力虽然较宋、元有所进步，但其总的状况尚未脱离中世纪的水平，还远远不足以动摇封建的经济结构。农业和家庭手工业相结合的自然经济结构极大地限制了国内市场的规模，从而束缚了商品生产的发展，使它始终被限制在个体手工业的简单商品生产的水平上。明王朝所推行的抑商政策和海禁政策，维护并加固着封建的经济结构。海禁政策在明代前期卓有成效地阻遏了市场的扩大和商品生产的发展。15世纪中叶，由于政治的黑暗、社会的动荡，明代的社会经济已由明初七十年的上升势头逆转为衰退。既然如此，何以在16世纪中叶反而出现了局部地区的商品经济的繁荣并导致资本主义萌芽的生长？由此可见，不应把中国资本主义萌芽仅仅归结为生产力发展的自然进程的结果。

从把生产与流通作为一个整体的角度出发，我们不难发现，世界市场的开拓是中国资本主义萌芽得以滋生的契机。15世纪末、16世纪初的地理大发现，打破了世界各地的隔绝状态，"开拓了世界市场，使一切国家的生产和消费都成为世界性的了"[②]。明王朝的海禁政策有没有把中国和这个世界市场隔绝开来呢？应该说我国史学界以往是低估了世界市场对中国经济的影响的。考察有明一代的海外贸易，可以清楚地看到正德九年（1514年）是一个转折点。在此之前，明王朝与海外各国并非没有贸易关系，但仅限于以贡舶形式进行的官方贸易。明初把朝鲜、日本、大琉球、

---

① 参见吴承明：《关于中国资本主义萌芽的几个问题》，《文史哲》1981年第5期。

② 《马克思恩格斯选集》卷一，第267页。

小琉球、安南、真腊、暹罗、占城、苏门答腊、西洋、爪哇、谥亨、白花、三佛齐、淳泥等列为"不征之国"，准许它们来中国"朝贡"。这种合法的官方贸易，受到明王朝的严格限制。从时间上说，贡期最短的为两年一贡，如琉球；较长的有六年一贡，如暹罗；最长的为十年一贡，如日本。从规模上说，船数不超过三艘，人数不超过三百。这一格局到16世纪上半叶，随着世界市场向东方的扩展，便有了巨大的突破。正德九年（1514年），"海上霸主"葡萄牙殖民者开始窥探中国市场。嗣后，他们在广东收购大宗丝货，转贩于日本、印度的果阿、菲律宾乃至葡萄牙本土出售，牟取百分之一百以上的超额利润。与此相应，走私贸易在东南沿海不可抑制地发展起来。嘉靖三十二年（1553年）葡萄牙以租借为名，占用澳门为通商基地。中国、日本和东南亚各国的商人纷纷涌入澳门定居。澳门成为世界市场与中国市场交汇的重要枢纽。继之，西班牙殖民者为寻找"黄金般"的中国瓷器也叩响了中国的大门。从嘉靖四十四年（1565年）起，他们以马尼拉为转运口岸，将中国的瓷器和丝绸遍销西班牙本土和它在美洲的殖民地。"海上马车夫"荷兰在稍后也染指中国市场。

"剪不断，理还乱。"明王朝的闭关政策不仅没能把中国和世界市场隔绝开来，而且使它的贡舶制度也"乱"了套。西方殖民者并不理会朝贡的规矩，葡萄牙殖民者甚至一度控制了中日之间的贸易。在东南沿海漫长的海岸线上，殖民者的三桅炮艇和中国的武装海商双向交汇，不时冲破海禁的网罗，把中国与世界市场交接起来。可见，中国并非卓然独立于世界市场之外，而是被卷入其中。尽管这种卷入是被动的、有限的，但是它对中国社会经济发生的影响却是极其深刻的。以上是徽州海商经营系统的外部环境，而其系统内部生产与流通的相互作用是在这一特定环境的制约下进行的。

我们知道，在一定的生产力水平上，社会生产的规模是受市场的限制的，只有当社会需求有较大增长时，传统的小商品生产才会逐渐为资本主义的商品生产所取代。世界市场对中国资本主义萌芽的催生作用是十分明

显的。世界市场对中国传统商品需求量的猛增以及超额的商业利润①驱使
"倭寇海盗"甘冒枭首的危险去从事走私贸易。就徽州海商的经营系统而
言，其核心层次在嘉隆年间成为"倭寇海盗"的中坚力量，并通过中介层
次对外围层次传递海外需求的信息，刺激并造成外围层次"无徽不成镇"
的局面。正是在这些江南市镇中滋生了中国资本主义的最初萌芽。关于明
后期商人投资产业的资料并不多，笔者所掌握的与资本主义萌芽相关的徽
商资料有五则：一是嘉靖年间徽商汪以振在芜湖，"大募工冶铁冶，指挥
百人，斩斩有序，工罔弗效"②。二是嘉靖年间徽商朱云沾在福建，"课铁
冶山中，诸庸人率多处士长者，争力作以称处士，业大饶。会岁不登，处
士贷诸庸人钱百万"③。三是嘉靖年间徽商阮弼经营染业，"自芜湖立局，
乃召染人曹治之"④。四是正、嘉年间徽商在广信，"广买山材，木尽还
山，自谓子孙无穷之利，工佣无虑数十人，货成无限数"⑤。五是明末徽
商吴有容在闽、江右，"货楮山中。常年先以米银给造户，而征其息"⑥。
这里的冶铁业和染织业均是与海外贸易相关的。至于徽商在江南市镇"开
车"的具体情况已不可得。由于商业利润的可观，虽然徽商资本大多仍滞
留在流通领域，但他们的商业活动促使着江南地区生产关系的变革则是不
容置疑的。江南市镇周边农村也随之发生深刻变化，据《吴江县志》载，
"绫绸之业，宋元以前惟郡人为之"，吴江县民是不事此业的。"成弘以后，
土人亦有精其业者。相沿成俗，于是盛泽、黄溪四五十里间，居民乃尽逐
绫绸之利"⑦。农民种桑养蚕逐利，不仅盛泽、黄溪四五十里的范围为然，

---

① 李伯重：《明清江南与外地经济联系的加强及其对江南经济发展的影响》，《中国
经济史研究》1986年第2期；沈定平：《从国际市场的商品竞争看明清之际的生产发展
水平》，《中国史研究》1988年第3期。

② 休宁《汪氏统宗谱》卷一一六《汪尚权墓志铭》。

③ 《太函集》卷四七《海阳新溪朱处士墓志铭》。

④ 《太函集》卷三五《明赐级阮长公传》。

⑤ 婺源《三田李氏统宗谱·明故处士兰田质斋李公墓志铭》。

⑥ 《新安休宁名族志》卷三〇。

⑦ 乾隆《吴江县志》卷三八。

以至原先盛产粮食的江南，如今都需要仰给于外地粮食。"苏杭熟，天下足"，让位于正、嘉以后的"湖广熟，天下足"。明末以及入清以后，湖广米被长途运输到苏南等地。商业性农业的发展以及随之而出现的粮食长途贩运等一系列变化，都是海外贸易所引起的连锁反应。这些变化都有利于资本主义萌芽的生长。

除了流通对生产有促进的一面之外，还有生产对流通促进的另一面。江南地区商品生产的繁兴，同样也通过中介层次，为徽州海商核心层次的走私贸易提供了不断扩大的物质前提。从系统论的角度来说，流通与生产是一个整体，它们互为因果，既互相制约又互相促进。徽州海商（推而广之则是嘉隆年间的"倭寇海盗"）的活动直接促进了资本主义萌芽的滋生。资本主义萌芽的生产方式一旦产生，那么直接关系到其存在与发展的流通活动也就同样具有资本主义萌芽的性质。因此，徽州海商的经营活动具有资本主义萌芽的性质。此外，我们还可以从"倭寇海盗"的经营方式本身来确定他们具有资本主义萌芽的性质。海商所雇佣的船工已具有自由雇佣劳动的性质便是明证[1]。

三

几点结论：

第一，中国资本主义萌芽的生长并非完全是自然历史进程的产物。马克思主义经典作家在不同场合所阐述的资本主义萌芽生长的过程，可归结为一个自然历史进程，即由生产力的发展，造成社会分工的扩大，商品经济的发展，城市的兴起与独立，商品经济对农村自然经济结构的破坏，市场的扩大以至手工工场的兴起的进程。这是根据西欧中世纪后期历史演进的模式加以总结的。但是，世界各国走向资本主义的历史进程并不是遵循一个共同的模式的。中国资本主义萌芽的生长固然与生产力的发展有着至

---

① 林仁川：《明末清初私人海上贸易》，第354—359页。

为重要的关系，但是明清时代社会生产力的水平较宋元并无一个明显的增长；中国的城市只是封建统治的中心，即便是明清江南市镇也没有摆脱封建统治而获自治；家庭手工业与农业相结合的经济结构到清季仍异常坚固，国内市场十分有限。所有这些历史前提条件都与西欧迥然不同，其中尤为严重的是中国的农村没有一个巨大的变化。过去，我们往往忽略这些不同之处，而把中国资本主义萌芽纳入西欧历史演进的模式，过分强调其完全是自然历史进程的产物，这就无法对资本主义萌芽何以生发于明代嘉、万年间作出科学的解释。自然，如果没有世界市场这一外部因素的刺激，我国封建社会内部也会萌发资本主义萌芽，但不容置疑的是这一进程将大大延缓。内因是事物变化的根据，然而在一定的条件下，外因却能通过内因起决定性作用。正是基于这一认识，我们认为16世纪世界市场的开拓和走私贸易的隆兴，为中国资本主义萌芽的滋生提供了一个关键的契机。

第二，由于中国资本主义萌芽的生产过分依赖于海外市场，这就使它具有先天的脆弱性。资本主义萌芽的兴衰受制于封建统治者的外贸政策。隆庆、万历前期海禁解除，资本主义萌芽得以生长。万历二十年（1592年）后因日本丰臣秀吉侵略朝鲜，海禁骤严，限制了资本主义萌芽的发展。明末清初连年战乱以及清初的迁海政策，使资本主义萌芽一度凋零。康熙二十三年（1684年）开放海禁，指定广州、漳州、宁波、云台山为通商口岸，不久又改为开广州一口。资本主义萌芽的生产逐渐恢复并超过明代的水平。清代（鸦片战争前）以闭关锁国为国策，故资本主义的生产始终处于萌芽状态。中国资本主义萌芽的脆弱性同样表现于徽州海商的身上，徽州海商借助封建的血缘、地域关系以增强其竞争力，但是封建的躯壳同时又限制了其进一步竞争的可能。徽州官僚胡宗宪正是利用血缘、地域关系欺骗一心求通商的汪直，先后剿灭汪直、徐海等海商集团。徽州海商的势力在胡宗宪的打击下一蹶不振。万历四十五年（1617年）明王朝推行纲盐制，盐商开始享有垄断盐业运销的世袭特权。徽商的资本和中坚力量转入既少风险又可稳得巨利的盐业。此后，徽州商人虽仍有从事航海业的，然其势已如强弩之末，不足以与浙、闽、粤商竞争了。徽州海商微弱的资本主义萌芽性质消退了，而徽商的封建性却大大强化。

第三，"倭寇海盗"武装反明斗争的意义不能低估。被封建统治者诬为"首倭而作之乱者"①的海商汪直曾多次向统治者提出开放海禁、通商互市的请愿："倭国缺丝棉，必须开市，海患乃平"；"他无所望，惟愿进贡互市而已"。这显示了商品经济（其中包含资本主义萌芽的生产和流通）求生存、求发展的意志力。"暴力本身就是一种经济力"②。"倭寇海盗"的反抗是被迫的，他们的反海禁斗争是反封建的正义斗争。与明代大大小小的农民起义相比较，他们在反封建上是有共同点的，但是"倭寇海盗"的反抗斗争与资本主义萌芽的经济力联系在一起，因而也就蕴含社会革命的成分。从这个意义上来说，"倭寇海盗"反抗斗争的意义超越于农民战争。"倭寇海盗"反海禁斗争是市民反矿监税使斗争的先声，对它们都应加以充分的肯定。

第四，"倭寇"之争的反思。自明末直至20世纪70年代，史家众口一词地指责嘉隆年间的海商为"倭寇海盗"。这就涉及一个如何对待传统史学的问题。不少史学工作者至今没有突破忠君爱国的正统观念，他们以是否能保持封建王朝的稳定性作为评判历史事件的标准，而不是以是否有利于历史的进步作为研究工作的着眼点。戴裔煊先生在耄耋之年推出他的开创之作《明代嘉隆间的倭寇海盗与中国资本主义的萌芽》，为"倭寇"正名，其坚持实事求是的学术勇气是可钦的。"倭寇"之争留给我们的启示是，历史学家首先必须有忠实于历史的勇气；其次，必须要有敏锐的洞察力，紧紧把握住历史发展的总趋势，勿以帝王之好恶为好恶，坚持以是否有利于历史的进步作为评判历史事件或人物的客观标准。只有这样，史学才谈得上科学性，才会有不衰的生命力。

原载《中国经济史研究》1990年第3期，有改动

---

① 王世贞：《倭志·蒋陈二生传》。

② 《马克思恩格斯选集》卷二，第256页。

关于《日本碎语》的碎语

　　1992年冬，我赴日本讲学，在东京都东洋文库检索到徽商汪翼沧所撰
《日本碎语》①一卷。该书为日本刊本，7行竖排，每行15字，共6页、12
面，计汉字1042个。该书序言有云："余尝怂恿鲍君以文刻入知不足斋书，
尚未果。"这里的鲍君乃是指以刊刻《知不足斋丛书》而闻名的鲍廷博。
鲍氏（1728—1814年），字以文，号渌饮，歙县人，其家世营盐业兼冶坊。
他幼年习会计，客居于浙江桐乡乌镇，后定居于杭州。鲍氏将经商所得购
书，"家藏万卷"②。他搜集古籍的范围宏广，不仅收藏海内孤本、善本，
而且连"中土久佚而传自海外者"，也尽心竭力索之。《知不足斋丛书》的
《古今孝经·跋》指出，收入《丛书》的《古今孝经》中《孔传》一册，
就是汪翼沧受鲍氏所托从日本购得的。"汪君所至，为长崎岙。距其东部，
尚三千余里，此书购访数年，得之甚艰，其功不可没云。"

　　乾隆年间，刻书之风日炽。鲍氏"取《戴礼》'学然后知不足'之义，
以颜其斋"③。刊刻丛书计30集、207种。既然汪翼沧与鲍氏有深交，为
什么汪氏所撰《日本碎语》未被收入《知不足斋丛书》呢？是该书没有价
值吗？显然不是。《日本碎语》是一本以商人的眼光来看日本的书。在此
之前，虽然也有关于日本的著作，例如另一个徽州人郑舜功纂叙的《日本

---

① 《日本碎语》，藏东洋文库，书号为Ⅱ—11—Q—804。

② 阮元：《定香亭笔谈》。

③ 朱文藻：《知不足斋丛书·古今孝经·序》。

一鉴》，但那是以官员的眼光来看日本的，郑为"奉使宣谕日本国"的使者。鲍氏不收《日本碎语》似与当时的海禁相关。乾隆中叶厉行海禁，原来的四口通商改为广州一口。清法令规定，不准中国人出洋。政府对海外谋生的中国商人持歧视的态度。"一个从海外归国的商人很可能被逮捕审讯，甚至说他私通外番而被判为汉奸，杀掉脑袋。"①汪、鲍虽为同乡密友，然出洋贸易有违海禁之令，且有通倭之嫌，这是《日本碎语》不得入选《知不足斋丛书》的原因之一。原因之二是文化上的。鲍氏虽颜其斋曰"知不足"，但并没有把了解世界、认识新事物放在"知不足"的范畴。嘉庆皇帝宫内亦有"知不足斋"。当鲍氏丛书传入皇家时，曾有人提出鲍氏丛书有"僭越"之罪。嘉庆帝云："朕近日读鲍氏丛书，亦名知不足斋，为语鲍氏勿改，朕帝王家之知不足，鲍氏乃读书人知不足也。"②是语可谓中的。清季朱一新云："五经四子之书，日用所共。如水火菽粟之不可缺，无论今文古文，皆以大中至正为归，古今只此义理，何所庸其新奇，闻日新其德，未闻日新其义理也。"这席话可以作为"知不足"的注脚。所谓"知不足"是排斥"日新其义理"的，它将"知"的领域划定在儒家道统、忠孝节廉、尊中国、攘夷狄之内。所以鲍氏的"知不足"与帝王家的"知不足"又是相通的。因而，当浙江巡抚方寿畴将丛书第二十六集进呈朝廷时，鲍氏获"赏给举人"的嘉奖，理由是"世衍书香，广刊秘籍"③。鲍廷博穷一生的精力、财力，所做的不过是网罗儒家经典的遗编而已。他托汪翼沧在日本购访数年所得的《孔传》，也就是所谓"秘籍"，被编入丛书。而《日本碎语》这类介绍夷情的书，尽管出于朋友之手，也是不屑入选的。

由于《日本碎语》未能在中国本土刊行，其大部分内容已散佚。日本刊本只是"略采数则"，即全书内容的一小部分，故称之为碎语。一个商人眼中的日本是怎样的？我们将《日本碎语》披露如下，以飨读者：

---

① R. M. 马丁：《中国：政治、商业与社会》第2卷，第137页。

② 钱泳《履园丛话六·耆旧》。

③ 嘉庆：《东华录》卷一一。

元人朱世,字希贤,以所历海洋山岛与夫风所闻、舟航所见,各成一诗,诗尾缀以古句,名《鲸背吟》,徐伯龄蟫精镌载之。吾杭汪翼沧贾于海外,著《日本碎语》一卷,亦云袖海编,备记彼国山川、风俗、物产,史家作外国传,必有取乎此。余尝怂恿鲍君以文刻入知不足斋书,尚未果。略采数则如左(下),非希贤之诗滑稽比也。

估客所集之地,为长崎吞,又名琼浦,犹中国一大都会也。距王城尚三千余里。山水秀丽,烟火万家。有七十二卫,卫各有名,又曰町,町有长。客舟至则町长主之。适馆如归,宴会无虚日。

官有使院,秩视二千石,专司两国通商之事,带理崎政,一年而代,通称王家。其属曰年行司。又有高木王,世守其地,使院之事,得协理之。

坐以东面为尊,有所使令,则拍手代呼,闻声而至。性和缓,虽甚怒无疾言遽色。同安陈伦炯《海国闻见录》云,东洋人语言寂寂,呼僮仆鸣掌则然喏。卧无被褥,有寝衣。亦无一定之所,但用六幅短屏障之,则别内外矣。枕用木,名麻姑喇,仅四寸许,竖枕后不著耳,故其听较华人为聪。

席地而坐,而无拱揖之烦。客至,主人以烟盘置客前,中置火炉、烟盒、唾壶各一,听客自取。呼烟为淡巴菰,烟筒为几世留。宴客亦人各授一器,如古盘匦之属,高尚尺许。酒炉制作甚精,铜表锡胎,以木架承之,下二层贮诸色器具,名曰便道。有郊游所携者,名曰受百果。茶瓯颇大,而点茶不过二三分。酒杯如碗,而斟必十分,淋漓而止,少则为不敬也。行酒必主人先饮,而后酌客。

妓风最盛,宴必有妓,名曰撒羹。其进馆以申刻点名,出亦如是,名为应办。性多聪慧,工修饰,善事客,且为客谨出入,握筹算,若将终身焉,是以客多惑之。客纳妓,名曰太由,华言大夫也。其俗有换心山、落魄桥之谚,言唐人经此,心醉魂销,忘其为旅人矣。妓所居地曰花街,有狐狸庙,月祀之。若优伶之家则祀雷海青云。

男女俱不剃胎发，男至成童只剃顶发，留两鬓及脑后，总梳一角泽以蜡油扎之。惟医人、瞽者，剃发如僧。

五伦中惟君臣、主仆之义最严，其他蔑如也。凡生子，先女而晚得男者，即纳婿为长子，幼子降而为孙。举三子者，过继一二，故同胞而不异姓者极为难得。

人死无棺殓，用木桶趺坐其中，实以藿香，翼日而葬，贵贱一体。子若妇持服，二十五日而毕。

长崎在彼国称穷岛，然屡人绝少。富家资产盈十万，夜悬一灯于门，倍者灯亦倍之。

书籍甚多，间有中国所无之本。亦建圣庙，有官，称官庙先生。客有携书往售者，必有圣庙官检查，恐涉天主教耳。余购得古文孝经孔氏传及七经孟子考文补遗，传之士林焉。

俗禁天主教甚峻。唐船初至，则有读告示、踏铜板二事。告示叙说天主邪教，煽惑人心，虑客有挟之而来者，故遍谕之。铜板铸天主像，践踏以明无习教之人。

蒂九子，结实时止留四五枚，大如杯。鸦之大如鹅，飞时百十为群而不畏人。

海岸多鹿，皆大鱼所化，常见鱼跃出砂际，不踰时而已奔之跂跂，亦有鹿身鱼首，尚未全变者。

余三到崎岙，未得一游王都，曾因遭风漂至一处，遥望白石为城，真如蓬莱昆阆，不知何国？恐未必是其都也。

《日本碎语》保留下来的仅是上述十四则和序。汪翼沧的本意是向国人介绍日本的山川、风俗、物产，并供史家作外国传时参考，汪商所到的长崎岙是今天日本九州西部的一个县。长崎港于1571年向葡萄牙开放。1636年颁布"锁国令"后，日本断绝了同世界各国的交往。除荷兰船与中国船外，一律禁止来访，而且即使是这两个国家的船只，也要在贸易和居住地区等方面受到严格限制。长崎是当时日本唯一对外开放的贸易港。所以汪商三次到长崎，却始终"未得一游王都"。锁国令主要针对西方殖民者，因而对西方文化、宗教持排拒的态度。"读告示，踏铜板"，以及检查书籍，"恐涉天主教"等，均为锁国令执行期的真实情况。从文化上来说，日本与中国一样尊奉儒教，建圣庙，置官庙先生。古人说："礼失求诸野。"日本自古学习中国，儒学著作流入日本甚多。一些在中国这块儒学的诞生地已失传的儒学经典，反倒在日本保留下来了，"书籍甚多，间有中国所无之本"。据胡宗宪《筹海图编》卷三所载《倭好》，即日本人喜爱的中国东西，其中书籍有：古医书，佛经，《五经》中的《书》《礼》，《四书》中的《论语》《大学》《中庸》等。以至《孔传》一书购自日本。此外，汪商还购得《七经孟子考文补遗》，也是中国已失传了的。

中日两国虽都信奉儒学，国情却有诸多差异。在中国民间有藏富之俗，一般商人或富人不愿公开自己的财富；而在日本，"富家资产盈十万，夜悬一灯于门，倍者灯亦倍之"，将财富公诸于世未觉有甚不便。在中国，遗产多子继承，而在日本则为长子继承，无长子则由长婿继承。其他儿子多过继出去，并不以改姓为耻。商人都会面临财产继承问题，故汪商对此记之甚详。中国的三纲在日本则化为君臣、主仆之义，日本的社会结构与中国不同，天皇、幕府已是二元政治，各个藩国大名更是诸侯割据。抑商之风远逊于中国。各藩国为图自强，反行重商主义。故日本有东方唯一的市民自治的"佛罗伦萨"——堺。笔者赴日访问时，曾专程考察了奈良县橿原市今井町，也是近代化前的一个商人自治的市镇。这是封建时间专制极权下的中国所不可想象的。汪商到长崎岙，有"适馆如归"的感觉，受到"宴会无虚日"的款待。他还观察到，商贾云集的长崎，其地方长官"王家"的职能，"专司两国通商之事"而已，且任期只有一年。这与中国官僚体制也是不同的。

《五杂俎》曾指出，"宿妓"是徽商"挥金如土"在所不惜的。《二刻拍案惊奇》亦云："徽州人有个僻性，是乌纱帽、红绣鞋，一生只这两件事不争银子，其余诸事悭吝了。"汪商对长崎的妓女描述细致。居然有"为客谨出入，握筹算"者，所以"唐人经此，心醉魂销，忘其为旅人矣"。此外，汪商还广泛地介绍了日本人的风俗。其中，儿子或妇女为父亲或丈夫服丧守孝只有二十五天，而在中国则有三年之制。可见日本的礼俗与文化是不同于中国的。

也许，今天看来，汪商所介绍的日本，也只能以"碎语"言之。但是，如果我们更多地了解那个时代中国人的世界知识，就可知道这些"碎语"来之不易。鸦片战争前后，朝廷上下，一般士大夫仍是信奉尊王室、攘夷狄的儒家说教。即使像林则徐这样被誉为睁眼看世界的第一人，在鸦片战争前仍深信"英兵腿足伸展不便"，与他同时代的耆英称英兵在夜间"目光昏暗"。道光帝的批语是："众口一辞，信然。"[①]这种畸形发展的自我中心的文化心理，使他们根本不屑去了解世界。通过比较，我们才会体会到汪翼沧在行商过程中所得到的有关知识是可贵的。商人才是最早睁眼看世界的中国人。《日本碎语》的撰写，当在鸦片战争前半个世纪，就更见其可贵了。可惜的是它未能收入《知不足斋丛书》，因而大部分内容已散佚了。关于它的作者汪翼沧我们也知之不多。《日本碎语》的命运在那个时代应该说有其必然性。

原载《安徽史学》1996年第4期，有改动

---

① 转引自《儒家文化的困境》，四川人民出版社，1986年版第46页。

明清以来苏州、徽州的区域互动
与江南社会的变迁

区域研究已引起中外学界的高度重视，其中苏州与徽州的研究尤为引人注目。在区域研究的基础上，我们应该进而关注区域之间的相互作用。任何区域的发展都不可能是孤立的，必然会与其他相关区域发生人员、经济、文化等的交往。一方面，各个区域的地理、物产、区位、交通、文化乃至经济社会结构都有其自身的特点；另一方面，区域之间的互动互补也是各区域形成并保持这些特点的必要条件。因此，区域互动关系的研究必将区域研究引向深化。本文对苏州与徽州这两个区域间的互动加以考察，进而探讨区域互动对两地发展以及整个江南社会[①]变迁的影响。

一、苏州与徽州的历史渊源、区位差异

苏州与徽州在历史上长期同属一个行政区。上古九州传说中，苏州与徽州就同属扬州之域。早在商末，姬姓首领古公亶父之子泰伯、仲雍避位让贤，从陕西岐山下的周原南奔，在江南建"勾吴之国"。吴梦寿二十五年（前561年），吴国二十世国君诸樊南迁都于今苏州。阖闾元年（前514年）大臣伍子胥受命建城，为苏州建城之始。当时，徽州尚为山越居住的蛮荒之地，归属于吴。弘治《徽州府志》卷一《地理一·建置沿革》载，

---

① 对于江南的区域范围，各家均有不同的界定。本文界定为苏南、浙北和皖南。

其地"春秋属吴。吴亡属越。战国时属楚"。徽州正式有建置是在秦,"秦置黝、歙二县,属鄣郡"。此后,苏州、徽州的统属时有分合,如三国时同属吴国;南朝时,曾同辖于扬州;唐初同归浙西节度;宋朝同隶江南道、两浙路;元朝同属江南行省;明朝同归南直隶,清初同为江南省。直至康熙六年(1667年),安徽建省,徽州分属安徽①。由于地缘的原因,徽州人认同为江南人,有时也认同为吴人。如隋末徽州绩溪人汪华起兵割据徽州,"兼有宣、杭、睦、婺、饶之地,称吴王"②。

苏州与徽州虽同在江南,其地理、区位却迥然不同。苏州东有大海,西有太湖,运河傍城而过,乃长江冲积平原和太湖水网平原地区,一马平川,河网如织,四通八达。江南大运河开通后,优越的区位和地理条件,使苏州成为唐朝江南唯一的雄州。宋时,全国经济重心南移,"苏常(州)熟,天下足"③,苏州被称为"天堂",逐渐成为江南经济文化的中心和全国财货集散、转运及信息交流的中心。经济的日益发达,为文化教育事业的发展创造了条件。自唐宋以降,苏州共出状元45名,占全国的7.5%。明清时期,苏州社会经济更是发展到了巅峰,从倦于宦海沉浮的官僚、文人,到衣食无着的流民,天下人无不乐居苏州,加之本地人口的增长,以致苏州人地矛盾日益尖锐。而历代统治者视苏州为取之不竭的聚宝盆,明代丘浚潜云:"江南财赋之渊薮也,自唐宋以来,国计咸仰于是。"④明初,朱元璋怒苏人助张士诚,大幅度增加苏州赋税,地丁之重甲于全国。《明会典》载,洪武二十六年(1393年)苏州府田土九万八千五百零六顷七十一亩,占全国1%,实征税粮米麦合计2 810 490石,占全国实征税粮总数的9.6%。就税粮总数、亩平均赋税、人口平均赋税等各个方面来看,苏州府不仅高出全国平均水平近十倍,而且也高出江南地区其他府县。此外还有漕粮、白粮之征扰民。在重赋与人口双重压力下,苏州人巧为应对,农

---

① 《嘉庆重修一统志》卷一一二《徽州府一》。
② 弘治《徽州府志》卷一《地理一·建置沿革》。
③ 陆游:《奔牛水闸记》。
④ 《大学衍义补》卷二四。

业管理更趋精细，种桑植棉，发展手工业，成为国内丝绸、棉布等手工业生产的中心之一，吴绫苏布远销海内外。苏州城内五方杂处、百业俱兴、万商云集、市曹繁荣。为保障财赋收入，历朝历代尤其是明清以来对苏州的政治控制十分严密，乡绅、官宦的地方自治功能被削弱，市隐心态十分浓重，转而构筑私家园林，移山林于市井。或书画、或歌吟，于是有吴门画派、吴门书派、昆曲评弹之美。有清一代苏州状元达26人，占全国的22.8%。于是有状元、优伶为苏州土产之说。

徽州属内地山区，原为"椎髻鸟语"的山越所居之地，其"东有大鄣之固，西有浙岭之塞，南有江滩之险，北有黄山之阨"①，"险阻四塞几类蜀之剑阁矣，而僻在一隅，用武者莫之顾，中世以来兵燹鲜焉"②。考察徽州的地理环境，不仅要注意到它的封闭性，还要注意到该区域整体所处的地理位置。徽州山区毗邻江浙平原地区，随着江南的开发以及战乱向江南平原地区的蔓延，中原士族南迁的避难地便因地理之便而逐渐深入徽州山区了。根据明刻本《新安名族志》的记载，两汉时迁入徽州的仅两族。此后，中原士族迁徽时间集中在三个阶段：一为两晋，二为隋唐五代，三为宋元。值得注意的是，他们中的大多数并不是直接由北方南迁进入徽州的，而是从邻近地区迁入的。北方士族从江南平原地区向江南山地的进一步迁徙，一方面反映了人口迁徙的持续性，另一方面也显示了徽州作为避难处的地理优越性。所谓"山川复阻，风气醇凝，世治则诗书、什一之业足以自营；世乱则洞壑、溪山之险，亦足以自保。水旱兵戈所不能害，固宜其有强宗巨姓雄峙于其间"③。如"昉溪在城北四十里，平畴沃壤不啻千亩，四山环合如城，第宅栉比鳞次皆右族许氏所居焉。其人物衣冠甲于他族"④。但多山的地理环境，同时也造成徽州物产的瘠薄。徽州民谚云："七山半水半分田，两分道路和庄园。"顾炎武亦指出："徽郡保界山谷，

---

① 道光《徽州府志》卷二《舆地志下·形胜》。

② 方弘静：《方氏家谱序》。

③ 《重修古歙东门许氏宗谱》卷九《城东许氏重修族谱序》。

④ 《新安歙北许氏东支世谱》卷五《寿昌许公八秩序》。

土田依原麓，田瘠确，所产至薄，独宜菽麦红虾秈，不宜稻粱。壮夫健牛，日不过数亩，粪壅缉桮，视他郡农力过倍，而所入不当其半。又田皆仰高水，故丰年甚少，大都计一岁所入，不能支什之一。"①粮食不能支十之一，与农田仅占二十之一是相对应的。由此可见，历朝对徽州征收的税赋并不苛重。弘治《徽州府志》卷二《食货一》说："本府万山中，不可舟车，田地少，户口多，土产微，贡赋薄，以取足于目前日用观之则富郡，一遇小灾及大役则大窘，故自唐以前，贡赋率轻。"唐末之后，徽州长期在"偏据一隅"的割据政权统治下，处于"征敛无节，甚至取砚亦有专务"的压力下。入明后，朱元璋优待家乡，多次减免家乡及徽州等地的税赋，所以明清两代徽州税赋为轻。国家对地方的控制也远不及苏州之严厉，乡绅在地方社会的自治权因此而远高于苏州。乡绅借助宗族组织强化对地方社会的控制，导致形成"新安各姓，聚族而居，绝无一杂姓掺入者。其风最为近古。出入齿让，姓各有宗祠统之，岁时伏腊，一姓村中千丁皆集，祭用文公家礼，彬彬合度。父老尝谓新安有数种风俗胜于他邑：千年之冢，不动一抔；千丁之族，未尝散处；千载之谱系，丝毫不紊"②的宗族社会，无人能脱离宗族组织。徽州宗族社会形成的过程，也是一个文化变迁的过程。中原士族在徽州复制的宗族生活，是酿造程朱理学的酵母。反之，程朱理学又加固了徽州的宗族秩序。新安文化的内核就是程朱理学酿造出的宗族文化，明代徽州文人汪道昆在《太函集·黄氏建友于堂序》中说："新安多世家强盛，其居室大抵务壮丽，然而子孙能世守之，视四方最久远，此遵何德哉！新安自昔礼义之国，习于人伦，即布衣编氓，途巷相遇，无论期功强近，尊卑少长以齿。此其遗俗醇厚，而揖让之风行，故以久特闻贤于四方。"汪氏将"世家强盛"与"礼义之国，习于人伦"相提并论，足见宗族文化与理学的密切关系。《徽州府志·风俗》说："徽州自朱子而后，为士者多明义理，称为'东南邹鲁'"。据朱彭寿《旧典备征》统计，有清一代（自顺治至光绪）各省状元人数，安徽居第

---

① 顾炎武：《天下郡国利病书·江南二十》。
② 赵吉士：《寄园寄所寄》卷一一。

三位，计有9人。安徽有八府五州，其中仅徽州一府便占4人，居苏州之后的第二位。宗族聚居、物产瘠薄，徽州自古以来土地与人口的矛盾就很突出。宋淳熙《新安志》就引用当时宣歙观察使卢坦的话："宣歙土狭谷少，所仰四方之来者。"①而徽州人只有用当地山产竹、木、茶、漆及新安四宝笔、墨、纸、砚来换取粮食。因而徽州人自古就有经商的传统。明代中叶至清道光年间，徽商足迹几遍全国，执掌中国商界牛耳数百年。宗族与徽商可以说是徽州的两大"土产"。

历史上苏州的发展总是比徽州要领先一步。从经济上来说，早在汉武帝时，苏州已成为"东南一都会"②，而当时的徽州乃是山越居住的蛮荒之地。从文化上来说，《吴郡志》载，唐肃宗时，团练观察使李栖筠在苏州设立学庐课士。由于官绅倡导文化，一改六朝之前吴人好剑尚武之俗。而徽州文化由尚武至尚文的变化则要慢一步，据淳熙《新安志》载："其（新安）人自昔多以材力保捍乡土为称，其后寖有文士。黄巢之乱，中原衣冠避地保于此。后或去或留，俗益向文雅。宋兴则名臣辈出。"两地社会经济发展的位差，造成了徽州向苏州的流动，这是两地互动的最基本的方向。

二、16世纪以来苏州与徽州间的区域互动

区域互动可划分为沟通、相互作用、知觉三个层面，它们是相互联系的一个统一体。主要内容包括经济互动、文化互动和人的互动等方面。苏州与徽州之间的互动给两地社会带来了一系列变化。

（一）苏州与徽州间的沟通。从地图上看，苏州与徽州的直线距离仅270余公里，可谓相邻。但两个区域的互动并不便利，《徽商便览·徽州总论》指出：徽州"惟万山环绕，交通不便。大鄣昱岭雄其东，浙岭五岭峻

---

① 淳熙《新安志》卷九《牧守》。

② 司马迁：《史记·货殖列传》。

其西，大鄜、白际互其南，黄山、武亭险其北。路皆鸟道，凿险缒幽"①。因此，陆路交通十分困难，水路就成了两地互动的主要通道。但徽州的河流与苏州不同。苏州的水平缓、四季盈盈，而徽州的水湍急、季节性强。由于徽州地势高峻，"天目于浙江之山最高，然仅与新安之平地等"②，徽州的水，滩高流急，从而形成难进易出之势。徽州至苏州的水道有二：北可由青弋江至芜湖，顺长江而下，在镇江入运河，可抵苏州；东由新安江至杭州，再转入运河至苏州。千百年来徽州商人不避艰难，或攀行于山间鸟道，或挽舟逆水而行，将徽州与苏州沟通起来。

苏州与徽州两地自古以来就有密切联系。据《新安名族志》载，有陆、朱、张、叶四姓的始迁祖分别于唐、宋两代由苏州迁入徽州。苏州四大名族中，除顾姓外，陆、朱、张多有迁居徽者。另据语言学者对徽语的田野考察，北方移民多由吴地或经由吴地沿新安江进入徽州③，给徽州带来中原及吴地的文化。可见，苏州、徽州最先的互动是由北向南互动的继续，是在江南范围内的由东向西的互动。这种互动，主要体现为逃避战乱的中原移民对徽州的经济与文化的开发。

而由徽州乡村向苏州都市的自西向东的移动，则稍迟于东西向的移动，其原动力则为经济要素。"徽介万山之中，地狭人稠，耕获三不赡一。即丰年亦仰食江楚，十居六七，勿论岁饥也。天下之民，寄命于农，徽民寄命于商。"④"今邑之人众几于汉一大郡，所产谷粟不能供百分之一，安得不出而糊口于四方也。谚语以贾为生意，不贾则无望，奈何不呕呕也。""吾邑之不能不贾者，时也，势也，亦情也。"⑤最早关于徽人经商的记录是西晋。许承尧在《〈知新录〉记徽俗二则》一文中说："《知新录》云：徽俗好离家，动经数十年不归。读晋《司马晞传》，有云晞未败时，宴会，

①吴日法：《徽商便览·徽州总论》。
②归有光：《震川先生集·汉口志序》。
③曹志耘：《语言学视野下的新安文化论纲》，载《'95国际徽学学术讨论会论文集》，安徽大学出版社1997年版。
④《休宁县志》卷七《汪伟奏疏》。
⑤万历《歙志·货殖》。

娼妓作新安人歌舞离别之辞，其声甚悲。后晞果徙新安。则知此风自晋已然。盖新安居万山之中，土少人稠，非经营四方，绝无治生之策矣。"①此后，徽州人外出经商不绝如缕。南宋建都临安后，徽州商人得到一个较大的发展机会。明清以前这种由西向东的移动相比由东向西的移民主流，仅是一脉支流。由西向东的移民方向变为主流，始于万历年间盐政改革，实行票盐制，徽商垄断淮盐与浙盐两大盐场，积累巨额资本。这为徽州人进军江南经济、政治、文化中心——苏州，从而形成两地密切互动创造了条件。明唐寅《阊门即事》云："吴阊到枫桥，列肆二十里。"阊门外二十里的街市，是苏州最繁华的商业区，也是徽商的天下，苏州与徽州互动的力度前所未有地加强。

苏州与徽州两地的互动，是沿海与内地的互动、平原与山地的互动、经济发达地区与经济落后地区的互动，这就决定了互动的媒介主要是依靠内地、山地和落后地区的居民——主要是徽商来充任。因此，考察徽州商人与徽州家族向苏州的移徙，他们在定居地的发展及其与家乡的长久联系，是我们探讨两地互动必不可少的环节。大阜潘氏②原是徽州商贾世家，清初徙入苏州，经过百余年的发展，至乾嘉以后成为苏州势力最为煊赫的科第世家、官宦世家、积善世家，同时还是晚清苏州酱园业的行业领袖。而那些留在大阜以及后来由苏州迁回故里的潘氏族人则日渐式微，生活困窘。大阜潘氏分居徽苏两地，尽管往来不断，互有影响，但由于徽苏两地自然环境和社会环境的巨大差异，两地家族的发展结果却有霄壤之别。通过对徽苏两地潘氏家族的迁徙过程和互动形式的考察，我们可以发现，明清时期徽州与苏州乃至其他地区的家族迁徙及其文化互动具有如下特点：（1）徽州家族的迁徙主要是以经商的形式向外迁出，徽商尽管也大量回流

---

① 许承尧：《歙事闲谭》卷二十六《〈知新录〉记徽俗二则》。

② 参见同治八年修《大阜潘氏支谱》；光绪三十四年修《大阜潘氏支谱》；民国十六年修《大阜潘氏支谱》；潘世恩编：《潘氏科名草·自叙》，稿本；潘世恩撰，潘曾莹录：《潘文恭公遗训》；潘奕隽嘉庆九年《展墓日记》；咸丰四年潘氏刻本潘祖荫《潘文勤公奏疏》，光绪刻本；潘钟瑞：《歙行日记》上，见《香禅精舍集》六，光绪苏城谢文翰斋刻本等。

到故里，但仍有不少徽商滞留在外，而这些滞留在外的徽商往往就是徽商中的精英人物，他们对苏州的经济发展和文化繁荣作出了重大贡献；（2）与徽商大量外流相比，徽州由于特殊的自然环境和社会环境，外地人流入徽州的极少，因而徽州与外地之间的家族迁徙和人口流动主要表现为单向性的外流，地域间的互动主要是通过徽州人自己来实现。徽州人在促进异地繁荣的同时，不断地借助于资金的回流，将宗族意识输回故里，在徽州建宗祠、编宗谱、立义庄、修族墓等，从而保证了徽州社会的相对稳定和持续静止状态，进一步扩大了徽苏两地社会发展的差距。

（二）相互作用。在16—20世纪的传统中国社会转型期，苏州与徽州互动互补，交往密切。在互动的第二个层面——相互作用上，其总的趋势是：在经济上，苏州是江南的经济中心，并孕育着资本主义萌芽。财力雄厚的徽商将巨额的商业资本汇聚到苏州，大大增强了苏州的活力。在社会发展上，随着人口和经济发展，苏州经济结构渐渐变动，承接着传统的经济优势，自发、缓慢地发生社会转型。徽商的经营活动客观上推动着苏州等地的社会转型。徽商在苏州异常活跃，获取大宗商业利润，其商业利润输回徽州，却加固着徽州宗族社会的旧秩序。徽州由于宗族制度普遍存在，束缚了社会转型。在文化上，苏州和徽州都是儒学发达之地，清代又以吴学和皖学相对峙，教育、科举昌盛，人才辈出。徽商把苏州等大都市的经济文化信息和生活方式输入徽州，使徽州社会经济发生变动，同时，徽商把徽州深厚的宗族制度和文化凝入经济和社会生活之中，一些徽州的精英也在苏州定居下来。以下，我们就苏州与徽州在相互作用的过程中异向发展的具体表现，择要作出比较。

首先是社会基本结构：家庭—宗族结构的异同。处于平原地区的苏州是容纳天下商贾的大都会，社会流动性大，商业竞争激烈，商品经济直接瓦解着这里的宗族和大家庭结构。所以，尽管宋代范仲淹在苏州首创义庄，但是数百年来苏州义庄发展的规模却不大。《明清以来苏州社会史碑刻集》^①第174号碑指出：义田赡族"文正创于苏郡，自宋迄今，效法文正踵而为之者数十家矣"。这个估计保守了一些，据民国二十年（1931年）吴县社会调查处编制的《吴县城区慈善救济团体调查表》载，吴县城区共有义庄32所，如加上郊县当不下百所之谱，但在苏州区域范围内仍是少数。难怪林则徐在其撰写的《邹太学家传》中，一方面对清季邹珏设义田的义举大加赞叹；另一方面又不得不慨叹，邹氏的义行"世多有笑之者。嗟夫士之强立特行，卓然不囿于流俗者，其不为众人所笑也几希矣"（177号碑）。徽商与其他各地的商人瓦解着苏州的宗族组织，而徽商的商业利润输送回徽州却加固了家乡的宗族组织。绩溪人进士胡晓在《新安名族志·序》中指出："新安则异是矣。……其故家遗俗，流风善政，宛然俱在。以言乎派，则如江淮河汉，汪汪千顷，会于海而不乱；以言乎宗，则如泰华之松，枝叶繁茂，归一本而无二。"徽州的宗族组织覆盖了整个区域，无一人不在宗族的血缘网络之中，即便外出经商者也不例外。如寓居苏州歙县的潘氏，分为贵潘与富潘两支，在苏州都有巨大的产业，都建有祠堂，保持宗族组织，与徽州潘氏宗族保持密切联系。这种状况一直保持到20世纪中叶土地改革之时。

再来看家庭结构。一般来说，商品经济的发展会促使家庭的分化。但是，我们却发现，在商品经济繁荣的苏州，其家庭规模反而比徽州大。就核心家庭所占的比重来看，徽州约占65.1%，而苏州仅占29.11%；就主干家庭而言，徽州仅占34.9%，而苏州则占48.73%^②。苏州的小家庭结构比徽州大，原因有二：一是总体家庭结构的不同，徽州是在大宗族下的小家庭，因其宗族血缘合作比较完善，核心小家庭就可以应对生产和灾变，而且家庭规模越小便越利于减缓商业财富共有所造成的家庭矛盾。苏州绝大多数的小家庭之上没有大宗族，缺乏宗族血缘的合作，因此保持6至8人的家庭规模是应对生产和灾变所必要的。二是年龄构成的不同，徽州男性

① 王国平、唐力行：《明清以来苏州社会史碑刻集》，第174号碑，苏州大学出版社1998年版。以下凡引自该书的碑文，均在文中括注碑号。
② 参见唐力行：《明清徽州的家庭与宗族结构》，《历史研究》1991年第1期。

平均年龄是53.5岁，女性是55岁^①，而苏州男女性均达63岁。苏州人的平均年龄要比徽州人高5.75岁，这与生活条件相关。徽州山区，生存空间小，自然条件贫瘠，生活艰苦。徽州人虽受到宗族的保护，但宗族内部有贫富的分野。大多数族之贫困者在徽商余唾的笼络下，虽不致饿死于沟壑，但也不可能从根本上改变其贫苦的生活。徽州人的年龄构成，限制了他们三代共同生活的时间，使主干家庭的比例较小。生活在被誉为"天堂"的苏州人，生存条件优于徽州，较高的年龄构成，使三代以上共同生活的可能性增大，这是苏州主干家庭的比例反高于徽州的原因。应该说，明清以来苏州与徽州的家庭结构有相似之处，两地同以小家庭为主，但徽州的小家庭之上还有个大宗族，而苏州的小家庭大多是独立的。前者以它的弹性和包容性强化了封建的统治秩序，后者则是与社会转型的方向相一致的。

其次是市镇结构的不同。明清时期徽商是苏州与徽州市镇互动的媒介。苏州市镇作为徽商麇集盘踞之地，深受"无徽不成镇"格局的影响。徽商在苏州市镇的经营活动是无孔不入的，他们对苏州市镇的贡献也是无所不在的。但是，苏州与徽州两地市镇有着诸多的不同：如两地市镇的布局不同。苏州为鱼米之乡，河道纵横，水网密集，市镇多依水而设，既有利于市镇与相邻四方村落的密切联系，又使得每一市镇的影响范围不是很大，从而在苏州地区形成乡村—基层市镇—中心都市的经济社会分层结构。市镇的分布相应呈网状结构。徽州由于道途梗阻，交通不便，对外联系依靠水路，市镇也沿江沿河而设，形成线状结构分布^②。再如两地市镇规模的不同。明清时期苏州地区市镇经济发达，市镇规模一般都较大。很多市镇人户超过千家，形成与政治中心相类似的城市结构。徽州市镇多以中小型规模为主。两地市镇的功能也不同。苏州已形成以"专业化"生产为特色的市镇经济功能，而徽州市镇在很大程度上是应商品集散所需而建

---

① 参见唐力行：《明清徽州的家庭与宗族结构》，《历史研究》1991年第1期。

② 杨春雷：《试论明清徽州市镇与社会转型——兼与江浙市镇比较》，《安徽史学》1996年第4期。

立的。两地市镇社会文化结构亦有着很大的差异。苏州市镇以地缘与业缘为主，外来商人群体在市镇建立起各种地缘性的会馆和业缘性的公所以取代血缘性的宗族组织，商品经济的繁荣推动苏州市镇宗族组织迅速瓦解，而徽州市镇仍保持宗族社会实态。据《岩镇志草》记载，岩镇以一镇之地而拥有21个祠堂，充分展示了宗族血缘文化的浓烈。

再次是社会管理与社会保障系统的不同。在商品经济的冲击下，苏州原有的社会秩序失范，出现了种种新的社会问题。为了协调社会关系，保障社会的正常运作，苏州各级衙门加强了社会管理。在失范与规范不断磨合的过程中，社区管理日趋细密和完善，分为商业管理，赋役、治安、宗族、寺观的管理，环境和市政管理等。古老的苏州城缓慢地实现着自身的转型。徽州的管理则较为简单，乡绅在国家与地方间发挥积极作用，主要为宗族管理。徽州商人将财富输回家乡后，在家乡购置族田，导致大土地发展，宗族保障使贫富分化导致的社会矛盾趋于缓和。而在苏州由于土地分化频繁导致贫富分化严重和宗族保障极其有限，在宗族保障外，还有行业保障和一般意义上的市民社会合作。苏州的行业保障主要由商业组织会馆、公所来承担，市民社会合作主要是官府与商人共同举办的善堂，"吾苏全盛时，城内外善堂可偻指数者不下数十。生有养，死有葬，老者、废疾者、孤寡者、婴者，部分类叙，日饩月给，旁逮惜字、义塾、放生之属，靡弗周也"（276号碑）。商人在社会生活中的主导作用日益明显。

从社会阶层来说，例如妇女，两地既有共同点又有不同处。明清以来，苏州与徽州的妇女虽然都是生活在封建纲常伦理的重压之下，但是由于苏州与徽州妇女生活的环境不同，她们的处境有所不同，社会生活也各具特色。苏州妇女生活在江南经济文化的中心，这里商品经济发达，加之在平原地区，交通发达，社会风气较为开明。顾炎武曾指出苏州田赋之重："苏州之田居天下八十八分之一弱，而赋约居天下十分之一弱。"①徐光启则进而指出重赋所造成的后果："苏、杭、常、镇之币帛，嘉、湖之

---

① 顾炎武：《日知录·苏松二府田赋之重》。

丝纩，皆恃此女红末业，以上供赋税，下给俯仰。若求诸田亩之收，则必不可办"；"所由供百万之赋，三百年而尚存视息者，全赖此一机一杼而已"①。这时的女织已不是一般意义上的自然经济的补充，而是苏人赖以生存的产业了。徽州妇女则生活在江南山区，交通不便，信息不通，宗族组织严密。由于物产瘠薄，所以徽人外出经商者众多，徽商的事业虽然离不开商人妇，但是妇女很少直接参与商业活动，她们在社会经济活动中的功能只是辅助性的。《徽州府志·风俗》云：徽州"女人犹称能俭，居乡者数月不占鱼肉，日挫针治缰纫绽。黟祁之俗织木棉，同巷夜从相纺织，女工一月得四十五日。徽俗能畜积，不至厄漏者，盖亦由内德焉"。所以与苏州妇女相比较，她们的经济社会地位相对也要低一些。明清时期，徽州被称为"程朱阙里""东南邹鲁""文物之乡"。程朱理学渗透到社会生活的每一个角落。许承尧在为《歙县志·人物志·列女》所书序中指出："歙为山国，素崇礼教，又坚守程朱学说，闺闱渐被砥砺，廉贞扇淑扬馨，殆成特俗。"②赵吉士云："新安节烈最多，一邑当他省之半。"③

　　苏州的妇女还形成了一个光彩夺目的才女群。才女群作为苏州文人的组成部分，具有区域性的特征。一方面她们也不能免俗，追求功名富贵，大多生活优裕；另一方面她们又温文高雅，有着强烈的市隐心态。在众才慧中有一位"不著姓氏"的"有节行而能诗"的"做诗娘娘"，她有诗云："读书盼望为官早，毕竟为官逊读书。"惟妙惟肖地表现了苏州才女的矛盾心态。徽州才女生活在宗族世界之中，她们的诗作也不免多了一点道学之气。写有"家君伊川后，理学存遗风"的才女汪嫈身上正是体现了徽州才女的特质，其为诗则"粹然几于儒者之言"，"可铭座右"④。又如程纱缦在丈夫亡故后，"传经，训族邻子弟。跻高年终"⑤。徽州妇女的另一情感

① 徐光启：《农政全书》卷三五。
② 民国《歙县志》卷十一《人物志·列女》。
③ 赵吉士：《寄园寄所寄》卷十一《泛叶寄·故老杂记》。
④ 许承尧：《歙事闲谭》卷十一《汪嫈〈雅安书屋诗集〉》。
⑤ 许承尧：《歙事闲谭》卷二《程氏诸闺秀诗》。

特质：离愁别怀。徽州人十之七八外出经商，久滞不归。所以程纱缦以诗寄夫，诗中书写孤独的情状："坐向篱边对落英。"程碧霞也以菊花自况，面对着"别知己""又一年""隔幽谷""长自念"，她也只得感叹："何人如菊淡，惆怅晚风前"。程云的"莫打鸳鸯散"也是寄托的同样情怀。程璋的丈夫"久客未归"，她所作的柳叶诗催人泪下、感人至深。其所作《原愁》虽未见其文，内中所蕴离愁别绪当可揣度。难怪她仅二十一岁便郁郁弃世。所以，在徽州民间流行的是妇女的《哭歌词》，而在苏州妇女中流行的《山歌》（冯梦龙所收集）却充满了活力和人性，反映了明代苏州民间妇女的真实生活，这些热辣辣的唱词，是对封建伦理公开的嘲讽，是对自由爱情的炽热而大胆的追求。

徽州妇女之中的一个特殊群体——商人妇，在清代有不少随夫而迁居经商地。康熙《徽州府志》卷二《舆地志下·风俗》云："徽之富民尽家于仪扬、苏松、淮安、芜湖、杭、湖诸郡，以及江西之南昌、湖广之汉口，远如北京，亦复挈其家属而去。甚且舆其祖父骸骨葬于他乡，不少顾惜。"《五杂俎》中关于这些移居他乡商人妇的记载，称她们中或有"颇僻自用，动笑夫家之贫"，"一切孝公姑、睦妯娌、敬师友、惠臧获者，概未有闻"，等等。谢肇淛分析造成丈夫惧内的原因，一是"贫贱相守，艰苦备尝，一见天日，不复相制"；二是"齐大非偶，阿堵生威，太阿倒持，令未己出"。这两条都是与经济相关的，可见苏州与徽州的互动，使一部分妇女脱离了礼教森严的徽州，来到商业大都会，她们参与商业活动，经济地位的提高，也改变了自己的处境。

苏州与徽州两地的民间信仰也有异同。多元、多神是中国民间信仰的最基本特征，这一特征在两地民间信仰中都有着非常明显的体现，显示了民间信仰内在的一致性。但是这种多元性同时又受制于两地不同的社会人文条件，从而在两地有着不尽相同的表达与实践方式。在徽州，由于理学的盛行与家族势力的强大，这种多元的特征虽然存在，但始终处于受压抑的状态，得不到完全的释放。《歙风俗礼教考》指出："徽州不尚佛、老之教，僧人道士，惟用之以事斋醮耳。无敬信崇奉之者。所居不过施汤茗之寮，奉香火之庙。求其崇宏壮丽所谓浮屠老子之宫，绝无有焉。于以见文公道学之邦，有不为歧途惑者，其教泽入人深哉。""徽州独无教门，亦缘族居之故，非惟乡村中难以错处，即城市诸大姓，亦各分段落。所谓天主之堂、礼拜之寺，无从建焉。故教门人间有贸易来徽者，无萃聚之所，遂难久停焉。"所以徽州民间虽有各种信仰，但都是受压制的，惟有理学处于独尊的地位。这有利于加强以血缘与地缘为纽带的内聚力。正是这种心理内聚力形成了徽州科举、商业和宗族的共生系统。而与此相异的是，在苏州随着商品经济的发展以及宗族势力的削弱，民间信仰却得到了长足的发展，其对人们日常生活的影响要远远超过徽州。苏州人信佛道者甚多，民间往往佛道兼敬。佛教的出世、轮回、因果报应，道教的遁世绝俗、幽隐山林，及求长生富贵的教义，与苏州人长期以来在政治经济重压之下求生存、求发展的境遇，相互渗透并浸淫累积为苏州人强烈的功名心态和市隐心态。社会信仰的多元化，造成一种开放的心态，并由此而造成苏州人心态多元、变通、求实的特征。这一方面造成了苏州科举的全国之最，另一方面也造成了苏州商业的全国之最。

两地民间信仰是互为传播的。一些徽州神灵经徽商传播到了苏州，其中最为著名的就是五通神。五通神是明清时代江南地区颇有影响的神灵，但它最初出现在唐代婺源一带，至宋宣和五年（1123年）五神人受封为通贶侯、通佑侯、通泽侯、通惠侯、通济侯，俗称五通①。五通神产生之初只是山民的保护神而已，并没有多大的特点，而其声名则是随着它在外地的传播而逐渐显赫起来的。据美国学者韩森研究，早在北宋大中祥符年间（1008—1016年）苏州便已出现了五显神的分庙，而它是"徽州商人外出贸易途中建立的"②。徽商之所以会把它带出徽州，其初始是为了借助它的神力保佑商旅安全。《歙风俗礼教考》认为，"大概徽宁人行商远贾者多，五猖之祀，以资捍御，亦由军行冀无往不利耳。故亦有称五福者"③，

---

① 弘治《徽州府志》卷五《祀典》。

② 韩森：《变迁之神》，浙江人民出版社，1999年版第139页。

③ 许承尧：《歙事闲谭》卷十八《歙风俗礼教考》。

出身徽州的五通神到了明清时期，成了苏州最有影响的神祇。民间"家祀户祝，饮食必祭，求利之徒书契券向神乞贷纸钱，后家道日兴，岁竭精力，千倍偿之"①，"商贾市肆之人谓称贷于神可以致富，偿值还债，神报必丰"②。五通神所在之上方山，"远近之人奔走如鹜，牲牢酒醴之飨，歌舞笙簧之声，昼夜喧闹，男女杂沓，经年无时间歇，岁费金钱，何止数十百万"③。五通神已经成为人们心目中的商业神灵，而如此特色实在是由于苏州商品经济的发展所造成的，其俗沿袭至今。

明清以来徽州本土五通神仍旧为徽民众所信奉，如休宁五显行祠，"嘉、隆以来五方居民每年四月朔日诣祠，拈香阉请。俗传阉得一五之神为喜，则不得亦不敢以好恶争竞，唯凭阉定出山，择日游行，五方不拘伦序，听其后先。出游之日，旗帜仪仗与王者埒，好事者施以黄白珠翠，务以奇巧为胜"，其规模可与同时期的苏州相媲美。但徽州民众在神的身上究竟想得到些什么呢？下文中有这样一句话，即神"四时有祷必应"，可见徽州的五通神主要还是一个农业神灵④。在当地的社屋中，往往立有五猖堂，《黟县三志》卷末《补遗》载有胡朝贺《西川社庙群神考》一文，认为五通神"并祀于社，亦以类相从耳"，由此亦可见其社神的性质。正由于此，当地文人也一直为其辩护，将他与江南其他地方特别是苏州的五通神相区分。当然，徽州的五通神不只是一个农业神灵，它也具有商业神的性质，只是在缺乏商品经济氛围的农耕社会中，这样的性质永远只能处于次要的位置，或者也只是返乡徽商心目中的神格。因此，主要作为农业神灵的五通是缺乏旺盛生命力的，爰至民国年间，当苏州的路头神继续在爆竹声中享受牲醴的时候，民国《歙县志》中却已经找不到一丝五通神的

① 乾隆《元和县志》卷七《坛祠》，见《中国地方志集成·江苏府县志辑》。

② 《集说诠真》，见王秋桂、李丰茂主编：《中国民间信仰资料汇编》（第一辑），台湾学生书局1989年版。

③ 汤斌：《禁毁淫祠疏》，乾隆《长洲县志》卷三十一《艺文志》，见《中国地方志集成·江苏府县志辑》。

④ 徐卓：《休宁碎事》卷一，嘉庆十五年海棠书巢刻本。

痕迹了①。反之，明代出现于苏州的神灵，如李王庙、总管庙等，晚清时也经徽商传入徽州②。

此外，苏州与徽州的风尚习俗也有所不同。苏州习俗以奢华为尚，"产相十而用相百"，徽州则崇尚俭朴，"其啬日日以甚"。康熙《徽州府志》卷二《舆地志下·风俗》载："上贾之所入，当上家之产；中贾之所入，当中家之产；小贾之所入，当下家之产。善识低昂，时取予，以故贾之所入视旁郡倍厚（原注：明末徽最富厚，遭兵火之余，渐逐萧条，今乃不及前之十一矣）。然多雍容雅都，善仪容，有口才，而贾之名擅海内。然其家居也，为俭啬而务畜积。贫者日再食，富者三食，食惟馈粥，客至不为黍，家不畜乘马，不畜鹅鹜。其啬日日以甚，不及姑苏之间诸郡，产相十而用相百，即池阳富人子，犹不能等垺。而反以富名，由为贾者在外售虚名云（原注：徽人居于维扬、苏松者未尝贫，但其生平不一至故乡，而居徽地者反受富名之累。不惟贫民，并官于此土者，亦且累于地方之虚名。留心民瘼者，尚其念之）。当其出也，治装一月，三十里之外即设形容，袨新服，饰冠剑，连车骑，若是者将以媒贷高赀，甚至契领官货。诸见者啧啧就目，徽多富贾不知其既也不能偿责，坐是蒙罪戾者比比皆是。汪京兆循曰：'徽之贾售虚名而受实祸'。其信然哉。"但是苏州的奢靡之风却也影响着徽州社会风尚，妇女的服饰是风尚变化的风向标。《歙风俗礼教考》云："冠服采章，普天率土，悉遵时制，罔敢或异。而女人服饰，则六邑各有所尚。大概歙近淮扬，休近苏松，婺、黟、祁近江右，绩近宁国。而歙、休较侈，数十年前，虽富贵家妇人，衣裘者绝少，今则比比皆是，而珠翠之饰，亦颇奢矣。大抵由商于苏、扬者启其渐也。"③"商于苏、扬者启其渐也"，揭示了苏州、徽州互动对徽州社会的影响。嘉、万

---

① 现在徽州民间还有一些关于五通神的传说，但已经是面目全非，被认为"原来是五个强盗，后改邪归正，仗义行善"，而其功能也只是普通的"有求必应"而已。见绩溪县宅坦村志《龙井春秋》（2001年内部印制）第176页。

② 参见嘉庆《绩溪县志》卷七《祀典志》，民国《歙县志》卷二《营建志·秩祀》。

③ 许承尧：《歙事闲谭》卷十八《歙风俗礼教考》。

年间，很多材料都反映了这种"商启其渐"的变化。如歙县丰南一村，据《丰南志》称："吾宗（吴氏）莫盛于今日（万历）。"其表现是"里妇竞富，服饰甚郁"，"纨绔子方与新妇盛簪珥、饰车骑以夸乡党"。风气变化的原因则是"转毂遍四方"的商业。

社会风尚变化导致徽州人价值观念变革。"徽俗，商者率数岁一归。其妻孥宗党全视所获多少为贤不肖而爱憎焉。"①获多者为贤为爱，获少者为不肖为憎。价值观的变革，冲击着封建时代传统的观念和秩序。万历《歙志·风土》描述这种影响对徽州社会的冲击过程：徽州习俗原先是"妇人纺织，男子桑蓬，臧获服劳，比邻敦睦"，至正德、嘉靖初"出贾既多，土田不重"，发展到万历时已是"金令司天，钱神卓地，贪婪罔极，骨肉相残"②。

（三）互动的第三个层次，也是最高的层次——认知。苏州在徽州人的心目中是美好的，"沈归愚《国朝诗别裁集》选歙人诗……其论吴菌次诗，则赏其《虎丘酒楼》句：'七里水环花市绿，一楼山向酒人青。'谓'写山塘风景如画'。"③苏州不仅有虎丘、山塘如画的风景，还是徽州人的淘金地。徽州人眼中之苏州才女也是聪慧灵秀、才艺超人。《汪讱庵家姬妾》介绍了乾隆年间兵部郎中徽州人汪启淑（号讱庵）家的两位苏州才女："《续印人传》云：杨姬瑞云，字丽卿，吴县人。幼颖慧嗜学，针黹之余，拓衍波临池，抚唐贤小欧书，娟娟秀挺，多逸致。癸未季春，归予篷室，予以其娴静，更字之曰静娥。时予有幽忧之疾，方寄情丝竹以自陶写。姬见猎心喜，偕诸姬肄习。不匝月，凡鼗婆萧阮采庸之属，皆精通。从予受古才媛文百余篇。自检《说文》，释其大义。历岁余，矮笺短牍，皆娴雅可观。随予三次归歙扫墓，道经佳山水，对林峦幽峭，溪流潆折，或禽鸟弄声，野花争笑，辄低徊留之不忍去。与烟霞泉石，若有宿契者。胡姬佩兰、庄姬月波，皆余侍姬也。佩兰尝即景为小诗，姬羡之，思与抗

---

① 蔡羽：《辽阳海神传》。

② 万历《歙志·风土》。

③ 许承尧：《歙事闲谭》卷十二《沈归愚评歙人诗》。

衡。遂手抄唐宋诗，分古今体为数帙，昕夕吟诵，至忘寝食。遂有得，时与月波相唱和。刻意求工，虑佩兰窃笑。脱稿后，辄焚弃，故存者绝少……又云：金素娟，长洲县人。幼多病，弱不胜衣。既失父母，无以自存，鬻于予家。怜其羸也，不任洒扫织纴，使与侍姬叶贞为女伴。叶姬素善歌，工弦索。暇时授予之时曲。上口辄悟，教之操缦安弦，皆能领略。比长，举止娴静，懒傅脂粉。令识字作书、博奕投壶，稍稍涉猎，俱中程式。一日予偶以铁笔遣兴，素娟侍侧。阍人报客至，予出肃之。素娟乘闲取刀，试续成之，虽人工未到，而天趣浑然，是性成者。因篆石命镌，纵横如意，竟不失绳墨。及传以小篆，章法刀法，能解悟。期年后殊有可观，特选数钮入谱，盖怜其有志好学，非敢以康成之婢自诩也。"[1]

作为苏州与徽州互动的媒介，徽商来到五方杂处、市曹繁荣的苏州后，他们希望为苏州人所认同。一般的苏州市民是如何认识徽州人的呢？

在苏州市民最为喜闻乐见的评弹中有关于徽州人的描述，其实这正是市民眼中的徽州人。如长篇弹词《描金凤》[2]就塑造了一个明代万历年间的徽州典当商汪宣（先）的形象。应该说，苏州人认知的徽州人还是合于实际的。故事是从在苏州开隆兴典当行的汪朝奉赏雪回来看到了钱玉翠，十分中意，想讨来做两头大开始的。所谓"两头大"，是指徽商在家娶的妻与在经商地纳的妾，也许一辈子不见面，所以经商地的妾的实际地位与家乡的妻一样高，都为"大"，而无"大""小"之别。汪宣托媒人送来千两银子和其他聘礼，定于正月初三完婚。但是，钱玉翠已与落难书生徐蕙兰私定终身。钱玉翠之父钱子敬是以"笃笤"卜课为业的江湖术士，他爱徐公子才华，将银子送与徐公子，又去找汪宣套钱。汪宣浑然不觉，又慷慨送钱子敬三百五十两银子。正如《五杂俎》所云："新安人衣食亦甚菲啬，薄糜盐齑，欣然一饱矣。惟娶妾、宿妓、争讼则挥金如土。"[3]汪宣为红绣鞋花了这么多银子，不仅这门亲事没有成功，还因此打起官司。钱玉

---

① 许承尧：《歙事闲谭》卷十五《汪讱庵家姬妾》。

② 《描金凤》卷一二，光绪丙子孟冬重刻本。

③ 谢肇淛：《五杂俎》卷四。

翠称"徽州人往往多奸巧"。评弹中讥讽汪宣为"徽猫""徽狗""徽鳖""徽州厌子""灰鳖","徽州人生性十分蛮","徽州人,万恶刁,犹如空中楼阁造浮桥","徽州人喂勿饱",等。苏州人骂徽州人的专用脏话很多。可见,苏州人对精于筹算,在苏州发财的徽州人颇反感,甚至有些妒忌。这也显现了苏州人浇薄的一面。书中说到汪宣状告钱子敬赖婚,官府判其败诉,当堂责打汪宣时,"涌上徽州人一班,叩头求告开恩典"。上夹棍时"这些徽州人还在旁侧观,……一起跪下来叩头(求情)",也是合于徽州人的习性的。顾炎武说:"新都人……商贾在外,遇乡里之讼,不啻身尝之,醵金出死力,则又以众帮众,无非亦为己身地也。"[1]汪宣官司打败,一贫如洗,万念俱灰,在苏州日以嫖娼为事,花完了本钱,也无脸回徽州老家去。唱词有:"穷苦如何回故乡,也曾寄信归家里,只说本钱短少骗妻房。哪晓得一封书信空回去,倒被她埋怨汪宣没主张。"钱子敬后来得了机缘做了护国军师,在京城想起了往日汪宣对他的饭酒之恩,而自己把汪宣算计得这样苦,所以为报答汪宣,给汪宣谋了南昌府同知职衔。而汪宣做了官后,却是为官清正[2],做了不少好事,改变了苏州人对徽州人的印象。

徽州人在苏州经商,以儒商自居,讲究以义取利的长久之道,但良莠不齐,不免有欺诈和刻薄的行为,引起苏州人的反感。所以徽商力图改变苏州人对徽州人的认知。士大夫是社会舆论的中心,徽商在苏州十分注意与士的交游。歙县潘之恒,经商苏州,"以文名交天下士"[3]。婺源李贤,"乐与贤大夫亲,故随所在,吴士大夫咸愿与之游"[4]。"新安程君少而客于吴,吴之士大夫皆喜与之游……古者四民异业,至于后世而士与农商常相混"。程氏"子孙繁衍,散居海宁、黟、歙间,无虑数千家,并以诗书

---

① 顾炎武:《肇域志》第三册。

② 《汪宣断案》,1957年上海文化出版社单行本。

③ 汤显祖:《汤显祖集》卷四一《有明处士潘仲公暨吴孺人合葬志铭》。

④ 张海鹏、王廷元:《明清徽商资料选编》,黄山书社,1985年版第168页。

为业。君岂非所谓士而商者欤？"①歙县黄明芳，以资雄懋迁，"一时人望如沈石田、王太宰、唐子畏、文征明、祝允明辈皆纳交无间"②。徽商与文人相交而相知，这对他们融入苏州社会和经营活动是很有好处的。徽州文人汪道昆一语道破了其中的好处，指出："其（休宁商吴用良）出入吴会，游诸名家，购古图画尊彝，一当意而贾什倍。"③于是，又有讥讽徽商见到苏州文人如"蝇聚一膻"。周晖在《二续金陵琐事》中对此作了批驳："凤州公（王世贞）同詹东图（詹景凤）在瓦官寺中。凤州公偶云：'新安贾人见苏州文人如蝇聚一膻。'东图曰：'苏州文人见新安贾人亦如蝇聚一膻。'凤州公笑而不语。"可见，王世贞是颇为赞同此说法的。

苏州文人对徽州真正深层的认知，是在亲临徽州大好山水之后。《王弇州诸人游歙》记载了申时行、王世贞、祝枝山等苏州文人到徽州的感受："汪印苔《歙浦余辉录》记申时行归吴后，游新安，造许文穆，载惠泉数百瓮，舟达歙浦，见江水澄澈，潭不掩鳞，乃语人曰：'新安遍地惠泉也，奚以此为！'命悉覆之。至今故犹传其事。""又载王弇州游歙，过千秋里，访汪伯玉，淹留数月。过潜溪，宿故友汪如玉家。赠以诗。又为如玉兄珩作传。续稿中有《与南溟肇林社唱和》诗。按：上申、徐二说，未知何本。张心斋作《洪愫庵玉图歙问序》亦云王弇州先生来游黄山时，三吴两浙诸宾客，从游者百余人，大都各擅一技，世鲜有能敌之者，欲以傲于吾歙。邑中汪南溟先生，闻其至，以黄山主人自任，僦名园数处，俾吴来者，各各散处其中，每一客必一二主人为馆伴。主悉邑人，不外求而足。大约各称其伎，以书家敌书家，以画家敌画家，以至琴、奕、篆刻、堪舆、星相、投壶、蹴鞠、剑槊、歌吹之属无不备。与之谈，则酬酢纷纷，如黄河之水，注而不竭。与之角技，宾时或屈于主。弇州大称赏而去。""又按：祝枝山游歙，主西山汪氏弥月，为书《黄庭》。沈石田游歙，主临河程氏，为画一虎；又主潭渡黄氏，亦留画而去。董玄宰、陈眉公先

---

① 归有光：《震川先生集·白庵程翁八十寿序》。

② 张海鹏、王廷元：《明清徽商资料选编》，黄山书社，1985年版第86页。

③ 《太函集》卷五二《明故太学生吴用良墓志铭》。

后至歙，俱主溪南吴用卿余清斋。吴名廷，即以米南宫书迹与玄宰。玄宰作跋，所谓'吴太学书画船为之减色，然尚藏有右军官奴帖真本'者也。"如果说申时行的感受，还只是"新安遍地惠泉也"，那么，由王世贞为首的"三吴两浙诸宾客，从游者百余人"的感知则更为全面而深入了，这些"大都各擅一技"的文人高士与徽州文人摆开擂台，斗文斗艺，"宾时或屈于主"。苏州文化名人，纷纷到访徽州，与徽州人结下了深厚的友情，"董其昌为诸生时，游新安。江村一鹤迎馆于家，课其子必名。居年余去。所遗书画真迹最多。陈继儒亦与一鹤友善，每来新安，多主其家。为题诸园亭联额。沈周游新安时，江念祖师事之，延诸村中，为作《瑞金秋霁》《长湖烟雨》诸图。赵宦光与江村觉华庵僧涤凡善，尝寓居庵中，为题迦耶室联额。涤凡通禅理，静默寡言，尝升坛说偈，地涌灵泉，一时名宿，赋诗记瑞。见《澄阳散志》"①。归有光、王世贞和王世懋兄弟、焦竑、陈子龙、冯梦祯、陈继儒、茅坤、吴伟业、钱谦益、汪琬、钱大昕辈都为徽商撰写过充满理解，又不乏褒美之辞的墓志铭。苏州人与徽州人相互的认知越深，则相互吸引力越大，互动越易成功和顺畅。

苏州与徽州的互动，渗透到社会生产和生活的各个方面，进入社会文化、大众心态的核心层面。由沟通而相互作用、相互认知，这是一个循环往复而逐渐提升的过程。在这一历史过程中，两个江南小区域不断走向繁荣，同时又保持了各自的社会发展路向，从而使江南社会呈现出多元的局面。

三、苏州、徽州的互动与江南社会变迁

苏州与徽州的互动虽然使苏州与徽州自16世纪以来走上了不同的历史路向，但它们的互动共同造成了江南区域社会整体的繁荣。江南作为一个经济区，就是在互动中形成的。首先是南北互动。开发江南比之疏松的黄

---

① 许承尧：《歙事闲谭》卷十八《沈周董其昌陈继儒赵宦光皆曾至江村》。

土高原需要更高的生产力。北方先发展起来。商末泰伯、仲雍奔江南，建勾吴，带来了中原的文明。吴立国后，江南内部也有东西互动，如吴楚相争，但主要还是南北的互动。吴国曾开邗沟以通南北，北上争霸，但最终还是被强势的北方政权所征服。历史上北方人民的三次大规模南迁，以及隋朝大运河的开通，使江南的经济在互动中终于赶上（唐末五代）并超过（宋代）北方。物质的互动必然伴随精神的互动。文化的传承与经济发展几乎同步，从中原的儒学到宋代江南的新安理学。南北互动中，江南内部的东西互动也在发展。北方移民进一步向西部山地移动，江南西部得以开发。明清以来，长江的重要性日渐显示出来，东西互动所占的比重增强。苏州与徽州的互动，造成江南"无徽不成镇"的格局，徽商在江南的中心苏州以及江南市镇形成一个由坐贾、行商与海商所构成的商业网络。这一网络又使苏州与徽州的互动、平原与山地的互动，带动起江南与大海的互动。这个互动也就与16世纪形成的世界市场联系在一起了。

我们知道徽州远离海洋，而苏州虽通海却又是在统治者的严厉控制之下。苏州太仓刘家港是元代海外贸易的重要港口。明统治者厉行海禁，规定"敢有私下诸番互市者，必置之重法"①。只是在永乐年间，作为郑和下西洋的启碇港，刘家港才一度繁荣。此后，刘家港虽仍作为外贸港，但功能仅限于贡舶贸易。长期的海禁，使明末"海口之河（娄江）望其淤塞"②，刘家港失去通江达海的地理优势。清代康熙中叶一度开海，刘家港也不再有外贸港的地位，而是降为南北商品交易港，受到清政府的严格控制。"海舡必须身家殷实，取具地邻保结，方准编烙给照，呈明海关，给牌驾驶。非同内河舡兵，随处揽载，漫无稽查者比"。"出入海口，又系层层盘诘"③。因此，明清以来海外所需之货物，如丝棉、丝绸、瓷器、棉布、铁器、茶叶和药材等等违禁物品，是不可能通过刘家港走私海外的。

---

① 《明太祖实录》卷二二一，洪武二十七年五月甲寅条。
② 乾隆《镇洋县志》卷三《水利》。
③ 王国平、唐力行：《明清以来苏州社会史碑刻集》，第436号。

　　明代嘉靖、万历年间的江南产生资本主义萌芽的行业主要是以苏州为中心的丝织业。丝织品的消费者为达官贵人，其国内市场十分有限。我们知道，在一定的生产力条件下，没有市场的充分发展，生产规模就不可能扩大，生产方式也不可能改变，就不会有江南商品经济的高度发展，也不会有资本主义萌芽的出现。广阔的海外市场为新的生产方式萌芽的出现创造了条件。

　　在海禁的历史条件下，只有靠走私贸易，江南的生产才能与世界市场相联系。江南的走私贸易是怎样突破统治者的海禁呢？首先，徽州海商选择浙闽沿海，尤其是地形复杂的舟山群岛作为走私贸易的据点。在明代嘉靖、隆庆年间，以汪直为首的徽州武装走私集团一度控制了中国与日本的航线。同时，在"无徽不成镇"的苏州乃至江南，徽商与苏州商人生产并收购海外需要的货物。徽州行商则将收购的物资运往浙闽沿海，与海商直接交易，并将海外运来的苏木、胡椒、象牙、犀角、玳瑁和银币等等输送回江南。徽州海商的走私贸易，构成一个生产与流通相互作用的良性循环系统。苏州与整个江南地区的农副业和手工业生产为走私贸易提供了充足、适销的货源；反之海外市场的扩大也极大地刺激、推动了江南地区生产的发展。在这个系统里，把徽州海商经营活动的海商、行商、坐贾和手工作坊主联成一体的是徽州宗族制度和地域观念。徽州海商在激烈的竞争中之所以胜筹在握，不能仅仅用善于经营来解释，更为深层的原因是徽商具有特殊的优势，他们将徽州根深蒂固的宗族血缘、地缘关系带到了商业活动中，从而将"桑梓同志"联结成"声应气求""营道同术"的徽州商帮。徽州海商与行商之间就是凭恃着特殊的优势，冲决海禁的罗网，使走私贸易得以兴旺发达。血缘、地域纽带和三个层次相交叉，使徽州海商的经营活动成为一个网络状的整体。这里，血缘、地域纽带具有使系统在不利的环境中（即严厉的海禁制度下）稳定运行的机制，在徽州海商的经营活动中具有特别重要的意义①。

　　苏州与徽州的互动，是在世界的范围内进行的。汪直、许二、徐海是徽州人，是海外贸易的核心层次；苏州海外商品的生产地，属海外贸易的外围层次。苏州通过徽商与世界市场建立了密切的联系，并促成了民营丝织业手工工场的兴起。据应天巡抚曹时聘称：万历时苏州"染坊罢而织工散者数千人，机户罢而织工散者数千人"②。顾炎武也指出，明末苏州"城中机户数千人"③。丝织业生产规模的扩大还改变了江南市镇与农村的经营方式。如苏州吴江盛泽镇的"居民乃尽逐绫绸之利"，以至"丝之丰歉，绫绸价之低昂"，决定着这一带居民"有岁无岁之分"。震泽镇及其"近镇各村居民乃尽逐绫绸之利"④。从而使农民转而从事专业化商品作物生产。商品生产由都市向市镇再向四周农村的扩散，有着极为重要的意义。它使呈板块状的传统经济结构出现了松动，出现了一个突破口。农民种桑养蚕植棉，使宋以来"苏常熟，天下足"让位于正德、嘉靖以后的"湖广熟，天下足"。明末以后，湖广米长途运到江浙、闽粤的经济作物区。同时，江南手工业的发展及其对原料需求的增长，还刺激了其他地区农业经济作物生产的发展，例如山东、河南的农民就有许多从事棉花的生产，以供江南棉织业之需。明末，经济作物的专业经营区域与手工业产地的地域分工日益明显。商业性农业的发展及随之而出现的长途贩运等一系列的变化，都是传统经济结构的松动所引起的连锁反应。这些变化都有利于新经济因素的生长和江南社会的转型。16世纪海道大通，世界市场开始形成，作为当时雄踞东方的政治经济巨人的中国，亦不可避免地被卷入其中，而中国社会中商品经济最为活跃的苏州与徽州自是首当其冲，它们的互动也带有一定程度的世界历史性。但总的来说，传统社会的属性占据着

　　① 参见唐力行：《论徽州海商与中国资本主义萌芽》，《中国经济史研究》1990年第3期。

　　② 《明神宗实录》卷三六一，万历二十九年七月丁未条。

　　③ 顾炎武：《中宪大夫山西按察副使寇公墓志铭》，《亭林文集》。

　　④ 乾隆《吴江县志》卷三十八。

主导地位。

区域比较是一个有意义的课题，因为两块相互联系的区域，即使处在同一经济文化发达地带，由于自身内在的经济社会结构、文化价值和行为取向的不同，它们的社会经济结构、社会发展路向也会有很大差异。苏州与徽州的互动，江南山地、平原与海洋的互动造成了江南的繁荣，使16世纪以来的江南始终在全国居于领先一步的地位。探讨内地、山区和沿海、平原两类区域发展路向异同的根源，会对今天内地与沿海、落后地区与发达地区的互补互动、共同发展提供有益的指导。

原载《史林》2004年第2期，有改动

从碑刻看明清以来苏州社会的变迁

——兼与徽州社会比较

古城苏州有着极为丰富的碑刻蕴藏①。碑刻与藏之金匮石室的秘籍不同，它铭之于石，公之于众，与社会生活关系密切，所揭示的史实也较为可靠。本文拟据《明清以来苏州社会史碑刻集》（以下凡引自该书资料均夹注碑刻序号），对明清以来苏州的家庭、社区、大众心态的变迁，做一历史考察。苏州与徽州长期同属一个江南行政区，前者地处沿海平原，后者则为内地山区。在明清以来的社会转型期，这两个区域互动互补，关系密切。然而两地社会变迁却选择了不同的路向，究其原因十分有意义。

一

笔者在《明清徽州的家庭与宗族结构》一文中指出，明代中叶徽商资本一方面瓦解着大家庭结构，另一方面又加固并扩大了宗族血缘群体②，从而造成大宗族—小家庭的格局。大宗族—小家庭的构成在苏州也存在，

---

① 参见《江苏省明清以来碑刻资料选集》，江苏人民出版社1959年版；《明清苏州工商业碑刻集》，江苏人民出版社1981年版；《明清以来苏州社会史碑刻集》，苏州大学出版社1998年版等。其中《明清以来苏州社会史碑刻集》收录碑文计500件；《江苏省明清以来碑刻资料选集》共收碑文370件，其中苏州为322件，占全书87%；《明清苏州工商业碑刻集》则收碑文258件（其中100余件与《江苏省明清以来碑刻资料选集》重复）。三书共收苏州碑刻近千件。苏州碑刻之多，是与明清以来苏州的地位相应的。

② 唐力行：《明清徽州的家庭与宗族结构》，《历史研究》1991年第1期。

血缘群体个案之一——邹氏家族便是一个典型例子。记载这个家族历史的共有10块碑刻，成碑时间由嘉庆二年（1797年）起到光绪二年（1876年）止。这是清王朝由盛而衰的80年，也是社会激烈动荡的80年。处于末世的邹氏家族仍竭力置义田、修家祠，维持宗族血缘圈。邹氏迁常熟定居有七代人，始祖（七世祖）耀卿公在康熙年间从无锡迁徙到苏州五龙桥，因"避渠区水匪"，再迁至常熟洞泾桥东，"遂家焉"。可见清初社会动荡不安是邹氏一迁再迁的原因。耀卿公在新居地建造"老屋"，其子公玠公"建凝秀堂七间三进"。公玠公有三子，分家时以凝秀堂东半授长房辅候公，西半授次房，老屋授三房。辅候公子振远公（四世祖）有了建义田的想法，《常熟邹氏义田记》称他"欲立义田而未逮，嘱其嗣华西曰：此事未为，毕生抱疚，尔其必成之"（174号碑）。邹氏的田产在华西这一代有了大发展，《华西邹君记》称"公性勤俭，数十年间，扩先人遗产，共积良田七千余亩"（175号碑）。道光丙申（1836年），华西公立下遗嘱："余分授汝曹田产各千亩，足以自给，余田三千亩，概归义庄，每岁出息，约计若干。汝曹宜善体余心。凡遇祭、义、书公事，须实心奉行，不得丝毫染指"（182号碑）。道光二十三年（1843年），华西的四个儿子在长子珏的主持下，合力营建义庄，"三易寒暑，始观厥成"。然而好景不长，《经理义庄公产述祖德以训子孙篇》云：18年后的"咸丰庚申（1860年）之变，义庄厅堂半毁于兵火，所积余资米谷及器皿什物荡然无存。同治甲子（1864年）寇退，三叔父（即华西第三子）轮管，它务弗遑，重建庄祠厅堂为亟。……数年来居然次第修复旧观"（181号碑）。据碑文可知，邹氏自五世祖辅候公起一直至第七代文瀚都是国学生，历代虽无获功名者，但都有封赠，是一个缙绅大地主家族。四世祖振远立志要建义田，经历了三代人的努力，才建成义庄、家祠，并在毁于太平天国战火后迅速重建。这时邹氏移居常熟已200年了。邹氏为何亟亟乎此举呢？碑文稍稍透露了个中缘由：振远临终嘱咐华西建义田时，"时华西甫弱冠，外侮纷起，跋前疐后者十余年，壮岁乃得经始是事"。由此可见，"外侮纷起"是强化血族团结的主要原因。所以，华西公能"殚精竭虑，减膳节衣，历数十年，积义田一千零七十余亩，又书田二百亩"（按：这里的义书田数字与其他碑刻祭、义、书田三千亩的记载不同）。当然还有文化上的原因，邹氏世代国学生，受儒家文化的影响极深。174号碑指出，邹氏建义田的培植根本之举乃是"效法"大儒范文正。

邹氏义田赡族的范围，根据血缘的亲疏分为两个层面，《常熟邹氏隆志堂义庄规条》规定："吾邹氏全六支始自十五世祖叔瑜公，数百年来族姓蕃衍，如欲遍给，恐所入不敷，难垂久远。今定自叔瑜公分支鳏寡孤独之苦贫无依者，照规给发。至耀卿公分支，除鳏寡孤独外，贫不自给者，五口以上每年给白米八石，五口以下五石，三口以下三石，分四季支领。"这里，第一个层面是较为疏远的血亲关系，包含邹氏的其他五支。从邹氏七世祖耀卿再上溯八世，当为明初，经过明清两代的发展，这个家族的人数十分可观，因此只能帮助其中的鳏寡孤独之苦贫无依者。第二个层面则是耀卿本支的七代人，可以"按口给米"（第183号碑）。数百年来邹氏六支之间也有一定联系，174号碑的作者邹鸣鹤就是邹氏在无锡城的一支。义田之设为邹氏六支血缘圈的强化提供了物质基础，从而形成大宗族的局面。

从明中叶开始宗族形态变化即联宗扩大血缘圈的趋势，在清末乃至民国初仍在进行之中。宗族扩大的同时，家庭却在缩小。耀卿一支并未形成累世共居的大家庭，而是每一代都在分家。前面讲到六世祖公玠公将房产分给三个儿子。大房一支最为发达，五世祖"辅候公于凝秀堂东建履庆堂七间四进。乾嘉间先大父（四世祖）华西公于履庆堂东建成履和堂五间四进"。二房则衰败下来，"道光八年（1828年），二房将凝秀堂西半房屋及隙地并归先大父"。二房从分到房产到卖出房产，只经历了三代人，由此可见即使在一个家族里，贫富分化也十分严重。华西兼并了二房的房产后，将房产连同田产分给四个儿子。长房虽富有，但也不合炊同居，所以形成的是一个大宗族—小家庭的格局。

家庭是在不断分化之中，而宗族则维护着分化之中的稳定。这种格局在徽州占主导地位，在苏州则占次要地位。174号碑指出，义田赡族"文正创于苏郡，自宋迄今，效法文正踵而为之者数十家矣"。这个估计保守了一些。据民国二十年（1931年）吴县社会调查处编制的《吴县城区慈善救济团体调查表》，吴县城区共有义庄32所，如加上郊县当不下百所，但在苏州区域范围内仍是少数。难怪林则徐在其撰写的《邹太学家传》中，一方面对邹珏设义田的义举大加赞叹，另一方面又不得不慨叹邹氏的义行"世多有笑之者。嗟夫士之强立特行，卓然不囿于流俗者，其不为众人所笑也几希矣"（177号碑）。

苏州占主导地位的家庭结构是怎样的呢？《明清以来苏州社会史碑刻集》收有173块墓志铭。每一块墓志铭都要介绍铭主的婚姻、子女和生活，因此一块墓志铭就是一个家庭的简史。这些铭主大多是普通人，总计180人（含合铭者），其中又以妇女为多，有65人，反映了158个家庭的基本情况（部分铭主为同一家庭）。他们中7家无子女，两代同堂39家，三代同堂77家，四代同堂31家，五代同堂4家。无子女家庭大多立嗣为继。他们与两代同堂的家庭共同构成核心家庭，占家庭总数的29.11%。三代同堂的家庭属主干家庭，占48.73%，他们又可分为两类：一类是主干双核心家庭，三代人中的第一、二代有两个核心家庭同财共居；一类是三代人中只有一个核心家庭，即主干单核心家庭。这些第二、三代同居的小家庭占了77.84%。所以苏州人的家庭规模较小。据统计，上述158个家庭平均每户有子女4人，男孩与女孩的比例是1.18∶1，这类小家庭的人口平均当为6人至8人。至于第四、五代同居的家庭则占22.15%，这类家庭规模较大，但他们的构成并不一定是共祖家庭。多代同居的原因主要与苏州人的年龄构成相关。据墓志铭所提供的妇女年龄统计，明代53人，平均年龄62.77岁，其中最大者97岁，80岁以上13人，占24.55%；清代8人，平均年龄61.75岁，最大者90岁，80岁以上占12.5%。明清两代平均年龄62.64岁。80岁以上占23%，这个比例与第四、五代同居家庭占家庭总数的22.15%的比例是相对应的。可见，造成第四、五代同居的主要原因是年龄因素。从碑刻具体内容来看，这些家庭的规模因多代同居而稍大，在8人至10人，只含两个核心家庭，仍属主干家庭的范畴。10人以下的小家庭占了被统计家庭的97.5%。

真正构成共祖大家庭的仅4个，他们是第8号、34号、86号及46号碑。明初陶彦清妻厉妙清墓志铭云：彦清的曾祖父是良医，彦清则为地主。厉氏既归，"下驭子姓、僮仆仅千指，未寒而裘已备，未暑而葛已纫"。这个百口之家是一个同财共居的大家庭。明成、弘年间的李世贤妻胡妙静墓志铭说的也是一个名医世家，世贤之父文翰"以术鸣于时"，世贤之弟"以医征入太医院，历官院判，名勘京邑"，世贤方将克绍父业，不幸早逝。"李氏家口数百指共爨，皆孺人综理"。这个兄弟、父子共爨的共祖家庭之所以能维持下去，原因便是"甚富"。成化间罗宗常墓志铭云：商人宗常"弱冠即奋然任家事，或出而商、或居而贾，贸迁经营者数年，业复振。诸弟咸在童稚，君抚之皆抵成立，为之婚娶。后□□虽众，聚食者余三百指，至于今犹一突而爨，称其友爱者内外无间"。兄弟"一突而爨"也是一个典型的共祖家庭。弘治间刘世恩妻王孺人墓志铭说："刘以世宦□家，食指尝数百。孺人来归，上下处之惟当。"不久刘进京为官，独立为一个小家庭，所以用一个"尝"字，说明这种共祖家庭难以持久。共祖家庭所占比例仅为2.5%。以上关于年龄、人口的统计仅是一个抽样调查，还须进一步利用谱牒资料作验证。这里要指出的是，墓志铭所提供的子女，尤其是女孩子的人数是明确的，而谱牒则常会忽略女孩子的记录。

苏州的家庭构成是以小家庭为主体，而大宗族—小家庭与共祖家庭则居于次要地位。同是在商品经济的影响下，苏州与徽州的家庭构成为何会有不同的发展路向？这主要是由地理区位和自然环境造成的。苏州地处东南水陆交通要冲，京杭大运河绕城而过，是全国财货集散、转运和信息交流的中心，又濒临太湖，乃鱼米之乡，素有"苏湖熟，天下足"之说。徽州则处于内地山区，交通不便，土地贫瘠，经济落后。徽州商人虽是"足迹遍天下"，但其商业活动只是促进了客地的商业繁荣（徽商集中的苏州自然也在其列），徽州本土的商业却因交通闭塞而难以望苏州之项背。苏州是容纳天下商贾的大都会，社会流动性大，商业竞争激烈，商品经济直接瓦解着这里的宗族和大家庭结构。徽州容受的是遍天下的徽商输回的商业利润，这些钱被用来置族田、修族谱、造祠堂，强化了宗族组织。两地小家庭的构成亦不同，就核心家庭所占的比重来看，徽州约占65.1%，而苏州仅占29.11%；就主干家庭而言，徽州仅占34.9%，而苏州则占48.73%。其原因有二：一是总体家庭结构的不同。徽州是在大宗族下的小家庭，因其宗族血缘合作比较完善，核心小家庭就可以应对生产和灾变，而且家庭规模越小便越利于减缓商业财富共有所造成的家庭矛盾。苏州绝大多数的小家庭之上没有大宗族，缺乏宗族血缘的合作，因此保持6人至8人的家庭规模是应对生产和灾变所必要的。二是年龄构成的不同。徽州男性平均年龄是53.5岁，女性是55岁[①]，而苏州男女性均达63岁。苏州人的平均年龄要比徽州人高5.75岁，这与生活条件相关。徽州山区生存空间小，自然条件恶劣，生活艰苦。徽州人虽受到宗族的保护，但宗族内部有贫富的分野，大多数贫困者不可能从根本上改变其贫苦的生活。徽州的年龄构成限制了他们三代共同生活的时间，使主干家庭的比例较小。生活在被誉为"天堂"的苏州人，生存条件优于徽州，较高的年龄构成使三代以上共同生活的可能性增大，这是苏州主干家庭的比例反高于徽州的原因所在。应该说，明清以来苏州与徽州的家庭结构有相似之处，两地同以小家庭为主，但徽州的小家庭之上还有个大宗族，而苏州的小家庭是独立的。

二

社区是由一定地域关系联结而成的社会生活单位，是一个具体而又直观的社会实体。社区研究可以用具体、真实的资料直接展示商人对社会变迁的推动作用。根据碑刻资料，我们拟对苏州社区内的社会管理与社会保障作一考察。

（1）社区管理。在商品经济的冲击下，苏州社区原有的社会秩序失范，出现了种种新的社会问题。为了协调社会关系，保障社区的正常运

---

① 关于徽州家庭与年龄的统计，参见唐力行：《明清徽州的家庭与宗族结构》，《历史研究》1991年第1期。

作，苏州各级衙门加强了社区管理。在失范与规范不断磨合的过程中，社区管理日趋细密和完善，古老的苏州城缓慢地实现着自身的转型。同时，透过有关社区管理的碑刻资料，还可以观照苏州社区生活的复杂性和多样性。

首先是商业管理。随着商品经济的繁兴，乱设摊点成了市政管理的新问题。《吴县示禁清理张广泗桥附近摊柜以防火灾而通水埠碑》说："桥之四块，向均有起水埠头，现在西南角一水埠，今春为沈万兴鸡鸭店搭出柜台，占住水路，西北角之水埠为糖果摊子及垃圾堆满，仅剩东北及东南两埠可通行走，桥面也为摊棚所占，只剩狭路，火起之时，尚不肯拆，以至南北往来，极为拥挤。后□之合，水龙不能在张广泗桥水埠取水。"张广泗桥一派市井繁荣景象，但是乱设摊点酿成了火灾，吴县政府示禁："桥堍四旁不准摆出柜台，桥面桥堍亦不准摆摊搭棚，以防火灾而通火埠。"（485号碑）火灾还推动了市政建设中的消防事业，这在《常熟县为公置水龙救火器具经示禁约碑》（484号碑）、《吴县县政府布告保护苏州救火联合会公墓碑》（500号碑）等都有反映。

由于商业的繁荣，苏州出现了一批附着于各行业，专以敲诈勒索为生的地棍、恶霸。从《太仓州奉宪取缔海埠以安海商碑》可以知道，清政府对海商的管理十分严格："出口商舡俱属身家殷实，而舵水人等俱有年、貌、籍贯，各有保人，由县结报，始准给照驾驶。而出入海口，又系层层盘诘。"乾隆年间，出海口浏河镇"不意忽有游棍江三和、许永裕、张永吉、马合顺等呈县创设海埠，勒索牙用"（436号碑）。此举显然对官府也有好处，海埠被批准建立。商人在上完税课，下还水脚之外，还被节外抽收每两银三分，于是他们联合起来逐级上告，并终获胜。又如，《苏州府示谕枫桥米市斛力碑》揭示了地棍借建会馆为名敲诈勒索的情况（437号碑）。除了地棍骚扰外，劳资矛盾也日益激化。《吴县禁止板箱业作伙私立行规、行簿倡众停工碑》称，板箱业作伙联合起来私立行的组织，倡众停工，要求提高工资，与作主对抗，并有"把持行凶""肆毁家伙"等行动。官府一方面申明"作内雇用工匠，无论何处人士，悉由作主自便，不准作伙把持"，另一方面又要求"倘有匠伙在苏病故，殡殓诸费应听作主料理"，调节双方矛盾，弹压工匠的反抗（496号碑）。

道光初年，出现了一块保护商标的碑刻，即《元和县示禁保护沈丹桂堂碑》。该碑介绍了一则商标侵权案："据沈立芳呈称：身祖世安遗制白玉膏丹，有沈丹桂堂招牌迄为凭，历在台治临顿路、小日晖桥开张发兑，专治裙疯臁疮、一切肿毒等症，应验驰名。近有无耻之徒，假冒本堂碑记，或换字同音，混似射利，粘呈牌记，叩求示禁，等情。"针对侵权行为，县给禁示："自示之后，如有棍徒敢于假冒沈丹桂堂图记，以及换字同音混卖者，许即指名禀县，以凭提究。"（418号碑）众多的工商管理碑刻是苏州商业繁荣的见证，也留下了苏州城市转型的痕迹。

其次，有关赋役、治安、宗族、寺观的管理。这些管理的强化都与商业的发展相关。商品经济的发展动摇着封建社会现存的秩序，侵蚀着封建官僚机构和社会各个阶层。《仁宗（嘉庆）谕禁生监勒索漕规碑》斥责秀才监生耐不得寂寞而染指漕规，且人数多达300余名。他们"挟官长吵闹漕仓，强索规费，此直无赖棍徒所为，岂复尚成士类"（434号碑）。治安方面有官匪勾结敲诈百姓的种种弊政。《长吴二县饬禁着犯株连无辜碑》揭示了官匪勾结，勒索富人，着犯株连无辜的行为："更有一种恶棍，或与人有仇，心思报复；或知其殷实，图诈无由，即串通捕役衙蠹，于命盗等案，或唆令尸亲呈某凶犯在某处某人家，或教令盗犯，供扳某同伙、某窝家，着某处某人要，无论隔府隔县，差提络驿。无辜之人，一为着犯，俨同真盗真凶，强刑吊拷，无所不至。即或买求幸脱，无不荡产倾家。"（413号碑）此外，《长洲县谕禁捕盗勾结诈民碑》（414号碑）、《震泽县奉宪禁起窃赃碑》（415号碑）等也都揭示了官匪勾结"亏商累民"的事实。统治阶级虽然不断地示禁，但都治表不治本，这个过程一直伴随到封建制度的崩溃。

宗族组织也抵挡不住商品经济的侵蚀。康熙年间申时行家族中出现破坏族产的子孙，"申振六、申直公、申丰源不遵遗训，侵蚀租米，抗欠五十一、二等年条漕，复将赐茔、祖茔树木，米□□□□祭田，秋穫盗卖"。

《吴县示禁保护申氏族产碑》将其称为"灭祖侵盗"（446号碑）。传统的宗族组织单靠道德人心已难以维持，只有仰仗官府的权力。碑刻集所收11块族产碑，都是请求政府给帖加以保护。

一向被视为佛门清净之地的寺观在商品经济的潮流中亦不能免俗。《长洲县永禁滋扰圆妙观搭建摊肆碑》（465号碑）披露了方丈道士在观外场地盖造摊棚，出租给商贩以收取租金的事实。官府给示："尔等如有愿在观门场地贸易，准向道士处按月交租，毋得抗欠。"此外，还有在寺庙里开设茶馆书场者，有道士和尚盗卖庙产者，有出租寺屋为旅舍者，不一而足。

最后，环境和市政管理。明清以来苏州社区对环保是相当重视的。第481号、482号、483号三块碑都是保护天平山，不准开山取石、伐木。其中，《吴县县政府、苏州公安局、吴县公安局布告第一四五号》载有孙中山葬事筹备处致吴县县政府的公函称："总理孙先生陵墓，将为吾国历史上之永久纪念，建筑所选用之材料，均须上等。今陆姓石山（按：该石山系在天平山禁采界线以内）所出之石，既属上乘，事关总理国葬工程，拟请准予开采，所采之石料，限于陵工之用。"吴县县政府婉拒了这一要求，说明不能开采的理由，"盖一动斧凿，则历年禁案不攻自破，藩篱既撤，防止难周"，从而保护了天平山的自然环境。第477号、479号碑是禁止滥捕滥捉水生动物，以保护生态平衡，还有关于建立城市消防系统以及公共卫生系统的。苏州社区近代功能在不断完善之中。

（2）社区保障。变迁给社区生活以生机和色彩，也给社区生活带来动荡和灾异。如《苏州俞问樵捐松筠家庵于轮香局用作殡舍碑》所云："吾苏素称繁富，因是浮靡者有之，淫佚者有之，非有善举绵延不绝，阴为补救，曷由开悔祸之机，以挽回气数？"明清以来苏州的社区保障系统逐渐形成并完善起来。工商业的发展为社会合作提供了物质基础。从碑刻资料可以看到苏州城乡已经形成了三个社会保障系统：①宗族生活与互济；②行业生活与互济；③公共生活与公益事业。

宗族保障系统是以义庄为物质基础的。道光二十一年（1841年）《济阳丁氏义庄碑记》指出："苏郡自宋范文正公建立义庄，六七百年，世家巨室踵其法而行者，指不胜屈，要皆赀力殷富，号称素封；或入朝登显秩，归而出其俸余，以赡支族，势分崇厚，故为之易成也。"（196号碑）有能力建义庄者不外富商巨贾或官宦世家。这里要指出的是，由于明清时期商品经济的发展，官商合流已成为普遍的社会现象，社会上形成一个绅商阶层。盛宣怀就是绅商的代表人物，他在苏州"捐建义庄，并附设家善堂"，规模甚大。《盛氏为留园义庄奏咨立案碑》云，盛氏义田有"官则田二千二十五亩六分八毫，计得价银二万五百余两，又祠堂、家善堂、义庄、园林，统共基地二十八亩六分，房屋八十余楹，池榭树石，悉隶义庄，计得价银一万九千余两"（198号碑）。丁氏是一个贾儒结合的世家，"世以通经饬行为名儒，越数传，至赠州同知半帆公，弃儒就贾，精于会计，节俭勤苦，无声色戏玩之娱。晚年稍有余积，每念同族生齿日加，多贫乏不自存，恐祖贤遗泽，渐致漂替为惧，乃置负郭田三百亩，慨然思建义庄，以垂久远"（195号碑）。民国八年（1919年）《吴县苏常道等请旌鲍氏捐置传德义庄碑》碑主鲍氏宗汉兼有众议员与商人身份，乃是新式的贾儒结合。"年来厕身商界，稍有积蓄，因之置产，力图缵述"，"捐赠族田五百六亩一分八厘七毫"，"统计田价税契建置庄祠等项，共用洋二万七千余元"（201号碑）。建立义庄所需费用不菲，《徐氏义庄记》指出一庄之田当是1000亩，而徐氏义庄只有500亩田，"适符半庄"（203号碑）。《吴县陈氏义庄记》统计该庄耗银达40000两（199号碑），自不是寻常人家所能承担的。义庄"原为族之贫乏无依而设"，剖析义庄规条，可以看出它的社会合作与保障功能。《济阳义庄规条》中规定下列情况者受到不同程度的抚恤：①"贫老无依，不能自养者，无论男女，自五十一岁为始"；②"族之贫乏无依，三十以内苦志守节者"；③"族之贫乏幼孤男女"；④"族之贫乏废疾，无人养恤者"；⑤"间或势处极贫，因病失业，人尚安分，子女多而命运不济"；⑥"族中无力成殓者"；⑦"族中无力婚嫁者"；⑧"族中生育，极贫苦之家"。举凡族中穷人生老病死都有帮助，从而缓解了社会矛盾。义庄之设，从根本上来说是维护封建秩序。"族中子弟，如有不孝不弟，流入匪类，或犯娼优隶卒，身为奴仆，卖女作妾，玷辱祖先者，义当出族，连妻子均不准支领赠米"，而参加科举考试或节孝建坊，却可以得到大笔的赠款。

行业保障系统。苏州商业繁荣，竞争激烈。关于苏州的商业性会馆与公所的研究早已引起中外学者的关注。会馆公所除有工商业经营的功能之外，还有加强商人在地缘、业缘范围里进行社会合作的功能。同乡同行捐资或按一定比例"销货取厘"、抽取月捐等，集腋成裘以救济"年老失业，贫病难堪，倘遇病故，棺殓无着，或帮孤寡无依，衣食难周"者。各会馆公所资金积累多寡不一，所办公益事业也有程度上的差异。《吴县示禁保护金腿业永仁堂善举碑》指出："以丙舍义阡、抚嫠二者为重要，若学堂、惜字、修路等项，俟力量□行，再为增充。"（217号碑）《吴县示谕保护布业经义公所善举碑》议定："凡伙友病故，孤寡无力赡养，由同业中贴钱抚养，贴到其子二十岁成立为止，无子者终身为止。"（221号碑）会馆公所的善举，为工商业从业者提供了必要的社会保障，强化了同乡同行的凝聚力。苏州因工商业的发达，会馆公所数量极多。以公所而言，江苏省博物馆在新中国成立初的调查数为130余个，《苏州市志》的统计数是199个。综合各家统计，剔除重复者，共计有213个。本资料集新收公所5个，它们分见于以下5块碑刻：《吴县示谕保护布业经义公所善举碑》、《长洲县示禁保护茧绸业敦仁堂公所善举碑》、《财神堂公议碑》（挑夫）、《太仓州奉宪取缔海埠以安海商碑》（浏河镇公所）、《常熟县为公置水龙救火器具给示禁约碑》（新桥武庙公所）。这样，到目前为止，苏州公所的数量已达218个，居全国商业城市之前列。

除了受血缘、地缘、业缘关系限制的社会合作之外，苏州还有一般意义上的市民社会合作。"吾苏全盛时，城内外善堂可偻指数者不下数十。生有养，死有葬，老者、废疾者、孤寡者、婴者，部分类叙，日饩月给，旁逮惜字、义塾、放生之属，靡弗周也。"（276号碑）善堂之中最有名的当推虎丘普济堂，《长洲县奉宪倡捐善田碑》介绍该堂的规模，称之为"诚天下第一善堂"。此碑立于康熙五十三年（1714年），碑文中有"见虎新建普济"，可见该善堂建于康熙后期。据乾隆七年（1742年）《毕案田房遵奉督抚院宪批示永归苏堂济赀碑》所述，苏州普济堂历史上溯至雍正十一年（1733年），其与虎丘普济堂当非同一堂。此堂规模亦大，雍正间即有150余人入住。"迨后投堂病老日多，常有三百余口"，"乾隆七年，病老拥塞"（272号碑）。此碑"毕案田房"系"入官田房"，坐落在松江，已"拨给苏郡普济堂收息充费"。松江普济堂因经费不足，要求将毕案田房拨回松江，未获批准。从碑文可知，苏郡普济堂的田产有相当一部分是由政府拨给的没官田，且分布在松江、溧阳、江阴等地。政府还参与普济堂的管理。由乾隆五十二年（1787年）《苏州府示谕整顿苏郡男普济堂碑》可知，政府革除了"经理不善，堂务废弛"的男普济堂毛煊的司总之职，并规定了新的管理体制，由12个身家殷实的绅商轮阄正副二总，今年之副总即为次年之正总，12年中轮值正副总各一年。可见，市民的社会合作是由政府倡导、支持，市民参与、捐助，共同建立起来的。市民社会合作的内容是多方面的，本碑刻集中所录碑文涉及市民捐资建书院、小学、义学，修筑路、桥、亭，捐家庵为殡舍，以及建立惠民药局广施医药于贫民，等等。

宗族、行业、社会三个保障系统，形成一个遍布苏州城乡的社区合作网络，维持着明清以来变迁中的苏州社会的稳定。当社会出现急剧动荡时，保障体系被破坏，一旦平定下来，苏州人就会迅速修复它。前揭第181号碑就述及咸丰庚申之变邹氏义庄被毁，同治甲子后"次第修复旧观"之经过，兹不再赘。同样，行业保障系统也是如此，例如《苏州府示谕保护麻油业聚善堂善举碑》云，"嗣因庚申避乱星散，克复后公所被毁，示碑无存"，不久又"会集同业，凑资置买吴邑护龙街任姓房地起造房屋，作为办善公所"（214号碑）。又如，辛亥革命民国建立，清政府给予公所之示谕已失去法律效用，工商各业纷纷请求新政府的保护。民国元年（1912年）《吴县布告保护面业公所碑》揭示了这一情景："民等均业面馆，向有公所一处，坐落旧长境元一图宫巷中，系先业许大坤于前清乾隆二十二年购地创建，专为同事议事之所，并以办理赒恤等项善举。""民国建元，正拟更请新示……旧朝示谕已失效力，先后呈奉给予布告。在案。民等幸隶帡幪，事同一律，为敢□呈碑摹旧示及判决正本，沥情呈请电鉴恩准，循案颁发布告，俾资遵守，而赖保护。"（212号碑）社会保障系统并未因改朝换代而中止，而是"事同一律"地受到保护。

社区保障系统是在社会变迁中建立起来的，商品经济是社会变迁的内在动力，绅商阶层为苏州城乡社区保障系统的建立提供了雄厚的物质基础。社会合作本身也成了苏州社区生活的重要内容。例如苏州普济堂的经费，除了前述没官田之租息外，还有绅商的捐款，273号碑指出："谕商救济"，"准商之协济"是重要的经费来源。可见商人已是明清以来参与苏州社区生活最为活跃的阶层。

与商业大都会苏州社区相比，徽州社区的管理、保障系统则要简单得多，属传统的乡村范式。徽州社区是一个宗族社会，赵吉士《寄园寄所寄》说："新安各姓，聚族而居，绝无一杂姓搀入者，其风最为近古。出入齿让，姓各有宗祠统之。岁时伏腊，一姓村中千丁皆集，祭用文公《家礼》，彬彬合度。父老尝谓，新安有数种风俗胜于他邑：千年之家不动一抔；千丁之族未尝散处；千载之谱系丝毫不紊。"徽州的社区管理是政权通过族权来实现的。《歙风俗礼教考》云："各村自为文会，以名教相砥砺。乡有争竞，始则鸣族，不能决则诉于文会，听约束焉。再不决，然后讼于官，比经文会公论者，而官藉以得其款要过半矣，故其讼易解。若里约坊保，绝无权焉，不若他处之把持唆使之纷纷也。"[①]徽州的社区保障也是通过宗族系统来实现的。可见，徽商的商业利润把徽州的中世纪状态保存并加固起来，而他们的商业活动却使苏州社区生活趋于复杂多变。管理与保障的复杂化、细密化，正是苏州社区向近代转型的标志。

---

① 许承尧：《歙事闲谭》卷十八《歙风俗礼教考》。

三

大众心态是由信仰与心态两个相互作用的层面构成的。苏州人的社会信仰是多元的，主要有道教、佛教、伊斯兰教、基督教、民间神祗、先贤祠祀、祖先崇拜和行业神灵等。由于商业繁荣、经济发达，苏州的寺庙道观特别多，而苏州人的社会信仰与商业的关系也相当密切。

首先，商业的繁荣有赖于社会的稳定，而宗教功能有稳定社会的一面。嘉庆二十一年（1816年）《江南苏州府吴县城隍神庙记》指出："圣朝怀柔百神"，让百姓同时"承帝泽而沐神庥"，最清楚不过地说明了宗教有维持秩序的功能。该碑进而指出，"吴邑为东南财赋之区，民稠地广，政务甲他邑"，更需要宗教的配合（296号碑）。宣德四年（1429年）《重修三清殿记》也强调道教能"消融其暴悍之念，兴起其良善之心"（291号碑）。乾隆六年（1741年）《斋田记》指出："佛门焚修之徒，谨守法律，香灯鱼梵，早晚顶礼诸天，祝圣寿无疆，祈国祚之绵远。"（307号碑）清季基督教在苏州广为传播，论者多将其归为不安定因素，其实也不尽然。光绪三十年（1904年）《苏州府永禁佃户藉端抗租碑》称：吴江佃户"近来奸计万端，每届秋收登场，赶磨出粜，不剩颗粒，避匿他境，提追无从，芒种之后，回家播种，业户恐妨东作，无复顾问，年复一年。刁佃视为得计，日甚一日，纷纷效尤"。佃户之中"土客民教混杂，在教者幸经神符司铎主教函请，如有藉教抗租，照例送请比追，不致公然挺比"（330号碑）。基督教在一定程度上维持了农村社会的秩序。先贤崇拜是将历史上的惠民之官神化，立祠祭祀，以图规范官宦的行为，维持有利于商业的社会秩序。万历四十五年（1617年）《崇恩祠记》就是为纪念内阁首辅、乡贤申时行而镌的碑文。其中有一段话颇耐人寻味："自先生去后，上下睽而志不通，于是深居宫禁，鲜与臣下接，阉尹得以矿税中之，至今同卿贰虚席，台省空署，虽元老敝舌，谏臣秃笔，不能挽回于万一。"（352号碑）这里，把矿监税使之设归结为申的去职，一方面发泄了商人对扰商之政的痛恨，另一方面也寄托了商人呼唤先贤再世的愿望。民国初《虎丘新建陆文烈公祠碑记》更是直截了当地摆出了纪念他的理由："宣统元年（1909年），擢江苏布政使，前后官苏者且十年，与士庶相见以诚，不为赫赫名，而议缓刑狱，市不扰，革陋规，求民瘼，吴民甚戴之。"民间众多神祇中最显赫的当推关云长，顺治六年（1649年）《都督杨公新建娄门关帝庙碑记》披露了清初苏州人把关公请出来镇守城门，以保"市廛不悚"。"姑苏重门六，娄最险要"。最险要的娄门有"神圣威武"的关公把守，市廛自然万无一失。

其次，商场风急浪高变幻莫测，商人难以把握自己的命运，不得不把希望寄托于神灵。各行各业都有自己的保护神，本书所收各业保护神有：面业关圣大帝，剃头业罗祖先师，杭线业武帝，水炉业协天三宫大帝与观音大士，玉石业邱真人，木业张班、鲁班，玉器业周宣灵王等。还有超越行业意义的神祇，例如金龙四大王，就为客居苏州的济宁各业商贾所尊。此神的来历与济宁完全无关，《敕封黄河福主金龙四大王庙碑记》说该神原是浙江人，"按王姓谢氏，讳绪，行四，本武康诸生，居浙之金龙山，为赵宋懿亲，宋亡，慷慨赋诗二章，赴水死。后明太祖起兵，王默佑太祖，大败元兵，伸忠义于数十年之后，舒积愤于国破身亡之余。太祖封为金龙四大王，有以也夫"。这完全是统治者编造的一个神话，该神之所以成为商人的保护神，碑文也有解释："王之精忠大义，凛如烈日秋霜，凡有血气者，莫不尊亲可也，岂止区区利涉之功，有裨于淮扬济泗间，而往来行客，怀其德感其惠也哉！独济宁诸商贾，尤敬且信。及于贸迁之地，如盛湖一隅，亦巍然其庙貌。"（385号碑）一则借助王的威烈，保护往来江湖的行商，二则以王的忠义规范济宁商人间的行为。又如火神，乃是坐贾敬畏之神。《火神庙重建记》指出："吴郡为东南要津，地大俗庞，金阊门内外居民有百万家，室宇栉比，货物充牣，人浩穰而气炎郁，岁常有火灾为民患。"（336号碑）金阊是苏州商业最繁华之区，商人踊跃捐款重修该庙。

最后，商业繁兴的结果，势必造成贫富两极分化，加剧社会矛盾。在商为四民之末的传统社会里，富商巨贾难免成为众矢之的。宗教的因果报应之说，也便成了化解矛盾之利器，商人们不惜斥资在寺庵道观镌刻善书，劝世劝善。这些善书十分形象地描绘了商品经济下人们心理的失衡，以及由此而造成的种种违背传统伦理的社会现象。《靠天吃饭图说》指出："近来有等世人，呼朋引类，成群结党，终日打算诈人、害人、谋人、骗人，暂时虽得几个钱，岂能常有，试问若辈可曾成家立业否？徒然坏了自己良心，究竟恶贯满盈，终有报应。"（403号碑）就连最为平静的农村也发生了天翻地覆的变化。《书示义庄领米诸人》讲述了商品经济下宗族内部的争斗："近闻不肖子，百计欺良淳。人生各有业，总由勤俭至。自不能树立，妒人堆金银……始犹借贷托，继遂强暴邻。廉耻道自尽，养育情幸醇。"（407号碑）面对剧烈的社会矛盾，403号碑要求人们把命运交给冥冥之中的天："信步行将去，凭天付下来。古今大家小户谁不靠天吃饭，冥冥之中自有定数，只要安分守己，顺理行去，何必朝思夕想，枉费心计。又语云：千算万算，难逃天止一算。"《忍字歌》则倡导各式人等都要忍，其中"贫贱之人尤要忍，忍则安分作善良"；"行商坐贾须要忍，和气不怕走津梁"；"富贵之人固要忍，必能造福逾绵长"；所谓"一忍不为少，百忍不为多"（405号碑）。在商品经济冲击下，传统道德观的失落是伴随着社会的进步出现的。商人一方面以自己的商业行为改变着传统社会，另一方面又力图稳定传统社会秩序以维护自己的商业利益，这正是中国商人的两难之处。

可见，正是商业发展的需要，造成了社会信仰的多元化；而商业的繁兴，也为社会信仰的多元化提供了物质基础。社会心态是与社会信仰相联系的。社会信仰的多元化，造成一种开放的心态，并由此造成苏人心态之多元、变通、求实的特征。苏人信佛道者甚多，民间往往佛道兼敬，目的在于祈福免灾。如《故陈景祥妻倪氏硕人墓志铭》载倪氏"年既老，食止蔬菜，诵释老以自娱"（006号碑）。佛教的出世、轮回、因果报应，道教的遁世绝俗、幽隐山林，及求长生富贵，"一人得道，泽及家人"的教义，与苏州人长期以来在政治经济重压之下求生存、求发展的境遇，相互渗透并浸淫累积为强烈的功名心态和市隐心态。明清苏州是全国赋税最重的一个府，也是政治上严加控制的一个地区。明代"苏州之田居天下八十八分之一弱，而赋约居天下十分之一弱"①。清代地丁银定额江苏冠全国，苏州则冠江苏，苏州面积仅占江苏5.99%，地丁银却占江苏之18.96%；江苏漕粮占全国41.62%，苏州则占江苏之36.62%②。清代苏州城里重重叠叠盘踞着从布政司、府到县的三级衙门。苏州人在重压下并不采取极端的行动，而是重理性，求变通，善于在夹缝中找到舒展自己才能的天地。农业上精耕细作，让土地的效能发挥到传统农业经济的极致。种桑养蚕植棉，以副补本，使苏州成为重赋之下最富足的地区。办学需要钱，经济与文化在苏州实现了良性循环。苏州人重教，即使妇女也多有较好的文化修养，前揭"诵释老以自娱"的倪氏，自幼"父母授以孝经、小学、女传，即能了其义"。碑刻中有关姆师的记载甚多，所读之书大体也与倪氏同。明清时期文化的繁兴，一方面造成苏州科举的全国之最③，另一方面也造成苏州商业的全国之最。苏州商业的繁荣是客商与本地商人共同创造的，苏州商人文化水平较高、善于经商是不争的事实。苏州人虽有强烈的进取心，但同时又有着浓烈的市隐心态。为官者多不恋位，申时行即为一例。功成身退，求田问舍，在苏州留下了众多精致的园林。《皇清敕赠安人亡妻席氏墓志》是其夫赐进士出身授儒林郎翰林院编修邵齐寿所撰，文中写道："初安人至京师，郁郁思乡土，因劝余归曰：'君以诸生为侍从近十年足矣。故乡亦不恶，美官岂可遍历耶？'余心是其言。会罢归，而安人殁已二年矣。"（055号碑）市隐心态渗入社会各层，即便功利心最强的商人也是如此。《故陈景祥墓志铭》的铭主"性乐闲旷，暮年尤脱略，悉以家政委诸子，磊土石于轩前，环莳以花竹，列图书尊彝，日与兄景祯吟啸其中。虽不嗜酒然好客不倦，客有过之，命酒觞咏必与尽欢。世事荣辱淡然弗染于心"（078号碑）。此类记载在碑刻集中俯拾皆是。隐逸心态又造成苏州人温文尔雅的性格，民间尚文而不尚武。功名富贵与退让隐逸构成苏州人心态的两端，却

---

① 顾炎武：《日知录·苏松二府田赋之重》。

② 王树槐：《中国现代化的区域研究：江苏省1860—1916》，1984年版，第17—22页。

③ 王树槐：《中国现代化的区域研究：江苏省1860—1916》，1984年版，第48—54页。

又十分和谐地调节着苏州人的人生选择，由此而生发出奢侈与勤俭并存的格局。苏州人求富贵，富贵必自勤俭始，如相国潘世恩的族女潘氏就"生平自奉极约"，曾说："救贫莫如勤，惜福莫如俭。"（060号碑）碑刻集中颇多勤俭的记载。然而苏州人并不把勤俭看作人生的终极目的，市隐心态使他们在创业之余也不忘消费。"今吴俗竞尚奢靡"，富者修筑园林隐逸享受，贫者也注重衣着。奢靡是一种过热的消费行为，它虽然会给社会风气带来负面影响，却有利于生产和流通，有利于社会的转型。

苏州人心态又表现为守旧与创新的多元变通。苏州优越的人文经济环境造成苏州人安土重迁的心理，碑刻集中每有外地人迁移苏州，独无苏州人迁离苏州的记载；有之，则为明初富民。本集中有两例：《明故退省顾宗善墓志铭》载，"君讳能，宗善其字，退省别号也。世为长洲旧族。……洪武间以富民填任京师，今籍为应天人"。宗善死后，归葬苏州"武丘乡祖茔之北"（123号碑）。另一例则为《故丘德润墓志铭》，吴县人丘德润"永乐中，应富户实京师，以母老不能行，契妻子以往，敬慎服劳鲜有败事，惟不得奉母，日夕怀思弗遑宁处"。母死，他"归治葬"；自己死后也归"葬吴县之胥台乡先茔"（113号碑）。又如，对妇女的期望也是传统的。笔者对本集墓志铭中所出现的108名妇女的名字做了一个统计，其中出现较多的字排列如下：妙（51次），安（15次），清（15次），真（14次），淑（12次），宁（11次），素（10次），贞（7次），秀（6次），善（6次）。名字中使用"妙"字者高达51人，占被统计妇女总数的47.22%。有意思的是，母女两代名字都用"妙"的有6家，三代同用"妙"的有1家，并不避讳。重名者也多，同叫妙安的有10人，妙真有8人，妙宁有6人，妙清有5人，妙静有2人。女少为妙，自然寄托着永葆青春美妙的希望；同时，"妙"还常被用作僧尼道姑的法名，可见释道渗入民间家庭之深。与"妙"连用的字以及出现最多的字，都体现了传统伦理对妇女的要求。再如，碑刻集中在在都能看到人们对祖先的崇拜敬畏，诸如，"吾有子不教，何以亢厥祖？""或生平无过，人第不敢为觋觋以辱先世，今已矣，在吾弟教吾孤、抚吾幼，得无忝吾宗祖者，志愿也"。由于千百年来深厚的文化积累，传统观念仍是苏州人心态的主流。

但是，苏州人并不因袭守旧，而是求实变通，其心态伴随着社会转型也在变化之中。例如《潘元卿室陈硕人墓志铭》在叙述弘治、正德年间的陈氏生平时论述了妇德，其中关于"顺、贞、慈"的解说，与传统儒家的道德观并无异趣，惟有"俭"的解说稍稍透露了商品经济发展所造成的明代人观念的变化："惟俭则生财有道"。这里的"俭"字还不止是一般意义上的节约，而是"善理财而阜厥家，斯可谓之慈俭矣"（053号碑）。善于理财乃至生财成为妇女四德之一，成为妇女贤能的标准之一，这不能不说是传统道德观的一大变化，显示了人们对妇女期望值的巨大变化。价值观的变化也证实了商品经济发展是苏州人心态变迁的内在动力。清季，中西文化交汇，苏州得风气之先，苏州人心态更有一大变迁。如对妇女的期望，苏州人似乎更青睐于受新式教育的新女子。《清太仓女子俞庆和之墓志铭》引用了这个肄业于上海务本女塾而早夭的女学生的话："妇子之废，己实竟之，非他人之能为竟也，然自竟必自一家始，一家必自一身始。"称赞"其瑰琦而壮于志也"（063号碑）。《杏秀桥碑》讲的是美国博士来苏州省立第二女子师范学校讲学时，毛女士在参与活动时发生意外，溺水而死，苏州人为这个新式女生的不幸亡故而举城哀悼之事（065号碑）。女师为毛女士建亭立碑，比之历史上的苏州人为妓女立碑，这无疑是价值趋向的一大变化。商人也以新的姿态出现，《清封资政大夫分部员外郎候选州同杭君墓志铭》说，这位"弃儒术习贾"的纱缎商人，后来成了苏州国货维持会的支部长、省总商会的议董。他"请愿国会，诣阙政府，勇言得失"，"任（民团）中路团长，寒夜风雪策骑周巡"，以积极进取的姿态出现在世人面前（100号碑）。商品经济所引起的社会变迁改变着苏州人的心态，使之以前所未有的勇气投入近代化的事业。

与苏州人的多元社会信仰相比，徽州人的社会信仰却受到了极大限制。雍正《茗洲吴氏家典》说："新安为朱子桑梓之邦，则宜读朱子之书，服朱子之教，秉朱子之礼，以邹鲁之风自待，而以邹鲁之风传之子若孙也。"宗族制度是理学的实践，也是理学滋生的沃土。在徽州宗族社会里，商人不得不以儒商自饰，他们的商业利润在加固着理学的统治。《歙风俗礼教考》指出："徽州不尚佛、老之教，僧人道士，惟用之以事斋醮耳。无敬信崇奉之者。所居不过施汤茗之寮，奉香火之庙。求其崇宏壮丽所谓浮屠老子之宫，绝无有焉。于以见文公道学之邦，有不为歧途惑者，其教泽入人深哉。""徽州独无教门，亦缘族居之故，非惟乡村中难以错处，即城市诸大姓，亦各分段落。所谓天主之堂、礼拜之寺，无从建焉。故教门人间有贸易来徽者，无萃聚之所，遂难久停焉。"徽州不尚佛、老，在各宗族的族规中也有明文规定，为僧道者要受到出族的处分。所以徽州民间虽有各种信仰，但都是受压制的，惟有理学处于独尊的地位。由此派生的是对朱熹、对祖先的崇拜心理，徽州人的祠堂、会馆往往又称为文公堂。信仰的一元格局，使徽州人的心理处于压抑之中，却有利于加强以血缘与地缘为纽带的内聚力。正是这种内聚力造成了徽州科举、商业和宗族的社区生存系统[①]。与苏州人的安土重迁不同，徽州人"习俗每喜远商异地"[②]；与苏州人的重文轻武不同，徽州人"性颇刚猛，勇于私斗""宁甘斗讼，好义故争"[③]。这些由心理压力所引发的逆反心理，有利于徽商的发展。但是，徽商与封建宗族势力的紧密结合却又加固了徽州的封建状态，并最终使徽商成为封建势力的殉葬品。

综上所述，我们可以清楚地看到家庭、社区、大众心态是苏州社会系统内的三个相互作用又相互制约的层面，而商品经济则是推动它们在明清以来不断变迁的内在动力；还可以看到相近、互动的区域社会系统由于地理区位、人文自然条件的不同，即使同在商品经济的推动下，其家庭、社区、大众心态的变迁也会走上不同的甚至是相反的路向。明清以来苏州与徽州社会变迁的差异，即便今天看来仍富有启迪意义。

原载《历史研究》2000年第1期，有改动

---

① 唐力行：《论徽州宗族社会的变迁与徽商的勃兴》，《中国社会经济史研究》1997年第2期。

② 婺源《敦煌洪氏统宗谱》卷五九。

③ 分见《婺源乡土志》《歙问》。

徽商在上海市镇的迁徙与定居活动

  明清以来在江南地区有一句"无徽不成镇"的谚语。其涵义有两层，一是徽商善于经营，他们丛聚之处，总是商业繁兴之地。二是徽商的兴起是与市镇的发展同步的。徽商对市镇的形成和发展功不可没，以至没有徽商的参与，就很可能不会有江南商业市镇星罗棋布的格局。徽州是一个宗族社会，在那里自汉唐以降便逐渐形成宗族聚居的格局，以至"千年之冢，不动一抔；千丁之族，未尝散处；千载之谱系，丝毫不紊"①。徽州族谱的编纂继承了魏晋南北朝时期中原地区的传统，谱系脉络清晰，十分严格。明清以来直至民国所修谱牒，一般来说除了追溯传说时代的远祖外，近世的世系当是比较可信的。在谱牒的迁徙一门或世系表中，可以探索徽州人口移动的踪迹，这是移民史研究的可靠资料。徽州人迁徙的原因和移动方向十分复杂，其中主要是出仕和经商。因经商而迁徙的方向往往与区域社会经济的变动相关。这又是我们研究中国社会经济史不能不注意到的。新安商人的走势与当时商品经济的发展、江南市镇的兴起同步。那么，他们到了新的定居地是如何扎下根来，求得生存与发展的？这是族谱难以回答的问题，因为族谱很少能提供族人迁出后的活动情况，所以解读族谱必须与地方志等资料结合起来。江南地区的地方志中往往有徽商活动的记录，尤其是一些乡镇志，内容更为翔实。本文结合《新安月潭朱氏族

---

  ① 赵吉士：《寄园寄所寄》卷一一。

谱》①以及《干巷志》②《朱泾志》③等资料，探寻徽州商人迁徙、定居活动的实态。

一、首重结交地方精英

上海地区金山县四大镇之二的干巷、朱泾志书的编纂者都是徽州人。这不是偶然。能有资格纂修志书者一般来说在地方上都具有一定的身份地位，而纂修志书本身也利于强化他们在地方上的势力。村镇志本身所涉及的区域小，不免会成为少数地方精英的家谱。检阅上述志书，传主为徽州人者不在少数，几成徽州谱牒的延伸。这一方面使我们感受到志书的徽州气息，纂修者虽历数代仍保持着徽州重宗族关系的传统；另一方面这些志书又为我们考察徽州人定居活动的特点提供了资讯。

《干巷志》《朱泾志》的纂修者都是朱栋，他在《干巷志·自序》中说："栋家世居新安之月潭，自高祖若冲公迁于干，遂为里人，于今百六十年历五世矣。"也就是说，朱氏在干巷能取得纂修当地志书的资格，是五代人历经一百六十年奋斗的结果。朱栋认定若冲公为朱氏迁徙干巷的始迁祖。《干巷志》卷二《人物》载有若冲公的传记："高祖若冲公元大，明季诸生，沈静慷慨，重交游，周恤乡党。国初自新安月潭迁干巷，与曹彦博、戴昺章、陆履平、夏再我、曹次典诸先生称莫逆交。以文章气谊自许，闭户著书，不问家人生产。称贷者未尝以匮乏辞，亦不索人以负。尝有句云：'人饥我亦饥，人寒我亦寒。何妨以我余，而济人之难。不责人所负，但求心所安。'尤不喜浮屠氏学。同时诸公咸称其近道若乐道。著《乐道斋诗文稿》。次典先生有传。"可见朱氏是清初从新安月潭迁居干

---

① 朱承铎编纂：《新安月潭朱氏族谱》，22卷，首1卷，民国二十年活字本。

② 《干巷志》，朱栋主笔，民国二十二年重印嘉庆本。

③ 《朱泾志》，朱栋主笔，民国五年铅印本。本文所引《干巷志》《朱泾志》，均见于《地方志集成·乡镇志集成》，江苏古籍出版社、上海书店出版社、巴蜀书社1992年版。

巷的。

但是据《人物》所载的顺序来看，朱氏最先来到干巷的并不是若冲公朱元大，而是朱鸣玉。朱栋为其所撰传记中称他"颖敏能诗，从白岳移家干溪，与曹宗伯倡和。有携家不远来千里，结客淮参第一流，及如君不可令闲却，一路奚囊次第收之句，亦苏门之秦七、黄九也。宗伯又尝题鸣玉童时奉母行乐图"。传中所称"白岳"，是指道教胜地齐云山的所在地徽州休宁，而新安月潭朱氏的地望也正是在休宁。既然朱鸣玉与若冲公朱元大同出休宁朱氏，朱栋为什么要认迟来的朱元大为始迁祖呢？朱鸣玉与朱元大之间的关系究竟如何呢？这种关系又说明了什么问题呢？要解答这些问题，仅仅依靠乡镇志是不够的，还得借助其他相关资料。我们从《新安月潭朱氏族谱》中寻找答案。关于朱鸣玉，据族谱卷四之里门长房旧谱①可知：朱鸣玉从徽州迁往金山后，一度居于干巷，继迁干巷西北的枫泾（居于金山与嘉善交界处，清时曾设嘉善县主簿于枫泾），并终老于此。族谱将终老地作为迁居地，而忽略了朱鸣玉在干巷的活动，这是合于体例的。既然干巷只是朱鸣玉的暂居地，朱栋为什么要给他立传呢？金山是设卫之地，朱鸣玉以"举将才"而迁居金山，这种身份有利于他在当地结交官绅世家。所以《干巷志》中仅76字的小传中两次提到他与乡绅曹宗伯的交往。

《干巷志》卷二《人物》有曹的传记："曹宗伯勋，字允大，号峨雪，崇正（祯）戊辰会试第一，由庶常历官礼部右侍郎，少负异才，行笃孝友，从高中宪公论道研讨今故，行冠一时。魏忠节被逮，醵金追送，愤泣

---

① 《新安月潭朱氏族谱》载："二十七世和振公，字鸣玉，号璞庵，寿安公四子，举将材，迁居枫泾，生万历庚申十二月十一日戌时，殁康熙辛未四月十七日寅时，娶邅阜周应鹗女，生天启辛酉十一月初二日子时，殁顺治乙酉八月十五日戌时，生子必绶，继娶山斗程氏，生崇祯辛未二月十八日子时，殁康熙辛巳十月十五日子时，与公合葬嘉善口七区宿字圩，生子四，必绣、必锦、必组、必绅，女二，长适五城黄，次适龙湾程。"金山有四大镇，干巷、朱泾、张堰和枫泾。干溪是干巷的别称。《干巷志》卷一《疆域》说："干巷一名干溪，一名东干，一名干将里，……前隶娄县，今属金山，在邑城西北二十里，朱泾东南十八里，……为金山四巨镇之一。"

赋诗，伺者在侧不顾也。经筵进讲为怀宗所眷注。时门户角立，公持正，多龃龉，请告终养。明亡，王师南下，时有某将军素重公，戒不入其乡，四方避兵者无问识不识悉置家之前后堂，供其宿食。乡人德之，为立生祠以报公。癸巳有诏求旧，一至京，不就职放归，自号东干钓叟。尝赋诗别群从云：'谁为买赋思司马，翻笑烹莼送季鹰。'亦可见公出处也。著文集十二卷、诗集十卷，年六十七而终。殁后有一僧自武林来稽首不拜，以杖扣棺者三，曰：'允大好大欢喜。'不告名而退。"曹宗伯是明清之际干巷镇乃至金山县极有地位的乡绅。据《干巷志》，该镇名望族的排列序次是曹、陆、夏、朱四姓。曹是第一大姓，"自曹氏十数公科第蝉联，著作宏富"。前揭朱元大的传记中，我们可以得知，他到干巷后称"莫逆交"的有五人，他们是曹彦博、戴吕曷、陆履平、夏再我、曹次典。其中曹彦博是宗伯的儿子，次典则是宗伯从弟之子。这一方面说明了元大到干巷的时间迟于鸣玉，另一方面则揭示了他们的社交面上存在着密切的联系（关于这一点稍后再讨论）。

　　元大到干巷的时间虽迟于鸣玉，但是他的辈分却高于鸣玉。《新安月潭朱氏族谱》第八集卷十三《中门旧谱》之宣使公派团公下存礼公支中门载有二十六世朱元大的传记。朱元大是月潭朱氏的第二十六世，而朱鸣玉则是第二十七世。朱栋说："我家之有谱也，始自文公以茶院为始祖，茶院距文公九世耳。"月潭朱氏的世代计算，各门派是统一的。族谱追溯"朱氏系先火正苗裔出自高阳国，本邾娄授社，邻于宗鲁。自地遭楚并，遂去邑从朱。代有伟人，多勒勋于史册，世称望族"。火正苗裔之下、茶院公之上的朱氏远古世系难以梳理。新安朱氏（月潭朱氏只是其中一支）认定的始祖是茶院府君。茶院府君讳壤，又名古僚，字舜臣，是为一世。朱熹在为《婺源茶院朱氏世谱》所撰《新安朱氏世谱序》中说："唐天祐中陶雅为歙州刺史，初克婺源，乃命吾祖领兵三千戍之，是为制置茶院府君。卒葬连同，子孙困家焉。"朱熹在序文末署：茶院府君九世孙华文阁待制熹叙。再证之以《干巷志》卷六《朱翁墓志铭》："翁讳绍述，字宗远，晦庵先生十九世孙，考若冲。"宗远是若冲公朱元大的长子，为朱熹十九世孙，也即茶院府君的二十七世孙，与朱鸣玉同辈。所以鸣玉虽年齿长于元大，论起辈分来却是元大的晚辈。朱栋的始迁祖自然不可能上溯到鸣玉。

　　其实朱元大与朱鸣玉虽同出休宁月潭，但他们的祖上早已分支了。族谱载："茶院以下五世至芦村府君振生四子，中立、绚、发、举。绚为文公先生曾大父而生森，森生韦斋先生，韦斋去尉尤溪生文公先生，因家建阳，遂为建阳朱氏。举之长子亦徙休宁乏临溪，是为临溪朱氏。瓒之孙时与时之从孙兴同徙月潭，是为月潭朱氏。时之子又徙歙之杏城，去黄墩三里而近，即环溪也，是为环溪朱氏。"①这是朱氏第一次重要分支，形成福建建阳朱氏与徽州朱氏两大派。徽州朱氏则形成婺源、休宁临溪、休宁月潭、歙县环溪四大派。康熙四十三年（1704年），茶院二十七世孙朱国兰在《月潭朱氏修谱序》中指出："徽郡朱姓最繁，而紫阳之派惟此四族为著，其他皆附紫阳以见者也。"他还进而指出："月潭之支越四传而大显，实我竹溪远祖联九族以成书。竹溪公讳汝贤，月潭公四世孙，官提举；弟竹窻讳汝清，明州同知；竹林讳汝弼，瓯宁县丞；竹轩讳汝辅，湖南承宣使。兄弟同居，世称义门，首修宗谱，棣萼联辉，勋阶并贵。紫阳义居之号赐自宋朝，家有紫阳义居赐宅，宋度宗朝建。白岳圣人之宅建由独力。休宁明伦堂系竹溪公建，事详邑志。甲第极云霄之上，园亭据山水之间，此月潭一派至今繁荣昌盛衍者也。"《家谱弁言》载："自文公订谱后，五世孙汝贤公举宋度宗朝进士，官至提举观察使。元兵下，弃职隐居。聚族谱及文公年谱重刊之。"也就是说，宋末元初的朱汝贤是茶院君的第十四世孙。在他这一代，月潭派也实现了一次重大分支，弟兄四人分为四派，分别以他们的职衔为派名，其中又以长房提举公派最为兴盛。朱鸣玉即属于这一派，家谱卷四里门长房旧谱将他归为"提举公派播公下存玗公支"。而朱元大则是归入家谱卷十三《中门旧谱》之"宣使公派团公下存礼公支中门"，属四房。从宋末到明末清初，朱氏又经历了十二三个世代，以提

---

　　① 《成化壬辰重修朱氏会谱序》。

举公派而言，中间又经历了潘公的一次分支；宣使公派也经历了团公的一次分支。悠悠岁月，朱鸣玉与朱元大之间应是十分疏离了，然而徽州宗族所编织的血缘网络却仍将他们联系在一起。当他们在异地相逢，或许素不相识，然而只要出示族谱，"再进推茶院"，就会有"孰非一祖之孙"的亲切感，就会血族认同。从这一点出发，我们就能理解朱栋为什么要为并没有在干巷定居，而且在干巷的活动也仅限于诗文应酬的朱鸣玉立传？也正是从这一点出发，我们进一步考察朱鸣玉对于朱元大一支进入该地精英社交圈的重要性。

从《干巷志》朱元大的传记来看，他应该是一个有身份地位的"明季诸生"。然而与家谱资料相对勘，就会发现有问题。《中门旧谱》载朱元大的传记有"生顺治甲申七月初十日子时"，也即明清鼎革的1644年。他怎么可能成为一个明季诸生呢？志书与家谱两说，究竟孰是孰非？我们把《中门旧谱》有关元大一脉录于次：

二十六世

元大公，字若冲，仕泰公长子，生顺治甲申七月初十日子时，殁失详。娶商山黄氏进，生顺治甲申五月十二日辰时，殁康熙庚辰七月二十二日戌时。生二子，绍述、绍述。女一，适商山黄韵五。

元方公，仕泰公次子，字西美，迁居松江西门外佛阁桥北。

二十七世

绍述公，字宗远，元大公长子，生顺治辛丑五月初五日亥时，殁失详。娶榆村程季余女七弟，生顺治庚子十一月十四日亥时，殁失详。生三子，天祥、天龙、天凤。女二，长适五城黄，次适邑城王。

绍述公，字文琴，元大公次子，生康熙甲辰闰六月二十日辰时，殁失详。娶瑶溪戴氏四弟，生康熙丁未六月二十四日子时，殁失详。生子德宁，女四。

二十八世

天祥公，字集山，绍述公长子，生康熙己未十月十二日辰时，殁失详。娶姚氏爱，生康熙壬戌五月二十七日□时，殁失详。

天龙公，字光廷，绍述公次子，生康熙辛未九月十八日亥时，殁失详。娶曹氏，生康熙辛未七月初七日□时，殁失详。

天凤公，绍述公三子，生康熙甲戌二月廿三日亥时，殁失详。

德宁公，绍述公子，生康熙辛巳七月十四日卯时，殁失详。

笔者认为家谱所披露的世代情况是真实的。家谱记录了方元大一脉从二十六世到二十八世的三代人，其中生卒年份完整的仅有一人，系元大之妻，殁年56岁（1644—1700年）。其他人只有生年没有殁年，说明家谱登录下元大一脉三代人的姓名、生卒时辰、婚姻状况时，当是在1700年之后。此时，第三代中有两人初婚，尚未有后，另两人则年幼未婚。最后一位出生时间是康熙辛巳年（1701年）。这个家族的育龄可以计算出来，二十六世元大生二十七世宗远时为1661年，则男性育龄为18岁。宗远生二十八世集山时为1679年，男性育龄为19岁。婚龄则可计为17岁。可见，家谱登录的最晚时间当在二十八世的光廷出生年份加上17，则为1707年。其时元大的年龄是64岁上下。元大在这个年龄时曾返回家乡徽州（康熙丁亥），并在月潭宗祠里恭恭敬敬登录下了这位还乡游子在异乡客地繁衍的一脉子孙。其中，除了元大之妻的殁年是明确的之外，其余人的殁年不详，说明元大之后并无子孙回徽州老家。月潭家谱关于元大一脉的记录也就到此中止了。从世代记录分析，可以认定家谱所提供的材料不存在功利性，是可靠的。元大没有必要违背族规去欺蒙祖先。何况他生于斯，也难以隐瞒自己的出生年龄。

显然，朱栋给始迁祖加上一顶"明季诸生"的桂冠，不是一般的笔误，而系编造。改朝换代，给编造前朝的经历创造了条件。元大只是个有文化的商人，与大多休宁人一样，以经营典当业谋生，还兼放高利贷。《干巷志》称他："以文章气谊自许，闭户著书，不问家人生产。称贷者未尝以匮乏辞，亦不索人以负。"这是志书、家谱称颂商人常用的词语。至于"尝有句云：人饥我亦饥，人寒我亦寒。何妨以我余，而济人之难。不责人所负，但求心所安"，更是商人心态的自然流露。在商品经济繁兴的江南，商人的经济地位让人羡慕，但处于四民之末的商人，要想在移居地立足，进入缙绅势要的社交圈，则需要下一番功夫。经营高利贷的商人，既易于牟取暴利，也易于同贫苦百姓发生冲突，更需要依托地方势要，以保障高额利润的获取。首先进入干巷的朱鸣玉，凭着"举将才"的身份，"与曹宗伯倡和"，"结客淮参第一流"，进入干巷上层的社交圈。商人朱元大正是借着同系朱熹子孙的身份进入鸣玉的社交圈的。这对朱氏在干巷的事业乃至定居至关重要。元大的子孙反复强调朱氏月潭四支的关系。《干巷志》元大之子集山公传称其："助两叔祖兄弟，至老无间言。尝曰：'我家自宋已有紫阳义居之赐，冀无忝前人而已。'""紫阳义居之赐"，在前揭《月潭朱氏修谱序》中有详说。鸣玉之祖提举公与元大之祖宣使公本兄弟四人，"兄弟同居，世称义门"。文公、茶院、月潭、义居已成了干巷朱氏认同的符号。借助朱鸣玉的社交网络，进入干巷的精英圈，这是朱栋为他立传的原因所在。利用血缘关系与封建权势相结合，这是徽州商人一个很重要的特征[①]。

徽州特定的人文社会环境给了徽商利用宗族血缘网络的条件。徽商与其他商人一样更重的是利。元大的子孙们并没有再回桑梓之地扫墓祭祖，但是他们却充分利用了家族关系为自己的利益服务，这不仅仅表现为他们对朱鸣玉的利用，更表现为对朱熹的利用。朱栋利用一切机会强调自己是朱熹的后代，他在为《丁氏族谱》所撰序文中说："我家之有谱也，始自文公以茶院为始祖，茶院距文公九世耳。"[②]借此抬高身价。

朱元大为进入干巷上层社会颇费心机、不吝财力。《干巷志》卷二《人物》夏明经条载："先高祖若冲公初至干，尝蹴居其宅，称莫逆交，时相倡和。"夏明经字再我，"娄庠岁贡生，尚志节，笃气谊，学邃于古，尤长于书，……故居在永隆桥东南"。夏氏是干巷四大望族之一，朱元大初至干巷租房安身便虑及长远了。此后当他决定购房时，对宅第选址也作了精心安排，《干巷志》卷三《第宅、园林附》载："余家在红木桥畔，采瓠堂之西，与石居之东。先高祖若冲公卜居于此，今阅六世矣。（采瓠堂，

---

① 唐力行：《论徽商与封建宗族势力》，《历史研究》1986年第2期。

② 《朱泾志》卷一〇《遗文》。

曹龙泉都事故宅，后归峨雪先生。与石居，本宗伯别业）"峨雪，曹宗伯之号。也就是说，元大把家安在介于干巷首望曹宗伯的两座宅第中间的位置。元大之孙，二十八世朱集山的《墓志铭》指出，"祖若冲、父宗远两世结纳倾家，家徒四壁"，可见应酬打点所费不赀。唐元稹有《估客乐》的诗，写商人到长安后："先问十常侍，次求百公卿。侯家与主第，点缀无不精。归来始安定，富与王家勃。"朱元大定居的干巷，只是个江南小镇，但是"点缀无不精""归来始安定"的道理是一样的。经过"两代结纳倾家"的努力，元大家族逐渐为干巷的地方精英所接纳。朱栋为其始迁祖所编造的"明季诸生"身份，也为地方势力所承认。元大莫逆交之一，曹宗伯从侄、后来成了朱氏亲家的曹次典，在《干巷志》卷六《艺文》所撰的《若冲朱公传》中，把这一编造进一步细化："新安朱处士名元大，若冲其字也，明季补诸生，尝至京，见朝政日非，不欲仕，遂归。过山左，识盗于逆旅中，夜驰二百里乃免。避乱江南，由镇江至松郡，到处友其士夫。喜干溪幽僻，遂居之。入本朝，名公卿挈卑词币马至门曰：处士不能一起助我乎？皆以疾辞。惟与郡中戴昺章，里中夏再我、陆履平及余兄弟往来倡和，以文章道义自许，闭户著书，有终焉之志。处士性慷慨，周恤乡邻无虚日，交游称贷者未尝以匮乏辞，亦不责人以所负。独不喜浮屠氏学，见明末故侯遗老有遁入禅林者，辄不乐曰：此岂托而逃焉者耶？以是鸣高，我知不可。具此学识，故终身不入歧途。著《乐道斋诗文稿》。长子绍述，字宗远，有父风。次子绍逑，亦自守之士。谟与宗远结儿女姻，因其请，故略次其梗概而为之传。"注意传记的最后一句，"谟与宗远结儿女姻"，这种由利益共同、"因其请"而伪造历史的做法，一方面说明朱氏的地位已为地方势力所承认；另一方面也告诉我们，志书也不可尽信。

二、贾与儒"迭相为用"

舞文弄墨、诗书酬和是徽商与缙绅阶层交通的手段。元大的传记称其与缙绅成"莫逆交"，接着的一句便是"以文章气谊自许，闭户著书，不问家人生产"，"著《乐道斋诗文稿》"。看上去元大似乎把经营权授予家人，自己只是闭户著书，其实大不然。这位精明的商人，所问的正是经营的要害，有了这几位"莫逆交"，也就有了从事金融业的信誉，有了防范不测的靠山。所以他的书房叫"乐道斋"，所乐之道，无非经营之道也。元大的子孙也都精于此道。二十七世朱宗远，"翁虽不习举子业，雅好读书，熟经史"[①]。二十八世长房朱集山，"平生工行草，尤长于诗者，著《汉上吟稿》"。二房"天驭公隆，号谦豫，积学敦行，肆力诗古文辞，尤精理学，多所发明"，"著《四书质疑》《海岳吟稿》若干卷"。二十九世二房廷禄，字万钟，号鞠轩，"不喜习举子业，而好为诗，尤工七绝，二休称其雅近西昆。其行书入能品。尤善翎毛、花卉"[②]。在朱栋所撰《干巷志》《朱泾志》《紫堤村志》等乡镇志中，几乎所有的徽人传记中都会有雅好诗书的记载。

元大一脉五代，贾儒结合是贯穿始终的。应该注意到贾儒结合有多种形式，其形式的转换，往往与徽商在移居地的境遇相关。以儒饰商交通缙绅，是贾儒结合的形式之一，也是商人初至客地所采取的主要形式。为探讨其形式的转换，我们据《干巷志》将《新安月潭朱氏族谱》所列的朱元大一脉二十八世之后的世系续列如下：

> 二十九世，廷芝，字虹桥，秀才。廷禄，业医，出继集山仲弟隆后。廷德，业医，出继集山季弟天凤后。
>
> 三十世，栋，候选州同知。楠、模、桓皆服贾。

元大迁徙上海之前，月潭朱氏就是个贾儒结合的家族。如果说元大与宗远这两代人在干巷创业，还只是以儒饰商，借以结交地方精英的话，那么到集山这一代就一改"不习举子业"的状况，开始"入太学"，不仅以贾为业，而且以儒为业。《朱集山先生墓志铭》称，由于"两世结纳倾家，家徒四壁"，"宗远公殁后，生计日非。游幕汉南，藉馆谷为菽水，资厚抚两弟"。由于典业不景气，集山以充当幕客为生。二十九世廷芝、三十世

---

① 《干巷志》卷六《墓志铭》。
② 《干巷志》卷二《人物》。

栋先后入学为秀才，也先后游幕燕南。对于游幕汉南，《干巷志》卷六《艺文·送朱虹桥秀才回保定序》中曾讲到朱栋在汉南有不少"同人"，稍稍透露了朱氏在汉南也有典业的信息。《干巷志》卷六《艺文》说："金山朱秀才虹桥与其子二宅上舍（即栋）负奇游燕南，诗文才品为一时冠，有磨盾横槊之风，诸侯争以币聘，无当其意者辄不就焉。"朱栋还捐了一个候选州同知，成为地方上的精英。同时，干巷的典业也渐渐恢复元气。朱氏的贾儒结合也进入了第三个层次：弛儒张贾。从讳言商，编造始迁祖为"明季诸生"，到直言栋之弟"楠、模、桓皆服贾"，说明朱氏已融入干巷缙绅阶层，有了足够的自信。徽籍学者汪道昆指出："贾为厚利，儒为名高，夫人毕事儒不效，则弛儒而张贾；既侧身飨其利矣，及为子孙计，宁弛贾而张儒。一张一弛，迭相为用，不万钟则千驷，犹之转毂相巡，岂其单厚计然乎哉！"[1]朱氏五代人由以儒饰贾到弛贾张儒，再到弛儒张贾，记录了其定居活动的基本线索。

三、改变籍贯，扩大婚姻圈

移居地籍贯的取得是定居的关键所在，而改变籍贯，须有诸多必要条件，"如人户于寄居之地有坟庐逾二十年者，准入籍出仕"且"室庐以契税之日为始，田亩以纳粮之日为始，扣定二十年以上"[2]。在对籍贯严加控制的中国传统社会，有关入籍的问题十分复杂。对朱氏入籍稍加分析，或许能有助于这一问题的深入。朱氏移居地是市镇，志书里没有其购置田

---

[1] 汪道昆：《太函集》卷五二《海阳处士仲翁配戴氏合葬墓志铭》。

[2] 参见王振忠《明清徽商与淮扬社会变迁》。又见《大清会典事例》卷三九一载："呈请入籍者，寄籍地方官先确查该生室庐以契税之日为始，田亩以纳粮之日为始，扣定二十年以上准予移会原籍，令原籍地方官据文立案，应试本生及子孙自改籍之后，再不许回原籍跨考，具文移覆寄籍地方官，由寄籍申详督抚，咨明学政，准其入籍考试。"《清史稿》卷二〇《食货》载："凡民之着籍，其别有四，曰民籍、曰军籍（亦称卫籍）、曰商籍、曰灶籍。其经理之也，必察祖籍。如人户于寄居之地有坟庐逾二十年者，准入籍出仕，令其声明祖籍，回避。"

产的信息，但是这个家族有房产和店业。此外，还有朱氏葬于定居地的记录。《干巷志》卷三《坟墓》载有朱氏墓地两则："曾祖宗远公墓在永隆桥东，即紫芝堂基地，先祖集山公以下祔。二叔祖谦豫公墓在宗远公墓后，三叔祖鸣山公同葬，二叔菊轩公附。"却没有始迁祖朱元大墓的记载。同样，在《干巷志》中只有宗远、集山的墓志铭，没有元大的墓志铭，可见元大并未葬于干巷。家谱上元大"殁失详"，他也没有葬于家乡（也不排斥元大在修谱后仍归葬家乡的可能）。元大的葬地就像他的"明季诸生"出身一样，是一个关系到这个家族在干巷的地位和利益的谜。徐祖鎏所撰《朱翁墓志铭》说：朱宗远之"考若冲，邑诸生，由新安月潭迁金山之干巷，遂世居焉"。铭文又指出，朱宗远"昔爱此乡，今归兹土；体魄潜藏，令闻今古。是有宋大儒之文孙，为干溪朱氏之始祖"。这里，徐祖鎏区分了始迁者与始迁祖概念的不同。始迁祖必须是该家族葬于移居地中辈分最大者。前揭朱栋自序所云"自高祖若冲公迁于干，遂为里人"，实际上是混淆了始迁者与始迁祖的差别，也混淆了定居与入籍的差别，从而夸张朱氏"为里人"的历史——"于今百六十年历五世矣"，抬高本家族在移居地的地位。

其实到朱栋时，朱氏入籍才三代。根据家谱中关于婚娶的对象，可以知道元大、宗远两代人的婚配对象都是徽州人。元大娶商山黄氏，女儿嫁商山黄家。宗远娶榆村程氏，女儿嫁五城黄、邑城王。宗远弟文琴娶瑶溪戴氏。上述地望都属徽州，也就是说，这些婚嫁都不出徽州地缘圈。集山生于徽州。《朱集山先生墓志铭》称他"早年援入太学"。这个"援"字说明其入学是在休宁实现的。从家谱看，到集山一代，婚娶已不注明地望，只注娶某氏，如集山"娶姚氏"。由此可见，朱氏三代人举家迁居干巷当是在集山入学与娶姚氏之间（估计在1699年前后）。此前元大很可能一人或其后与宗远一起来到干巷经商，时间也不是清初，而是康熙前期。入籍既然与定居时间相关，那么定居显然是指举家迁徙。入籍则当在举家迁徙20年之后，而且必须要有祖先的坟墓。朱氏在干巷的第一座坟墓是朱宗远的，据墓志铭他卒于康熙甲午年，即1714年。宗远死后若干年，朱氏才取得客居地的商籍。入籍与科举的关系最大。集山亡故于1739年，是年其子廷芝年仅11岁。廷芝入学为秀才是入籍以后的事情。可见，清代前期迁徙与入籍仍不是容易的事情。我们甚至见到过旅杭徽商为获取商籍，把已归葬故土的祖父母灵柩重新运回杭州埋葬的资料①。在迁徙活动中入籍是移民生存与发展的关键一步。

在迁徙活动中，婚姻圈也在不断扩大。如果说干巷朱氏前两代人的婚姻尚局限于原居地地缘圈，那么到第三代便已突破这一婚姻格局了。他们重视与同为移民的徽州人之间的联姻。如朱宗远"配程孺人，端方有才略"。程、朱都是在金山地区十分成功的移民，他们之间联姻，有利于固结徽州人在客地的联盟。程朱联姻关系在《干巷志》中有记载："程上舍行可，师雄，其先休宁人，与先祖集山公为中表兄弟，人极古方，以信义推重乡党。能诗善行楷，著名于时。"程行可与朱集山为中表兄弟，从传记的用语可以判断他是个商人，这种姻亲关系使他们在定居地互为奥援，形成势力，即所谓"推重乡党"。

对于移居者来说，进入定居地的婚姻圈是必然的，也是必须的。这是他们融入定居地社会的重要通道。我们可以看到第二代的朱宗远，其长女即嫁给干巷西二十里的新带（今平湖市新埭）王某。在婚嫁上，朱氏也注重选择门户，第三代集山季弟天凤之女"适青浦国子生胡明卓"。但是移民们最看重的是定居地的名门望族，用诗文应酬建立的情感联系，需要用婚姻纽带来固定。在干巷本来就有着一个望族婚姻圈，如曹彦博的传记上就有"与陆清献结儿女姻"的记载。进入这个婚姻圈，才能进入干巷的上流社会。在这方面，朱氏是成功的，他们先后与曹氏、陆氏等缙绅望族联姻。第一次突破是集山之弟隆。《干巷志》隆的传记载："二叔祖天驭公隆号谦豫，积学敦行肆力诗古文辞，尤精理学，多所发明。次典先生击赏之，妻以孙女。"第二次突破则是第四代排行老二的廷禄。其传记载："先

---

① 参见《杭州汪氏振绮堂宗谱》卷三《志乘》：康熙二十九年庚午夏（1690年），曾祖考妣卜葬于新安休邑之石壁山。康熙三十四年（1695年），先考妣卜葬于灵隐之莲花峰。康熙三十八年（1699年），妣先祖考妣又自黟而迁浙，卜葬于龙门山。

二叔讳廷禄，字万钟，号鞠轩，颖悟有才思，为观尚陆翁之婿。英爽不类乐，又持正好学，为所深许。不喜习举业而好为诗，尤工七绝，二休称其雅近西昆。其行书人能品。尤善翎毛、花卉。年三十而卒。曹镕斋、陆人文两先生皆作文哀之。"与曹、陆等望族联姻的成功，为第五代朱栋担当《干巷志》主笔奠定了基础。朱氏在干巷的地位已得到地方精英的认可。

四、以信义立本

商人谋财求利，与重义轻利的儒家道德必然发生冲突。徽商在经营活动中素以讲究儒家道德著称，但被公众斥为"徽狗"的奸商也大有人在。在家谱与志书中，鲜能见到商人具体的经营活动，颇多的是对商人的道德评判。评判的社会标准不是利润额的多少，而是利润的用途，因为这与儒家道德的仁爱、孝义、信誉相关。《干巷志》关注的正是这种最终的道德评判。在朱栋所收录的文字中，乃祖乃宗个个都是儒家道德的信奉者和实践者。前揭编造的朱元大在改朝换代大动荡时期的经历，说明其虽是一个商人，但也表现了对前明的忠诚。所引的诗作体现了商人悲天悯地的仁爱情怀。作为高利贷商人，他做到了"称贷者未尝以匮乏辞，亦不索人以负，以信义立本"。

朱宗远同样以一个孝子、慈善家的面目出现。墓志铭称他："最重伦常，事亲善承意指，能以色养，家庭间极恬愉之致。性好施予，自三族迄交游，若邻里、若委巷老弱、佣丐诸婚嫁丧葬以及饥寒疾病，一惟翁是商。翁赴人急难不以有无为辞，不以远近亲疏为厚薄。晚年家落，急人之急，凡署己名作借券以赡亲故者，无虑数十纸。呜呼！今之以酒食相欢嚎，或岁时间遗庆吊，辄铺张文貌，动费数缗与数十缗者多矣。一有缓急，欲踵门丐请，则阍人辞不得见。即见矣，言者谆谆，听者饰词推诿不一，引手拔其，尤甚则加恶言诮让，此直贩夫俗子之故态，亦复苂然人面，自厕于衣冠文物中。设见翁之行事，在不内热而赤汗出而不自禁者乎？鎏考试乐得而称之，以告世之重利而轻义者。"在自家典业中落的情况下，向同业借高利贷以助人。徐祖鎏对他的评判是：一个重义轻利的商人。

朱集山继承父辈的品质，以信义立本，代父还债。"宗远公署名立券以助友也。晚年家中落，实无力以偿负家，负家亦雅重公气谊，不责公偿垂三十余年矣。先生极力摒挡，一一以偿负家。负家固不受，则曰：有先子手笔在，无辞也，敢倭他人，悉归其本，取旧券以还。其善承先志又如此。先生性和而介，恭敬下人，里中称为佛老。"①

朱廷芝与朱栋父子为幕冀南，经历了一场动乱，在危难之中朱氏父子的信义受到了检验。廷芝"与德清徐公星槎为文字交，以气谊相许，乾隆甲午秋，逆贼王伦作乱，破寿张，犯临清，畿辅戒严，徐公奉檄署冀州之衡水。事急策骑驰订虹桥父子，随后至临清，距衡水二舍远。人情匈匈，其友咸谓不可往。则曰：我既许徐公，见危而避非所以报知己也……（助其破敌，守城）未几徐卒于官，宦囊萧然，不能归里，虹桥经纪其丧毕，复言之上官，令二宅（即朱栋）遍告同人，同人重虹桥之言，争助之。徐公既得归，而冀南士大夫莫不称虹桥父子之信义，是真能历死生患难而不渝者，虽古之烈士无以过也"。

正因为朱氏一门五代恪遵儒家道德，在移居地树立了信义，所以朱栋的三个弟弟经商就有了一个良好的社会背景。这在流动性小的传统社会里是得之不易、受用无穷的。恪守儒家道德，与上述结交社会精英、讲究贾儒结合、入籍、扩大婚姻圈等是一个综合进行的过程，贯穿着徽商迁徙、定居活动的全过程。

五、建立市镇间的区域网络

朱栋所编纂的另一本镇志——《朱泾志》的所在地，在干巷西北18里，其市面也比干巷繁华得多。朱栋成为该镇镇志的编纂人，显示着他在

---

① 《干巷志》卷六《艺文·送朱虹桥秀才回保定序》。

区域社会中的崇高地位。移居朱泾的徽州人主要是程姓和毕姓，他们与朱栋一样，也是清初从休宁迁入。程姓主要有三支，这三支都是素封之家，即有实力的商人。其中最为显赫的一支是程文彝与程文锜兄弟①。这一支程氏在《朱泾志》中的地位，与朱鸣玉、朱元大在《干巷志》中的地位相仿。从两兄弟的传记中可知，他们不仅"家素封，饶有园林之富"，而且程文彝是1662年的进士，道光《休宁县志》卷一三《人物·宦业》有传，称其为浯田人，先后任刑部主事、监察御史、工部右侍郎等职；程文锜则是1715年的武进士，授明威将军。程氏兄弟的后人，在《朱泾志》中无记载。朱栋说其"子孙迁吴门"，但他们确实在朱泾生活过。《明清进士题名录》载："程文彝以江南娄县籍中康熙三年甲辰科三甲四十七名进士。"可与《朱泾志》载其为"娄邑拔贡生"相印证。当时的朱泾、干巷都属娄邑②。另外，移居朱泾的程氏与桑梓之地徽州的关系也很密切。《休宁浯溪程氏重修族谱》③载有程文彝所书之序，强调修纂族谱应该"考其外迁者，志其地；登籍者，书其官"。族谱检索得文彝、文锜俱为浯田始迁祖佑公

---

① 《朱泾志》卷六《人物》："程司空文彝，字铭仲，号梓园，娄邑拔贡生，中康熙癸卯举人，甲辰进士，由庶常历官工侍。政事文章详原籍《休宁志》。子孙迁吴门。曾孙以苏籍出宰鹿邑、泌阳两县事。""程将军文锜，字季玉，号釜山，梓园司空弟。少习经史，臂力过人，兼涉孙吴兵法，中康熙乙未进士，除三品职，授明威将军。天下承平，成名不仕，以母老终养。家素封，饶有园林之胜，时司空以侍御养疾家居，从兄白山中翰、献可、甘来两孝廉，方山明经一门，群季相与论文角艺，延名师教子弟，皆有声黉序。少陵所云将军不好武，稚子总能文，足以当之矣。长子旭，字丽天，乙丑选拔官浙江孝丰教谕；次子晟，字曜衡，内阁中书；三子阳，字震初，姚州刺史。孙锦案、锦楫、朴、楷、榕俱诸生，朴、楷自有传。"

② 娄县，清顺治十三年（1656年）分华亭县置，与华亭同治松江府城，1912年仍并入华亭县。清初，朱泾、干巷属娄县管辖。

③ 《休宁浯溪程氏重修族谱》，清程兆庆等纂修，康熙五年刻本。署名赐进士出身、钦授内翰林弘文院庶吉士夏州支龠文彝所书序曰："佑公始迁为浯溪后昆始祖。佑公而下计十有五世，名讳凡千五百有奇。旧谱未登实为缺典。兹谨考其外迁者，志其地；登籍者，书其官；承祀者，衍其后；懿行者，扬其善，一一条列备于兹，以俟续梓。彝虽不敏，然光昭宗祖，谋贻后裔是余职也。因重加校订，寿之梨枣，俾传家世。庶几吾浯溪之源流云仍瓜瓞，而家世之私乘得与宇宙间大帐簿并存不朽也。是为序。"

一脉第十二代支裔。程氏兄弟与迁居朱泾的同族、同乡关系也很密切。《朱泾志·人物·程文锜条》载：文锜因"天下承平，成名不仕，以母老终养。家素封，饶有园林之胜。时司空（即程文彝）以侍御养疾家居，从兄白山中翰、献可、甘来两孝廉，方山明经一门群季相与论文角艺，延名师教子弟，皆有声黉序。少陵所云将军不好武，稚子总能文，足以当之矣"。这一段记载意在说明程文锜兄弟与白山中翰程珦一门及方山明经程国法一门有着非同寻常的关系。而程珦、程国法二支在《朱泾志》中都有四代的传记①，是真正在朱泾定居下来的徽州人。程珦是程文锜的从兄，为1688年的进士。程氏一门三进士。朱栋在程文锜条中强调三程之间的密切关系，与其在《干巷志》中突出朱鸣玉、朱元大的做法，有异曲同工之处，目的在于显示程氏在朱泾镇悠久的历史和无可争议的上层地位。显然，这对强化徽州人在区域社会的势力是十分有利的。

朱栋笔下的程文锜、白山中翰程珦等都具有一种徽州人特有的绅士风度，他们有功名，却又止于名，并不汲汲于功利，追求一种超脱的散淡的生活。程珦"性至孝，母患心疾，弃官归养"，与程文锜"成名不仕，以母老终养"如出一辙。之所以有这个境界，除了较高的文化素养外，乃是因为家境的富裕。程珦"家素封，有东西两园之胜"。《朱泾志》卷一〇《遗事》载："小蒸曹明经心一，以财雄于乡，其徙朱泾也，以木桶装白金，露而行运三昼夜不绝，里人疑其伪，运银者故散一桶于市中，灿然皆是，人遂无异，言虽白中翰莫可得而并也。"足见程氏为朱泾首富。但他们又耻于同一般的重利轻义的商人为伍，于是营造成合于儒家道德规范的亦贾亦儒、若贾若儒的气度。

① 《朱泾志》载：程珦长孙"程明府雍正丙午顺天经魁，历知晋江凤山两县事，署漳州府知府，皆著廉名，力除弊政"。曾孙程保定，"倜傥多才干，循例掣签分部，将次补用，卒于京师，乡里皆叹惜"。程国法子飞凤，秀才"以文行推重乡邦"。子仪千，"以广西籍登康熙丙子贤书，改归娄，五赴礼闱，荐不第，出宰泌阳"。仪千子宏考，"秋部年老乞归时，懿斋充补一统志馆誊录，议余又可得官，瞿然曰：弃份内之实事，邀身外之虚名不可也。遂侍父南旋，朝夕奉养怡如也"。宏考子来泰，秀才，"家世孝友，行谊敦笃"。

具有徽州人特有绅士风度的商人，在移居地既为世俗民众所仰慕，又为上层精英所接纳。《朱泾志》称，程珣"工吟咏，喜宾客，慷慨好义，与高谡园、沈狮峰、曹次典诸公倡和，著《河干草堂集》《毛诗时艺》，尤脍炙人口"。前揭朱元大的传记中可知，他到干巷后称"莫逆交"的有五人，其中就有曹次典。程国法之子仪千为干巷陆清献的学生，"程秋部仪千，字言远，号枳轩，陆清献公高弟，称其文皆先儒正脉，语在困勉，录及年谱"。可见，在区域社会中实际上存在着一个由上层精英在诗书倡和或拜师收徒中建立起来的社交圈。在干巷、朱泾等镇市定居的徽商进入这一社交圈的同时，也就形成了徽州人区域网络的核心。

结语

我们从家谱验证了乡镇志的某些失真之处；反之，也能由乡镇志发现家谱历代撰修中细微变化的原因。例如，关于朱氏祖先地望的问题，在朱熹为《新安朱氏世谱》所撰序中写道："熹闻之先君子太史吏部府君曰：吾家先世居歙州歙县之黄墩，旧谱云长春乡呈坎人。相传望出吴郡，秋祭率用鱼鳖，旧谱云有讳成世数不可考矣。又按奉使公《聘游集》自云系出金陵，盖唐考友先生之后。考之《唐书》，考友先生讳仁轨，自为丹阳朱氏居亳州永城，以孝义世被旌赏，一门六阅相望，初非吴郡之族。奉使公作送先吏部诗又云：迢迢建邺水，高台下凤凰。鼻祖有故庐，于今草树荒。不知何所指。"可见他采用了吴郡、金陵两说，而未加判定。

但是，到了明代《成化壬辰重修朱氏会谱序》，却谓"吾宗自革、瓘二公由苏之洗马桥同时避地徙歙之黄墩，革则吾祖，瓘则彦常祖也。以今考之，瓘即文公先生所谱婺源始迁祖制置茶院是已"，这里摒弃了金陵说，持苏州说。

清康熙四十三年（1704年）朱国兰为《新安朱氏世谱》所撰序中，修正了明成化壬辰（1472年）谱中只取苏州一说而与朱熹之说相矛盾的做法，把朱熹两说排了个次序："源从吴郡，更徙金陵白下，重迁黄墩寄迹。

舜臣公身膺戎旅，自唐末造兵戍婺源，讳璩，茶院公也"。明清两修家谱，都把吴郡或苏州定为朱氏先祖的地望，这一变化原因何在？

家谱的这一变化，其实是商品经济发展的反映。据《新安月潭朱氏族谱》第十三集卷廿二上《旧文翰》载："宗祠创自天启丙寅，维时吾族生业之在镇江、瓜、扬者方当鼎盛，而诸老成之督于家者，亦莫不以尊祖敬宗为心，合志急公协力成事，或输地或输金，至今按簿而稽之，厥功灿然。"[1]可见，天启年间朱氏在两淮盐场已有相当势力。盐商是徽商中最有实力的行业商。休宁月潭朱氏宗祠就是靠盐商集资建造的。民国二十二年（1933年）所修家谱中指出：朱氏"于万历中有茂然者迁浙之定海，后又迁镇海。清康熙中有明仪者迁浙之桐乡，后又迁平湖。此二支皆祖月潭，而镇海以商著，平湖以宦显，人文蔚然，与本支相辉映……洎清龚自珍作徽州府氏族表，以为徽之大姓实甲通国，则自嘉庆时逆溯得三十世以上者为甲族，列举十五族而朱居一焉"[2]。从家谱世系中，还可以看到鸣玉与元大前后辈中徙苏松杭嘉湖者较多。而这里大多属古吴郡之地，家谱强调吴郡就是朱氏先祖的地望，当是回应移居该地士商的要求。一方面让他们在移居地有理直气壮的回家之感；另一方面也有利于他们融入当地社会，获取新的籍贯。可见，乡镇志与家谱的关系密切，有的人物传本身就是从家谱中直接拿来；某些乡镇志的人物传也可看作地方名望族谱的汇编；乡镇志对宗族活动的记录可以补家谱之遗，对重要家族的系统介绍相当清晰，尤其是迁徙者与原家谱的对接延续，这是十分有意义的；而有的乡镇志就是用编谱的规范来操作的。因此，研究家谱应重视与其他乡土资料的结合。

乡镇志与家谱的关系密切，将两者结合起来研究，有助于我们了解社会生活的实态。从家谱与乡镇志看徽商迁徙与定居活动是笔者的一次尝试。

原载《史林》2002年第1期，有改动

---

① 朱凤律：《重修宗祠记》。

② 许承尧：《月潭朱氏族谱序》。

明清徽州木商考

一

　　徽商百业俱居，而以经营盐、典、茶、木为最著。徽州木商的兴起盖于南宋建都临安之际。南宋罗愿所撰《新安志》描绘了当时的盛况：休宁"山出美材，岁联为桴，下浙河，往者多取富"。徽木进入了区域性市场。徽木进入区域性市场的商路有二："出浙者，由严州；出江南者，由绩溪顺流而下，为力甚易。"①婺源、歙县、休宁所产之木走新安江东输临安，绩溪的木材由青弋江及水阳江北达江南。得商路之便的婺源、歙县、休宁、绩溪均有从事木业者，其中婺源木商最为多。这是因为婺木"质最坚，自栋梁以至器用小物，无不需之"②。且婺源东北乡毗邻歙县、浙江，走临安一路尤为便捷。

　　入明以后，徽州木商又有新的发展。此时徽州木商已不限于经营徽木，他们的足迹开始遍及木材的各个重要产区。婺源《敦煌洪氏统宗谱》卷五九载："吾邑习俗每喜远商异地，岂果轻弃其乡哉！亦以山多田寡，耕种为难，而苦志读书者又不可多得，是以其谋生之策，成远游之风，南北东西，本难悉数。而始而经商继而遂家者，则有迁江浦、湖南、广西、

---

① 赵吉士：《寄园寄所寄》卷一二。
② 《增补陶朱公致富全书》卷一。

成都、金陵、繁昌、桐城、蔡田等处。""婺源服贾者，率贩木"①，仅以洪姓一族的"始而经商继而遂家"的分布来看，他们已到达川、广、湘、皖、苏等处。洪姓的活动范围只是徽州木商活动的一个缩影。从众多的史料来看，明清时期徽州木商已东走浙江淳、遂、衢处，南下闽、广，北上河套，还溯长江西行，远跋江西、湖广、四川、贵州。

无论是在区域性市场，抑或国内大市场，木商的经营都是由三个环节构成的，即采伐、运输和销售，其中最为关键的是第二个环节。远距离运输，其经营的复杂程度高，危险性也大。徽州木商是如何经营这三个环节的呢？先来看第一和第三两个环节。第一个环节即采伐需要资本和劳力。长距离贩运木材，周期一般长达一年，故一次贩运的木材愈多，便愈能造成时间上的节省，利润也就愈高。徽州木商每次采购的木材往往多达"千茎""数千章"，这就必须拥有大额的资本。徽州木商的资本，一般达"千金""数千金"，少者也有"五百金"的。其资本来源，或靠借贷，如婺商董昌瑗"贷金商江右……买木南赣"，婺商孙徽五则贷金给"同闾""市木者二十余人"。也有合资的，如董桎照"与兄合资业木姑苏"，王杰偕堂弟"货木三楚"，洪庭梅"偕姻戚权木植"。无论借贷或合资，均是以宗族乡党为限。徽州木商以拼本置买商场后，还得组织劳力采伐，程之藩在四川采木时，"役夫尝数百人"②。《戴南山先生全集》卷八《程之藩传》劳力的开支相当可观。徽州盛行佃仆制，有用佃仆采木的。例如婺商王恒在衢州常山采购杉木，"用价银一千五百两，登门买拼，凭中交易"。他带去"家丁随行十余人"③。佃仆的劳力是无偿的，这就降低了购木的成本，提高了竞争力。

第三个环节是销售。对市场正确的判断和预测，是贩运贸易的前提。除了采办皇木或为官府采办木材，徽商所采伐的木材是需要自己确定市场的。从史料来分析，徽商长途贩木的流向主要集中于"吴楚间""楚尾吴

---

① 康熙《婺源县志》卷二《疆域·风俗》。

② 《敦煌洪氏统宗谱》。

③ 《详状公案》卷二，《断强盗掳劫（阮大尹审）》条。

头"。就是徽木运抵杭州后，也有相当一部分沿运河北输东吴新兴的市镇和商贾云集的城市。这是徽州木商所能选择的最好的卖方市场。例如歙商凌曰荣"为木商，多往来于临安、云间"[①]，歙商程实"以木易粟至姑苏"[②]。还有"走吴门售木""业木姑苏""业木于苏汇""业木常熟""往辛塔业木""业木毗陵"等记载，足见新兴市镇需求木材量之大。徽州盐商集中的扬州、泰州等地也是徽州木商的重要市场。《扬州画舫录》载徽商余观德曾"创修小车门水仓"，以积储木材，沽价而售。婺商愈悠春"尝业木维扬，资颇饶"。婺商王学炜"业木泰州"，李广壁"往泰州海门厅业木，艰难起家，会海门新建城垣，所需木料及工费均系壁助"。足见盐商的奢侈性消费给木商所创造的赢利机会之多。南京是江南最大的都会，也是一座繁华的商业城市，木材的消费量极大，再加上明清两代南京是征收竹木税的抽分局和工部关的所在地，沿江而下的川贵湖广的竹木都要在这里抽分、征税，因此南京更是木商密集地。《歙事闲谭》载："徽多木商，贩自川广，集于江宁之上河，资本非巨万不可，因有移家上河者，服食华侈，仿佛淮扬，居然巨室，然皆婺人。近惟歙北乡村，偶有托业者，不若婺之盛也。"[③]"业木金陵"的婺商众多，巨贾金照"尝捐资置义冢一区，以安旅榇"（卷三四），程肇基资本雄厚，"亲朋造寓舍，欲留者，任事给奉，不欲者，归里馈资"（同上）。俞盛捐资"疏上新河道，甃文昌阁大路"（卷三五），洪大诗"裹渐充裕，因居于白下"[④]。当然，江南是一个大区域，在"楚尾吴头"的总流向下，还有对具体销售地点选择的分流。各地木材的供求关系是在不断变动的，木商如何及时获取正确的信息呢？他们所凭借的是族人乡党，及遍布各地的徽商会馆、公所。许承尧指出："吾徽人笃于乡谊，又重经商，商人足迹所至，会馆义庄，遍行各

---

① 《沙溪集略》卷四《义行》。

② 《新安文献志》卷九〇《百岁程实墓表》。

③ 许承尧：《歙事闲谭》卷十八《歙风俗礼教考》。

④ 《敦煌洪氏统宗谱》卷五九《檀溪全万公传》。

省。"①会馆是"木商集议公所",他们互通信息,以众帮众,在商业上联成一气,以排斥外帮的木商。木商从自身的利益出发,都十分重视会馆的修筑,不惜献出巨资。例如,"江宁上新河旧有徽商会馆,年久就圮",婺木商吴山"南谋新之,捐赀倡首,不辞劳瘁"。同类记载在《婺源县志》中甚多。当然,徽商在销售的环节中,除了选择市场的一面外,还有垄断市场、排斥异己的另一面,这就留待本文第二部分再述。

第二个环节是木商经营的难点。木商采伐木材后,扎成木排,漂泊于江、河、湖泊,运往遥远的市场"以其资寄一线于洪涛浪中"②。在长距离的运输途中,会遇到各种风险灾祸。婺商孙徽五,"尝贩木湖南,抵浔江,木尽火,计耗数千金"。董昌瑷"买木南赣,遭水涨,漂失过半"。王杰偕堂弟货木三楚,各一排,弟排遭风,十不留一"。汪见大,"贩木荆楚,遇蛟水漂荡"。徽州木商在与风浪的搏斗中发挥了聪明才智。婺商程文昂"经营木业。始以竹造蔑缆,放捆江河,人咸赖之,至今犹尸祝焉"③。以竹制缆,创自巧思,牢固异常,木排不易冲散。徽州木商还把部分商业利润投入水路的浚通,以求免遭险厄。前引俞盛斥资疏上新河水道即为一例。但是大型的工程依靠一家一族的力量是难以兴办的。于是便联合各宗族的共同力量,以会馆出面经办。例如,"丹徒江口向有横、越二闸倾坏,后水势横流,船排往来,迭遭险厄。道光年间,大举会馆。董事请伸筹画筑二闸,并挑唐、孟二河,比工告竣,水波不兴,如涉平地"④。

徽州木商的利润是由木材贱买贵卖所造成的价格差额以及剥削运输工人组成。木商比坐贾的经营要复杂得多,其利润率高低取决于货运周转率、运输工人的工资数额等因素。木商要提高利润率,就必须加快贩运木材的周转率,使资本在相同的时间里,更多地发挥效益。诸如陆路、水路

---

① 许承尧:《歙事闲谭》卷十一《北京歙县义庄》。
② 乾隆《婺源县志》卷四。
③ 《婺源县采辑·义行》。
④ 光绪《婺源县志》卷三十三《人物志·义行》。

的衔接，交通路线的选择等，需要首先作出缜密的安排。采下的木材，要从林区搬运到靠近水路处堆放、扎筏。婺商叶明绣，"尝购木钱塘，江潮骤至，漂木过半"。显然，他选择堆木处没有考虑到潮汐的因素。《西吴枝乘》卷下有一段记载："隆庆辛未之夏，湖民有出葬者。大小船五十余艘，至湖中，有龙过其前。民竞以鼓乐，龙逆之。龙惊骇，人船尽卷入空中。有徽商积大木千茎在岸侧，无复孑遗。"徽商的木材被龙卷风卷去，显然这是人力难挽的，如果事先能考虑到避风的因素，则损失可减少。木排运输有大江、内河之分。"内河木排必须扎狭长式，不准扎成阔排，免致一路碰撞阻滞。"①但阔排具有平稳、省工、运量大的优点。木商必得事先考虑水路之转换，决定木排之阔狭。木材业的季节性较强。如木商采购徽州本地木材，"于冬时砍倒，俟至五、六月，梅水泛涨，……顺流而下，为力甚易"②。错过雨季，资本就得搁置一年。木排需要雇工运输，徽州木商为了最大限度地提高利润率，还利用宗族制度下保留的奴隶制残余即佃仆制，驱使佃仆从事运输。例如，祁门《李氏分家文约》载："前项火佃，除各房婚姻丧祭急切重事，仍听量情使唤。其远行下县往州，装排、放木、讨柴等事，毋得互相使唤。其住房日后再整，俱是众备工食。"文书上把装簰、放木等列为佃仆应服之劳役。其中"远行下县往州"，也应包含商品运输的劳役在内。

徽州木商的经营方式是由上述三个环节构成的。第三个环节完成后，徽州木商往往还从事"以木易粟"多角贸易，使返程不至于放空，然后开始新一轮的运营。在徽州木商的经营活动中，可以窥得其不同于其他商帮的某些特点，即利用徽州的宗族势力和佃仆制度。

二

以上所述，仅为徽州木商经营的一般形态，实际上，他们的经营活动

---

① 《徽商公所征信录·内河章程》。
② 赵吉士：《寄园寄所寄》卷一一。

要复杂得多。这是因为徽州木商离不开所处的特定时代环境，他们必须面对明清两代加重商税的政策，面对工人的怠工和运输途中的种种纠葛，面对其他商帮的竞争和商帮内部的矛盾。会馆、公所在处理徽州木商所面临的这些问题时，发挥了巨大的作用。由徽州木商公所编纂的《徽商公所征信录》（以下简称《征信录》），为我们对徽商的经营活动作深一层的探讨，提供了可能。《征信录》虽为宣统刊本，然而它却收录了乾隆以来有关公所业务的重要文件以及部分账目。徽商木业公所是乾隆年间婺源木商江扬言所创立，旧址在杭州候潮门外。《征信录》所披露的是由徽州到杭州这一区域内，徽州木商的经营活动，但可以由此及彼，一窥会馆、公所在徽州木商经营中所起的作用。

首先，是面对统治者加重商税的政策。徽木经严州输杭州，一向被课以重税。明初，徽（州）处（州）等府，商贩竹木，杭州府税课司抽分俟用，后止收钞①。当时税额尚轻，"每十分抽一分"②。但是到成化时，税制已乱，甚至一地两抽分。徽木到杭州。"城南课司既以抽分，而北新关又为纳钞"③。工、户两部之关均向木商勒索。清初税制尚称谨严，然至乾隆年间已有私增口岸、滥设税房之举，关吏各种需索陋规，亦已相继起矣。徽州木商依靠群体的力量，向封建统治势力抗争，维护自己的利益。《征信录》收有督办浙江通省厘捐总局所颁布的光绪二十三年（1897年）《威坪改捐东关免验告示》（以下简称《免验告示》），即为一例。徽州木排入严州后，在威坪抽分局交纳起验捐，从威坪到杭州江干卡之间还有东关、闻堰两卡，可谓层层设卡，处处抽税。徽州木排到东关要交验捐，外加花色补起一捐。仅花色补起一捐，每年六千七百余两银子。因徽商"叠控不已"，光绪二十二年（1896年）改革章程，"起验均归威坪，而东关仍加收补起"。徽商仍然不满，而东关卡则借口浙江淳遂衢处的木排由新安江支流进入东关起验，其中也有徽商，如果对徽商免验，则有被经营浙木

---

① 《正统实录》卷一○八。
② 《古今图书集成·食货典》卷二二三《杂税部》。
③ 《成化实录》卷二六三。

的徽商作弊逃捐之可能。东关卡不肯放弃验木并加收"补起"之权，显然是为了保持任意勒索徽商的权力。徽州木商公所代表众商与督办浙江通省厘捐总局、司、道反复交涉，使徽州木商得到免验单。"经过二卡，免其照票，呈单验明放行"，"候排抵杭，再由江干卡查点捐票"，解除了"商旅大困"的威胁。《免验告示》还透露了徽商以"夹带亏捐"等形式，对抗官府的横征厚敛。《免验告示》所揭示的层关叠征的现象，不独严州为然。明清两代这种现象在全国是普遍的。例如徽商所经营的"川贵、湖广之木"沿江而下，"下至荆州抽之，至芜湖又抽之，至南京又抽之"①。因而，杭州徽商木业公所为保护商人利益而作的抗争，也是遍布于各地的徽商会馆、公所共有的功能之一。

其次，是必须面对工人的怠工和运输途中的种种纠葛。徽州木商既有同封建政权抗争的一面，又有同封建政权勾结的一面。徽州木商为提高利润率总是尽可能压低排工、坝工的工资。《征信录》所收光绪二十八年（1902年）督理浙江、杭州盐粮水利总巡分府的告示，披露了排夫、坝夫消极怠工，以求增薪的情况。杭州望江门外永昌坝，是由钱塘江进入内河的咽喉。该坝潮退起闸，木排可由闸口进内河；潮起落闸，木排则由坝夫拖入内河。木排不能及时入内河，漂泊江心，风潮一起，便有冲散的危险。木商们急于入内河，正是排夫、坝夫要求增薪的有利时机。徽州木业公所借官府的名义"晓谕申禁""重申严令"，威压排夫、坝夫："永昌坝运木责成坝夫头多派人夫，不准少有停积，如遇货旺之时，不准借端刁难，致干提究。""嗣后排夫倘与坝夫头通同设计木排搁滞，查出一并提讯。或排夫于半途逗留，任催罔应，立即扭送。候讯明属实重惩治，一并送县管押。准许卖客另雇排夫撑运，庶几挽回把持积弊。"

木排运输途中，会与沿途民众造成种种纠葛。徽商木业公所也借助官府之力，来维护商人的利益。《征信录》载有"漂木之争""船木之争""沙地之争"。这些争端，是徽州木商在经营活动中常会发生的。

---

① 《成化实录》卷二九三。

"漂木之争"。光绪二十八（1902年）、二十九年（1903年），徽州府歙县正堂分别应徽商木业公所之禀求，颁发《徽河取树告示》。木排漂散，被沿岸的百姓捞取后，通常是由木商备价赎取以酬其劳。但是，光绪二十八年（1902年）夏，"歙休河中冲散甚多，近河村坊捞获漂木者，董（木商公所董事）等往取，因被土棍把持，拒不与赎，将木截解藏匿，前向理阻，持械逞凶"。漂木之争仅仅靠商人群体的力量，难以解决。于是借助政权的力量，"给示谕禁"："沿河各保居民诸色人等一体知悉，嗣后倘有水冲木植漂至各村河边，随时代为捞取收存，听候木商照章备价取赎，惟不得居其勒索，亦不得将木裁截藏匿。如敢故违，一经察觉或被告发，定即提案从严惩办，勿谓言之不预也。"《徽河取树告示》还重申同治十年（1871年）浙江抚宪所额定的取赎价格："正木每根着认酬捞洋三分，尖木每根认酬一分"。

"船木之争"。徽木入运河后，因水面狭窄，木排与行船时有纠纷。徽州木商公所也是争取官府的庇护，作出有利的安排："货船当遵向例，船东木西。凡运木之期（按：每月逢三、六、九拖装客路木排，逢一、八拖装城内各木行及零星小贩木排）货船不得拦截、横行，并不准轻船重载及中途逗留、斜泊致碍水道"。"南星桥下东首横河二条，系木排进抽分厂咽喉要道，凡往来船只不准在该处停留，庶免拥挤"。

"沙地之争"。乾隆年间，婺源木商江扬言在创建公所时，购置沙地三千六百九十余亩。沙地在候潮门外，"上至闸口，下至秋涛官"间，是木排"堆贮、拆卸、抵关抽验供课，以免漂失"的场地。但是，不久当地百姓便挑起了沙地的所有权之争，他们围垦沙地，使木排无地安置，公所业务无法进行。徽州木商与当地百姓"自省而部"打起官司。

乾隆五十五年（1790年），木商终于胜诉："盐道舒宪牌内开：奉抚宪檄委本道，会同藩司查勘民人祝惟善等已升钱江涨地商民互争一案，已与五月初三日会同往勘。得自闸口至秋涛官一带沙地，为木商起运必经之地，虽经留有车路，终于运木有碍。所有堆木逼近江边，设使水势泛溢，不无漂没之虞，并恐地界毗连，仍致损田禾，后复多争。是此处沙地全为关木堆贮之要路，今以百余两之地粮，竟误数万金之关税，核计课额，增减悬殊，自应统归木商全行管理。所有新升课银，即令该商永远承纳，照额推收过户。并将从前已纳之银及开垦工本，一并从优偿还。已据陈天禄等允服具结。此地虽系归商，商亦不自私为己业，复行取租各种，以及建盖房舍等情。虽取拢排堆木之便，并能普济各商起运储货之需。该处续有沙涨，亦不许人开垦，永远勒石遵行，庶与关政有益，而与升粮无缺矣。"封建统治者从有关"数万金之关税"的根本利益上，作出利于木商的判决的，同时也没有忘了把每年"百余两之地粮"，强加到木商的头上。沙地在木商经营活动的各个环节中都是至关重要的，拢排堆木、储货起运、验关交易都离不开沙地。徽州木商周流于国内大市场，凡有木业公所或徽商会馆之地，必有沙地货栈。徽商与各地方势力的争端。在在多有，离开了会馆公所，离开了群体的力量，是不可能斗过地方势力的。

最后，是必须面对其他商帮的竞争和徽商内部的矛盾。由于《征信录》所披露的是由徽州到杭州这一区域的木商经营活动，而这一区域的木业是为徽商所垄断的，因此未见直接与外帮竞争的内容。但是，垄断本身就是竞争的结果，有一些材料还是透露着商业的竞争。比如，徽商木业公所的沙地，只堆贮徽州木商的木材，而浙商是不能问津的。又如，徽商木业公所所争取到的东关、闻堰两卡的免验单，也是只有徽商才能享有的，这就使外帮商人很难涉足徽木的经销。

《征信录》对于我们了解徽商如何维系其群体内部的关系以保持在当地木业的垄断地位，提供了较为丰富的资料。《征信录·序》称："浙之候潮门外徽国公文公祠，即徽商木业公所。"《征信录·凡例》规定："每年九月十五日乃先贤朱子生辰，公所当办香烛贡献，虔忱礼拜。"朱熹成为徽商崇拜的精神偶像是具有深刻的社会原因的。朱熹所制定的《家礼》是徽州各族"家典""族规"的蓝本。徽州人也有聚族经商的传统，往往同族、同乡经营同一行业，他们互为奥援，建立行业或区域性的垄断。徽商木业公所是经营木业的宗族势力联合的产物。关于这一点，《征信录》中也有反映。《征信录》收有戊申（光绪三十四年）同义兴等6个木行《代收沙粮、木捕总目》(以下简称《总目》)。沙粮即"沙地之争"时官府强加于木商的每年"百余两之地粮",木捕即公所聘用的日夜巡查沙地的人员。公所规定:"山客(指木材行商)沙粮捐,向章树价每百洋三钱七分五厘,木捕捐每百洋一钱,由木行扣除。"两捐总额的剩余部分,即为木业公所日常开支的经费。《总目》共录有当年346注收入,涉及山客216家。其中92家是以木行名义入账的,山客姓氏已不可考。其余124家山客中,詹姓21家,汪姓20家,王姓17家,程姓14家,江姓7家,吴姓6家,洪姓5家,张姓4家,周、胡、朱、戴各3家,宋、姚各2家,余姓皆1家。詹氏一姓即占山客之六分之一强,而詹、汪、王、程、江、吴、洪七姓即占山客四分之三强。上述姓氏均见于《新安名族志》,其中除詹姓只出婺源外,他姓则不限于婺源,还散布于徽州其余各邑。以詹姓而言,家世显赫,唐代有为杭州刺史者,明初有为翰林学士、吏部尚书者,乃婺之巨族。上述各姓在徽商木业公所有着举足轻重的地位。徽商公所既是地方乡土性组织,同时又打上了宗族血缘的烙印。《家礼》作为维护宗族统治的思想武器,被推而广之,运用到维持木业公所内部的封建秩序上来。这是各地徽州木商尊崇朱熹,公所房舍兼为"朱子堂""文公祠"的原因。

徽州木商内部并非没有两极分化和竞争。从《总目》的账面看,木商因其资本不同,经营的规模范围悬殊。山客所交纳的木捕捐,最小的一笔仅5分,按"每百洋一钱"来计算,合木材价50元,而最大的一注达5.36元,合木材价5360元。如果按每个山客全年所交的木捕捐来统计,124家山客中,木材年营业额在1000元以上者有66家,其中营业额上万的有詹茂春19510元,张慎昌12610元。年营业额在100至1000元的有56家,低于百元者2家。即使是一族之内,分化也十分严重,营业额最低者之一詹兴隆(50元)与詹茂春即同为一族。这是商品经济发展的必然结果。步入区域市场和国内大市场的徽州木商,面临他帮商人的竞争,为在竞争中成为赢者,徽商努力调整内部的关系,而调整关系最有效的工具便是血缘和地域这两根纽带。公所十分注重董事的选举。《征信录·凡例》规定,"选举董事必须人品端方,先具知单,各书可字为定","董事三年一换,以防日久生变。三年期满，董事先行邀集众商交明账据，洁身而退。如人品端方，账目清晰，众商力求续理听"。选举制、任期制，颇有点民主气息，然而真正能列上"知单"的，只会是那些富有而又在其本族有威望的商人。董事还要接受众商的监督："每年六月朔日为算账日期，众商咸集，各宜于朱子神前焚香礼拜，然后查核众账，评论是非。"这些制度强化了木商的聚合和对公所的信任。作为商业领袖兼"宗主"的董事们，对内排解众商间的纷争，加强宗族间的合作，对外则代表木商与官府交涉，如"漂木""船木""沙地"等争端都是由董事联名呈诉的。公所的经费是根据营业额按一定的比例抽取的，对贫、富商人一视同仁。只要是徽商均可利用沙地堆木起运。这就使众商感到公所是其切身利益的维护者。为强化血缘和地域纽带，公所还规定，"山客捐助旅榇厝所，向章树价每百洋一钱五分，由各木行抽除交进惟善堂""每年十月朔日公所举行盂兰会以赈孤魂"。乡、族之间的脉脉温情和共同的切身利益把徽州木商联结成"合志同才，营道向木"的群体，而公所、会馆则是这一群体存在的组织形式。公所、会馆抑制了徽州木商内部的竞争，却极大地增强了其对外帮的竞争力。

会馆、公所是明清商品经济繁荣、商业激烈竞争的产物。在徽州木商营运的三个环节中，会馆、公所所起的促进作用是十分明显的。在一定的意义上可以说，如果没有遍布各地的会馆、公所，徽州木商是很难在国内大市场的竞争中站住脚的。

三

明代后期和清代，徽州木商在长距离的贩运贸易中，积累起可观的货运资本。据上述《征信录》的统计，徽州木商在从事区域性贸易（徽州至杭州）时，其年营业额在一千两至一万两的便占到百分之五十四，还有万两以上者。木商的资本额当大于其木材的营业额，而从事更远距离贩运的木商资本额当大于区域性贸易的资本额，这是不言而喻的。至于承担采办皇木的商人，其资本则可高达数十、上百万两。

巨额的货币积累，在徽州木商的经营活动中也引发了资本主义生产方式的萌芽。徽州木商常以预付资本的方式，用"拼本"经营木业。雍正《浙江通志》卷一〇六载："开（衢州开化）地田少，民间惟栽杉木为生，三四十年一伐，谓之拼山。……闻诸故老，当杉利盛时，岁不下十万，以故户鲜逮赋，然必仰给于徽人之拼本盈，而吴下之行货勿滞也。"但预付资本是否与雇佣劳动结合起来，是否驱使佃仆从事植木、采木的劳动，则未作交待。笔者从婺源《三田李氏统宗谱·明故处士兰田质斋李公墓志铭》中，看到一则较为详细的记载：李迪，婺人，生于正统十二年（1447年），卒于嘉靖五年（1526年），"其贻谋甚远，出襄借贷，共集不赀。抵广信，广买山材，木尽还山，自谓子孙无穷之利，工佣无虑数十人，货成无限数。河道峣岩屹峡，艰通贸易，乃炼石凿河。功甫垂成，而公遘胀疾归，自是工佣星散，资货山材竟荡然矣"。李迪"广买山材，木尽还山"，与租地农业资本家的经营方式相仿。"公遘胀疾归，自是工佣星散"，说明工佣与雇主无依附关系，为自由雇佣劳动者。《新安休宁名族志》卷三有类似的记载：吴有容"货楮山中，常年先以米银给诸造户，而征其息。岁适大侵，不责其逮，仍出粟赈贷之"。楮为大料，皮可造纸。吴有容"先以米银给诸造户，而征其息"，是预付工资的一种形式，值得注意的是"常年"，而非偶尔为之。这两则事例，资本主义萌芽的性质是十分明显的。

徽州木商的长途贩运虽然有催发资本主义萌芽，瓦解封建经济结构的一面，但是它还有着加固封建经济结构的另一面。相比较而言，前者竟是十分微弱、无力的，原因何在呢？这首先是明清统治者抑商重税的政策所造成的。正统时，四川木材沿江而下，至南京抽五分之一，至淮安抽三十分之一，到没有设抽分局的运河张家湾又抽五分之一。经此三处抽分，商人木材被抽去将近一半，余下木材，被加以烙印，方许放行。至于明税使和清厘卡之设，江河要道数十里一关卡，对木商的征敛更是达敲骨吸髓的地步。这就严重限制了徽州木商货币资本的积累。其次是由于木业经营的危险性、复杂性和艰难性，促使徽州木商把积累起来的货币资本，投入以下几个方面：一是购置"不忧水火"的土田。《大泌山房集》卷七二载：明代婺源江容东"为木客，贾吴楚，或数千章。……然以无侈费，蓄滋羡。人操书致售田，必予善价。里中人租以石计，定有衡，独先生减二斤。故先生田曰斥，而乐为先生田佣者惟虞不得"。又如明初歙商程志发"尝做造排筏。得厚利，置田一顷余"①。婺商洪大诗"营金陵木业，囊渐充裕……晚岁志欲归里，置房屋一所，基地一亩，租二百二十余秤，以为菟裘之计"②等。二是给宗族血缘纽带输送营养。这是对其在经营活动中得到宗族势力帮助的报偿。光绪《婺源县志》有关这方面记载甚多，如"至于培植根本，兴祀置田之举，指不胜屈"，"归家创祠宇，助祀田，建义仓"，"捐贷修谱"，等等。三是兴办文教，课子读书。《婺源县采辑·义行》载，江溶"创立湖山书院，振兴文教，溶与有力焉"。单启潘"学官、考棚……均有资助"。施圭锡"造文庙、书院、考棚、河西桥，均挥金襄助"。歙商程实"夜即课诸孙鸣琴读书"③。洪庭梅"藏书千余卷，视之子明敏者严加督课"④。徽州木商资本的上述投向，起着加固明清封建社会经济结构的作用。同时，我们还应该看到，在明清特定的社会条件下，与封建政治势力的结合，实际上是徽州木商经营活动的必备条件。而上述的资本投向，是有利于他们投靠封建政治势力的。《冬官记事》讲到王天俊等"依托权势，钻求札付""内倚东厂，外倚政府"。徽州木商之所以能有如此大的神通，除了靠贿赂之外，徽商子弟在朝中为官也是很重要的因素。当工部侍郎贺凤山拒绝木商采办皇木的要求时，"前商复令吴云卿（徽商子弟）出名再奏，而买木之特旨下矣"。采办皇木可享受种种特权，如"免各关之税"，"磕撞官民船只"而不赔补，"预支"购木之款项，夹带私木，等等，以赚取超额利润。此外，即使是一般的木材交易，徽州木商也不得不同官府打交道。《征信录》中有光绪二十九年（1903年）徽商木业公所董事的名单，他们大多捐得功名，如"木业董事五品衔浙江补用

---

① 《新安程氏诸谱会通》。
② 《敦煌洪氏统宗谱》卷五九。
③ 《新安文献志》卷九〇。
④ 《敦煌洪氏统宗谱》卷五八。

知县余家鼎，江苏补用通判许钺候、候补知县江仁、指分浙江知县江家瑞、补用知县戴茂椿"等。官商的身份，有利于他们的商业活动。

由于徽州木商与封建政治势力的结合，他们的政治态度，也是倾向于封建统治者的。例如婺商程开绂"值发逆窜金陵，方伯祁橄木横江，屯兵安炮，堵截上游，绂输木作筏，约费数千金。后官军克复镇江，两次采木，制云梯，造浮桥，绂皆捐助。江苏抚宪郭额以'储材报国'"。但是，由于木材多为民营，木商对封建政治势力依附的程度，远不如盐商。此外，徽州木商还有同统治者重税政策相抗争的另一面。因此，当经营盐、典业的徽商伴着清王朝的衰亡而趋式微之时，徽州木商却在上海等开埠市场获得新的发展。

原载《学术界》1991年第2期，有改动

从杭州的徽商看商人组织向血缘化的回归

——以抗战前夕杭州汪王庙为例论国家、民间社团、商人的互动与社会变迁

20世纪初叶，商会已逐渐取代会馆、公所而成为商界的领导机构。1927年南京国民政府建立后，对民间社团中最具实力的商会进行了全方位的控制，未几商会已丧失独立性[①]。为应对专制强权和列强的双重侵害，这一时期宗族组织和同乡会都有所发展，商人倒退回去利用血缘、地缘组织以求扩大生存空间。同乡会与商人的关系已引起学界的注意，而对国内商业大都会宗族组织的研究尚付阙如。由汪文炳编于光绪三十一年（1905年）的《吴山汪王庙志略》（藏于上海图书馆，以下简称为《志略》）和由戴振声、汪濂于民国二十五年（1936年）编的《吴山汪王庙志略续编》（藏于上海图书馆，以下简称为《续编》），为我们研究徽商在杭州的宗族组织提供了珍贵资料。吴山汪王庙的个案研究将有助于我们深入思考国家、民间社团、商人的互动与社会变迁的内在理路。

一、吴山汪王庙的变迁

吴山汪王庙始建于唐朝，在杭州七宝山大观台之麓。《志略·公牍》载："自唐时歙杭立庙，春秋致祭，载在祀典。"吴山汪王庙供奉的汪华，是隋唐之际徽州人，生于陈至德四年（586年），殁于贞观二十三年（649

---

① 唐力行：《商人与中国近世社会》，商务印书馆2003年版。

年），享年64岁。隋末天下大乱，汪华起兵割据于江南歙州、宣州、杭州、睦州、婺州、饶州，保障了一方的平安。唐朝统一天下，"至武德四年（621年）九月（汪华）令宣城长史铁佛献表称臣，即授为歙、宣、杭、睦、婺、饶六州总管，封越国公……历代庙食江浙，有石碑刻越国公像"[①]。汪王庙建立后，其属性经历了一个变迁的过程。初建时汪王庙仅为一名宦祠。《志略·祠祀》引《古今图书集成》、康熙《杭州府志》、康熙《钱塘县志》、乾隆《杭州府志》所载，指出汪王庙"唐节度使汪华名宦祠也"。唐朝以后，随着历代统治者给汪华封号的升级，名宦祠逐渐演化为神庙。两宋时期，多次加封，至恭帝德祐元年（1275年）改封昭忠广仁武神英圣王，改赐庙额曰忠烈。汪王庙又称忠烈庙，其源盖出于此。200余年间，汪华先后受封10次，其神力增添了平息寇乱、御灾后乃至祷祈有感神灵无边了。元至正元年（1341年）改封汪华为昭忠广仁武烈灵显王。明初朱元璋立国时，颁布保护汪王庙的禁约："皇帝圣旨，江南等处行中书省，照得徽州土主汪王福佑一方，载诸祀典。本省大军克复城池，神兵助顺累著威灵，厥功显赫，理宜崇敬。除已恭迎神主于天兴翼祠祀外，据祖庙殿庭。省府合行出榜晓谕禁约：诸色头目官军人等毋得于内安歇，损坏屋宇，砍伐树木，拴系马匹，牧养生畜，非理作践，以至亵渎神明。如有似此违犯之人，许诸人陈告，痛行治罪，仍责赔偿。"洪武四年（1371年）朱元璋"大正祀典"，规范民间祭祀仪式，加强对民间信仰的控制，令"凡昏淫之祠一切报罢。徽之所存惟越公及陈将军程忠壮公二庙。改封唐越国汪公之神，命有司春秋致祭"[②]。这样，徽州仅剩下汪华与忠壮公程灵洗的世忠庙为合法祠庙，享受国家的祭典。汪华在徽州诸神中的地位也达到至高。

在以后的造神过程中，民众与国家相呼应，汪华具有了双重神格，既是徽州乃至江南六州的地域神，又是徽州汪氏的祖宗神。汪王庙从建立之初便不归汪氏所独有，它既是徽州乃至江南六州民众祈福免灾的庙堂，也

---

① 杭州《郭西小志》，清刻本。
② 弘治《徽州府志》卷五《祀典·祠庙》，上海古籍书店1982年影印本。

是汪氏子孙追念祖先的所在。汪王庙构建的斥资者既有汪氏的后裔，也有地方官或他姓。除了分布于杭州及徽州本土的四大汪王庙之外，在徽州六邑各乡都有汪王的行祠，是为忠烈行祠。据弘治《徽州府志》卷五《祀典·祠庙》载，徽州六邑"忠烈行祠以祀唐越国汪公华，各乡多有之"，最著者歙县6所，休宁5所，婺源7所，祁门1所，黟县3所，绩溪2所。在这些行祠中，歙县"衮绣乡棠樾龙山，以宋孝子鲍寿孙父子遇寇于此，有感神应得脱。景定四年鲍氏因请立庙"；休宁万安山忠烈庙"弘治十二年庙毁，知县瞿敬命里人张用伦等处置，助僧惠端重建"；绩溪行祠"国朝弘治初里人胡永安捐赀建"。这就告诉我们，无论汪王庙还是忠烈行祠，与宗族祠堂是有差别的。陈去病的《五石脂》载："徽州多大姓，莫不聚族而居，而以汪、程为最著，支祠以数千计。"这些数千的祠堂散布于汪氏聚居的村落。祠堂具有排他性，只归一姓一族所有，其构建也是排外的，不可能由外姓斥资建置。而上揭各县乡的汪王庙或行祠则是汪氏与他姓共有的。

吴山汪王庙与徽州本土的汪王庙、忠烈行祠一样，都具有地缘、血缘的双重属性。然而，在抗战前夕的1935年、1936年，《续编·宗盟》清晰地告诉我们，杭州吴山汪王庙管理委员会的血缘性占了主导地位，具备了宗族组织的性质。

二、汪氏向杭州的迁徙及民国年间的基本状况

汪氏在抗战前夕的杭州城为什么能重建宗族组织？这涉及对近代中国商人，尤其是民国后商人状况的基本估价。《续编》为我们了解这一点提供了较为翔实的个案资料。明清以来徽商在迁徙中形成的重血缘、重地缘的特征在民国年间基本保持了下来[①]，这是重建宗族组织的基础。

据《新安名族志》载："汪始于颍川侯，鲁成公黑肱次子夫人姒氏，

---

① 唐力行：《论徽商与封建宗族势力》，《历史研究》1986年第2期；《徽州方氏与社会变迁——兼论地域社会与传统中国》，《历史研究》1995年第1期。

生侯有文在手曰'汪'，遂以名之，后有功于鲁，食采颍川，号汪侯，子孙因以为氏，望鲁之平阳。"汪侯为汪氏始祖。汪氏始迁徽州之祖是汉灵帝时的汪文和，"以破黄巾功，为龙骧将军；建安二年，因中原大乱，南渡江，孙策表授会稽令，遂家于歙"。汪华是汪侯第44代后裔。汪氏在徽州聚族而居，逐渐成为徽州第一大姓，故"新安有'十姓九汪'之谓也"①。前揭《五石脂》指出徽州大姓"其俗重商，四出行贾多留不返。故东南郡国巨族，往往推本于歙，因不特汪、程二氏已也"。可见，经商是汪氏迁徙的主要原因，苏浙闽是汪氏迁徙的主要方向，而汪氏迁徙的主要特色则是"推本于歙"认同本土，在迁徙地保持汪氏"巨族"的宗族血缘关系。《黟县续志》卷十五《艺文·汪文学传》所载也印证了这一点，乾隆年间"徽州人以商贾为业，宏村名望族（汪氏），为贾于浙之杭绍间者尤多，履丝曳缟，冠带袖然，因而遂家焉。至于仕于其地者，一举手摇足，无不视为利薮，所谓利而商也。民之凋瘵举不关于其心"。《续编·宗人录·汪学沅条》也说："自七十六世煦公由徽迁浙省闻堰镇。该镇有汪氏宗族，全镇大多汪姓。"可见汪氏迁居江浙各地市镇者甚众，并十分重视宗族关系。明清时期徽人宗族的凝聚力，对形成强大的商帮，使徽商执商界牛耳数百年，起了关键的作用。在移居浙江的汪氏中，商业繁华的大都会杭州是其主要的方向②。

徽商在杭州的活动由来甚早，势力甚大。大抵南宋时徽州木商、茶商等在杭州已相当活跃。明代成化后，大约弘治、正德间，徽商在杭州已是人多势众，据万历《杭州府志》卷十九《风俗》所载："杭州南北二山，风气盘结，实城廓之护龙百万居民坟墓之所在也。往时徽商无在此图葬者，迩来冒籍占产，巧生盗心。或毁人之护沙，或断人之来脉，致于涉讼，群起助金，恃富凌人，必胜斯已。……此患在成化时未炽，故志不

① 戴廷明、程尚宽等：《新安名族志》。

② 日本学者白井佐知子指出，江浙市镇与苏州、杭州等大都会是汪氏迁徙的重要方向。参见《徽州汪氏家族的迁徙与商业活动》，《江淮论坛》1995年第1期（易惠莉译，唐力行整理）。

载。今不为之所，则杭无卜吉之地矣。"在寄居地占有坟地田产①，是入籍的前提，为此往往会与土著发生冲突。徽商在杭州组成强大地缘、血缘联盟，"群起助金，恃富凌人，必胜斯已"。此风至清代康熙末年以后更为严重②。据《杭州汪氏振绮堂宗谱》卷三《志乘》载，明代万历年间的"文宇公（元台）以业蹉故，自黟县宏村迁居杭州，先后四世皆葬于灵隐，并于山麓建筑宗祠"。可见该家族在第四代后的康熙末年已入籍杭州，并修筑起汪氏振绮堂宗祠。血缘组织的商业化是徽商在杭州"必胜斯已"的可靠保障。徽商的会馆、公所也带有强烈的血缘性③。

进入近代以后，尤其是20世纪初，超越血缘、地缘、业缘的商会在全国普遍建立，商界气象为之一新。既然如此，为什么在抗战前夕的杭州商人的血缘组织还会重新建立起来呢？这一方面是国民党一党专制，国家权力无限扩张，使商会失去了原有的空间，商人不得不回归传统的民间组织；另一方面也说明传统力量的强大。近代以来，中国商人取得了长足的进步，但是在他们身上有着强大的传统因子，从宗族社会中走出来的徽商尤甚。这两个条件是抗战前夕杭州吴山汪王庙管理委员会得以建立的必要前提。

因此，只有把握抗战前夕杭州徽商的基本情况，才能正确理解当时徽商血缘组织重建的历史缘由。1936年的《续编·宗人录》是汪王庙管理委

---

① 《盐法通志》卷九九《杂记三·两淮盐灶学额》云："（侨寓商人）其实有田产、坟墓在江南，与入籍之例相符者，准其呈明于居住之州县入籍。"

② 据《杭州汪氏振绮堂宗谱》卷三《志乘》载，宏村汪氏移居于杭州的这一支脉，在康熙二十九年至三十六年（1690—1697年），曾对三代先人三次营葬。第一次将曾祖考妣的遗体送回徽州安葬，第二次则把考妣葬于移居地，第三次是将已经葬于徽州的祖考妣迁葬于杭州。这三次营葬活动清楚地反映了汪氏该支脉由寄居到占籍的变化。

③ 唐力行：《商人与中国近世社会》，商务印书馆2003年版。"由亲缘组织、地缘组织向业缘组织的演变是社会发展的必然趋势，也是商品经济发展的必然结果。但是，这三种组织之间并非是依次取代的关系，它们既有时间上的交叉并存，也有组织上的相互重叠。由于浓厚的血缘和地缘色彩是传统中国社会的重要特点，因此几乎所有的商人业缘组织，乃至近世晚期的跨行业组织——商会，都不同程度地打上了血缘和地缘的烙印。"

员会的族人登记表,该表由7个要素组成,分别是收姓后世次、名号、年龄、职业、籍贯、地址和附记。这些要素为我们了解民国年间直至抗战前夕徽州商人的状态,提供了丰富的第一手资料。其中世次、籍贯、职业提供了徽商血缘、地缘关系和职业的基本情况。以下我们分别加以考察。

1. 旅杭徽州人的籍贯及其地缘认同

《宗人录》登记的汪氏族人计有205人。他们的籍贯分为三种类型:一是籍贯乡里的族人,共52人,约占全体族人的25%;二是寄籍杭州的,共82人,约占40%;三是寄籍异地的,共71人,约占35%。非籍贯乡里者共计占全体族人的75%。但是,这三类族人也并非都生活在杭州。寄籍异地者中,有32人生活、工作在杭州,39人则在他地生活、工作;加上籍贯乡里者中有8人在他地生活、工作,共有47人不在杭州。在总数为205人的汪氏族人中,去除47人在异地外,在杭州者实际是158人,而这158人中,寄籍杭州者只占52%,籍贯乡里而又在杭者占28%,寄籍于其他各地者占20%。这大体上反映了民国年间户籍的复杂性。万历《歙志》云:"九州四海尽皆歙客,即寄籍者十之四五之列。"寄籍是指久离原籍而用旅居地的籍贯。在明代万历年间,徽州商人寄籍他乡者已达十之四五,仍籍贯乡里者当为十之五六。而到清代乃至民国年间,徽商寄籍他乡者已超过籍贯乡里者。按照《宗人录》来统计,汪氏仍籍贯乡里者有52人,寄籍者则为153人。徽商中寄籍者已达十之七八,而仍籍贯乡里者仅为十之二三了。

徽商籍贯乡里者虽较明清时期更少,但他们的地缘认同仍十分强烈。《宗人录》籍贯登记项中,族人是否能明确地填写自己原籍所属徽州何县,是考量其与桑梓之地联系的一个指标。我们把籍贯乡里、寄籍杭州与寄籍异地者分别加以考察。根据《宗人录》的统计数字,我们制成《吴山汪王庙登录移民来源考察表》如下,把旅外族人与徽州本土的联系划分为三个层次:第一个层次是籍贯乡里者,全部都能确认自己所属本土县,其指标为1;第二个层次则是寄籍杭州者,其指数为0.61;第三个层次为寄籍异地者,其指数为0.48。

吴山汪王庙登录移民来源考察表

层次	歙县	休宁	婺源	绩溪	祁门	黟县	不明	总计
籍贯乡里人士	14	9	6	9	3	11	—	52
寄籍杭州人士	29	8	3	1	—	9	32	82
寄籍异地人士	14	15	3	1	—	1	37	71
总计	57	32	12	11	3	21	69	205

205个汪氏族人中，对所迁源头不明者约占三分之一，但他们基本上都认同根在徽州。

2. 徽州各邑的职业分布及徽人的迁徙

由上表可知，旅杭汪氏以歙县、休宁人数最多，黟县、婺源居次，绩溪、祁门则居末。歙、休两邑向以盐业和典当两业为主，在杭州的势力最大。可见，杭州汪氏移民的来源，是与其本土各邑的交通、传统职业相关的。例如盐业，明清时期杭州是两浙都运盐使司治所，管辖17府1州，包括浙江全省和江苏的苏州、松江、镇江、常州四府和安徽的徽州府、广德州食盐的行销。盐商也是汪氏在杭州的主业之一。《宗人录》中，有9人在登录时说明其先人是因经营盐业而移居杭州的。在杭州经营丝绸业的91世汪维瀛一门6人，其先"81世祖洪信公业盐迁杭"。上溯10世，汪洪信当是明清之际迁入杭州的。在政界服务的汪宸祖孙2人，其祖上"原籍安徽休宁县，至82世，休宁82祖志可公业盐浙杭，83祖衣善公遂占籍"。衣善公大约是在清初入籍杭州的。在杭州经营丝绸业的汪琛，其"安徽休宁85世祖友圣公因经营盐业占籍仁和，即今杭州"。汪友圣当是在乾隆年间迁杭州的。

上表还可帮助我们了解徽州各邑移民的方向。我们曾指出明清时期歙县多盐商，休宁多典当商，婺源多木、茶商，祁门则瓷、茶、木商居多。造成各邑均有主干商业的原因，除地理、物产诸因素外，主要原因是由宗族联姻所织成的血缘网络，覆盖面往往仅及一邑。它在客观上有利于各徽商集团互不干扰地发展势力，建立垄断。同时，各血缘网络又互相交叉，这表现为各邑在主干商业外，百业俱存、无货不居。民国时期这一格局大体保持。《宗人录》披露同一家庭往往从事同一行业。如从事瓷器业的是训霖、训辉、训藻、训泽四兄弟，从事布业的是家洪、家辉、家禄三兄弟。徽商经营的行业也与移居地的社会经济特点相关，杭州是丝绸、布匹的产地，因而商人也会对自己的行业作出调整。由汪氏的职业来看，他们中已有一部分从事新式银行业，但大部分仍是以传统商业为主。

移民从徽州到杭州的迁徙过程是复杂的，以寄籍杭州的82人而言，其中经一次迁徙就直接寄籍杭州者67人次。经过两次迁徙寄籍杭州者13人次，如汪子春，经营古玩业，其祖上"89世祖由安徽歙县迁居浙江山阴，91世祖转迁杭县"。经过三次迁徙寄籍杭州者2人次，如汪赞乾"由安徽婺源迁至湖北，又由湖北迁至河南固始县，现居杭州"。

移民从徽州迁往杭州的时间，也以寄籍杭州者为例，他们分别为万历4人，明末清初20人，康熙4人，乾隆5人，嘉庆1人，咸丰7人，同治9人，光绪13人，民国9人，不明日期有8人。可见，万历年间是徽州人入籍杭州成风之初，明清之际则是一个高潮。此后，一直保持这个移民的势头，直至民国时期。

3. 旅杭汪氏的世次与血缘认同

在《宗人录》中，世次被列为第一要素。是否能清晰地列出本人的世次，这是血族认同的重要指标。在旅外族人与徽州本土联系的三个层次（即籍贯乡里、寄籍杭州与寄籍异地者）中，有19个族人没有填写"收姓后世次"。其中第一个层次6人，他们是上海新闻报馆的汪伯奇、汪仲韦，都是世居婺源北乡的；上海启新洋灰公司的汪金云、郑州浙江兴业银行的汪忠漱，都是籍贯歙县；在杭州经营典业的汪迪封和绸业的汪椿生都是籍贯休宁的。他们虽籍贯乡里但与家乡的宗族生活已是十分疏离了。第二个层次有2人，尚能确认自己是徽州人，他们是从政的汪毅，"祖由安徽歙县迁江苏镇江"，公务员汪茂才"祖自徽州迁无锡再迁临海，明末清初转迁黄岩"。第三个层次有12人，他们甚至不能确认自己的祖居地为徽州，如在上海行医的汪尊美，居住在上海法租界，籍贯为"曾祖淳川公由安徽巢县迁居上海，至锡鲁公入籍贯，中拔贡及举人"。又如，致仕家居的汪世杰，侨寓汉口，其籍贯为"明季益衡公由湖北麻城迁四川井研，到九世入籍"。又如律师汪承宽父子的籍贯就填为"江苏青浦"。上海地方法院推事汪润，其"先世由安徽青阳县迁居河南固始县东关"。所以，世次不明者的差别就在于：属于第一、二层次的，都认同自己是徽州人，而第三个层次者，不仅人数最多，且对徽州的认同已大打折扣。但是，从总体上看，旅杭汪氏90%以上能明确登记自己的世次，其血缘世次的认同大于地缘源头的（县邑）认同23个百分点，可见，徽州人的血缘认同倾向是最为强烈的，这也是抗战前夕徽商组织血缘化的基础所在。

三、吴山汪王庙的结构功能与控制机制

抗战前夕的徽商虽然具备了在大都会重建宗族组织的前提条件，但是重建宗族组织的必要性又在哪里呢？换言之，商人为什么愿意为宗族组织投入时间和金钱？

陈璃于光绪三十一年（1905年）为《志略》所写之序，阐明了重修汪王庙的时代背景，即"今日者强邻虎视，世变孔棘，较诸唐宋之时为尤甚。安得如王与钱王者数辈号召乡闾固结民心，练成劲旅，虽有外侮亦何足忧。半樵（汪文炳之号）仰承先德，终访得王庙址而复旧观。吾知其关心世道，必有以仰俯异代，同为歆歔不已者。又知人之输者，必深明乎捍灾御患，崇德报功，亦云集而响应也"。这一"捍灾御患"的时代特征到1935年、1936年愈演愈烈。虎视眈眈的强邻日寇正欲把侵略的魔爪伸向全国，东洋商品入侵已泛滥成灾。战前杭州的时局混乱，商会疲软无力，社会黑势力猖獗，人心浮动，法制不足以保护正常的商业贸易。于是有建立吴山汪王庙管理委员会的动议。徽商"云集而响应"，重新祭起有平息寇乱、御灾后乃至祷祈有感、神灵无边的祖宗神，并非仅仅追求精神的抚慰，而是有跨行业的互济，降低交易成本，规避商业风险的实际效用。

1. 吴山汪王庙的组织结构与功能

《续编·宗盟》为我们了解吴山汪王庙的组织结构提供了可能。现将

其披露于下：

> 组织管理委员会民国二十四年乙亥三月十日同族会议议决：庙宇荒颓，势将就此，负责有人，共谋修理。

（一）本会名称定为杭州市吴山汪王庙管理委员会。

（二）本会组织：1.凡汪姓皆属会员，额制无定。2.由会员中公推执行委员七人担任会务。3.由执行委员七人中互推常务委员三人管理会务。4.由常务委员三人推一人为主席。

（三）本会会址暂设运司河下缎局司巷十号。

（四）本会经济：1.修葺屋费。2.本会基本金。3.年例春秋祭费及诞祭费。

（五）本会筹备财政问题：1.赶印捐启，由会员分担向同族劝募。数目不拘多寡，交汪显挈给收据。2.俟捐有成数再行召集临时会议筹备方策进行。

由以上可知，汪氏族人"皆属会员"，且"额制无定"。由族人所召开的同族会议是最高权力机构。汪氏宗族组织的名称是"杭州市吴山汪王庙管理委员会"。其常设领导机构由执行委员、常务委员和主席组成。管理委员会的成员由同族会议选举产生。我们据《宗人录》得知1935年、1936年汪王庙管理委员会成员的一些基本情况：

> 1935年汪王庙管理委员会由12人组成，其中商界仅1人，政界4人，律师3人，教员1人，会计师1人，不明身份者2人。商人占8.3%，政界占33.3%，律师占25%，教员、会计师分别占8.3%，不明身份者占16.7%。

这个班子以政界为主，律师也占据重要位置。这反映了徽州商人亟须政界人士的保护，同时也反映了20世纪30年代律师在社会生活与商业活动中都起到了重要作用。教员与会计是因管理所需而设。

"丙子年（1936年）改选各委员"。管理委员会扩大为16人，其中商人4人，政界6人，律师2人，职员1人，教员1人，会计师1人，不明行业者1人。商人占25%，政界占37.5%，律师占12.5%，职员、教员、会计师、不明行业者分别占6.25%。政界的人数进一步上升，由4人增至6人，律师由3人降为2人，政界与律师仍占多数。商人的比例有较大幅度的增加。这个比例是比较合理的，能在管理层较好地反映商人的声音。教员与会计师的人数不变。

汪王庙是汪氏宗族组织的固定资产。由于汪王庙地处杭州西部吴山下，且"庙宇荒颓"有待修理，管理委员会并没有设在汪王庙，而是设在执委兼常委、律师汪显家，"即运司河下缎局司巷十号"。1936年的地点则改为杭州清波门外学士桥9号，这是新管理委员会主席、第一届众议院议员汪秉忠的家。他们共同承担起收取族人捐款的任务，有着浓烈的家族色彩。汪显和汪秉忠都是休宁汪氏。捐款是该民间社团开展活动的主要经济来源。

管理委员会的职业组成与全体会员的职业组成是否相应？《宗人录》的205名会员中职业众多，政界达33人，中西医生6人，工程技术人员4人，法律界（含律师）10人，教育界8人，军界2人，职员8人，会计1人，报业2人，学生21人，不明身份者3人，从商（不明行业）36人，典业8人，绸业8人，丝业2人，棉织业1人，纸烟业7人，瓷业4人，木业4人，布业4人，衣业3人，古玩业2人，旅店业2人，盐务1人，茶食业2人，广货业1人，交通业1人，钱业1人，橡胶业1人，扇业1人，渔业1人，地产业1人，银行业12人，洋行4人，可谓百业俱全。民国年间徽州盐商已衰落，重要的商业有典业、丝绸业、布衣业、纸烟业、木业和瓷业这些传统行业。值得注意的是，地产业、银行业和洋行等新兴行业也占了相当高的比例。

将职业类别进一步归并，各类从商者107人，占52.2%，政界占16.1%，法律界占4.9%，教育界与职员分别占3.9%，学生占10.2%，军界与报业分别占1%，会计占0.5%，不明身份者占1.5%。据此，我们制作了下表。

汪王庙管理层与全体会员职业分类所占比例对比表

类别	从政	律师	教育	职员	从商	会计	军界	报业	学生	不明身份者
1935年管理层	4人,占33.3%	3人,占25%	1人,占8.3%	—	1人,占8.3%	1人,占8.3%	—	—	—	2人,占16.7%
1936年管理层	6人,占37.5%	2人,占12.5%	1人,占6.3%	1人,占6.3%	4人,占25%	1人,占6.3%	—	—	—	1人,占6.3%
全体会员	33人,占16.1%	10人,占4.9%	8人,占3.9%	8人,占3.9%	107人,占52.2%	1人,占0.5%	2人,占1%	2人,占1%	21人,占10.2%	3人,占1.5%

上表清晰地反映出在杭汪氏族人职业是以商业为主的。占全体会员半数以上的商人，在1935年的管理层所占比例却仅为8.3%。1936年的管理层，商人的比例增加到25%，但仍与商人的实际人数不相对应。这里，学生尚未成年，只是随家长而登录。若不计学生，则各类职业的比例还将有所变化：商人占58.2%，政界占18%，法律界占5.4%，教育界与职员分别占4.3%，会计占0.54%，军界、报业分别占1.1%，不明身份者占1.6%。商人几占六成，而商人在管理层的比例却只占25%。反之，从政人员在全体会员中所占比例仅为16.1%或者18%，但其在管理层却占至33.3%或37.5%，超过了一倍。这个落差，比较真实地反映了在汪氏宗族同盟中从政与从商的地位对比，或者说是当时社会上官与商的地位对比。这显示了即便是在资本主义已有所发展的民国年间，即便是在经济繁荣的商业大都会，中国仍是一个典型的传统官本位社会。

上表还说明在杭汪氏宗族各类职业间已形成一个互为奥援的网络。两届管理委员会中从政与从法的族人占了管理层的一半或一半以上，管理委员会主席分别由原浙江长兴县县长和第一届众议院议员担任，他们担当起汪氏宗族在杭利益的代表。律师在两届管理层中受到充分的重视，1935年管理委员会就设在律师的家中。在法制不足以保护正常商业贸易的局面下，求助于本族律师自然可以将解决纠纷的成本降到最低。从政从法的族人是商人利益的保护者，而商人的捐助则是宗族组织的物质基础。这与徽州贾儒结合的传统是相合的①。同时，从《宗人录》中我们还可以看到107名汪氏商人之间，借助于吴山汪王庙这一民间社团，加强了商业网络的功能。徽商之所以久盛不衰，是与其内部自成系统相关的。徽商虽然百业俱居，却有主干商业即盐、典、茶、木，更为重要的是它有十分强大的金融业为后盾。遍布大江南北的徽州典当业，是徽商在商业运作中融通资金必不可少的。清末，盐业改纲为票，徽商已失去在两淮两浙的盐业垄断地位，茶、木业也面临帝国主义的竞争与压迫，典业在银行业的挤压下，已失去原有的空间。在这种情势下，杭州汪氏的经营行业也与时俱进有了变化。其中，银行业、洋行和新兴产业已加入徽商的经营网络中。在《宗人录》中，从事这些行业的族人共23名，大多旅沪。

其中银行业以浙江兴业银行为主，有7人是上海浙江兴业银行，1人为汉口浙江兴业银行，1人为郑州浙江兴业银行，以及1名在杭州的银行界人士，共有10人组成汪氏银行从业人员圈，这显然是有利于经商族人融通资金的。加上8人从事旧式典业，107人中就有18人从事与金融相关的行业，占从商人员的16.8%。这些人大多直接与浙江金融业相关，服务于浙江兴业银行在上海、汉口、郑州的派出机构。这个金融网络不仅是旅浙徽商，而且为江南徽商所倚重。从《宗人录》可知，移居上海的杭州汪氏宗族同盟成员还有11人，他们的职业分别是报界2人，医生2人，政界1人，教育3人，商业2人（典业与纸业），大学生1人。移居上海而与杭州汪氏保持密切联系的族人共计29人，占《宗人录》的16.6%。

此外，还有移居或寄籍他地而与杭州汪氏有密切联系者25人，他们中苏州11人（其中7人寄籍苏州，在上海工作），南京2人，镇江1人，南浔5人，河南1人，郑州1人，汉口2人。所以加上在上海工作的29人，杭州汪氏《宗人录》中在他地的汪氏族人共计47人（扣除重复计算的7人），约占宗族同盟的四分之一弱。而上海、江苏与杭州相毗邻，关系最为密切。这就构成了一张以杭州汪王庙为中心分布于江浙沪的宗族网络。强大

---

① 张海鹏、唐力行：《论徽商"贾而好儒"的特色》，《中国史研究》1984年第4期。

的血缘关系，是旅杭徽人诸多的关系网络中的一个基本网络。此外，他们与本地人的婚姻网络，以及地缘、业缘、跨行业的网络等等，都在他们的实际生活中起着作用。

应该说，参加吴山汪王庙管理委员会的并不包罗所有在杭的汪氏族人，参加者只是其中有一定政治地位和经济实力者。所以，汪王庙的组织有三个层次，一是管理层，二是会员，三是与会员有联系的其他汪氏族人。第三个层次是大多数。在实际生活中这张网络对他们也会发生作用。

宗族血缘关系可以最大限度地规避商业风险，降低交易成本。家人、族人，知根知底，最易建立信用。如《宗人录》载，91世维瀛、维贤兄弟的祖上"81世祖洪信公业盐迁杭"，大约在明清之际寄籍杭州，从事两浙盐业。民国年间随着徽商对盐业垄断地位的丧失，这个家族改事绸业。维贤的父亲"90世祖銮公迁吴兴"。维瀛一支仍留在杭州从事绸业，銮公迁吴兴从事丝业。丝、绸两业间的互补，在家族内即可实现。銮公在吴兴南浔镇有了发展，他的另两个儿子，维贤在南浔继续从事丝业，维善则在南浔从事典业。到92世，维贤的三个儿子，闳声从事教育，相声从事钱业，骏声读书。南浔一支与杭州有着密切联系，在吴山汪王庙《宗人录》里全部登记在册。《宗人录》对非居留杭州的族人的重视，足见杭州汪氏之交易活动扩及江南、华中。借助族人间的信用，可以大大降低交易活动中的谈判成本、信息成本和解决争议的成本。

2. 祭祀——汪氏宗族的控制机制

吴山汪王庙管理委员会作为一个松散的宗族同盟，讲究的是亲情乡情，并没有设定严格的规章制度，那么它又是怎样规范族人的行为，从而使该民间组织的功能最大限度发挥的呢？要了解管理委员会的运作机制，就必须要懂得徽州。在徽州，买卖关系上重视的是契约文书，而在处理人际关系上，更多的是强调宗法关系，属软控制①。在传统社会里，"徽州聚族居，最重宗法"②。徽商在经商地十分重视重构宗法关系。如《汪氏谱

---

① 这是徽商与晋商的不同之处，晋商在处理人际关系上注重的是契约关系。
② 嘉庆《黟县志》卷三《风俗》。

乘·序》载："吾汪氏支派，散衍天下，其由歙侨于扬，业鹾两淮者则尤甚焉。居扬族人，不能岁返故里，以修禴祀之典，于是建有公祠。凡春露秋霜之候，令族姓陈俎豆、荐时食，而又每岁分派族人专司其事。数十年来，人物既盛，礼文器具未尝稍弛。"移居各地的徽商都重视尊祖敬宗的仪式，以求实现"收族"的目的，从而强化从商族人间的合作与诚信。徽商借助宗族势力，建立商业垄断，展开商业竞争，控制从商伙计，投靠封建政权，建立徽商会馆[①]。这是明清时期徽商成功的内在机制。抗战前夕，当杭州徽商不得不回过头来强化宗法血缘关系时，他们首先要做的便是修理汪王庙、恢复祭祀汪华的活动。

吴山汪王庙把徽州本土祭祀汪华的仪式搬到了杭州。庙内奉祀者共21人，其中正殿3人，正中是汪华的塑像和神位，两旁是汪华的两个从弟铁佛与天瑶的神位。后殿供有18人的神位，他们是汪华的祖父母、父母，妻妾5人，儿子9人。每年有三次祭祀活动：第一次是阴历正月十八日，汪华的生辰；第二次是阴历二月择日曜日为春祭期；第三次是阴历八月择日曜日为秋祭期。《志略·祭仪·值祭》指出："由管理会执行委员按期敬谨备办，并先数日函知各同宗，不限籍贯，亦不限人数，届期诣庙与祭。"只要是同宗汪姓者，不管身份地位，都可自愿参加。

每当祭期，汪氏族人聚于吴山汪王庙，临时推世次最长者一人为主祭。从《宗人录》可知，在205名在册族人中，世次最高的是83世汪锦培，号正锡，52岁，从事扇业，他的籍贯登记是"55世祖遇公由安徽绩溪尚田迁居歙县北乡富场。现居徽州歙北富场后街。通讯处杭州保佑坊舒莲记扇庄"。世次居次的是85世，共有4人，他们是汪训霖、训辉、训藻、训泽，年龄分别为32岁、48岁、27岁、23岁，都从事瓷器业，籍贯与汪锦培同，仍是原籍徽州。住址，杭州太平坊永大利瓷器店。再次的是86世，共3人，他们是汪德宏、德宸、德孚，年龄分别是36岁、30岁、28岁，都从商，籍贯安徽绩溪，地址杭州南星桥德和茶食店。世次最低的是

---

① 唐力行：《论徽商与封建宗族势力》，《历史研究》1986年第2期。

97世汪春涣，号泳舟，47岁，寄籍湖北黄冈，从事棉织业，地址杭州寿安路29号汪恒泰棉织厂。旅杭汪氏世次之差竟达15世之多。从汪氏世系总体的90代上下的长时段来看，分支之间相差15世代也是很大的数字。这里特别要注意，世代发展最慢的都是在徽州本土的，这反映了徽州人的婚龄是较迟的。与我在《明清徽州的家庭与宗族结构》所作的统计，即徽州男性的平均育龄为32.5岁，女性平均育龄为23.67岁相合。移籍他乡者的世代发展较快，但也有差别，这与移居地的诸多因素相关，也与移居者事业的成功与否相关。应该说1936年的主祭人非汪锦培莫属。主祭之外，还有鸣赞者一人，读祝者一人，司香爵、帛馔两人。祭祀是一个十分烦琐的宗教仪式，但其烦琐而又神秘的仪式过程，是使族人对祖先生出敬畏之情的"收族"过程，也是族人祈福的过程。这个过程对于增强汪氏在杭族人的内聚力是必不可少的。

汪华诞辰日，在香烟缭绕的大殿上，族人们队列整齐肃立于汪华塑像前，乐队奏乐，主祭者要三上香，带领参祭者三鞠躬，献上奠帛，初献爵，二鞠躬，乐止，由读祝者宣读祝文。读完歌颂祖先汪华的祝文，乐声再起，主祭者诣神位前亚献爵、终献爵，二鞠躬。再行送神仪式。全体肃立三鞠躬。礼成，主祭者、陪祭者和参祭者列队退出。在春秋两祭祭文中追念祖先"滋大荣光"的业绩，强调祖先"含灵保世""生英死灵，作东南万家之保障"的灵验。特别有意思的是，文中有"维共和改造，民称直到与今灵爽式凭"，也就是说社会变迁，兴民国共和改造后，祖先的灵爽依旧，仍为汪氏的依托。

汪氏聚会远不止一年三次的祭祀活动。《志略·祭仪·祭费》指出："除每年由师陶经手在贤师堂祠产项下拨助十元，又子健捐助十元，斐卿捐助二元外，余无的款由寓浙宗人聚餐月会余资储积补助。"可见，在汪氏族人之间还有"聚餐月会"，每月聚会一次。在觥筹交错之间，在浓浓的亲情、乡情氛围里，族人们互通信息，一旦有事便互济互助，实现跨行业的合作。我们知道，会馆、商会和吴山汪王庙管理委员会在跨行业组织这一特征上是相同的。商会在跨行业这一特征上内涵最小，外延最大，会馆次之，而商人的宗族组织，内涵最大，外延却最小。这一演变曲线正说明抗战前夕社会动荡，法制窳败，徽商不得不把商业信用收缩到宗族与地域圈子。1927年前，新兴的商会把各行业商人最大限度地整合在一起，以商业法规将融资、信息、交易、贩运的成本和风险最小化，将商业利润最大化，这是现代市场经济的基础。与1927年前相比，这显然是倒退，充分说明了传统社会结构即使在近代仍在深深影响着中国历史的走向。

近代以来，商人及其思想家提出了"恃商为国本"（王韬）、"以商立国"（郑观应）、商人"是握四民之纲者"（薛福成）等新观念，但是在传统儒学占统治地位的中国，"商为四民之末"的地位从来就没有得到根本的改变。只是在20世纪最初的20多年里，当国家处于弱势时，商人才得以一展抱负。南京国民政府建立后，强势国家对商会的限制和扼杀，迫使徽商不得不回归传统民间组织——宗族和同乡会。社团组织只是商人进入市场的工具，现代工具的失灵，传统工具的重操，这不仅是徽商的悲剧，也是中国商人的悲剧。抗战前夕杭州吴山汪王庙的这一段历史，为我们考察国家、民间社团、商人间的互动与社会变迁，提供了一个新的视角。

原载《学术月刊》2004年第5期，有改动

论徽州商人文化的内涵、特征及其历史地位

明清时期，徽商以其雄厚的财力，建立起为自己的经济利益服务并体现其自身的价值观和美学观的商人文化①。徽州商人文化熔铸理学并杂糅宗族文化和通俗文化，其内涵是极为丰富的，举凡科技、艺术以至饮食、建筑等，无不包罗其中。本文拟结合徽州商人文化的内涵探讨其基本特征，并略评其在中国文化发展史上的地位。

一

徽州商人文化具有以下基本特征：

（1）科学性与实用性。商业活动的需求，直接刺激着科技的发展。例如数学。在商业经营过程中，徽商必须持筹握算，较量锱铢，这就使他们积累起较强的数学能力和运算技巧，并为从事数学学理研究打下了基础。程大位的《算法统宗》便是在商业对数学计算方法的需求刺激下取得的一个典型成就。又如地理水文。经商在外，掌握一些基本的地理知识是十分必要的。徽商一般都具备这些基本常识，其中还不乏一些卓有成就者。弱冠便随父兄出贾的黄汴，到过许多地方，在经商生涯中，他留心收集各种程图和路引，辑成《一统路程图记》及《北京至十三省各边路图》和《南

---

① 唐力行：《论徽州商人文化的整合》，《安徽史学》1993年第1期。

京至十三省各边路图》两幅程图，颇有实用价值。水路与商业关系也很密切，于是有对北魏郦道元《水经注》的校补。郦著虽是一部古地理学名著，但成书时南北割据，故述南方水系颇有舛误。戴震作《校水经注》一书，充实了原书的内容，纠正了原书的错误，使郦著更臻完善，堪称《水经注》之第二功臣。再如中医学。徽商经营药材业者甚众，为了在竞争中保持优势，他们刻意钻研医药技术。明万历间，休宁汪一龙在芜湖创立正田药店，"慎选药材，精制丸散，四方争购之，对症取服，应效神速。每外藩入贡者，多取道于芜湖，市药而归"①。清代歙县黄履暹开设青芝堂药铺于扬州，他不惜重金延请名医"叶天士于其家，与王晋三、杨天池、黄瑞云诸人考订药性……城中疾病赖之"，刻《圣济总录》，又为天士刻《叶氏指南》②。在当时采药、制药、治病一体化的情形下，药铺间的竞争造成了新安医学之盛。同时，济世救生也是徽商实现自身价值的一个途径。还如，徽商还编写、刊行了不少商业书。谢国桢《明清笔记丛谈》介绍了三种商业书，其中有两种可以确定为徽商所撰：《五刻徽郡释义经书士民便用通考杂字》（崇祯刊）、《新刻增订释义经书世事通考杂字》（徽郡黄惟质订补，乾隆刊）。此外还有日本内阁文库所收藏之《商贾要览》（吴中孚自序，乾隆五十七年刊）③及安徽省博物馆收藏之《徽商便览》（吴日法编，民国八年刊）。这些商业书从天文、地理、全国通商所经的里程道路、风俗、语言、物产、异国土产、算法、书信契约、杜骗至商业道德等等无所不包，既具有实用性，又具有科学性。余英时先生曾说："商业活动或竟是儒学向考证转变的一种外缘，也未可知。"④商业书对同商业相关的自然、人文的"通考"与考证学的关系还有待研究，但徽州确实出了一些学贯中西的大学者，如江永、戴震、程瑶田、凌廷堪、汪莱等，他们无不身兼经学与自然科学的研究，并把自然科学的方法和经学的研究方法相

① 民国《芜湖县志》卷五八。

② 《歙县志》卷九《人物志·义行》。

③ 寺田隆信：《山西商人研究》，山西人民出版社1986年版。

④ 余英时：《士与中国文化》，上海人民出版社1987年版。

结合，逐渐形成皖派之风。他们在经学研究上，采取的是深刻、细致、精核、严肃的科学精神和实事求是的科学态度。科技在徽州商人文化中占有重要的地位，而徽州科技则在当时全国的科技领域中居于领先的地位。

（2）封建性和伦理性。脱胎于理学的徽州商人文化具有浓厚的封建性，其文化内核的价值观是与传统儒学的忠、孝相通的[1]，因而徽州商人文化带有宗族文化的色彩。宗族文化的载体是宗谱、宗祠和祖坟。徽商之所以不惜重金从事宗族文化建设，一则，这是徽商实现其自身价值的重要手段。歙商吴佩常向妻子汪氏表示："吾家仲季守明经，他日必大我宗事，顾我方事锥刀之末，何以亢宗？诚愿操奇赢，为吾门内治祠事。"[2]二则，这是与其经济利益以及维持家庭稳定休戚相关的。徽州各姓聚族而居，明清时宗族制度进一步强化。各个宗族以朱熹的《家礼》为蓝本制订规范族人行为的族规、家典。在这些族规、家典里也体现着理学向商人文化的转换。我们且以祁门《方氏宗谱》所订族规分析之。一方面，在"励士风"条中，强调"士居四民之首，褆躬行与庸众不同"的传统观念。另一方面，在"尚勤俭"条中，则以儒学的勤俭为标准，指出："勤俭治家之要道，勤则有功，俭则可久。""余族祖先素以勤俭传家，为之后者讵可不遵祖训耶？自此以后感吾族子孙，士勤读、农勤耕、商贾勤贸易、妇女勤纺织。"士、农、贾在"勤则有功"上是平等的。在族规中，尽管用的是理学的语言，却渗入了商人的愿望。商人长期出贾，为维持家庭稳定而订立了"训诸妇""肃闺门""事舅姑""和妯娌""植贞节"等条款。在"植贞节"中，有维护商人妇利益的内容，规定商人妇丧偶后，"如有利其财产，明侵暗害者，众攻罚之"。《茗洲吴氏家典》也一反令子弟读书耕田的传统，鼓励子弟从商："族中子弟不能读书，又无田可耕，势不得不从事商贾，族众或提携之，或从它亲友处推荐之，令有恒业，可以糊口，勿使游手好闲，致生祸患。"比照宋代陆游的家训"士宦不可常，不士则农"，

---

① 唐力行：《论徽州商人文化的整合》，《安徽史学》1993年第1期。

② 汪道昆：《太函集》卷七二《溪南吴氏祠堂记》。

"切不可迫于食，为市井小人之事"①，则可见最为封建、保守的族规、家典在明清时代为商人改铸的幅度之大了。族谱中的世系小传、敬伦善行、闺阃淑德以及徽州地方志《人物志》中孝友、义行、乡善等等，记录了大量徽商的传记。明清笔记如汪道昆的《太函集》、谢肇淛的《五杂俎》、李维桢的《大泌山房集》、归有光的《震川先生集》等等，也绘声绘色地留下了徽商的言行。这些墓志铭、行状都是从孝友、义行的角度写的，它们既是徽州商人文化的重要组成部分，又印证了徽州商人文化的伦理性。

（3）通俗性。徽商于通俗文化用力尤多。徽州的刻书业在明清曾大放异彩，"散本"享有很高的声誉。徽商除了斥资刻印族谱、经书外，还刻印了大量的通俗小说和戏剧本子。如明代白南轩刻芥子园本《忠义水浒传》中插图，汪忠信刻《海内奇观》，汪文佐刻《牡丹亭记》，洪国亮刻《新刻绣象批评金瓶梅》，郭卓然刻《醒世恒言》，黄一彬刻《西厢记五本》《青楼韵语》《李卓吾先生批评浣纱记》，黄一楷刻《古杂剧》，黄一风刻《南琵琶记》，黄一松刻《书言故事大全》，清代黄一中刻《水浒叶子》，黄志和刻《新刻绣象小说清夜钟》《花幔楼批评写图小说生绡剪》，黄允中刻《寂光镜》，等。明清时期，商人的活动渗透到社会生活的每一个角落。徽商的形象活跃在《醒世恒言》《初刻拍案惊奇》《二刻拍案惊奇》《古今小说》等明清小说之中，为徽人所喜闻乐见。行旅匆匆的商人和乡居的百姓妇女视通俗小说为消闲解乏的上品。这也为通俗文学在徽州的普及创造了条件。

通俗文学之一的徽剧，在明清时得到迅速发展。徽州每逢年节有演戏的风俗。《寄园寄所寄》称："万历二十七年，休宁迎春，共台戏一百零九座。"其盛则可知也。徽州富商巨贾在扬州、南京、苏州等地往往蓄养家班。《扬州画舫录》卷五提到在扬州的七大内班中，可以完全肯定为徽商所有的就有徐尚志的老徐班，黄德、汪启源、程谦德的昆班，以及江广达的德音班和江春家的春台班。大盐商江春家中经常是"曲剧三四部，同日

---

① 叶盛：《水东日记》卷一五。

分亭馆宴客，客至以数百计"。家班演戏已是徽商炫耀财富、攀结势要、洽谈商业的交际手段。由于徽商有着较高的文化水平，他们往往自己编剧、度曲、导演，如汪廷讷著有杂剧六种，潘之恒、汪季玄、吴越石等则"自为按拍协调"，"招邀导引"。因此，徽班所演剧目往往反映徽商的价值观和审美观。如《牡丹亭还魂记》一直是徽班的保留剧目。该戏所反映的"情"与"理"的斗争，以及情胜理败的结局，正是深受理所压抑的徽商所希望的，足以浇徽商心中之块垒。又如《长城记》，徽班为孟姜女添上一段滚白，痛斥秦始皇为"昏君""无道"，也呼出了徽商对统治者抑商、贱商的不满心声。徽班之兴起得力于徽商之财力，并随徽商足迹而传播四方。

徽商善诗、画者甚多。商人周流天下，"每遇山水名胜之区，或吟诗，或作画，以寄兴"[1]。歙商黄长寿有《江湖览胜》，黟商胡际瑶有《浪淡斋诗稿》，婺商董邦直有《停舸诗集》，休宁商许竹斋有《壮游》《归兴》等。商人远离家乡、亲人，每以诗词发遣离怀别情。侨居扬州的盐商方士庭有《新安竹枝词》三十六首，刻于乾隆年间，读之"使人如游其地，而见士女之勤俭，闾阎之仁让，无他处侈汰嬉游之习，庶不乖六义风人之旨"[2]。绩溪商章献钰"偕母舅白都公运盐于武林，家稍裕。一日与朱草堂辈谈及家事，愀然不乐，遂辞归。有'戏彩思鹤发，衔杯泣雁秋'之句"[3]。诗、画不仅反映徽州商人的审美情趣，表达他们的胸臆情愫；而且还是徽商交结权贵的工具。《扬州画舫录》卷八载："扬州诗文之会，以马氏小玲珑山馆、程氏筱园及郑氏休园为最盛。至会期，于园中各设一案，上置笔二、墨一、端研一、水注一、笺纸四、诗韵一、茶壶一、碗一、果盒茶食盒各一，诗成即发刻。三日内尚可改易重刻，出日遍送城中矣。"马、程、郑均为大盐商。《啸亭杂录》称，程晋芳在乾隆南巡时，"献赋，授内阁中书"。由于徽商的雅好，加上他们的财力，明清两朝，徽商著作、刊刻的

---

① 同治《黟县三志》卷一五《明君春帆传》。
② 许承尧：《歙事闲谭》卷七《新安竹枝词》。
③ 绩溪《西关章氏族谱》卷二四《家传》。

诗集不计其数。在徽州还形成了独树一帜的新安画派。诗画为徽州商人文化增添了光彩。

（4）广泛性。从大文化的角度看，徽商的生活方式，诸如饮食、服饰、园林、建筑等，都为商人文化增添了新的内涵。宴席是商人洽谈贸易、广泛交际的重要场合。清代十大菜帮中有两个菜帮即徽菜和淮扬菜，是属于徽州商人文化范畴的。徽州的建筑业在明成化年间进入了黄金时代。遍布徽州的园林、别墅、住宅、佛寺、道观、书院、牌楼，其建筑的规模和技术堪称一流，并形成徽派古建筑的特殊风格。歙县民居、祠堂和棠樾牌坊群被古建筑家誉为"歙县三绝"。

二

徽州商人文化在中国文化史上占有重要的地位。

（1）徽州商人文化把中国早期启蒙思想推到新的高度。徽州商人文化的整合，是从对传统四民等级秩序和重本抑末的价值观念的否定开始的。嘉靖年间，出身于富商之家的汪道昆，提出了商农"交相重"，应"壹视而平施"①的主张。汪道昆的这一思想，是直接受徽商思想影响的。我们在《明清徽商资料选编》中，可以看到弘治、正德年间便有徽商发出"贾何负于耕？"②的呼吁了。汪氏的这一新思维，过去从不为人所注意。其实，他比明末思想家黄宗羲提出"工商皆本"要早整整一个世纪。汪氏对传统等级秩序与价值观的冲击，是同资本主义萌芽的诞生同步的，开了中国早期启蒙思潮的先河。

在商品经济进一步繁荣、资本主义萌芽蔓延的18世纪，徽州商人文化发展到了一个新的阶段，其代表人物则为戴震。戴震的父亲是个棉布商，戴震本人也当过商贩，称得上是位先贾后儒、贾儒相通的大学者。戴震在

---

① 汪道昆：《太函集》卷六五《虞部陈使君榷政碑》。

② 《新安歙北许氏东支世谱》卷八。

他最重要的著作《孟子字义疏证》①中，把早期启蒙思想推到一个新的高度。徽州商人的理欲观在戴震手中有了新的升华。戴震认为人欲的存在是天然合理的，他说："人生而后有欲、有情、有知，三者血气心知之自然也。"针对朱熹所说的"天理人欲不能并立"，戴震强调理欲根本不能分开，"理者存于欲者也"，"欲，其物；理，其则也"。"有欲而后有为，有为而归于至当之不可易之谓理。无欲无为，又焉有理？"戴震指责朱熹所提倡的灭绝人欲的"天理"是残忍的杀人工具，指出："尊者以理责卑，长者以理责幼，贵者以理责贱。虽失，谓之顺。卑者、幼者、贱者以理争之，虽得，谓之逆。于是下之人不能以天下之同情、天下之同欲达之于上。上以理责其下，而在下之罪，人人不胜指数。人死于法，犹有怜之者，死于理，其谁怜之？"明清时代，封建统治者仍顽固地推行重农抑商政策，置商人于卑者、贱者的四民之末，做过商贩的戴震对商人及广大老百姓的痛苦是了解的。他抨击"以理杀人"的理学，是有感而发的。因而戴震向统治者发出了"体民之情，遂民之在"的呼吁。这是在当时的时代条件下，商人文化所能发出的最强音了。我们应该看到，在对封建理学的批判上，在对"人欲"的肯定上，戴震哲学的系统性和深刻性超过了清初三大思想家。这与徽州商品经济的发展程度是对应的。戴震的社会理想是人人应该"以情挈情"，从而公正无私，这样"以我之情挈人之情，而无不得其平，是也"。其理欲观和社会理想，朦胧地表现出对平等、博爱的理想王国的憧憬。但是，由于时代条件的局限，戴震还不可能接触到当时西方的资产阶级民主思想，因而他只能借用传统的民本思想来鼓吹人欲的合理性。如同孟子一样，戴震民本思想的前提是承认君主制度的合理性。戴震说："'民之质矣，日用饮食'，无非人道。所以生生者，一人遂其生，推之而与天下共遂其生，仁也。""天下共遂其生"的前提是"一人遂其生"，仰赖"一人"的"仁"。民本是封建时代民主的极致，戴震的新理学没有突破这个极限，明清徽州的商人文化也没有突破这个极限。

---

① 关于戴震的引文，均出自《孟子字义疏证》，不另注。

（2）徽州商人文化汇入资产阶级启蒙思潮的历史洪流。20世纪的头10年，正是中国资产阶级形成并登上历史舞台的10年。辛亥革命后封建势力的复辟，证明了对传统文化来一次革命的重要性和迫切性，于是一场轰轰烈烈的思想启蒙运动开始了。徽州商人文化随之进入一个新的历史阶段，其代表人物则是胡适。胡适出身于一个亦贾亦儒、以贾为主的商业世家。徽州商人文化对胡适的影响是显而易见的。从4岁到13岁，胡适在家乡受了9年的私塾教育，传统的徽州文化可谓深入他的骨髓。13岁到19岁，胡适在上海求学，他的生活消费也全靠二哥、三哥在上海、武汉经营的店业收入。胡适的一生与族人乡党（其中大多是商人）往来密切，有不少徽商朋友。胡适在为其父年谱所加的按语中提到胡茂纲，"经商，与我很相好"，便为一例。胡适晚年给《绩溪县志》题词"努力做徽骆驼"。其实，胡适自己正是一头背负着徽州文化，却在一条新路上不倦跋涉的徽骆驼。徽州商人文化的科学性、通俗性、伦理性和广泛性无不体现于胡适的治学方法、治学内容、为人处世乃至其投身文学革命上。

胡适的时代，徽州商人文化也随近代工商业的发展而改变了封闭的状态。胡适走出国门，接受西方文化的洗礼。徽州商人文化所具有的早期启蒙文化的性质，使胡适在中西文化的交汇和撞击中很快实现了由民本到民主的转折。民本把人民看作君主之下的一个整体，民主则从根本上否定君主，而视人民为独立自由的个体。胡适指出："争你们个人的自由，便是为国家争自由！争你们自己的人格，便是为国家争人格！自由平等的国家不是一群奴才建造得起来的！"[①]他还进而指出，在民主的社会里，"'民主'是一种生活方式；是一种习惯性的行为。'科学'则是一种思想和知识的法则"[②]。他率先高举"德先生""赛先生"的大旗，向传统旧文化开火。与胡适同时代的陈独秀、吴虞、易白沙、陈序经、丁文江、吴稚晖、林语堂等都认为中国不如西方的，不只是政治制度等，而是整个的文化，因而只采用西方的政治制度是不会成功的，必须全盘西化才行。然而有着

---

① 胡适：《介绍我自己的思想》，见《胡适哲学思想资料选》（上），第34页。
② 胡适：《胡适的自传》，见《胡适哲学思想资料选》（下），第197页。

深厚的徽州商人文化根基的胡适却独具只眼，提出了他的西化说："文化自有一种惰性，全盘西化的结果，自会有一种折衷的倾向……此时没有别的路走，只有努力全盘接受这个新世界的新文明。全盘接受了，旧文化的'惰性'自然会使他成为一个折衷调和的中国本位新文化。"①胡适强调以科学、民主的价值观来取代传统的专制、愚昧，并在价值观改变的基础上实现中西文化的合流。他的西化说更合乎世界文化发展的普遍规律。如何来实现西化？胡适把西方争取民主的非暴力合法斗争也一并纳入他的资产阶级思想体系，主张对社会做点滴的实在的改良，以求得社会的不断进化。就这样，胡适成为新兴的然而又是软弱的资产阶级启蒙文化的最杰出代表。胡适以民主作武器，对近千年的理欲之争作一归结，从根本上宣告"理"的破灭和"欲"的胜利。以此为转折点，徽州商人文化进入一个全新的发展阶段，即由早期的启蒙文化阶段进入资产阶级启蒙文化的新阶段。

（3）徽州商人文化的历史局限性。脱胎于理学的徽州商人文化先天便缺乏独立的品格。徽商甚至在表达自己的社会价值观念时，也不得不借用理学。例如，正德、嘉靖年间的徽商黄文襄劝其子弃儒经商时说："象山之学以治生为先。"于是，"初有志举业"的黄崇德，"喻父意，乃挟资商于齐东"②。陆九渊并无治生为先之说。黄文襄此说直接来自朱熹对陆九渊的评说。陆九渊"家素贫，无田业，自先世为药肆以养生"③。《朱子语类·训门人》中，朱熹在回答学生"吾辈之贫者，令不学子弟经营莫不妨否"的发问时说："止经营衣食亦无甚害，陆家亦作铺买卖。"其实，"学者以治生为本"，是在宋代后士商合流的历史潮流中，弃儒从贾的商人们自己的语言。士商合流的结果使商人们有可能改铸理学，整合属于自己的文化，从而造成了理学的分流。官方理学与徽州商人变化的分流反过来又促使理学内部的进一步分流。从王阳明的"虽终日做买卖，不害其为圣为

① 胡适：《编后记》，载《独立评论》第一四二号。
② 歙县《竦塘黄氏宗谱》卷五《明故金竺黄公崇德公行状》。
③ 《象山先生全集》卷二八《宋故陆公墓志》。

贤"①到泰州学派均与正统的程朱理学分庭抗礼。所有这一切都反映着中国社会内部的新变化，都是有利于商品经济的发展的。但是，理学分流这一文化现象，本身也揭示了传统文化的包容性、延续性和转换机制。中国商人文化的研究，无疑为我们探讨中国封建社会的长期延续，提供了一个新的角度。

原载《安徽史学》1992年第3期，有改动

---

① 《传习录拾遗》第一四条。

论徽州商人文化的整合

徽州文化的特质是什么？人们历来都把新安理学与徽州文化等而视之。历代所修徽州方志亦作如是云。但是，当笔者更多地涉猎徽州文化时，却深切地感受到徽州文化的特质并非理学，而是商人文化。商人文化是一个新课题。笔者拟就理学的分流、转换以及徽州商人文化的整合等作一粗浅探讨，以就正于学界同仁。

一

朱熹所主张的"存天理，灭人欲"，与商人文化有什么关系呢？在回答这个问题之前，我们先看一下朱熹所生活的时代以及当时的徽州。宋代，随着商品经济的繁荣，商人的社会地位有所提高。清人沈垚指出宋代出现了士商合流的趋势："宋太祖乃尽收天下之利权归于官，于是士大夫始乃兼农桑之业，方得赡家，一切与古异矣。仕者既与小民争利，未仕者又必先有农桑之业，方得给朝夕，以专事进取。于是货殖之事益急，商贾之势益重。非父兄先营事业于前，子弟即无由读书，以致身通显。是故古者四民分，近世四民不分。古者士之子恒为士，后世商之子方能为士。此宋元明以来变迁之大较也。"①沈垚的论点是有充分的历史根据的：宋以后

---

① 沈垚：《落帆楼文集》卷二四《费席山先生七十双寿序》。

的士多出于商人家庭，以致士商的界限已不能清楚地划分。这一变化在徽州是十分明显的。徽州"处万山中，所出粮不足一月，十九需外给"①。因而"徽民寄命于商"②。南宋建都临安，徽州颇得地理之便，其所产木、茶沿新安江源源输往国都。商品经济的发展造成了徽州簪缨望族与商贾世家合流的趋势。例如朱熹的外家祝氏，在《新安大族志》和《新安名族志》中均被列为名族。宋代，祝氏有二人得中进士，与朱氏中进士的人数相同，但是，祝氏又善于经商，"世以资力顺善闻于乡州，其邸肆生业有几郡城之半，因号半州"③。朱熹曾为号称"半州祝家"的外公祝确立传（参见《朱文公文集》卷九八），可见他并不排斥商贾。朱熹说过："在世间吃了饭后，全不做些子事，无道理。"④朱熹的"做事"自然也包括商业。事实上，他本人也曾用刻书的方法来谋利润⑤。因而，在朱熹的身上也体现了士商合流的趋势。既然如此，朱熹为什么要说"圣人千言万语只是教人明天理，灭人欲"⑥呢？这里的灭人欲，一般被理解为朱熹对待商贾的态度。自古以来，商贾便是与统治者所不能容忍的"人欲"联系在一起的。早在汉初，晁错就说过："商贾大者积贮倍息，小者坐列贩卖，操其奇赢，日游都市，乘上之急，所卖者必倍，故其男不耕，女不蚕织，衣必文采，食必粱肉，忘农工之苦，有阡陌之得；因其富贵，交通王侯，力过吏势，以利相倾；千里遨游，冠盖相望，乘坚策肥，履丝曳缟，此商人所以兼并农人，农人所以流亡者也。"⑦因而历代统治者几乎无一例外地实行重本抑末的政策。抑末者，抑止"人欲也"。但是，如果我们把朱熹的"灭人欲"，简单地理解为他要消灭人的一切生命欲望，理解为他对商业持否定态度，则大谬不然了。其实，在朱熹的哲学里，人欲这个概念有两重

---

① 《止庵集·厘弊疏商稿序》。

② 康熙《休宁县志》卷七《汪伟奏疏》。

③ 《西干志》卷四《祝外大父祝公遗事》。

④ 《朱子语类》卷一〇五。

⑤ 李则纲：《徽商述略》，《江淮论坛》1982年第1期。

⑥ 《朱子语类》卷一二。

⑦ 《汉书·食货志》。

含义，且看《朱子语类》卷一三："问：'饮食之间，孰为天理，孰为人欲？'曰：'饮食者，天理也；要求美味，人欲也。'"可见，此处他只把过分的欲望称作人欲，而正当的欲望仍合于天理。所以朱熹所称的"人欲"，一是指正当的生命欲望，这是符合天理的，可以说是"人欲中自有天理"①；第二个含义则是不正常的或过分的生命欲望，这是和天理相悖的。朱熹鼓吹的"存天理，灭人欲"，所要灭的是第二个含义的人欲，对于第一个含义的人欲，不仅不能灭，而且还要保护，因为这是合于天理的。从朱熹关于"人欲"的两个含义观之：第一，其第二个含义反映了宋代商品经济有了巨大发展。从北宋中期起，社会风气显著变化，"仕宦之人"，"纤朱怀金，专为商旅之业者有之；兴贩禁物、茶盐、香草之类，动以舟车，贸迁往来，日取富足"②，甚至身居相位者，也"专以商贩为急务"③。南宋此风更盛。朱熹曾写过一篇《按唐仲友第三状》的文章，就披露了宋孝宗时台州知州唐仲友在婺州家中开设采帛铺、鱼鲞铺和书坊，还在官衙召集匠人刻印书籍出售的情况④。第二，其第一个含义反映了商人社会地位的改善。既然正当的生命欲望是符合"天理"的，就不应不加分析地将商业一概斥为末业而加以抑压。朱熹对商业为本业虽无明确论说，但是他充分肯定了正当的欲望，也就涵盖了这层意思。第三，其第一个含义还反映了当时商品经济的发展毕竟有限。商人的经济地位决定了他们只能把自己置于"天理"之下，只能以"人欲中自有天理"来为自己的合理性辩解。朱熹之后，尤其是明清的理学家往往夸大朱熹关于"人欲"的第二个含义，并将其绝对化。因此，注意到"人欲"的第一个含义，恢复朱熹对"人欲"的本来解释，是有意义的。朱熹的理学虽不是商人文化，但是他对"人欲"的二重解释，却为徽州商人将理学熔铸入商人文化提供了可能。

① 《朱子语类》卷一二。
② 蔡襄：《蔡忠惠文集》卷一五《国论要目·废贪赃》。
③ 《宋史全文》卷三三《理宗三》。
④ 《朱文公全集》卷一八。

二

明代中叶，在商品经济繁荣、资本主义萌芽诞生的背景下，理欲之间的矛盾、对立、冲突日益加剧，围绕着理欲之辩，理学实现了分流。一方面，理学作为维护专制极权的舆论工具成为官方哲学，取得了独尊的地位，"存天理，灭人欲"的说教被进一步硬化；另一方面，理学为适应商品经济的发展而转换了机制，被商人整合为商人文化。后者虽非主流却代表着历史前进的方向，具有强大的生命力。徽商具备整合理学的条件，这与徽商所处的人文地理环境有关。有着悠久理学传统的徽州，重视文化教育。明代，徽州书院勃兴，到清初，徽州六邑计有书院五十四所①。道光《徽州府志》卷三《营建志上·学校》指出：明清"天下书院最盛者，无过东林、江右、关中、徽州"。徽州还有遍布于城乡各地的家学、书屋、私塾，以至"虽十家村落，亦有讽诵之声"②。这就使徽商有着较高的整体文化水平。一些徽商还有较深的理学根底。明清时期的徽商往往以儒贾自居，他们弃儒从贾后，并不放弃对理学的研究。如徽商汪松"居尝精研理学，欲希圣超凡"③；汪志德"虽寄迹于商，尤潜心学问无虚日"④；汪应浩"虽游于贾人乎，好读书其天性，雅善诗书，治《通鉴纲目》《家言》《性理大全》诸书，莫不综究其要"⑤；胡仁之"居平耳提面命其子孙曰：'吾有生以来惟膺天理二字，五常万善莫不由之。'……因名其堂曰'居理'"⑥。徽商对理学的研究，使他们有可能整合理学。

徽商整合理学是为了自己的经济利益，这从其研究理学的方法来看，是十分清楚的。他们大多数不是致力于理学的系统研究，而是从理学中撷

① 康熙《徽州府志》卷七《营建志上·学校》。
② 光绪《婺源乡土志》第六章《婺源风俗》。
③ 康熙《休宁县志》卷六《人物·孝友》。
④ 《汪氏统宗谱》卷四二《行状》。
⑤ 《休宁西门汪氏宗谱》卷六《光禄应浩公七秩寿序》。
⑥ 李维桢：《大泌山房集》卷七三《胡仁之家传》。

取某些章句、格言，立竿见影地服务于商业，如徽商章策，"虽不为帖括之学，然积书至万卷，暇辄手一编，尤喜先儒语录，取其有益身心以自励，故其识量有大过人者"①；王鸿鉴"性耽书史，老而不怠，著为家训，杨郡伯跋其简，称为'贤者格言'"②；程尚隆"虽早年发箸，不废典籍，尤精左传三史，皆能贯串，为宋儒学辑《修齐格言》四卷"③。众多的徽商从不同的侧面，环绕着理欲之辩这个问题，以群体的力量改铸着理学，将其整合为徽商的经济利益服务，并能体现其价值观及审美情趣的徽州商人文化。

徽商对理学的改铸，首先是在朱熹关于人欲的第一个含义上做文章。既然"人欲中自有天理"，天理与人欲就不是绝对排斥的。在明清士商合流的变迁中，徽商把理欲相通引申到士商关系的解释中，提出贾儒相通的新观念。他们从义与利、孝与悌、名与利等不同的角度论证了这一点。商人重利，仕子重义，似乎是对立的，但是徽商却以为义与利是相通的，士商只是职业上的不同，商人同样可以做到重义。黟商舒遵刚"尝语人曰：'圣人言，生财有大道，以义为利，不以利为利。国且如此，况身家乎……，吾少有暇，必观《四书》《五经》，每夜必熟诵之。漏三下始已。其中义蕴深厚，恐终身索之不尽也"④。歙商黄玄赐在义礼之邦的山东经商，他"临财廉，取与义"，得到齐鲁之人的评语："非惟良贾，且为良士。"⑤贾儒在孝弟上也是相通的。徽商方勉弟"父贾中州，折阅不能归。伯氏（勉孝）为邑诸生矣，仲公（勉弟）顾名思义蹶然而起曰：'吾兄以儒治身显亲扬名，此之谓孝；吾代兄为家督，修父之业，此之谓弟。'乃辍学，从父贾中州"⑥。方勉弟"顾名思义"，其实是从儒家语录的伦理思

---

① 绩溪《西关章氏宗谱》卷二六《例授儒林郎候选布政司理问绩溪章君策墓志铭》。

② 光绪《婺源县志》卷二十八《人物志·孝友》。

③ 同治《黟县三志》卷一五《程尚隆传》《舒遵刚传》。

④ 同治《黟县三志》卷一五《程尚隆传》《舒遵刚传》。

⑤ 歙《竦塘黄氏宗谱》卷五《黄公玄赐传》。

⑥ 李维桢：《大泌山房集》卷七二《方仲公家传》。

想（朱熹《四书章句集注》云："善事父母为孝，善事兄长为弟。"）中找到了士商平等的心理依托。贾儒在名、利上亦相通。《太函集》载，吴良儒丧父，母令其弃儒继承父业："而父资斧不收，蚕食者不啻过半，而儒固善，缓急奚赖耶？"吴良儒"退而深惟三，越日而后反命，则曰：'儒者孜孜为名高，名亦利也。藉令承亲之志，无庸显亲扬名，利亦名也。不顺不可以为子，尚安事儒？乃今自母主计而财择之，敢不惟命。'"吴良儒"深惟三"，得出的结论是名亦利，利亦名，在名利上儒与贾是相通的。吴良儒中年致富后，"暇则闭户翻书，摹六书古帖"，并声称："吾少受命于亲，不自意儒名而贾业，幸而以贾底绩，吾其儒业而贾名。"[1]正因为名利相通，儒业、贾业也可转换兼得，因而徽商强调："士商异术而同志。"[2]汪道昆甚至还评说："余惟乡俗不儒则贾，卑议率左贾而右儒，与其为贾儒，宁为儒贾，贾儒则狸德也，以儒饰贾，不亦蝉蜕乎哉。"[3]这段出于商贾之后、一代大儒的话，反映了明代中叶徽州社会心理的变革。在徽州，不仅士商相通，而且在道义上正大光明求利的商人更胜于贪墨的士人。利与儒家伦理的孝弟、价值尺度的义、名相通，可谓"人欲中自有天理"。理学向商人文化的"蝉蜕"是十分明显的。

理欲相通，或者说贾儒相通，在徽商的经济活动中有着重要的实践意义：第一，造成贾与儒的良性循环。汪道昆指出："新都三贾一儒……贾为厚利，儒为名高，夫人毕事儒不效，则弛儒而张贾，既侧身饷其利矣，及为子孙计，宁弛贾而张儒。一弛一张，迭相为用，不万钟则千驷，犹之转毂相巡，岂其单厚计然乎哉！"徽商在"家业隆起"之后，"多延师课子"。如大盐商鲍柏庭，延名师购书籍不惜多金。尝曰："富而教不可缓也，徒保资财何益乎！"[4]富而教的目的是"大吾门""亢吾宗"。正如沈尧所云："非父兄先营业于前，子弟即无由读书，以致通显。"故徽州有书院

---

① 汪道昆：《太函集》卷五四《明故处士溪阳吴长公墓志铭》。

② 汪道昆：《太函集》卷六一《明处士休宁程张公墓表》。

③ 汪道昆：《太函集》卷五二《海阳处士仲翁戴氏合葬墓志铭》。

④ 歙《新馆鲍氏著存堂宗谱》卷二《柏庭鲍公传》。

之盛、科举之盛。徽商子弟以"业儒"成名而居高位者，莫不关心商贾的利益。嘉、万年间文坛上"后五子"之一的汪道昆，曾与当时文坛巨擘王世贞先后官兵部，时称"天下两司马"①。这位盐商子弟曾对传统的"重本抑末"进行了有力的批判，提出农商"交相重"的观点，要求统治者对之"壹视而平施之"，采取"从商之便"的政策。康熙时，歙商子弟许承宣官工科给事中，他在一则奏疏中，针对当时农商赋税负担繁重的情况，提出："请禁赋外之赋，差外之差，关外之关，税外之税，以苏农困，以拯商病。"②至于那个在《资本论》中被马克思惟一提到的"中国财政大员"王茂萌，其"专为商人指使"③的事迹，则更是尽人皆知了。徽商子弟、族人、同乡在各地为官者甚众，这对于"足迹几半宇内"的徽商来说不啻是提供了保护伞，其中的好处是难以尽述的。贾儒相通、迭相为用，是徽商与理学共盛的原因所在。第二，造成集贾、儒于一身的竞争机制。《歙风俗礼教考》称："歙之业鹾于淮南北者，多缙绅巨族。其以急公议叙入仕者固多，而读书登第、入词垣跻馆阁仕者，更未易仆数，且名贤才士往往出于其间，则固商而兼士矣。……非若列肆居奇肩担背负者能同日语也。"④"商而兼士"当然并不限于"急公议叙入仕者"，一般的徽商未必个个能入仕，但他们往往有较高的文化修养，所以"虽营业者，亦有儒风"⑤，能"扫尽市井中俗态，虽不服儒服、冠儒冠，翩翩有士君子风焉"⑥。在封建社会后期，社会分工不断发展，商业联络网日益扩大，商品与货币的运动错综交织，社会矛盾也日趋复杂化。商人有较高的文化修养，有助于在商业活动中分析市场形势，分析自然和社会诸因素对供求关系的影响，从而在进退取舍之间不失时机地做出正确的判断，以获得厚利。如徽商张光祖，少习进士业，"受春秋三传，领会奥旨，逮壮屡试有

① 《明史》卷二八七《王世贞传》附《汪道昆传》。
② 许承宣：《赋差关税四弊疏》，《清经世文编》卷二八。
③ 《东华续集》（咸丰）卷二六。
④ 许承尧：《歙事闲谭》卷十八《歙风俗礼教考》。
⑤ 《婺潭县志稿》《抄本》。
⑥ 婺源《湖溪孙氏谱》卷一《萃峰孙公传》。

司，弗克展底蕴。寻业商，时或值大利害事，每引经义自断，受益于圣贤心法最多"①。徽商有较高的文化修养，也有利于他们攀援封建政治势力。徽商的主干是盐商。盐业是国家专权的商品。明清时期以两淮盐场盐最多，盐利最厚，因此淮盐的专卖权便成为许多商帮竞相追逐的目标。然而，在许多商帮中，唯独徽商受到特别的宠遇，从而取得优势地位。究其原因自是多方面的。但其中一个重要的因素是徽商善于利用儒学作为与官府的黏合剂，他们的这一手是其他的商帮所望尘莫及的。

徽商对理学的改铸，其次是在朱熹关于人欲的第二个含义上做文章。出于商业经营的需要，他们在某些场合又充分肯定朱熹关于天理、人欲的对立。

（1）强调理欲对立是徽商积累财富的需要。中国传统文化的核心是忠孝。朱熹的"天理"便是从忠孝衍生出来的。他说："万物皆有此理，理皆同出一源，但所居之位不同，则其理之用不一，如为君须仁，为臣须敬，为子须孝，为父须慈。物物各具此理，而物物各异其用，然莫非一理之流行也。"②徽州商人以行忠孝为"天理"。但是他们与士人"所居之位不同"，所以"其理之用不一"。明清大量史料披露徽商以显扬父母、光耀门楣作为经商的目的与归宿。徽商致富后，将巨量利润投入捐纳、建祠堂、修坟茔、建会馆与义庄、置田产、族田、叙族谱、开办书院、义学等，以实现孝。他们还大量地助饷、助赈，向封建朝廷输帑，以实现忠。为此，徽商"存天理，灭人欲"，以勤俭作为积累财富的理性工具。顾炎武《肇域志·江南十一·徽州府》说："新都勤俭甲天下，故富亦甲天下。……青衿士在家闲，走长途而赴京试，则短褐至骨干，芒鞋跣足，以一伞自携，而肩舆马之费，闻之则皆千金之家也。徽州人四民咸朴茂，其家以资雄闾里，非数十百万不称富也，有自来矣。""勤俭甲天下"对于徽商群体而言并非夸张。关于徽商"折节为俭""以约奉身，以勤俭率诸子

---

① 《张氏统宗氏谱》卷八《毅斋翁侍》。
② 《朱子语类》卷一八。

孙"的记载俯拾皆是。徽商许侔先"苦其心志，劳其筋骨，以致富有"①。汪可越"性节俭，甘淡泊，饮食服御，宁不如人，惟孜孜勤苦于栉风沐雨中炼成一生事业"②。勤俭是实现"富有"的"天降大任""一生事业"的理性工具。徽商还有"非勤俭不能治生"③"长贾深藏若虚，无移于侈汰"④的格言。自然，徽商并非与奢侈绝缘，从《扬州画舫录》中可看到徽州盐商竞相奢丽的大量事实。汪道昆指出："新安多大贾，其居盐筴者最豪，入则击钟，出则连骑，暇则召客高会，侍越女，拥吴姬，四坐尽欢，夜以继日。"⑤徽商的奢侈与其经营活动不可分割。谢肇淛《五杂俎》说："新安奢而山右俭也。然而新安人衣食亦甚菲啬，薄麋盐蔌欣然一饱矣，惟娶妾、宿妓、争讼，则挥金如土。"⑥《二刻拍案惊奇》中讲得更明确："徽州人有个僻性，是乌纱帽、红绣鞋，一生只这两件事不争银子，其余诸事悭吝了。"⑦新安奢与乌纱帽、红绣鞋相关，说到底是与乌纱帽相关。《徽州府志》指出："甚矣，贾道之难也，为人上者又从而病之，民何以堪命耶！"⑧在封建专制制度下，商人在经营活动中不得不处理好与"乌纱帽"的关系。故有关徽商的传记中大多有"争愿结士大夫交"，"重交游，乐与士大夫款洽"，"当代名公臣卿，咸倾心款结"之类记载。商人娶妾、宿妓与汪道昆所云"召客高会"是联系在一起的，是商人"公关"活动的手段，这在经营国家专权的盐业的商人中尤为普遍。所以谢肇淛在说"新安奢"的同时，并不影响其对徽商勤俭的充分肯定。徽商"存天理，灭人欲"的苦行，显然是有利于财富积累，而财富的积累又有利于向资本的转化。然而，徽商为"存天理"和"乌纱帽"所花费的巨额财富又破坏

---

① 歙《许氏世谱·西皋许公行状》。
② 绩溪《汪氏宗谱·饮宾宁静翁传》。
③ 吴吉祐：《丰南志》之《从父敬仲公状》。
④ 吴吉祐：《丰南志》之《从嫂汪行状》。
⑤ 汪道昆：《太函集）卷二《汪长君论最序》。
⑥ 谢肇淛：《五杂俎》卷六四《地部二》。
⑦ 《二刻拍案惊奇》卷一五《韩侍郎蝉作夫人顾提控橼居郎属》。
⑧ 康熙《徽州府志》卷八《营建志下·蠲赈》。

着财富的积累。这是徽商的悲剧所在，也是中国社会的特殊性所在。这里，要指出的是徽商的勤俭观念，也是来自传统文化。理学家们有"做事自是懒不得"①之说。

（2）强调理、欲对立是徽商控制从商族众的需要。徽籍巨贾往往兼行商坐贾于一身，其营运范围既广，分设店铺亦多，需要雇佣众多的伙计参与营业。俞樾《右台仙馆笔记》载，歙商许翁，有典铺"四十余肆，其人几及二千"。徽商雇佣的伙计名目繁多，但就管理层次而言，一般分为代理人、副手、掌计、店伙或雇工四层。这些受雇的伙计，大多是族人、乡党或佃仆。徽商要在竞争中立于不败之地，就必须加强对伙计的控制。与山西商帮不同，徽商对从商伙计的管理并不以严格的制度，而是借助于宗法关系（在脉脉温情的面纱掩盖下，以宗主的身份控制从商伙计，并以血缘亲疏尊卑关系来维护等级森严的管理层次）来实现的。徽商要求从商伙计"存天理，灭人欲"。伙计对商人兼宗主的绝对服从，便是"天理"。伙计在参与商业活动的过程中则要"灭人欲"。例如，代理人汪承封"为族人代理蹉务，绝无染指，经营或拙，致亏资本，愿倾产以偿。族人信其无私，恒谅之②。又如副手"大贾辄数十万，则有副手而有助耳目者数人。其人皆铢两不私，故能以身得幸于大贾而无疑"③。再如掌计，岩镇闵世璋"赤手为乡人掌计簿，以忠信见倚任"④。至于从商的佃仆，则完全被宗法制束缚住手脚。徽商孙文林贾吴兴"多纪纲之仆，毋能试一狎语"⑤。这里的"灭人欲"便是"忠信""无私""铢两不私""绝无染指"。

（3）强调理、欲对立是徽商控制妇女的需要。《歙县志·风土》云："邑俗重商，商必远出，出恒数载一归，亦时有久客不归者，新婚之别习为故常。"徽商为保持远出经商时家庭的稳定，便只有祭起理学的法宝。

---

① 《朱子语类》卷一二〇。

② 江登云辑，江绍莲续辑：《橙阳散志》卷三《人物·隐德》。

③ 顾炎武：《肇域志·江南十一·徽州府》。

④ 许承尧：《歙事闲谭》卷二十八《闵象南　吴幼符》。

⑤ 李维桢：《大泌山房集》卷七二《溪亭孙长公家传》。

道学家的"饿死事极小，失节事极大"，规范着徽州妇女的行为。赵吉士云："新安节烈最多，一邑当他省之半。"①我曾对民国《歙县志·列女》作过统计，该志16册，列女传即占4册，所收明清两代（至咸丰年间）节烈妇竟达8606人。

徽商利用了朱熹关于人欲的第二个含义，即理欲关系的对立，但是又作了改造。朱熹说："人只有个天理人欲。此胜则彼退，彼胜则此退，无中立不进退之理。凡人不进便退也。"②这里，天理与人欲绝无调和的余地。而在徽商们的手中，理欲关系的对立变成了迭相为用的统一。徽商在对理学的改铸中，对朱熹双重含义的理欲观作了改造、变通和融合，模糊了朱熹关于人欲双重含义的界限，把被朱熹视为不正常的或过分的生命欲望也一概视为正常。在对理学改铸的过程中，徽商形成了自己的价值观和社会观。针对传统的商为四民之末，徽商不仅提出了"贾何负于耕"③"良贾何负于闳儒"④的四民平等的新社会观，而且还充满自信地提出了新的价值观。休宁商人汪新说："郡中贤豪起布衣，佐国家之急，致身乎金紫，等于勋阀。"⑤休宁商人程周说："为建昌当，为南昌盐，创业垂统，和乐一堂。"⑥歙商许秩说："男子生而桑弧蓬矢以射四方，明远志也。吾虽贾人，岂无端木所至国君分庭抗礼志哉？且吾安能效农家者流，守镃基、辨菽麦耶？"⑦祁门商人倪慕麟说："男子生桑弧蓬矢六以射天地四方，不贵则富，安事毛锥子终老乡井乎？"⑧汪新、程周、许秩和倪慕麟都是明代嘉靖、万历年间的商人，他们"等于勋阀""创业垂统""所至国君分庭抗礼志"以及睥睨"农家者流""毛锥子"的姿态，稍稍透露了资本雄厚

---

① 赵吉士：《寄园寄所寄》卷一一。

② 《朱子语类》卷一三。

③ 《新安歙北许氏东支世谱》卷八。

④ 汪道昆：《太函集》卷五五《诰赠奉直大夫户部员外郎程公暨赠宜人闵氏合葬墓志铭》。

⑤ 《休宁西门汪氏宗谱》卷六《挥金新公墓志铭》。

⑥ 《新安休宁名族志》卷一。

⑦ 歙《许氏世谱》第五册《平山许公行状》。

⑧ 《祁门倪氏族谱》卷下《慕麟公纪略》。

的徽商要求提高政治地位以与其经济地位相适应的意向。

理学分流以及徽州商人文化的整合，一方面显示了中国传统文化的包容性和延续性，另一方面也规定了徽州商人文化的若干基本特征。

原载《安徽史学》1993 年第 1 期，有改动

延续与断裂：徽州旅沪同乡会与社会变迁
（1923—1953）①

中国进入近代后，出现"数千年来未有之变局"②，国人开始"开眼看世界"。绅商们提出"决胜于商战"的口号，指出"握四民之纲者，商也"③，应该"以商立国"④。1902年商人自己组织的上海商业会议公所建立，这是中国资产阶级形成的标志⑤。清末推行新政，"政府鉴于商战不利，惧将无以自存于生计竞争之世也，于是创立商部"⑥。商部于1904年元月颁布《商会简明章程》，劝办商会。同年，上海总商会建立。商会在全国各地迅速发展起来。商人以激奋昂扬之势担当起历史赋予他们的新使命。同时，他们顺应潮流又建立起属于自己的新式自治组织——同乡会。这是在社会矛盾更为复杂、冲突更为激烈的新时代里，在新式与旧式商人、士绅与新知识阶层、男性与女性、资方与劳工等更广泛的参与下，建立起来的地缘性自治组织。同乡会的资料十分丰富，解读了新时代里徽州

---

① 本文部分内容已发表于《历史研究》2011年第3期，唯断裂之一部分内容未刊。这里是本文的完整版，特此说明。

② 李鸿章：《筹议海防折》，见《李文忠公全书·奏稿》卷二四，载沈云龙主编：《近代中国史料丛刊续编》第70辑，文海出版社，1980年版第828页。

③ 薛福成：《庸庵海外文编》卷三《英吉利用商务辟荒地说》，载沈云龙主编：《近代中国史料丛刊》第95辑，文海出版社，1973年版第1254页。

④ 郑观应：《盛世危言·商务三》，载《郑观应集》（上），上海人民出版社1988年版，第614页。

⑤ 唐力行：《商人与中国近世社会》，商务印书馆，2006年版第284页。

⑥ 《时报》光绪三十年十二月初四。

社会三大要素——商人、乡绅[1]和宗族在上海的互动,以及他们在客地(上海)与本土(徽州)间的互动,为我们解读这个时代的变迁提供了一个特有的视角。

一、延续:徽州旅沪同乡会的建立及其时代特征

辛亥革命后,尤其是第一次世界大战期间以及战后的数年,是我国民族资本主义工商业迅速发展的时期,也是中国资本主义唯一较为自由的发展时期,号称商人的"黄金时代"。黄金时代的到来是由于近代社会经济进步的累积,第一次世界大战提供了发展的契机,传统权力结构的松解等因素共同造成的。新组成的上海总商会在1927年之前采取了一系列适应资本主义发展的革新措施。例如开办商品陈列所,连续举办了三次规模宏大的国货展览会,激发了工商界的投资热情和竞争意识;举办商业图书馆和商业补习学校,培养了"商战中之人材";出版《上海总商会月报》,向全社会传达上海资本家乃至全国工商界的声音。1922年6月,资产阶级以上海总商会为核心,组成了近似政权机构的"民治委员会"。"采取革命方法鼓起担当国事的勇气"[2]。这是商人在"黄金时代"最辉煌的一页。商人的自治组织,在这一时期进一步发展、完善。在总商会下,有各个专业的商业公会。商人以行业的不同,除隶属于各个商业公会外,又以乡贯的不同而隶属于各个同乡会。同乡会的现代功能是传统会馆[3]所不能比拟的,

---

[1] 科举制度废除后,新乡绅包括原有科举制度下获取功名的人,以及在新式学校读书后从政、从文、从商等有一定社会地位的人。

[2] 毛泽东:《北京政变与商人》,上海《向导周报》1923年第31、32期合刊,第234页。

[3] 明末,随着商品经济的发展,贩运贸易的规模日益扩大,对市场的争夺也日趋激烈。仅仅依靠一家一族的力量已不足以应付营运中所遇到的问题,也难以抵制外帮商人的竞争。于是,出现了把宗族势力联合起来的地域组织——徽商会馆。会馆盛行于清代。许承尧《歙事闲谭》云:"吾徽人笃于乡谊,又重经商,商人足迹所至,会馆义庄,遍各行省。"

他们之间的关系是继承与发展、并存而互补的。1923年徽宁旅沪同乡会针对曹锟贿选，"提出由各省区组织民团商团实行自卫案"①。1926年全皖公会在一份决议中声称，要"参加市民自治运动，拥护市民公会及一切表同情之自治团体。发表刊物，灌输本省文化，谋改造社会步骤"②。

最先的同乡会是盛宣怀于1902年创建的常州旅沪同乡会，时间上与上海商业会议公所同步。这说明以业缘为主的商会与以地缘为主的同乡会从一开始就是互补的。商人在客地与桑梓之地的具体利益诉求不是商会所能顾及的，这是20世纪上半叶同乡会蓬勃兴起的缘由。据郭绪印先生统计，在上海特别市政府社会局登记的119所同乡会中，成立于清季的有5所，成立于抗战前的有21所，其余都为抗战后所建；徽州共有4所，建立于抗战前1所③。据笔者考查，可以补充的是，徽州在上海的同乡会多达7所，均成立于抗战前，分别是歙县旅沪同乡会④、徽宁旅沪同乡会⑤、祁门旅沪

---

① 《徽宁同乡会开会记》，《申报》1923年6月25日，第14版，上海书店1983年影印本，下引均同此版本。

② 《全皖公会成立当选委员揭晓》，《申报》1926年12月16日，第14版。

③ 据郭绪印统计，在119所同乡会中，安徽占9所，位列全国在沪同乡会之四。安徽属徽州的同乡会有4所：抗战前1所为歙县旅沪同乡会（1922年）；抗战后的3所为黟（1946年）、休宁（1948年）和婺源（1946年）旅沪同乡会。参见郭绪印：《老上海的同乡团体》，文汇出版社2003年版，第103页。

④ 据《申报》1923年3月30日第1版载："歙县旅沪同乡会筹备处通告：启者兹经筹备会议，决定于阳历四月一号下午一时，假城内福佑路纸业公所成立会，凡我同乡诸公务希届时拨冗驾临，勿延为盼"。

⑤ 成立于1923年的徽宁旅沪同乡会，由两府（徽州府、宁国府）12个县组成，共有理事、监事40人，休宁人士达12人，占30%。理事会21人，休宁人士8人，占38%。会长是休宁人曹志功。

同乡会①、婺源旅沪同乡会②、绩溪旅沪同乡会③、休宁旅沪同乡会④、黟县旅沪同乡会⑤。徽宁旅沪同乡会建立时受到旅沪徽宁同乡的热烈欢迎，《申报》有不少报道，反映了当时欢庆的热烈场面："徽宁旅沪同乡会，定于今日（八日）下午一时，假座西藏路宁波同乡会，举行成立大会。并附有各种游艺，前昨两日已分发入场券，并柬邀各界来宾观礼，预料今日到会者必多。兹将今日游艺项目中最有精彩者，分录如下：叠罗汉（救国十人团）、滑稽影戏（明星影片公司）、武术（启贤女子部）、拳术（汪禹丞君及其高足）、跳舞（勤业女师）、新剧（卖友求荣）（少年演讲团）、双簧（承天学生会）、丝竹（少年宣讲团）等，尚有其他游艺，不复备录。又该会筹备员事务已告终了，特于昨日（七日）下午假座聚乐园，举行聚餐

① 祁门旅沪同乡会成立于1922年，参见《祁门同乡力争茶税续闻》，《申报》1922年6月19日第14版。

② 婺源旅沪同乡会成立于1927年，参见《婺源旅沪同乡会·呈为重组婺源旅沪同乡会祈》1946年5月15日，上海社会局档案，Q6-5-1037（上海市档案馆藏，下引档案均同）。

③ 1930年，绩溪掀起荆州勘界运动，此事引起绩溪各界人士以及旅外人士的大力声援和支持。在上海，为凝聚旅沪绩溪人，由胡适和汪孟邹等人发起成立了"绩溪旅沪同乡会"。该同乡会地址是上海英租界劳合路北居易里20号。上海档案馆无存档。

④ 据《申报》1929年1月15日第14版《各同乡会消息》报道："休宁旅沪同乡会昨闻第二执监联席会，公推黄禹鼎主席，由汪少鑫纪录，行礼如仪，讨论（一）杭屯公路，休宁公路，请于赞助筹募捐与案，（议决）本会当尽力代向各同乡宣传，另函询该路办事处近来进行经过及就地募与成数。（二）筹集本会月刊经费案，（议决）由执监各委负责招等广告，或请自由捐助。（三）本会基金，根据第二次常务决议准予本月举行筹募案，（议决）另行组织筹备委员会，筹备委员由全体常务负责担任。另加推李桂山、汪平波、黄公侠、黄怜生四君为筹备委员。筹备委员会另日召集讨论，议毕散会"。据此，休宁旅沪同乡会当在1928年成立。黄禹鼎同时为休宁同乡会的主席、徽宁同乡会的常务委员。

⑤ 据《申报》1929年3月20日第2版《黟县旅沪同乡会征求会员》载："启者本会为谋求扩充会务起见，特于国历三月十八日至四月八日止举行征求会员大会，除推定征求队分区进行外，设我旅居沪上同乡为调查所还者，务请至下列地点报名加入，以便定期召集全体大会，备有缘起及大会表函索即寄。报名通讯处：北市宁波路中旺弄恒大布号，城内三牌楼余源茂布号，南市大马头万寿牛皮号。"因而，黟县旅沪同乡会当在1929年之前成立。

会，并合摄一影，以留纪念云。"①次日，《申报》又有报道："昨日下午一时许，徽宁旅沪同乡会在西藏路宁波同乡会开成立大会，到者甚众，二时开会，由徐季龙主席，吕朴山纪录。首由主席报告，略谓徽宁两属旅沪人士极众，向有徽宁会馆之设立，现在另行组织同乡会，亦因社会潮流趋势使然，并非划分徽宁之界限，此在座诸君应当了解之也。次李振亚宣读开会词毕，曹志功报告筹备经过，略谓，本会发起之初，不过六七人而已，嗣经定名徽州同乡会，嗣又有宁属同乡会加入共同组织，遂改今名云云。后由李振亚报告暂行简章。报告毕，郑鹪鸹报告职员名单，定名为执行委员会，计职员三十名，曹志功、黄兰苏、谭维洋、路文彬、余毅民、许伯龙、李振亚、汪醒斋、胡佩如、汪维英、毕立信、邵亦群等。次来宾柏烈武演说，谓兄弟虽是安徽一份子，但今日之成立会，系徽宁两属人士所组织之同乡会，兄弟忝属来宾之列，所以应以来宾资格发言，自前天接到请贴时，即预有一种贡献，以今日之……词毕余尽，散会已六时矣。"②此中柏烈武即柏文蔚，乃辛亥志士、安徽都督。正如主席徐季龙报告所谓：同乡会之建立"亦因社会潮流趋势使然"。

徽州同乡会数量之多、成立之早，与徽商在上海势力之强盛是相应的。据《申报》1924年1月29日《安徽旅沪同乡会立案》载："沪地为通商要区，安徽人士……无虑十余万人，若无同乡会组织，实不足以联络感情，合群互助。爰集乡人，公同发起安徽旅沪同乡会。"安徽在上海的移民人数次于江苏、浙江和广东，而位居全国第四位，其中大多为徽州商人。徽商在上海的茶、木材、棉布、典当、笔墨、漆等行业都居于领先地位。徽商在上海无论定居与否，宗族观念与乡土观念都十分强烈。即使此时新式商业或制造业的徽州商人，也带有浓浓的宗族观念。因此，徽州人对比会馆功能更强大的同乡会十分支持。

同乡会与旧式会馆都是以地缘为纽带的群体组织，但同乡会现代色彩更浓，功能更为强大。徽州在上海最早建立的同乡会是歙县旅沪同乡会，

①《徽宁同乡会今日开成立会》，《申报》1923年4月8日，第17版。
②《徽宁同乡会成立大会纪》，《申报》1923年4月9日，第15版。

是由1922年旅沪歙商为家乡赈灾而设立的临时机构扩充而成①。次年该同乡会通过《本会章程》,宣告正式成立。较之以往的旧式会馆,歙县旅沪同乡会有如下新的时代特征。

(一)人数众多,成员成分更多元

歙县旅沪同乡会会员1945年有785人②,到1950年达1 300多人③,是一个具有一定规模的同乡自治团体。参加同乡会的除商人外,还有社会各界人士,尤其是新的乡绅。我们以1948年10月3日第二届理监事名单来看同乡会领导层的成分(表1):

表1 歙县旅沪同乡会理监事名单

姓名	年龄	职务	学历	职业
洪镇康	43	理事长	安徽省立第三中学毕业	统益袜厂经理
方炜平	48	常务理事	安徽中学毕业	万丰染织厂总经理
王杏滋	46	常务理事	私塾	义泰漆号总经理
许汉民	48	常务理事	私塾	福昌参燕行经理
王志大	47	理事	不详	大伦阳伞厂经理
江笑山	43	理事	私塾	公益袜厂经理
徐大公	51	理事兼总干事	圣约翰大学毕业	国防部审判战犯军事法庭书记官
许士骐	49	理事	上海美专毕业	画家
程少先	29	理事	警官学校毕业	龙华警察局司法股长
章载功	50	理事	私整	长城纱布公司经理
汪渭功	60	理事	私塾	黄山茶庄经理
曹述雍	30	理事	育才中学毕业	曹素功墨庄总经理

① 《皖歙旱南乡水灾急赈会募捐启》载:"敬启者本年七月初十日歙邑大雨连宵,蛟洪暴发,新安江之两岸洪波陡涨,逆流数十里,数日始退,查此次水灾被难极重者则以旱南乡之上下盘溪及定潭昌溪周礴头等处最为惨酷。……现在难民数千无家可归,无食无衣,严栖路泣,其困苦颠连之状,至为可悯。惟明等或近往邻村或远接家信,目不忍睹、不忍闻,为此发起斯会普告:仁人君子不分畛域解囊相助,惠及嗷鸿造福无量"。《申报》1922年10月1日,第3版。

② 《歙县旅沪同乡会会员名册》,1945年,上海社会局档案,Q6-5-1034。

③ 《社会团体调查表》1950年8月4日,旅沪同乡会档案,Q117-27-1。

续　表

姓名	年龄	职务	学历	职业
孙维嵩	37	理事	私塾	远东绸庄经理
朱承泽	39	理事	私塾	广生漆号经理
胡子佩	57	理事	私塾	永丰金铺经理
江肇周	49	理事	上海美专毕业	画家
曹小霆	26	理事	上海法政学院肄业	不详
叶日暄	44	理事	徽州师专毕业	京沪铁路管理局稽查
程树人	52	理事	私塾	太安丰保险公司襄理
姚子惠	57	理事	私塾	源泰漆号经理
曹叔琴	69	常务监事	龙门师范学院	不详
吴润先	67	常务监事	私塾	丰泰布号经理
章南园	74	常务监事	私塾	汇源漆号经理
程仁灏	26	监事	上海法政学院毕业	曾任江苏高等法院书记官
方志成	69	监事	私塾	义泰源号总经理
叶元龙	55	监事	英国伦敦大学毕业	前任重庆大学校长，现在国民大会代表
许作人	48	监事	东南大学毕业	淮南铁路公司董事
许伯龙	58	监事	安徽法政大学毕业	前任上海地方法院刑庭庭长
王鸿源	51	候补理事	私塾	大来电机针织厂经理
方鸿儒	45	候补理事	私塾	大上海茶庄经理
江一山	48	候补理事	私塾	大公烟行经理
叶宝成	45	候补理事	私塾	宏大茶行经理
洪寿祥	39	候补理事	私塾	不详
汪德焜	46	候补理事	私塾	永利百货号经理
洪良志	27	候补理事	上海法政学院毕业	社会局六科科员
曹霆龙	52	候补监事	安徽法政大学毕业	前任国民大会代表
潘荫庭	56	候补监事	私塾	老正泰漆号经理
吴星斋	62	候补监事	私塾	万源漆号经理

资料来源：《歙县旅沪同乡会里监事名单》，1948年10月3日，旅沪同乡会档案，Q117-27-2。

该届理监事共38人，其中商人24人，约占2/3，是主体。他们中有5位是工厂业主，其他为商业经理。从事新式工业的商人已占1/5强。另外的12人中有政界的头面人物，如两位"国民大会"代表、上海地方法庭庭长、大学校长、国防部审判战犯军事法庭书记官等，职业涉及司法、警方、公务员、画家等。这些新乡绅的加盟，增强了同乡会在上海的影响力。

从理监事的学历来看，大学专科有11人，其中1人系海外留学；中学或警官学校毕业有4人；其余均为私塾。新式教育与旧式教育各占其半。

全体会员的情况怎样呢？1945年《歙县旅沪同乡会会员名册》[①]登记会员共785人，依其交纳会费或捐款数额的差别分为赞助会员、特别会员、普通会员和劳工会员四类。他们的基本情况如表2：

表2　1945年歙县旅沪同乡会会员基本情况表

会员类别	商人	政界人士	学生	工人	农民	总人数	国民党员人数	国民党员占比
赞助会员	217	5	11	0	0	233	92	39.48%
特别会员	122	5	10	1	2	140	34	24.29%
普通会员	255	9	23	1	0	288	35	12.15%
劳工会员	52	0	27	45	0	124	17	13.71%
总计	646 (82.3%)	19 (2.4%)	71 (9.04%)	47 (6.0%)	2 (0.26%)	785 (100%)	178	22.68%

注：根据1945年《歙县旅沪同乡会会员名册》制作。

由表2可知，商人占全体会员的82.3%，是同乡会的主体。但是同乡会并不是专为商人利益服务的组织，参加同乡会的条件只有一个，就是同乡。同乡会的组成成员中还有政界人士与学生，分布在四个类别。劳工者主要集中在劳工会员中，但也有分布于特别会员与普通会员中的：他们所交的会费虽最少，然而在会员拥有的权利上却是平等的。当发生劳资纠纷或生计困难时，同乡会会给予帮助。妇女也独立地加入同乡会，除了特别会员，其他三类会员中都有妇女：赞助会员有12人，普通会员6人，劳工会员1人，共计19人，占全体会员的2.42%。妇女会员人数虽然不多，但是在传统氛围浓烈的徽州人群中，其进步意义是明显的。同乡会是由徽州同乡自愿结合的自治团体。歙县同乡会共有国民党员178人，占总人数的

①《歙县旅沪同乡会会员名册》，1945年，上海社会局档案，Q6-5-1034。

22.68%。赞助会员与特别会员中国民党员的比例达到39.48%和24.29%，比普通会员高出2—3倍。妇女会员中国民党员5人，占妇女人数的26.32%，与同乡会国民党员总的比例基本持平。经济状况与政治态度是相对应的。但是加入国民党是会员的个人行为，在同乡会中没有国民党的组织系统。为了维护同乡的共同利益，同乡会对国家权力进行批评和监督。

（二）组织形式更民主

据歙县旅沪同乡会1923年第一届报告书《本会章程》可知，同乡会已采用现代党团组织的选举法、任期法。如章程第二条规定会员的资格："本会由歙县旅沪人士组织而成，凡旅沪同乡，经本会会员介绍，皆得为本会会员。"会员有缴纳会费的义务，也有选举权与被选举权。章程第七条规定："本会职员，除名誉会董外，概由大会选举之，任期一年，次期被选，仍得连任。"同乡会的领导机构，在会长、副会长下设置评议员20人，均为义务职。一切事务由会长、副会长和评议员集体讨论后议决。评议会下设干事员18人，也是义务职，办理对内对外事宜，并"执行大会评议会议决事项"。此外设书记，"常年驻会，办理缮写收发文件暨各项杂务""惟书记一员，得由本会酌予津贴"。

该章程还对同乡会的各项议程作出规定，如：

第九条：本会左列各项会议：一、大会。每年一月一日开全体大会一次，举行报告会务，宣布收支，选举职员，修改会章等事项；并议决重要事件。二、临时大会。议决临时发生之重要事件，由会长召集，或由会员二十人以上提议召集之。三、评议会。由本会会长副会长评议员组成之，每月第一星期日开会一次，议决会员提议事件；会董名誉会董干事员亦得列席与议，但不加入表决。第十条：本会各项会议，非全体会员四分之一以上出席，不得开会，非出席会员过半数以上之同意，不得议决。议事可否同数时，决于会长。第十一条：本会会员提议事件，须经三人以上之提议，五人以上之附议，并缮具议案，方可送交会长提交评议会核议，其由职员提议者亦同。第十二条：本会会员提议重要事件，认为有经全体大会议决之必要者，得以二十人以上之提议，二十人以上之附议，并缮具议案，送交会长提交大会议决，如非在大会期间，可临时召集之。第十三条：评议会审议事件，认为关系重要，有移交大会议决之必要者，得商由会长移交大会议决；或由会长召集临时大会议决之。①

凡此种种，都体现了透明、少数服从多数的民主组织原则。

歙县旅沪同乡会的组织形式在实践的过程中不断完善。1929年同乡会第七届报告书中关于会员一章有两条新的内容："第四条：凡旅沪同乡不分性别，经会员一人之介绍，均得为本会会员。第五条：本会会员享有本章程第三条规定之各项利益及提案选举与被选举权，但欠缴会费之会员不得享有被选举权。"规定妇女可以加入同乡会，进一步明确了会员的权益，充分体现了会员参加同乡会的自愿性和平等性原则。

歙县旅沪同乡会在组织结构上，将执行委员会与监察委员会分立，使之互相制衡："第九条：本会会务由会员大会议决之，会员大会闭幕时设执行委员会、监察委员会分别处理。第十条：执行委员会额定执行委员十五人，执行委员大会议决案并办理本会一切事务。第十一条：监察委员会额定监察委员九人，监察会务、稽核款项用途。第十二条：执行委员会设候补执行委员九人，监察委员会设候补监察委员五人于执监委员缺额时各依名次之先后递补之。"

同乡会举行选举大会会在《申报》上发出公告。1929年歙县旅沪同乡会第七届选举大会的通告如下："本会遵照定制于十八年一月一日开选举大会，改选执监各委票函是日寄出，仍在英租界贵州路六十七号本会事务所，当众开票。凡我同乡祈莅临监视一切。倘有未接票函者届时仍可当场补票亲投。事关选举重要，尚祈勿误。是荷此启。"②1926年徽宁同乡会在选举揭晓后，将结果刊登在《申报》上，以示公信："徽宁同乡会选举揭

---

① 《歙县旅沪同乡会第一届报告书·章程》，1923年，旅沪同乡会档案，Q117-27-3。

② 《歙县旅沪同乡会第七届选举大会通告》，《申报》1929年1月1日，第17版。

晓：徽宁旅沪同乡会第二届选举，前日（五日）在该会事务所当众开票，到者数百人，除由理评两部推出监察管理各人监视外，并由会员中推出黄禹鼎、郑勉予等启封。检票报告收到票数后，即开始唱票录票，直至晚上八时许，始行竣事。兹录当选人姓氏如下：曹志功、余鲁卿、李振亚、胡佩如、黄禹鼎、路文兵、毕立信、郑介诚、汪汉溪、吴鼎九、汪禹丞、吕篙渔、许小甫、汪幼农、余股民、胡苇之、詹铭珊、邵亦群、郑曼陀、程丹五、黄温如等三十七人当选为评议员；胡廷元、吴泳霓、程龄荪、李省三、汪覆安、王琴甫、洪监庭、龙兆鸿、李逸岑、曹素君、程用六、邵在雄、胡复华、邵念祖、吴苍民、程桥铁等三十七人当选为候补评议员。"①自由选举的过程表明，同乡会是超脱于领导层个人或商人私利之上，由为全体同乡服务的个人自愿组成。

(三)经济实力更雄厚

同乡会开展各项活动的经费，来自会员的捐助和会费。歙县旅沪同乡会第一届报告书《本会章程》第四条载："本会会费，分为常年会费及特别捐二项。一常年会费：本会会员，每年应缴纳常年会费一圆，于开大会时一次缴清，新入会会员于入会时缴清。二特别捐：由本会会员量力认缴，但认定后应即缴清。会员认缴特别捐一百圆以上者，推为名誉会董。"章程还对会费的使用作了严格的规定："第五条：本会所收会费及特别捐，除供应必要支出之用外，如每年尚有余存外，应即作为基金，储存生息。此项基金，非有迫要用途，并经大会通过，不得动用。"由于会员的积极捐助，第一年的特别捐助达3329元，其中房产大王程龄荪一次就捐助1000元。这反映了处于黄金时代的旅沪徽州人对同乡组织的热情。加上会员的会费833元，存息125.49元，会计垫300元，共计4587.49元。全年支出1108.7元，收支两抵净存洋3478.79元。这在当时是一笔巨款（参见表3）。

---

① 《徽宁同乡会选举揭晓》，《申报》1926年10月7日。

表3　1923年歙县旅沪同乡会第一届收支报告①

收入	姓名	金额/元	姓名	金额/元	姓名	金额/元
特别捐款	程龄荪	1 000	黄吉文	300	曹惟明	300
	曹味蘅	200	许伯龙	100	胡采生	100
	方晓之	100	吴庚甫	100	孙星三	100
共计洋 3 329元整	吴鹤琴	100	吴青筠	100	方志臣	100
	常缉予	100	洪明度	100	吴润生	50
	章松炎	50	吴咏霓	50	程心之	50
	汪志敬	30	程律谐	30	吴秉臣	30
	吴仲谋	30	汪醒斋	20	曹涵秋	20
	洪新发	20	汪用宾	20	郑勉予	20
	王云卿	20	吴萌槐	10	吴雨畴	10
	程勖康	10	汪景山	10	汪瑞卿	10
	许受衡	10	汪寿昌	10	罗楚金	5
	汪正淮	5	汪志培	5	朱志卿	4
共计洋	4 587.49元					
置办家私器具	159.9		置办图书	98.8	会场油漆	6
装修议事室板壁	10		门首挂牌	2	证书	3.6
逐日茶水杂用	13.91		镜框一件	2.6		
共支洋	1 108.7元					
收支两抵净存洋3 478.79元						

此后，会员会费的数额进一步细化。1924年3月9日的修正章程规定，会员的年会费分为1元、4元、12元三个档次，会员可量力自行选择。这样，会员年费收入有所增加。第二届结束时的存洋比第一届结束又有增加，为3 867.79元。这些钱存在钱庄收息，其中协大申庄年息39.6元，慎余申庄年息74元、51元两笔，共计164.6元。同乡会将会费收入分存于两个钱庄，降低了风险。1925年第三届总计收入达4 879.39元，开支与第一届相比有所节省，为1 000.815元（参见表4）。

---

① 《歙县旅沪同乡会第一届报告书·收支报告》，1923年，旅沪同乡会档案，Q117-27-3。

表4 1925年歙县旅沪同乡会第三届收支报告①

收支报告	
收入	金额／元
收第二届存洋	3867.79
收协大中庄甲子年年息	39.6
收慎余申庄甲子年年息	74
收十三年月费会员洋	12
收十三年年费会员洋	3
收本月月费会员洋	144
收本年季费会员洋	164
收本年年费会员洋	524
收慎余申庄年息	51
共收入4 879.39元	
支出	金额／元
付本年房租大洋	289.54
本年书记十三月薪水	260
本年公役九个月工食洋	98.5
杂用洋	34.5
第二届报告书	118
第三届大会糕点纸笔茶担洋	9.35
付借慕尔堂	20
付给慕尔堂茶房洋	2
付印刷费	5.45
付信封信纸费	5.6
付邮票	4
付装修及铁灶洋	68
付送黄、程、许三会长会董素礼	21.18
付送吴恒慈烈士素礼	11
付迁移登报费	22.8
付搬场费	11.56

① 《祁门同乡会欢迎本邑茶商》，《申报》1924年6月2日，第14版。

续　表

收支报告	
付置办票匦一只	7.375
付用临时书记薪金	10
付端节茶水	2
以上共计1000.815元[①]	

同乡会资金的募集，除会费、会员捐助外，还有商人根据营业额抽取捐银的做法。以产茶著称的祁门，有按茶商的营业量（茶箱数量）捐银的规定。《申报》对此有报道称：旅沪祁门同乡会开会欢迎本邑茶商，"首由会长许筱甫报告开会宗旨，及本会收支账略，并致欢迎茶商诚意。次由洪剑萍、胡苇之、程永言相继演说。大概谓祁门同乡会成立以来，承茶帮热心，按箱捐银二分，冲本会建筑费，本会全体实深感激。惟以会所虽告落成，而根其实未稳固，旅沪同人，仍希望茶商始终维持，保持此种热心于永久云。继由茶帮代表章慕陶致谢词毕，略谓：本帮捐助，应宜尽力，若图永久办法，按箱只能捐银一分，请大家讨论。后经陈楚材、汪维英、争嗣邦、康定东、王余三、丁颂芬、徐受初、政书堂诸君磋商良久，结果，今年仍照旧捐银二分，将来则按箱永久捐银一分，倘遇有特别事情，再另行设法捐助云云。议毕，遂西餐散会"。

(四)社会功能更强大

歙县旅沪同乡会第一届报告书《本会章程》的第三条阐明了其自身的社会功能："本会为敦睦桑梓情谊，企图同乡公益而设，其应行举办事项如左：一、关于桑梓之慈善事业；二、旅沪儿童之教育事业；三、增进公众幸福之事项；四、关于失业会员之救济事项；五、调解乡人之争议事项；六、援助乡人免除不正当损害事项。"除了第一条是关于家乡的慈善事业外，其余五条都是保护在上海的徽州人的利益。

1929年歙县旅沪同乡会第七届报告书，对社会功能作了增补。在关于

---

① 表中数字校算结果实为1000.855元。

保护在上海的徽州人的利益方面，没有变化。而在关于家乡的慈善事业方面，又增添了一条"于桑梓政治经济暨治安上之建议事项"。旅沪徽州人在经济实力允许的情况下，把更多的关注投向桑梓之地。

徽州六邑，歙县为首邑，其他五邑在沪也都设有同乡会。1925年为整合六邑的力量，以便发挥更大的社会功能，歙县、休宁县、黟县、祁门县、婺源县、绩溪县六邑联合宣城县、南陵县、旌德县、太平县、泾县、宁国县六邑旅沪同乡共同组织徽宁同乡会。因12县系旧由徽州、宁国两府所属，故定名为徽宁两属旅沪同乡会，简称徽宁同乡会。同乡会宣布："本会以联络乡谊、维持公益、发挥自治精神、增进旅居幸福为宗旨。"徽州、宁国两府相毗邻，历史上关系密切，往往被外界同视为徽商。虽说由12邑共同组成，但是从1947年的理事、监事会组成[①]来看，核心权力掌控在徽州人的手上。理事21人中徽州府人士18人，其中休宁8人，歙县4人，婺源2人，绩溪2人，祁门1人，黟县1人；宁国府人士3人，其中南陵1人，宁国1人，太平1人。监事7人中徽州府4人，休宁、歙县、绩溪、婺源各1人；宁国府3人，泾县、宁国、旌德各1人。候补理事9人俱为徽州人，其中歙县2人，休宁1人，绩溪2人，婺源3人，祁门1人。候补监事3人，其中休宁2人，泾县1人。理监事与候补理监事共计40人，其中

---

① 据上海档案馆藏：《徽宁旅沪同乡会第十五届理监事名单》（1947年5月28日）。理事21人：曹志功（休宁）568票、方炜平（歙县）275票、张益斋（休宁）247票、谢仁钊（祁门）176票、胡焕文（黟县）161票、邵萍友（绩溪）161票、李铭（南陵）149票、刘紫垣（休宁）134票、黄禹鼎（休宁）130票、吴鼎九（歙县）125票、朱梅（休宁）125票、程一帆（休宁）112票、郑鉴源（婺源）87票、张东林（宁国）63票、邵亦群（绩溪）60票、吴进之（歙县）53票、孙子莆（婺源）52票、汪述祖（休宁）49票、程贻泽（歙县）47票、江玉屏（太平）42票。监事7人：杨啸天（宁国）286票、戴孝惆（旌德）158票、程海峰（休宁）148票、曹淑琴（歙县）141票、胡适（绩溪）105票、朱如山（泾县）98票、江眉仲（婺源）78票。候补理事9人：张友帆（歙县）41票、许伯龙（歙县）40票、胡复华（休宁）36票、邵亦份（绩溪）36票、谢淮卿（祁门）36票、张荫之（绩溪）35票、郑芝樏（婺源）34票、詹福熙（婺源）32票、俞观明（婺源）31票。候补监事3人：汪育斋（休宁）73票、李达孚（休宁）71票、胡朴安（泾县）51票。

徽州府33人,占82.5%。理监事的人数和选票,其实反映了两府在沪的人数和影响力的实际情况。但是,两府联合,无疑可以有更为强大的功能。理监事会成员的社会地位,也是同乡会强大影响力的保障。如会长曹志功曾任上海市党部商人部总干事、上海纳税华人会常委、市商会秘书、市卫生局药品供应处处长等职;监事会中有著名学者胡适,还有原皖南行署主任戴孝悃、中央监察委员杨啸天、国际劳工局中国分局局长程海峰等,都可以称为新乡绅。

徽宁旅沪同乡会章程(1936年修正)之第四条,列述了本会的功能:"一、关于徽宁旅沪各界之利弊得失,本会有调护指导之任务。二、关于徽宁旅沪同乡生计之盛衰,本会有研究扶助之任务。三、关于徽宁旅沪同乡公益慈善诸事业,本会有提携筹维之任务。四、关于旅沪同乡生命财产、横来之损害,本会有共同援助之任务。五、关于徽宁两属实业、教育暨其他民政事项,本会有调查促进之任务。"与歙县同乡会相比,可以看到徽宁同乡会更侧重于关注两府在上海同乡的生计,站在更高的高度,宏观上"调护指导""研究扶助""提携筹维""共同援助""调查促进";而各县家乡的具体慈善事业则由各县同乡会来解决。这也是他们之间的分工。徽宁同乡会有一套精干的办事机构,在组织上设秘书1人;并分设总务、财务、教育、工艺、仲裁、交际、调查,各设正副主任干事各1人;干事若干人,由理事会从理事或会员中聘任之,秉承理事会之命办理主管事务,确保会员大会和理事会的决议能得到落实。

(五)信息与网络更畅通

上海与徽州,客地与本土间保持着密切的联系,信息相通。除了往返于徽、沪之间的人员和信件传达信息外,更借助于具有近代特色的报刊。据《申报》1925年9月21日载,徽人在沪上有"徽社上海总部",出版《徽音月刊》,"颇得各地同乡欢迎"[1]。这本月刊由徽州人士程本海、胡梦

---

① 《徽社昨开大会纪》,《申报》1925年9月21日,第15版。

华、许士骐等发起创办，胡适与陶行知曾任顾问，前后办了四年，成为徽州同乡的喉舌及城乡信息交流的桥梁。《申报》1929年4月17日还刊登了受众面更广的《徽报》的一则启事称："（安徽人注意）徽报召请通讯员，分销处启事：本报为宣扬文化，启迪民智，指导社会，扶助桑梓起见，特组织一种报纸，定名徽报，三日刊。特聘：吾皖文学家曹梦鱼君担任总主笔，刻已筹备就绪。定于四月二十四日出版，拟请安徽各县通讯员数十人（每县限定一人）报告各县地方新闻及邑中人民之种种疾苦。如愿任斯职者，请即试稿三次，合则函约，不合恕不作复。另召请各埠分销处（不限地址），愿担任分销处，请即投函本馆发行部可也（分销章程函索即寄）。本馆地址：上海北泥城桥爱文义路丹凤里，电话7987号。"[1] 1932年10月10日，《徽州日报》在屯溪创刊，是徽州最早的地方民营报纸，由沪、杭、宁、苏等地旅外徽商集股经营，在上海、杭州、南京、苏州等大中商埠均有徽州旅外同乡会帮助设立分馆或代派处销售报纸。旅外各地徽州同乡会对这份报纸十分重视，因为它承载着大量的家乡信息。此外，徽州各旅沪同乡会大多办有自己的会刊。如《申报》1929年2月26日各同乡会消息专栏里就有关于休宁旅沪同乡会的报道，其中议决各案之"（三）月刊临时补助费案，议决：由常委负责担任，每人至少十元"[2]。抗战胜利后，各同乡会恢复活动，迫切需要属于自己的新信息源。1948年徽宁旅沪同乡会创办《徽宁导报》，为此他们向上海社会局提出申请：

> 窃属会为联席各地同乡，刊载会务报告及报导徽宁各县新闻、旅外同乡动态，拟发行《徽宁导报》一种，暂时出半月刊，将来逐步改出周刊或三日刊。属会总务科主任吴启民为徽宁导报社发行人，主持社务。社址暂设制造局路医院路35号，理合依照出版法第九条及同法施行细则第九条之规定，填具新闻纸登记申请书，一式五份。仰祈赐予核准登记给证，实为公便。

> 谨呈

---

① 《〈徽报〉召请通讯员、分销处启事》，《申报》1929年4月17日，第2版。

② 《各同乡会消息》，《申报》1929年2月26日，第16版。

上海市社会局局长吴,徽宁旅沪同乡会谨呈。

民国三十七年二月十九日①

另外,沪上各家报纸,尤其是《申报》,对沪徽两地信息的沟通也起了重要的作用。

畅通的信息和血缘、地缘纽带,把旅沪同乡会与桑梓之地紧密联系在一起。同乡会对家乡事务的重视和救助,对于徽州农村社会的稳定起了极其重要的作用。当时在上海的徽州人参与的组织是交叉重叠的,除商会之同业公会外,还有本县的同乡会、徽宁同乡会、各县会馆或徽宁会馆,乃至安徽同乡会,从而置身于一张庞大无比的血缘、地缘、业缘网络中,以维护自身、家族与同乡的权益。此外,他们还可能有选择地参加其他党团社会组织。

徽州旅沪同乡会是怎样建构起它的网络的呢?这一网络是多层次的,远比我们想象的要复杂和庞大。徽商遍天下,徽州旅沪同乡会的组织网络也伸向了天下。这个天下不仅是国内,还伸向了海外。本土与客地的互动就是在这张网络之中进行的,互动的内容十分丰富,机制十分灵活,形成的合力十分强大。

从民国年间《申报》的报道可以看到,在沪的徽州同乡与在日本的徽州同乡之间保持着联系。1923年日本受灾发生粮荒,9月11日报载,徽宁旅沪同乡会为此于9日召开会议,讨论对策。"由郑介诚提议,此次日灾,固应急济,惟米粮弛禁一事,关系国家民食,应函各公团注意此事,勿为利用。结果通过各公团,并接济日灾团体,劝勿运米出口,以贻国内米荒。次由汪醒斋、曹志功提议,对于侨日徽宁同乡及学生应致电慰问,俟其被难来申时,由本会商同会馆设法招待。结果通过。推余鲁卿与会馆接洽。"②这里既关心了侨日徽宁同乡的安危,又表达了爱国的立场。

当然,徽商旅沪同乡会的网络主要在国内,例如徽商较为集中的广东。《申报》1924年披露了徽宁同乡会因"广东婺源会馆为皖人汪某朦呈

---

① 上海社会局档案,Q6-12-152-3。

② 《徽宁同乡会开会纪》,《申报》1923年9月11日,第14版。

公安局标价拍卖事"，于3月24日召开"理评两部紧急会议，许伯龙主席。首由理事曹志功报告此事经过，继由李振亚、汪禹丞、詹铭珊、汪维英等相继发言，均主力争"。会议议决三项办法："①电请广东政府顾全公益，依法发回。②函请徽宁会馆一致力争。③函复粤港同乡允予协助，并请其随时函告。"① 从中可以看到是粤港同乡向徽宁旅沪同乡会报告了广东婺源会馆被盗卖的消息，两地间的同乡是有着密切联系的。此事得到了安徽旅沪同乡会的支持："安徽旅沪同乡会，接据上海徽宁会馆、徽宁同乡会报告，广州婺源会馆被人盗卖。特于日前开评议会，议决一致力争，分电广州孙中山氏及公安局，请其追问发还。并请本会柏评议长就近调查实情。预备会同徽宁会馆、徽宁同乡会推派代表赴粤起诉。"3月27日，由安徽旅沪同乡会给孙中山发去电文称：

> 广州孙大元帅均鉴，迭接上海徽宁会馆、徽宁同乡会函报，据旅粤同乡函电告称，广州婺源会馆被人盗卖事，请求本省旅外同乡一致援助力争等情。查各省旅外同乡，均有会馆公所之设，以为乡人生聚死厝之所。婺邑在粤建造会馆，设置归厚堂产业，已历二百余年，今胡被同乡少数不肖分子，私自盗卖。乡先辈艰难经营为同乡谋安宁之公产，一旦化为乌有，消息传来，群情骇愤，务乞钧座俯从民意，迅饬该馆官厅赐予追回，惩治盗卖窃买者之罪，感沫仁施，岂为枯骨。除预备派员赴粤依法起诉外，谨此电呈，伏候德音。

安徽旅沪同乡会叩谏②

又如，山东的临清，"山东之集而中国之枢也"③，自古以来就是徽商集中之地。《五杂俎》卷一四《事部二》指出："山东临清，十九皆徽商占籍。"1923年5月临清发生绑匪绑架中外人士的事件，其中有旅临徽商。6月11日徽宁旅沪同乡会开会讨论"营救临城被拘同乡事"④。不久，在同

---

① 《同乡会消息》，《申报》1924年3月26日，第15版。

② 《皖人力争粤省公产之电文》，《申报》1924年3月27日，第14版。

③ 吴吉祜：《丰南志》之《百岁翁状》，转引自张海鹏、王廷元等编：《明清徽商资料选编》，第251页。

④ 《徽宁旅沪同乡会开会纪》，《申报》1923年6月11日，第15版。

乡会与社会各界的干预下，外国人士被释放而中国商人仍在绑匪手中。6月28日《申报》介绍了《歙县同乡会对旧华票之营救》的情况：

> 歙县同乡会因临城华俘新票虽释，而旧票尚未放出，不胜愤慨，特开临时会。公决，致函各省区同乡会联席会，请速即设法营救。原函云：月前，临城巨匪掳掠中西人士，承大会设法营救，无任钦佩。顷闻西人业已尽释，惟华人旧票尚未放回。窃念中西新旧被掳人士，同属难民，岂容歧视。旧票被羁已久，备受苦辛，语其情况，尤堪悯恻。刻下既经发现，尤应一体营救。节经本会职员提案，议决向大会提出议案，祈即用大会名义，电请鲁省军民长官，责令新编匪军，将旧票悉行释出，以竟前功而彰公道云云。

在这段报道中，特别要注意的是歙县同乡会致函的是各省区同乡会联席会，也就是说，徽州人在各省区的同乡会都建立了联席会，而各联席会之间也建立了网络联系，互通信息，互相支持，从而覆盖了天下。

这张覆盖天下的网络以"无徽不成镇"的江南为中心，这里是徽商活动的中心区域。1926年12月，因徽州驻军扰民，徽州旅沪各同乡会推派代表到南京，与政府交涉。《申报》报道说："徽宁旅沪同乡会因徽属驻军事，特推代表曹志功赴宁，与在宁同乡及刘宝题等接洽一切。兹该代表业于昨晚回沪。同行者有歙、黟两同乡会代表许伯龙、许玉田、余复白等。据云刘表示尚佳。该会特于今晚开委员会，请代表等告详情云。"同时还报道了歙县旅沪同乡会于15日开会的情况："赴宁代表许伯龙、许玉田两君报告在宁接洽情形。所有驻军在徽挪借饷粮服装等款，已允由公款项下拨还归垫。刘谢部粤军，决不在徽屯驻。刘师长宝题并经面允负责拨还借款，并称刘李两部已切实整饬军纪，严禁拉夫、汲取人民财物等语。议决，据情函告歙县商会及各法团。"由此可见，交涉是成功的。报道还披露了在上海与南京的徽州同乡之间联络互动的机制："徽宁旅沪同乡会及歙县两同乡会，日前推派代表赴宁，与旅宁方面之新安同乡会，一致应付家乡兵事，设沪宁通讯处两处。宁设新安会馆，沪设徽宁同乡会。"①

---

① 《皖同乡赴宁代表返沪》，《申报》1926年12月16日，第14版。

同乡会还设立与江南各个重要的城市联络的代表。1923年报载徽宁旅沪同乡会就"代表划分区域案"展开讨论，"议决①蚌埠吕篙渔、余志汶②南京、安庆、芜湖李振亚、王文藻③杭州程永言、曹志功。末由主席报告各处来函，宣告散会，已八时许矣"①。"主席报告各处来函"，差不多是同乡会每次会议结束前要做的事，说明各地徽州同乡会之间信函往来、互通信息是常态。

徽州商人遍布江南，其中行商则奔走于江南城乡间，更易受到伤害。以下是歙县木商许国钧受到同乡木商和自己的伙计损害的事件：

事由：振华采木公司许国钧为贩运木料被乾吉木行经理王建侯犯法出卖，诉请救济，转函杭法院主持公正办理由

歙县旅沪同乡会理事长、理监事暨诸同乡父老公鉴：窃国钧为兴办教育起见，上年十一月间曾派伙友鲍连生、江美整二人押运木簰来杭，原期脱售后，以充复校开办费用，不料二伙见财起意，初将木簰落于指定木行汪财记，后以索借巨款未遂，中途变志。适乾吉饵以金钱，因而勾引过行私取巨款。心犹不足，一再向国钧威逼勒索。乾吉木行经理王建侯乘机勾通二伙，久有不利国钧之企图，国钧因此不住行内，免遭不测。王建侯以经济支绌，一再威逼签字半价出售。国钧以血本攸关坚持未允。彼乃于一月十日设计将国钧骗至木行，纠众行凶并扭打拖至木行公会，由预先准备之木行法判决：准乾吉木行自由出卖。国钧以身无分文，无法伸冤，急而两度自杀，幸均遇救。一月十一日由同乡会方秘书陪同报告杭市第五区公所，请求转令保长看管听候法律解决。比蒙严区长一面将报告批交乾吉木行所在地保长负责办理，并一面缮函交国钧偕方秘书亲见木行公会陈理事长，请其派员纠正制止。不料目无法纪之王建侯藐视区长命令，竟敢于一月十四日将许振华印木五百十八根、大红皮九根、材板四片一并以半价先后盗卖尽；伙友鲍、江等已朋分赃款而逃。国钧闻讯痛不欲生，幸赖同乡劝慰，除向杭县地方法院声请将已被盗卖而尚未运走之许振华印木予

---

① 《徽宁弭兵会委员会纪》，《申报》1923年9月7日，第14版。

以假扣押外,并依法诉追。闻该木行势力豪大无法无天,对官厅向不畏惧,用敢紧急报告,请求转函杭县地方法院之至。歙县许振华采木公司经理许国钧谨即。①

从这则事例中我们可以看到,许国钧的两个伙友与杭州乾吉木行经理王建侯勾结,盗卖许国钧的木材。许国钧在万般无奈乃至绝望之际,向歙县旅沪同乡会求救(可见上海旅沪同乡会在苏、杭之间居于领袖地位)。同乡会派出一位秘书到杭,与杭州第五区区长及杭州木业公所联系,得到这两个部门的支持。但王建侯仍是私下盗卖。许国钧申请杭县地方法院将盗卖的木材加以扣押,并紧急报告歙县旅沪同乡会,请求以同乡会的名义给杭县地方法院函件。由此可见,在徽商受到损害时,同乡会就是他们的靠山和娘家。而歙县旅沪同乡会有着崇高的信誉和威望,在与官府及地方势力打交道时也确能力挽狂澜,维护同乡的正当利益。

同时,还有同乡来上海被骗后得到同乡会帮助的事例:

> 同乡汪进云被骗投浦,经法公堂函送本会救济案,主席说明汪系皖兰溪人,来沪经商不慎,被骗钞票一百二十六元。汪因愤而投江,经人援期,转送法公堂,由公堂判给四十元,并函请本会设法救助,遣关回里。讨论结果,以汪无知受骗,情景堪怜,由会及委员量力资助。当由各委员临时认助四十元,候轮遣关回籍。②

网络的核心当然是旅沪同乡会的所在地上海。各旅沪同乡会采用各种方法,尽可能多地吸收会员。黟县旅沪同乡会在《申报》发出征求会员的通告称:"年来旅沪黟县人日渐加增,惟漫无统计,不足以联系乡情而固团结,本会系旅沪黟人集团为促进情感、增加团结力起见,特组织第三届征求大会。目的在得多数会员加入,本会团结一致。除以分队征求外,因沪市地广人稠,未尽周知,恐有挂漏之处,征集不及,爰特登报通告。凡我邑人见报后,务希自动至南市大码头街万泰牛皮号或北市江西路天津路口永源里公怙局报名登记,以便备编会员录,定期选举执监委员综理会

---

① 旅沪同乡会档案,Q117-27-16。
② 《徽宁同乡会紧急会议》,《申报》1924年7月9日。

务，以利进行。愿我黟县旅沪同乡踊跃加入，共谋发展为幸。"①歙县旅沪同乡会组织了50个征求会员队，各队以歙县的乡村命名展开活动，务求更多的同乡加入。《申报》载其"组织第二届征求会员队，分为五十队，公推会长程龄荪为总队长。各评议干事担任三十八队分队长。其余十二队，特别队长推定曹惟民、黄吉文、吴庚甫、胡伯陶、吴秉臣、郑介诚、方文炳、吴志青、王琢芝、王云卿、吴镇周、黄载之十二人。各队以歙县诸乡村命名。定于三月二十三号开始征求"②。总队长由会长程龄荪担任，队长由评议干事或名流担任，足见同乡会对征求会员的重视。

从"为同乡巴泽田被控羁押公廨，请求援助案"可知，徽州人在上海城乡的网络是紧密畅通的。1925年4月23日徽宁旅沪同乡会召开评议会，由南翔新安同仁堂（徽州公所）代表吴鹏高报告案由："略谓：巴君系徽籍歙县人，在南翔经商四十余年，平日对于地方公益善举，无不尽力。去秋载起，曾极力维持地方，所有店产房产先后为兵灾焚毁，事后地方感念劳绩，推任警长。此次因甘维露发生后，被甘指为索贿，由公堂拘押，饬令交保。奈巴君经商内地，租界店铺不熟，迄今仍未保释。惟巴君为人正直，为同人深悉，故请求援助。经众讨论，决定据情转达公庙，代为声援。"③以下是徽宁旅沪同乡会致公廨（法庭）请保释巴泽田的信函：

敬启者：顷据南翔新安公所司董吴承志等联名函称，公所总董巴泽田旅居翔地，历二十余年，平素对于地方及同乡公益善举，莫不热心从事，当地人士咸相感戴，故被推为保卫团团长。去秋江浙战事发生，南翔地当冲要，无日不在惊涛骇浪之中，幸赖巴君独立维持。迨后苏军败退，焚掠全镇，巴君家产及所设裕大祥货号，均遭焚毁。事后地方人士追念劳绩，又因地方负责无人，申绅者四十余人公请巴君兼任警察分所长。就职以来，士民翕服。今春奉军到翔供给周至，市廛赖以安逸。近被英籍律师甘维露以索贿为名，控诉公廨，判交二万

① 《黟县旅沪同乡会第三届征求会员通告》，《申报》1923年5月17日，第2版。
② 《歙县旅沪同乡会评议会纪》，《申报》1924年3月10日，第15版。
③ 《徽宁同乡会开会纪》，《申报》1925年4月24日，第14版。

元补保。但巴君经商内地,租界店铺素无熟识,以致迄今未能觅保,故尚续押未释。惟念巴君为人宅心忠厚,向不妄取,此次祸起须史,此中不无冤抑,乞为主持公道。迅赐转函公廨赐予开释,此后公堂定期传讯,随传到案,倘有延误,由司董等负责等情到会。窃巴君为人正直,勇于为义,非特旅翔乡人一致爱戴,即旅沪同乡亦多深悉。证以报载南翔各商号联名评吁之函件,尤足证巴君固不仅为同乡信仰已也。此次忽遭讼累,是否为人诬陷,虽未敢必,然拨之巴君平日操行,令人疑团莫释。敝会乡谊所关,碍难缄默,用敢据情上述,敬希钧庙秉公判断,以明是非。在未讯判之前,可否赐予免保释出,以便返翔办理各种要务。至将来传讯,由南翔新安公所负随传随到之责,或由南翔商号盖章环保。敬祈钧裁,无任感祷。①

徽宁同乡会在上海有很高的声誉,在它的援助下,同乡巴泽田被保释。

与此同时,为了加强与桑梓之地的联系与互动,旅沪同乡会在乡居的士绅和绅商中推选名誉会员,作为同乡会在本土的代理人:"歙县旅沪同乡会,昨日开评议会,徐云松提议,由会中公推驻歙名誉会员,俾通音讯。议决公推中区叶时亭、方晴初,南区王允时、汪觐微、吴瀚云,西区汪谦甫、汪筱溪、许恒仁、郑赞卿、方在明为名誉会员。所有在西北区俟下次开会再选。"②

同乡会为加强会员之间的乡谊,还经常举办同乐会、聚餐会等活动,如"徽宁旅沪同乡会,昨日午后一时,假西藏路宁波同乡会,举行征求开幕及同乐会。到者二百余人,由余鲁卿主席。奏乐开会后,即有主席致开幕词,次胡佩如报告举行同乐大会之意义,又次由吴鼎九报告征求会情况。报告毕,由该会会员相继演说,大致均深望同乡会基础巩固,为旅沪同乡谋幸福云云。摄影后,即演余兴以助来宾兴致。其游艺节目如下:(一)曹志功滑稽演说(二)汪昱庭大套琵琶(三)洪星垣幻术(四)中

① 《徽宁同乡会函请保释巴泽田》,《申报》1925年4月26日,第14版。
② 《歙县旅沪同乡昨开评议会》,《申报》1923年6月4日,第18版。

华武术会武术（五）陈道中三弦拉戏（六）王砥《石伞记》（七）影戏（八）少年宣讲团新剧《谨防交涉》（九）奏乐散会。时已七时许云"①。会长曹志功作滑稽演说，对于加强同乡之间的情感，是不言而喻的。

在上海的徽州同乡，以同县者为小同乡，同省的则为大同乡。徽宁同乡会与各县的同乡会虽无统属关系，但各县共同的事由徽宁同乡会协调更为方便。此外，它们在安徽省这个大同乡的名义下，与全省各个同乡会联合起来，集合为安徽各同乡会联席会议。1923年徽宁旅沪同乡会开会，"由胡佩如、汪醒斋先后报告出席各省区同乡会情形。曹志功报告出席救国联合会情形。复由主席报告旅沪安徽各公团定期召集联席会议，讨论北京政变之应付办法，本会应否加入，一致赞成加入，并推定曹志功、李振亚、汪禹丞、胡佩如四人为出席代表"②。1932年5月9日旅沪安徽各同乡团体召开联席会议：

> 到安徽、徽宁、金斗、和含、太平、婺源、休宁各同乡会及工商各界职业团体代表柏烈武、李振亚、余朗溪、曹志功、胡佩如、罗纯夫等百余人。公推许伯龙主席。首由主席报告本会集会宗旨及各方来函毕，开始讨论。议决各案如下：（1）安徽省警备旅团饷粮，现由省府担任，应电中央及省府，上项军队应受省府指挥，否则不应由皖库供应。（2）致电省府请求取消陈调元主政时代之预算，恢复向有原状以资节流。（3）电请省府维持教育经费，并使教费独立。（4）……（5）电请中央及省府，取消盐附加及烟苗特税八种特税。（6）请省府组织委员会清查历年财政紊乱情形，此项委员至少须民众团体参加三分之二。（7）电请省府从速协助人民自卫，并筹备真正之地方自治。（8）电请中央查办皖北赈务舞弊人员。（9）皖财厅长何其巩来沪，推员而竭，并询问皖省财政状况。（10）电请省府各种省税，不得由军队直接征收，以免紊乱系统。（11）请省府整饬吏治澄清贪污。（12）推举夏直钦、许伯龙、李振亚、曹志功、胡佩如等起草建议书，呈送

---

① 《徽宁同乡会同乐会纪》，《申报》1924年2月20日，第14版。

② 《徽宁同乡会开会纪》，《申报》1923年6月25日，第14版。

省府改进省政，议毕散会。①

所讨论大多有关全省大局的事务，而这些事务的处理又会影响到各个府、县，也包括徽州。同乡会从全局的观念出发关心自己的家乡，这种大局观是以往会馆难以看到的。会议主席是歙县许伯龙，起草建议书的五个执笔者中许伯龙、曹志功、胡佩如三人是徽州人。可见，在安徽全省范围内，徽州人在上海的势力是最为强大的。

1937年8月8日，安徽旅沪同乡团又召开联席会议，讨论组织抗日战时服务委员会事项。到会的有"安徽旅沪同乡会、徽宁旅沪同乡会、阜宁同乡会、颖州七县同乡会、歙县同乡会、绩溪同乡会、南陵同乡会、寿凤同乡公益会、星江敦梓堂、和县同乡会等各团体代表数十人。公推许伯龙主席，报告开会宗旨。旋讨论：①本市安徽同乡，为国难内亟、抗战救亡计，应组织战时服务团体案。议决，由旅沪各乡团体组织战时服务委员会，即席成立。并通告未到各团体，仅三四日内，推出代表一人至三人，参加组织。②通过组织大纲。由出席各代表担任本会委员，并推定许伯龙、吕荫南、孙齐青、吴其伦、曹志功等为总务组，汪禹丞、程子云为筹募组，张益斋、李铭为救护组，王竹如、李象贤为侦查组，程克藩等为救济组，积极进行办理。③本会经费筹措办法。议决：A.分团体个人筹措，团体方面，由各同乡团体分别进行，并遵照战时服务须知之原则办理。B.个人方面，由筹募组拟具筹募办法，通过施行。议毕散会"②。会议仍是由许伯龙担任主席，并建立了相应机构，策划了经费的筹措。同乡会所表达的爱国情怀、自治精神，是上海城市公共空间的体现。

在同乡会的网络联结上，血缘也是重要的纽带。笔者曾在《从杭州的徽商看商人组织向血缘化的回归——以抗战前夕杭州汪王庙为例论国家、民间社团、商人的互动与社会变迁》③一文中指出，进入近代以后，尤其

---

① 《各同乡会消息》，《申报》1932年5月10日，第9版。

② 《安徽同乡》，《申报》1937年8月9日，第9版。

③ 唐力行：《从杭州的徽商看商人组织向血缘化的回归——以抗战前夕杭州汪王庙为例论国家、民间社团、商人的互动与社会变迁》，《学术月刊》2004年第5期。

是20世纪初，商会逐渐取代会馆、公所成为商界的领导机构。但是商人的宗族组织也并未消解，而是作为地缘组织同乡会的补充继续存在。徽商在杭州的宗族组织活动是围绕着吴山汪王庙展开的。抗战前夕的1935年、1936年，杭州的汪姓徽商和士绅以吴山汪王庙为中心成立了吴山汪王庙管理委员会，使汪王的血缘神格突显起来，汪王庙成为宗族团体的所在地。此外，我们还看到徽州本土的宗族组织也在《申报》刊登广告，意欲加强与客地族人之间的联系。如绩溪旺川曹氏修谱局的广告称："吾族自清康熙初修宗谱后，近三百年搁置既久，间因官游客贾侨寓远省外县者谅不乏人，兼洪杨兵燹，或只身避难，或尽室偕行，故乡鲜音讯之交通，平时凭父老之记忆，致历届建祠、升主诸大典丁谱开载实有其名而查无其人者。兹定本年七月开局修谱，先从采访人入手。凡远迁近徙素未通问而已犹能溯本原者，务望尽年终函告谱局，俾便邮寄章程，照章办理，以免误漏，幸甚。"[1]血缘与地缘在客地与本土间的双向沟通，编织起徽州旅沪同乡会疏而不漏、庞大无比的网络。依托这张网络，同乡会为维护同乡的利益，在具体事务中所表达的公众舆论，及对国家权力与国家事务的批评与监督，展现了独立、自治的市民公共空间。

二、断裂：徽州旅沪同乡会的复兴与消亡

1932年"一·二八"事变，日军登陆上海，驻守上海的十九路军奋起迎战抵抗。上海各界人民爱国热情高涨，同心合力支持抗战。当时《申报》连续报道了徽宁同乡会等的爱国行动。2月4日，徽宁同乡会向旅沪同乡发布启事："启者，沪变事起，我十九路军为国争存，奋勇杀敌，各界感于义愤，热诚犒师，我徽宁同乡会岂容独后。兹经本会决议，自即日起，如有慰劳将士物品，无论银洋等项，可送新闸路鸿祥里本会事务所代收转送。又本会为闸北战区，被难同乡为数不少，如有仓促逃难无处安身

---

① 《安徽绩溪旺川曹氏纂修宗谱广告》，《申报》1923年11月10日，第1版。

者可迳来本会报告,以便代为介绍收容所安置。此启。"①徽宁同乡会、皖同乡会分别向十九路军捐送慰劳物品。2月9日,"徽宁旅沪同乡会,对于各界捐助慰劳前方将士物品,除曾登报代收转送外,昨特自动捐助桅灯二百盏,派人送至真如十九路军司令部。并闻该会尚征有多数物品,不日拟送前方,以实军用"②。2月13日,"安徽同乡会昨特慰劳十九路军函云:敬启者,倭寇犯境,日肆披猖,占我东省,毁我沪北,惨杀同胞,举世痛心。幸赖贵军特起奋勇抵抗,发扬国威,民族增光。义声所播,全国景从。敝会同人,分属国民,未能执戈,勉竭绵薄,谨派王君竹,如□函代表慰劳,并附大洋五百元,敬请惠收,代办牛酒,聊尽区区,诸希照查为荷"③。

徽宁同乡会还发动会员救助被难同乡回籍。"自暴日犯境以来,我上海市区,如吴淞、江湾、闸北等处悉被蹂躏。即虹口租界区域亦备受摧残。我徽宁旅沪同乡横遭损害,不可胜数。本会奉社会局令,调查被灾状况,以为日后交涉赔偿根据。凡我被害同乡务希见报即来本会报告,以便备编统计。又在战区逃出之被难同乡,无力回籍者,本会已定有遣送办法,亦祈从速来会登记,好分别遣送回籍。惟各该救济赔款,孔殷尚祈本外埠热心同乡慨解仁义踊跃输助,务希迳送新闸路鸿祥里一号,本会事务所自当制奉收据,诸希公鉴"④。

十九路军的主要将领,时任淞沪警备司令部司令的戴戟⑤,是安徽旌德(属宁国府)人,这是徽宁同乡引以为傲的。5月3日,徽宁会馆举行宴会,"在该馆欢宴同乡淞沪警备司令戴戟、安徽建设厅长程振钧、上海市

---

① 《徽宁旅沪同乡会为代收慰劳前方将士物品并敬告避难同乡启事》,《申报》1932年2月4日,第4版。

② 《徽宁同乡捐助军用品》,《申报》1932年2月9日,第3版。

③ 《皖同乡会慰劳》,《申报》1932年2月13日。

④ 《徽宁旅沪同乡会为调查被害同乡征募救济捐款并遣送被难同乡回籍通告》,《申报》1932年3月7日,第5版。

⑤ 戴戟(1895—1973年),名光祖,字孝悃,安徽旌德人。保定陆军军官学校第3期步科毕业。1931年12月任淞沪警备司令部司令。1932年1月参加淞沪抗战。

土地局长金里仁（金局长因病未到）。到有吴荫槐、余阶升、朱智仁、许伯龙、李达字、许攸甫、程霖生、余朗溪、汪维英等一百余人。首推许伯龙致词，略谓：戴司令为国御侮，劳苦功高，程厅长关怀家乡建设，均有欢迎之价值。继有戴司令、程厅长相继演说，至三时摄影，尽欢而散"①。

抗战期间，上海沦陷，徽州旅沪同乡会先后停止业务，拒绝登记，且无一附逆顺敌，表现了民族气节。商人也纷纷逃离上海避难。

抗战胜利后，各同乡会组织在断裂了整整三年后，又恢复了活动。以下是徽宁旅沪同乡会为恢复会务向上海市社会局的呈文：

> 窃本会自民国十四年间由徽宁两属十二县旅沪同乡发起组织，以集中同乡力量为旅沪乡人谋福利，二十年来从未稍懈，八一三抗战揭幕，本会为举办乡人疏散回籍工作尤为紧张。讵料太平洋战争发生，敌伪势力侵入租界，竟威逼本会伺为机关登记，由其指派书记常川驻会监视活动。本会同乡为不愿附逆顺敌，迫不得已经留沪常务委员召集紧急会议，议决自行宣布会务停顿。如今敌人无条件投降，国土收复，日月重光。本会为遵照政府颁布复员命令，拟即在同孚路102弄6号会所原址恢复工作。理合备文呈请钧局核赐准予备案，俾便展开工作，实为公便。
>
> 谨呈 上海市社会局局长吴
>
> 徽宁旅沪同乡会常务委员：曾志功 黄禹鼎 邵亦群 张益斋 吴苍民
>
> 民国三十四年十月十七日②

各县旅沪同乡会也相继向社会局递交了重建同乡会的申请呈文，这些呈文也表达了徽州旅沪人士在国土收复、日月重光后的喜悦心情。战后，各地旅沪同乡会纷纷建立，前揭在上海社会局登记的119所同乡会中，有

---

① 《徽宁会馆欢宴戴、程》，《申报》1932年5月4日，第10版。

② 《徽宁十二县旅沪同乡会本届会员代表候选人名单》，1949年4月，上海社会局档案，Q6-5-964-78。

93所是建立于1946至1948年间的①。商人们期待着经济的振兴、国家的重建。在得到社会局批准后，同乡会按照规定举行理监事宣誓就职典礼，誓词如下：

> 余恪遵国父遗嘱，奉行三民主义，服从法令，忠心努力于本职，如有违背，愿受最严厉之处分。

> 宣誓人：□□□　中华民国三十六年六月一日②

但是，和平的曙光初现，战争的烽火又起。内战造成物资匮乏、通货膨胀、物价飞涨，社会经济严重混乱，很快商人便大失所望，同时又分外使客居异乡者感受到生存的艰难，"联络乡谊共谋同乡福利"更显重要。艰难时世，同乡会仍是竭尽所能地护侨、救乡。我们下面仅列举三个事例：为旅沪商人争回被家乡乡长所占房子一案，由五个徽州旅沪同乡会联名发出的救乡电文一件，护侨一案。以资说明。

其一，歙县旅沪同乡会会员、商人江永清在1948年6月3日给同乡会会长方炜平去信申诉：本人在家乡的住房，被乡长韩信挥占用。要求同乡会为其主持公道，出具公函给县政府，令乡长迅即迁出。为保护同乡的利益不受侵害，同乡会经过理事会的讨论，于五天后迅即给歙县县政府发去信函：

> 函歙县县政府：民国三十七年六月八日拟稿

> 案据本会会员江永清函称："江永清原籍歙县金滩，即今之安定乡舟川保，因在外经商有年，里中遗有住屋一所，现被本乡乡长韩信挥未经本人同意强行占据居住。永清曾一再托友请其迁让，该乡长竟置之不理。而永清刻欲为小儿完婚，该屋亟须自用。素闻贵会本为桑梓主持公道。为特函将县府会饬该乡长韩信挥迅即迁让，以资自用"等情。据此，查公务员不得占用民房，法所规定！该乡长未征得业主之同意，而强行占据，已属不当。复经一再催促迁让，仍然置若罔

---

① 郭绪印：《老上海的同乡团体》，第48页。

② 《徽宁十一二县旅沪同乡会宣誓誓词》，1947年6月，上海社会局档案，Q6-5-964-53。

闻，于情于理均似未合。根据前情理应具函陈请钧长，赐予令饬该乡长韩信挥即日迁出，以重权益，是所企诸。

此致　歙县县长王　理事长方

同乡会在家乡有着崇高的威望，这不仅在于经常捐助家乡的各项事业，而且在于他们不受家乡政府的约束，可对其进行监督，乃至上告省府和中央。因此他们发出的公共舆论迫使地方政府高度重视。同乡会在信中理直气壮地指出："公务员不得占用民房，法所规定！"要求县长"赐予令饬该乡长韩信挥即日迁出"。7月27日歙县县长王绍沂回电说："兹据该公所呈：以该屋主眷属均在申经商，居住家仅老妇一人，并经向其洽租住用。如屋主需要时，当可随时迁让，并立租约，照章纳税，不敢稍有计较等情，相应据情转请查照为荷。"①在同乡会的干预下，县政府和乡长"不敢稍有计较"，表示"当可随时迁让"。

其二，1949年新中国成立前夕，国民党政府为挽救行将崩溃的局面，作垂死挣扎，强化了征兵和征粮。其时，徽州农村实行一甲二兵，即十户征兵两名。一时民怨四起，哀鸿遍野。3月4日歙县旅沪同乡会、休宁旅沪同乡会、婺源旅沪同乡会、黟县旅沪同乡会、绩溪旅沪同乡会联名向代总统李宗仁和行政院、国防部、立法院、皖省府发出呼吁废除征兵、征粮的电文：

总统、行政院、国防部、立法院、安徽省政府钧鉴：

征兵制度所以使通国皆兵，现代英国政治学权威赖斯基H.J.Laski即谓征兵制谓招致全世界猜忌不安之因素。而有不如募兵制之说，是在乎当时期办理征兵是否允当，已不得谓非尚待检讨之问题。吾国在抵抗日敌时实行征兵，办理伊始，即因经办人极端荒谬而丧失人民之信任（其时皖接兵部队有断绝新兵衣食为勤赎之方者，致新兵死亡枕藉，地方士绅控告有案）。人民以应征为戒，致所征者无一非以重资购代应之游民。此辈本无作战捍国之意识，视如营业，伺机即逃，逃

①《歙县县政府来函为据安定公所呈租用贵会江永清房屋情形由》，1948年7月27日，旅沪同乡会档案，Q117-27-17-12。

出又图另售,国军士气不振,此未始非原因之一。而现在每人所需不下粮百石,是征兵一名即不啻破中人数家之产。政府方议停兵减额,而必欲使人民普遍破产以供应无用之游民,自召深刻之民怨,事之矛盾宁有甚于此者。闻皖南现议一甲二兵,人民益岌岌不可终日。本会等心所谓危难,安能缄然,是用披沥实情,仰祈迅颁明令,彻底停止征兵以苏民困,而挽人心,并藉此昭示共军以谋和之诚意。若虑异日抵御外侮,征兵制度终不可废,似不妨先以普遍军训为准备,一有必要时,按籍征集当属轻而易举。至征粮亦为扰民秕政,均在枢府洞鉴之中,现虽议化归地方,人民因难邀实惠,应请一并明令停征。稻粮仍照战前折征办法,赋额亦易于征集,田粮处收的国币可随时向市间购取实物,无取以人民为诛求对象也。以上二事人民痛苦,若处倒悬。乞立赐鉴核施行不胜。①

电文所表达的公众舆论对国家权力与国家事务的批评与监督,表达了独立、自治的市民精神。4月5日,立法院给歙县旅沪同乡会复函,表示已将电文转送国防委员会和粮政委员会参考。

其三,护侨方面,我们介绍一场章氏家族家产纠纷案,有关这场家产争夺战共有11件档案②。歙县商人章氏在上海、苏州经商,章商过世后,遗下妻子和两个女儿章志欣、章志英及儿子章光璧。1948年10月23日,章光璧的妻子章方淑娟向歙县旅沪同乡会求助,以下是她在同乡会的口述记录《为氏夫姊章志欣囊括母族资财勾串方志农诬氏为盗,泣陈事实务请主持公道以伸奇冤由》,从中可以基本了解事件的缘起:

> 歙县旅沪同乡会　理监事诸乡长先生　尊鉴:谨肃者,乡晚章方淑娟自民国廿四年于归章门,骥德愆仁,旋祸延舅亲之见背,且外子光璧自幼身染残疾,人伦大故、人世间之心酸,氏无不备尝之矣,绝

---

① 《为呼吁废除征兵征粮由》,1949年3月4日,旅沪同乡会档案,Q117-27-14-18。

② 《章氏家族家产纠纷案》,1948年10月23日,旅沪同乡会档案,Q117-27-16。以下有关这一事件的引文均不另注。

不敢少吐怨艾之词。氏此次惨怨之亲，事缘民国卅二年，姑亲突接老佣妇自徽来信云年老病危旦夕，恐生不测，意欲将先祖亲交其保管之现金交出，嘱即返徽接收。但当时因中日战争未平，交通阻塞，故姑亲只得致书与住居故乡之表兄潘廉士，嘱托代为看管。直到抗战胜利，姑亲始偕令夫姊志欣及氏前往，将该项藏金一一取出，计共金条二十五条、金币一百枚。夫姊志欣当时即向姑亲索取金条五条，先行带沪。氏随侍姑亲整理家务，完毕后始相偕携金条十条、金币十枚返沪。其余之金条十条、金币九十枚，姑亲交由氏保管。嘱为氏夫妇及髫子三人不得已时活命之需。因氏夫有病不能生产也。比抵沪，姑亲得悉夫姊所携金条五条已用去其二，当令其将尚余之金条三条交出，连同氏等所携之十条及贵重首饰不动产房、地契据一并保存于上海金城银行保管箱内。畴知寒门不幸踵祸，姑亲今夏亦复见背。当其弥留之际，深感氏随侍左右一十四年克尽妇道，特殷殷叮嘱前所赠与存徽之黄金命妥为处置，免被夫姊志欣窃据，以备氏夫妇及髫子三人日后活命之资。其余资产除上海南市房地产外，凭亲族议分。惨烈之家祸宛如暴风骤雨之临当，氏抢地呼天苦迷处理姑亲殡殓之时，夫姊志欣则翻箱倒箧窃取金城银行保险箱锁钥、图章，囊括所有资财。意犹未足，复私自返徽窃取黄金。幸已移藏不获而返。岂知不知自省，更复乖尽人伦，罔顾骨肉之亲，逆施而倒行，勾串表兄方志农者，利用其江苏省府王前主席秘书之官阶，将氏若大盗非法拘押于苏州警局刑警队，疲劳刑讯三昼夜之久。方某则高坐于局长室，时以手谕局长课长威胁逼供。幸亲友代递状苏法院检察处，经检察处一再指提，始知恶毒阴谋难售，不得已而移送法院，蒙法院明察秋毫认为纯系家庭纠纷，交保释放。讵知方志农及夫姊志欣阴谋百出，当氏前往苏法院应讯之日，彼姊妹又串通私诉于上海法院，使氏无法分身，以便诱令神经失常氏之外子光璧应讯，藉以遂其恶计。幸氏得悉星夜专返。现彼等在外扬言倘法律不能满意解决，则誓将氏置于死地。而后相偕亡于美国。氏于归章门十有四载，含辛茹苦，克尽妇道，未敢少亏人伦大节，饱历家难家患之未已，复遭家变横厄之来，氏以一弱女之身而肩负神经失常之外子及六龄髫儿，乌能与之抗衡。况夫姊志欣男友岂止方某一人，阴谋百出，大有不遂不止之势。氏实防不胜防。遑论奇冤之雪，彼难罔顾人伦之乖，同胞骨肉之亲，氏绝不敢苟同，惟有谨将经过事实泣陈于诸乡长之尊前，务恳念忝乡谊为孤苦无告之弱女子主持公道。云天之赐，则氏夫妇及髫儿无不永铭大德于无既。谨此泣涕陈词，不尽缕述。恭颂

道绥

乡晚　章方淑娟谨裖

卅七年十月二十三日　寓北京西路七七四号

章方淑娟的口述告诉我们，她舅亲（公公）一生经商，留下动产有25条金条、100枚金币，交由家中女仆保管；另有上海与苏州的不动产房子。1948年姑亲（婆婆）死后，发生了家产纠纷案。姐姐方志欣不仅夺下存在银行保管柜中的财物，而且与男友方志农设计陷害章方淑娟。这里我们看到，自明代后期在徽州农村就呈现的"金令司天，钱神卓地。贪婪罔极，骨肉相残"[①]的现象在纸醉金迷的上海愈演愈烈。这也是方氏先祖曾云"彼逐末忘本趋利悖义者，即内而一家且秦越，手足何有于闾里？吾见此乘车彼戴笠、兄长觌面交臂失之者，比比而是。若而人者即令萃集庙中，气谊不属，虽备言燕私不过轰然一堂，如韩公所云聚飞蚊焉"[②]的现代版。这项家产争夺案跨越徽州与上海两地，且涉案人都已迁居上海等地，非徽州本土方氏族规所能制约和处理。章方淑娟只能上告于歙县旅沪同乡会诸乡长。所以同乡会虽为地缘性组织，其功能实为宗族组织之扩大。同乡会接受了章方淑娟的诉求，迅速为之调处。10月28日章氏三姐弟"订立和解草约在案"。据1949年7月28日同乡会给章氏三姐弟的信函，以及同时发

---

① 万历《歙志·风土》。

② 《方氏会宗统谱》卷二《历代谱牒序》，乾隆十八年刻本。

给章氏宗族等有关人士章南园①、章荫棠、章载功②、章佩钦、江为棠、胡哲庭先生的信函可知，"查该项草约所议定各款大部分已次第实行，惟苏、申二处之房地产迄未进行分析手续，□正式分析书也无法订立。窃此事自去年延搁至今，时逾九月尚不能予以全部解决，虽事实上容有困难，究非不能解决之焦点"。该信附有草约有关分析房产的条款："（第六条）上海及苏州祖遗之房地产由光璧、志欣、志英三人平均分析自行保管。其分析方法由章南园、章佩钦、章荫棠、江为棠、章载功诸先生负责处理之，另加请胡哲庭先生在内。""（第九条）根据前项之规定其不动产之分析由前列诸先生负责公平分作三组，以抽阄方法言之。惟三方面皆同意，既经抽阄后，任何人不得藉口不匀而反悔之。"要求章氏三姐弟与调解人"细讨论为此有关房地产之分析方法，请贵当事人与各位接洽以便随时参加提供意见。一俟分析完毕，并于予以同意，再由本会另订日期邀集各位抽阄，兹订正或分析契约"。

1949年8月5日，章佩钦、章南园、章载功给同乡会回复"兹因章志英君离沪赴港无法处理，须自章志英君莅沪方能进行"。同乡会回函称"不动产部分尚未搭配分析，该项单据仍存本会保管，本会以当前时局变迁，责任重大"，"本会认为此事关系章氏遗产，责任重大，所有存会单据，当此时局，应重推章氏亲族代为保管，方为妥善"。

从章光璧与章方淑娟11月7日的来信知道，房产未能析分的原因是："虽一度经章载功面告已将房地产住宅搭配完竣，约期抽阄，成立分析契约，并谓章志英部分已洽妥，早由志英函委胡哲庭全权代理签字。满以从此可以成立正式契约，不料隔日代理人又复藉词反悔。"仍是姐弟之间的矛盾。所以章氏夫妇除了坚持请同乡会调处外，别无良方："贵会为同乡福利计，既承接受调处于前，不应延宕推卸于后，陷乡晚全家生活于不继，只有坐以待毙而已。惶恐布陈，不尽缕述。"

1950年5月22日章光璧给歙县旅沪同乡会理事长洪镇康一信，说明因

---

① 章南园，歙县旅沪同乡会常务监事，汇源漆号经理。
② 章载功，歙县旅沪同乡会理事，长城纱布公司经理。

"本市地产税业已开征，根据通知限于本月二十三日缴纳，逾期照章处罚滞纳金，事出迫切"。但是因为房产尚未析分，"此次税款光璧个人殊难筹措，尚幸各租户房租已有二年余迄未收过，兹拟以该项租金收取抵价税款，但此项房产为三人所共有，自应邀集三方共同收取"，请求同乡会催促章志欣、志英分解房产。同乡会给在香港的章志英去函："务希于函到后速即返沪解决此项问题，或由台端迳委派全权代表，负责来申处理，以期早日确定产权，俾完手续。"6月13日同乡会又给章志欣、章志英去函称："今悉双方当事人均在本市，故特函达，请于六月底以前约定日期（日期当由本会派员前来约定），希双方当事人来会取回尚存的一部分契约，藉以了结。如逾期不理，本会当不负任何责任事关贵府权益，幸希从速解决，勿再延搁为荷。"但均未见回复。12月29日同乡会致方淑娟（一份）、章志欣与章志英（一份）函称："兹因本会行将结束，不能再延，为特函通知，请即约同双方当事人来会取回前存一部分的契约，以清手续，并盼另商贵本家章南园、章载功先生等为之调解，以求和平解决，而了悬案，永息争端。至为企盼！"这是有关章氏家族家产纷争所存的最后一封信。虽然不知道房产最后是什么时候析分完成的，但是同乡会耐心调解的过程充分显示了其护侨、救乡的功能。

更为重要的是，这一封信透露了1950年12月歙县旅沪同乡会已意识到："本会行将结束！"

结束有一个过程，但并不漫长。我们先从同乡会交不起火捐说起。1949年4月21日歙县旅沪同乡会致函南市救火联合会："查本会自去冬在复兴东路四三一号募资建筑会所，专为旅沪同乡尽义务、谋福利，并无丝毫'谋利'性质。日常开支，亦以收取少数会费为来源。常有绌支之憾。关于贵会按月捐费一函，拟请赐予豁免，或以至少之数缴纳，是为感盼。"[①]4月26日南市救火联合会理事长杜月笙、常务理事毛子坚复函，表示"因火政为商民切身利害所关，无论住户、商店、工厂学校及各种公会

---

① 《致南市救火联合会公函》，1949年4月21日，旅沪同乡会档案，Q117-27-14-31。

包括营利及内容充裕支绌，皆以信仰火政之关系，一致乐输。开办数十年以来，历史悠久，从未变更。当兹时局紧张之际，物价奇昂，火政支出同时激增，更须仰赖各界热心人士尽量捐助。应请贵会顾念火政重要，仍以收据所载速予捐助"。历史上一直以经费充足著称的歙县同乡会，因着"时局紧张"，连举办火政的少量捐资也要请求豁免，可见其财政绌支之严重了。

同乡会救侨最常规的善事，便是帮助失业贫苦的同乡。解放后，歙县旅沪同乡会所做的最后一次救济是在1949年6月30日，涉及上海与杭州两地的同乡：

收入　当时急救捐款盖大祥号五元，统益厂五元，洪镇康先生十元，方辉平先生廿元，解佛三元，瑞泰波捐十元，申泰源捐五元，永丰店十元，义泰伟廿元，大丰厂三元，大兴协厂三元，章载功先生十元，吴镇周先生五元，吴星卫先生五元，时达宁星三元，公益厂五元，荣泰厂五元，润大厂五元，路维先生五元，江一珊先生二元，共收一百三十九元整。

支出　急救川资（申业）1号，曹长富五元，11号，曹鸿藻五元，12号，江海洲五元，4号，江肇秀五元，8号，毕诚五元，2号，吴以水五元，10号，余铨先五元，13号，余立达五元，11号，程日前五元，18号，范观发五元，郑金林二元，12号，正福田一元五角，15号，吴福东一元五角。19号，江文山一元五角，20号，吴以清二元五角，共八十四元。（杭业）发（急救川费共计）四十九元，住会供伙食二元，共五十一元。申杭共业一百三十五元。仅存四元。[①]

此次救助涉及的经费、救助的对象并不多。此后同乡会已完全没有能力承担起救乡的责任了。1950年8月21日歙县旅沪同乡会发出紧要通函。通函可以帮助我们了解当时歙县同乡与同乡会的经济状况：

查近来有许多假借失业路过流浪同乡名义，且似有组织式的，向

---

① 《1949年5月份救济同乡以资收支报告单》，1949年6月30日，旅沪同乡会档案，Q117-27-20-105。

本会请求救济。并冒称本会介绍,分至各同乡及同乡商号索求救济费用,时有所闻。按其求索之技,系采用两面介绍方式,例如在个别同乡或同乡商号时称系本会介绍,在本会方面则称系某同乡或某商号介绍,而实际上则并无此事,不过是不肖者捏造而已。

本会近以经济困难关系,对于救济同乡回原籍川资一事,已于本年五月廿日经第十三次理监事联席会议通过,一律暂予停止在案。同时也顾到各同乡之麻烦,绝对不将尊址告知。此后如遇上事情发生时,务希酌予拒绝,因为本会根本未曾介绍任何一个同乡向各处要求资助,即系本会介绍,亦必有书面证明,否则即系冒名。本会兹为避免误会计,故特为分函声明如右,尚希贵宝号贵同乡鉴詧。

歙县旅沪同乡会　启　1950 年 8 月 21 日[1]

歙县旅沪同乡会还婉拒了一位大学生同乡资助学费的请求。1949 年 12 月 26 日大夏大学学生毕惠丰给歙县同乡会理事长一封信,信函全文如下:

镇康理事长先生赐鉴:

敬启者,学生毕惠丰,皖歙县人,小地主家庭出身,于一九四七负笈本市私立大夏大学政治系。家中全部地租收入除维持家庭生活费用外,差可负担私校各项费用。解放后封建地租已不容存在,舍间经济情形每况愈下,家庭生活已无法维持,对于学生在沪各项费用实已心余力竭,不能作丝毫接济。学生在沪亦曾多方设法欲谋工作机会,俾能半工半读,完成学业。但以人浮于事,几经奔走终归无效。本期开学时以经济来源断绝,无力缴费注册,但又不愿因此失学,乃商得校长欧元怀先生之同意,准予先行登记上课,将来清缴学费后始追认学分。在校数月以来,利用课余时间担任民教工作,藉市教局所发生活津贴费维持伙食,同学友好鉴于学生经济困难,稍有资助。藉此曾先后缴纳学费三分之一,其余百五十折实单位,至今仍毫无办法筹措。兹以本期瞬将结束,校方催缴欠款万急,失学堪虞,特此具函请钧会本救济同乡、奖掖后进之一贯立场,给以补助,藉能清缴欠费完

---

① 《紧要通函》,1950 年 8 月 21 日,旅沪同乡会档案,Q117–27–20–118。

成学业，日后果能为乡里克尽绵薄，则获益者岂止学生一人而已。临书不胜待命之至，专此敬请公安。

学生毕惠丰上　十二月二十六日^①

毕惠丰的信于1950年1月19日转交到同乡会，28日同乡会开会讨论并函复如下：

　　迳复者：

　　本月十九日由汪君孝文移来台函，曾于同月二十八日提要本会第十二次理监事联席会议讨论如下：毕君所请，理应资助，惟本会经济困顿异常，形成爱莫能助之势，并希毕君能参考国立大学以轻负担，而求深造。相应录案函复即希查照为荷。

此致　毕惠丰先生　歙会启

解读这两封信，我们读到的是历史的无奈。同乡会本以推进同乡的教育事业为己任，如前揭1949年4月12日《歙县旅沪同乡会公函》称"查本会第五次理监事联席会议关于本会主办商业补习学校一案决议各项于下：（一）决议该校定名为歙县旅沪同乡会商业补习学校，其经费除学费收入外由本会福利委员会按期定量补贴"^②。前后相差仅仅9个月，可以相信如果时局没有大变，同乡会"本救济同乡、奖掖后进之一贯立场"，一定会给予毕惠丰资助的。但是此刻，同乡会在表示"理应资助"的同时，又万般无奈地说："惟本会经济困顿异常，形成爱莫能助之势"，建议他"能参考国立大学以轻负担，而求深造"。对于毕惠丰来说，本来一个乡间的地主，一年收租"维持家庭生活费用外，差可负担私校各项费用"，但"解放后封建地租已不容存在"，当时正在进行的土地改革不仅没收了毕家的土地，而且没收了宗族的族田。客地的同乡会、本土的宗族，这两个徽州人的保障系统几乎同时解体。所以，毕惠丰也只得无奈地中止他的学业。

---

　　① 《（大夏大学之生毕惠丰来函）为请求资助学费》，1950年1月19日，旅沪同乡会档案，Q117-27-20-120。

　　② 《致本会商业补习学校各校董公函》，1949年4月12日，旅沪同乡会档案，Q117-27-1-56。

1949年之后，同乡会已到了名存实亡的时候，只存下了上海市复兴东路431号的会所了。到最后，同乡会甚至连自己的会所也难以保住。

歙县旅沪同乡会会所是1947年冬季建造起来的。土地是向歙县会馆租的，建筑资金来自会费及捐款，说明当年同乡会财经状况还是过得去的。同乡会的房屋历来是军队驻屯借用的对象。1948年底上海滩战云密布，过往军队占用同乡会所的事时有发生。12月5日理事长洪镇康给同乡、时任上海市各界慰劳前线将士代表团团长方洽（希礼）一函称："窃维本会自去冬建巢会所，纯为谋同乡之联络与福利事项而兴建。并举办复兴食堂于会所中，乃为便利往来京沪杭同乡之膳宿。兹为免除过往军队及地方团队驻扎起见，特呈请鉴核。务乞赐予设法预为避免以利过往同乡之膳宿，实为公便。"12月27日上海市各界慰劳戡乱将士委员会复函称："歙县旅沪同乡会：一、（卅七）十二月五日歙字第十七号呈悉；二、该会情形特殊，准免驻兵并转知第二招待所予以维护；三、本件抄副本送第二招待所；四、特复查照。驻会主任：方洽，常务委员：潘公展，总干事：游子青。"[1]歙县同乡会得到了"准免驻兵"的特许，保住了新会所。

歙县旅沪同乡会财政陷入困境，竟至交不起会所建房用地的租金。该建房用地是向徽宁会馆租借的。1949年10月14日歙县同乡会致函徽宁会馆，要求"豁免地租及取消租地期限"。同乡会利用学得的一些新名词，颇为强词夺理地阐述了理由："兹以时代变更，人民对于已往的封建及资产阶级不平等、不公允的事件，都应一律铲除、革新。本会为人民团体之一，为同乡服务，为社会工作，历年以来成绩可考。""查年前本会用人，鉴于会务之发达，租借复兴东路贵会馆思仁里地基，建筑新会所。当时限于环境关系，所立租地契约，在今视之，确有提请贵会馆赐予商讨更改之必要。原则二项，试举于后：一、本会馆人民团体为大众服务，非如工厂、商店、住宅以营业为目的，有利可图焉。贵会馆之性质相等，契约上所定地租每亩计白米五十石之数，应请豁免，改为无条件借用。二、契约

---

① 旅沪同乡会档案，Q117-27-17。

上所订租地期限，应请注销，改为无期限借用。"这无异于要徽宁会馆把土地无条件地送给歙县旅沪同乡会，当然为会馆所拒绝。1950年12月20日歙县旅沪同乡会又一次致函徽宁会馆，请求"减轻地租，予以对折计算"，函件如下："贵会馆最近为减轻租户负担起见，经议将地租一项改订为六折计算收租，与此，本会之会所地租，自然可以享受此项优待。奈以本会经济困难，拟请贵会馆顾念同乡之谊，再予酌减，按照原租予以对折计算。忝居同乡，尚希俯允。"由于借用会馆土地者大多资金短绌，也难以收到，所以会馆将地租减为六折。这一次歙县旅沪同乡会不再使用新名词而是大打同乡牌，"顾念同乡之谊"，"忝居同乡，尚希俯允"，要求由六折进而对折。但是同样处于困境中的徽宁会馆并没有因此退让，26日函复云："台函为商减地租一节，敬悉当经提交董事会决议，从下期缴租起……记录在案，相应函复即希查照。"①

　　地租之外，上海市人民政府于1950年5月又开征房捐税。有关歙县旅沪同乡会房捐税方面的档案共35件，始自1950年秋季，终于1953年夏季。这些存档来自同乡会与上海市人民政府税务局、邑庙区人民政府、邑庙区人民政府税务局之间的信函。据此，我们不仅可以了解到歙县旅沪同乡会会所的房捐情况，还可以进而了解同乡会这三年间的经济状况。更为重要的是，可以知道当时，同乡会的房屋被政府部门逐渐无偿借用的情况。现据相关档案制作成表5。

---

① 旅沪同乡会档案，Q117-27-14。

表5　歙县旅沪同乡会会所被区政府下属部门借用情况表（1950—1953年）

时间	借用单位 （邑庙区人民政府下属单位）	占同乡会房屋比例	减免款项/万元
1950年 秋季	邑庙区第三办事处、 民众夜校	"邑庙区第三办事处是向本会义务借用的,自春季的二月六日即迁入办公。我们为着顾到政府当时的财经困难,所以没有请求减免春季将近二个月的房捐。夏季全期蒙减办事处借用部分的房捐(计合本会应缴的三分之一),现在是秋季了,办事处借用部分,在八月二十一日让还借用部分。是占全季九十天中的五十天。但是还没有全部偿还我们。现在还借用了三分之一的部分中的四分之一地位,给民众夜校办公。以四分之一的借用部分,自八月廿一日至九月卅日,共四十天,会据秋季房捐缴款书所载,并未减免办事处应借用部分之房捐,本会自应依据'政府机关之办公房屋'之规定申请减免一部分的房捐。"	18.1
1951年 春季	"我会房屋由邑庙区复兴东路冬防办事处借用一份部分,以及邑庙区税务分局家庭妇联等经常借用开会。"	3/5	49
1951年 夏季	"我会房屋为复兴东路冬防办事处借用,在春季中已获准减免了五分之三,夏季里冬防办事处为了推展工作,又义务加借了房间一间。并有妇女委员会复兴东路办事处在我会经常办公和经常开会,由此而使用的面积亦随之比较春季扩大了。"	3/4	54.1

续　表

时间	借用单位 （邑庙区人民政府下属单位）	占同乡会房屋比例	减免款项/万元
1951年秋季	"第六派出人员办事处免费借用。"	3/4	54.1
1951年冬季	"为邑庙区第六派出人员办事处及复兴东路家庭妇女联合会义务借用，并经常使用楼上楼下全部地位为召开群众会议之用。"	54%	38.99
1952年春季	"我会房屋之一部为第六派出人员办事暨复兴东路家庭妇联义务借作办公室开会之用，并经常有税局稽征组、失业工人救济会、居民委员会、民主妇联等义务借我会礼堂开会。"	申请71%,批准54%	申请51.2批准38.99
1952年夏季	"我会房屋夏季里完全由邑庙区增产节约分会的材料组、处理组、第七支会、第八支会、第六派出人员办事处和复兴东路家庭妇联等全部使用。"	71%	51.26
1952年秋季	"邑庙区人民政府第六派出人员办事处复兴东路家庭妇联及增产节约委员会邑庙区分会等借用。其借用面积为百分之七十一。"	71%	51.26
1952年冬季	"仍由你府第六派出人员办事处、复兴东路家庭妇女联合会增产节约邑庙区分会、人民法院清理积案工作、劳动就业工作队、民政工作人员和消费合作社第六社务处等办公暨开会之用。"	71%	51.26

续　表

时间	借用单位 (邑庙区人民政府下属单位)	占同乡会房屋比例	减免款项/万元
1953 年 春季	"第六办事处义务借用办公,春季以来劳动就业工作继而扩大,居委会组织使用我会房屋面积占71%,今又将开展婚姻法宣传,邑庙税务分局及第五办事处等机关借用会场,我会均系义务借用。"	71%	51.26
1953 年 夏季	"为你府六办及妇联、劳就工作队等单位借用。"	71%	51.26

注:根据旅沪同乡会档案,Q117-27-14资料制作本表。表格内文字来自档案原文。

从表中可知,歙县旅沪同乡会会所的房捐是 72.2 万元。虽然同乡会是 1950 年秋季开始申请减免被借用房屋的捐税,但是房屋的借用却是始于该年 2 月 6 日,借用者是邑庙区人民政府第三办事处。1950 年 9 月 21 日同乡会分别致函上海人民政府税务局、邑庙区税务局,要求"依据'政府机关之办公房屋'之规定申请减免一部分的房捐"。当时的手续是,先付清全部房捐,然后向市区两级税务局提出申请减免。上海市人民政府税务总局通知同乡会,申请减免秋季房捐须径向邑庙区政府取具证明再行核办。同乡会呈请邑庙区人民政府为第三办事处借用本会房屋出具证明,取得证明后再呈文上海市人民政府税务局,市局核准后再通知区局,再由区税务局通知去该局领取多交纳的 18.1 万元。这是一个十分烦琐的过程。同乡会为减免房捐做了三年的报告书。这里我们引用 1952 年 5 月 13 日同乡会致邑庙区人民政府函如下:

　　谨启者兹将我会要求减免夏季房捐情况分陈如下:

　　一、我会房屋夏季里完全由邑庙区增产节约分会的材料组、处理组、第七支会、第八支会、第六派出人员办事处和复兴东路家庭妇联等全部使用。根据使用面积应请求减免百分之七十一，计人民币五十一万二千六百元（夏季房捐总数七十二万二千元）。二、根据邑庙区税务分局通知应于五月二十三日缴交，兹以我会经济极端困难，无力先付后退，为特备函请求给予减免百分之七十一的证明，以便向税务总局申请办理，先行减免手续。三、前面请求务希速予调查，请给证明以资照顾，至为盼望。

谨上 邑庙区人民政府

这封信函告诉我们，邑庙区人民政府借用歙县旅沪同乡会的房屋越来越多，以至于占总面积的71%。歙县旅沪同乡会的经济状况越来越差，"我会经济极端困难，无力先汇后退"，也就是说，无力将72.2万元房捐一次付出，要求"先行减免"借用部分的房捐，只交减免后应交的部分。"极端困难"是他们的真正状态。

眼看同乡会房子被借用的面积越来越扩大，收回这些房子却毫无希望，同乡会还是做了一次努力。1952年7月24日歙县旅沪同乡会致函上海市邑庙区增产节约委员会、上海市邑庙区人民政府，希望交还自用称：

事由敬启者 本年三月六日贵会函借我会二楼的全部，为"五反"运动办公之用，约期为二个月左右。今年"五反"运动胜利结束，为特奉函贵会，请用至八月三十一日为止，九月一日交还我会自用为荷。此致 上海市增产节约委员会邑庙区分会。

上海市增产节约委员会借了歙县旅沪同乡会二楼全部房子作为办公室，讲定借用两个月。到期后，同乡会试图收回房子自用但是碰了壁。这里再倒过来看看前揭1948年6月8日歙县旅沪同乡会致函歙县县政府称"公务员不得占用民房，法所规定！"要求县长"赐予令该乡长韩信挥即日迁出"。1949年10月14日同乡会致徽宁会馆的信函中说道："兹以时代变更，人民对于已往的封建及资产阶级、不平等、不公允的事件，都应一律铲除、革新。""本会馆人民团体为大众服务，非如工厂、商店、住宅以营业为目的，有利可图焉。贵会馆之性质相等，契约上所定地租，每亩计白米五十石之数，应请豁免，改为无条件借用。"或许此时同乡会的理监事们才真正懂得自己说的这席话的含义。

收不回房子是历史的大潮所致,其实此时距同乡会寿终正寝也不过十个月了。

关于新中国成立后同乡会短暂的历史至今尚缺乏研究,有几份档案为我们画出了这段历史的轨迹。以下是1950年8月4日歙县旅沪同乡会的一次登记:

社会团体调查表　上海　1950年8月4日

名称:歙县旅沪同乡会　所在地:复兴东路431号

目的:以联络乡谊谋求公益为目的

事业:关于桑梓之慈善、旅沪儿童之教育、失业同乡之救济、会员事务提供之调解,以及旅沪同乡受不法侵害时之援助、暨施药救灾等事项。

沿革:1922年春家乡山洪爆发成灾,旅沪同乡集会募济,次年事毕,众以贩济会改为同乡会。成立后对于桑梓幸福、同乡福利甚表关怀,遇灾救济、济困扶危是本会之任务。适抗战军兴,沪江沦陷,同乡以不愿在伪政权下有所作为,无形之中乃告停顿。胜利后,筹备复员,于1946年七七复员,对会务仍本已往之慈善公益事业为中心。1948年,广征同乡之意,集资兴建会所于今址。旅沪同乡会本着关心桑梓之公益慈善的推进,今后更当在新民主主义之下为人民服务。

活动地区:本市与歙县两地区

业务范围:①桑梓之慈善事项②旅沪儿童教育之措施③失业同乡之救助④同乡受不法侵害对之援助⑤施药⑥灾区之救济⑦会员事项之调解⑧便利同乡旅探回乡、集团运输⑨设置礼堂与会所为同乡婚丧之用⑩其他有关同乡福利事业。

主要负责人:洪镇康,男,45岁,歙县人,住金陵东路423弄16号,纯粹商人,除加入同乡会外别无其他社会活动,毫无政治派别关系。

组织情况:①会员大会②会员代表会③理事会④监事会⑤常务理

监事会

职员数目：总会 41 人，分会无。

会员人数：1309 人，分会无。

经济状况：不动产，二层楼房一幢；动产，棺殓、椁榇

主要经济来源：会费、补助费

收支概况：收入会费；不敷开支时，由理监事会各个人量力出补助费，以补不足。

解放后的活动情况是否向政府申请登记：解放后因未得政府之许可，故未作任何活动，仅办理家乡施药及集团运输、救济失业同乡回乡生产的川资等工作，并未向政府申请登记。今后当遵守政府法令，在新民主主义政府领导下为人民服务。

填表人：杜树模

解读这份表格，所填写各项都是实事求是，态度诚恳，表达了同乡会希望在新政权的领导下，为新的时代服务的愿望。表格中还透露了同乡会领导层诚惶诚恐的审慎心态。主要负责人一项，洪镇康强调自己是"纯粹商人，除加入同乡会外别无其他社会活动，毫无政治派别关系"。在解放后的活动情况是否向政府申请登记一项，同乡会强调"解放后因未得政府之许可，故未作任何活动，仅办理家乡施药及集团运输、救济失业同乡回乡生产的川资等工作，并未向政府申请登记。今后当遵守政府法令在新民主主义政府领导下为人民服务"，当然主要还是为歙县同乡服务。我们只要比照一下1949年5月12日徽宁旅沪同乡会在《人民团体总登记表》上的登记内容，就可以看到时代变迁之快、之巨是商人之所未料的。

人民团体总登记表 民国三十八年五月十二日

地址：中正路云南路口716号

民国三十年二月十日因不愿向伪组织登记自动停止工作现有会员三千余人

常务理事：

曹志功：江公立医药学校毕业，曾任上海市党部商人部总干事、

上海纳税华人会常委、市商会秘书、卫生署科长等职

张益斋:上海市党务训练所毕业,曾任战前上海市纳税华人会市民联合会执行委员,现任上海市卫生局接管员

黄禹鼎:安徽省立中学毕业,上海黄禹记申庄经理

邵亦群:中医师,执行中医业务

吴苍民:安徽省立第二师范毕业,前曾任上海市纳税华人会代表及万记典会计主任

本会经济来源:赖会员会费收入以作开支

办理事务:办理旅沪同乡一切慈善救济等福利事业

本会于民国十四年发起组织,十九年重行登记

该表中一是说明"民国三十年(作者注:应为民国三十一年)二月十日因不愿向伪组织登记自动停止工作",表示与国民党政权一致的爱国立场二是突出常务理事的政治身份。曹志功为上海市党部商人部总干事;张益斋为上海市党务训练所毕业,现任上海市卫生局接管员。

沿着前揭歙县旅沪同乡会会所被借用,同乡会垫不起全额的房捐、交不起地租的线路观察,到了1953年的3月县旅沪同乡会向中国人民救济总会上海分会报告如下:

1953年3月29日歙县旅沪同乡会报告

我会于上周(二十二日)召集理监事联席会议讨论我会今后问题,业经陈报您会在案。兹将本周办理经过实情报告您会,请予核准以便实行,为荷。我会房屋决定全部租给上海邮政总局邑庙区分局之用,按月租金双方同意定为贰万贰拾个核实单位,预收租金一年,该款用作发还我会职工欠薪及欠地租之用。不敷之数,约计人民币七万余万元,拟将我会的电风扇和桌概之一部分出售,以了清我会的欠款。我会四位职工的工作问题,邮局为执行政府政策,不使一人失业,业经协商同意,在可能范围内,有三位职工可以转至邮局工作,但年老的六十七岁职工一人,碍于定章,须由我会特别予以照顾,业经协商妥定,在上述预收房租及出售器具的款内,除去欠薪和地租

外，尽量预以照顾。3在最短期内，待上述一、二两项办妥后，遵照
政府政策和您会的指示，登报征求同乡的意见，宣告结束，造具清
册，请求代管

此致人救分会

这个报告读起来就像一个行将就木的老人在安排后事。这位善良的老
人将家（同乡会的房子）租给上海邮政总局邑庙区分局，预收租金一年，
并把家当（电风扇、桌椅）卖掉充作家中职工的欠薪与所欠地租之用。作
为租房给邮电局的交换条件，邮电局答应安排三位职工的工作。另有一位
老职工，只能在卖家具与租房子余下的钱中"尽量予以照顾"。最后表示，
"待上述一、二项办妥后，遵照政府政策和您会的指示，登报征求同乡的
意见，宣告结束，造具清册，请求代管"。可见，对同乡会的取缔是政府
的既定政策，而执行人则是中国人民救济总会。大约用了两个月的时间，
同乡会处理好后事，于1953年5月4日发布《宣告结束征求同乡意见书》
内容如下：

歙县旅沪同乡会宣告结束征求同乡意见1953.5.4我会自解放后，
会务停顿，经济断绝，无法维持，兹经理监事联席会议议决宣告结
束。将全部账目档案房屋悉数等申请中国人民救济会总会上海市分会
代管，为特征求同乡意见，如有异议者请三日内以书面向复兴东路
431号本会提出，逾期即行发登三天后，1953年5月7日"会务停顿，
经济断绝，无法维持"的县旅沪同乡会结束了自己三十年的历史。

历史翻开了新的一页。

延续与断裂是历史进程必有的现象。大至国家民族，小至团体个人均
难避免。同乡会作为乡梓之外的地缘组织，是近代中国的重要研究对象，
在当代社会依然发挥着功能与作用。通过对徽州旅沪同乡会的考察当可映
现社会变迁中延续与断裂的某些规律性变化。

原载《历史研究》2011年第3期，有改动

徽州旅沪同乡会的社会保障功能（1923—1949）

　　徽州旅沪同乡会①是上海市民公共社会的一个缩影。在上海社会局登记取得合法身份后的同乡会，是一个以商人为主的多元的自治组织。他们采用了现代党团组织的选举法和任期法，代表着徽州同乡这个城市群体的共同利益。同乡会自筹资金，开展各项社会保障活动，徽州旅沪同乡会实行的社会保障虽然有地域限制，但是在上海这样一个移民社会里，各地的同乡会以及商会等自治组织所形成的一个个保障圈却也覆盖了上海市民社会相当大的空间。

　　徽州旅沪同乡会的经济来源是会员的会费与商人的捐助。以歙县旅沪同乡会为例，会员1945年有785人②，到1950年达1300多人③，是一个具有一定规模的同乡自治团体。参加同乡会的除商人外，还有社会各界人士，尤其是新的乡绅。歙县旅沪同乡会从1923年建立到1953年消亡，经历了30年的发展历程。歙县旅沪商人经济实力雄厚，他们积极捐助会费，第一年的特别捐助达3329元，其中房产大王程龄孙一次就捐助1000元，反映了处于黄金时代的旅沪徽州人对自组织的热情。

---

　　① 徽州在上海的同乡会多达7所，分别是歙县旅沪同乡会、徽宁旅沪同乡会、祁门旅沪同乡会、婺源旅沪同乡会、绩溪旅沪同乡会、休宁旅沪同乡会、黟县旅沪同乡会。

　　② 《歙县旅沪同乡会会员名册》，1945年，上海社会局档案，Q6-5-1034。

　　③ 《社会团体调查表》，1950年8月4日，旅沪同乡会档案，Q117-27-1。

加上会员的会费833元，存息125.49元，会计垫300元，共计4587.49元。全年支出1108.7元，收支两抵净存洋3478.79元。这在当时是一笔巨款。1924年第二届结束时的存洋比第一届结束时又有增加，为3867.79元，1925年第三届总计收入达4879.39元，开支与第一届相比有所节省，为1000.815元。

在雄厚财力的支持下，徽州旅沪同乡会在对会员的社会保障方面发挥了重要功能。歙县旅沪同乡会第一届报告书《本会章程》第三条称："本会为敦睦桑梓情谊，企图同乡公益而设，其应行举办事项如左：一、关于桑梓之慈善事业；二、旅沪儿童之教育事业；三、增进公众幸福之事项；四、关于失业会员之救济事项；五、调解乡人之争议事项；六、援助乡人免除不正当损害事项。"除了第一条是关于家乡的慈善事业外，其余5条都是保护在上海的徽州人的利益，内容包含了社会救济、社会保险和社会福利等方面，现阐述如下：

一、旅沪同乡教育事业

徽商自古以来就有重视教育、资助家乡办学或在经商地办学的传统。进入近代后，徽州旅沪同乡会在中国经济中心上海举办新式学校，资助贫寒同乡子弟入学。早在1922年，安徽公学便已建立。次年4月《申报》有两篇报道，其一记载学校成立一周年庆典："西门唐家湾旅沪安徽公学，开办已经一年，就学者日形踊跃，昨日为该校一周年纪念。上午十时举行纪念会，教职员学生百余人，齐集礼堂，奏乐，唱国歌校歌，向国旗行礼毕。由校长李振亚致开会词，次由教职员及学生演说，奏乐，进茶点而散。"[1]其二记载学校为满足同乡需求增开班级："西门唐家湾旅沪安徽公学，自实行学历分组法后，学生日见增加，故班次、教室及一切设备均不敷用。该校校长李振亚，特于昨日召集教职员会议，决定即日增加教室及

---

[1] 《安徽公学一周年纪念会志》，《申报》1923年4月21日。

班次各一，并添聘盛厚甫君为英文教员，闻盛君曾在南京金陵大学毕业云。"[①]据《申报》1929年3月4日的报道，还可知道学校对从徽州转学来的学生只要有转学证书或成绩单就可"免试插班"，还"增加自助学额，酌免学费，以惠寒素"。对于"客籍学生一律待遇"[②]。

1924年4月22日，歙县旅沪同乡会召开评议会，会上评议员"许伯龙、罗纯夫、徐云松等提议照章程第二条旅沪儿童教育事业之规定，拟设立义务夜校，名为歙县旅沪同乡会义务夜校，公推罗纯夫、许士骐、徐云松、张杰夫、汪景山、汪季文等办理。并公推罗纯夫为校长"[③]。

徽宁旅沪同乡会还在上海举办新安学校、徽宁学校。据1930年"呈为遵谕改良学务据实呈覆仰祈鉴核事"[④]载，两校的校董由5位徽州籍的文化名人担任，他们是著名画家黄宾虹、许士骐、名医王仲奇、上海《时事新报》馆编辑朱曼华、上海新闻记者公会常务理事兼《上海新闻报》编辑余空我。

又据1949年4月12日《歙县旅沪同乡会公函》，该会还主办商业补习学校，详情如下[⑤]：

> 查本会第五次理监事联席会议关于本会主办商业补习学校一案决议各项于下：
>
> 1.决议该校定名为歙县旅沪同乡会商业补习学校，其经费除学费收入外，由本会福利委员会按期定量补贴。
>
> 2.推定洪镇康、吴承禧、方炜平、章载功、许士骐、江肇周、徐大公七人为校董，组织董事会，呈请上海市教育局立案。
>
> 3.聘请沈祁会计所为名誉校长，推定洪镇康为校长、程仁灏为总务主任、沈祁兼教务主任、程定楷为书记。
>
> 4.由会通知该校董事，定期就职，并请全部校务交由董事会办理。

① 《安徽公学增加教室及班次》，《申报》1923年4月14日。
② 《旅沪安徽公学招生》，《申报》1929年3月4日。
③ 《歙县旅沪同乡会开会记》，《申报》1924年4月22日。
④ 《私立徽宁小学立案》，1930年，旅沪同乡会档案，Q235-1-1196。
⑤ 《歙县旅沪同乡会公函》，1949年，旅沪同乡会档案，Q117-27-1。

该校校董会组成强大，由7人组成，他们分别是：洪镇康，歙县旅沪同乡会理事长、统益袜厂经理；吴承禧，理事、银行家；方炜平，常务理事、万丰染织厂总经理；章载功，理事、长城纱布公司经理；许士骐，理事、画家；江肇周，理事、画家；徐大公，理事兼总干事、国防部审判战犯军事法庭书记官。成员基本涵盖了金融界、工业界、文化界和政界。总务主任程仁灏则是同乡会监事，曾任江苏高等法院书记官。由上可见同乡会对培养子弟学习商业专业知识的重视。

同乡会还建立图书馆。《申报》1924年1月3日载《歙县旅沪同乡会二届选举纪》，其中有"许伯龙主席报告十年会务情形暨收支各项，并声明创设图书馆，置办各种书籍，以供会员随时借阅"。

同乡会在教育方面的建树并不局限于办学校。上海是十里洋场，商场上更是纸醉金迷，因此同乡会重视传统道德的倡导，例如敬老尊贤。1947年上海市政会议通过"发起敬老尊贤之议"，"提倡其旨乃在改良风尚，达到老吾老以及人之老之古训，俾可培植良风，复兴中庸之道"。6月29日同乡会推举歙县旅沪耆宿徐识耜先生，认为他"德隆望重，适合敬老尊贤之意旨"。在给市政府的报告中，歙县旅沪同乡会叙述了理由："本会为响应敬老孝贤运动起见，敬以本县旅沪耆宿徐识耜先生，报请录案参加。并将徐老之行历累述于后以裨考核。按徐识耜先生，字丹甫，世居新安江滨，岑山之畔，伊迩于黄山白岳，得山水之清。耆年硕德，今已八十有八，而精神矍铄，等涉健步，若花甲未迁者。平生淡泊自甘，不慕名利，君子素位而行，通经乐道，力行忠恕，旅沪三十又七年，满门桃李。"①更为可贵的是，同乡会还倡导国学，从根本上提高同乡的精神道德素养。"徽宁旅沪同乡会常委曹志功等为提倡国学起见，特组织黄山国学社，敬请徽州宿儒胡泽山担任讲师。凡对于国学有研究兴趣者，不分性别，不论是否同乡，均欢迎参加。简章可致函同孚路一零二弄六号该会服务股索取。"②

---

① 《歙县旅沪同乡会关于徐识耜适合敬老尊贤之意旨呈请备核和社会局批复的函》，1947年，旅沪同乡年档案，Q117-27-18。
② 《黄山国学社征求学员》，《申报》1938年11月5日。

二、增进公众幸福事项，重视"共谋同乡利益"

1949年4月12日，歙县旅沪同乡会鉴于时局动荡，大多会员处于危难之中，更需同乡会救助，发出《公函》，建议组织福利委员会。"查本会第五次理监事联席会议关于组织本会福利委员会一案，当经决议照案通过，凡系本会理监事（后补在内）均为当然委员外，并另推福利委员33人，即日成立福利委员会，定期讨论福利事项"。该委员会除了原来的理监事全体参加外，还增加了33个委员，从制度上照顾到各个方面、不同层次同乡的利益。

其实，为同乡谋福利是日常工作，是同乡会建立伊始便着力实施的。其中最为突出的是创办医院为客居异乡的会员治病。1924年，徽宁旅沪同乡会召开理事会，专题讨论筹建医院事项："医科提出组织徽宁医院案。由曹志功代表该科说明理由。经众讨论，决定先行设立医院筹备处，从事进行，在医院未成立之前，先在会内设立临时施诊所，敦请中西医义务施诊，并推曹志功拟定设施计划，即日提交评议会取决。"①数日后又开会进一步落实："徽宁旅沪同乡会发起组织徽宁医院，救济贫病同乡，业由理评两部通过，并推出筹备员从事进行。前晚开第一次筹备会。郑介诚主席报告本案经过后，首议在筹备期间先设施诊所案，主席说明理由，经众讨论，表决通过。次议聘请中西医士案，决定中医部请黄仰蓬、邵亦群担任；西医部请邓源和、江周海担任；药剂部请曹志功担任。即日由会备函敦请。次议筹备经费案，决定用筹备处名义印发捐册，请两属同乡热心赞助，当场由詹铭珊担任捐助开办费洋五十元，又代表洪鉴庭捐助洋五十元，曹志功报告会员黄兰荪代募到随安堂捐助洋五十元，公决致函申谢。次讨论施诊时间及办法，决定俟医士聘定后，共同商酌。"②从《申报》1929年7月14日的报道可知，同乡会在沪上举办医院"施诊施药，不取分

---

① 《徽宁同乡会理事会记》，《申报》1924年5月17日。

② 《徽宁医院筹备会纪》，《申报》1924年5月27日。

文"："北泥成桥新闸路口鸿祥里2136号，徽宁旅沪同乡会附设之徽宁医院，向例每届夏令，举办临时施诊所三个月。不论同乡或非同乡，均可前往求诊，施诊施药，不取分文。该所并备霍乱预防针，义务施打。闻今载聘定担任诊务者为沪上著名医师邓源和、叶植生、张坚志三君云。"①据《申报》1931年6月8日载，徽宁旅沪同乡会召集执监委员第二次联席会，"吴苍民提议本会夏令施诊继续办理案，议决，在施诊期内由会印送施诊施药券，委任中西药，分区办理"，可见"不取分文的原则是每期执行的"。

在医疗方面，同乡会还挽留避乱来沪的同乡名医在沪施诊，并由徽州旅沪名流诚意推荐。而名医诊疗费用"同乡减半"，突出了乡谊。

> 金君敕辰，徽州婺源之世儒医也。曾任江西景德市监试国医委员。天资聪敏，潜心医学。年十九即临症，其读书得闻既不离古，亦不泥古。几时感伏气七情六欲妇科儿科，或当用温用凉用补用泻，或以泻为补、以补为泻，择用先师何法何方，千变万化、应用无穷，故其活人之多有口皆碑。积三十余年之经验，著有《医林真谛》等书。洵国医界中名宿也。近以避乱来沪，同乡等挽留沪上，请其济世。倘有患病者，幸勿交臂失之。寓公共租界北浙江路海宁路口福康里二千零零五号，另有诊所。

> 介绍人：丁仲英、许筱甫、余静波、高晓之、郑铿源、钱耀初、胡松圆、金里仁、俞养涵、许世英、汪伯奇、余朗溪、朱晋候、高君若、傅立槐、朱智仁、汪惟英、朱凤池、俞绍舜、吴荫槐、孙子莍。择即日七月六号开诊。②

徽宁旅沪同乡会还办有南市斜桥时疫医院，为贫穷同乡治病。同乡会还继承会馆的传统，把客死他乡的贫穷会员的丧葬列为日常要务来抓。他们在上海设立丙舍和义冢，为客死异乡者厝棺或埋葬棺柩、资助运柩返乡。上海的义冢土地有限，他们还在徽州购置土地，设置岑山渡首安堂第

---

① 《徽宁医院临时施诊所开幕》，《申报》1929年7月14日。
② 《徽州大名医金敕辰到沪》，《申报》1932年7月4日。

二殡舍。从档案资料可知，抗战后发生了殡舍土地纠纷，同乡会理监事联席会议仔细研究法律[①]，指示岑山渡首安堂驻歙县的董事们据理力争，终将土地收归。以下两段资料可以帮助我们了解殡舍纠纷的内容[②]：

事由：致岑山渡首安堂第二殡舍董事曹德聪等，请调查看守人张季仂私将公地赠与程美根并进行调解由。

查本会于五月二十一日下午三时召集理监事联席会议，讨论关于岑山渡第二殡舍看守人张季仂私将殡舍旁余地移赠程美根一案。徐（大公）总干事提议拟先请当地首安堂董事曹德聪、程锡蕃、程日安、洪泽民、程智灏、程仁灏就近调查事实进行调解。请公决一案，议决照案通过，相应录案函请台端查照，即希就近与各董事取得联系，由曹德聪董事为召集人，约定日期同赴该处查勘（所有该地售主及税亩四至已详单抄寄程锡蕃君），再行另约张季仂、程美根到场进行调解，并望将调解经过情形联名函报本会以便核夺为感。

此致　董事

歙县旅沪同乡会理事长　方炜平

事由：为函复岑山渡首安堂驻歙董事（曹德聪、程智灏、程仁灏、程锡蕃、程日安、洪泽民）并指示法律要点会同再向程美根交涉业权由。

案准贵董事等本年六月十五日复函，关于函内所载各节，业已提交本会第十五次理监事联席会议议决，处理办法应以法律点为根据。该地既据称为农人张庆寿昔年开垦，后被程美根发现，道光年间小买退批向开垦人收回，耕种有年，何以在首安堂置买之时、定界之后，程美根迄未提出业权交涉，而其所持道光年间之契约，并未注明受退人之姓氏，又别无足以证明赓续取得权源之书证，仅持一纸不记名小

① 《歙县旅沪同乡会二届选举纪》载，同乡会聘有法律顾问："聘请何世祯、何世枚为本会法律顾问，如会员中有事发生，得以有所保障。"《申报》1924年1月3日。

② 《歙县旅沪同乡会关于调解首安堂基地纠纷的函》，1947年，旅沪同乡会档案，Q117-27-16。

买，即佃权契据，何能援作不动产所有权之证明？且佃权须在继续状态中。兹即让步，姑认程美根条约内不记各人之后裔，而失去占有已逾百年，即佃权当亦无主张之余地。尤有进者，首安堂进业时，订有界址，四至分明，此地为四至之外，本会绝不过问，否则公然占有十五六年后，尚不容他人出而混争？原档既无税亩字号，又无四至，是否即系该地之佃据，尚属疑问。应请贵董事等依据上列各点之要旨，会同再向程美根交涉。并召集原出业人、原中人根据原卖约责令出业人理楚。并希转饬张季仍妥为看守，以尽职责。尚希惠复为荷。此致

　　程日安、曹德聪、程锡蕃、洪泽民、程仁灏、程智涵

理事长　方炜平

治病、安葬固然是有关会员切身利益的大事，同乡会本着"勿以善小而勿为"的精神，尽可能多地为会员着想，提供福利。抗战胜利后歙县旅沪同乡会又建立复兴食堂，为同乡提供食宿"窃维本会自去冬建巢会所，纯为谋同乡之联络与福利事项而兴建，并举办复兴食堂于会所中，乃为便利往来京沪杭同乡之膳宿"[1]。

同乡会十分重视为客死异乡的会员送终。1932年9月28日《申报》刊有《皖同乡会公祭洪明庆》一文："安徽旅沪同乡会执监委员洪明庆，经营纱厂事业，对于社会公益尤为热心，前任该会常务理事维持会务，不遗余力。在一·二八沪变之前，因愤暴日横行，积极筹抵劣货方法，致操劳过度，得中风病逝世。同乡皆深惋惜。昨日其哲嗣禹钦昆仲，在牯岭路普益代办所设奠受吊，并请许静仁[2]题字，该会复联合徽宁同乡会公送挽辞祭筵。公推许筱甫、李振亚、余朗溪等十人代表致祭，采用徽州祭奠仪式

---

① 《呈上海市各界慰劳前线战士代表团》，1948年，旅沪同乡会档案，Q117-27-17。

② 许静仁（1872—1948年），名国安，安徽马鞍山人。出身贫寒，经营盐业而获利。最早是大生纱厂的股东、董事，是南通张謇事业的支持者和投资者，又是其事业的继承者。当张謇独子张孝若在上海被刺遇难以后，他出任大生企业集团的董事长，受命于危难之际。日寇占领期间，他拒绝与日合作，坚持民族立场，维护民族工业，与企图吞并大生集团的日本侵略者作不懈斗争。

礼节，颇为隆重。又该会干事彭养吾服务颇著勤劳，亦因于今春沪战时，该会派往上海战区难民临时救济会服役，并主办第二十二收容所，辛劳过甚，风寒之疾，于本月二日病故，身后甚为萧条。该会特于日前，常会决议抚恤云。"同乡会为过世的旅沪同乡举办悼念活动，这些做法都会大大增强同乡的凝聚力。

三、失业会员救济事项

对于失业会员，同乡会或是帮助介绍工作，或是资助回归家乡。以下是兴华茶行监察、同乡会监察委员汪俊臣为同乡汪荣介绍工作而给同乡会总干事徐大公的信函，及徐大公应求而给医院的推荐信，这是众从事例之一：

事由：汪俊臣来之函为同乡汪荣介绍职务由　附件：履历一份
拟办：致徽宁同乡会主办南市斜桥时疫医院，为看护或职台等职，1946年8月6日。

歙县旅沪同乡会徐大公先生钧鉴！迳启者，兹适同乡汪荣君由家乡来沪谋事，委托鄙人介绍莅会，已为推荐。对于其技能夙谙医道，近年抗战期中均在对方医院服务，素有经验，故敢特烦吹嘘，是为感德，附事履历为感展阅为荷，专此前筹安。

汪俊臣

事由：致徽宁旅沪同乡会南市斜桥时疫医院，为介绍汪荣为看护由　总干事徐大公　文牍汪渭徽。1946年8月8日　档案字第9号

迳启者：顷接本会汪会董俊臣来函，略称同乡汪荣前在歙县卫生院等处服务有年，对于看护职尤具相当经验。兹闻贵会组织南市时疫医院规模宏大，需用看护职员，必多请为介绍等由。查汪君所称各节，确属实情，为特具函介绍汪君前来请予录用，聊尽同乡互相之义，至为感戴。并希赐复为盼。此致徽宁旅沪同乡会南市斜桥时疫

医院。①

在无法为失业同乡找到工作的情况下，徽宁旅沪同乡会施以救助，从1926年的救助报告表（表1）我们可以看到，大多是应同乡的要求资助他们回乡。

表1 1926年徽宁旅沪同乡会救助报告表

请求人	年龄	籍贯	流落原因	请求目的	救助经过	救助时间	介绍人
张寓仙	69	婺源	贫困流落	乞求棉衣	转慈善团体代求	1月4日	直来
吴正有	41	歙县	失业	乞求棉衣	转慈善团体代求	1月6日	吴亦茂
黄卫孙	37	休宁	初经典业后失业流落	乞求棉衣	转慈善团体代求	1月10日	直来
黄懋赏	27	休宁	初在南通钜和衣庄执业,后失业流落	介绍入工厂做工	介绍入民生工厂做工	1月15日	直来
查全忠	26	泾县	由粤来沪流落	回里	资遣	2月2日	直来
吴汉卿	46	歙县	失业	乞求棉衣	转慈善团体代求	2月3日	直来
程礼彬	25	屯溪	向在广德做农庄生活后失业	要求回里	资遣	2月10日	直来
陈志勤	31	休宁	前任奉天政务厅科员,返里资斧告绝故流落	要求回里	资遣	2月11日	直来
胡开弟	21	歙县	失业流落	由法公堂解救转送来会	资遣	2月21日	法公堂
王光裕	37	休宁	身患重病失业流落	要求设法	转送慈善医院收留疗养	2月23日	直接来
胡楚庆	59	休宁	至沪寻子不遇	要求回里	资遣至杭转恩曹泰来行遣送往徽	3月1日	黄禹鼎
王德发	29	黟县	寻友不遇	要求回里	资遣赴江天轮赴大通	3月31日	直来
吴锡琪	31	歙县	寻友不遇	要求回里	资遣至杭	4月3日	金雨时
许耀光	35	歙县	前在军界失败流落	要求回里	资遣赴安庆轮往芜	4月16日	直来
黄云龙	29	歙县	前在军界失败流落	要求回里	资遣赴安庆往芜	4月16日	直来
汪明通	30	歙县	失业	要求回里	回徽	5月9日	吴鼎九
将正财	24	休宁	失业	要求回里	回徽	5月28日	庄有富
黄少耘	35	休宁	失业	要求回里	回徽	6月7日	黄禹鼎

① 《汪俊臣来之函为同乡汪荣介绍职务由》，1946年，旅沪同乡会档案，Q117-27-20。

续　表

请求人	年龄	籍贯	流落原因	请求目的	救助经过	救助时间	介绍人
李伟樑	23	宣城	学界流落于沪	要求回里	资遣	6月11日	直来取
朱保元	29	休宁	来沪谋事流落	要求回里	资遣	6月20日	福泰茶庄
程舒民	25	歙县	失业流落	要求回里	回徽	6月23日	毕立信
张宝庭	41	歙县	贫病流落	要求回里	回徽	7月16日	毕立信
潘守如	32	南陵	来沪谋事失业	要求回里	回徽	8月19日	直来
邱廷良	40	歙县	来沪谋事失业	要求回里	资遣九江	8月22日	洪棣晖
程吉善	27	休宁	来沪谋事失业	要求回里	资遣	8月22日	直接
胡吉祥	33	休宁	兵乱失业	要求回里	资遣	10月3日	胡佩如
王长发	31	婺源	失业寻短见被法公堂送会	请求做工	习艺	10月27日	法公堂
吴双坪	25	婺源	失业流落	要求回里	资遣往杭	11月9日	程铁桥
周志仁		天长	匪荒来沪	救济	资遣二元	11月20日	直来
俞永和	33	婺源	匪荒来沪	要求回里	资遣大通	12月29日	汪履安
叶少卿	38	休宁	投亲不遇	要求回里	资遣往杭	1月10日	胡稚荪

注：转引自上海档案馆藏 Y4-1-304：徽宁旅沪同乡会第三届报告书（1926年）

　　表1中值得注意的是，受助人员虽都为徽宁两府所属12县的同乡，但要求回里的同乡所去的目的地并不都是徽州，有的是去往大通、芜湖、九江，这些是受助同乡在来沪前已迁居之地。

　　抗战爆发，徽州旅沪同乡纷纷逃难，回归家乡。徽宁旅沪同乡会为此建立救济委员会，做了大量工作，资助近千名同乡回乡："自沪战爆发，本会即进行救济战区被难同乡办理收容遣送工作。月余以来，分批遣送同籍者为数已近千人。惟查尚有已经登记而未领取乘车证或已领有乘车证尚未报请遣送者数尚不少，为特登报通告。凡已登记或已领有车证者限于即日起至五日止，每日上午九时起至下午四时止，携带登记证及已领乘车证亲来同孚路一〇二弄六号徽宁同乡会报到，以便分批遣送。倘逾期不来报到，认为自行放弃，一律为无效。再在此期内停止登记以便调整，并希望注意为荷。"[①]

　　抗战胜利后，内战又起，经济形势并未好转，同乡大量失业。为资助

---

① 《徽宁旅沪同乡会救济委员会紧要通告》，《申报》1937年10月2日。

贫寒同乡回乡，歙县旅沪同乡会做了周密安排，凡确为贫困者由同乡会给川资4万，其中1万是上海到杭州的川资，在上海领取；到达杭州后，受助者再凭证到同乡开的复昶棉布号领取3万元，作为返回徽州的船资。这样可以确保受助者顺利回到故乡。为此，同乡会预付了30万国币，储存在复昶号[1]。救济失业同乡回里的工作是由一张上海、杭州、徽州同乡组成的网络来完成的。

还有一类不愿从业的游民，同乡会申请将其送至游民工厂习艺，"俾图自立"[2]：

> 徽州黟县旅沪同乡会近因时有同乡人结党到会，强索钱财不遂，任意吵闹，妨碍安宁。故于昨午由该会代表汪守惕偕代表律师陈子棠同投共分公廨第一刑庭，指控同乡人胡倍松。据称，胡来会借钱接济，已非一次，既不回籍，又不在沪营业，前日又纠党三人来会，强索钱财不遂，胡闹不已，是以报捕房拘究，并递呈声请状略云。为声请出示将留沪不法黟县同乡发送游民工厂习艺，请求晓谕。①因屡有留沪不法无业黟县游民至黟县同乡会及同乡会强索钱财，吵闹不休。②兹有维持地方安宁起见，拟将该黟县游民送入江湾游民工厂习艺，以期改进。③声请人已于江湾游民工厂商妥，将送入之黟县游民，各授以相当手艺，俾图自立。④此项声请，不独对于该游民及声请人双方有切身之利益，抑且公共地方治安之前途实利赖之……判准照原告请求，将被告送往江湾游民工厂习艺。

四、援助乡人免除不正当损害事项

同乡会会员大都经营商业，客居在外的徽州人极易受到来自各方的不正当损害，1924年、1925年的《申报》所反映的徽商受损害的事件就有营

---

① 《歙县旅沪同乡会关于向有关单位申请劝募、药品、施药及迁送、救济、介绍职业问题的函》，1947年，旅沪同乡会档案，Q117-27-20。

② 《黟县同乡会请送游民习艺》，《申报》1924年5月23日。

业场所被流氓捣毁的三星楼事件、大来当主被盗谋杀案、茶叶店伙计吴载寿被人殴毙事件，等等。这些事件反映了旧上海社会秩序混乱，治安条件极差，警匪勾结残害百姓，越货杀人之案无日无之，商人的产业与人身安全没有保障。同乡会中士绅、商人勉力援助乡人免除不正当损害。

三星楼菜馆是一家徽菜馆，业主邵运家，地点在南市三角街。1925年3月19日夜8点许，有流氓20余人来店夜餐。餐毕会账时，用假币（铅角）充数，为司账所拒。流氓恼羞成怒大打出手，致6位伙友受伤。当即报告岗警，岗警反庇护流氓，将受伤的6位伙友及数名流氓带往警署。流氓又纠集百人，各带凶器，将徽菜馆捣毁，抢去账台所存钱币。警署、检厅并不追究，而是释放被押的人员，并说殴打之事即此了结。邵运家只得到徽宁旅沪同乡会求助。3月23日徽宁旅沪同乡会召开理评联席会，援助三星楼被人捣毁案："余鲁卿主席。经该楼股东代表章震东报告肇事情形，街邻王某申述目睹状况，胡佩如报告亲往调查情形，经众讨论，认为纠众行凶非特妨碍商业，抑且扰乱治安，该管警察事前不能消弭，临场又不能弹压，事后复听信一面之言，颠倒黑白，亦觉有亏职守。议决除函请检警两厅秉公撤究外，并函请县商会、各路商总联会、南区商联会一致援助。"在给检警两厅的信函中，徽宁旅沪同乡会严正指出："窃思上海为万商云集之地，该流氓等竟敢于光天化日之下纠众行凶，且抢劫银洋，行同盗匪，似此目无法纪，扰乱治安，若不从严惩治，商店焉敢贸易。而当地岗警，既不能弭祸于事前，复不能秉公于事后，拨之保卫商民之旨，似觉有亏职守。敝会惩前毖后，隐忧万分，用敢据情函请钧长对于该管警署溺职殃民之处，赐予撤究，庶此后地方治安，商民营业，两受其益，不胜公感。"①

在徽宁旅沪同乡会的呼吁下，各路商界总联合会复函表示赞同，其原函如下②：

> 迳复者，日前接诵公函内开，贵会会员邵运家经理之三星楼菜

① 《徽宁同乡会开会纪》，《申报》1925年3月24日。
② 《三星楼行凶案之昨讯》，《申报》1925年4月3日。

馆,于本月二十五日夜,被流氓数人滋扰,捣毁什物,损失甚巨,并将抽屉内钞票小洋铜元劫夺一空。案经检厅提审了结,业经延请律师另案控追损失等情,并以后地方治安,商人营业,深以扰乱为虑。示会援助前来。据此,当经敝会议决遵照办理,除即日致函淞沪警察厅厅长常,请即饬属认真保护,以冀嗣后商店居民不致再有此类案件发生外,特此奉闻,至祈台洽是荷。此致,徽宁旅沪同乡会理事长余

上海各路商界总联合会启

三星楼徽菜馆的遭遇还得到了菜馆业同业公会的援助。该公会3月24日"假沪城公所开会,讨论对付办法,同业到者五十余人,公推路永江主席报告此事实情。嗣经到会同业讨论之下,金以该徐正福等系当地流氓,三星楼被若辈捣毁以来,不能开市营业,若不请求官厅究惩,后患堪虞,且与同业营业前途大有关碍。遂公决除函请徽宁旅沪同乡会援助外,一面具状地检厅,请求秉公究办,以儆凶横而维商业云"①。

迫于"徽宁旅沪同乡会等各团体代抱不平,遂呈到厅,要求秉公撤究"②,地方检察厅立案、拘捕并审讯为首肇事者,"判令徐正福等三被告每人各交二百元保出外,听候究办"。业主邵运家有同乡会的支持,"继续具诉到厅声称,当时该流氓等纠众来店行凶时,附近商民均皆目睹证明,照钩厅亦已查询明确,为此请求速为讯判,俾商店得早日开市,以维商业"③,最终维护了自己的利益。

相比之下,大来当铺店主杨少舫的命运就更为悲惨。1924年5月11日杨被盗谋杀,亲属远在徽州,靠同乡向徽宁旅沪同乡会报告"顷据同乡胡咏青、程步青来会报称,会员杨少舫向为山海关路大来当经理,前晚被盗谋毙,已有捕房获有嫌犯女匪一人,死者尸体业已勘验收敛,惟死者亲属现不在沪,请求本会予以援助。经众讨论,请公廨转饬捕房从速缉凶"④。

---

① 《菜馆业开会援助三星楼》,《申报》1925年3月26日。

② 《三星楼状诉流氓行凶捣毁之审讯》,《申报》1925年3月30日。

③ 《三星楼行凶案之昨讯》,《申报》1925年4月3日。

④ 《徽宁同乡会理事会记》,《申报》1924年5月17日。

信函在《申报》上发布①：

> 为大来当主被盗谋杀案　本埠山海关路大来当店主杨少舫，日前被盗劫货刃毙，详情已志前报。杨系徽宁同乡会会员，该会特为此事致函公廨，请速辑盗。并谋善后，函稿如下：迳启者，顷据敝会会员胡云卿、金云清、程步青、胡愔怡等联名函称，兹有敝会会员杨少舫，徽州休宁人，现年四十九岁，向在本埠山海关路开设大来当押当，不意于本月十一日晚，突遭男女盗匪数人入内行劫，致遭刃毙，尚有十四岁学徒，亦系徽州人，不知下落，此案业由捕房获有女伙盗一人，惟死者杨少舫家属，现不在沪，遭此惨祸，警悼良深。而失踪学徒，是否因惊避匿，为盗谋毙，生死未明，为此函请敝会加以相当援助，以期早日破案，以慰冤魂等情到会。窃以此案经过，业已解案，谅已洞鉴案中各情，惟死者杨少舫家属远离，今竟横遭非命，哀痛如何，自应据情至恳贵公廨迅饬各捕房从严缉凶，限期获案，并查明失踪学徒，实为德便。抑又有进者，迩来租界境内，盗风甚炽，越货杀人之案，无日无之，敝会会员大都经业商业，托庇幪幪，惩后惩前，破多危虑，并希望垂念商艰，严饬各捕房严加防范，以保治安，商幸甚，冒昧上渎，不胜惶悚之至云云。

1924年8月9日，又发生歙县同乡会会员、西门张恒兴茶叶店店伙吴载寿在九亩地被巡警王学德凶殴立毙的事件。"前晚八时一刻，九亩地物华实器店门首，发生曾为茶叶生理之徽州人吴载寿被人殴毙凶剧。业经拘捕凶手王学德，解往二区一分所转解警厅。昨日上午九时许，死者之族叔吴绍沛（系护军秘书陆军第六混成旅书记官）及亲族汪裕泰茶叶号黟汪世叶二人，分至皖同乡会、徽宁同乡会呼吁，报告寿殴真相，及泣求援助等情。当由二同乡会特推詹铭珊前往肇事地点侦察真相。下午一时，至九亩地向各邻居侦察真相。系上午十一时已由检厅检验馆殓，乃折至四马路汪裕泰茶叶号向汪世叶询问。汪君谓肇祸真相，有住在附近晏庆里之同乡妇人方吴氏可作指证。方吴氏曾目睹吴载寿路过实器店附近，因尘遗致与站

---

① 《徽宁同乡会致公廨函》，《申报》1924年5月18日。

岗巡警冲突,忽有一形似落差巡警者(指王学德)向吴臀部猛踢,又被一武装之警士用枪柄横击数下,殆欲前往劝解,吴已倒地气绝等语。詹君当以巡警行凶,事属重大,特又回报同乡会集议援助,并托汪转请证人吴方氏于今日下午出席皖同乡会理事会报告,至徽宁同乡会特定下午开会"。[①]会议"到者三十多人。由正会长代表程律谐主席,徐云松记录。议决办法如下:吴荫槐提议,先由本会四人调查此案情由,并阅报载,有妇人吴方氏出为死者见证人,且带受伤,本会应派员慰问。议决,公推吴咏霓、汪俊臣、吴雨畴、吴荫槐四人为本会对于此案交涉员。②公推四交涉员俟聘任报告到后,即赴本会法律顾问处商议援助进行。③致函安徽同乡会、徽宁同乡会、徽宁会馆及本会会董徐季龙先生,请其一致援助。④闻徽宁同乡会明日开会,即请四交涉员届时出席。⑤请四交涉员明日至吴方氏处慰问。散会"[②]。

8月10日,徽宁旅沪同乡会也召开紧急会议,"推罗纯夫代理主席。由曹志功介绍吴新樵请议援助岗警殴毙吴载寿案。歙县同乡会代表吴咏霓(尸者三叔)、汪俊臣,吴雨畴、吴荫槐及证人吴方氏,报告肇祸经过毕。理事詹铭珊报告调查情形,请众讨论。讨论甚久。结果:①致函地检厅依法起诉,秉公究惩。②致函警察厅请将凶警王学德按例严惩,以谢地方。③由三同乡会法律顾问联合进行法律手续。④由尸属延请律师向法庭起诉。末由曹志功报告理事部对于此案之意见,遂散会"[③]。8月17日,徽宁旅沪同乡会又一次开会,"议援助同乡吴载寿被殴毙命案,经曹志功、李振亚、吴鼎九、汪履安等发言,均主尽力援助。结果,议决办法如下:①代尸属聘请律师,至法庭依法控诉。其律费由徽宁、歙县两同乡负担。②指实警察行凶情形,致函警厅。③两同乡会合吴案委员会。④推派代表向同乡汪幼农、徐季龙君乞为援助。当即公推吴咏霓、吴荫槐、汪醒斋、汪俊臣、詹铭珊、曹志功、李振亚、吴雨畴、吴鼎九等为委员。另推吴雨

① 《皖同乡会援助吴载寿毙命案》,《申报》1924年8月10日。

② 《歙县同乡会紧急会议纪》,《申报》1924年8月10日。

③ 《徽宁同乡会紧急会纪》,《申报》1924年8月11日。

畴、汪醒斋、李振亚、吴咏霓、吴荫槐、曹志功六人往谒汪徐二君"[①]。
同日，安徽同乡会召集理事会，表示"本会当极力援助"[②]。

综观上述三事件，可以看到徽州人在客地谋生极为不易，他们在上海所能依靠的就是亲属和同乡，同乡会可以说是他们的靠山。同乡会在处理会员受损害的事件中，首先是重调查研究，重法律，他们有自己的法律顾问，为贫穷的会员斥资请律师。在同乡会的活动中，我们可以清楚地看到士绅、商人与同乡会组织三者的互动。在上海这样的国际大都市中，力量更为强大的同乡会取代了宗族组织，但血缘与地缘关系仍是同乡会的纽带。商人们的资助使同乡会有了雄厚的经济实力，而士绅的崇高地位使同乡会在上海有着社会势力。例如，他们"推派代表向同乡汪幼农、徐季龙君乞为援助"。徐季龙，名谦，安徽歙县人。1904年应试及第，成为进士，进入翰林院仕学馆攻读法律。1907年毕业以后，先后任翰林院编修和法部参事职务，主持制定全国的新式法律。1908年任京师地方审判厅厅长、京师高等审判厅检察长。1910年，同许世英赴华盛顿参加国际司法会议，并考察了英、法、德、俄等国的司法制度。1912年3月，任司法部次长。此后去上海，加入了基督教圣公会，并发起组建全国基督教救国会。1917年南下广州，任孙中山广州军政府秘书长。1919年以观察员资格参加巴黎和会，回国后被聘为天津《益世报》主编。1921年，任孙中山政府最高法院院长。徽宁同乡会建立之初徐季龙曾担任该会评议长。作为士绅，徐季龙乐于为同乡会伸张正义。

五、调解劳资纠纷

徽州旅沪同乡会会员是多元的，不仅有资方，也有工人，因而调解劳资纠纷是同乡会的一项重要工作。1924年徽属制墨工人罢工事件曾在沪上轰动一时，《申报》差不多天天都有报道，关注这一事件进展。以婺源籍

---

① 《徽宁同乡会开会纪》，《申报》1924年8月18日。

② 《安徽同乡会理事会纪》，《申报》1924年8月18日。

为主体的徽属墨工要求增加工资三成，而店主则坚持不允。从6月9日起，至7月27日结束，罢工相持近50天。参与调解的有警察厅和同乡会。从徽宁旅沪同乡会6月23日给警察厅陆厅长的信函中，可以知道同乡会对劳资双方的内情最为清楚，其调解的立场也较为公允。信函的内容如下：

> 陆厅长钧鉴，敬启者，墨业工潮一案，迄今近两旬，双方日趋极端，风潮愈演愈烈，此诚工人之不幸，亦敝会所引以为憾者也。谨将工潮之起源，以及调处之经过，约略述之。本埠墨业，均为徽州旧属之休宁、婺源、绩溪、歙等人士所经营。各帮各自为政，不相与谋，其待遇工人亦各沿旧习。闻有变通成例，而酌予加资者，如休、歙等帮是。其最拘泥旧章，一成不变者，以婺源帮为尤。而婺源一帮营业，又居各县之冠，故工人人数，亦达四百三十余之众。据婺源工人来会报告工人苦况，及店主待遇不良，生活难以维持情形，敝会当以勤劳多获之意勉之。洎夏历端节左右，工人以生活所逼，忍无可忍，提出条件，要求店主加资，店主亦将待遇工人之真相登报露布，彼此相抵相抗，而罢工之风潮起矣。工人遭此不幸，来会求援，敝会以双方均谊切同乡，不可持之过激，致伤情感，爰即开会，公推代表出面调处。所持调解要议，即一面劝告工人安心上工，条件让步，一面劝告店主，改良旧章，酌加工资，期以和平了结，消弭无形。又恐转达情愫致有不周，特推徽属耆望熟悉劳资情形者为代表，冀祛隔阂。敝会之于乡谊可告无罪。不意店主方面不予谅解，意婉言拒绝。敝会以第三者地位，又处此情状，亦惟只求官厅出任仲裁，俾得各安生业。而孰知店主不善处置，致有聚众算帐，挤扎伤人之事。此诚可为太息者也。现该帮工人声音，全体一致出厂，另寻生计。值此生活维艰之世，社会上陡增数百失业工人，回里无资，谋生无路，商业治安，亦难保不受影响，伏祈贵厅长俯察舆论，悯念苦工，在是以维持生活限度，饬令酌予加资，俾该业双方，均得早日营业，则感荷仁施，岂有涯涘。倘有责在敝会者，属在乡谊，所不敢辞，谨布悃忱。诸惟谅察，敬颂政绥。

徽宁旅沪同乡会谨启　六月二十三日[①]

可见，在徽州从事墨业者涉及4县，其中又以婺源为主。婺源墨业最为守旧，坚守陈规，不肯加资。同乡会出于乡谊，也出于对工人的同情，出面调解，希望双方妥协，酌加工资，结束罢工。但是同乡会并无实际的制约权，所以反复强调乡谊的立场，期待双方的理解和退让。从6月11日徽宁旅沪同乡会首次开会讨论徽属墨工罢工案，就表明其不偏袒资方，而是从同乡的角度出发，致力于劳资调解的立场。会上"宣读婺帮墨工来函，继由工人代表程炜庭报告此案经过，旋由胡开文立记店主报告该店伙友罢工情形，略谓敝店系歙帮，所有待遇工人情形与婺帮不同，而伙友亦一律罢工，殊属不解，请为援助。经郑介臣、吴鼎九等相继发表意见。结果，推代表路文彬、汪禹丞、郑介诚、曹志功四人向双方调解，以期早日解决"[②]。《申报》6月14日有《同乡会调停之经过》的报道，称"徽宁同乡会代表曹志功偕同安徽同乡会代表路文彬二人，昨向婺帮店主方面接洽一切"，"曹路二人即告以同乡会出为调解，全顾念乡谊，乃息事宁人之意"。《申报》6月16日的《安徽同乡会理事会纪》也强调"本会应工人之请求，念各方均属同乡，故为征求意见，以融洽同乡感情，当时该店主并无具体表示云云"。

工人方面，在吁请同乡会帮助时，也是强调乡谊，《申报》6月18日载《墨工罢工昨闻并录》："工人方面徽宁同乡会求援函云：徽宁同乡会执事先生鉴，敬启者，敝工人等为要求加资，以维生活，曾经缄恳贵会主张公道，以救我工人于万一。不料各店主恃其财力，运动官厅，不仅压迫工人，而调停人亦多被其侮辱。现罢工已旬日之久，竟置之不问不闻，若再迁延时日，工人等惟有一死而已。务乞贵会再本良心上之主张，作有力之援助，以谋最后之解决，则工人等诚感激无尽矣。"当工人因罢工旷日持久，生活发生困难时，是同乡会伸出援手。《申报》7月7日的《墨业工人出店后之救济》载，工人借宿全皖会馆，同乡纷纷捐款救助。"墨业工潮

---

①《墨业工潮之昨讯》，《申报》1924年6月24日。

②《徽宁同乡会紧急会议纪》，《申报》1924年6月12日。

决裂后，工人食宿无着，甚为恐慌。昨该工人等致函皖同乡会，请假全皖会馆为住所”。该信函称：

安徽同乡会诸乡长钧鉴：窃吾婺源墨业工人，自六月八日停工，转瞬将逾一月。多蒙诸乡长体念数百苦工，代向店主方面调解，不意店主对于调解一概拒绝。我工人间关来沪，只待此专门手艺营生，一旦停工，势将饿殍。店主只知以金钱魔力压迫工人，而邻里亲故之谊毫不加以顾恤。工人等多方迁就，彼仍置吾等于死地，不得以全体出店，冀其觉悟，稍发天良。乃出店之后，彼犹请警厅迫令上工，身如重犯。有川资者均纷纷回里，身无分文，又无亲友可投者，亦只好忍饥露宿，束手待毙而已。现蒙俞朗溪先生悯念苦工，允予拯救（指定闸北德大公米行按月拨有食米）。惟吾工人无栖身之所，亦不能沾米浆之惠。爰有工人六十名，冒罪前往全皖会馆借住，俟稍息残喘，另图别计。伏仰我诸乡长胞与写怀，乡谊情切。为此不揣冒昧，谨为卖禀。倘蒙恩予借住，则再生之德，没世难忘。哀哀上告，伏乞矜全，敬请善安。

婺帮墨工六十人同叩上，七月六日。

他们在进入安徽同乡会后，还得到了同乡的个人资助：“至皖同乡方面，私人出而救济者，已有多人。昨南市大昌米行，汪葵石助洋十元，俞朗溪助食米洋五十元，无名氏助洋三元。现该工人即自来水亦尚无着，故借祁门同乡会自来水应用云。”[①]《申报》9月7日的后续报道称“墨工自迁入全皖会馆，皖同乡纷谋救济。昨又有南市大昌米行经理张升如（上海人）捐洋十元，又茂昌祥厂油作经理吴凤魁（如皋人）、店东刘镇泰（宁波人）捐洋十元，又法租界镇和执事何湘谷（镇江人）捐洋十元，均由俞朗溪君经募，又明星影片公司郑介诚捐洋五元云云”。社会各界也纷纷表示同情和支持。

警察厅的立场与同乡会有所不同，从《申报》的标题为《警厅劝令工人上工》一文便可知：“本埠徽帮制墨工人，要求店主增加工资未允，以

① 《墨业工人店后之救济》，《申报》1924年7月7日。

致全体罢工。曾由店主方面詹沛民具名，以工人代表朱润斌等五人煽惑罢工等情，具呈淞沪警察厅，请为制止，并乞查办到厅。经陆厅长准词饬传，该代表朱润斌、程炜廷、余宾述、王利丰、俞金桂五名到案，发交司法科研讯。经刘科长当庭劝令该代表等各传谕工人，即日开工。至于工人要求增加工资一层，自当由厅调停，劝谕店主方面酌加在案。嗣后该代表等劝导无效，仍然均不上工，事为警厅刘科长访恶，以该工人不应违抗官厅命令，故于昨日又传朱润斌等五代表到厅。着于今日（十四日）令各工人务各一律开工，所有工人方面要求之条件，仍当由厅妥为调解，必须各工人满意云云。该代表等遵谕而退。"[1]同样是"妥为调解"，也说是"必须各工人满意云云"，但是其立场是不准罢工，"令工人务各一律开工"，十分清楚是偏向资方的。同日《申报》的《迫令罢工之被押》一文说："本埠婺帮制墨工人，因要求各店主加给工资不遂，全体罢工，迄未解决。该工人等侦悉河南路胡开文墨店仍有工人在内工作，于前日午后，有工人曹灶祥、鲍善芝、胡普贤等多人，拥至该店内，迫令在工作各人一律罢工，被该店内之胡洪开报告捕房，派令中西包探往将曹等三人拘押。昨晨解至公共公廨第一刑庭。照据原告代表慕思律师上堂陈述前情，并诘据证人胡洪开供称，本店工人，本在闸北厂内工作，因被告等强迫罢工，迁至公共租界河南路店内工作，昨日被告等又来逼令停工等语。又据见证胡姜君供称，各工人工资于正月间已加给三成，此次要求加给，已允照原定工资加给成半，各工人亦应允，岂知工作一天，次日复有罢工。据闻悉听从工界救亡会之言所致。此种举动，有碍营业云云。讯之被告三人，均不认强迫罢工。据称，乃往索欠工资。经关沪员核供，商之英马副领事，以被告等均有不合，判各押西牢一月示儆。"徽州四邑的墨工情况不同，绩溪墨店主与工人达成妥协，工人继续上工；婺源墨工令其一律罢工，被公共租界公廨（法院）判拘押一月。

店主方面为维护既得利益，不肯让步，谈判陷入僵局。"徽宁会馆代表汪莲石、汪允辉向店主劝告让步，即可结束。乃接洽结果，店主绝对不

---

① 《警厅劝令工人上工》，《申报》1924年6月14日。

肯让步，以致两代表将店主意思向工人说明后，即声明不再负调解责任。而工人方面，亦坚持非达到加资目的不可"。会馆方面调解失败，于是由同乡会向警察厅提出建议，要求对店主方施加压力："现皖同乡会代表汪禹丞，鉴于店主压迫过甚，已将此意函达警厅司法科刘科长，请其传谕各店主，加以调处，功德无量云云。"①

警察厅也认识到仅仅压制工人是解决不了问题的，还是得依靠同乡会来调解。于是"警厅仍请皖同乡会调解"。"警厅方面，自接省令嘱为持平处置外，仍拟函请皖同乡会代表汪禹丞出任接洽，俾工潮得以早日消弭云"。②在同乡会的调解下，罢工风潮最终平复。《申报》7月27日以《墨业工潮完全解决》为标题作了报道："店主已允即日加资。婺帮墨工，自迁出全皖会馆，全体回店上工，相持二月之工潮，业已告一段落。店主方面，经各调人竭力疏解，对实行加资日期，已允在工人上工之日起算。但际兹炎夏，墨作出贷，本甚移少，故各工人除在清晨工作三四小时，下午多停工歇息。工人中尚有十余人因故不能上工。墨工代表朱润斌前因工潮决裂，因愤投浦，现闻工潮既告解决，昨特至皖同乡会各调人处表示谢忱。惟自身深受痛苦，不愿再行上工。皖同乡怜其苦况，拟谋设法救济。警厅自闻墨工上工消息，已派探调查上工情形，呈报省长，查照云云。"③

同乡会对旅沪同乡提供的保障是多方面的，它们从各个不同的维度保障了同乡的生存与发展。民国年间各地旅沪同乡会、各种行业的商会等自治组织所推行的社会保障，覆盖了上海市民社会相当大的空间。它们与上海特别市政府渐次实施的一系列颇具现代意义的包括社会救济、社会保险和社会福利等方面内容的社会保障，形成纵横交错的网络。政府与市民共同构建社会保障网络，社会保障多元化，是民国时代上海社会保障的一大特色。同乡会的社会保障功能，展现了独立、自治的市民公共空间。

原载《上海师范大学学报》（哲学社会科学版）2012年第3期，有改动

---

① 《又讯》，《申报》1924年6月28日。

② 《墨业工潮昨日之调解讯》，《申报》1924年7月23日。

③ 《墨业工潮完全解决》，《申报》1924年7月27日。

城乡之间：徽州旅沪同乡会的救乡功能

徽州旅沪同乡会与家乡的互动联系十分密切，歙县旅沪同乡会本身就是在救乡的过程中建立起来的。1922年，歙县山洪暴发，饿殍遍野，歙县旅沪人士方晓之、曹味衡、曹惟明、徐丹甫、程霖生、叶元龙等发起成立水灾赈济会，募款施赈。救灾完毕时，旅沪同乡倡议，将水灾赈济会改组为歙县旅沪同乡会，以资救乡护侨，于是在1923年成立歙县旅沪同乡会。1929年绩溪旅沪同乡会的建立，也与救乡直接相关。《绩溪县旅沪同乡会征求会员通告》载，"本会自丙寅年（1926）废历十一月二十八日开会筹备以来，迄今数年，迭受时局变迁，因此停顿而未能正式成立"，时过三年，"刻为徽州惨遭匪灾竟及四县之多，屯镇尽烬，成为瓦砾，百年难复，如此情况实属不忍目睹。同人等以事关桑梓之利害，巩固团体之精神，联络乡谊补救于万一，徽属六邑独为吾邑缺如，为此通告旅沪同乡未曾入会诸君，统希本月内来会报名登记并补具志愿书，以便定期开会员大会，特此通告"[①]。家乡遭遇匪难，使绩溪旅沪同乡痛切认识到建立同乡会是"事关桑梓之利害"的刻不容缓的大事，于是在延迟三年后，绩溪旅沪同乡会终于建立起来。

同乡会重视与家乡的联络。抗战胜利后，歙县旅沪同乡会经过一段时间的筹备，于1946年7月7日召开会员大会选举理监事，11日召开理监事

---

① 《绩溪县旅沪同乡会征求会员通告》，《申报》1929年5月13日。

会选举常务理监事及理事长，15日即发布《公告：致歙县县政府及各机关团体》①：

> 迳启者，本会于抗日战争期间一切会务无形停顿，胜利后即经筹备改组，经于七月七日召集会员大会选举理监事，同月十一日复开理监事联席会议并选举常务理监事及理事长，应行办理各项手续均已依法办理完竣，惟是会务繁杂，嗣后务希时局南针以匡不逮，毋任企祷之至。此致
>
> 歙县县政府、歙县地方法院、歙县地方法院检查处、歙县县农会、安徽高等法院第二分院、歙县县党部、安徽高等法院第二分院检查处、歙县参议会、歙县商会、歙县总工会、歙县律师会、歙县警察局、歙县救济会、歙县中医公会。

同乡会所告知的单位，都是歙县地方实力部门。重建伊始便急切地要与歙县县政府及各机关团体建立联系，可见同乡会对救乡工作的重视。《公告》可以视为上海与歙县之间城乡互动关系重新启动的标志。

同乡会还注重地方人脉，加强与地方新士绅的沟通和联系。上海市档案馆藏资料中有歙县旅沪同乡会理事长方炜平、常务理监事曹叔琴暨全体理监事等于1946年7月20日祝贺同乡刘诒燕就任安徽省建设厅长的电文，及8月27日刘诒燕的回电。1947年9月26日，歙县旅沪同乡会理事长方炜平，监事长曹叔琴，常务理事王杏滋、江笑山、许作人、洪镇康，总干事徐大公致电新任歙县县长杨步梁，在祝贺的同时，提出了革新县政的要求："遥闻先生出长吾县，旅外同乡咸表欣庆，对于今后县政之革新，铲除社会上的贪污土劣，消灭县治上之民蠹官僚，兴办教育，转移风气，解除民患，以达到建设新歙县之目的，均赋以绝大之期望。且延日匪氛其隐蔽散漫四乡山区地节，时出骚扰，民不安枕，其患更为可虑，务希钧座一秉军人风度，严厉部署，限期肃清，以清乡间，而安民心，至为盼祷。"②

---

① 《致歙县县政府及各机关团体》，1946年，旅沪同乡会档案，Q117-27-1。
② 《歙县旅沪同乡会和有关单位关于组织成立官员上任等问题的贺电函》，1947年，旅沪同乡会档案，Q117-27-5。

徽州本土也极其重视与上海同乡会之间的联络。歙县参议会在议决有关县政时，发出歙县参议会公函，事先征询同乡会的意见。歙县旅沪同乡会理事长方念谐收到"征求当前县政意见"的公函，被告知1948年12月25日参议会将召开会议，议决三个问题："A.本县警保队应如何整训补充；B.本县各区乡镇自卫组织应如何□□并补充；C.本县财政应如何整理。""以上中心议题由会征求各地人士意见，并函请各有关机关先行拟具具体意见于本月十五日以前送会，再由会召集各有关人士举行座谈会商谈，最后提交专委会决定，由全体专门委员向大会提出"。为此"函各乡镇民代表会、旅外同乡会、地方贤达广征对本县当前县政意见"，并要求"希依照上项决议办法原则拟具具体意见，于十二月十五日前函复过会，以便办理为荷"。

"同乡"是联系城乡的纽带，也是城乡认同的符号。寄寓他乡的同乡，关心本土的同乡，家乡的天灾人祸都与他们痛痒相关。商人有财，士绅有势，家乡的救灾、建设，都少不了同乡会的帮助。家乡遇到一些不平事，同乡会也可以利用他们的社会声望和舆论工具，上通中央、省城的政要，施加强大的影响力。他们弹劾地方上的贪官污吏、不法势豪，发表政见，革新地方，地方恶势力鞭长莫及，也奈何不得他们。同乡会存续的30年间，尤其是20世纪30年代抗战时期以及国内战争期间，都是处于艰难困苦的非常时期，同乡会的救乡除了长时段日常的慈善事业外，更多的是非常时期的非常之举，他们的所作所为即使不能救同乡于水火之间，毕竟缓解了同乡的苦难。

一、为家乡争取和平环境

徽宁同乡会救乡之举，首重家乡的和平环境。北洋政府时期，军阀混战，直系军阀江苏督军齐燮元与皖系军阀浙江督军卢永祥为争夺上海的控制权，虎视眈眈，战争大有一触即发之势。1922年皖系军阀马联甲被任命为安徽军务督办，兼署安徽省省长。1923年同乡会获悉马联甲有与卢永祥勾结，参与到皖、直军阀争夺战中去的意图，并"派员来沪与各银行接洽借款等情"。7月，徽宁同乡组织弭兵会，利用在金融界的巨大影响力，向上海银行公会、钱业公会发出公函，要求他们不要借款给马，以维护安徽的和平。原函①云：

> 敬启者，近据报载，敝省督理马联甲应时势之需要，筹备饷械甚亟，最近拟发行兑换券百万元，商同敝省吕省长暨胡财政厅长，派王、刘二君来沪，分向本埠金融界接洽借款，即以该项兑换券为抵押品云云。迩来谣诼纷起，盛传某将军假道于皖以窥浙，敝省旅沪乡人，正谋所以弭兵之道，爰组斯会，共谋进行。因经济为助乱之源，敝会既有所闻，用敢不揣冒昧，敬恳贵会转致各银行、钱庄勿与敝省长官缔结任何借款，助长内乱，是所企盼，迫切上陈，无任待命云云。

1923年9月3日直、皖军阀争夺上海的江浙战争（或称齐卢之战）爆发。为避免战火殃及家乡，徽宁弭兵委员会派遣代表去蚌埠向马联甲请愿和平，并了解徽宁驻兵与广德屯兵的情况。马联甲一一作了解释："赴蚌代表吕篙渔报告请愿和平情形。略谓，彼于十二日由沪起程，当晚抵蚌，次日上午十二时，即谒见马联甲，当即呈递公函，并申述此行主旨，马答保境安民乃其唯一职旨，贵会爱护桑梓，发为和平运动，适与鄙人平素主张翕合，极端赞同。至徽宁驻兵一节，实无其事，徽宁非用兵之地，绝无驻兵必要。鄙人虽非皖人，然服官皖省有年，已视皖为第二故乡，亦何忍视地方无端蹂躏，且前此据报邻近广德方面，有浙省派驻重兵之说，当经电询卢督办，得其复电，绝无此事，于此可知增兵云者，无非一种调音耳。又谓缔结皖浙和约一事，不知浙人意旨若何，彼个人无不赞同云。嗣宣读马氏复函，词意与上述相仿，经众讨论，对于请愿一事，认为满意，唯皖浙和约是否进行，留待下次讨论。"②

---

① 《旅沪皖人阻止皖马借款，徽宁弭兵会致银行公会函》，《申报》1923年8月26日。

② 《徽宁弭兵会委员会纪》，《申报》1923年9月18日。

不久，浙皖和平公约签订，但形同虚设，又传来皖南增兵之消息。徽宁同乡会发出通电，其文如下：

> 安徽省内外各公团，各同乡会，各报馆，各学校，各乡老钧鉴：窃自上年政变以后，长江数省谣诼迭起。敝会因吾皖居长江腹部，关系非轻，诚恐一旦为野心家所乘，非特一省人民遭其涂炭，恐邻皖省份将联串受其蹂躏，爰于数月之前联合沪上同乡，发起弭兵大会，不惜奔走呼号，请愿和平，虽经缔结浙皖和平公约，而两省人心因之稍定。吾皖当局，亦迭次表示遵守不渝，不图和约之墨迹未干，当局之食言已见，非特皖南增兵之事日有所闻，即证以近日报载，驻蚌第五旅又已奉令调驻广德，而三、五两旅，复各在皖北、繁昌等处，添募重兵。消息传来，曷胜惊骇，用心何在，难测高深。唯是兵凶战危，古有明训，将来一旦祸发，吾民身当其冲，后患隐忧，何堪设想。况于兹苏浙警讯频传之际，吾皖尤宜处以镇静，以免浮动之心。同人愚鲁，拟贯彻和平初衷，决不忍使皖省卷入漩涡，甘为戎首。所有省军五旅，既为守护地方、保卫人民之用，自不宜无故调防，致起人民警忧。事关桑梓治安，务望吾皖父老兄弟共起直追，为皖民争人格，即为桑梓谋治安幸福，和平前途实利赖之。临电迫切，伫盼好音。徽宁旅沪同乡会叩谏。[1]

通电不畏权贵，为了同乡的利益，自由公开地对省政府与军方问责："事关桑梓治安，务望吾皖父老兄弟共起直追，为皖民争人格，即为桑梓谋治安幸福，和平前途实利赖之。"1月27日同乡会发出巩固和平的通电，电文说："同人旅居沪上，体怀乡邦，休戚相关，不忍漠视。惟是兹事体大，胥赖群策群力，务祈全皖父老，一致奋起，共谋桑梓安宁，藉免生灵涂炭，事机危急，稍纵即逝，毋忘切肤之痛，致追噬脐之悔，则幸甚矣。"[2]徽宁同乡会对安徽省政府与军方进行批评与监督，迫使他们不得不重视公众舆论的力量。

---

① 《徽宁同乡会对于皖南增兵之通电》，《申报》1924年1月17日。

② 《徽宁同乡会巩固和平之通电》，《申报》1924年1月27日。

1926年11月初，国民革命军总司令蒋介石率领北伐军歼灭了孙传芳的大部分精锐部队后攻下南昌，一部分赣兵逃避于徽宁境内。蒋介石计划借道徽州进兵南京。11月24日徽宁旅沪同乡会联合苏浙皖的部分同乡会等，组织和平会，参加者情况为："本埠、外埠团体之加入，外埠团体之表示加入者：徽州旅浙硖石同乡会、芜湖黟县同乡兵差临时救济会、镇江新安会馆、新安苏镇同乡会、广德徽州同乡会、南翔新安同仁堂、无锡黟县同乡会；本埠团体之参加及代表者：徽社（陶行知、程本海），全徽协会（邵之政、徐之松），歙县旅沪同乡会（吴咏霓、吴荫槐、汪渭功），江苏全省典质业同仁会（张澄清），黟县旅沪同乡会（徐复白、汪励吾），祁门旅沪同乡会（胡苇之、谢淮卿），黟山青年励志会（余一辰、何憔溪、胡汉三），歙县民治协进会（汪正丞、罗纯夫、许叔良），婺源同乡共济会（俞朗溪、汪维英），休宁旅沪同乡会（朱典生、张益斋）。"[1]和平委员会于24日开会，申明宗旨："自赣联军陆续退驻徽宁境内后，革命军方面复有派队进攻祁门之消息，战云弥漫，危机四伏，为贯彻年前弭兵主张起见，特组织和平委员会，冀挽劫运。"决定派代表谒蒋，并携带致蒋的信件如下："蒋总司令钧鉴：迭据报载，吾公将进兵祁门，解决皖局，闻命之下，既喜且忧，祁为徽属小邑，不幸已备受兵灾，且徽属伏处深山，民贫地瘠。迩来时有大军过境，供应已告竭蹶，何堪再作战区。乡邦回顾，无限杞忧，渴望和平，同此心理，爰特组织和平委员会，特推代表，诣辕请命，务请俯念民艰，划敝属为缓冲之地，俾人民谋自卫之方，则地方免于糜烂，人民得庆安全。胥出我公之赐，不尽下情，统由代表程君永言面禀，用敢先容，乞赐鉴查。徽宁旅沪同乡会和平委员会叩。"

没过多久，蒋介石回电称，对于徽宁同乡会"执事等关怀桑梓，奔走和平，组织会社，爱护人民，心在乡国"，表示"殊可钦敬"；并对大军借道徽州之举，从"救我国家，解放我民众"的立场出发，指出徽州"民贫地瘠"，"孰令为之，孰令致之"？"为公等告，此实甲仆乙继之万恶军阀，

----

① 《徽宁旅沪同乡会第三届报告书》，1926年，旅沪同乡会档案，Y4-1-304。

播弄是非之龌龊政氓，以及鼠窃狗偷之土豪劣绅，拜金主义之买办阶级，共同合演之循环战争。而帝国主义者为之牵线，故我伏处深山最少数之民众，亦不得幸免被压迫之痛苦耳。言念及此，可胜浩叹。公等谓体念民艰，正与中正同一心理"，最后劝告说"公等徽宁健者，识见宏遁，倘欲营救乡邦，避免战祸，莫如加入革命，实行合作，否则惟望转告徽宁同胞，暂忍一时之短痛，行将解除永久之长痛也。戆直陈词，惟亮察焉。总司令蒋中正叩"。

1929年徽州发生匪祸，3月31日东流人朱富润（朱老五）率部众百余人进入徽州，先后占领祁门、休宁、屯溪，焚烧县署、警署，释放囚犯，4月8日进入婺源界。关于这场匪祸，《申报》大量报道，就中可见同乡会对动乱的应对。《申报》4月8日载休宁旅沪同乡会致"休宁旅沪父老公鉴：迳启者，此次吾休惨遭匪祸，变在仓悴，电信不通，真相难明。兹由本会电请深渡同乡，派人赴休探听确实消息，随时电告本会公布通知，一面函请旅沪同乡庄号，遇有关于地方消息，录送来会，以供众览。特此通告"。"该会于下午一时，得接深渡复电，其文云：匪于昨晚逃婺，桥东烧至镇东阁，成为焦土，被抢数百人，惨无人道。百年难复。"同日，《申报》载《皖人援救梓乡匪祸》，报道了婺源同乡会也"开紧急会议，到会百余人，公推郑鉴源主席，行礼如仪，由汪维英报告徽属土匪情形，议决一致电省政府，火速派兵痛剿，一致电县政府商会设法防御，公推郑熙民起草，俞朗溪、俞鉴湖、汪朗周等略谓根本办法非办自卫团不可。散会已万家灯火矣"。相比之下，当天《申报》载徽宁旅沪同乡会的救乡行动更为具体有力："连日因故乡匪患，函电纷驰，昨晚该会召集会议，除报告休宁、婺源两同乡会开会情况外，并探知浙江省政府主席张静江氏适在沪寓，当公推胡复华、吴苍民、汪维英、张益斋四人，代表赴张氏沪寓请愿。昨日早晨，四代表带公函径诣张宅，当蒙接见，要回杭设法。嗣该会以事机迫切，又决定推胡复华、吴苍民二人，乘下午快车赴杭，再向浙省府面陈痛苦。又该会于前晚接两京代表曹志功、陶行知、潘哲人等来函报告，据谓，五日上午赴三牌楼鹿锺麟次长处未遇，留函而去。下午四时，借旅省同乡姚文采等，同往国府请愿，适值下办公厅一人来见，即递呈而返。兹将该会昨得各方来电，备录如下：（一）芜湖兵师长复电，上午七点三十分到。（二）徽宁同乡会鉴，敝师已令驻大通三吕团，即日前进，相机痛剿朱匪，知注特复，兵维峻，鱼。（三）安徽同乡来电：休宁、徽宁两同乡会鉴，已请除（众孚）旅，由省昨夜出发入徽，徽淮到休，已有代表赴芜请兵师，由芜大雨而入徽，仍盼请公赴浙乞师。金猷澍叩。"从这一报道中，我们可以看到徽宁同乡会的反应极其迅速，他们分别向浙江省政府，南京国民政府提出请愿，并请求驻皖军队派兵进剿。

4月12日徽州旅沪学生会接安徽省政府复电："徽州旅沪学生会鉴，余电悉，已派军队由芜湖大通分途驰剿矣。"27日《申报》报道"徽宁会馆收容屯溪灾民"：

> 屯溪此番惨遭朱匪焚劫，居民流离困苦，食宿无着，若不另觅活路，必致生而待毙。当有詹松堂等大小男女三十五口，由深渡沿徽河乞食来沪，昨早齐赴斜桥徽宁会馆，请求收容。该会馆董事诸君，以谊属同乡，自难漠视。当公推董事朱君焕章，临时指导一切，一面指定徽宁医治寄宿所前进三间为该灾民住所，每日供给蔬饭二餐，且因入夜，天气尚寒，复由朱君设法租得棉被十余条，分假盖覆，以免酿成疾病云。

有感于同乡会在救乡上的重要性，延迟多年未能成立的绩溪同乡会加快了建立的步子。5月13日《申报》载《绩溪县旅沪同乡会征求会员通告》：

> 为通告事，本会自丙寅年废历十一月二十八日开会筹备以来，迄今数年，迭受时局变迁，因此停顿而未能正式成立。刻为徽州惨遭匪灾竟及四县之多，屯镇尽烬，成为瓦砾，百年难复，如此情况实属不忍目睹。同人等以事关桑梓之利害，巩固团体之精神，联络乡谊补救于万一，徽属六邑独为吾邑缺如，为此通告旅沪同乡未曾入会诸君，统希本月内来会报名登记并补具志愿书，以便定期开会员大会，特此通告。筹备委员会胡祥钧，程如麒，程克藩，邵锦卿，胡元堂，邵鹤

龄，临时事务所在芝众路劳合路底二百三十一号东楼。

各同乡会的救济工作也随之进行。5月20日《申报》各同乡会消息载，徽宁同乡会召开了第五次救济委员会，其中有"下溪口灾区如何办理由，议决，请将灾民调查后一体办理"；"赈与支配，议决，请将已划上之二万七千元先办急赈，其余俟汇上再办善后"。

二、非常时期的慈善事业

民国年间，社会动荡，内战外侮，民生日艰。二十世纪三十、四十年代，政府借口时局加强对百姓的额外搜刮，徽州百姓面临的苛捐杂税多如牛毛，诸如自卫特捐、过路捐、难民捐、飞机捐、保甲经费、乡镇办公费、壮丁费、民伕费、救国捐、劳军捐、城防费、勘乱建国费、清乡费等等。民国三十三年（1944年）2月，安徽省政府皖南行署绥靖总团在屯溪成立。次年开征绥靖捐。先是在征收筵席捐的同时，加征10%绥靖捐。三十七年（1948年）征收烟、土烟、土酒、锡箔等绥靖临时费，从价征收20%。同年又在屠宰税中增收绥靖捐5成。此外，还对"富户"随意征收绥靖税，以致祸及贫民。非常时期，侨居于上海的徽商对桑梓之地的慈善事业，更多了一些时代特色。徽州旅沪同乡会在这一时期为解救深陷绥靖捐之中的本土百姓，作了极大的努力，以下试举二例加以说明。

1947年12月18日，在上海经商的歙县人吴其昌给歙县同乡会一信函，报告其弟弟吴世祯因无力缴纳巨额绥靖捐款而遭拘捕的经过：

> 其昌世居歙南，在申经营商业已历有年，家无恒产，因是在乡里间只留舍弟世祯一人看守门户。惟舍弟为一成衣工人，赖工资收入苦度光阴，兹于本月十二、十四两日突接乡老由里中来电报二次，据称"日前歙县县政府迫缴绥靖捐未遂，即将舍弟世祯拘押，而后强令缴绥靖捐八千万元云云"。按舍弟世祯为一手艺工人，何来如此巨款，即倾家荡产亦难得集此数。谨启者，窃县政府为亲民之官，征收绥靖捐应有一种征收标准，预期公布，使民众有所遵循，不能随意指派，

否则绥靖意义何在？几吾同乡如欲任其宰割，将后岂有噍类乎，为此迫不得已恳求贵会诸乡台转电歙县参议会，查明征捐标准或条例，使民众有所遵循，藉可解倒悬之危，不胜感戴，实为德便。①

县政府居然迫令一个成衣工人交纳8000万元的绥靖费，真是"苛政猛于虎"！吴其昌要求同乡会将他的来函转达县参议院，向县政府施加压力解救其弟，还要求县政府给出征收绥靖费的标准，防止祸及家乡父老。12月23日，歙县旅沪同乡会向歙县方念谐议长发出《为函询歙县征收绥靖经费情形并希见复由》的函文："兹者今据本县旅沪同乡吴其昌君报告，谓其弟（吴世祯，居乡保昌溪文里）习艺裁缝，全赖日常工作为生活。此次县府摊派绥靖经费，竟摊其8000万元，致无力献缴而遭逮捕、拘禁，要求本会电请有关机关声援等由来会。本会因未明确底细，不预以书面询教县府，然此次歙县绥靖经费，究竟如何筹措，以何种程序为征收标准，曾否由贵会议决通过，抑为县府之见？若果有其事，则烦就近为之化解，以息事端，尚希见复始末，至为感敬，专此，并烦公安。"②

吴世祯的前事未了，吕耀章的后事又起。事隔4个月，歙县旅沪同乡会会员，原籍歙县安定乡舟川保一甲十三户十三号的吕耀章给同乡会去函，诉说县府指派其家富户捐800万元，而其家并非富户。两件事联系起来看，很清楚所谓的"富户"，就是家中有人在上海为商的，被县政府列为鱼肉的对象。难怪县政府是不可能给出一个征捐标准或条例来的，其目的就是让商人家庭"任其宰割"。而十之七八为商的徽州，大多数家庭"将后岂有噍类乎"？3天后，4月12日歙县旅沪同乡会发出致歙县县府及参议会公函，为会员吕耀章无力承担富户捐请求豁免，其文如下：

迳启者，兹据会员吕耀章函称：耀章世居歙县安定乡舟川保一甲十三户十三号，近接家中来信，谓奉县府指派摊富户捐（绥靖费）八百万元，征收在即，急如星火。耀章现在上海巨成昶瀛记号内任职，

---

① 《同乡吴其昌来函》，1947年，旅沪同乡会档案，Q117-27-20。

② 《为函询歙县征收绥靖经费情形并希见复由》，1947年，旅沪同乡会档案，Q117-27-20。

月入仅有百余万元，家产亦仅旧屋两间，薄田三亩，家中老幼计有九口之多，入不敷出，生活艰难。自三十年春先父得肺病后缠绵床褥，至三十四年复患盲炎肠症，不治而亡，因之先父生前所蓄尽消耗于医药费用而不足，迄今负债无力清偿。因思政府摊派绥靖费用应以巨富为对象，如耀章者自顾尚且不暇，何能再摊捐款？为特函请贵会转陈歙县政府及参议会主持公道，免予摊派等由到会。查该会员吕耀章确实在沪巨成昶瀛记号内任一低级店员，月薪极薄，负担繁重，所称均属实情，为特代为转请钧府收回成命，准予豁免，以昭公道，至为感荷。此致　歙县县长杨歙县县参议会代理议长江①

这一回歙县参议会给了回函：

贵会第100号公函以会员吕耀章家境清贫，转请免缴绥靖捐一案，当经提交本会第五届专门委员会第六次会议决议"转县府核办"等语纪录在卷，除抄同原函转请核办外，特先行通知，即希查照为荷。

此致　歙县旅沪同乡会　1948年4月27日②

回函表示"转县府核办"，使事情的解决有了希望。同乡会在这非常时期，帮助着家乡父老，同时也关系着商人自身，共同渡过艰难岁月。

内战时期，还有一个群体受到巨大的冲击，即学生。皖北长淮临中的学生四百余人南下逃难到徽州，对于学生来说流亡的艰辛固不待言，他们在徽州也得到了当地百姓的热忱接待和安置，但是混杂其间的不良分子却给徽州人带来了灾难。以下是徽州本土的百姓通过在上海的同乡会会员向同乡会发出的求助信："歙县旅沪同乡会公鉴：案据本会会员吴渤等函称：'窃会员等故乡之歙县西溪南距屯溪、歙城皆三十华里，民风淳厚，为一朴实农村。去年十一月间，有长淮临中第四分部初中学生四百余人，从皖北流亡南来，告借吴大宗祠、祥里祠、三门祠等处为临时校舍，地方人士

---

① 《致歙县县府及参议会公函为会员吕耀章无力摊派富户捐请求豁免由》，1948年，旅沪同乡会档案，Q117-27-20。

② 《事由：为复吕耀章绥靖捐款事，已据转县府核办，用特先行通知，即希查照由》，1948年，旅沪同乡会档案，Q117-27-20。

对此负笈千里莘莘学子之遭遇，极表同情，举凡需用之校具及必须之设备，皆自动乐于慨捐或借予，对学生之粮食燃料，复尽量供应或资助。岂知半载以来，该校仅上课三次，校长从来未到校，传系作沪上寓公，教员亦不负责任，既不上课，更不管理，任学生终日游荡，其中竟有一部分三十余岁之中年人杂乱其间，冒牌学生，扰民滋事，例举其重大者于下：（一）破坏桥梁。村中有大木桥，系屯溪至黄山孔道，为学生砍毁，充作取暖燃料，往来者病涉，交通几至断绝。（二）拆毁文会馆。丰南会馆坐落长虹桥堍，明万历年间所建，为历代文士读书潜修之所舍，亦为彼等拆毁，瓦砾满地，如历炮火之劫。（三）神主当柴烧。吴氏宗祠之神主牌位，被学生取作燃料，吴氏子孙无法保护。（四）打毁楠木厅。祥里祠大厅梁柱皆合抱楠木，画栋雕栏，堂皇富丽，走廊寝舍建筑亦极宏伟，今多处被学生打毁，残破不可收拾。（五）强奸妇女。有教员郭某、王某及冒牌学生等，竟在青天白日，胆敢强奸吴姓、姚姓、郑姓等数家妇女，虽皆因呼号得救，而从此村中青年妇女皆惶惶不可终日。（六）酗酒打人。冒牌学生终日酗酒闹事，常三五成群强入民宅，强住上房，强索食物或擅入典肆强买物品，一不称心则挥拳打人，白发老翁亦竟遭殴辱。（七）残害农产物。学生除偷鸡盗菜外，更残害农作物，农民所种油菜因采苗遭学生偷窃，收成锐减，食油之仰给大成问题。总之，该部学生之不法情事罄竹难书，其行为较诸败兵盗匪有过之而无不及，西溪南人士对于该校之热忱换得如上所述人神共愤之事实。恳请贵会赐向旅外同乡呼吁及分电教育主管当局，责令该校校长返歙整顿或迁并雄村高中部上课，既可撙节开支，便于管理，且可使久扰之民，得以昭苏'等情到会。"歙县旅沪同乡会收到来信后，迅即转呈歙县县政府，吁请解决这个问题："查来函所述各情，并非虚构，国家办理教育原求培育人材（才），今该校风如此，殊失国家培育人才之旨，不特虚耗国币而且加害地方，如不速谋救策，后患何堪设想，用此据情奉告，务乞一致声援，以清地方，人民幸甚。徽宁旅沪同乡会呷。"①

歙县县政府是否迅速解决了西溪南老百姓的问题，限于资料不得而知。但是同乡会的呼吁一定是会引起县政府的重视，并推动问题的解决的。说到底解决问题所需经费大多还是要从歙县旅沪同乡会那里募来的。

三、弹劾贪黩官员

1948年是国民党政府走向全面崩溃的前夜。在戡乱总动员令下，政府进一步强化对农村的控制，强行征派农村的人力、物力和财力，造成农村经济和社会更加动荡和破败。农村的吏治极度败坏，贪污公行，把百姓推入水深火热之中。对于徽州乡民来说，最能保护他们权益的除了宗族组织外，就是徽州旅沪同乡会了。旅沪同乡会虽居于中国最大的都会，但是它与本土乡村社会之间有着密切的联系，痛痒相关、休戚与共。同乡会在家乡享有崇高的威望，这不仅在于经常捐助家乡的各项事业，还在于它不受家乡政府的约束，反可对其进行监督，乃至上告省府和中央。因此他们发出的公共舆论受到地方政府的高度重视。

据休宁旅沪同乡会《人民团体成立大会报告表》载，1948年1月4日下午2时，休宁同乡会召集抗战后重新成立的大会，出席会员有355人。在这次会议上除了选举新的主席，理、监事，候补理、监事外，一致议决："电请休宁县府刷新吏治，严惩地方贪污案。"②可见，徽州乡村地方官员贪污腐败之严重，已引起旅沪同乡会的高度重视。以下，我们从诸多的旅沪同乡会档案中摘引四段，其中涉及"高级省委人员"田粮处处长、县长、乡长各级官吏，还有军方保卫团。

其一是歙县旅沪同乡会致南京粮食部、屯溪安徽省政府、安徽省田赋粮食管理处、歙县县政府的信函，控告歙县田赋粮食管理处前处长冯迪贪污粮食37石，内容如下：

---

① 《案据本会会员吴渤等函称》，1948年，旅沪同乡会档案，Q117-27-9。

② 《人民团体成立大会报告表》，1948年，社会局档案，Q6-5-1039。

兹据同乡方文斌等来函陈，"窃查歙县田赋粮食管理处前任处长冯迪任内第495号临时拨粮凭证计粮谷卅七石，由其亲自卖出，旋曾将该证两次送请该处阅查，对关防、印信等，与冯前处长所签发者一无差异，惟号码涂改无根可对，显见系渠在任内利用职务上之权令，舞弊欺诈乡间善良百姓之财务，经文斌等具状歙县地方法院依法检举后，冯迪竟屡传不到，闻已畏罪潜逃。为特据情函请贵会主持正义，代为分电各有关当局彻查贪污，以清吏治"等情到会。查歙县田粮处冯前任处长为高级省委人员，竟敢藐视法纪、欺诈舞弊，本会以救济同乡、服务桑梓为目的，特电函请钧府、部、处迅赐查办，以维法纪而安乡间，曷胜感祷。

歙县旅沪同乡会卯（冬）叩印①

其二是歙县参议会给歙县旅沪同乡会的来电，控告歙县前县长杨步梁"借剿匪名义赴乡骚扰"，"搜掳民物，强拉壮丁，残杀良民"等罪行，要求同乡会"一致主张"，向各级政府发出呼吁，以"查明严惩"。电文如下：

歙县旅沪同乡会勋鉴：查本县杨前县长步梁在任期间屡藉剿匪名义率队赴乡搜掳民物，强拉壮丁，残杀良民，经过村镇莫不蒙受其害，以致怨声遍野，民不聊生，离任时复公然携走武器，选据本县双溪、大源、梅溪、黄山等乡被害民众检举陈报被害情形，吁请伸张正义，转请曾峰追究依法惩办等情到会。当提经本会第六届专门委员会讨论，金以戡乱期间骚扰掠取民财，殊属有违国家法纪。本会职司民意，当应作正义之呼吁，以慰民心而利戡乱，当经决议"抄件转请监察院、省政府、省参议会查明严惩并分电各旅外同乡一致主张等语"，纪录在卷，除携走武器经大会决议组会清查册报并分电外，特抄同被害人原件，电请查照惠予一致主张并希见复，至为公感。

歙县参议会议长方念谐 六专议民戌（养）印 计抄附被害人陈

---

① 《为同乡方文斌等电请澈查歙县田赋粮食管理处前任处长冯迪贪污舞弊由》，1949年4月2日，旅沪同乡会档案Q117-27-10。

报原件①。

其三是有关乡长韩荣辉"加害乡村"的三封信函，一是歙县旅沪同乡会会员汪发达1948年6月18日给同乡会的信函。汪发达在给同乡会的信函中详细介绍了歙县安定乡乡长韩荣辉殴打其父的"凶横劣迹"，请求同乡会"发快邮代电转请本县县政府赶紧善为遏止，或派员前往彻查"。其信函可见当时徽州乡村吏治的黑暗：

> 迳启者，窃会员之父志浩祸源于前月二十五日，被安定乡乡长韩荣辉纵令队兵强取鸡只食物，家人出而拦阻，奈蛮不讲理，逞凶胡乱殴打。经家父赴乡公所申诉，讵乡长不加约束，反恃势漫骂殴打成伤，比经邻人恳求释回。惟伤势所在，心实不甘，当赴本县地方法院检察处请验伤痕，控诉在案。嗣奉传票于本月八日庭讯，家父如期入城候审，不意在中途被韩荣辉派队兵截获，持枪威吓绑架至棉潭小学内，紧闭三十三小时，迫令具悔过书并加以私藏军火罪名，勒令撤捺指印。当时不由分辩，竟肆虐倍至，滥施殴打，身受重伤。其凶悍情形家父复二次申诉法院验伤之后，蒙庭谕拘传韩荣辉到庭裁判，自应静候法办，但该乡长凶横劣迹昭彰，深恐别生毒计加害乡村，殊于地方治安颇有隐忧，且前次《徽州日报》已载有肇事详情，谅早为各界所鉴，及而今迭接家书，所述各情均系实在。暗无天日，受冤害难堪。会员因羁旅在沪不能代父营救，深感惶急，为此备函具陈，仰乞贵会鉴俯赐主张正义，请发快邮代电转请本县县政府赶紧善为遏止，或派员前往彻查，如果该乡长藐法不虚，务望迅除横暴藉维地方治安，不胜盼叩祷之至。此上歙县旅沪同乡会 理事长方 诸乡长钧鉴。
>
> 会员汪发达谨上　六月十八日②

---

① 《为据陈本县杨前县长步梁借剿匪名义赴乡骚扰情形电请查明核办示复由》，1948年11月22日，旅沪同乡会档案，Q117-27-10。

② 《（会员汪发达来函）为父遭受该乡乡长韩荣辉殴打致伤已状诉地方法院并请分别函请县府及地院申援以维法纪而安民命由》，1948年6月19日，旅沪同乡会档案，Q117-27-10。

二是同乡会应汪的要求，在接信次日便给歙县王县长发去信函，表示"本会获悉前情难安缄默，为特电请钧府处依法严惩，以维法纪而安民命"。其函如下：

歙县县政府王县长、地检处首席钧鉴：案据本会会员汪发达本年六月十八日函称（照叙原文）等情。据此，如安定乡乡长韩荣辉果有此举，是属非法，被害人汪志浩既已控诉于法院，自应静候法律制裁。金以该乡长一再凭籍职权，横疟乡民，前既强占民房，今又复行强暴，于兹行宪伊始不宜有此专制虐民作风，尤以在此戡乱时期更应争取民心，庶不致授匪徒以宣传之口实。本会获悉前情难安缄默，为特电请钧府处依法严惩，以维法纪而安民命，特电奉驰，尚系惠复。

歙县旅沪同乡会理事长方炜平叩①

三是王县长回复同乡会的信函。王县长得信后作了处置，于七月解除了乡长韩荣辉的职务，令他"静待司法裁判"。安定乡乡长一职另派人接替。事情得到较为完满的解决。

歙县旅沪同乡会公鉴：贵会（37）已养快邮代电敬悉。查汪志浩指控安定乡乡长韩荣辉各节，前据该汪志浩呈诉到府，比以该案既拟向法院控诉，应候院方依法解决。曾饬该韩荣辉遵照应讯，一面以该不洽舆立，将其另调职务，使静待司法裁判；一面并转饬该受深渡联防区署据实查复，以明真相。所遗安定乡长一缺另派张炳昌接充各在案。准电并嘱相应电复，即希查照为荷。县长王。②

其四是向军方控诉保卫团的劣迹，公推同乡洪敦遗君代表本会请愿。1948年10月13日，同乡会致电时任衢州绥靖公署汤恩伯，控诉在歙县担任剿匪工作的保卫团和歙县自卫团"军风纪极为恶劣"，列举了他们的名为剿匪、实则为匪的行为："如遇匪警绝不延路痛击，从遥放枪声，追匪

——
① 《（致歙县县政府王县长地检处首席代电）为安定乡长韩荣辉非法虐民，据情特请严惩以维法纪而安民命由》，1948年6月20日，旅沪同乡会档案，Q117-27-10。
② 《（歙县县政府来电）为准电以汪志浩控诉安定乡乡长韩荣辉一案复请查照由》，1948年7月，旅沪同乡会档案，Q117-27-10。

退出方长驱直入，以搜匪为名，实行其掠虏奸淫故技，向地方要粮要鸡鸭酒肉等件，一不随意，即冠人民以通匪罪名"，"名为驻防，实则终日赌博，吃喝皆须由人民供给，扰民为事，何尝有裨戡乱"。同时，同乡会还控告了现任王县长："王县长驭下宽厚，基政则腐败不堪，此为任用私人之果，如税收机关故意留难，往来船只商车擅收课外小费，使土产不能畅流，在杭徽公路之三阳坑收税机关，恒有大头小尾之弊，据十月九日《徽州日报》载有两车蜜枣，实收税为四亿五千万元，而缴库则变为一亿八千万元，又征收民众税，从不给收据，贪污中饱，事实俱在。"请求汤恩伯"派兵进剿"，而"将保卫团撤调他处施以训练"，提出："治本之道则在训练行政干部人员，罗致优秀青年及民孚众望之士绅，分别担任县政或参议队工作，澄清吏治，根绝贪污，健全保甲，办理组训宣传等事。"①同乡会致汤恩伯电文透露了希望由"优秀青年及民孚众望之士绅"担任县政，以救歙县百姓于倒悬之苦的政见。

徽州旅沪同乡会本着"以救济同乡，服务桑梓"的目的，弹劾贪黩官员，他们依托其社会网络、自办的报刊和强大的人脉"分电各有关当局彻查贪污，以清吏治"，给本土地方官施加压力，或多或少地减缓了百姓的苦难。

四、关注桑梓经济建设

抗战胜利后，徽州旅沪同乡会在关注桑梓建设上，做了大量的工作。其中比较重要的有二件：一是敦促政府修复杭徽公路；二是响应歙县参议会的号召，向各级政府发出电文，就街口建坝农电工程这一事关本县新安江沿岸人民生存权益的大事，呼吁国家"预筹街口以上沿河人民生活"。

（一）修建杭徽公路。徽州四围皆山，自古以来就不利商业交通，而

---

① 《致汤恩伯主任代电，为请派兵至歙清剿以完成戡乱之基由，民国三十七年十月十三日拟稿》，旅沪同乡会档案，Q117-27-9。

"百货皆仰于外"①的徽州，又有赖于商业为生。民国八年，徽商吴日法曾说："惟吾徽道途梗阻，交通乏便，……吾徽之由陆路旅行者，东则有大鄣之固，西则有浙岭之塞，北则有黄山之隘；由水路旅行者，则东涉浙江，滩险三百六十，西通彭蠡，滩险八十有四。经历险阻，跋涉山川，糜费金钱，牺牲时日，旅之往来，殊非易事。前所云三年一归者，且有历数三年而来一归之商人，并有避此困难而移家于外者。"②改善交通以利商业和民生是"吾民所为望泽者，岂不急急哉"！③

据《申报》民国十三年（1924年）5月17日的报道，"徽宁旅沪同乡会，昨开理事会"。会议讨论了"促进徽宁长途汽车案，由汪禹丞报告此案经过。略谓皖浙长途汽车，前经吴蝶卿、李达孚诸君发起筹办，因经费浩大，以致中止，前由会员朱其光提议，要求本会提倡，早经评议会议决，交由本部筹办，究竟如何进行。请众讨论，经曹志功、程永言、许筱甫、李振亚等先后发言。结果，定期宴请二属关心实业交通之同乡，共商进行办法，以期早日实现，议毕散会"。可见交通已成徽商实业发展的一个瓶颈，也是改善徽州民生的第一要务。清人赵吉士之"急急哉"，也是全体徽商和全体徽州老百姓之"急急哉"！这次理事会披露了徽宁同乡会早已着手筹备皖浙长途汽车，并开始促进徽宁长途汽车。通车的前提就是修路，但是"经费浩大"，一时难以实现。

20世纪30年代，国家进入经济发展的黄金时期，徽州旅沪同乡会的呼吁有了回应。1932年6月，安徽省交通厅组织测量队对杭徽公路皖境昱岭关至霞坑段进行了测量，先后施测了2条路线。经过比较后，决定选用沿溪线。其中沿途杉树岭、中岭、驼岭的越岭线多次采用回头曲线、展线降坡迂回通过的测量方法。1933年10月25日，徽杭线歙昱段（歙县至昱岭

---

① 丁廷楗修、赵吉士纂：康熙《徽州府志》卷十三《蠲赈》，成文出版社1975年版。

② 吴日法：《徽商便览·缘起》。

③ 丁廷楗修、赵吉士纂：康熙《徽州府志》卷十三《蠲赈》，成文出版社1975年版。

关）通车。11月26日，徽杭线全线通车①。从1932年至1933年底苏、浙、皖三省省际公路，即京芜（南京—芜湖）、宣长（宣城—江长兴）和杭徽三条省际公路先后通车，大大改善了徽州的交通，便利了徽商的经营活动，促进了徽州经济的发展、民生的改善。然而好景不长，不久抗日战争爆发。为阻止日本侵略军进入徽州，徽杭公路被徽州军民主动破坏。

抗战胜利后，1946年8月21日，歙县旅沪同乡会分别致电安徽、浙江两省建设厅，请求修复徽杭公路，两封电文如下：

安徽省建设厅厅长刘钧鉴：窃维欲图国家强盛，文化、教育、军事、经济、交通，缺一不为功，我国于事变前，铁道、公路几遍布全国，后以抗战军兴，因战略关系，不得已大都自动破坏，杭徽公路是以遭遇同一命运。兹者国土重光，政府力谋建设恢复交通，惟对于杭徽公路则尚未顾及，致商旅运输至感不便。皖浙两省商业因而影响颇巨。本会有鉴及此，用特电乞迅与浙省当局会同恢复，以利商旅，而增国库收入，曷胜企祷之至。

歙县旅沪同乡会叩　皓

浙江省建设厅厅长皮作琼：窃维建国图强首重交通。在事变前国省县道经营几遍全国，徒以抗战军兴，特因战略关系每多自动破坏，杭徽公路不能例外。乃此河山光复，政府正谋建设恢复交通，惟对于杭徽公路尚未计及。皖浙两省商业频繁，长途跋涉运输每感不便，为此电请钧座会同浙省当局迅予恢复，以利交通而惠商旅，不胜翘企之至。

歙县旅沪同乡会叩　皓②

两通电文原本是一样的。歙县旅沪同乡会总干事徐大公亲自在给浙江的电文上作了修改，修改稿上有"用此稿，大公批"的批语。可见歙县旅沪同乡会对修复杭徽公路的高度重视。

---

① 何警吾：《徽州地区简志》，黄山书社1989年版。

② 《为呈请浙江、安徽建设厅修筑杭徽公路以利商旅由》，1946年8月21日，旅沪同乡会档案，Q117-27-13。

9月4日浙江省建设厅回复歙县旅沪同乡会如下：

> 批具呈人歙县旅沪同乡会：本年八月二十一日歙字第十一号代电为请迅予恢复杭徽公路由，代电里查杭徽公路系由交通部公路总局第一区公路工程管理局方设法积极办理此案，前据该省七区商联会驻屯事务所电同前情，即经转电第一区公路工程管理局核办在案，据呈前情，仰即先照。①

9月7日安徽省建设厅回复如下：

> 歙县旅沪同乡会：本年八月二十一日代电东系，查徽杭公路划归国道路线，系属交通部公路总局第一区公路工程管理局管辖范围，所请恢复徽杭交通，可径向第一区工程局申请，复合电知。安徽省建设厅交，申冬②

在第一区公路工程管理局的经管下，杭徽公路于次年抢修完工，重新通车。1950年至1952年杭徽公路又进行修整，拓宽路面。徽州与外部世界的联系更为畅通。

（二）建言街口建坝农电工程。1948年，经过国家资源委员会与全国水力发电工程总处组合勘测钻探，计划在歙县街口筑坝建设水电工程。街口筑坝将大大提升新安江的水位，严重影响徽州乡村的社会生活。11月18日，歙县参议会向歙县旅沪同乡会等发出《为街口筑坝农电上电中央各院会暨各地歙同乡会分电呼吁正名及预筹街口以上沿河人民生活》的通电，电文如下：

> 上海歙县同乡会公鉴：顷上立法院、监察院、行政院水利部资委会、全国水力发电工程总处、浙江省政府省参议会、安徽省政府省参议会并分电全省各县各议会、各地同乡会、南京新安江水利建设促进会电一通文曰："查本县街口建坝农电工程，业经此一关系东南各省

---

① 《浙江省建设厅函复已代转第一区公路管理局修复杭徽公路由》，1946年9月4日，旅沪同乡会档案，Q117-27-13。

② 《安徽省建设厅代电复本会请求修复杭徽公路》，1946年9月7日，旅沪同乡会档案，Q117-27-13。

暨京沪两市发展轻重工业之动力源泉，与夫便利新安江沿岸地区灌溉防洪运输之伟大工程。各人憧憬于美国田纳西河水坝人力控制天然之远景与温习其十余年发展繁荣之历史，谨以万分愉快之情绪迎接此一工程之早日完成，俾东南工业革命开全国工业建设之先驱。惟是工业建设之初，利害不无互见，有害在一隅而利溥各地，有害局于一时而利可垂百世。能稍减一分灾害范围即为再□□一分培养元气。查街口水坝高度达八十公尺，水位经常保持六十公尺，水库尾闾达及上游，距离街口水程一百余华里，沿江夹岸虽高峰耸峙，而一路未汇之支流之多，即分水岭所在多有支流，其坡度地形又未足，均高于八十公尺，而主流支流所经地区，无不属于歙县，屋宇栉比、星罗棋布，为县属人口最密度区域。侧闻新安江水位平均都在三十公尺，折合市尺拾为十丈，深渡以下至街口五十华里，距离愈短水位愈高，新安江岸高度高者二三丈，低者一丈余，霉季山洪陡发，水文有其最高限度尚难免于冲毁田园，漂没人畜，将来水库水位数倍于霉洪，以新安江江岸之□□□分水岭之沟通支流上游低洼地区则淹没范围之广，为数将达一万市亩。歙县丛山栉□、地瘠民贫，沿江地区经济尤为□□，人民聚族而居，力耕而食，祖宗庐墓所在，习俗安土重迁，一旦毁其田园，摧其职业，强令其抛弃世守之乡土社会，使十万男妇老幼□□□□，流离四方，以供水库以外地区人民换取电化之亲□，不能谓非一严重的整个社会问题。歙县人民同属国民一份子，深知大建设进程中不能不有破坏，况□此举世盛倡水力发电之日，自不许与科学逆流趑趄反顾，然而此一百余华里地区之十万人民究因建筑水坝而牺牲，似宜于动工之前夕熟为筹划。吾人深知国家工业建设必以兼筹并顾、利溥全民为前提，本会所以不能已于言者，盖以京沪杭报纸所载建坝计划，估计需款美金二千六百余万元，经费筹措大部有待于美援，实则美援数额有限，就令如愿以偿亦仅敷建坝之用，而受灾害地区十万人民之（一）如何选择地区集体移村，并注意如何适应被迁人民之生活习惯；暨（二）如何补偿被淹田园之等值，使无争议，并如何限期由国家重建房屋供其居住，如何重□耕地、资本、种子、牲畜迅速恢复其生产能力，如何扶植其他各业人民与夫依赖田园租息收益人民之迅速就业，如何救助不能耕作之老弱妇孺，使无冻饥以迄于；（三）如何协助集体□□迁移时之交通工具及其食品卫生诸端其事至繁，需款至巨，但并未闻列入□□，不能不深疑惑。本会代表人民职司言责。业经专门委员会第二次会议决议，除筹组歙县新安江水利建设协进会外，用敢环电请命，伏乞采及□□一转饬当局会同本会及地方政府深入被淹地区精密调查，通盘筹划，妥为□□，俾于电化东南前途，不使歙县人民流离失所，岂谨本会之幸而已。复次街口水坝水力发电量计划为八万千瓦，本县及本省各县地方经济不丰，有待于轻工业之开发与农田水力之改革，而动力为一切工业农业之母，将来水力发电之时，本县及本省各县斟酌地方工业动力农业灌溉之实际需要，自应优先保留适足电量以符皖电济皖之主旨。抑有陈者，街口为新安江地区，邑乘斑斑可考，盖新安江发源于旧徽州府属之六县，其上游出自婺源、祁门、黟县、休宁在屯溪汇合者名渐江；出自绩溪、歙县在歙县西门外太平桥汇合者名练江；渐、练二水在歙县朱家村汇合为新安江，迤逦迄于浙江严州（建德），仍沿用新安江名称，严州以下再汇合婺港为富春江，至杭州出海。始原钱塘流域浙江之旧钱塘县以此得名。钱江潮尤为全国皆知。而夹岸峰峦，水浅湍急之新安江，街口相距钱塘潮头六百余华里，其非钱塘江流域显而易见，矧严州以上，"学名"咸为新安江。未来街口水坝之名称似不能上下游创置冠以钱塘或浙江二字，以启今后地理学家聚讼之藉口，自应正名为皖域新安江水力发电所，今后筹备工作并应会同本省地方政府及地方团体共同办理，以正视听。并此附陈"敬乞鉴登临电毋任屏营待命之至"等语。事关本县新安江沿岸人民生存权益，特电本陈，敬恳一致主张，分电呼吁，毋任企盼。

歙县参议会议长方念谐叩　戌印①

电文告诉我们以下三点：一是徽州百姓有着博大的胸怀。他们对于在歙县街口筑坝农电这个将严重影响当地百姓生活的工程，是怀着"万分愉快之情绪迎接此工程"，认为这是一个"伟大工程"，将为"轻重工业之动力源泉"，"便利新安江沿岸地区灌溉防洪运输"。二是客观地指出："惟是工业建设之初，利害不无互见，有害在一隅而利溥各地，有害局于一时而利可垂百世。能稍减一分灾害范围即为再□□一分培养元气。"如何保障一百余华里地区十万人民的生存权益？如何稍减一分灾害？电文提出三点：即如何选择迁移地点？如何补偿被淹田园之本值？如何保证集体迁移时的交通食品卫生等等。三是徽州人民作出重大牺牲，将来在工农业用电上要优先供应安徽本土，而街口在徽州，新的水利工程应正名为皖域新安江水力发电所。第二、三点都是合情合理的。歙县旅沪同乡会及各地歙县同乡会都一致分电呼吁，形成强大的舆论，迫使当局认真对待。

由于国内战争的迅速发展，这一工程并未付诸实施。解放后，1957年新安江水电站开始兴建，到1960年完工发电。建坝的地址向东移至浙江淳安。淳安县城被淹没在水库中，形成千岛湖。1957年至1960年，国家在建设新安江水库期间，动迁移民30.6万人，其中后靠安置7.9万人（淳安4.3万人，歙县3.6万人），远迁安置22.7万人（安置在浙江省12万人、江西省10.7万人）。约30万移民远远超过当年预计的10万，更"不能谓非一严重的整个社会问题"。我们不知道迁移之前夕是否为移民"熟为筹划"？当年电文中所提出的三个问题是否应验在他们身上？然而我们对于这批"失声"移民之命运所知太少了。

从上述四个方面救乡的内容看，这些有关徽州大局上的问题，决不是单靠小徽州的力量所能解决的。同乡会的成员包括了政界、商界、学界的名人，他们既有广泛的社会联系，又有雄厚的经济实力，更有热心桑梓的社会责任感。同乡会在20世纪前叶充分展示了民间社团的社会功能。城市自治组织与乡村自治组织相互呼应，大徽州与小徽州良性互动，使徽州本

---

① 《为街口筑坝农电上电中央各院会暨各地歙同乡会分电呼吁正名及预筹街口以上沿河人民生活由》，1948年11月18日，旅沪同乡会档案，Q117-27-13。

土与在外移民携手共度艰难时世。20世纪上半叶，当科举废除，乡绅大量离乡，乡村自治走向衰落之际，城市自治组织的兴起以及城乡之间的互动，使徽州乡村自治得以维持，乡村社会在动荡中艰难延续。

原载《安徽史学》2013年第1期，有改动

城乡之间：1947年歙县旅沪同乡会扑灭家乡疟疾运动会

　　成立于1923年的歙县旅沪同乡会是一个以商人为主的自治组织，代表着歙县同乡这个城市群体的共同利益。歙县旅沪同乡会居于中国最大的都会，但是它与本土乡村社会之间有着密切的联系，痛痒相关，休戚与共[①]。作为一个公共组织，同乡会在造福乡梓时是如何"奋发其精神，团结一致"，"举全力以赴之"的[②]？具体来说，上海与歙县之间的网络究竟是怎样运作的？在同乡会救乡的过程中，在城与在乡的绅董是如何发挥作用的？本文拟通过对1947年歙县旅沪同乡会扑灭家乡疟疾运动会的研究，来寻找这两个问题的答案。

一、联结城乡：从驻歙通讯员到驻歙主任董事

　　歙县旅沪同乡会驻歙通讯员在联接城乡方面起到了十分重要的作用。在1923年6月3日举行的第一届歙县第三次评议会上，为加强上海与歙县间的联络，互通信息，以便办理家乡的慈善事业，议决建立驻歙通讯员的

---

　　① 关于歙县旅沪同乡会，笔者发表有系列论文：《徽州旅沪同乡会与社会变迁（1923—1953）》，《历史研究》2011年第3期；《徽州旅沪同乡会的社会保障功能（1923—1949）》，《上海师范大学学报（哲学社会科学版）》2012年第3期；《陨落：歙县旅沪同乡会的最后岁月（1949—1953）》，《江南社会历史评论》第4期，商务印书馆2012年版。

　　② 《歙县旅沪同乡会第十三届报告书》，1935年，旅沪同乡会档案，Q117-27-3。

制度①，并延聘了通讯员："第一届歙县同乡会延请驻歙通讯员事件：同人旅居沪上，距乡遥远，对于故乡各事，殊多隔阂，应延本县各乡区公正绅董为通讯员，俾遇县中有临时事件发生，得随时通函咨询。经六月三日第三次评议会议通过。当经惟定程恺周君，胡煦芝君，方晴初君，叶峙亭君，王允时君，汪观薇君，吴翰云君，汪谦甫君，许恒仁君，郑赞卿君，方在民君，许玉田君，罗馨君，许韵清君，为本会驻歙通讯员。"②这些绅董，在地方上有着崇高的名望和权势，他们有一部分人在1947年担任扑灭疟疾运动会的驻歙主任董事或董事，例如绅董叶峙亭、王允时等。关于叶峙亭在联结城乡方面的作用，歙县旅沪同乡会历年的档案中有较多的记载。据《歙县志》等资料介绍：叶峙亭（1878—1956年），字德钦，歙县兰田人。六岁启蒙，从乡儒叶尚文、王韵三习六经，二十岁补博士弟子员（附生）。1897年他去江阴主持祖传叶森泰布店店务。清末倡导新学，他集资创办兰田正谊两等小学③。在其影响下，溪头等地办新学如雨后春笋。民国初商业扩展，他先后独资或合资开设歙城裕大布店、屯溪怡裕布店、衢县复昶德茂新东店，并与鲍咏松等创设歙县竞新电气有限公司。经商的同时，叶峙亭长期坚持通讯员的职守，与歙县旅沪同乡会保持着密切的联系。

1929年《歙县旅沪同乡会第七届报告书》④载有两通同乡会《复叶峙亭先生函》，告诉我们通讯员叶峙亭将家乡军政各方面的情况"叠叠详悉""纤悉不遗""源源"不断地传达给同乡会。同乡会"叠奉大札"，得到家乡"被兵""民食"等信息后，还"印发各同乡"。从这些文字中，可见上海与歙县之间信息的通达。同时，从该届同乡会《本会章程》可知，其"应办事项"有所扩展，除了前几届的"关于桑梓之慈善事项"外，又增

① 《歙县旅沪同乡会第四届报告书》，1926年，旅沪同乡会档案，Q117-27-3。《四月二十五日开第四届征求会》载："主席报告，家乡通讯员本届应去函敦请继续条，通过。"足见驻歙通讯员是一种制度。

② 《歙县旅沪同乡会第一届报告书》，1923年，旅沪同乡会档案，Q117-27-3。

③ 《歙县志·人物·叶峙亭》，中华书局1995年版，第704页。

④ 《复叶峙亭先生函》，1929年，旅沪同乡会档案，Q117-27-3。

加了"关于桑梓政治经济暨治安上之建议事项"。

1930年1月23日叶峙亭亲来上海，同乡会举行欢迎会，出席者有汪俊臣、孙星三、叶峙亭、吴荫槐、许伯龙、吴其伦（罗长铭代）、许叔良、吴润生、方晓之、胡伯陶、（周庆济代）汪景山、许玉田、孙乐山、汪杏邨，主席吴荫槐。出席者的名单中有4人后来在1947年扑灭家乡疟疾运动会中担任驻歙主任董事，他们是许伯龙、吴荫槐、方晓之和叶峙亭。关于欢迎会的情况，《歙县旅沪同乡会第八届报告书》记载如下：

> （一）主席致欢迎词；（二）叶峙亭答词，德钦此次到沪承诸公开会欢迎，实不敢当，德钦关于桑梓有三事提议，请诸公赞助：（甲）完成芜屯公路歙绩段，并企图与浙江省道联络。（乙）重修县志。（丙）筹款购枪办自卫团。再尚有平粜一事，闻旌德年成甚佳，可迟至明春举办。[1]

1934年夏秋，歙县遭受特大旱灾，受灾面积达32.87万亩，占总面积的97%，多数稻田颗粒无收，受灾人口30万。旅沪同乡会募捐了大量衣服、现金和药品，运往歙县赈济灾民。当时，叶峙亭已担任地方财务委员会委员长，自费往来于京、沪、苏、浙等地，劝募旅外同乡助赈平粜，使荒年无饥色。《歙县旅沪同乡会第十三届报告书·文件》载有叶峙亭到上海"呼援助赈"的来信：

> 歙县旅沪同乡会公鉴：家乡不幸，灾患频仍。德钦来申呼援助振，仰承贵会诸公开筵款洽，就席咨询，恻念饥民，争输巨款。仁浆义粟，活彼枯残。公谊私情，同铭心曲。第以吾邑幅圆素广，处处遭灾，贫赤特多，人人待赈，矧复搜集流亡，非粮莫办，经营耕耰，待种需资。前蒙贵会允予加增劝募，俾得溥遍恩施，此尤德钦望风拜手，引领为劳者也。今德钦自京镇回车，暂来暨阳度岁，追加维宿诺。感念前情，谨肃寸笺，藉鸣谢悃。此启并颂
>
> 台安
>
> 叶德钦顿首[2]

---

① 《歙县旅沪同乡会第八届报告书》，1930年，旅沪同乡会档案，Q117-27-3。
② 《歙县旅沪同乡会第十三届报告书》，1935年，旅沪同乡会档案，Q117-27-3。

叶峙亭还积极参与修筑徽杭公路。歙县旅沪同乡会建立伊始，便十分重视徽州通往邻省江浙的公路。据《申报》1924年5月17日的报道，"徽宁旅沪同乡会，昨开理事会"。会议讨论了"促进徽宁长途汽车案，由汪禹丞报告此案经过。略谓皖浙长途汽车，前经吴蝶卿、李达孚诸君发起筹办，因经费浩大，以致中止，前由会员朱其光提议，要求本会提倡，早经评议会议决，交由本部筹办，究竟如何进行？请众讨论"。可见交通已成徽商实业发展的一个瓶颈，也是改善徽州民生的第一要务。进入20世纪30年代，国家进入经济发展的黄金时期，徽州旅沪同乡会的呼吁有了回应。修筑公路提上了议事日程。1931年叶峙亭被任命为歙县公路局局长。同乡会积极劝募歙昱公路建设公债，促使徽杭线歙昱段（歙县至昱岭关）于1933年10月25日通车。11月26日徽杭线全线通车①。

在文化建设上，歙县旅沪同乡会与通讯员之间的互动，也起到了积极的作用。叶峙亭在1930年1月23日歙县旅沪同乡会的欢迎会上，提出了重修县志的建议，得到同乡会的响应。经过5年的编纂，歙县志纂修成稿，但是经费匮乏，无力校对、刊印。安徽第十区行政督察专员、歙县原县长、《歙县志》主修石国柱给歙县旅沪同乡会来函，称："关于印刷部数比经集商，佥以除售预约外，宜有基本数二百部，由地方妥为保管，以应上级官厅索阅，而与各省市县图书馆交换，并以备必要时之购取。至缮校工作，亦复繁重，须费孔殷，两者合计约二千金，此款现尚无着。急须筹措，素仰台端等重公好义，对此桑梓文化事业必有乐输之雅。敢希慷慨解囊成此盛事。"在回复石国柱的函件中，歙县旅沪同乡会一方面指出："时局艰难，沪上金融枯竭达于极点，商民自顾不暇，募款匪易"。另一方面表示："续志关系敝邑文化"，"本会自当仰体德意，极力劝输，一俟募足或积有成数，即当奉汇"。不久，同乡会给石国柱第二封函件：

> 迳启者，前奉惠书以敝县续修志乘筹款印行需费约二千金，属本会代为募集。业经开会集议，竭力向各同乡劝输，并先行函复在案。

① 何警吾：《徽州地区简志》，黄山书社1989年版。

兹幸诸同乡仰体德意，黾勉从事，如数认足，计首安堂慷慨捐洋一千元，王会董仲奇等共凑足二千元。惟首安堂原系慈善机关，虽成立于民国纪元以后，拟请破格将该堂历史、宗旨、事业、产业等项载入志中，备他日之稽考，未识能否照准？又周委员信三前已捐助一千元，热忱涌跃，如蒙钧座于志中附带述及一二语以资鼓励，尤为感激。至将来续志印成并希惠赐本会二十部，以便分送各捐款人藏为纪念。再上述认捐之款，国历年终可汇齐汇上。谨先函达，即希照为荷。此致

安徽第十区行政督察专员石

歙县旅沪同乡会[①]

在新出版的民国《歙县志》扉页上，有主修石国柱、总纂许承尧和叶峤亭等16个分纂的名字。同时根据同乡会的请求，印上了捐款者的名录以及主持校印者的名录。在《校印》名录中还特地将歙县旅沪同乡会团体的名字刊载上去。首安堂是歙县旅沪同乡会在家乡购置土地，设置在深渡、岑山渡两个暂放客死徽商灵柩的殡舍。这一慈善机构，也在志书上留下了自己的业迹。

以下是修志捐款人姓名及金额：

> 首安堂国币一千元、周信三国币一千元、王仲奇国币三百元、吴青筠国币一百元、叶汲三国币一百元、方晓之国币一百元、方志成国币一百元、吴星斋国币一百元、吴泽光国吊一百元、黄吉文国币一百元。

以下是校印者的名录：

> 歙县旅沪同乡会，主席程霖生、曹叔琴，总务委员吴荫槐、方晓之、胡伯陶、徐大公。[②]

征引了上述材料后，我们可以看到在与民国《歙县志》编纂出版这一地方重大文化活动中，将要在1947年的歙县旅沪同乡会扑灭家乡疟疾运动

---

① 《歙县旅沪同乡会第十三届报告书》，1935年，旅沪同乡会档案，Q117-27-3。
② 民国《歙县志》卷首，收入《中国地方志集成·安徽府县志辑》第51册，江苏古籍出版社、上海书店、巴蜀书社1998年版。

会出任驻歙主任董事的五个乡董，——出场了，他们分别是叶峙亭、王樾亭、许伯龙、吴荫槐、方晓之。

其中，叶峙亭从倡导县志的编纂到直接参与纂写，成为十六位分纂者之一。

第二位主任董事是王樾亭，他是捐款三百元的王仲奇之子。王仲奇（1881—1945年），名金杰，晚号懒翁，富竭人，是歙县新安王氏医学第四代传人，近代新安医学巨擘，1923年悬壶沪上，1962年被上海市中医界列为近代中医重要流派代表之一。王樾亭（1905—1962年），名广运，随其父迁居上海。1927年，他自设诊所于恺自迩路（今金陵中路），并定期参加其父所设畸庐施诊所义务施诊。1935年4月至1925年5月，兼任上海徽宁医院医务主任。抗日战争爆发后，返歙施诊，后被推选为歙县中医师公会候补理事。抗日战争胜利后回沪。在歙县旅沪同乡会的多届报告书中都可以看到他的名字。例如，1930年9月7日第九次执监联席会的记录："本会医药顾问业经徐云松接洽已聘定西医陈澄医师、林素贞妇女医师，中医毕韦轩医士、郭岱云医士、王樾亭医士。"还有王樾亭医士为同乡会会员减免医疗费用的文件：

中医士王樾亭医士

门诊时间：上午九时至十二时，下午二时至五时，出诊五时后

诊费：门诊一元二角，出诊六元八角，华界加半。（本会会员门诊上午免费，下午减半，贫病不计，出诊减半）

诊所：法租界恺自尔路建安里。[①]

第三位驻歙主任董事是许伯龙《歙县志》主纂许承尧之子。许承尧（1874—1946年），字际唐，号颖庵，唐模人。1904年进士，钦点翰林院庶吉士。次年返歙，创办新安中学堂、紫阳师范学堂，任监督；又在唐模佐祖父创办敬宗小学、端则女学，开徽州歙县新教育之先河。民国初受皖督

---

① 《歙县旅沪同乡会第八届报告书》，1931年，旅沪同乡会档案，Q117-27-3。又，史宇广主编《中国中医人名辞典》（中医古籍出版社1991年版）有条目介绍王樾亭。

柏文蔚聘为筹建芜屯铁路总办。先后任甘肃省秘书长、补甘凉道尹、省政务厅长、渭州道尹等职。晚年挂名安徽省府顾问。1933年倡议义务重修县志，任总纂。许伯龙（1892—1955年），名家栻，承尧长子。1914年毕业于北京高等法律学堂，先后在成都高等法院审判厅、安庆地方法院、上海会审公廨、兰州地方法院、宜昌地方法院、武山县知事、上海特区地方法院刑庭庭长兼上海持志大学和东吴大学法学院任职。1934年任福建高等法院厦门分院院长时，因追随胡汉民，同情蔡廷锴在福建建立的人民政府，被国民党所忌而去职。1936年在沪任律师。后出任歙县旅沪同乡会会长，关心乡梓福利事业，多次为赈济旱涝灾害筹募面粉，为同乡调解纠纷、养生送死等不遗余力①。

第四位驻歙主任董事方晓之②（1870—1947年），是歙县旅沪同乡会的发起人，曾为木料店账房。南源口汪至和（上海巨旭昌百货店经理）赏识其才，将其介绍至上海巨旭昌百货店做事，后接替汪担任该店经理③。由此方晓之资本日增，于上海创办毛巾厂、袜厂等。事业发达后，他又在瀹坑建造新宇，购置百亩田产。50岁后方晓之返乡，上海的产业由其子方炜平经营打理④。返乡后，方晓之积极参与宗族事务，倡修方氏宗祠，设私塾招收本村子弟入学，热心公益，捐资修建了瀹坑至瀹岭下的石板路，此外施舍白米，发放治病药水，至今村民仍称其为好人。

---

① 见《歙县志·人物·许承尧、许家栻》，中华书局1995年版，第697、698页；《歙县旅沪同乡会第七届报告书》，1929年，旅沪同乡会档案，Q117-27-3。

② 关于方晓之事迹，参见歙县地方志委员会新修《歙县志》评议稿，2008年12月，第230页。另据口述资料，笔者曾委托博士生刘芳正于2009年6月5日在瀹坑方晓之旧居采访方根生。方根生之父曾为方家佣工，其本人亦曾亲眼见过方晓之。

③ 据上海档案馆藏相关资料记载，方晓之在上海的住址为法大马路巨成昶洋货号。参见《上海市社会局关于徽宁会馆注册登记等文件》，档号Q6-9-110。

④ 据上海档案馆藏相关资料记载，方炜平为上海万丰染织厂总经理，1946年歙县旅沪同乡会复会后方炜平任理事长。参见《歙县旅沪同乡会理监事名单及文稿》，档号Q117-27-1。

第五位驻歙主任董事吴荫槐[①]，是歙县旅沪同乡会的发起人，长期担任同乡会的主席或执委。吴荫槐为人正直，办事认真，15岁到苏州正泰漆号学徒，拜汪正御为师，三年学成，早年在上海经商（大东门内大街义泰漆号），创办杭州万里造漆厂。由于他社会信誉良好，深得同业人员拥护，被选为地区商会委员、油漆公所和歙县旅沪同乡会主委等职，并担任万里造漆厂经理多年（解放后吴荫槐一直从中拿取股息分红）。抗战爆发后回乡孝母。归乡后，吴荫槐长期担任宗族族长，倡建宗祠，出资建溪桥（已毁），亡故于"文革"初期。

从1923年歙县旅沪同乡会建立之初的驻歙通讯员到1947年歙县旅沪同乡会扑灭家乡疟疾运动会的五位驻歙主任董事；从叶峙亭与歙县旅沪同乡会往来之间所办理的造福乡梓的一系列事务，都告诉我们上海与歙县之间的网络是畅通的，在城与在乡的绅董是"奋发其精神，团结一致""举全力以赴之"的。解析上述五位绅董，我们可以看到所谓绅董，他们的职业或是业贾或是业儒，大多是儒贾兼得；他们的居所，或是城居或是乡居，不少是往来于城乡之间。他们的共同点是有经济实力，有文化修养，有传统的价值观，关心公共事务，热心乡梓。绅董们之间有着广泛深厚的人脉。

二、城乡互动：绅董的网络

据《歙县志》载："1947年，歙县流行天花、脑膜炎、疟疾等传染病，仅瀹坑村就有40余人死于天花，大谷运乡300余人死于脑膜炎，岩寺一带每户都有人'打摆子'，稻谷成熟，无人收割。"[②]其中"打摆子"即疟疾，在歙县流行尤其猖獗。有鉴于此，歙县旅沪同乡会发起了扑灭家乡疟疾运

---

①关于吴荫槐的事迹，参见《吴氏家谱》。另笔者曾委托博士生刘芳正于2009年6月6日在昌溪吴荫槐之堂孙吴志德宅采访吴志德、吴唤成（荫槐本家，荫槐老宅现归其所有，今已拆除建造新房，仅存荫槐三兄弟各自厨房三间）。

②《歙县志·大事纪》，中华书局1995年版，第26页。

动会，于1947年5月21日召开"扑灭家乡疟疾运动会"成立大会，选举理监事，通过章程，组织筹募款项，购置西药，运里散赠。为了确保药品能到达患者的手中，公推驻歙主任董事五人，以负专责。经当场推定，东乡叶峙亭先生、西乡许伯龙先生、北乡王樾亭先生、旱南乡吴荫槐先生、水南乡方晓之先生为同乡会驻歙各乡主任董事。通过扑灭家乡疟疾运动之募捐、购药和运输、配送环节，可以清晰地看到同乡会有着高效的工作效率，严密的管理制度，强大的社会网络，紧密的城乡纽带。

（一）募捐与购药

6月11日，歙县旅沪同乡会发信给位于上海中心城区（今延安路）的徽州春茂钱庄，请该庄为代收捐款处：

> 迳启者本会发起扑灭家乡疟疾运动，印发捐册，募款购药，运歙施送。经六月十一日第一次常务理事会议决，指定贵庄为代收捐款处，为特函请赐予协助。定期至本月二十三日结束，届时由本会常务理事方炜平、王杏滋，常务监事曹叔琴三人联名盖章提款应用，相应函请查照，并祈见复为荷。此致
>
> 春茂宝庄①

在这封短短的函件中，说明了募捐的日期、目的和手续。由同乡会印发捐册，捐款要登记，提款要由同乡会常务理事、常务监事三人联名盖章。其中，方炜平为万丰染织厂总经理，王杏滋为义泰漆号经理，曹叔琴龙门师范毕业，曾任崇明等地海关关长，都是歙县在沪有名望的绅董。这就确保了捐款到位，专款专用。

虽然资料所限，我们不知道募集的资金总额，但是捐款是十分有限的，同乡会必须利用这笔资金最大限度地购得治疟药品。他们希望按照当时药房购进药品的批发价来购药，于是由理事长方炜平出面于6月29日给行政院物资供应局写信，说明成立扑灭家乡疟疾运动会的缘起，请求该局

---

① 《致函春茂庄为委托代收扑疟捐款由》，1947年6月11日，旅沪同乡会档案，Q117-27-20。

以"赐予配给疟疾药品，如阿地平、奎宁丸等西药，照配给药房之价格配给本会，裨可多得药品运歙施送，利病利民，功德无量"[1]。不久，同乡会收到行政院物资供应局的回函，表示"来呈收悉。查本局医药品已奉令拨交国防卫生等部，所请歉难供应"[2]。

同乡会更多的是寻求同乡的帮助。歙县旅沪同乡会发起人之一叶元龙[3]，时任全国善后救济总署安徽分署署长。因此由许伯龙起草，给"乡先生"叶元龙去信求援[4]。信稿希望用"蒿目怆怀，不忍坐视"，"念乡梓恫瘝之义，本披发缨冠之忧，惠沛仁施"等语词来打动叶元龙。但是，经过抗战又陷于内战的政府，药品异常紧张，7月2日善后救济总署安徽分署回函："所请拨发救济药品为乡民医疗一节，查此项药品自去岁下年度均未奉到。所请无法配拨"，应允"饬本署徽州医院尽量免费为贫民

---

① 《为呈请贵局配给疟疾药品阿地平奎宁丸以资施送由》，1947年6月29日，旅沪同乡会档案，Q117-27-20。

② 《为本局医药品已奉令拨交国防卫生等部，所请歉难供应，特复查照由》，1947年7月7日，旅沪同乡会档案，Q117-27-20。

③ 叶元龙（1897—1967年），歙县蓝田人。1915年以第一名的成绩考取上海大同大学，自费留学美、英、法三国，获美国威斯康星大学经济学硕士学位和该校"金钥"奖。回国后历任国立中央大学教务处长兼法学院经济系副教授，暨南大学经济系主任兼教授、商学院院长，重庆大学校长等职。1932年4月任安徽省政府委员兼教育厅长，9月兼任财政厅长。1935年4月任贵州省政府委员兼教育厅长、财政厅长。后任国民党中央军事委员会重庆行营第二厅中将厅长。1937年任西安行营第二厅厅长时，曾面见周恩来，对共产党人提出国共两党合作、建立抗日统一战线的主张十分赞赏。1942年8月任国民政府监察院监察委员，1945年10月任全国善后救济总署安徽分署署长兼安徽学院院长、上海中孚银行名誉董事长。在此期间曾在合肥、芜湖建立难民疏遣站，提供食宿、车船票及少量资金；以工代赈，修复无为县江堤和淮河缺口；设立巡回医疗队，免费治病；先后设立歙县徽州医院、蚌埠工人医院；受韦悫（原中央大学教育学院院长、江苏淮阴解放区负责人）的信托，将安徽救济分署的救济物资，以国际救援组织名义，运到泗县解放区，用以救济皖东北难民。1948年当选国大代表。新中国成立后先后任大同大学商学院院长、教授，上海财经学院教授，上海社会科学院研究员。

④ 《致叶元龙署长请拨发疟疾药品救济乡梓恶疟由（许董事伯龙来稿）》，1947年6月13日，旅沪同乡会档案，Q117-27-20。

治疗"①。

无奈之下，7月22日同乡会又向以生产唐拾义疟疾丸而闻名的上海唐拾义父子大药房②求助，请求给予特价购药：

> 本会为扑灭家乡疟疾起见，以采购治疟药品运歙施送。查贵药房出品之唐拾义疟疾丸颇著成效，兹请予以特价，俾便多购多送加惠贫民。想贵药房素以慈善为怀，当蒙照准，尚希赐复为荷。
>
> 此致　　　　　　　　　　　　　　　唐拾义父子大药房③

此时，唐拾义已过世，由其长子唐太平任经理。唐拾义父子大药房资本雄厚，又一向以慈善为怀，答应以特价售予同乡会疟疾丸，药品数量见表1。

表1　歙县旅沪同乡会各乡主任董事药品数量表

乡别	批次	药品	数量	备注
东乡	1	阿地平	一百二十瓶	每瓶二百粒
	1	痧药水	一千五百瓶	每瓶一百粒
东乡	1	奎那米尼斯针药水	三百瓶	
	2	疟疾丸	三十六打	计四百三十二瓶
西乡	1	阿地平	一百五十瓶	每瓶一百粒
	1	痧药水	二千瓶	
	1	奎那米尼斯针药水	三百瓶	
	2	疟疾丸	四十八打	计五百七十六瓶
北乡	1	阿地平	一百瓶	每瓶一百粒
	1	痧药水	一千五百瓶	

---

① 《为电复所请拨发此项药品均未奉到，无法配拨由》，1947年7月2日，旅沪同乡会档案，Q117-27-20。

② 唐拾义（1874—1939年），名振之。广东三水人，唐拾义药厂创始人。1912年在广州开设医馆，挂牌专治喘咳症。后创办唐拾义父子制药厂，任经理。1919年赴沪设诊所。1924年开设上海药厂。此后在天津、香港、汉口等地设分厂，其药厂是近代中国著名药号之一。该药厂创制了唐拾义发冷丸（又名唐拾义疟疾丸），对治疗疟疾卓有成效。因而当时畅销全国各地及东南亚。1939年秋在沪病故。长子唐太平，留学法国，攻取医学博士学位，曾在上海经营唐拾义药厂。

③ 《为函请洽购疟疾丸，并希予以依照特价由》，1947年7月22日，旅沪同乡会档案，档号Q117-27-20，上海档案馆藏。

续 表

乡别	批次	药品	数量	备注
	1	奎那米尼斯针药水	三百瓶	
	2	疟疾丸	三十六打	计四百三十二瓶
	1	阿地平	一百五十瓶	
水南乡	1	痧药水	二千五百瓶	
	1	奎那米尼斯针药水	五百瓶	
	2	疟疾丸	六十打	计七百二十瓶
	1	阿地平	一百五十瓶	每瓶一百粒
旱南乡	1	痧药水	二千五百瓶	
	1	奎那米尼斯针药水	五百瓶	计七百二十瓶
	2	疟疾丸	六十打	

从表1[1]可知，同乡会采购的唐拾义疟疾丸属第二批运歙的药品，其中东乡36打，西乡48打，北乡36打，水南乡60打，旱南乡60打，共计240打。1打12瓶，共2880瓶。此外，第一批运歙的防疗疟疾的阿地平达670瓶，每瓶200粒，共计134000粒；针剂奎那米尼斯针药水1900瓶（加上捐赠给歙县地方法院的100瓶，共计2000瓶），以及治疗痧病的痧药水10000瓶。

第一批运歙的针剂奎那米尼斯针药水2000瓶，赠者并非歙县人，而是当时在上海行医的苏州人吕甘泽先生[2]。这些针剂在运歙药品中所占比例不小，也是其中价值最高的特效药。这说明上海有着众多的慈善家，当有行善的机缘时，他们并不受地域观念的约束，而是有着一种更大的地域观

---

① 《致方晓之、吴荫槐、王樾亭、叶崎亭、丰泰挂号信存根附件一份》，1947年，旅沪同乡会档案，档号Q117-27-20，上海档案馆藏。

② 吕甘泽，1911年苏州三元师范毕业后，到沪上德国人开的诊所学医，学成回故乡行医。据《苏州市志》（陈晖主编，江苏人民出版社1995年版）第18卷《卫生体育》之《清末至民国期间平江辖区私立医院情况表》载，吕甘泽于1921—1949年在齐门东汇创办广济医院，主治肺痨、戒烟。这是在苏州早期创办的第四家西式医院。抗战军兴，他先后到重庆、上海、湖州等地开办私家诊所行医，精通气功、拳术、针灸、易筋经、八段锦等等，还通晓西医术。吕甘泽还是著名的道家，1994年，国际文化出版公司重版吕纯一（甘泽）著《佛家气功玄旨》（又名《金刚经金丹直解》，初版于1933年），书前上海中华武术会长王震题跋"探玄阐微"；上海美专教授马企周题跋"众妙之门"。

念"上海人"的相互认同。歙县旅沪同乡会对他的善行深致谢意：

> 甘泽先生大鉴：久慕鸿名，曷胜钦佩。昨由本会洪常务理事镇康
> 交到先生慨助本会奎那米尼斯针剂二千瓶，足见先生热心公益，造福
> 人群，本会谨以至诚代表本县人民向先生致谢。本会对于此举尚属初
> 办，还祈时锡南针以匡不逮，是所企感。专此奉达。敬请
> 道安
>
> 理事长[①]

(二)运输与配送

防治疟疾药品齐备后，歙县旅沪同乡会是怎样将其运往歙县并分送到
患者之手的？或者说上海与歙县城乡互动的网络究竟是怎样联通的？

同乡会首先确定位于新安江畔水码头深渡的丰泰号绸布庄为运送药品
的中转站，联络城乡社会的枢纽。深渡是歙县的水上门户，当时从上海到
歙县的交通主要是经由苏杭运河或苏杭铁路到杭州，然后溯新安江至深渡
码头。丰泰号绸布庄则是一家经营上海棉绸呢绒及针织百货，与上海有着
日常业务联系并与歙县旅沪同乡会也有着密切关系的商号[②]。

7月11日歙县旅沪同乡会给深渡丰泰号发去一信函：

> 迳启者本会于本月六日运上西药□箱，敬烦宝号代为依据附上核
> 发单、通知书之数量，分别通知凭本会迳寄各乡主任董事之提单所载

---

① 《函吕甘泽先生致请捐助本会针剂由》，1947年7月8日，旅沪同乡会档案，
Q117-27-20。

② 丰泰绸布庄，民国十三年（1924年）由歙人姚省度在深渡镇创办。丰泰创办之
初，省度便劝说在沪同乡实业家洪仲生在丰泰入股。省度也要求在仲生之上海庆大祥
布店入股，亦为仲生接受。通过互相参股，是丰泰与上海庆大祥及仲生建立了牢固的
经济联系，为丰泰在上海开辟了可靠的货源基地。丰泰进货，只需将货单发往上海，
仲生布店及各厂见函发货，并负责向运输行和个体水客办妥交运手续，所以丰泰来货
极为迅速，进货结款方式也立足快速，采取介票结兑办法，由仲生之子洪镇康代为办
理。据民国三十六年（1947年）《歙县旅沪同乡会当选职员名单》，洪镇康为常务理事；
又据《1948年10月3日第二届理监事选举代表名单及履历情况》载，洪镇康，43岁，
歙县旅沪同乡会理事长，统益袜厂经理（旅沪同乡会档案，Q117-27-1）。

数量核发后，将提单封寄本会。除应发给各主任董事者外，尚余针剂奎那米尼斯药水一百瓶，亦凭本会之提单由歙县地方法院提用，该单亦请一并予以寄回，费神之处毋任感荷。此致泰丰宝号（附上核发单、通知书各五份）

理事长方

四乡主任董事住址：东乡主任董事叶峄亭，东乡蓝田；旱南主任董事吴荫槐，昌溪；水南主任董事方晓之，瀹坑（坑口转）；西乡主任董事许伯龙，西乡唐模；北乡主任董事王樾亭，富蝎①。

在这封信函中，提到了两个重要的问题，一是各乡主任董事的名单和地址，即绅董在地方社会的网络；二是丰泰号在收到药品后如何施发，其中有"核发单""通知书""提单"等名词，他们与此后将提到的其他名词，共同构成确保施药的制度。我们先来谈第一个问题。歙县以县城为坐标，可分为东南西北四乡，南乡面积特别大，又一分为二，分别为水南乡与旱南乡（从五个主任董事对药品分配的数量上，也可知水南与旱南的人口分别比东、西、北任一乡为多）。因此，仅仅靠主任董事一人，要承担一乡的施药，地域范围太大，难以完成。于是，同乡会决定，增设一个董事的层级，便于施送。

又于本月七日第二次理监事联席会议，决议加聘旱南乡（大阜）潘诵芬先生②、（武杨）张柳青先生、水南乡（街口）王春华先生、

---

① 《致深渡泰丰号，为请代发施药并附单据希予照数代发由》，1947年7月11日，旅沪同乡会档案，Q117-27-20。

② 潘诵芬，大阜人，曾任歙县参议员、联防区分部书记、大阜副山保。诵芬曾学法律，从事律师职业。热心公益，曾亲赴上海募捐，倡建阜民小学（上海歙县商人洪仲生出资最巨，独资在小学二楼开设图书馆）。

（深渡）姚灼华先生[①]、（柘林）程锡蕃先生[②]、（王村）项华亭先生[③]、西乡（灵山）方心白先生[④]、（洪坑）洪震修先生[⑤]、（潜口）王允孝先

[①] 姚灼华（1902—1976年），深渡凤池人，曾任县参议员，国民党员。早年经营南北杂货于深渡镇，店号信和强，直至解放后一直经营。其父姚毅全曾任屯溪茶业商会会长，灼华本人亦贩茶沪杭，在杭州开设大来行茶号。1938年参与安徽茶叶银行的筹备，1946年担任歙县参议会筹中正小学的校董（出自歙县政协文史资料）。其弟姚棠华曾任大阜北岸区区长，抗战时组织三青团义演为抗战募捐（镇反运动中被镇压）。解放后，灼华曾任歙县政协委员，肃反、反右运动中受到冲击，1976年在深渡病逝。

[②] 程锡蕃（1902—1982年），柘林名医，数十年来仁术活人无以计数。曾任地方保长。20世纪30年代与同村方君凯共同倡办瑶田小学（柘林小学前身）。曾参加生活教育社。锡蕃结交地方名流，许承尧亦曾数次登门拜访。与本村徐大公甚笃，徐大公早年在上海经商，抗战爆发后归乡，在自家宅院内创办炼油厂，以当地松树根为原料，开业时锡蕃带子定榕祝贺。抗战胜利后，锡蕃长子定凯至上海谋生，此时大公在歙县旅沪同乡会中担任总干事，帮助不少。据民国《歙县志》卷首载，锡蕃曾担任岑山渡首安堂驻歙董事。

[③] 项华亭，曾任王村小学校长。

[④] 方星，字心白，国军驻屯溪司令方师岳的远房叔父，曾为中共皖浙赣支队秘书处长。

[⑤] 洪震修，法政大学毕业，曾任法官，歙县旅沪同乡会第五届交际干事。"文革"前去世，享年八十多岁。其父亲洪承栋，进士及第，曾任江山县知县。

生①、北乡（呈坎）罗时铭先生、②（许村）许仲修先生③为本会驻歙四乡董事，尚有东乡及其他地方之热心公益、素负声望者，本会未知其名，无从推举，复为贵乡施药区域便利计，议决由各主任董事酌情增聘各该乡董事若干人，报会加聘，请各主任董事提出董事的名单。

什么样的人才适合担任董事？他们应该是"热心公益、素负声望者"。东乡主任董事叶峙亭于7月22日致函歙县旅沪同乡会，根据要求，提出了东乡的五位董事名单：

> 歙县旅沪同乡会方理事长暨诸位乡台先生公鉴：敬启者顷接贵会公函，内附各件并提药单一份均经收到，藉知同乡诸公痌瘝在念，施惠桑梓，组织扑灭家乡疟疾时疫运动会，实行施药功作，宏愿大德感佩莫名，又承委以舍施之责，举手投足未敢为劳，特恐衰老病躯，困

---

① 王允孝，潜口坤沙人，潜口颐和堂中药店老板，其药店曾经誉满徽州。抗战时期，国民党陆军23集团军司令唐式遵因潜口翼峰塔目标太大，欲将其炸毁，允孝和许承尧一起劝阻，古塔得以保存。

② 罗时铭（1916—1996年），歙县呈坎人。泸州师范毕业。曾任四川资中县税务局局长、江西乐平县税务局局长，20世纪40年代末随许村许克士（时铭姐夫）赴台，任职台北书店。其父罗会坦，字履平，殿试第12名，钦点内阁中书。后赴日本留学七年，获农科举人。清末任汤溪县令，为官清廉。会坦后加入中国同盟会，民国初期任中华民国教育部主事，后任歙县教育局局长。会坦及其父亲曾长期管理罗氏宗祠。1948年会坦在屯溪病逝。罗时铭大姐嫁唐模许承尧长子许伯龙，生子许克宏、许克宽、许克宣（娶时铭侄女罗来良）；二姐嫁至许村许敦士。时铭娶许村许仲修之外甥女。时铭姑母嫁至昌溪吴姓，其女吴瑾光为北大教授。以上据博士生刘芳正于2009年6月7日采访罗时铭之子罗来汉（原呈坎小学校长，现退休）资料整理。

③ 许道立（1889—1960年），字仲修，号则由。中国同盟会会员，参与辛亥革命，结识于右任和居正。国民政府成立后，任国民党歙县党部首任书记，并为安徽省省议会议员，歙县参议员。李鸿章兴洋务时开办安庆江淮大学，许仲修就读于该校经济法律系，其间结识了陈独秀，并与之长期保持联系。1924年前后，仲修在安徽省省立三中代课时曾救学生柯庆施。仲修善经商，在盛泽、巢湖、芜湖等地经营酿造业，为许村首商。乐善好施，倡建许村通往黄山源要道上的继述桥，斥资架通了歙县至许村的电话线。筹建"城许"公路，后因抗战爆发作罢。解放战争时期，许仲修与皖南游击队保持秘密联系，捐助军饷、粮食、布匹、回力鞋、电筒、电池等合计法币六亿三千五百万。皖南支队为其颁发立功证。以上资料由歙县中学许骥老师根据许仲修伙计许承涛及其子许化家口述提供。

居僻乡，流惠难广，兹根据贵会来函推广之意，姑举吾乡数人可任董事者：桂林洪翼宾①，竦口苏诚俭，晔岔王筱涵，溪头叶逸君②，大谷运柯云峰③，以上数人皆有邮箱可通，聘函可由沪直寄，惟所施药品是由钦拨付则请贵会每董事应派药品若干数量另具提单，向钦处登记提取，而董事施药册务请各发一份为要。此复，敬请

　　旅安

　　　　　　　　　　　　　　　　　　　愚弟叶德钦顿首④

　　同乡会在收到叶的来信次日，即7月30日即复函表示同意，告知已给五位董事寄去了聘函。在药品的分配上，同乡会并不做分配方案，而是请叶峙亭"酌量各处人口多寡情形分别配拨"，体现了实事求是的精神和对主任董事的充分信任。复函要求叶峙亭将"前函已经检附"的施药登记册式样，"恳烦转知贵乡各董事，依式制用"⑤。在这两件信函中，又出现了"施药登记册式"这个名词。

　　在叶峙亭提出增补5位董事后不久，旱南乡主任董事吴荫槐于8月7日给同乡会去信，提出了第一批药品在旱南乡的分配方案："荫槐按，旱南乡地方辽阔，当应普供，乃依惯例，就'昌源''华源''大周源太平源附'三源名称作三股分给，大阜潘诵芬先生任华源施送事务，武阳张柳青

---

　　① 洪翼宾，据笔者调查，乃东乡有较高威望的绅董，被称为东乡王。

　　② 叶大城，字逸君，溪头人。抗战初，参与兴办溪头村诚本小学，任校董兼教导主任。1947年选任歙县参议员。同年赴杭州，在凤山门外与人合股开信孚煤油杂货店任经理。其间，仍为村学校向沪杭商人捐募经费。据溪头志编纂委员会：《溪头志》，合肥工业大学出版社2003年版。

　　③ 柯廷栋，谱名忠闾，字云峰，大谷运人。清县学生员，民国初任歙县林业公会、茶叶维持会调查员。通经史、工翰墨，四乡子弟游学其门者众，敬称其为"老云先生"。民国十五年创办半溪小学，自任校长。曾与柯立功等人筹资铺中阁亭路面，是《新安柯氏宗谱》《桃源洪氏宗谱》修谱总理、总纂，又是重建柯氏仁睦堂的倡首人之一，在里东乡与柯立功人望并重。

　　④《为报聘请乡董事以利施送药品由（东乡主任董事叶时亭来函）》，1947年7月29日，旅沪同乡会档案，Q117-27-20。

　　⑤《复东乡主任董事叶峙亭函，为复已分别邮送报聘董事聘函，药品则仍请酌情分配由》，1947年7月30日，旅沪同乡会档案，Q117-27-20。

先生任大周源附太平源施送事务，况为沪贵会所直接推举者也，各请领阿地平五十瓶，痧药水八百三十三瓶，奎那米尼斯针剂一百六十六支（由荫槐挂号函咨，具条直向丰泰号领取）尚余阿地平五十瓶，痧药水八百三十四瓶（实收八百十三瓶，检少二十一瓶，其中空瓶二十个，确收七百九十三瓶），奎那米尼斯针剂一百六十八支归昌源收领"。在分配三源施药的基础上，吴荫槐所在的昌源仍是地域辽阔，所以他向同乡会提出要求，在昌源内再一分为三，另外再聘二位董事：

> 其地区里起自三阳坑外迄定潭止又作三分分拆，三阳坑梅溪乡经荫槐函请洪树庭先生担任施送，方兴乡即里外磻溪、塘里等地，经函请方郁如[①]先生担任施送，二君皆负素乡望，各备付阿地平十五瓶，痧药水二百六十瓶，奎那米尼斯针五十支，其施药登记册式样及译明华文奎那米尼斯油印各分别附与洪方两君董事合读，贵会加予聘书。此后侯潘张方洪四位领药收据及荫手施送清册，当随后奉呈。诸公关怀桑梓，义薄云天，是所公感也，此请公绥。（供树庭君寓三阳坑，方郁如君寓上磻溪，聘书希直寄去）
>
> 吴荫槐顿首　民国三十六年八月二日[②]

新聘的董事洪树庭与方郁如都是"负素乡望"的绅董，他们分别负责昌源内的三阳坑和上磻溪。吴荫槐则负责昌溪。这里又出现了"具条""领药收据"和"施送清册"等名词。此外，从10月28日《歙县旅沪同乡会扑灭疟疾时疫运动会驻歙西乡主任董事收送药品清册》可知，许伯龙主任董事收发药品的日程和西乡增加的董事，可见各乡为施药的方便，都增添了董事：

> 农历七月三十日　收阿地平　150瓶　收奎那米尼斯　300瓶　收痧药水　2000瓶　收唐拾义疟疾丸48打

---

① 方郁如，方兴乡名士，于民国二十六年（1937年）创办磻溪村最早的新式学堂渭滨小学。

② 《吴荫槐主任董事来函，为报聘该乡董事及分配药品情形由》，1947年8月7日，旅沪同乡会档案，Q117-27-20。

八月初三　发郑村郑渭占①董事　阿地平12瓶1匣　奎那米尼斯30瓶3盒　疹药水160瓶4匣　唐拾义丸4打

八月初五　发岩寺鲍君白②董事　阿地平12瓶1匣　奎那米尼斯30瓶3盒　疹药水160瓶4匣　唐拾义丸4打

八月初六　发西溪南吴绮川董事　阿地平12瓶1匣　奎那米尼斯30瓶3盒　疹药水160瓶4匣　唐拾义丸4打

八月初六　发灵山方心白董事阿地平12瓶1匣　奎那米尼斯30瓶3盒　疹药水160瓶4匣　唐拾义丸4打

八月初七　发□扬保保代表许辕　阿地平2瓶　疹药水1匣40瓶

又发颍川保保长申寅午　阿地平2瓶　疹药水1匣40瓶

又发中兴保保长汪倬勋　阿地平2瓶　疹药水1匣40瓶

八月初八　发洪坑洪震修董事　阿地平12瓶1匣　奎那米尼斯30瓶3盒　疹药水160瓶4匣　唐拾义丸4打

八月初一至九月初三手发

阿地平7瓶，余39瓶　唐拾义丸3匣余9支　疹药水136瓶余34匣　奎那米尼斯10针无余

四柱表

新收阿地平150瓶　开除71瓶　实存79瓶

奎那米尼斯300瓶　161瓶　140瓶

疹药水2000瓶　1156瓶　944瓶

唐拾义疟疾丸48打　23打　25打

西乡主任董事许伯龙造③

---

① 郑渭占，歙县郑村"西园喉科"第12代传人，新安名医。

② 鲍锡麟，字君白，先从黄宾虹学画，后毕业于上海美专国画系。黄宾虹、汪采白等称其为新安画派后起之秀。曾在省立师范任教多年，并组织学生假期回乡工作队宣传抗日，于岩寺鲍氏宗祠作军民抗击日寇大幅壁画。1936年曾任岩寺小学校长。《歙县志》为之立传。

③ 《许伯龙主任董事来施药清册》，1947年10月28日，旅沪同乡会档案，Q117-27-20。

增加的董事有郑村郑渭占、岩寺鲍君白、西溪南吴绮川。此外，还有三个保的代表或保长，他们或是代表潜口王允孝，因此三个保属潜口。关于利用宗族组织或乡保组织施药的情况，在董事给歙县旅沪同乡会的信函中也有反映，如张柳青董事，并未将药分发到乡保，而是分函通知乡保，让他们告诉患者"前来领服"：

> 贵会公函拜悉，旅沪诸公关怀桑梓疫疟流行，特组织扑灭家乡疟疾时疫运动会，捐资购药施惠乡邦，不胜感佩，辱荷谬聘柳青为本乡董事，益觉惭惶，兹以先后两批药品依单领到，正在赶印登记册，并分函各乡保公所，转咨病患前来领服，以成贵会之义举而保同胞之健康。专函拜覆。敬颂

旅祺此致歙县旅沪同乡会理事长方

张柳青　百拜八月十八日①

根据以上档案资料所涉及的主任董事与董事，我们制作了表2。

表2　歙县旅沪同乡会驻歙县主任董事、董事

四乡主任董事	董事					
旱南乡昌溪 吴荫槐	大阜 潘诵芬	武阳 张柳青	三阳坑 洪树庭	上磻溪 方郁如		
水南乡 方晓之	街口 王春华	深渡 姚灼华	柘林 程锡蕃	王村 项华亭	黄备 张良佐	
西乡唐模 瀹坑许伯龙	灵山 方心白	洪坑 洪震修	潜口 王允孝	郑村 郑渭占	岩寺 鲍君白	西溪南 吴绮川
北乡富堨 王橶亭	呈坎 罗时铭	许村 许仲修				
东乡蓝田 叶峙亭	大谷运 权登峰	竦口 苏诚俭	桂林 洪翼宾	溪头 叶逸君	眸岔 王筱涵	

表2所列27位主任董事与董事分布于歙县四乡及镇、村，就像一张硕大的网络笼盖了歙县全境。

但是，这仅仅是在前台的，因为每一位董事身后，其实都有一个士绅

---

① 《扑疟会旱南武阳张董事柳青来函，为本乡应领药品已收到并转函各乡保分别通知病者领服由》，1947年8月25日，旅沪同乡会档案，Q117-27-20。

的群体。从旱南乡董事大阜潘诵芬致主任董事吴荫槐的信函可知，绅董或士绅们同心协力从事扑灭家乡疟疾的运动：

> 荫槐先生道席：前奉大函并附歙县旅沪同乡会扑灭家乡疟疾时疫运动会印发施送药品登记册式及提单各一件，以因事离舍多日，归时又值琐务纷纭，稽复有疚。药品已向丰泰如数提来。尊拟就旱南三源某等各任一源施送事务，甚善。诵为求普遍兴便利及免物议起见，业将所领药品平均分配送发本源伏源、民德、忠孝三乡乡保公所，请各就地施送，并印发各乡公所经发表，各保办公处经施登记表，于经发经施完毕后，分别表报以凭汇转。惟奎那米剂，据本源各乡士绅意见，以该药治疟诛有特效，然于诊断、用量、消毒等等设有差误，反应亦颇大，主张慎重。
>
> 因此该药暂缓分发各乡保，经分别通知，俟其定有相当熟练诊注负责人后，再按各该地应配数量来取。敝村注射负责人已推定舍本志修担任，其他各处在未有相当人选前，如有患者可由所在地保甲长或士绅具条介绍来阜代为义务注射。如此办法未卜先生以为当否？专此陈复。祈颂潭绥
>
> 教弟潘诵芬顿首　1947年8月14日[①]

这里，潘诵芬将收到的药品平均分为三份，交由伏源、民德、忠孝三个乡保公所就地施送，"为求普遍兴利"，更贴近老百姓。放手并不放任，而是严格要求各乡保填写经施登记表。在使用特效药奎那米尼斯针剂上，可以看到士绅的广泛参与，"据本源各乡士绅意见"即是一例。另外，"其他各处在未有相当人选前，如有患者可由所在地保甲长或士绅具条介绍来阜代为义务注射"。也可见士绅与保甲长当时在地方社会的权威性。对扑灭疟疾运动的积极参与和对特效药奎那米尼斯针剂慎重使用，体现了士绅"仁者爱人""匡时济世"的传统价值观。这样的价值观是在乡的绅董或在城的绅董所共有的。如黄备张良佐董事在给同乡会的信函中，称赞歙县旅

---

① 《为报告施药领给情形并附证件交查由》，1947年10月30日，旅沪同乡会档案，Q117-27-20。

沪同乡会扑灭疟疾运动会：

> 煞费苦心，其民胞物兴之怀大可概见，每当祥云灿烂之下，不胜翘企钦佩之至。鄙愧无力赞助，今不过一握笔，问记一动手，取与之间稍效微劳，何乐而不为。但患者药到病除，很深感激，不克直接台端，惟有于函中上一谢字，代患者大众略表微忱，请阁下等受之而弗辞。鄙意所云谢者谢心耳，非谢药品也。为此说者殆有感而发。治县者能以此心推之，一国天下莫不皆然，安见不平且治哉！当代英雄，尚失此心，经年累月兵争而不息，其视国民为何如耶？书不尽言，言不尽意。[1]

值得一提的是，同乡会在施送药品时特意将一百瓶特效药奎那米尼斯针剂赠送给歙县地方法院，转送监狱人犯，更是体现了仁爱的博大胸怀。7月11日同乡会致函地方法院：

> 致歙县地方法院张院长代电歙县地方法院张院长勋鉴：查本会办理家乡施药事宜工作业已展开，兹由深渡泰丰号转发治理疟西药奎那米尼斯针剂药水，已于本月六日由申运出，不日当可到达，谨以该项针剂药水一百瓶奉赠钧院，为监狱人犯防疟之用，区区数量聊表微忱，祈希将所附上提药凭单，饬警前往提取，并希赐复，至为感荷，敬请钧安
>
> 歙县旅沪同乡会理事长　方炜平　叩[2]

8月18日，歙县地方法院院长张世杰在收到100瓶奎那米尼斯针剂后回函，对歙县旅沪同乡会"造福桑梓，惠及囚犯"的"仁风热肠"表示"至为感佩""藉申谢忱"。[3]

正是在城乡绅董群体和全体士绅的共同努力下，防治疟疾的药品被送

---

① 《黄备张良佐董事来函为扑灭疟会施送西药，申谢旅沪同乡会之善心由》，1947年10月15日，旅沪同乡会档案，Q117-27-20。

② 《致地方法院张院长世杰，为电请凭单前往深渡泰丰号提药由（附提药凭章一份）》，1947年9月11日，旅沪同乡会档案，Q117-27-20。

③ 《歙县地方法院来电，为电复承赠奎那米尼斯针剂西药水一百瓶藉申谢忱由》，1947年8月18日，旅沪同乡会档案，Q117-27-20。

到乡间患病的乡民手中。在旅沪同乡会档案中有一份《歙县旅沪同乡会扑灭家乡疟疾时疫运动会驻歙西乡主任董事（唐模及附近村落）施药登记册》三六年度（1947年）①。该册有编号、姓名、性别、年龄、住址、病状、所施药、数量、日期、证明人、受药（证明）人签章等11项，十分完备。从7月30日到9月4日，许伯龙与其弟许家愈向187人次村民发放了药品，并作了详细的记录。涉及村落唐模116人、仙村10人、岩市和胡村各8人、湖田和温街各7人、汪村（北乡）和后坞窑各3人、深渡、接驼（南乡）、北岸（南乡住唐模亲戚家）、唐美村、呈坎、乡公所、和尚塘、山泉各2人、吴村边、上庄、东山、双涧口、崑沙、水扬村、上峰、稠墅、竹坞各1人。所发药品计：阿地平641粒，实开近7瓶。唐拾义丸27支，实开近3匣。痧药水136瓶，实开近4匣。奎那米尼斯10针，实开近1盒。以上是主任董事许伯龙在他施药区域里用药的总数。

这里我们可以看到一张清晰的网络：歙县旅沪同乡会→深渡丰泰号→5位主任董事→26位董事→乡保长或士绅→村民。这只是配给药品的路线图。在实际施药的过程中，主任董事、董事与乡保长、士绅都是直接面对村民的。这样，我们在"同乡会驻歙主任董事、董事分布网络图"上，可以看到这张网络由点连线覆盖了歙县全境。扑灭疟疾运动会只是一个短时段的事件，而在长时段乡村社会日常生活中，绅董（或者说是士绅、乡绅）对乡村社会控制的网络则是一个客观的存在。绅董与宗族组织、乡保的结合，使徽州乡村社会生活趋于稳定。短时段的事件使隐没在日常生活中的长时段的网络显现出来了。

那么，绅董的网络是怎样运作的呢？除了前揭注释中关于各位主任董事、董事的身世，他们之间错综复杂的婚姻关系、商业关系、宗族乡里关系、师生同学关系等等，即我们通常说的血缘、地缘、业缘之外，还有绅董网络制度层面的因素。绅董大多贾儒结合，重视商业契约精神。在歙县旅沪同乡会操作整个药品流程时，有着严格的制度安排。前文所云第二个

---

① 《许伯龙主任董事交来施药清册》，1947年10月28日，旅沪同乡会档案，Q117-27-20。

问题是：丰泰号在收到药品后如何施发？先后提到了"核发单""通知书""提药单""施药登记册式""具条""领药收据"和"施送清册"等名词。这些名词共同构成药品输送的制度：同乡会在将药品托运到深渡丰泰号的同时，给丰泰号寄去了"核发单"与"通知书"[①]。"核发单"告诉丰泰号药品的品种、数量以及分发各乡主任董事的药品品种及数量。通知书[②]则是由丰泰号在收到药品时寄给主任董事的，通知药品已到达深渡，主任董事可以来领取药品的种类和数量。

歙县旅沪同乡会给各主任董事寄去提药单[③]，开明提取药品的种类和数量。主任董事在收到提药单和通知书后，即可去深渡凭提药单提取药品。主任董事在提药单上要盖章。然后，核发单与提药单由丰泰号寄回同乡会销账。主任董事在施药的过程中则要填写施送清册。最后将施药清册、收支报告单[④]和通知书一并寄回上海。这就完成了一个施药的过程。

后因主任董事下再设董事，甚至董事下还请乡保代理，施药制度又有新的调整。有两种情况：一种是由主任董事建议分配给董事药品的种类与

---

① 查本会第二批施药系采购唐拾义疟疾丸，已装置一木箱，于日前运出，仍请贵号代收代发药。附上通知书、核发单各五份，恳为分别通知存核，至为企祷。此致。见深渡丰泰号理事长方（附通知书、核发单各五份）。见《（致深渡丰泰号函）为函请代发第二批施药予各主任董事由》，1947年7月26日，旅沪同乡会档案，Q117-27-20。

② 通知书的内容如下：通知书NO 1 数量 六十打 上列药品已于8月6日运到。希将上海提单盖章来取。此致。旱南乡主任董事吴荫槐先生。深渡丰泰号。8月6日到。代点数少一打。兹代公水旱两南各少半打。祈洽。丰泰印章。此联由代发处寄给主任董事。

③ 提药单的内容如下：NO1 药品：阿地平，数量120瓶。美国痧药水，150瓶。奎那米尼斯针药水，300瓶。上列药品，希照数交来人带下，以便施送。此致（深渡丰泰宝号，东乡主任董事叶峙亭）（盖章）（1936）年（8）月（7）日。此联由主任董事盖章提药后，由代发处寄回上海同乡会。按：提药单系格式文本，括号内均由主任董事填写。提药单两侧有歙县旅沪同乡会的骑缝章。

④ 收支报告单的内容如下：系一报表，内有药品、旧存、新收、开除、实在五项。每月一报。主任董事或董事签名上报。施药清册与收支报告单，可以参见前揭许伯龙的案例。

数量，得到同乡会同意后，由同乡会通知董事，再由主任董事开具具条[①]，董事凭具条直接到深渡领取。领得药品后他们要给主任董事一收条以及施药后的清册，再由主任董事统一寄给上海同乡会报销。这是吴荫槐采用的办法。另一种则是由主任董事领取本乡全部药品后，在分配方案取得同乡会同意的情况下，将药品直接分配给下属各董事，董事领取药品后写收条，在施药后交上施药清册。这是许伯龙主任董事的做法。

歙县旅沪同乡会既有周密的制度设计，又有对主任董事、董事的充分尊重。他们尊重主任董事提名的董事，并由上海直接给各董事发去聘书。他们还告诉各董事其所属主任董事分得药品的总量，以便董事对主任董事分配药品是否合理加以监督[②]。如旱南乡武阳董事张柳青曾给主任董事吴荫槐一函，称赞他"颇昭公允"：

> 荫槐先生惠鉴：自吾乡昔遭旱患，为赈米奔驰沪上得亲雅敬，转眼韶华忽忽十余年矣！新夏因事羁杭，咋始言旋，检诵大教两通，并沪会所施药品先后两批四种如数拜收。关于先生支配三源药物，颇昭公允，弟甚表赞同。两施药登记册已依式印制，俾便施送。恐劳锦注，专函拜覆。敬颂
>
> 潭祺　　　　　　　　　　　　　　　弟张柳青再拜　八月十七日

周密的制度和绅董的信誉、公正的价值观使歙县旅沪同乡会扑灭家乡疟疾运动会得以顺利展开并取得良好效果。考虑到1947年的徽州，已处于兵荒马乱之中，一些主任董事或董事也在颠沛流离之中，我们更能体会到绅董们慈善事业的可贵。

[①] 具条的内容如下：本条凭武阳付讫张柳青先生盖印祈付阿地平五十瓶，美国疟药水八百三十三瓶，奎那米尼斯针药水一百六十六瓶，交来人带去。此致。深渡丰泰宝号旱南乡总经收人吴荫槐奉拨具条1947年7月22日。

[②] 查本会第一、二两批施送药品已先后运至深渡，丰泰号代为照数分发各乡主任董事，计程当已到达，值兹夏秋季节疫疟渐萌，为特分函贵董事前往□地□□□主任董事处备条填领，并烦施给，兹将各主任董事配得药品数量列单附奉，敬烦查找为荷。此致董事□□。见《致各乡董事函为告本会一二两批施送药品业已委托深渡丰泰代发，各主任董事请备条前往填领并烦施送由》，1947年7月30日，旅沪同乡会档案，Q117-27-20。

结语

1948年是历时15年的新生活运动的尾声，歙县旅沪同乡会扑灭家乡疟疾运动会可以视为新生活运动的组成部分。同乡会不仅募捐药品，输送到本土乡民手中，为乡民治病减轻痛苦。更为重要的是，他们力图改进本土乡民的生活形态。新生活运动的出发点——从国民的基本日常生活做起，务求达致一个全面的社会风气的革新。同乡会总干事徐大公起草了为家乡疟疾流行敬告家乡父老兄弟歌和《预防疟疾须知》，其文如下：

《歙县旅沪同乡会为家乡疟疫流行敬告家乡父老兄弟歌》□□□印赠

"半日"——疟疾，为害甚大，时疫流行，更为可虑。霍乱等症，易于传染，若不吃药，更加危险。究其来由，皆因不洁，"病从口入"，古人早说。防止疾病，首重清洁，夏令卫生，更为重要。偶一不慎，病菌侵入，预防疟疫，当从清洁。蚊蝇虽小，为害最大，须知蚊蝇，乃病媒介，传带病菌，最为神快。患恶性虐，早治为妙，病菌入脑，不可救药。普通疟疾，亦需治愈，若不断根，渐成块痞。变为痼疾，更难医治。本会同仁，有鉴于此，疟疾蔓延，殊害健康，因有组织——"扑灭家乡疟疾时疫运动会"——募捐购药，运赠四乡，以利贫病。斯举虽善，仍非根治。慎源清本，无病为上。爰拟须知，刊印公告。深盼父老，相互劝告。学校儿童，个个实行。防止疟疾，不使蔓延，热心人士，各保小学，广印宣传，更收宏效。人人健康，功德无量。

此外，同乡会还制作了《预防疟疾须知》，从23个方面详细介绍了预防疟疾的方法。《敬告家乡父老兄弟歌》与《预防疟疾须知》都是朗朗上口的白话，简单明了，讲的都是乡民日常生活中的卫生知识。这些知识针对的是不良陋习。改革这些陋习，从点滴做起，其意义不仅是表面的村容清洁、讲究卫生，防治疾病，而是要改革社会，要复兴一个国家和民族。

同乡会还要求父老乡亲，相互转告；学校儿童，个个实行；热心人士，各保小学，广印宣传。这是同乡会扑灭家乡疟疾运动会的更为深刻的意义。

我们运用文献资料与田野调查，复原了参与歙县旅沪同乡会扑灭家乡疟疾时疫运动会的大多数绅董的职业与简历。他们或贾或儒，大多贾儒结合，有着传统的价值观，也与时俱进，高扬自治的旗帜，关心时局、关心家乡。在城与在乡的歙县绅董，在1947年所呈现的绅董城乡联动的网络，其实只是日常网络的显现而已。清季新政废科举后，江南士绅城居化进一步发展，但是传统的价值观以及在乡的田产房庐祖坟祠堂仍是让他们与桑梓之地有着紧密的关联，其中还有相当的士绅依旧乡居，或是不断地在城乡间移动。乡村精英虽然不断弱化，宗族组织也日趋式微，但是传统的格局仍在维持。我们所复原的歙县乡村社会的绅董网络，就是明清以来乡绅对农村社会控制网络的延续，其对乡村社会的影响渗透到每一个角落。值得注意的是，清季新政与民国政治中城市自治组织的兴起，尤其是清末民国前期以商人为主的城市自治，集中体现了新的时代精神。在乡村自治弱化的同时，城市自治的强化，以及城乡两个自治体之间的互动，城乡网络的互动，使歙县乡村得以在战乱频仍、灾荒不断的艰难时世下得以顽强生存。

原载《史林》2013年第1期，有改动

理论思考

徽州学研究的对象、价值、内容与方法

徽州学是以徽州区域社会整体历史作为自己的研究对象的。本文将分别就徽州学的研究价值、研究内容和研究方法略陈浅见。这些见解虽是就徽州学而言的，但对方兴未艾的区域史研究或许有借鉴意义。所言不到之处，请方家指正。

一、徽州学的研究价值

（1）徽州学研究的路径与传统史学不同。徽州学从以政治史和王朝体系为中心的传统史学领域中跳了出来，它是通过解剖中国社会的某一局部去认识整体中国的。著名学者王毓铨教授早在1983年11月召开的明代经济史讨论会上就提出了研究区域史的主张，指出区域史的研究是国际史学界的新趋势。区域史的研究可以深化中国整体史的研究。过去我们的研究集中在中央王朝的兴衰和典章制度方面，很少考虑中央和地方的相互作用。其实各区域因其社会经济发展程度的不同，与中央王朝空间距离及交通难易的不同，传统与风俗的不同，地理物产与民族构成的不同等等因素，它们对中央政令的执行和变异程度会有相当大的差异。中国疆域辽阔，只有把一个个区域社会的历史研究透了，才能从中央和地方相互作用的角度出发，把整体中国史的研究推进到一个新的高度。此外，区域社会是整体中国的一部分，是整体中国的一个细胞，解剖某一个具有典型意义的区域社会，本身就有助于我们深化对整体中国的认识。

（2）徽州学具有研究传统中国的范本价值。与一般的以传统农业为主的区域社会不同，徽州是一个经济、社会、文化发展相对完整的、具有典型意义的区域社会，是我们认识传统社会的一个极好范本。从经济角度看，徽州在传统农业之外，还有闻名遐迩的商业。透过徽商看商业资本在传统社会中的作用，商业资本与社会转型的关系，这是其他区域社会难以见到的。从社会角度看，徽州是一个宗族社会，传承了唐宋后中原地区消失了的宗族实态，透过徽州宗族组织、家谱、宗祠、族田、佃仆等看中国宗法社会，这也是其他区域社会难以见到的。从文化角度看，徽州理学昌盛，有"东南邹鲁"之称，理学集大成者朱熹即徽州籍人，透过新安理学看宋代以后理学对正统儒学的传承，徽商与儒家文化的结合以及商人心态，更是其他区域所见不到的。徽州社会以其特殊的地理、人文环境，造成了一个特有的区域社会生活体系：徽商、徽州宗族与新安理学始终处于互动互补的状态中。宗族文化是新安理学的核心。宗族为了在山地有限的生存空间争得生存发展的权力，必得依靠科举张大门第。徽商为宗族聚居、为文教科举提供物质条件。宗族组织、宗族文化强大的内聚力又是徽州商帮特别强固、富于竞争力的内在机制。徽商借助宗族势力，获取资金和人力上的支持；借助宗族势力，建立商业垄断，展开商业竞争；借助宗法制度，控制从商伙计；借助宗族势力，投靠封建政权。徽商投资教学，培养子弟业儒入仕，正是他们成为官商，取得商业特权的捷径。区域文化水平的普遍提高，又使大多徽商成为儒商，具有较高的商业素质。在特定的时空条件下，上述三要素构成良性循环系统。徽商在明清数百年间执掌中国商界之牛耳；在明清徽州科举与苏州并驾齐驱，成为全国府一级科举之最；徽州宗族则是"千年之冢，不动一抔，千丁之族，未尝散处，千载之谱系，丝毫不紊"。徽州是一个独立的方言区（全国8大方言区或10大方言区之一），它是一个既封闭又开放的系统，崇山峻岭把徽州与外部世界隔离开来，使徽州区域社会系统能稳定运行，新安江、阊江、青弋江又把徽州与江南联系起来，通过商人、仕子与外部世界保持密切的物质与信息交换，使徽州区域社会能持续运行。可以说，在全国众多的区域社会中很难找到如同徽州的考察传统社会的范本。

（3）徽州保存有异常丰富的历史资料，尤其是中国传统社会后半段的资料，这是徽州学得以成为一门学科的基础所在，也是徽州学的价值所在。由于徽州区域的封闭性，历史上鲜受兵燹，故大量文献资料（包括古迹文物遗存）得以保存至今。宗族制度的盛行，不仅使徽州有着林立的祠堂、牌坊、义庄，而且还保存有大量的族谱；科举的兴盛、文风的昌炽，使徽州保存众多的书院、文庙，还留下大量的文人笔记、文集、戏本、弹词、碑刻；商业的隆兴、经济的发达，使徽州偏僻的乡村也可见到明清精美的建筑和园林，同时经济活动的复杂和社会生活的丰富，更是留下难以计数的契约、文书档案资料。1985年笔者参与编纂的《明清徽商资料选编》由黄山书社出版，这是有关徽州学的第一本资料集。1988年安徽省博物馆编纂的《明清徽州社会经济资料丛编》第一集由中国社会科学出版社出版，1990年中国社科院历史所徽州文契整理组编纂的该丛编的第二集也由同一出版社推出。1991年徽州文契整理组编纂的《徽州千年契约文书》由花山文艺出版社出版。目前出版的徽州资料已蔚为大观，然而这仍是徽州文献资料的冰山一角。徽州文献资料的数量已远超过敦煌，而且从资料所反映的社会生活面来说，也比以佛经为主的敦煌资料广泛得多。徽州文献已成为研究中国传统社会后半段，尤其是明清以来社会经济实态的重要资料。随着徽州学成为一门国际性的显学，徽州文献资料将受到学术界更多的关注，也可望有更多的珍贵资料整理出版。

二、徽州学的研究内容

徽州学是以徽州区域社会整体历史作为自己的研究对象的，因此举凡该区域曾经出现过的人以及由人的活动所造成的经济、文化、社会等各种事物均属徽州学研究的范畴。举其大端则有经济方面的徽商、徽州土地制度、佃仆制度等；文化方面的新安理学、新安画派、徽州方言、徽州文献、教育科举、小说弹词、科技（天文历法、珠算、医学等）出版、戏剧、徽派民居园林、徽州三雕、文房四宝等；社会方面的宗族制度、民间组织、社会风尚、社会生活、社会分层、社会矛盾与社会冲突等。近年来徽州学研究正在不断向纵深拓展，研究队伍也在不断扩大，呈现一派欣欣向荣的气象。

应当指出的是，徽州学虽以徽州区域整体历史作为自己的研究对象，但是它的研究视野绝不能局限于徽州本土一府六县范围。徽州学覆盖的地区大体可以分为三个层次，徽州本土是它的核心层次，中间层次涵盖沿长江、运河的市镇农村，其中心区乃是"无徽不成镇"的江南，外围层次则遍及全国远至海外了。如果说核心层次是小徽州的话，那么中间和外围层次可称之为大徽州。胡适先生曾提出小绩溪与大绩溪的概念，指出编纂县志"不可但见小绩溪，而不见那更重要的'大绩溪'，若无那'大绩溪'，小绩溪早已不成个局面，新志应列'大绩溪'一门"。套一句胡先生的话来说，徽州学若无大徽州，徽州学也难成局面。徽州学覆盖面之大是与徽商遍天下相关的，徽商便是这种文化辐射的载体。他们将徽州的宗族制度、文化心理、行为方式带到各地，举例来说，徽州每逢年节有演戏的风俗，戏剧更是宗族祭祀活动的重要内容，由此徽剧日渐成熟。徽商在扬州、南京、苏州等地蓄养家班。家班演戏是徽商炫耀财富、攀结权贵、洽谈商业的交际手段。徽班之兴起得力于徽商的财力，并随徽商而传播四方。徽班进京成为戏曲界的一件大事，由徽剧发展而成的京剧，更是中国文化的一大瑰宝。又如，饮食文化中的徽菜以及徽商在扬州所发展出来的淮扬菜，就占了中国八大菜系的四分之一。再如徽商遍天下，徽州会馆、公所也遍天下，在全国各地城镇到处可见徽派建筑。当然徽商带去的更多的是精神上的东西，比如徽商的商业道德，徽商刻苦耐劳的"徽骆驼"精神。徽州文房四宝闻名全国。淳熙《新安志》载："昔李后主留意翰墨，用澄心堂纸、李廷圭墨、龙尾砚，三者为天下冠。"歙砚、徽墨、宣纸为文人墨客所珍爱，它们也为古代墨宝丹青的传承，为中华文化的昌盛立下不朽的功绩。徽州刻书业在明清曾大放异彩，"徽本"享有很高声誉。徽商除斥资刻印族谱、经书外，还刻印了大量通俗小说和戏剧本，为市民文化的发展和传播作出了贡献。从朱熹、戴震、胡适到陶行知，从理学、反理学到科学民主，徽州文人影响着从传统到现代的文化走势。文化辐射自然是双向的。大徽州对小徽州的影响同样极大。徽州原为山越所居，自两汉以来中原汉人为避战乱纷纷进入徽州，原居民与移民间经过长期的文化整合，到宋代形成了糅合汉、越文化的新安文化。新安文化的重要组成部分新安理学也是对中原儒学的继承和发展。徽州的宗族制度同样是中原士族带来的，这一因战乱而在中原消失了的宗族组织原生态在徽州长期保存了下来。可以说，如果没有宗族血缘的强大凝聚力，也就不会造成强大的徽州商帮。明清数百年间徽商将巨额的财富源源不断地输回小徽州，为造就徽州今天的人文景观提供了物质基础。徽派建筑本身就吸收了江南民居的诸多特征，著名的三雕艺术题材大多是徽商侨居地如苏杭的风物景致。可见大徽州是徽州学研究内容不可或缺的组成部分。小徽州与大徽州的关系也告诉我们，徽州区域社会经济的研究不是孤立的，必须要把区域社会与传统中国的研究结合起来，这样才能透过区域社会的窗口去深入认识传统中心。

三、徽州学的研究方法

徽州学是一门研究徽州社会整体的综合性学科，徽州学的研究必须运用跨学科的方法。笔者结合自己在徽州学研究中曾经使用的方法，综合介绍如下：

（1）徽州学资料的搜集。区域社会整体研究与以政治史为中心的传统史学研究有着极大的差异，这不仅表现为研究对象的不同，也表现为资料的不同。区域整体研究的资料在我们所熟悉的正史中往往所见不多，需要另辟蹊径去广为搜求。为了重现区域全面的历史，我们需要区域全面的资料，包括书面的、口述的、实物的等等。这里仅就专题资料的搜集略作介绍。

专题资料的搜集，我们以徽商资料的搜集为例加以说明。徽商研究最大的困难便在于资料的匮乏。自古以来，商为四民之末，在传统史学领域里，商贾市井之辈是没有一席之地的。有关商人的零星资讯，分散在族谱、方志、笔记、小说、文集、碑刻、文书、档案之中。族谱、方志中的资料分散开来看不易发现它的价值，集中起来分类排比，就风俗、人物、义行、孝友、乡善、尚义、笃行、儒行、宦行、文行、质行等都收入商人的传记。省府县志外，乡镇志的记载往往更为翔实，如《岩镇志草》《丰南志》《沙溪集略》《澄阳散志》等。一些文集中商人的传记也较为集中，如汪道昆的《太函集》、李维祯的《太泌山房集》、许国的《许文穆公集》、赵吉士的《寄园寄所寄》、许承尧的《歙事闲谭》等。明清笔记小说如"三言二拍"与《型世言》《儒林外史》《古今小说》中有不少徽商的故事，当然也是现实生活的反映。20世纪80年代初，我们从徽商专题入手，编纂成《明清徽商资料选编》，于1985年出版。该资料集将徽商资料分为七个类别：明清时期的徽州社会；徽商资本的来源与积累；徽商经营的行业；徽商的活动范围和经营方式；徽商资本的出路；徽商的政治态度；徽商与学术文化。每一类别再加细分，如徽商资本的出路下又分为：购置土地，助修祠堂书院，助饷助赈，兴水利筑道路，抚孤恤贫等义举，奢侈性消费，投资产业。无须多加一字，集中起来的徽商资料便可窥得徽商的概貌。这是第一本有关徽州的专题资料集，它为徽商乃至徽州学的发展奠定了基础。

（2）区域历史、地理、人口的考察，是区域整体研究的基础工程。徽州学的研究有着极为丰富的资料，而要利用这些资料却有着巨大的障碍。无论是族谱还是契约文书等民间资料，在使用时必须弄清它们的地望，以确定它的空间位置。民间资料上的地望一般多是县以下的，其中最关键的是都和村两级。历史地图只绘制到县一级，那么明清县以下的都的辖区是怎样的呢？村一级的地望在明清数百年间有很大的变化，那么村名的变迁又是怎样的呢？只有弄清都的分界，以及都所辖村名的变迁，才能根据族谱的地望来确定一个家族的地理位置，并进而查找出相邻几个家族的谱牒和文书等资料，对之作综合的社区研究。1987年笔者和一位以徽学研究在普林斯顿大学取得博士学位的美国学者Keith Hazelton（中文名为贺杰）合作研究徽州的地理、人口。根据明代《新安名族志》（1551年）、康熙《徽州府志》（1690年）、道光《徽州府志》（1827年）所列村名，对歙县（对该县统计增加了1937年的民国《歙县志》）37都1134个村、休宁33都524个村、绩溪15都439个村的消长衍变作了全面的考索，分别制作了85张《近四百年某都村名考索表》。在这个基础上，我们精心绘制了三县的分都图，计算出了每一都的面积，并借助电脑绘制出《徽郡三邑人口相对密度分布图》和《徽郡三邑名族密度分布图》。都一级的人口与名族密度及地庄的变迁，对于历史人口学、地理学来说属于微观研究的范畴，对于区域社会经济史来说却是属于宏观研究的范畴。

（3）徽州学研究要运用系统论的方法，注意处理好局部与整体的关系。在进行区域研究时，切忌就局部而局部，使研究变得琐碎、零乱。局部与整体的关系是相对的，区域与中国的关系是局部与整体的关系；缩小一些，区域与一县、一都、一村、一族、一人间的关系也是整体与局部之间的关系；放大一些，中国与世界之间同样存在着局部与整体的关系。区域研究必须要放到纵横结合的历史坐标上去，在纵向的时间与横向的空间坐标中找到它的位置。小至一人、一村、一族，我们总要看到它在一县、一区、一国的时空位置。明清时期，中国开始受到西方的冲击，有必要把区域研究放到世界的大局中去考察。惟其如此，才能真正把握区域的本质特征，才能把研究推向深入。例如在《论明代徽州海商和中国资本主义萌芽》一文中，笔者在对徽州海商进行研究时，便是将这一行业的商人（局部）放在整体中国社会经济发展的纵向时间，以及与世界市场、海外贸易相联系的横向空间坐标上加以考察的，从而得出徽州海商的经营活动促进了中国江南资本主义萌芽的产生的结论。我们通常说中国资本主义萌芽产生于16世纪，其原因一般都将其归结为生产力的发展。吴承明先生的研究告诉我们，中国封建生产力早在宋代就已经成熟了，明代的改进只是量上的，并未脱离中世纪水平，远不足以动摇封建的经济结构。由于结构未变，国内市场也不可能有大的发展。我们知道，只有市场发展了，生产规模才会扩大，生产规模扩大了，生产的组织方式才会改变，新的生产方式才会萌芽。在研究中国资本主义萌芽时，应该注意16世纪世界市场的形成和中国海商的走私贸易。正是徽州海商和其他海商的走私贸易冲破了明王朝的海禁，把江南与世界市场联系起来了，从而造成了江南社会经济的一系列连锁反应。世界市场需求量最大的丝绸、瓷器等商品，恰恰是江南最先出现资本主义萌芽的生产部门。嘉靖、隆庆年间，在江浙沿海最大的走私商帮正是徽商。而徽商之所以能在走私贸易中一度执得牛耳，是与徽州商帮强固的血缘、地缘纽带分不开的。"无徽不成镇"的江南坐贾、手工作坊主，"遍天下"的行商，铤而走险的海商之间形成一个从生产到流通的海外贸易网络。中国资本主义萌芽的产生，徽商功不可没。1990年《中国经济史研究》在发表该文时加了编者按："这篇文章（指陈春声、刘志伟的《清代经济运作的两个特点》）和下一篇文章（指拙文）围绕与中国资本主义萌芽研究的有关问题提出了一些看法。文章涉及对中国封建社会后期商品经济发展程度与性质的估计，牵涉对中国封建经济发展规律的认识，以及经济发展中生产与流通、内因与外因、经济与文化等方面的关系。我们认为这些问题是应该讨论的，欢迎大家对此发表意见。"按语所云的三个关系，实际上都涉及局部与整体的关系。

又如笔者对徽州一族——方氏的研究，也是把它放在地域社会与传统中国的宏观视野中加以考察的。方氏是西汉末年因王莽之乱率先迁入徽州的中原望族。我根据多部方氏族谱、《新安名族志》以及方志、笔记等珍贵地方史料，对近两千年来徽州方氏之源流、移徙、分合、演变作了考证，并以此为基础，采用动态与静态相结合、微观与宏观相结合的方法，考察方氏与地域社会的关系，以及地域社会与传统中国的关系。传统社会变迁的三个方面内容，一是周期性的治乱兴衰，而在王朝交替时，往往伴有外族入侵、农民起义、割据战争等社会动乱；二是传统农业社会处于相对的静态；三是传统社会转型，与周期性的治乱兴衰相交叉，变化更为复杂、深刻。全文环绕这三个方面展开：其一，方氏以"变"应"变"，以动态的迁徙来应对社会的动乱。从汉末方氏始居江南歙东乡，到唐末、五代向徽州山区的迁徙，以及南宋时在徽州境内的进一步分支移徙，与中国古代北方士民三次大规模南迁大致同步。方氏等"中原衣冠"不仅使徽州经济得到开发，而且也使其成为文化繁兴之区。汉唐五代中原各大姓向徽州的移民是以宗族群体的形式进行的，而徽州山区也以它的怀抱使宗族制度得以长久保存。其二，相对静态的徽州农村宗族社会。说相对静态是因为随人口的自然增殖，宗族还会有新的迁徙活动，南宋后各大派继续分支，不断向人口更为稀少的地区拓展。当方氏在新的生存空间定居下来时，便迅速地复制宗族组织，以"静"制"静"。宗族还有以"静"制"乱"的功能。北宋末徽州方氏柘田派族人方腊的起义是以打击宗族势力开始的，也是在宗族势力的打击下结束的。此后方氏迅速重建宗族统治，恢复徽州农村静态的生存状态。其三，16世纪初商品经济的发展，给了徽州前所未有的震荡，其深度和力度超过了历史上任何一次战乱和灾异。首先是方氏宗族迁徙和重建的方向转为以农村到城镇为主；其次是宗族自身的变化，形成大宗族—小家庭的格局。上述三个方面的对应关系，展示了近两千年来方氏宗族和徽州农村社会变迁的历史画卷，并从时空坐标上找到了徽州的位置：徽州虽然是一个崇山环绕近于封闭的区域，但是千百年来传统中国每一次动乱都会在这里引起反响。徽州与其他区域社会有共同点，它们都受社会整体的制约。徽州的不同点在于，宗族聚居的格局使其具有特殊的应变力，始终保持本区域的稳定。

再如，徽州人物——胡适的研究，同样体现着局部与整体的关系。胡传、胡适父子及其家族的历史，是徽州区域整体社会的缩影（举凡徽州宗族、徽商、新安文化等均有综合的体现），显示了中国社会从传统到现代变迁的脉络。因此研究胡适的意义，决不是限于一人一家而已，它已被赋予整体史的意义。

（4）跨学科的方法。徽州学是一门研究区域整体史的学科，对它的研究要摆脱传统史学陈旧观念的束缚，必须从孤立的、封闭的研究转向综合的、开放的、跨学科的研究。诸如人口学、地理学、人类学、经济学、社会学、文化学、语言学、谱牒学、心理学等等，凡是能运用的方法都应拿来为我们的研究服务。当然在具体运用时，应根据对象的不同，选用适当的方法。例如文化人类学的方法。王毓铨先生在读了笔者提交给首届中国明史国际学术讨论会的论文《论徽商与封建宗族势力》后，于1985年11月3日在回笔者的一封信中说："明清徽商的行径亦可于近代华侨中见之。盖远离乡土欲立足异乡异国者，必赖互助而后始能遂其生固其业。互助之纽带多种，宗族联系最为有力。美国之有'中国城'——'唐人街'，而唐人中至今尚保存其祖宗堂号组织，如致公堂等，各堂相结，而自治政事于是生焉。襄在美国为大使时，胡适曾于1939年在东方学会一年会上宣读论文一篇，言民族文化之传播如池水然。投一石子于其中，则波纹逐圈外转，故往往于其边缘处发现其原始中心文化教育之特点。尊论亦为佐证。"群山环抱之中的徽州容纳着、积淀着古代中国政治文化中心区域已经消失了的种种符号，因此对徽州作文化人类学的田野考察，能帮助我们解读这些符号，做到重构历史。

又如计量史学的方法。《明清徽州的家庭与宗族结构》一文，运用徽州家谱所提供的明末清代家庭、人口资料进行数量统计。统计数字告诉我们，徽州宗族制度下的家庭结构是以核心家庭为主，主干家庭为次的。同时，宗族却在扩大化，徽州各地纷纷出现联宗现象。徽商对徽州小家庭—大宗族结构的形成起了关键作用。徽州人"大半以贾代耕"，疏散了人口，抑制了人口的增长；商业的发展促进了家庭的裂变，从而避免了大家庭中劳逸不均和利益不均所造成的矛盾；徽商因其商业合作的需要，不断给宗族血缘纽带输送营养，加固并扩大血缘群体。反之，这一构成又反作用于徽州的社会经济，使徽州的社会结构富于弹性和流动性，有利于徽州社会的稳定，有利于徽商的经营活动，造成儒家学说的昌盛，强化了对佃仆和妇女的压迫，从而维护了商人家庭的稳定。

再如社会心理学的方法。《明清徽商心理研究》从群体心理学的角度考察徽商心理的整合，揭示其基本的心理特征，探讨商帮心理与商业的关系。徽商心理的整合是与徽州商帮的形成同步的，大约始于明代正德末、嘉靖初，完成于嘉靖末之前。嘉靖三十九年（1560年）北京歙县会馆的建立，可以看作徽商成帮的标志，也是徽商群体心理整合完成的标志。徽商心理整合的核心是价值观的整合，徽商在心理整合的过程中，对传统的贾儒观、本末观加以改造、变通和融合，从而使以商业为"功名"的价值观为整个徽州社会所容受。徽商处世谋利的行为方式是受其特有的群体心理的制约的。徽州商人虽然因其出身、学识、专业、财富、地位不同而在个性上有着种种差异，但是在他们的个性中却寄寓着心理的共性——共同的价值观和归属感，以至于我们只要根据他们对"功名"的执着追求，贾儒两种"功名""迭相为用"，血缘与地缘的紧密结合，"以众帮众"排斥异己的行为方式，便可以轻易地把他们与其他商人区别开来。

这里，必须强调的是，即使是适合的方法，在具体运用时也不能机械地套用，而是要把一般的方法加以改造，做到融会贯通，使之适合于我们的研究对象。

（5）加强国际学术交流，促进徽州学的发展。徽州学已经成为一门国际性的显学，欧美及日、韩等国均有一批学者在从事徽州研究，中外学者互相交流研究的心得，取长补短，有利于徽州学的发展。1983年11月笔者出席了"文革"后明史学界的第一次学术盛会："明代经济史讨论会"（无锡），并提交了论文《论徽商"贾而好儒"的特色》（合作）。这篇论文发表在《中国史研究》1984年第4期，美国普林斯顿大学教授余英时在撰写《士与中国文化·中国近世宗教伦理与商人精神》时曾多次引用该文的观点和资料。1987年美国学者Keith Hazelton得到美中学术交流基金资助来到中国，与我们共同研究徽州的地理、人口。长达10个月的合作使我们有机会比较深入地了解了美国学者的研究方法，尤其是社会学、人类学的方法。此后，不时有一些研究徽学的海外学者来访，交流切磋学术，其中有日本东京外国语大学的臼井佐知子教授和韩国高丽大学的朴元熇教授。他们观察问题的角度与我们不同，方法也不同，相互之间常会有一些启发。笔者曾在《评臼井佐知子的学术思路》一文中总结其学术特点有三，即研究主题与研究课题相结合，旧课题与新课题相结合，近代史与古代史相结合。其中尤其是打破1840年的界线来审视中国社会的发展，对中国学者应该说是有参考价值的，而对徽州学研究者来说更是必须具备的学术素养。朴元熇教授是在一次学术会议上相识的。当时笔者正在从事徽州方氏研究，建议他也从方氏着手切入徽州研究中去。朴先生是一个学风严谨的学者，在回国后数年间，仔细研读族谱，并一直保持通信联系，提出了很多问题。其中有一般性的问题，也有细枝末节的问题，诸如：宗庙（祖庙）与祠堂（宗祠）的关系；宗老与族长以及绅士的关系；支派议立统宗合同时，所签名字究竟是个人还是地望或该派始迁祖的名字；等等。学术交流从来是双向的，回答他所提问题的同时，促使我去思考他提问题的角度，推敲韩国学者的学术思路。在《历史研究》刊登笔者关于方氏研究论文的两年后，朴教授也在同一本杂志上发表了有关方氏的论文，而且是在一个相当高的层面上进入徽州学的领域。在徽州学取得长足发展的今天，我们应该清醒地认识到学术竞争的激烈。徽州学的中心应该在中国。加强学者间的交流有助于我们做到这一点。

（6）进行区域比较研究，推动徽州学向纵深发展。苏州地处沿海平原，徽州地处内地山区，长期同属一个江南行政区，在16—19世纪的中国社会转型期，两地互动互补，交往密切。在经济上，苏州是江南的经济中心，并且孕育着资本主义萌芽；财力雄厚的徽商在苏州异常活跃，获取大宗的商业利润。在社会发展中，苏州随人口和经济的发展，社会结构渐渐变动，承接着传统社会的经济发展优势，自发、缓慢地发生社会转型；徽州由于宗族制度普遍存在，束缚了社会转型。徽商的经营活动客观上推动着苏州等地的社会转型，而他们的大宗商业利润输回徽州，却加固着徽州的旧秩序。在文化上，苏州和徽州都是儒学发达之地，清代又以吴学和皖学相对峙，教育科举昌盛，人才辈出。徽商把苏州等大都市的经济文化信息和生活方式输入徽州，使徽州社会经济发生变动，又把徽州浓厚的宗族制度和文化带到苏州等大都市社会，凝入经济和社会生活之中。区域比较是一个十分有意义的课题，因为两块相互联系的区域，即使处在同一经济文化发达地带，由于其自身内在的经济社会结构、文化价值和行为取向不同，它们的经济、社会发展的路向会有很大差异。探讨互动互补的内地、山地和沿海、平原两类区域间发展路向异同的根源，会对今天内地与沿海，落后地区与发达地区的互动互补、共同发展提供有益的指导。区域比较研究为区域史研究的深化提供了一个新的领域，也有利于我们深化对国情的了解。

原载《史林》1999年第3期，有改动

超越地域的疆界

——有关区域和区域比较研究的若干思考

20世纪80年代以来，社会史研究在我国蓬勃兴起，学者们以整体史的新视野重新审读历史。不再满足于政治史和精英史，而是目光向下，关注长时段的文化、心态、习俗、信仰、仪式、组织、结构、区域、普通人的生活、地方社会对国家的制衡等等。而这些长期被忽略的历史要素大多是沉淀于具体的区域社会中的。因此，社会史的研究必然导向区域史研究。怎样解剖某一个具有典型意义的区域社会？这是需要我们在一个个具体而微的研究中进而思考的。本文拟就笔者在徽州和江南研究实践中的若干思考，诸如守住疆界与超越疆界，超越疆界的区域比较等问题略陈浅见，以就正于同好。

一、守住疆界与超越疆界

区域是一个相对的概念，小可至一村、一镇、一县、一城，大可至一省或数省，以至一国、一洲。但是，每一个特定的区域总是有其疆界，而疆界又与区域之自然地理环境大致对应。徽州的自然地理环境是以山区为主，"本府万山中，不可舟车，田地少，户口多，土产微，贡赋薄"[①]。"其险阻四塞几类蜀之剑阁矣，而僻在一隅，用武者莫之顾，中世以来兵

---

① 弘治《徽州府志》卷二《食货一》。

燹鲜焉"①。所以，顾炎武在《天下郡国利病书·江南二十》中说徽州疆界的特征是"徽郡保界山谷"。道光《徽州府志）卷二《舆地志·形胜》记述了疆界的四至："东有大鄣之固，西有浙岭之塞，南有江滩之险，北有黄山之阨。"徽州府下辖的歙县、休宁县、婺源县、祁门县、黟县、绩溪县，便在这"险阻四塞"的疆界之内。多山的地理环境赋予徽州区域以特定的气候、物产、交通、经济乃至人文景观。徽州区域史研究是以该区域的整体历史作为自己的研究对象。因此，举凡该区域曾经出现过的人以及因人的活动而形成的经济、文化、社会等各种事物均属其研究范畴。举其大端则有经济方面的商人、土地制度等；文化方面的方言、文书、教育科举、民居园林、地方戏曲等；社会方面的亲族制度、民间组织、风尚习俗、社会生活、社会分层、社会矛盾与社会冲突等。那么，是不是我们将区域内所有的人和事一一研究过来，它们的总和就是区域整体的历史呢？显然这是做不到的，即便能做到，也是与我们整体史的概念大异其趣的。

这里，要充分注意的是系统论的一个重要思想：整体不是局部相加之和，整体大于局部相加之和。因此当我们研究区域时，首先要将该区域的要素（即局部）提炼出来，从局部与局部以及局部与整体的互动中来揭示区域的整体特征。以徽州而言，它与一般的以传统农业为主的区域社会不同，是一个经济、社会、文化发展相对完整的区域社会。经过多年的研究，我们发现徽州特定的自然地理环境造成了经济上的徽商、社会上的宗族组织与文化上的科举理学这三个富有特色的要素②。在经济方面，康熙《休宁县志》就徽商的兴起论说道："徽州介万山之中，地狭人稠，耕获三不瞻一。即丰年亦仰食江楚，十居六七，勿论岁饥也。天下之民，寄命于农，徽民寄命于商。而商之通于徽者取道有二：一从饶州鄱、浮，一从浙省杭、严，皆壤地相邻，溪流一线，小舟如叶，鱼贯尾衔，昼夜不息。一日米船不至，民有饥色，三日不至有饿莩，五日不至有昼夺。"③在社会方

① 方弘静：《方氏家谱序》。
② 唐力行：《徽州宗族社会》，安徽人民出版社2005年版。
③ 康熙《休宁县志》卷七《汪伟奏疏》。

面则是宗族制度最为严密。被群山封锁与外界隔绝的徽州是一个避乱的理想世界，避乱是徽州移民的第一位原因。根据笔者对《新安名族志》的统计，中原士族向徽州的迁徙，主要分布在两汉魏晋南北朝、隋唐和宋元。这三个时期中原地区战祸连天，社会动荡，从而成为北方人民南迁的三次高潮。而其中唐末五代移民人数最多，占54%。从移民的原因来看，不明原因的始迁约占29%，而因战乱和"爱山水清嘉"者达52.3%，占一半以上。可见因动乱而凸显的地理要素是历史上世家大族迁徙徽州的最为重要的原因。这些世家大族在群山怀抱的谷地中定居下来，将古代中原地区消失了的宗族制度保存了下来。汪道昆《太函集》云："新安多世家强盛，其居室大抵务壮丽，然而子孙能世守之，视四方最久远，此遵何德哉！新安自昔礼义之国，习于人伦，即布衣编氓，途巷相遇，无论期功强近、尊卑少长以齿。以其遗俗醇厚，而揖让之风行，故以久特闻贤于四方。"①在文化上，徽州宗族社会形成的过程，也是一个文化变迁的过程。宋代淳熙《新安志》的作者罗愿勾划了徽州文化变迁的大致走向："其（新安）人自昔特多以材力保捍乡土为称，其后寖有文士。黄巢之乱，中原衣冠避地保于此。后或去或留，俗益向文雅。宋兴则名臣辈出。"《歙风俗礼教考》中有相近的记载："若文艺则振兴于唐宋……而元明以来，英贤辈出，则彬彬然称东南邹鲁矣。"在科举与理学上，徽州被称为"故文献国""朱子阙里"。

徽州社会以其特殊的地理、人文环境，造成了一个特有的区域社会生活体系：徽商、徽州宗族与科举理学始终处于互动互补的状态中。中原士族在徽州复制的宗族生活，是酿造程朱理学的酵母。反之，程朱理学又加固了徽州的宗族秩序。新安文化的内核就是程朱理学酿造出的宗族文化。宗族为了在山地有限的生存空间里争得生存发展的权利，必得依靠科举张大门第。徽商为宗族聚居、为文教科举提供物质条件。宗族组织、宗族文化强大的内聚力又是徽州商帮特别强固、富于竞争力的内在机制。徽商借

---

① 汪道昆：《太函集》卷一《黄氏建友于堂序》。

助宗族势力，获取资金和人力上的支持；借助宗族势力，建立商业垄断，展开商业竞争；借助宗法制度，控制从商伙计；借助宗族势力，投靠封建政权。徽商投资教学，培养子弟业儒入仕，正是他们成为官商，取得商业特权的捷径①。区域文化水平的普遍提高，又使大多数徽商成为儒商，具有较高的商业素质。汪道昆曾精辟地指出徽州贾儒互动的关系："大江以南，新都以文物著。其俗不儒则贾，相代若践更，要之良贾岂负闳儒，则其躬行彰彰矣。"②在特定的时空条件下，上述三要素构成良性循环系统。徽商在明清时代数百年间执掌中国商界之牛耳；徽州科举在明清与苏州并驾齐驱，成为全国府一级科举之最；徽州宗族则是"千年之冢，不动一抔；千丁之族，未尝散处；千载之谱系，丝毫不紊"。徽州区域社会是一个独立的方言区（语言学界将全国分为8个或10个方言区），它是一个既封闭又开放的系统，崇山峻岭把徽州与外部世界隔离开来，使徽州区域社会系统能稳定运行，新安江、阊江、青弋江又把徽州与江南联系起来，通过商人、士子与外部世界保持密切的物质与信息交流，使徽州区域社会能持续运行。这样一个社会生活系统便是徽州区域社会的整体特征。

区域整体史的研究，最为要紧的就是要揭示区域的整体特征。当我们把握了区域的整体特征后，我们对区域的每个局部，就会有深刻的认识。反之，我们在对局部研究逐渐深入的情况下，也较为容易把握整体的特征。但是，区域整体特征的揭示，绝不能以区域的疆界为限。因为，除了区域内部的互动外，区域与外部环境间的互动，也是揭示区域整体特征的重要方面。以上我们所揭示的徽州经济、社会、文化三要素以及它们的互动所形成的社会生活整体的系统，都超越了徽州的疆界。区域内在的自然地理环境与区域疆界外的环境是两个不同的概念。外在的环境是指该区域的区位、对外的交通及与其相邻的区域。徽州的地理环境虽然封闭，但它

---

① 唐力行：《论徽商与封建宗族势力》，《历史研究》1986年第2期。
② 汪道昆：《太函集》卷五五《诰赠奉直大夫户部员外郎程公暨赠宜人闵氏合葬墓志铭》。

的区位却是具有优势的。它位于中国最为富庶的江南边缘①，有新安江可直达杭州，借道大运河可北上苏、松、嘉、湖、常、镇、扬等江南核心地带；有青弋江北上芜湖，入长江，可东去江南，西溯九江、武汉、蜀中；有阊江入鄱阳湖，抵江西，进入去广州的商路。这一区位优势，在徽州宗族社会的形成过程中发挥了重要的作用。历史上中原世家大族避乱南迁，首选之地是交通便利的苏南、浙北的江南核心地区。随着江南的开发以及战乱向江南平原地区的蔓延，中原士族南迁的避难地便因地理之便而逐渐深入徽州山区了。在经济上，徽商的形成和强大更是得益于区位优势。万历《歙志·货殖》指出："今邑之人众几于汉一大郡，所产谷粟不能供百分之一，安得不出而糊其口于四方也。谚语以贾为生意，不贾则无望，奈何不亟亟也。"徽商"出而糊其口于四方也"，最为便利的就是富庶的苏杭，并最终造成江南"无徽不成镇"的局面。徽商的主干行业是国家专权的盐业。明初，盐政实行开中制，外商多为山陕商人，内商多为寓籍淮扬的山陕商与徽商。嘉靖初"西北商贾在扬者数百人"②，势重于徽商。万历四十六年（1618年）改行纲盐制后，徽商势力迅速增长。万历《歙志·货殖》云："今之所谓大贾者，莫有甚于我邑。虽秦晋来贾淮扬者，亦苦朋比而无多。"徽商之所以在竞争中力克山陕商，从而操商界之牛耳，地理上就近是一个重要的因素。在文化上，徽州也经历了内外的互动。徽州的原始居民是山越人，其原始文化则是单一的山越文化。山越文化的特征是"鲜知礼节"，慄悍尚武。这种尚武精神与中原士族"保捍乡土"的观

---

① 笔者曾在《苏州与徽州：16—20世纪两地区域互动与社会变迁的比较研究》（商务印书馆2007年版）一书中将江南的范围定为苏南、浙北和徽州。朱小田教授在为该书所作的评论（《安徽史学》2007年第6期）中进一步指出："作为整体的区域空间结构，江南地理呈环形梯级分布：西边和西南边沿缘饰着山丘，有宁镇山脉、天目山、黄山、莫干山地，山体一般在700米以上；中部核心地带是苏南平原和杭嘉湖平原，地势低平，以太湖为中心，呈浅碟形，一般海拔2.5米；介于高低层级之间的是垄冈高地，从北部沿海而西而南而东，连属成环。整个江南以太湖为枢纽，上纳山地之水，倾注入太湖，下泄至东海；苏州主体位于中部水乡，而徽州位于边缘山区，苏州与徽州之间的互动便在特定区域内部生生不息地展开。"

② 康熙《重修扬州府志》卷二五《闾里》。

念相结合，形成"武劲之风"。同时，士族带来的中原汉文化，渐渐使徽州"俗益向文雅"。深厚的文化积累，使徽州在明清时期成为与苏州并驾齐驱的府一级的科举之乡。大量的徽州人通过科举而走向全国。文化辐射自然是双向的。从朱熹、戴震、胡适到陶行知，从理学、反理学到科学民主，徽州文人影响着从传统到现代的文化走势。徽州文人与徽商将各地的习俗风尚带回徽州，《歙风俗礼教考》云："冠服采章，普天率土，悉遵时制，罔敢或异。而女人服饰，则六邑各有所尚，大概歙近淮扬，休近苏松，婺、黟、祁近江右，绩近宁国。而歙、休较侈，数十年前，虽富贵家妇人，衣裘者绝少，今则比比皆是，而珠翠之饰，亦颇奢矣。大抵由商于苏、扬者启其渐也。持久之道，尚其知所节欤。"①反之，他们也将徽州的宗族制度、文化心理、行为方式带到各地。例如，徽州每逢年节有演戏的风俗，戏剧更是宗族祭祀活动的重要内容，由此徽剧日渐成熟。徽商在扬州、南京、苏州等地蓄养家班。家班演戏是徽商炫耀财富、攀结权贵、洽谈商业的交际手段。《扬州画舫录》卷五提到的在扬州的七大内班中，可以完全为徽商所有的就有徐尚志的老徐班，黄德、汪启源、程谦德的昆班，以及江广达的德音班和江春的春台班。由于徽商有着较高的文化水平，他们往往自己编剧、度曲、导演，如汪廷讷著有杂剧六种，潘之恒、汪季玄、吴越石等则"自为按拍协调"，"招邀导引"。乾隆五十五年（1790年）徽班进京，此后，徽剧逐渐吸取汉剧、昆腔之长，发展成为京剧，成为中国文化的一大瑰宝。又如，饮食文化中的徽菜以及徽商在扬州所发展出来的淮扬菜，就占了中国八大菜系的1/4。再如徽商遍天下，徽州会馆、公所也遍天下，在全国各地城镇到处可见徽派建筑。当然徽商带去的更多的是精神上的东西，比如徽商的商业道德、徽商刻苦耐劳的"徽骆驼"精神。可以说，没有这样疆界内外的互动，就不会有徽州区域社会的整体特征，也不会有近世徽州的辉煌历史。

研究区域社会我们要守住疆界，因为我们是研究某一个特定的地域社

---

① 许承尧：《歙事闲谭》卷十八《歙风俗礼教考》。

会，而地域社会总是有其疆界的。在徽州研究的学者群体中，对研究对象的界定有两种不同的意见，或称之为徽州学，或称之为徽学。前者有明确的地域界定，后者则是模糊的，一方面与徽州学有相同的含义，另一方面别有疆界模糊的危险，因为现在就有把徽学扩大为安徽学，徽商扩大为安徽商人的倾向。这种疆界扩大的做法，实际上与区域史研究是大异其趣的。

但是区域社会的研究又必须要超越疆界。胡适先生曾就他的家乡绩溪纂修县志发表过意见，他说："县志应注重邑人移徙经商的分布与历史，县志不可但见小绩溪，而不看见那更重要的'大绩溪'，若无那'大绩溪'，小绩溪早已不成个局面。新志应列'大绩溪'一门，由各都画出路线，可看各都移殖的方向及其经营之种类。如金华、兰溪为一路，孝丰、湖州为一路，杭州为一路，上海为一路，自绩溪至长江为一路。然亦有偏重，如面馆业虽起于各村，而后来成为十五都一带的专业；如汉口虽由吾族开辟，而后来亦不限于北乡。然通州自是仁里程家所创，他乡无之；'横港'一带亦以岭南人为独多。"①胡适先生关于大、小绩溪的论说告诉我们，在区域史的研究中，要根据"邑人移徙经商的分布与历史"，来确定"大绩溪"的范围。这里的"大绩溪"其实就是我们研究区域的外在环境。套一句胡先生的话来说，徽州学若无大徽州，徽州学也难成局面。可见大徽州是徽州学研究内容不可或缺的组成部分。推而广之，每一个特定区域的研究，都存在一个小区域与大区域的关系。这个大区域其实就是小区域的集散效应圈。笔者在界定徽州区域的集散效应圈时就认为大体可分为三个层次：徽州本土是它的核心层次；中间层次涵盖沿长江、运河的市镇农村，其中心区乃是无徽不成镇的江南；外围层次则遍及全国远至海外了。三个层次互相作用，应当注意他们之间的互动关系。如果说核心层次是小徽州的话，那么中间和外围层次可称之为大徽州。这样一来，就把徽学区域研究纳入了徽州社会系统与环境互动的框架之内，把单一、静态、

---

① 《绩溪县志馆第一次报告书·胡适之先生致胡编纂函》。

直观的研究变成了整体、动态的研究。

超越疆界，除了要注意横向的区域集散效应圈，还应注意纵向的地方与国家的互动。任何区域都是在国家权力的制约之下，因此从事区域史的研究不能从一个极端（只看中央不看地方）走向另一个极端（只看地方不看中央）。前揭明清盐政的变化对徽州社会经济的巨大影响便是一例。区域史研究必须要放到纵横结合的历史坐标上去。明清以来，中国开始受到西方的冲击，因此就有必要把区域史研究放到世界的大局中去考察。惟其如此，才能真正把握区域的本质特征，才能把研究推向深入。

二、超越疆界的区域比较

在区域与其环境互动的研究中，区域比较是其中的一类。一般意义的区域比较研究，并不一定要求两个区域之间有直接的互动关系，比较它们的异同，区分区域发展的类型，也可以为我们探讨区域发展的特征和规律提供有益的思考，在这方面美国尔湾加州大学的历史学者做了很好的工作[①]。在区域比较研究中，最具难度、最有挑战性的是两个具有互动关系的区域之间的比较研究。因为研究者必须对两个区域的历史和现状以及它们之间的相互关系都有全面把握与深入研究。任何区域的发展都不可能是孤立的，必然会与其他相关区域发生人员、经济、文化等的交往与互动。一方面，各个区域的地理、物产、区位、交通、文化乃至经济社会结构都有其自身的特点；另一方面，区域之间的互动互补也是各区域形成并保持这些特点的必要条件。区域社会经济文化的内涵与变迁规律，只有在区域比较中才能突显出来。因此区域互动关系的研究必将把区域研究引向深入。

在区域研究中，应该怎样超越疆界选择可资比较的区域？一般来说两

---

① 代表作有王国斌的《转变的中国：历史变迁与欧洲经验的局限》（江苏人民出版社1998年版）、彭慕兰的《大分流：中国、欧洲及现代世界经济的发展》（江苏人民出版社2008年版）等。

个互动的区域往往又同属于一个较大的区域，而且它们的集散效应圈是相交叉的，例如我们进行中、日两国的比较，它们都属于东亚地理圈，自古以来就有经济、文化的互动。在江南大区域的范畴内，徽州可以与众多的地域进行比较。例如江南经济文化中心的苏州，徽商"殖民地"的扬州[①]等地。有鉴于此，笔者于1998年申报了国家社科规划项目：《16—19世纪苏州与徽州地区经济与社会发展差异的比较研究》。选择苏州与徽州进行比较研究也是与个人的学术积累相联系的，笔者曾参与编纂或主编了《明清徽商资料选编》《明清以来苏州社会史碑刻集》《江南区域史论著目录（1900—2000）》等，这些学术积累使笔者有可能从事这两个区域的比较研究。

进行区域比较，首先要注意两地地理区位条件以及由此而决定的区域经济文化的异同。如前所述，徽州地处江南边缘山区。而苏州与徽州虽同在江南，其地理、区位却迥然不同。苏州东有大海，西有太湖，运河傍城而过，乃长江冲积平原和太湖水网平原地区。江南大运河开通后，优越的区位和地理条件，使苏州成为唐朝江南的雄州。宋时，全国经济重心南移，"苏常（州）熟，天下足"[②]，苏州被称为"天堂"，逐渐成为江南经济文化的中心以及全国财货集散、转运和信息交流的中心，有状元、优伶为苏州土产之说。徽州则由于地理闭塞、物产瘠薄，只有用当地山产竹、木、茶、漆及新安四宝笔、墨、纸、砚来换取粮食，因而徽州自古就有经商的传统。要之，宗族与徽商可以说是徽州的两大土产。

其次，要根据研究对象选择恰当的研究方法。这方面并没有现成的理论与方法可供借鉴。在进行苏州与徽州的比较时，我们从区域互动的角度出发，将区域互动划分为区域间的相互沟通、相互作用和相互知觉三个层面，在这个相互联系的统一体里展现区域比较的历史画卷。

---

① 《五石脂》云："徽人在扬州最早，考其时代，当在明中叶。故扬州之盛，实徽商开之，扬盖徽商殖民地也。"徽、扬互动研究之代表作有王振忠的《明清徽商与淮扬社会变迁》（生活·读书·新知三联书店1996年版）。

② 陆游：《奔牛水闸记》。

第一个层面：相互沟通。如果从地图上看，苏州与徽州的直线距离仅为270余公里，应该说是相邻相近的。但两个区域的互动并不便利，因陆路交通十分困难，水路就成了两地互动的主要通道。但徽州的河流与苏州不同，苏州的河流平缓、四季盈盈，而徽州的河流湍急、季节性强，从而形成难进易出之势。生存的需要是沟通的第一要义，徽州对粮食等物资的需求与以寄居苏州为中心的江南核心地带的南迁望族对避难的需求，是两地沟通的大前提。千百年来徽州商人和南迁望族不避艰难，或攀行于山间鸟道，或挽舟逆水而行，将徽州与苏州沟通起来。

两个区域的沟通总是双向的。但是它们之间存在一个位势的问题，即主要由某一区域流向另一区域。从经济社会的发展来看，历史上苏州的发展总是比徽州要领先一步。从经济上来说，早在汉武帝时，苏州已成为"东南一都会"①，而当时的徽州乃是山越居住的蛮荒之地。从文化上来说，《吴郡志》载，唐肃宗时，由于官绅倡导文化，苏州一改六朝之前吴人好剑尚武之俗。而徽州文化由尚武至尚文的变化要慢一步，直至宋代才实现。两地社会经济文化发展的位差，决定了两地基本的流动趋势。

从历时性的纵向线索看，两地人员的沟通以宋代为界分为两个阶段：宋代之前，徽州虽然经济文化落后于苏州，但是由于其封闭的地理条件及区位，适合躲避战乱，历史上社会动荡的乱世，北方移民多由吴地或经由吴地沿新安江进入徽州①②，给徽州带来中原及吴地的文化。可见，苏州、徽州最先的互动是由北向南互动的继续，是在江南范围内的东西向的互动。这种互动，主要体现为逃避战乱的中原移民对徽州的经济与文化的开发，是由苏州向徽州的流动。宋代以后，尤其是明清至民国年间，则是由徽州乡村向苏州都市的自西向东的移动。其原动力主要为经济因素。徽州商人进入江南政治、经济、文化中心——苏州，为两地密切互动创造了条件。阊门外十里街市，是苏州最繁华的商业区，也是徽商麇聚之地，苏州

---

① 司马迁：《史记·货殖列传》。

② 曹志耘：《语言学视野下的新安文化论纲》，载《'95国际徽学学术讨论会论文集》，安徽大学出版社1997年版。

与徽州互动的力度前所未有地加强。苏州与徽州两地的互动，是沿海与内地的互动、平原与山地的互动、经济发达地区与经济落后地区的互动，这就决定了沟通的媒介主要是依靠内地、山地和落后地区的居民——主要是徽商来充任。

第二个层面：相互作用。在16—20世纪的传统社会转型期，苏州与徽州两区域之间相互作用的总趋势是：在经济上，苏州是江南的经济中心，并孕育资本主义萌芽，财力雄厚的徽商将巨额的商业资本汇聚到苏州，大大增强了苏州的活力。在社会发展上，苏州随人口和经济发展经济结构渐渐变动，承接着传统的经济优势，自发地、缓慢地发生社会转型，徽商的经营活动客观上推动着苏州等地的社会转型。徽商在苏州异常活跃，获取大宗商业利润。其商业利润输回徽州，却加固着徽州宗族社会的旧秩序；徽州由于宗族制度普遍存在，束缚了社会转型。在文化上，苏州和徽州都是儒学发达之地，清代又以吴学和皖学相对峙，教育、科举昌盛，人才辈出。徽商把苏州等大都市的经济文化信息和生活方式输入徽州，使徽州社会经济发生变动；同时，徽商把徽州深厚的宗族制度和文化带到苏州等大都市，凝入经济和社会生活之中，一些徽州的精英也在苏州定居下来。徽州、苏州两个区域的相互作用以及它们发展的不同路径，体现在一系列具体的经济、社会、文化要素的异同上，诸如苏州与徽州的"家庭—宗族"结构、妇女、宗族、教育科举、市镇、基层社会控制、基层社会保障、民俗风尚、民间信仰等。这是历史的主体，需要我们展开深入而细致的比较研究。

区域间相互作用的研究，也应超越两个区域的疆界，将它们放在一个更为广阔的共时性背景下加以考察。明清以来徽商在江南的中心苏州以及江南市镇造成一个由坐贾、行商与海商所构成的商业网络。汪直、许二、徐海等徽州商人，是海外贸易的核心层次；苏州和江南市镇是海外商品的生产地，属海外贸易的外围层次。徽州行商则是将核心层次与外围层次联结起来的中介层次。这一网络又使苏州与徽州的互动、平原与山地的互动，带动起江南与大海的互动。这个互动也就与16世纪形成的世界市场联系在一起了。

第三个层面：相互认知。作为苏州与徽州互动的媒介，徽商来到五方杂处、市曹繁荣的苏州后，他们希望被苏州人所认同。徽州人在苏州经商，以儒商自居，讲究以义取利的长久之道，但良莠不齐，不免有欺诈和刻薄的行为，引起苏州人的反感。在苏州流传有"徽州人往往多奸巧"，甚至詈为"徽猫""徽狗""徽鳖""徽州厌子""徽州人生性十分蛮""徽州人喂勿饱"[①]等。所以徽商力图改变苏州人对徽州人的认知。士大夫是社会舆论的中心，徽商在苏州十分注意与士大夫的交游。

歙县潘之恒，经商苏州，"以文名交天下士"[②]。婺源李贤，"乐与贤大夫亲，故随所在，吴士大夫咸愿与之游"[③]。徽商与文人相交而相知，这对他们融入苏州社会和经营活动是很有好处的。一些徽州望族移民苏州后，经过数代人的发展，于经商之外，在科举上也大获成功，从而融入苏州社会，例如乾隆时状元潘世恩家族。苏州文人对徽州真正深层的认知，是在亲临徽州大好山水之后。《歙事闲谭》云："王弇州先生来游黄山时，三吴两浙诸宾客，从游者百余人，大都各擅一技，世鲜有能敌之者，欲以傲于吾歙。邑中汪南溟先生，闻其至，以黄山主人自任，僦名园数处，俾吴来者，各各散处其中，每一客必一二主人为馆伴。主悉邑人，不外求而足。大约各称其伎，以书家敌书家，以画家敌画家，以至琴、弈、篆刻、堪舆、星相、投壶、蹴鞠、剑槊、歌吹之属无不备。与之谈，则酬酢纷纷，如黄河之水，注而不竭。与之角技，宾时或屈于主。弇州大称赏而去。"苏州人与徽州人相互的认知越深，则相互吸引力越大，互动越易成功和顺畅。

苏州与徽州的互动渗透到社会生产和生活的各个方面，甚至进入社会文化、大众心态的核心层面。由沟通而相互作用、相互认知，这是一个循环往复而逐渐提升的过程。正是在这一历史过程中，使这两个江南小区域

① 弹词话本《描金凤》卷一二，光绪孟冬重刻本。
② 汤显祖：《汤显祖集》卷四一《有明处士潘仲公暨吴孺人合葬志铭》。
③ 张海鹏，王廷元：《明清徽商资料选编》，黄山书社，1985年版第168页。

不断走向繁荣，同时又保持了各自的社会发展路向，从而使江南社会呈现多元的局面。

　　超越疆界的区域比较无论从理论上或是方法上都应该是多元的。我们关于苏州与徽州区域的比较只是一次尝试。超越疆界的区域比较不仅有助于我们更好地把握区域的特质，而且通过揭示区域之间的内在联系，可以更为深入、全面地认识社会运动的规律、社会的结构等等，把对整体中国的研究大大向前推进。区域史的研究是推动整体史研究深入发展的必由途径。中国疆域辽阔，地区差异很大，各个地区因其社会经济发展程度不同，与中央王朝距离远近不同，交通难易不同，传统和风俗不同，物产、地理、民族构成不同，因此它们对中央王朝政令的执行有相当大的差异。每个区域也有自己特定的集散交往圈，和往来互动频繁的相邻区域。只有对各个区域进行深入细致的研究，把一个个区域钻研透了，才有可能对各个区域进行综合的研究，并在此基础上进行区域比较研究，我们的整体研究才有可能提升到一个新的层面上。一些经济、社会、文化发展相对完整的具有典型意义的区域，例如江南、徽州等，都具有研究传统中国的范本价值。

原载《史林》2008年第6期，有改动

从徽学研究看区域化的中国近代史研究

长期以来，中国近代史的研究是以宏大叙事见长，在政治精英和重大历史事件的研究上取得了丰硕成果，其关注热点也是近代历史发展的基本线索。无论是将中国近代史视为一部革命史，抑或一部近代制度文明史或经济发展史，叙事范畴都是限于短时段的。我们不仅应该了解事件和精英，而且应该了解这些重大事件的背景是什么，历史深层次的决定作用与偶然表象之间的关系是什么。也就是说，要把短时段置于中、长时段下加以考察，了解事件之外的属于民众的中国社会。如是，我们才能对中国近代社会有个全面的把握。

一

短时段的研究侧重于历史发展的阶段性，长时段的研究则侧重于历史发展的延续性。过去我们研究历史发展的基本线索，强调的是历史发展的阶段性和进步性，往往忽略了历史发展的延续性，这就使我们对近代中国国情难以有一个全面的把握。近代以来，传统中国尽管发生了"数千年未有之变局"，但是传统社会的延续性和巨大惯性仍在历史的深层左右着历史的走向。例如，在研究近代商帮的时候，我们往往强调近代以来中国工商业进入了新的发展阶段，出现了诸多的新气象。但毋庸置疑的是，这些变化只是集中在沿海地区大都市与个别商帮。传统社会结构的松解仅仅是个开端。中国广大的内地和大多数商帮，仍然停留在传统时代。即令在沿海地区的大都会，我们仍是不能对商人的变化估计太高。20世纪初叶，商会已逐渐取代会馆、公所成为商界的领导机构。1927年，南京国民政府建立后，对民间社团中最具实力的商会进行了全方位的控制；未几，商会已丧失独立性。为应对专制强权和列强的双重侵害，这一时期宗族组织和同乡会都有所发展，商人倒退回去利用血缘、地缘组织以求扩大生存空间。在素有"天堂"美誉的商业大都会杭州，徽州商人组织在抗战前夕出现向血缘化回归的现象①。16世纪，徽州血缘组织的商业化曾经一度造就了强大的徽州商帮，促进了中国商品经济的繁荣。在经历了从血缘到地缘、业缘乃至跨业缘的发展后，又出现了商人组织向血缘化的回归，这不能不说明传统社会的结构仍在深层次影响着中国社会的走向。对近代商人状态的全面把握，有助于我们深入了解中国的真实国情。商人是这个世界发生变革的起点。进入21世纪的新时代，中国商人仍是停留在起点上，而难以完全逃脱元稹《估客乐》所披露的"先问十常侍，次求百公卿。侯家与主第，点缀无不精。归来始安坐，富与王家勃"之命运，这是不能不令人深思的。因此，在注意到历史发展阶段性的同时，关注历史发展的延续性，才能真正实现社会史、整体史的研究目标。

历史的延续性或者说长时段的研究，离不开区域研究。从寻找普遍性到探讨地方性和特殊性，本身就是史学认识路线的辩证和深化的自然进程。改革开放以后，随着中国社会史研究的复兴，研究者的目光开始向下，关注中长时段的文化、心态、习俗、仪式、组织、结构、普通人的生活、地方制度对国家的制衡等等，而普通人总是生活在特定区域里的，因此区域化的近代史研究也随之兴起。区域史研究比较成功的有江南、华南、华北和徽州区域。我长期从事徽州区域的研究，地方性和特殊性的研究使我对中国近代社会有了全新的认识。例如，关于徽州的宗族组织。辛亥革命后，社会转型的速度大大加快。在这样的背景下，传统的宗族势力

① 唐力行：《从杭州的徽商看商人组织向血缘化的回归——以抗战前夕杭州汪王庙为例论国家、民间社团、商人的互动与社会变迁》，《学术月刊》2004年第5期。

的态势如何，这是推测中国社会变迁进度的一个重要指标。以往我们比较重视中国社会变迁的阶段性，过于强调近代以来中国社会的进步，从而认定传统的宗族组织是反动、落后、保守的，正在分崩离析之中。这使我们对中国社会的认识常常与实际严重脱节。

明清以来，族谱的纂修是宗族组织存在、发展的第一要义。20世纪上半叶，徽州族谱编纂的情况如何呢？将其与明代、清前期、清后期作比较，我们就能清楚地看到徽州宗族在近代的态势。目前世界上收藏中国族谱最多的是上海图书馆，收有历代族谱12000种[①]。我根据上海图书馆收藏的徽州族谱作了统计：该馆共收藏徽州族谱435部，其中，明代129部，清前期181部，清后期73部，民国年间45部，年代不明7部。根据统计，明代家谱总数129部与有明一代277年的时段的比值为0.4657，清前期197年的比值为0.9188，清后期72年的比值为1.0139，民国37年的比值为1.2162。揆之以比值，可以清晰地看到，上海图书馆收藏家谱由明、清前期、清后期至民国呈上升趋势。修谱年均比值的提高，是考察宗族活动的一个重要指标（时间越久远，家谱受损的可能性就越大，收藏越不易），近世后期（即清后期与民国）距今时段最近，家谱收藏的难度要小于近世前期（明、清前期），由此我们至少可以得出近世后期徽州宗族的活动并没有衰退的结论。

进入民国后，族谱的纂修在继续进行。以徽州绩溪县宅坦村胡氏为例，清季同治甲戌（1874年）族人、进士胡宝铎发起编修龙井派族谱，其弟胡宣铎于民国九年（1920年）续修之，次年《明经胡氏龙井派续修宗谱》完稿刊印。该谱卷帙浩繁，只印了五十多套，分给斥资捐助编印族谱的富户收藏，而贫困族人却难以查阅。谱局很有创新意识，为普及、推广族谱，使贫者也能人手一册，编纂了普及本族谱——《族谱便览》。《族谱便览·小引》阐明了编纂者的用意："民国辛酉吾族宗谱告成，捐赀购领者凡五十余部。然族大人众，势难普及。领谱者各自珍藏，又不轻易与人

---

① 王鹤鸣：《浅论方志与家谱》，见《中国谱牒研究——全国谱牒开发与利用学术研讨会论文集》，上海古籍出版社1999年版。

翻阅，未领者依然向隅，岂非恨事。爰复撮其大要集为一卷，工省价廉，可以家置一部，随时翻阅，一览而知族谱之大略。其后更留空白以备各家填写近代祖先并生人名氏、年庚，为日后修谱张本，于世系之奠不无小补云。"《族谱便览》在中国谱牒史上是一大创举①。也说明即使到民国年间，中国宗族制度仍显示其强大的生命力。

聚族而居的经济基础是族田。徽州20世纪上半叶族田的态势如何，最好的资料莫过于土地改革的调查资料。我曾得到一份皖南区党委农委《1950年6月土改调查材料·祁门县莲花村公堂祠会调查材料》②。从这份调查报告中可知，直至20世纪上半叶，徽州族田占耕田的比例仍达百分之六十。其实，这一比例在徽州还不算是高的，一些强宗豪族拥有族田的比例可达百分之八十。族田占有如此高的比例，并非徽州的特有现象，闽粤地区族田所占的比例也大致如此③。此外，根据《明清以来苏州社会史碑刻集》④，也可知近代以来商品经济最为发达的苏州，宗族仍在增置族田。这些族田的功能与莲花村一样，除了承担祭祀的费用外，还担负起互济、行善的费用，帮助族中贫困者。族田的高比例，正是20世纪上半叶宗族组织仍然活跃的表现。

抗日战争时期，徽州未被日本侵略者所占领，是江南唯一的后方基地。徽州人民在极度困难的条件下坚持抗战，而宗族则是抗战的基层组织者。在宗族会议记录簿中我们可以看到村民们积极参加抗战的记录。民国二十七年（1938年）10月16日的会议记录中有："第二次破坏公路，由公众暂借款七十五元，应如何归还案。"破坏公路是为了阻止日寇进入徽州，其所需费用会议议决："由亲逊祠拨付。"其他破坏公路的行动《会议录》上无记载，但有一点是共同的，这些爱国活动的经费是由宗族承担的。族

---

① 宗族研究专家钱杭曾与笔者交流，谓在浙江田野考察时，也曾见到民国年间的宗谱简本。

② 藏安徽省档案局，皖南区党委永久卷74。

③ 郑振满：《明清福建家族组织与社会变迁》，湖南教育出版社1992年版。

④ 王国平、唐力行：《明清以来苏州社会史碑刻集》，苏州大学出版社1998年版。

人中有参军的，宗族承担起军属的抚恤责任。1945年3月10日的祠务会议讨论了"为抚恤胡乾健出征家属应如何处理案"，决议："每年秋收时本祠津贴四秤，此生直至该壮丁之母逝世为止。如该壮丁回家后，即行停止。"当时绩溪县组织了抗日自卫队，其经费由地方分担。在宅坦宗族散件资料中，有一份《绩溪县自卫队捐》的收条，内容是："今收到第一甲胡亲逊祠给纳自卫队给养费三元正（整），用特临时收据为质。经手保长胡品常。"宅坦所在的龙井乡也组织了模范队，有三名族人参加了模范队。1938年12月，抗日部队67师397团1000多人进驻宅坦休整前后共70天。他们就住在祠堂里，由胡氏亲逊祠负责接待。宗族还承担着驻军的柴火、粮草等的供应。1944年12月5日的祠务会议，讨论了"关于两保不通本祠擅行砍伐基霞荫木，暨种植树木及坟屋修理应如何处理案"。两保指的是石井保和中门保，当时宅坦村民分别由此两保管辖。讨论的结果是："对墓霞荫木昨日已经砍伐之五株，尽行拨供驻军，本村两保应摊之柴额。擅行砍伐者不得剥取分毫。本日继砍之枝，拟议处罚该各砍伐诸人。以□将来处罚办法，由祠首专派人会同两保前往墓霞点收拿不论。对停止砍伐不追。继砍木者之柴工资充当罚金。"这一条记录说明，宗祠的权威其实比国民党的基层组织——"保"要高。在徽州农村，当时的地方基层组织"保"离开了宗族是一事无成的。

二

　　了解近代以来徽商与徽州宗族组织的实态，是一个近代史研究从普遍性、抽象性提升至地方性和特殊性的过程，反过来它会帮助我们提升对普遍性的认识。中国传统社会是一个富有弹性的结构，以往我们只注意到社会阶层的上下流动和土地的集散变动，而未遑论及政治制度的弹性。沉重的专制制度并非完全是一个僵硬的等级体系，它与民众之间有一个相对自治的空间。其中介则是官民之间的宗族与士绅。这一方面使国家行政成本大大降低，另一方面又实现了乡村社会的稳定。宗族与士绅以及由他们构成的地方网络使传统庞大的国家机器与民众之间形成富有弹性的政治结构。

区域化的中国近代史研究方兴未艾，然而区域史的研究也有其局限性，如果研究者的视野仅仅局限于一个小区域，就会导致作茧自缚、坐井观天。在研究实践中，从事区域史研究必须要在三个层面上拓宽视野：

其一是要注意区域与周边地区的关系。徽学虽以徽州区域整体历史作为自己的研究对象，但是它的研究视野决不能局限于徽州本土一府六县范围。徽学覆盖的地区大体可以分为三个层次：徽州本土是它的核心层次；中间层次涵盖沿长江、运河的市镇农村，其中心区乃是"无徽不成镇"的江南；外围层次则遍及全国远至海外了。如果说核心层次是小徽州的话，那么中间和外围层次可称之为大徽州。胡适曾提出小绩溪与大绩溪的概念，指出编纂县志"不可但见小绩溪，而不见那更重要的'大绩溪'，若无那'大绩溪'，小绩溪早已不成个局面，新志应列'大绩溪'一门"。以此来说，徽学若无大徽州，徽学也难成局面。徽学覆盖面之大是与徽商遍天下相关的，他们是这种文化辐射的载体。徽商将徽州的宗族制度、文化心理、行为方式带到各地。举例来说，徽州每逢年节有演戏的风俗，戏剧更是宗族祭祀活动的重要内容，由此徽剧日渐成熟。徽商在扬州、南京、苏州等地蓄养家班。家班演戏是徽商炫耀财富、攀结权贵、洽谈商业的交际手段。徽班之兴起得力于徽商的财力，并随徽商而传播四方。近代徽班进京成为戏曲界的一件大事，由徽剧发展而成的京剧更是中国文化的一大瑰宝。又如，饮食文化中的徽菜以及徽商在扬州所发展出来的淮扬菜，就占了中国八大菜系的四分之一。再如徽商遍天下，徽州会馆、公所也遍天下，在全国各地城镇到处可见徽派建筑。当然，徽商带去的更多的是精神上的东西，比如徽商的商业道德、徽商刻苦耐劳的"徽骆驼"精神。

其二是要进行区域比较研究。苏州地处沿海平原，徽州地处内地山区，长期同属一个江南行政区，在16—20世纪的中国社会转型期，两地互动互补，交往密切。在经济上，苏州是江南的经济中心，并且孕育着资本主义萌芽。财力雄厚的徽商在苏州异常活跃，获取大宗的商业利润。在社会发展上，苏州随人口和经济的发展，社会结构渐渐变动，承接着传统社会的经济发展优势，自发、缓慢地发生社会转型。徽州由于宗族制度普遍存在，束缚了社会转型。徽商的经营活动在客观上推动着苏州等地的社会转型，而他们的大宗商业利润输回徽州，却加固着徽州的旧秩序。在文化上，苏州和徽州都是儒学发达之地，清代又以吴学和皖学相对峙，教育科举昌盛，人才辈出。徽商把苏州等大都市的经济文化信息和生活方式输入徽州，使徽州社会经济发生变动，又把徽州浓厚的宗族制度和文化带到苏州等大都市社会，融入经济和社会生活之中。区域比较是一个十分有意义的话题，因为两块相互联系的区域，即使处在同一经济文化发达地带，由于其自身内在的经济社会结构、文化价值和行为取向不同，它们的经济、社会发展的路向会有很大差异。探讨互动互补的内地、山地与沿海、平原两类区域间发展路向异同的根源，会对今天内地与沿海、落后地区与发达地区的互动互补、共同发展提供有益的指导。区域比较研究为区域史研究的深化开拓了一个新的领域，也有利于我们深化对国情的了解。

其三是区域史的研究要与整体史相结合。区域总是存在于整体之中。各区域因其社会经济发展程度的不同、与中央王朝空间距离及交通难易的不同、传统与风俗的不同、地理物产与民族构成的不同等等因素，它们对中央政令的执行和变异程度会有相当大的差异，这是区域的特殊性。但是，各区域毕竟在中央王朝或政府的统一控制下，它们之间也会有共性。区域史的研究可以深化中国整体史的研究。过去我们的研究集中在中央政府或王朝的兴衰和典章制度方面，很少考虑中央和地方的相互作用。其实，中国疆域辽阔，只有把一个个区域社会的历史研究透了，才能从中央和地方相互作用的角度出发，把整体中国史的研究推进到一个新的高度。此外，区域社会是整体中国的一部分，是整体中国的细胞形式，解剖某一个具有典型意义的区域社会，本身就有助于我们深化对整体中国的认识。

原载《学术月刊》2006年第3期，有改动

论题：区域史研究的理论与实践

一、社会史研究必然导向区域史研究

唐力行教授：新中国成立之后三十余年，我们的史学研究基本上没有摆脱传统史学的路子，将研究集中在中央政权对地方的控制、政治精英和重大历史事件上。近二十年来，社会史研究在我国蓬勃兴起，学者们以社会史的新视野重新审读历史。研究者的目光开始向下，关注长时段的文化、心态、习俗、信仰、仪式、组织、结构、区域、普通人的生活、地方社会对国家的制衡等等，已经取得了丰硕的成果。从中国社会史学会自1986年起每两年举行一次的年会主题来检索一下，我们可以清晰地看到中国社会史研究渐趋深入的发展轨迹。这些会议的主题相对比较集中，主要有三个方面，即社会史的理论（又比较集中于社会史研究的对象）、新属制度（包括妇女、人口、家庭、宗族）和区域社会的研究。经过十几年的发展，研究者心中的社会史研究对象已日渐清晰，尽管对社会史研究对象之争永远不会停止，但是很明显，亲属制度与区域社会两个主题将成为社会史研究的主要关注点。亲属制度等课题与区域社会研究关系密切，可以说社会史的研究必然导向区域史研究。

申浩：请唐老师具体阐述一下。

唐力行教授： 好的。之所以这样讲，这是和社会史的内涵相关的。什么是社会史？社会史就是全面的历史。布鲁代尔对社会史的定义较为合理，他认为：历史由三要素组成，即人、时间和空间。他将时间要素抽出，将时间分为三个层次：地理时间、社会时间、个体时间。地理时间通常称为长时段，社会时间又称为中时段，个体时间称为短时段。地理时间的研究对象是结构，指长期不变或者变化缓慢，在历史上经常发生作用的因素，譬如说，地理、气候、生态环境、社会组织、传统文化等等。社会时间的研究对象是局势，指在较短时间内（几年至数十、数百年之间）起伏伸缩，形成周期和节律，对历史起作用的现象，如资本主义经济危机、金融方面的变化、中国传统王朝的周期性兴衰等。个体时间即短时段，研究对象是事件，指突发性的事件，如革命、条约等，在历史进程中一闪即逝，作用微弱。可以说，社会史包含传统史学的研究对象，但比传统史学的研究范围广泛得多，它包括全面的时间、全面的空间和全面的人，这也是社会史研究的三要素。

全面的时间，如前所说，是指社会史研究关注的三个时间层次，即长时段的结构问题，中时段的周期和节律问题，短时段的事件。这三个层次都是与区域研究相关的。就长时段的传统文化而言，离不开特定地域环境，如中原的黄土文化、皖南的徽州文化、山东的齐鲁文化、湖广的楚文化等。又如中时段的节律，一个个王朝的盛衰起伏周期性振荡，数十或数百年一个循环，这在全世界的范围里，只有中国这一特殊的区域里才发生。再说短时段的事件，如陈胜吴广起义为什么在大泽乡地区发生？太平天国起义为什么以广西金田县为中心？红军为什么兴起在井冈山地区？这些问题的解答，都要求我们对特定的区域社会有深入研究。

所谓全面的空间，是就传统史学研究范围而言的。以往的史学研究侧重于中央王朝、典章制度的研究，但这涵盖不了历史研究的全面的空间。要知道，中国地大物博，地区差异很大。各个地区因其社会经济发展程度不同，与中央王朝距离远近不同，交通难易不同，传统和风俗不同，物产、地理、民族构成不同，它们对中央王朝政令的执行有相当大的差异。

只有对各个区域进行深入细致的研究，把一个个区域研究透了，才有可能对各个区域进行综合的研究，我们的整体研究才有可能提升到一个新的层面上。区域是一个相对的概念，小可至一村、一镇、一县、一城，大可至一省或数省，以至一国、一洲。全面的空间，不仅是指区域之大小，或区域之相加整合，而且包含另一层意思，即区域社会是整体社会的细胞形式，认真解剖一个区域社会，可以获得整体社会的全信息。

至于说全面的人，其学术取向与传统史学也是不同的。传统史学是帝王将相的家谱，其视野局限于社会上层和政治精英阶层。要知道，历史的真正创造者是人民大众，社会史强调眼光向下，关注下层民众。我们既要研究长时段中普通人的生产方式、生活方式、组织形态、礼仪习俗、民间信仰、伦理关系等等，也要研究短时段即社会大变动时普通人的经历和命运。下层民众，比如农夫、小贩、走卒、商人、市民等社会群体是生活在草根社会中的，即一个个具体的区域中的。当然，研究全面的人，并不排拒上层精英。与短时段的研究对象事件相关的上层精英，原本属于传统史学研究的范畴，同时，他们也是社会史研究的对象。

关注全面的人，就必须加强区域史的研究。

显然，区域史不仅代表了二十世纪以来史学研究的大趋势，而且是将中国史学的传统与新史学的研究思路相糅合，辅以跨学科方法，从而推动关注全面的、整体的社会史研究进一步深入。可以说，社会史研究必然要在研究特定的时空内展开，社会史必然会导向区域史的研究。

二、区域史研究的价值、对象、方法和现状

唐力行教授：区域史研究有怎样的价值？它的研究对象是什么？应该通过哪些研究方法开展？当前区域史研究的现状如何？这都是进行区域史研究必须首先搞清楚的，以下将分别讨论这几个问题。

（一）区域史研究的价值

区域史研究的路径与传统史学不同。区域史研究是从以政治史和王朝体系为中心的传统史学领域中跳了出来，它通过解剖中国社会的某一局部去认识整体中国的。王毓铨教授早在1983年11月召开的明代经济史讨论会上就提出了研究区域史的主张，指出区域史的研究是国际史学界的新趋势。区域史研究的价值在于可以深化中国整体史的研究。中国疆域辽阔，只有把一个个区域社会的历史研究透了，才能从中央和地方相互作用的角度出发，把整体中国史的研究推进到一个新的高度。此外，区域社会是整体中国的一部分，解剖某一个具有典型意义的区域社会，本身就有助于我们深化对整体中国的认识。一些经济、社会、文化发展相对完整的、具有典型意义的区域，例如江南、徽州等，都具有研究传统中国的范本价值。

申浩: 的确，由于中国幅员辽阔，各地区的经济、政治、文化发展不平衡，区域特征各异，我们只有将整体中国划分为若干易于把握的区域空间，进行深入研究，才是推动通史、断代史、专门史深度和广度进展的一个有效途径。

（二）区域史研究的对象

唐力行教授: 区域史研究是以区域社会整体历史作为自己的研究对象的。因此举凡该区域曾经出现过的人以及由人的活动所造成的经济、文化、社会等各种事物均属区域史研究的范畴。举其大端则有经济方面的商人、土地制度等;文化方面的方言、文书、教育科举、民居园林等;社会方面的宗族制度、民间组织、社会风尚、社会生活、社会分层、社会矛盾与社会冲突;等等。

王健: 我觉得一个文化或社会现象的存在往往可以从不同的角度去加以考察。比如，近一段时间以来，我就一直在关注明清以来江南地区的民间信仰问题。在研究的过程中我发现，事实上，民间信仰作为一种社会文化现象，在前近代中国社会中扮演着十分重要的角色，其作用与意义不可低估。而要研究这一现象就必须采用一种多维度的考察视角。比如说，我们可以从经济的角度去考察庙会行为，也可以从文化心理的角度去考察庙会活动。我们可以从社区发展的角度去研究民间庙宇，也可以从国家与社会的互动角度去研究民间神庙。此外，它与地方宗族、民间组织、社会生活、社会矛盾乃至当时人的风水观念、市镇布局与发展等等都有着千丝万缕的联系。所以，从一定程度上来说，单只研究这一现象，从此切入，便可触及明清江南社会生活的方方面面。由此可见，小中见大确实是区域史研究的一个重要方法。

唐力行教授：这里，要充分注意的是系统论的一个重要思想，整体不是局部相加之和，整体大于局部相加之和。当我们在研究区域时，我们要着力揭示区域的整体特征。这是很不容易的。当我们把握了区域的整体特征后，我们对区域的每个局部，都会有深刻的认识。反之，我们在对局部研究逐渐深入的情况下，也较为容易去把握整体的特征。

以我对徽州的整体特征的把握为例。与一般的以传统农业为主的区域社会不同，徽州是一个经济、社会、文化发展相对完整的区域社会，是我们认识传统社会的一个极好范本。从经济角度看，徽州在传统农业之外，还有闻名遐迩的商业。透过徽商看商业资本在传统社会中的作用、商业资本与社会转型的关系，这是其他区域社会难以见到的。从社会角度看，徽州是一个宗族社会，传承了中原地区消失了的魏晋南北朝时期的宗族实态。透过徽州宗族组织、家谱、宗祠、族田、佃仆等看中国宗法社会，这也是其他区域社会难以见到的。从文化角度看，徽州理学昌盛，有"东南邹鲁"之称，理学集大成者朱熹即徽州籍人。透过新安理学看宋代以后理学对正统儒学的传承、徽商与儒家文化的结合以及商人心态，更是其他区域社会所见不到的。徽州社会以其特殊的地理、人文环境，造成了一个特有的区域社会生活体系：徽商、徽州宗族与新安理学始终处于互动互补的状态中。宗族文化是新安理学的核心。宗族为了在山地有限的生存空间争得生存发展的权利，必得依靠科举张大门第。徽商为宗族聚居、为文教科举提供物质条件。宗族组织、宗族文化强大的内聚力又是徽州商帮特别强固、富于竞争力的内在机制。徽商借助宗族势力，获取资金和人力上的支持；借助宗族势力，建立商业垄断，展开商业竞争；借助宗法制度，控制从商伙计；借助宗族势力，投靠封建政权。徽商投资教学、培养子弟业儒入仕，正是他们成为官商、取得商业特权的捷径。区域文化水平的普遍提高，又使大多数徽商成为儒商，具有较高的商业素质。在特定的时空条件下，上述三要素构成良性循环系统。徽商在明清时代数百年间执掌中国商界之牛耳；徽州科举在明清与苏州并驾齐驱，成为全国府一级科举之最；徽州宗族则是"千年之冢，不动一抔；千丁之族，未尝散处；千载之谱系，丝毫不紊"。徽州区域社会是一个独立的方言区（语言学界将全国分为8个或10个方言区），它是一个既封闭又开放的系统，崇山峻岭把徽州与外部世界隔离开来，使徽州区域社会系统能稳定运行，新安江、阊江、青弋江又把徽州与江南联系起来，通过商人、士子与外部世界保持密切的物质与信息交流，使徽州区域社会能持续运行。可以说，在全国众多的区域社会中，很难找到如同徽州的考察传统社会的范本。

(三)区域史研究的方法

唐力行教授：在对区域史的研究价值、对象有了明确的认识后，接下来我们来探讨区域史研究方法。从空间上，以地理、行政区、市场等标准划分地区单位，将自然、社会、经济、政治、文化纳入一个完整的体系内作综合的历史探讨，这是区域史研究的一般方法。但是，区域史是一门研究区域社会整体的综合性学科，涉及多学科的知识，要想真正深入把握，必须运用跨学科的方法。这里我想结合自己在区域史研究中曾经使用的方法，综合介绍一下。

1. **区域史研究的资料搜集方法**

区域史研究与以政治史为中心的传统史学研究的差异，不仅表现为研究对象的不同，也表现为资料搜集利用的不同。区域整体研究的资料在我们所熟悉的正史中往往所见不多，需要另辟蹊径去广为搜求。为了重现区域全面的历史，我们需要区域全面的资料，包括书面的、口述的、实物的等等。这里我仅就专题资料和民间资料的搜集作个说明。

专题资料的搜集。我们以商人资料的搜集为例加以说明。过去我研究徽商，碰到的最大的困难便在于资料的匮乏。自古以来，商为四民之末，在传统史学领域里，商贾市井之辈是没有一席之地的。有关商人的零星资讯，分散在族谱、方志、笔记、小说、文集、碑刻、文书、档案之中。族谱、方志中的资料分散开来看不易发现它的价值，集中起来分类排比，就能看出问题来。族谱中的人物志、家传、寿序、行述、行状、圹志、墓志铭，方志中的风俗、人物·义行、孝友、乡善、尚义、笃行、儒行、宦行、文行、质行等都收有商人的传记。省府县志外，乡镇志的记载往往更为翔实，如《岩镇志草》《丰南志》《沙溪集略》《澄阳散志》等。一些文集中商人的传记也较为集中，如汪道昆的《太函集》、李维祯的《大泌山房集》、许国的《许文穆公集》、赵吉士的《寄园寄所寄》、许承尧的《歙事闲谭》等。明清笔记小说如"三言二拍"及《型世言》《儒林外史》《古今小说》中有不少徽商的故事，当然也是现实生活的反映。20世纪80年代初，为了就徽商研究做好基础的资料工作，我们曾南下北上，冒寒暑、舍昼夜，到徽州及各地图书馆、博物馆搜集资料。经过数年的努力，抄得近百万字资料，并从中摘出40万字，编纂成《明清徽商资料选编》，于1985年出版。在搜集资料的同时，一批徽商研究的论文也问世了。

民间资料的搜集。以徽州方氏的调查为例，徽州方氏是我进行宗族研究中重点解剖的一个宗族。我曾到徽州各县以及浙江淳安等地进行过实地民间资料的调查，访得乡民家藏的方氏族谱数十种以及祭祀簿等珍贵资料。说起这次调查的缘由也是十分有意思。作为徽州望族的方氏从未引起历史学界的注意，引起人们的注意倒是方氏的一个叛逆者——北宋末年的方腊。在新中国成立后的农民战争研究热潮中，方腊起义是热门话题之一。重提方腊是在"文革"末期的1975年，毛泽东就《水浒》发表谈话，说："《水浒》这本书好就好在投降。做反面教材，使人民都知道投降派。""宋江投降了就去打方腊。"一时方腊名声大振，成为坚持革命的典范。但方腊也有不尽如人意之处，一个农民起义领袖，居然长期以来被史学界认定为出身于"家有漆林之饶"的"中产之家"，"又为里胥"，这样的阶级根源，又怎能与坚定的农民革命立场相联系呢？在血统论甚嚣尘上的时代，有必要为其正名。不仅要搞清方腊的出身，还要搞清他的籍贯。方腊究竟是皖南人还是浙江人？这也不是小问题，在那个时代，农民起义领袖便是乡贤，一方的光荣自然不能轻易让人。要搞清方腊的身世，最有说服力的资料当推方氏族谱了。1976年我所在的安徽师范大学历史系组织数十名师生，经历数月时间，在地方政府的支持下，到方氏聚居的歙县、淳安等地乡村搜集方氏族谱，并根据调查所得的材料，撰写文章发表在《光明日报》等报刊上，还于1980年出版了《方腊起义研究》一书。今天看来关于方腊身世之争已是过眼烟云，孰是孰非，完全可以通过历史学的方法心平气和地加以考证，重要的是当年开展的关于方腊家世的调查和对于方氏族谱的搜集，为今天的民间资料的搜集提供了线索。重提这段往事，是想说明民间资料的搜集并非易事，是要花大力气的。即使是一个家族的调查，靠个人的力量也是困难的。但是深入下去，由此及彼，往往可以有新的发现。古祠残壁下的一块断碑，山村野老的一席口碑，或许能帮你解除旧的疑惑，带来新的思维，从而更加贴近社会生活的实态。《徽州方氏与社会变迁》一文便是在民间资料的基础上完成的。

邢丙彦：显然，对于区域史研究来说，资料的搜集与利用，要将眼界放宽，要有新思维、新视角，要从多方面、多角度去了解研究对象，这样才能发现别人不能注意到的新史料、新问题。以我对民国时期江南农村社会经济秩序研究而言，正是通过在浩繁的档案材料中仔细爬梳，才发现民国时期江南地主收租组织的"典于记"材料，从而使我对这段时期江南农村社会经济进行微观研究有了可能。

2. 区域史研究还要运用系统论的方法，注意处理好局部与整体的关系

唐力行教授：区域与中国的关系是局部与整体的关系：缩小一些，区域与一县、一都、一村、一族、一人间的关系也是整体与局部之间的关系；放大一些，区域与中国、中国与世界之间同样存在着局部与整体的关系。区域史研究必须要放到纵横结合的历史坐标上去，在纵向的时间与横向的空间坐标中找到它的位置。小至一人、一村、一族，我们总要看到它在一县、一区、一国的时空位置。像明清时期，中国开始受到西方的冲击，就有必要把区域史研究放到世界的大局中去考察。惟其如此，才能真正把握区域的本质特征，才能把研究推向深入。以我对于徽州海商的研究为例，便是将这一行业的商人（局部）放在整体中国经济社会发展的纵向时间，以及与世界市场、海外贸易相联系的横向空间坐标上加以考察的，从而得出徽州海商的经营活动促进了中国江南资本主义萌芽的产生的结论。

我们通常说中国资本主义萌芽产生于16世纪，为什么？一般都将其归结为生产力的发展。吴承明先生的研究告诉我们，中国封建生产力早在宋代就已经成熟了，明代的改进只是量上的，并未脱离中世纪水平，远不足以动摇封建的经济结构。由于结构未变，国内市场也不可能有大的发展。我们知道，只有市场发展了，生产规模才会扩大，生产规模扩大了，生产的组织方式才会改变，新的生产方式才会萌芽。在研究中国资本主义萌芽时，应该注意16世纪世界市场的形成和中国海商的走私贸易。正是徽州海商和其他海商的走私贸易冲破了明王朝的海禁，把江南与世界市场联系起来了，从而造成了江南社会经济的一系列连锁反应。世界市场需求量最大的丝绸、瓷器等商品，恰恰是江南最先出现资本主义萌芽的生产部门。嘉靖、隆庆年间，在江浙沿海最大的走私商帮正是徽商。"无徽不成镇"的江南坐贾、手工作坊主，"遍天下"的行商，铤而走险的海商之间形成一个从生产到流通的海外贸易网络。中国资本主义萌芽的产生，徽商功不可没。1990年《中国经济史研究》在发表该文时加了编者按："这篇文章（指陈春声、刘志伟的《清代经济运作的两个特点》）和下一篇文章（指拙文）围绕与中国资本主义萌芽研究的有关问题提出了一些看法。文章涉及对中国封建社会后期商品经济发展程度与性质的估计，牵涉对中国封建经济发展规律的认识，以及经济发展中生产与流通、内因与外因、经济与文化等方面的关系。我们认为这些问题是应该讨论的，欢迎大家对此发表意见。"按语所云的三个关系，实际上都涉及局部与整体的关系。

吴强华：确实，我也觉得以徽学为代表的区域史研究要不断地深入，处理好局部与整体的关系是非常关键的。因此，无论是以徽州、苏州，还是其他哪个区域为研究对象，区域史研究的目的就是要通过对区域发展的历史透视关照于整体中国，这是区域史研究的根本所在，否则难免会流于琐碎。所以，从本质上说，区域史仍然是一种整体史。

我记得唐老师在徽学研究中就把它的覆盖地区划分为以徽州为中心的核心区，以江南为中心的长江、运河沿线以及遍及海外的经商网络等三个层次，在研究中必须注意到这三个层次之间的互动关系，这样的观点是十分精当的，同时对于整个区域史研究的开展也有一定指导意义。

王健：我前面提到的民间信仰问题，事实上也涉及整体与局部，共性与个性的关系。我在研究明清时代苏州的民间信仰时，觉得是从区域史的角度去研究这一现象的，因此就力图在揭示共性的同时，考察本区域民间信仰的特征，尝试从民间信仰的共性中找出个性，也就是苏州民间信仰区别于其他区域民间信仰的整体特征。这一点非常重要，也是区域史研究的精髓所在，但是要把它做好了，同样是不容易的。

3. 区域史研究要注意跨学科的方法

唐力行教授：区域史研究是一门研究区域整体史的学科，对它的研究必须摆脱传统史学陈旧观念的束缚，必须从孤立的、封闭的研究转向综合的、开放的、跨学科的研究。诸如人口学、地理学、人类学、经济学、社会学、文化学、语言学、谱牒学、心理学等等，凡是能运用的方法都应拿来为我们的研究服务。当然在具体运用时，应根据对象的不同选用适当的方法。仍以研究的徽州区域社会为例，便可以运用文化人类学的田野考察方法。由于徽州处于群山环抱之中，必然保存了大量在传统中国以往的政治经济文化中心区域已经逐渐消逝了的种种符号。于是，对徽州进行文化人类学的田野考察，有助于解读这些符号，做到重构历史。又如计量史学的方法。我在《明清徽州的家庭与宗族结构》一文中，曾经运用徽州家谱所提供的明末清代家庭、人口资料进行数量统计。统计数字非常明显地告诉我们，徽州宗族制度下的家庭结构是以核心家庭为主，主干家庭为次的。同时，宗族却在扩大化，徽州各地纷纷出现联宗现象。统计数字还告诉我们：徽商对徽州小家庭—大宗族结构的形成起了关键作用。

这里，必须强调的是，即使是适当的方法，在具体运用时也不能机械地套用，而是要把一般的方法加以改造，做到融会贯通，使之适合于我们的研究对象。

徐茂明：这一点我深有体会。我在研究明清江南士绅时，一开始曾试图用哈贝马斯的"公共领域"理论去分析士绅的权力与社会角色，但在深入阅读史料的过程中，我感到简单地用西方的"公共领域"来解释中国传统士绅的社会角色是一种对表象的误解。美国学者艾尔曼曾批评用哈贝马斯的"公共领域"和"市民社会"概念去研究中国帝制晚期（1600—1900年）国家和士绅之间的复杂关系是一种"解释过度"的表现。他指出，这种"解释过度"的行为忽略了西方"公共"概念和中国儒家有关"公"的说法之间的距离。即使是在士绅研究中运用得比较成功的社会结构、社会分层理论，也同样需要根据中国的历史实态和文献资料加以完善。张维安对此分析说：社会结构和社会分层的理论运用，呈现出相当功能论解释的色彩，功能学派的解释有其合理之处，如社会各阶层分别扮演不同的角色，功能互补，强调能力取向，有能力者居于较高的社会地位，并取得较优厚的社会资源的报酬（包括政治权力、社会地位及经济资源）。但功能论也有疏忽的一面，"例如士绅及统治阶层为防止商人们借其财富而取得高社会地位，因此在理念上剥削商人，使商人们接受士绅的意识形态，以进入士绅阶层为努力目标。此外统治阶层及士绅对商人及农民在经济利益方面的剥削也是很清楚的，诸如这些剥削与冲突的面向，在功能理论中似乎便缺乏解释"。由此可以发现，在士绅研究中，我们需要借助他山之石，引入西方社会的理论和方法；同时也应认识到，任何理论都不是放之四海而皆准的万能钥匙，产生于特定背景下的特定理论都有其解释的局限性。中国士绅研究的未来，应当立足于全面深入的资料挖掘，实证的比较研究，以及在此基础上融会其他学科的理论方法，建立本土化的士绅研究模式和理论体系。基于这一认识，我决定重新回到史料，在史料中寻找答案，同时进一步钻研政治社会学和社会文化学等学科的理论著作，竭力在史料与理论之间寻找结合点。最后决定从中国政治与文化一体化这一特点入手，提出"文化权力"的概念，以此来解释士绅的社会角色与文化功能。"文化权力"的分析框架，改变了以往士绅研究中偏重政治经济的视角，由此观察到以往所忽视的士绅面相，其结论得到不少学者的肯定。

(四)区域史研究的现状

唐力行教授：区域史研究兴起早。早期的成果主要有：费孝通的《江村经济》，潘光旦的《明清两代嘉兴的望族》《中国伶人的血缘研究》，林耀华的《金翼——中国家族制度的社会学研究》《义序的宗族研究》等。1949年后，随着社会学被视为资产阶级学科而遭取缔，属于社会史范畴的区域史研究也不复存在。仅有傅衣凌先生对福建、徽州及江南地区的社会经济史做过一些地域性、细部研究和比较研究。20世纪80年代后，区域史研究才重新复活。其中，叶显恩对明清徽州农村社会与佃仆制的研究，体现了较强的区域社会史特色。20世纪80年代的社会科学规划把开展区域社会经济史研究作为重点方向，涉及的主要区域有广东、福建、江南（苏松杭嘉湖）、西北。1987年在广州举行了"国际清代区域社会经济暨第四届清史学术研讨会"，会后出版了叶显恩主编的《清代区域社会经济研究》（中华书局1992年版），对区域社会经济研究进行了阶段性的总结。基于此，区域社会史研究的全面展开获得了良好的基础。90年代以来，随着华北、华南的农村社会研究两大国家社会科学规划课题的批准与开展，区域史已成为社会史研究的热门领域。

目前区域史研究已经成为一门国际性的显学，欧美及日、韩等国均有一批学者在从事这方面的研究，中外学者互相交流研究的心得，取长补短，推动了区域史研究的发展。我国区域史研究成果较为集中的主要有藏学、敦煌学、徽学和江南研究。其中藏学、敦煌学的文书虽也与区域社会经济相关，但毕竟主要是佛教经卷。徽州在群山环抱之中，历史上鲜受兵燹，科举发达，商业资本雄厚，所以遗留下大量有关经济、社会生活的文书。江南地区则是中国最富裕的水乡，是中西文化冲突融合最早的地区，也是最早出现资本主义萌芽的地区，经济文化繁荣。此外，各地都有学者在研究本地域的经济社会，形成了区域史研究繁兴的局面。

徐松如：目前国内外学者在研究理论构建和运用多学科方法方面做了不少努力，取得一定成绩，但总体上尚处于起步阶段，应广泛开展关于区域史研究理论的探讨。区域史研究应成为以历史学为主干，融合社会学、文化人类学、地理学、经济学等学科而形成的综合性课题，只有得到多种学科方法的支撑，区域史研究才能不断深入。

唐力行教授：区域史研究为我们观察具体的、细微的、真实的历史提供了窗口，但忌琐碎研究。区域史研究必须要有开阔的视野，它是通过解剖中国社会的一个局部来认识整个中国，所以系统论的思想非常重要。"局部在整体之中，局部之和不等于整体，整体大于局部相加之和"。要注意三个相互作用：整体与局部的相互作用，局部与局部的相互作用，以及整体与环境的相互作用。通过对这三个相互作用的注意来把握整体的特征。研究区域史不仅要有中国史知识，还要有世界史知识；不仅要有历史知识，还要有理论和方法；不仅要有理论和方法，还要有史料，包括正史以外的史料。所以区域史研究是提高了要求，而不是降低了要求。

三、区域史的比较研究

唐力行教授：前面已经说过区域史研究是以区域整体历史作为研究对象的，但是它的研究视野绝不能局限于本区域。目前区域史研究的前沿是区域比较，在不同区域的比较中，寻找区域社会发展的"类型"。这种比较，其前提是历时性的，在时间坐标上进行社会历史变迁的纵向比较，但主要应在地理空间上进行横向的比较，即共时性比较。这就主要涉及三个层面的问题：

（一）区域与环境的互动关系

每一个区域都有其特有的集散效应圈，从而形成区域的集散效应圈。所以在从事区域研究时，要放大我们的视野。从系统论的角度来说，这个集散圈，也就是区域这一系统的环境，区域系统在生存、发展的进程中势必会与环境发生信息和能量的交换。笔者在界定徽学的研究范围时，就认为：徽学的覆盖地区大体可分为三个层次，徽州本地是它的核心层次，中间层次涵盖沿长江、运河的市镇农村，其中心区乃是无徽不成镇的江南，外围层次则遍及全国远至海外了。三个层次互相作用，应当注意他们之间的互动关系。如果说核心层次是小徽州的话，那么中间和外围层次可称之为大徽州。这样一来，就把对徽商的考察纳入了整体徽州社会的框架之内，把单一、静态、直观的研究变成了整体、动态的研究。从系统论的角度看，商人、宗族、文化构成了徽州社会系统的三个子系统，但就全中国而言，徽州社会本身则又成了这一大系统的一个子系统。它与整体中国发生作用，与同为子系统的其他区域社会互动互补。徽州虽然僻处群山环抱之中，但传统中国社会的每一次变动均能在这里得到回应。因此，区域社会经济的研究不是孤立的。局部与整体的关系也是相对的。

罗婧：比如代表中国社会之传统内变迁的江南市镇，它们的成长都离不开与区域物质环境与主体文化之间的互动。以盛泽为例，随着其支柱产业——丝织业的兴盛，盛泽在三百余年间，由一个小村落成长为区域性的丝织业中心，就得益于其所在的苏、嘉、湖三府交界地区，得天独厚的自然地理环境，优越的区位及交通网络，以及不断突破孤立闭塞的经济社会交往圈。

（二）区域与国家的纵向互动关系

唐力行教授：任何区域都是在国家权力的制约之下，因此从事社会史的研究不能从一个极端（只看中央不看地方），走向另一个极端（只看地方不看中央）。在区域史的研究中，应充分注意到国家与地方之间纵向的互动关系。因此，要实现整体史的目标，还要考虑国家、地方、民众互动与社会变迁的内在关系。近年来，随着史学界对区域史的研究日益重视，关注国家、地方、民众之间相互关系的研究已成为热点。国外学者在对两方本土社会以及中国社会的研究过程中，已经形成了一系列有关国家、地方、民众之间相互关系的较为成熟的理论模式：比如黄宗智根据哈贝马斯的理论内核，结合自己关于长江三角洲与中国司法制度的研究提出了"第三领域"的概念；施坚雅研究中国城镇网络时，结合克里斯塔勒的中心地理论提出的中心边缘理论；杜赞奇考察中国乡村组织时，提出的"文化网络"等。其中一部分为国内学者所借鉴，从而有力地推动了中国区域史研究中对区域与国家的纵向互动关系的考察。

张翔凤：总的来看，目前，国内外学者对国家、社会、民众互动问题的研究还处于起步阶段。中国社会与西方社会有着很大的差别，这就要求立足中国本土文化研究的学者在借鉴、验证西方学者的社会史理论的同时，应该运用历史唯物主义，在社会史研究中抽象出本土的社会史理论。只有这样，我们才有可能真正做到与国际接轨。西方的社会史理论和范式具有借鉴的价值，但"中国特性"的理论必须在本土的实证研究中才能得到。照搬西方人的概念来解释中国人的问题，就会造成理论与现实的脱节。因此，区域史研究的当务之急是扎扎实实地进行本土研究，要潜下心来从基础资料工作做起，从田野工作做起。这些工作是艰苦的，又是必要的，是区域史研究发展的基础所在。我们可以从社会互动、社会结构、社会生活、社会文化等四个方面来探讨国家、地方、民众的互动与社会变迁的关系：从社会互动角度探讨，就要求我们不只是从国家对于地方、民众的正向关系来看待历史问题，还要从地方、民众与国家的反向关系来观察社会历史现象，从中找出更加全面的符合客观历史的真实规律来；从社会结构的角度切入，就是抓住了社会变迁的关键所在，可以从宏观上探讨社会结构与社会转型的关系，也可以具体研究社会结构各要素，比如家庭、宗族、乡绅等；从社会生活的角度来说，社会生活和社会观念可以成为衡量社会变迁的风向标，虽然社会生活的质量和评价体系在特定的时代环境下不一定十分理性,但社会生活的确具有极强的社会应用性和影响力,必须将社会生活置入历史背景中,才能得到合理的现代理念的解释;而国家、地方、民众的互动与社会变迁是由社会的综合因素决定的,从社会文化的角度比较能体现综合因素的视野。

(三)区域与区域的互动关系

唐力行教授: 在区域比较研究中,必须以关注区域互动为重点。可以说,没有任何一种区域比较能够仅仅在静态中完成。任何区域的发展都不可能是孤立的,必然会与其他相关区域发生人员、经济、文化等的交往与互动。一方面,各个区域的地理、物产、区位、交通、文化乃至经济社会结构都有其自身的特点;另一方面,区域之间的互动互补也是各区域形成并保持这些特点的必要条件。因此,区域互动关系的研究必将把区域研究引向深化。

区域互动可划分为沟通、相互作用、知觉三个层面,它们是相互联系的一个统一体。主要内容包括经济互动、文化互动和人的互动等。区域间的互动,渗透到社会生产和生活的各个方面,进入社会文化、大众心态的核心层面。由沟通而相互作用、相互认知,这是一个循环往复而逐渐提升的过程。我们以苏州与徽州的区域互动来加以说明:

1. 区域间的相互沟通

如果从地图上看,苏州与徽州的直线距离仅为270余公里,应该说是相邻相近的。但两个区域的互动并不便利,因陆路交通十分困难,水路就成了两地互动的主要通道。但徽州的河流与苏州不同,苏州的河流平缓、四季盈盈,而徽州的河流湍急、季节性强,从而形成难进易出之势。徽州至苏州的水道有二:北可由青弋江至芜湖,顺长江而下,在镇江入运河抵苏州;东由新安江至杭州,再转入运河至苏州。千百年来徽州商人不避艰难,或攀行于山间鸟道,或挽舟逆水而行,将徽州与苏州沟通起来。

苏州与徽州两地自古以来就有密切联系。北方移民多由吴地或经由吴地沿新安江进入徽州,给徽州带来中原及吴地的文化。因此,苏州、徽州是最先的互动是由北向南互动的继续，是在江南范围内的东西向的互动。这种互动，主要体现为逃避战乱的中原移民对徽州的经济与文化的开发。

而由徽州乡村向苏州都市的自西向东的移动，则稍迟于东向西的移动。其原动力则主要为经济因素。万历年间盐政改革，徽商垄断淮盐与浙盐两大盐场，积累巨额资本，这为徽州人进军江南经济、政治、文化中心——苏州，从而形成两地密切互动创造了条件。阊门外二十里的街市，是苏州最繁华的商业区，也是徽商的天下，苏州与徽州互动的力度前所未有地加强。

苏州与徽州两地的互动，是沿海与内地的互动、平原与山地的互动、经济发达地区与经济落后地区的互动，这就决定了互动的媒介主要是依靠内地、山地和落后地区的居民——主要是徽商来充任。

2. 区域间的相互作用

在16—20世纪的传统中国社会转型期，苏州与徽州互动互补，交往密切。在互动的第二个层面——相互作用上，其总的趋势是：在经济上，苏州是江南的经济中心，并孕育着资本主义萌芽；财力雄厚的徽商将巨额的商业资本汇聚到苏州，大大增强了苏州的活力。在社会发展上，苏州随人口和经济发展经济结构渐渐变动，承接着传统的经济优势，自发、缓慢地发生社会转型，徽商的经营活动客观上推动着苏州等地的社会转型。徽商在苏州异常活跃，获取大宗商业利润。其商业利润输回徽州，却加固着徽州宗族社会的旧秩序；徽州由于宗族制度普遍存在，束缚了社会转型。在文化上，苏州和徽州都是儒学发达之地，清代又以吴学和皖学相对峙，教育、科举昌盛，人才辈出。徽商把苏州等大都市的经济文化信息和生活方式输入徽州，使徽州社会经济发生变动；同时，徽商把徽州深厚的宗族制度和文化带到苏州等大都市，凝入经济和社会生活之中，一些徽州的精英也在苏州定居下来。

3. 区域间的认知作用

作为苏州与徽州互动的媒介，徽商来到五方杂处、市镇繁荣的苏州后，他们希望被苏州人所认同。徽州人在苏州经商，以儒商自居，讲究以义取利的长久之道，但良莠不齐，不免有欺诈和刻薄的行为，引起苏州人的反感。所以徽商力图改变苏州人对徽州人的认知。士大夫是社会舆论的中心，徽商在苏州十分注意与士的交游。歙县潘之恒，经商苏州，"以文名交天下士"。婺源李贤，"乐与贤大夫亲，故随所在，吴士大夫咸愿与之游"。徽商与文人相交而相知，这对他们融入苏州社会和经营活动是很有好处的。苏州文人对徽州真正深层的认知，是在亲临徽州大好山水之后。《歙事闲潭》云："王弇州先生来游黄山时，三吴两浙诸宾客，从游者百余人，大都各擅一技，世鲜有能敌之者，欲以傲于吾歙。邑中汪南溟先生，闻其至，以黄山主人自任，傗名园数处，俾吴来者，各各散处其中，每一客必一二主人为馆伴。主悉邑人，不外求而足。大约各称其伎，以书家敌书家，以画家敌画家，以至琴、弈、篆刻、堪舆、星相、投壶、蹴鞠、剑槊、歌吹之属无不备。与之谈，则酬酢纷纷，如黄河之水，注而不竭。与之角技，宾时或屈于主。弇州大称赏而去。"苏州人与徽州人相互的认知越深，则相互吸引力越大，互动越易成功和顺畅。

总的来说，苏州与徽州的互动渗透到社会生产和生活的各个方面，甚至进入社会文化、大众心态的核心层面。由沟通而相互作用，相互认知，这是一个循环往复而逐渐提升的过程。正是在这一历史过程中，这两个江南小区域不断走向繁荣，共同促成了江南区域社会整体的繁荣。江南作为一个经济区，就是在互动中形成的。首先是南北互动。商末泰伯、仲雍奔江南，建勾吴，带来了中原的文明。历史上北方人民的三次大规模南迁，以及隋朝大运河的开通，江南的经济在互动中终于赶上（唐末五代）并超过（宋代）北方。南北互动中，江南内部的东西互动也在发展。北方移民进一步向西部山地移动，江南西部得以开发。明后期以来，长江的重要性日渐显示出来，东西互动所占的比重增强。苏州与徽州的互动，造成江南"无徽不成镇"的格局，徽商在江南的中心苏州以及江南市镇造成一个由坐贾、行商与海商（如走私海商汪直等）所构成的商业网络。这一网络又使苏州与徽州的互动、平原与山地的互动，带动起江南与大海（世界市场）的互动，从而使中国资本主义萌芽在江南破土而出。苏州与徽州的互动，江南山地、平原与海洋的互动造成了江南的繁荣，使16世纪以来的江南始终在全国居于领先一步的地位。同时，苏州与徽州在互动中又保持了各自的社会发展路向，从而使江南社会呈现多元的局面。

吴建华：抽象而言，作为中国社会史中的区域比较研究，目的很明确，就是在不同区域的比较中，寻找区域社会发展的"类型"。区域的范围可大可小，大到一个国家、民族、种族的地域，整个社会就是一个大区域，小到一个社区，一个小"地方"就是一个小社会。或大或小的区域，都能成为比较的区域对象。比较中的区域应是有可比性的地理空间范围。

无论是历史时间上的纵向，还是地理空间上的横向，社会史的区域比较都应该围绕区域社会的"形质"两个方面，进行相互的相同和不同（即差异）的比较。形是外形，事物外部的表现；质是内质，事物内部的本质。

从外形内质上考虑，区域比较的逻辑形式约有四种：同形同质，同形异质，异形同质，异形异质。同形同质是一体化的，最易见到相同，最难比较不同。异形异质则区别最大，最难见到相同，最易比较不同。同形异质和异形同质，则各有交叉的相同和不同，也是最值得比较的区域样本。

区域的外形同异，可以体现在"外在的环境"上面，包括自然环境、人口环境、社会文化环境。社会文化环境主要由区域社会（广义）的政治、经济、社会（狭义）、文化（狭义）制度、社会习俗等内容构成。

区域的内质同异，可以体现在"内在的环境"上面，主要指人们的心态或心智。这方面是较"外在的环境"更难涉及但又是必须涉及的。

区域的相同和差别各是单独存在的，但只有通过比较，才显示出来。只有揭示不同区域的外形内质的同异之处，才会清楚地看待区域发展的优势，找出区域发展变化的轨迹和特性。

因此，区域研究，首先是弄清各区域的基本情况，其次才是区域之间的比较研究。显然，区域研究是区域比较研究的根基，区域比较研究是区域研究在范围上的扩大，在内涵上的提高和深化。当然，区域研究和区域比较研究的展开步骤，在时间上并没有明确的限定，两者可以有先后，可以有交叉，主要由研究者的兴趣、条件、学识以及能力决定。区域比较研究应当在唯物史观指导下，及时引入现代研究工具，尽量了解一切相关的学术动态，充分利用和努力开发一切文献的和非文献的资料，运用多学科的理论和方法，将定性和定量的研究结合起来，并做好资料保存、工具书的编制等工作。

（四）小结

唐力行教授：区域比较是一个十分有意义的课题，两块相互联系的区域，即使处在同一经济文化发达地带，由于其自身内在的经济社会结构、文化价值和行为取向不同，它们的经济、社会发展的路向会有很大差异。探讨互动互补的内地、山地与沿海、平原两类区域间发展路向异同的根源，会对今天内地与沿海，落后地区与发达地区的互动互补、共同发展提供有益的指导。区域比较研究为区域史研究的深化提供了一个新的领域，也有利于我们深化对国情的了解。

原载《历史教学问题》2004年第5期，有改动